MATHEMATISCHE LEITFÄDEN

Herausgegeben von Professor Dr. phil. Dr. h. c. G. Köthe, Universität Frankfurt/M.

Topologie

Eine Einführung

Von Dr. rer. nat. HORST SCHUBERT
o. Professor an der Universität Düsseldorf

3. Auflage 1971

Mit 23 Figuren, 121 Aufgaben und zahlreichen Beispielen

B. G. TEUBNER STUTTGART

ISBN 3-519-02200-1

Printed in Germany
Druck: Gutmann & Co, Heilbronn
Umschlaggestaltung: W. Koch, Stuttgart

Vorwort

Dieses Buch will in die allgemeine und in die algebraische Topologie einführen. Vorausgesetzt werden nur einige Kenntnisse aus den mathematischen Anfangsvorlesungen. Die benötigten Grundbegriffe der Mengenlehre sind im Anhang zusammengestellt, weitergehende Hilfsmittel sind im Text jeweils da eingefügt, wo sie erstmals benutzt werden. Die in den Kapiteln III und IV benötigten Hilfsmittel aus der Gruppentheorie werden an gegebener Stelle im jeweils erforderlichen Umfang entwickelt.

Kapitel I und II befassen sich mit allgemeiner Topologie. In der Terminologie habe ich mich der grundlegenden Darstellung von Bourbaki angeschlossen, auf die als Weiterführung hingewiesen sei. Kapitel III und IV führen in die algebraische Topologie ein, wobei sogleich auf Zellen-(CW-)Komplexe, ihrer Bedeutung entsprechend, eingegangen wird. Kapitel IV endet da, wo die Hilfsmittel der homologischen Algebra erforderlich werden. Es wurde Wert darauf gelegt, den Anschluß an vorhandene Monographien herzustellen. Die Literaturhinweise beschränken sich auf eine Auswahl weiterführender Bücher.

Ergänzende Abschnitte sind mit einem Stern versehen. Sie werden im übrigen Text nicht benutzt. Von Kapitel I kann sofort zu Kapitel III übergegangen werden. Dort bilden § 1, die Abschnitte 4.1, 5.1 bis 5.4 und § 6 eine für sich lesbare Darstellung für Fundamentalgruppe und Überlagerungen. Außer den geschlossenen Flächen in III.5.8 wird Kapitel III nur bis zum Abschnitt 4.2 für Kapitel IV benötigt.

Besonderen Dank schulde ich meinem verehrten Lehrer, Herrn Professor Seifert, und Herrn Professor Puppe. Beide stellten mir Ausarbeitungen eigener Vorlesungen zur Verfügung, denen ich viele Anregungen und Einzelheiten entnahm. Außerdem sahen sie das Manuskript durch und gaben mir dabei wertvolle Hinweise. Für Hilfe bei den Korrekturen danke ich den Herren Dr. G. Hammer und K. Soltsien. (Meine Frau bat, nicht genannt zu werden.) Den Herren Professoren Köthe und Seifert danke ich für die Anregung zu diesem Buch. Dem Verlag gilt mein Dank für sein Eingehen auf alle Wünsche und seine Geduld.

Bei der 2. Auflage wurden einige Korrekturen vorgenommen und die Literaturhinweise am Schluß des Buches auf den gegenwärtigen Stand gebracht.

Der rasche Absatz der 2. Auflage hat gezeigt, daß das Buch seinen beabsichtigten Zweck weiterhin erfüllt. Die 3. Auflage ist ein unveränderter Nachdruck der 2. Auflage.

Düsseldorf, im Sommer 1971 Horst Schubert

Inhaltsverzeichnis

I Topologische Räume

II Uniforme Räume

III Homotopie

IV Singuläre Homologietheorie

I Topologische Räume

§ 1 Metrische Räume

Der Begriff der Konvergenz ist für die Analysis grundlegend, und er tritt in verschiedenen Situationen auf. So betrachtet man beispielsweise konvergente Folgen von Zahlen, allgemeiner von Punkten eines euklidischen Raumes, und konvergente Folgen von Funktionen, wobei sogar verschiedene Konvergenzbegriffe, wie etwa gewöhnliche Konvergenz, gleichmäßige Konvergenz oder Konvergenz im Mittel, benutzt werden. Der Begriff der Stetigkeit ist eng mit dem der Konvergenz verknüpft: Eine reelle Funktion ist genau dann stetig, wenn sie jede im Definitionsbereich konvergierende Folge in eine konvergente Folge überführt. Es soll sich im Folgenden darum handeln, die mit Konvergenz und Stetigkeit zusammenhängenden Begriffe in voller Allgemeinheit darzustellen. Das Vorgehen ist daher axiomatisch: Wir betrachten Mengen und wollen auf ihnen Strukturen so definieren, daß von stetigen Abbildungen und von Konvergenz gesprochen werden kann. Die Elemente einer solchen Menge nennen wir Punkte, ohne damit eine feste inhaltliche Vorstellung verknüpfen zu wollen. Es kann sein, daß die „Punkte" einer solchen Menge Funktionen auf einer anderen Menge oder andere mathematische Objekte sind. Es empfiehlt sich aber, Punktmengen des euklidischen Raumes als Beispiele vor Augen zu haben.

1.1 Metrik. Bei der Behandlung der Konvergenz wird man der Sprechweise „der Punkt x liegt (hinreichend) nahe am Punkt y" einen Sinn geben müssen. Dies ist besonders einfach, wenn man, wie im euklidischen Raum, einen Entfernungsbegriff zur Verfügung hat. „Nahe" kann dann durch eine Zahl präzisiert werden. Daher stellen wir diesen Fall voran. Wir geben zunächst einige Beispiele an. Dabei bezeichne X die jeweils betrachtete Menge und $d(x, y)$ die Entfernung der Punkte x und y von X.

Beispiele. 1. Der n-dimensionale euklidische Raum R^n. Die zugrundeliegende Menge ist die Menge der n-tupel reeller Zahlen. Für je zwei Punkte $x = (x_1, x_2, \ldots, x_n)$ und $y = (y_1, y_2, \ldots, y_n)$ ist

$$d(x, y) = \sqrt{\sum_{i=1}^{n} (x_i - y_i)^2}\,.$$

2. Auf der Menge der reellen n-tupel wird eine Entfernung durch

$$d(x, y) = \max_i |x_i - y_i| \qquad \text{definiert.}$$

3. Die Menge X bestehe aus allen Folgen reeller Zahlen $\{x_i\}$, für welche $\sum_{i=1}^{\infty} x_i^2$ konvergiert. Für je zwei solche Folgen $x = \{x_i\}$ und $y = \{y_i\}$ definieren wir

$$d(x, y) = \sqrt{\sum_{i=1}^{\infty} (x_i - y_i)^2} \quad \text{(Hilbert-Raum).}$$

4. Die Menge X bestehe aus allen im abgeschlossenen Intervall $[0,1]$ definierten, stetigen reellen Funktionen der Variablen t. Für je zwei solche Funktionen $x(t)$ und $y(t)$ wird definiert

$$d(x, y) = \left[\int_0^1 (x(t) - y(t))^2 dt\right]^{\frac{1}{2}}.$$

5. Die Menge X sei dieselbe wie in Beispiel 4. Wir setzen aber

$$d(x, y) = \max_{0 \leqq t \leqq 1} |x(t) - y(t)|.$$

6. Es sei X irgendeine Menge. Wir definieren

$$d(x, y) = 1 \quad \text{für} \quad x \neq y \quad \text{und} \quad d(x, x) = 0.$$

In diesen Beispielen ist $d(x, y)$ stets eine nicht-negative reelle Zahl, und außerdem sind folgende Eigenschaften erfüllt:

(M 1) Es ist stets $d(x, x) = 0$, und aus $d(x, y) = 0$ folgt $x = y$.

(M 2) Für je zwei Punkte x, y gilt $d(x, y) = d(y, x)$.

(M 3) Für je drei Punkte x, y, z gilt $d(x, y) + d(y, z) \geqq d(x, z)$.

Den Nachweis hierfür überlassen wir dem Leser, da die Beispiele außer dem ersten nicht weiter benötigt werden. Die Beispiele geben Anlaß zu folgender

Definition. Es sei X eine Menge. Ist je zwei Punkten x und y von X eine nicht-negative reelle Zahl $d(x, y)$ so zugeordnet, daß (M 1), (M 2) und (M 3) erfüllt sind, so sagen wir, daß auf X eine Metrik definiert ist oder daß X mit einer Metrik versehen ist. $d(x, y)$ heißt dann die Entfernung oder Distanz von x und y. Eine mit einer Metrik versehene Menge X heißt ein metrischer Raum. Falls kein Mißverständnis zu befürchten ist, wird er ebenfalls mit X bezeichnet.

Wie Beispiel 6 zeigt, läßt sich jede Menge mit einer Metrik versehen. Aus den Beispielen 1, 2 und 6 oder 4, 5 und 6 geht jedoch hervor, daß sich auf einer Menge im allgemeinen verschiedene Metriken definieren lassen. Verschiedenen metrischen Räumen kann also dieselbe Menge zugrunde liegen.

Unter R^n verstehen wir stets den metrischen Raum des Beispiels 1. Statt R^1 schreiben wir auch R.

Das Axiom (M 3) wird als Dreiecksungleichung bezeichnet, weil es für den R^n besagt, daß für ein Dreieck die Summe der Längen zweier Seiten nicht kleiner als die Länge der dritten Seite ist.

Sei A eine Teilmenge des metrischen Raumes X. Ordnet man je zwei Punkten von A ihre Entfernung in X zu, so wird A zum metrischen Raum. Diese Metrik auf A heißt die (von X) induzierte Metrik. Mit dieser Metrik ist insbesondere jede Teilmenge des R^n ein metrischer Raum.

1.2 Umgebungen. In einem metrischen Raum X können wir wie im euklidischen Raum von Umgebungen sprechen: Ist x ein beliebiger Punkt von X und ε eine positive reelle Zahl, so verstehen wir unter der Kugelumgebung vom Radius ε oder kürzer unter der ε-Umgebung von x die Menge aller derjenigen Punkte, deren Entfernung von x kleiner als ε ist, in Zeichen $U(x; \varepsilon) = \{y \mid d(x, y) < \varepsilon\}$. Unter einer Umgebung von x schlechthin verstehen wir eine Teilmenge von X, die eine ε-Umgebung von x für ein geeignetes $\varepsilon > 0$ umfaßt. Danach ist jede Obermenge einer Umgebung von x wieder eine Umgebung von x.

1.3 Offene Mengen. Auch der Begriff der offenen Menge läßt sich ohne weiteres aus dem euklidischen Raum übertragen: Eine Teilmenge Q eines metrischen Raumes X heißt offen, wenn Q Umgebung jedes Punktes aus Q ist, oder anders ausgedrückt, wenn es zu jedem Punkte x aus Q eine ε-Umgebung von x gibt, die in Q enthalten ist. In dieser Definition ist enthalten, daß die leere Teilmenge von X offen ist, weil es in ihr keinen Punkt gibt. Auch X ist offen.

Die Vereinigung einer Familie offener Mengen ist offen. Ist nämlich $\{Q_\lambda\}_{\lambda \in \Lambda}$ eine Familie offener Mengen, $Q = \bigcup Q_\lambda$ und $x \in Q$, so gehört x zu mindestens einer der Mengen Q_λ, etwa zu $Q_\varkappa$. $Q_\varkappa$ ist als offene Menge Umgebung von x und damit erst recht die Obermenge Q von $Q_\varkappa$.

Der Durchschnitt von endlich vielen offenen Mengen ist ebenfalls offen. Seien etwa $Q_1, Q_2, \ldots, Q_n$ offene Teilmengen von X und $Q = \bigcap_{i=1}^{n} Q_i$. Falls $Q = \emptyset$ ist, ist nichts zu beweisen. Andernfalls sei x irgendein Punkt aus Q. Für $i = 1, 2, \ldots, n$ ist dann $x \in Q_i$, und es gibt positive reelle Zahlen ε_i, so daß $U(x; \varepsilon_i) \subset Q_i$. Sei nun ε die kleinste der Zahlen $\varepsilon_1, \varepsilon_2, \ldots, \varepsilon_n$. Dann ist $U(x; \varepsilon) \subset U(x; \varepsilon_i) \subset Q_i$ und daher $U(x; \varepsilon) \subset Q$. Also ist Q offen.

Die ε-Umgebung $U(x; \varepsilon)$ des Punktes x ist offen. Ist nämlich y irgendein Punkt aus $U(x; \varepsilon)$, so ist $\delta = \varepsilon - d(x, y) > 0$. Ist nun z irgendein Punkt aus $U(y; \delta)$, so ist $d(y, z) < \delta$, und wegen (M 3) gilt $d(x, z) \leqq d(x, y) + d(y, z) < \varepsilon$. Also gilt $U(y; \delta) \subset U(x; \varepsilon)$, und $U(x; \varepsilon)$ ist offen.

Die Umgebungen des Punktes x lassen sich nun auch anders charakterisieren: Eine Teilmenge V von X ist genau dann Umgebung von x, wenn es eine offene Menge Q gibt, für welche $x \in Q \subset V$ ist. Ist nämlich V Umgebung von x, so kann für Q ein geeignetes $U(x; \varepsilon)$ genommen werden. Ist andererseits Q offen und $x \in Q \subset V$, so ist Q Umgebung von x und damit auch die Obermenge V.

1.4 Konvergenz. Ist X ein metrischer Raum, so können wir Folgen $\{x_i\}$ von Punkten x_i ($i = 1, 2, 3, \ldots$) aus X betrachten und Konvergenz wie im R^n definieren: Es ist $\lim_{i \to \infty} x_i = x$, wenn in jeder Umgebung von x ein Endstück der Folge liegt, wenn es also zu beliebig vorgegebener Umgebung U von x eine natürliche Zahl m gibt, so daß $x_i \in U$ für alle $i \geqq m$ ist. Es genügt natürlich zu verlangen, daß dies für jede ε-Umgebung von x der Fall sein soll.

Bei dieser Definition der Konvergenz geht der Entfernungsbegriff nur mittelbar ein. Tatsächlich können verschiedene Metriken auf derselben Menge zu denselben Umgebungen und damit zum gleichen Konvergenzbegriff führen. Dies ist bei den obigen Beispielen 1 und 2 der Fall. Die zugrunde liegende Menge ist dieselbe, während die Metriken für $n > 1$ verschieden sind. Wir wollen sie als Metrik 1 und Metrik 2 bezeichnen. Eine Umgebung V_2 von x bezüglich der Metrik 2 umfaßt eine ε-Umgebung von x bezüglich der Metrik 2 und diese die ε-Umgebung von x bezüglich der Metrik 1 mit demselben ε, denn aus $\sqrt{\sum_{i=1}^{n} (x_i - y_i)^2} < \varepsilon$ folgt $|x_i - y_i| < \varepsilon$ für $i = 1, 2, \ldots, n$. Also ist V_2 auch Umgebung von x bezüglich der Metrik 1. Ist umgekehrt V_1 eine Umgebung von x bezüglich der Metrik 1 und $U_1(x; \varepsilon)$ eine in V_1 enthaltene ε-Umgebung von x bezüglich der Metrik 1, so umfaßt $U_1(x; \varepsilon)$ jedenfalls die ε/n-Umgebung von x bezüglich der Metrik 2, also ist V_1 auch Umgebung von x bezüglich dieser Metrik.

Die vorstehende Bemerkung legt es nahe, den Umgebungsbegriff ohne Benutzung einer Metrik zu axiomatisieren. Wesentlich hierfür ist jedoch, daß der Begriff des metrischen Raumes nicht allgemein genug ist. In den obigen Beispielen 4 und 5 führt beispielsweise die Metrik unter 4 auf die Konvergenz im Mittel, die Metrik unter 5 auf die gleichmäßige Konvergenz. Es ist nicht zu sehen, wie auf der Menge der in [0,1] definierten reellen Funktionen eine Metrik zu definieren wäre, die auf die gewöhnliche Konvergenz führt. Tatsächlich existiert keine solche Metrik. Wir wenden uns daher Räumen zu, die allgemeiner als die metrischen sind.

Aufgaben. 1. Auf der Menge des Beispiels 1 definiere man $d(x, y) = \sum_{i=1}^{n} |x_i - y_i|$ und zeige, daß man damit dieselben Umgebungen erhält.

2. In Beispiel 6 ist jede Teilmenge von X offen.

§ 2 Topologische Räume

Es sollen ein Axiomensystem für Umgebungen und mehrere dazu gleichwertige Axiomensysteme angegeben werden. Zugleich werden einige Grundbegriffe eingeführt, die für Punktmengen des euklidischen Raumes vertraut sind. Wir stellen ein Axiomensystem für offene Mengen voran, weil es einfacher ist als das entsprechende für Umgebungen. Die Axiome rühren von Eigenschaften offener Mengen in metrischen Räumen her, die in 1.3 festgestellt wurden. Das Axiomensystem ist sehr schwach. Es führt noch nicht auf einen Konvergenzbegriff, den man als vernünftig ansehen wird, und wird daher später verschiedentlich ergänzt werden. Es reicht jedoch für einen brauchbaren Stetigkeitsbegriff aus.

2.1 Offene Mengen

Definition. Es sei X eine Menge. Ist für X ein System $\mathfrak{O}$ von Teilmengen festgelegt, das folgende Eigenschaften besitzt:

(O 1) Die Vereinigung einer beliebigen Familie von Mengen aus $\mathfrak{O}$ gehört zu $\mathfrak{O}$. Die leere Teilmenge von X gehört zu $\mathfrak{O}$,

(O 2) Der Durchschnitt von endlich vielen Mengen aus $\mathfrak{O}$ gehört zu $\mathfrak{O}$. X gehört zu $\mathfrak{O}$,

so sagen wir, daß $\mathfrak{O}$ auf X eine Topologie definiert oder daß X mit einer Topologie versehen ist. Die Mengen aus $\mathfrak{O}$ heißen offene Mengen dieser Topologie. Eine mit einer Topologie versehene Menge X heißt ein topologischer Raum. Falls kein Mißverständnis zu befürchten ist, wird er ebenfalls mit X bezeichnet.

Anmerkung. (O 1) und (O 2) können etwas kürzer formuliert werden, wenn man leere Familien zuläßt und unter Vereinigung bzw. Durchschnitt der leeren Familie von Teilmengen von X die leere Teilmenge bzw. X versteht.

Beispiele. 1. $\mathfrak{O}$ bestehe aus allen Teilmengen von X. In diesem Falle sagt man, daß X die diskrete Topologie besitzt.

2. $\mathfrak{O}$ bestehe nur aus X und der leeren Teilmenge von X. Diese Topologie heißt die gröbste Topologie auf X.

3. Für einen metrischen Raum definieren die in 1.3 eingeführten offenen Mengen eine Topologie. Sie heißt die von der Metrik induzierte Topologie.

Wie aus den Beispielen ersichtlich ist, gibt es auf einer Menge, die mehr als ein Element besitzt, verschiedene Topologien. Wir gehen hierauf in § 3 genauer ein. Wie in 1.4 festgestellt wurde, können verschiedene Metriken dieselbe Topologie induzieren. In Beispiel 6 von 1.1 ist die von der Metrik induzierte Topologie die diskrete.

2.2 Umgebungen. Nachdem wir hier die offenen Mengen als Grundbegriff gewählt haben, wird die Charakterisierung der Umgebungen in 1.3 zur Definition, die Definition der offenen Mengen metrischer Räume in 1.3 zu einem Satz.

Definition. Es sei x ein Punkt des topologischen Raumes X. Jede offene Menge von X, die x enthält, heißt offene Umgebung von x. Eine Teilmenge von X heißt Umgebung von x, wenn sie eine offene Umgebung von x umfaßt.

Wegen 1.3 sind also die in 1.2 definierten Umgebungen eines metrischen Raumes dieselben wie diejenigen, die zu der von der Metrik induzierten Topologie gehören.

Satz. *Eine Teilmenge des topologischen Raumes X ist genau dann offen, wenn sie Umgebung jedes ihrer Punkte ist.*

Beweis. Nach Definition der Umgebungen ist eine offene Menge Umgebung aller ihrer Punkte, auch die leere Teilmenge, weil sie keinen Punkt enthält. Sei umgekehrt A eine Teilmenge von X, die Umgebung jedes ihrer Punkte ist. Wir können annehmen, daß A nicht leer ist. Sei nun Q die Vereinigung aller in A enthaltenen offenen Mengen. Dann ist $Q \subset A$ und Q offen nach (O 1). Ist x irgendein Punkt aus A, so ist A Umgebung von x, und es gibt eine in A enthaltene offene Umgebung von x. Diese wird von Q umfaßt, und insbesondere ist $x \in Q$. Daraus folgt $A \subset Q$ und damit $A = Q$.

2.3 Umgebungsaxiome. Die Umgebungen des Punktes x genügen folgenden Bedingungen:

(V 1) Jede Obermenge einer Umgebung von x ist Umgebung von x.

(V 2) Der Durchschnitt endlich vieler Umgebungen von x ist eine Umgebung von x, und X ist Umgebung von x.

(V 3) Jede Umgebung von x enthält x.

(V 4) Ist U Umgebung von x, so gibt es eine Umgebung V von x derart, daß U Umgebung jedes Punktes von V ist.

Beweis. (V 1) und (V 3) folgen unmittelbar aus der Definition der Umgebungen, ebenso, daß X Umgebung von x ist, was wegen (V 1) nur besagt, daß x mindestens eine Umgebung besitzt. (V 2) folgt aus (O 2): Da jede Umgebung von x eine offene umfaßt, enthält der Durchschnitt von endlich vielen Umgebungen jedenfalls den Durchschnitt von endlich vielen offenen. Dieser enthält x und ist offen nach (O 2). Er ist also Umgebung von x und damit jede Obermenge. (V 4) ergibt sich schließlich so: U umfaßt eine offene Umgebung V von x. Diese ist Umgebung jedes Punktes aus V nach dem Satz von 2.2 und damit auch die Obermenge U.

Die angeführten Eigenschaften sind charakteristisch in dem Sinne, daß sie die Topologie von X eindeutig festlegen, daß also (V 1) bis (V 4) ein zu (O 1), (O 2) gleichwertiges Axiomensystem bilden, wenn man Umgebung statt offene Menge als Grundbegriff wählt. Genauer gilt der

Satz. *Auf einer Menge X sei für jeden Punkt x ein System von Teilmengen von X als System der Umgebungen von x ausgezeichnet, so daß* (V 1) *bis* (V 4) *erfüllt sind. Dann gibt es genau eine Topologie auf X, welche diese Umgebungen und keine weiteren besitzt.*

Beweis. Wenn eine solche Topologie existiert, so müssen nach dem Satz von 2.2 die offenen Mengen jedenfalls diejenigen sein, die Umgebung aller ihrer Punkte sind. Hieraus ergeben sich die Eindeutigkeit und der Ansatz für den Existenzbeweis.

Sei $\mathfrak{O}$ das System derjenigen Teilmengen von X, die für jeden ihrer Punkte als Umgebung gegeben sind. Die leere Teilmenge $\emptyset$ gehört zu $\mathfrak{O}$. Die Vereinigung $Q = \bigcup Q_\lambda$ einer Familie $\{Q_\lambda\}_{\lambda \in \Lambda}$ aus $\mathfrak{O}$ gehört zu $\mathfrak{O}$: Ist sie leer, so ist nichts zu beweisen. Andernfalls sei x irgendein Punkt aus ihr. x liegt in einer Menge der Familie, etwa in $Q_\varkappa$, und $Q_\varkappa$ ist Umgebung von x nach Definition von $\mathfrak{O}$. Q ist dann aber Umgebung von x wegen (V 1), und Q gehört zu $\mathfrak{O}$, weil x ein beliebiger Punkt aus Q war. $\mathfrak{O}$ erfüllt also (O 1). X gehört zu $\mathfrak{O}$ wegen (V 2). Der Durchschnitt von endlich vielen Mengen $Q_1, Q_2, \ldots, Q_n$ aus $\mathfrak{O}$ gehört ebenfalls zu $\mathfrak{O}$: Dies ist klar, falls er leer ist. Andernfalls sei x irgendeiner seiner Punkte. Dann besitzt x jede der Mengen Q_i $(i = 1, 2, \ldots, n)$ als Umgebung und auch deren Durchschnitt wegen (V 2). Also gehört dieser Durchschnitt zu $\mathfrak{O}$, und es gilt (O 2). $\mathfrak{O}$ definiert also eine Topologie auf X. Wir nennen sie $\mathfrak{T}$.

Wir zeigen nun, daß für einen beliebigen Punkt x die durch $\mathfrak{T}$ definierten Umgebungen die vorgegebenen Umgebungen sind. Sei zunächst U eine Umgebung von x bezüglich $\mathfrak{T}$. U umfaßt eine bezüglich $\mathfrak{T}$ offene Umgebung V von x. V gehört zu $\mathfrak{O}$ und ist vorgegebene Umgebung von x nach Definition von $\mathfrak{O}$. Wegen (V 1) ist auch U vorgegebene Umgebung von x. Sei nun umgekehrt U eine vorgegebene Umgebung von x. W sei die Menge derjenigen Punkte, für die U vorgegebene Umgebung ist. Jedenfalls liegt x in W, und wegen (V 3) ist jeder Punkt von W in seiner vorgegebenen Umgebung U enthalten. Also ist $x \in W \subset U$. Wir wollen zeigen, daß W zu $\mathfrak{O}$ gehört, woraus folgt, daß W und auch U Umgebungen von x bezüglich $\mathfrak{T}$ sind. Sei dazu y irgendein Punkt aus W. Weil U vorgegebene Umgebung von y ist, gibt es nach (V 4) eine vorgegebene Umgebung V von y derart, daß U vorgegebene Umgebung jedes Punktes aus V ist. Also ist $V \subset W$, und wegen (V 1) ist auch W vorgegebene Umgebung von y, woraus folgt, daß W zu $\mathfrak{O}$ gehört. Damit ist der Satz bewiesen.

2.4 Inneres. Die im vorangehenden Beweis eingeführte Menge W führt auf folgende

Definition. Es sei A eine Teilmenge des topologischen Raumes X. $\mathring{A}$ bezeichne die Menge derjenigen Punkte, für welche A Umgebung ist. $\mathring{A}$ heißt das Innere von A, die Punkte von $\mathring{A}$ heißen innere Punkte von A.

Satz. *$\mathring{A}$ ist offen und die Vereinigung aller in A enthaltenen offenen Mengen, also die größte in A enthaltene offene Menge.*

Beweis. Wegen (V 3) ist $\mathring{A} \subset A$. Es sei nun Q offen und $Q \subset A$. Dann ist Q für jeden Punkt von Q Umgebung, also auch A wegen (V 1). Somit ist $Q \subset \mathring{A}$, und es folgt, daß $\mathring{A}$ die Vereinigung aller in A liegenden offenen Mengen umfaßt. Es bleibt zu zeigen, daß $\mathring{A}$ selbst offen ist. Dies ist trivial, wenn $\mathring{A}$ leer ist. Andernfalls sei x ein beliebiger Punkt aus $\mathring{A}$. A umfaßt eine offene Umgebung Q von x. Nun ist $Q \subset \mathring{A}$ und damit $\mathring{A}$ Umgebung von x, woraus wegen des Satzes in 2.2 die Behauptung folgt.

Anmerkung 1. Wegen des Satzes wird das Innere von A auch der offene Kern von A genannt.

Anmerkung 2. Der Satz in 2.2 kann nun auch so ausgesprochen werden: A ist genau dann offen, wenn $A = \mathring{A}$ ist.

Der Übergang von A zu $\mathring{A}$ kann als Operation auf den Teilmengen des topologischen Raumes X aufgefaßt werden. Diese Operation hat folgende Eigenschaften:

(2.1) $\mathring{X} = X$ (2.3) $\mathring{\mathring{A}} = \mathring{A}$ (2.5) Aus $A \subset B$ folgt $\mathring{A} \subset \mathring{B}$

(2.2) $\mathring{A} \subset A$ (2.4) $\overset{\circ}{\widehat{A \cap B}} = \mathring{A} \cap \mathring{B}$ (2.6) $\overset{\circ}{\widehat{A \cup B}} \supset \mathring{A} \cup \mathring{B}$.

(2.1), (2.2), (2.3) folgen unmittelbar aus dem vorangehenden Satz. Ist $x \in \mathring{A} \cap \mathring{B}$, so besitzt x sowohl A als auch B als Umgebung, wegen (V 2) also auch $A \cap B$, woraus $\mathring{A} \cap \mathring{B} \subset \overset{\circ}{\widehat{A \cap B}}$ folgt. Ist umgekehrt $x \in \overset{\circ}{\widehat{A \cap B}}$, so ist $A \cap B$ Umgebung von x. Dann sind auch die Obermengen A und B Umgebungen von x, und es ist $x \in \mathring{A} \cap \mathring{B}$. Damit ergibt sich (2.4). (2.5) folgt aus der Definition von $\mathring{A}$ und (V 1) und kann auch aus (2.4) gefolgert werden. (2.6) folgt schließlich aus (2.5) wegen $A \subset A \cup B$ und $B \subset A \cup B$. Es kann $\mathring{A} \cup \mathring{B}$ von $\overset{\circ}{\widehat{A \cup B}}$ verschieden sein. Sei beispielsweise $X = \mathbb{R}$, A die Menge der rationalen und B die Menge der irrationalen Zahlen. Dann ist $\overset{\circ}{\widehat{A \cup B}} = \mathbb{R}$, aber $\mathring{A} \cup \mathring{B} = \emptyset$.

2.5 Abgeschlossene Mengen. Die inneren Punkte des Komplements $\complement A$ von A sind dadurch charakterisiert, daß sie eine zu A disjunkte Umgebung besitzen, insbesondere $\complement A$. Sie heißen äußere Punkte von A. Alle übrigen Punkte von X haben die Eigenschaft, daß jede ihrer Umgebungen A trifft, also mit A einen nicht-leeren Durchschnitt hat.

Definition 1. Ein Punkt x des topologischen Raumes X heißt Berührungspunkt der Teilmenge A von X, wenn jede Umgebung von x einen nicht-leeren Durchschnitt mit A besitzt. Die Menge der Berührungspunkte von A wird mit $\bar{A}$ bezeichnet und heißt die abgeschlossene Hülle von A.

Es ist also

$$\bar{A} = \complement \, \mathring{\widehat{\complement A}}; \qquad \complement \bar{A} = \mathring{\widehat{\complement A}}. \tag{2.7}$$

Ist insbesondere $\complement A$ offen, also $\complement A = \mathring{\widehat{\complement A}}$, so ist $A = \bar{A}$ und umgekehrt. Dies führt auf die

Definition 2. Eine Teilmenge des topologischen Raumes X heißt abgeschlossen, wenn ihr Komplement offen ist.

Wie zuvor bemerkt wurde, ist A genau dann abgeschlossen, wenn $A = \bar{A}$ ist.

Für jeden topologischen Raum X sind X und die leere Teilmenge zugleich offen und abgeschlossen. In einem Raum mit diskreter Topologie ist jede Teilmenge zugleich offen und abgeschlossen. Auf der Zahlengeraden $\mathbf{R}$ ist jedes abgeschlossene Intervall $[a, b]$ eine abgeschlossene Teilmenge.

Durch Übergang zu den Komplementen, also durch die mengentheoretische Dualität (vgl. Anhang, A 2 und A 6), ergeben sich aus (O 1) und (O 2):

(G 1) Der Durchschnitt einer beliebigen Familie abgeschlossener Mengen ist abgeschlossen. X ist abgeschlossen.

(G 2) Die Vereinigung von endlich vielen abgeschlossenen Mengen ist abgeschlossen. Die leere Teilmenge ist abgeschlossen.

Ist nämlich $\{F_\lambda\}_{\lambda \in \Lambda}$ eine Familie abgeschlossener Mengen, so sind die Mengen $\complement F_\lambda$ offen, und wegen (O 1) ist $\complement \bigcap F_\lambda = \bigcup \complement F_\lambda$ offen, woraus (G 1) folgt. Sind die Mengen F_i $(i = 1, 2, \ldots, n)$ abgeschlossen, so ist $\complement \bigcup F_i = \bigcap \complement F_i$ offen wegen (O 2), womit sich (G 2) ergibt. Umgekehrt folgen (O 1), (O 2) aus (G 1), (G 2) auf dieselbe Weise. An Stelle des Begriffes der offenen Menge kann man den der abgeschlossenen Menge als Grundbegriff für topologische Räume wählen. Dann bilden (G 1) und (G 2) das Axiomensystem.

Durch mengentheoretische Dualität übertragen sich auch die Aussagen von 2.4 auf abgeschlossene Mengen:

Satz. *$\bar{A}$ ist abgeschlossen und Durchschnitt aller A umfassenden abgeschlossenen Mengen, also die kleinste abgeschlossene Menge, die A umfaßt.*

(2.1′) $\bar{\emptyset} = \emptyset$ (2.3′) $\bar{\bar{A}} = \bar{A}$ (2.5′) Aus $A \subset B$ folgt $\bar{A} \subset \bar{B}$

(2.2′) $\bar{A} \supset A$ (2.4′) $\overline{A \cup B} = \bar{A} \cup \bar{B}$ (2.6′) $\overline{A \cap B} \subset \bar{A} \cap \bar{B}$.

Aus (2.7) entsteht

$$\mathring{A} = \complement \, \overline{\complement A}; \quad \complement \mathring{A} = \overline{\complement A}. \tag{2.7′}$$

2.6 Weitere Grundbegriffe. Wir geben noch an, daß die Menge der Punkte, die zugleich Berührungspunkte von A und $\complement A$ sind, der Rand von A heißt und daß ihre Punkte Randpunkte von A genannt werden. Der Rand von A ist also $\bar{A} \cap \overline{\complement A}$ und zugleich Rand von $\complement A$. Er ist abgeschlossen. Man beachte, daß ein Randpunkt von A nicht zu A zu gehören braucht. Bezüglich der Teilmenge A zerfallen die Punkte von X in drei Klassen: innere Punkte, äußere Punkte und Randpunkte von A. Innere Punkte und Randpunkte von A sind Berührungspunkte von A.

Ein Punkt x einer Teilmenge A von X heißt isolierter Punkt von A, wenn er eine Umgebung besitzt, deren Durchschnitt mit A nur aus x besteht. In einem diskreten Raum X ist jeder Punkt isolierter Punkt von X.

Ein Punkt x heißt Häufungspunkt der Teilmenge A, wenn jede Umgebung von x mindestens einen von x verschiedenen Punkt aus A enthält. Man beachte, daß x nicht zu A zu gehören braucht. Ein Punkt aus A ist entweder Häufungspunkt oder isolierter Punkt von A. Ein nicht zu A gehörender Häufungspunkt von A ist Randpunkt von A.

2.7 Umgebungsbasen. Wir kehren noch einmal zu den Umgebungen zurück. Da jede Obermenge einer Umgebung des Punktes x wieder Umgebung von x ist, kennt man das System aller Umgebungen von x bereits dann, wenn ein geeignetes Teilsystem bekannt ist. Dies ging bereits in die Definition der Umgebungen ein, wo zunächst offene Umgebungen eingeführt wurden.

Definition 1. Ein System $\mathfrak{B}$ von Umgebungen des Punktes x heißt Umgebungsbasis von x, wenn jede Umgebung von x Obermenge einer (geeigneten) Umgebung aus $\mathfrak{B}$ ist.

Für einen Punkt x gibt es im allgemeinen verschiedene Umgebungsbasen. So bilden alle Umgebungen von x eine Umgebungsbasis von x, ebenso die offenen Umgebungen von x. Ist die einpunktige Teilmenge $\{x\}$ offen, so bildet sie allein eine Umgebungsbasis von x. In einem metrischen Raum bilden die ε-Umgebungen des Punktes x für alle positiven reellen ε eine Umgebungsbasis von x. Man kann sich dabei sogar auf spezielle Werte von ε beschränken. Erforderlich ist nur, daß ε genügend kleine Werte annimmt. Läßt man ε etwa die Werte $1/n$ mit $n = 1, 2, 3, \ldots$ durchlaufen, so bilden die zugehörigen ε-Umgebungen von x eine Umgebungsbasis von x, die aus abzählbar vielen Umgebungen besteht.

Definition 2. Ein topologischer Raum X erfüllt das erste Abzählbarkeitsaxiom, wenn in ihm die folgende Aussage gilt:

(A 1) Jeder Punkt besitzt eine abzählbare Umgebungsbasis.

(A 1) wird eine besondere Rolle bei Konvergenzfragen spielen. Nach dem Vorangehenden gilt der

Satz. *Jeder metrische Raum erfüllt das erste Abzählbarkeitsaxiom.*

Besitzt der Punkt x des Raumes X eine abzählbare Umgebungsbasis $\mathfrak{B} = \{B_n\}$, so besitzt er auch eine abzählbare Umgebungsbasis, die aus offenen Mengen besteht, beispielsweise $\{\mathring{B}_n\}$.

Ist $\mathfrak{B}$ irgendeine Umgebungsbasis von x und V eine Umgebung von x, so bilden die Durchschnitte von V mit den Mengen von $\mathfrak{B}$ eine Umgebungsbasis von x, weil jeder solche Durchschnitt Umgebung von x ist und weil jede Umgebung von x eine Menge aus $\mathfrak{B}$, also auch deren Durchschnitt mit V, umfaßt.

2.8 Stetigkeit. Es seien X und Y euklidische Räume und $f: X \to Y$ eine Abbildung von X in Y. In der Differential- und Integralrechnung pflegt man zu definieren: f heißt im Punkte x von X stetig, wenn es zu beliebig vorgegebener ε-Umgebung

$U(f(x); \varepsilon)$ von $f(x)$ eine δ-Umgebung $U(x; \delta)$ von x gibt, die sich in die ε-Umgebung von $f(x)$ abbildet, wenn also $f(U(x; \delta)) \subset U(f(x); \varepsilon)$. Diese Definition läßt sich beibehalten, wenn X und Y beliebige metrische Räume sind. Sie kann auch so ausgesprochen werden: Das Urbild $\overset{-1}{f}[U(f(x); \varepsilon)]$ einer beliebigen ε-Umgebung von $f(x)$ soll eine geeignete δ-Umgebung von x umfassen, oder kürzer, $\overset{-1}{f}[U(f(x); \varepsilon)]$ soll Umgebung von x sein. Das Urbild einer beliebigen Umgebung V von $f(x)$ ist dann erst recht eine Umgebung von x, weil es das Urbild einer in V enthaltenen ε-Umgebung von $f(x)$ umfaßt. Nunmehr sind wir in der Lage, den Stetigkeitsbegriff allgemein zu formulieren.

Definition 1. Es seien X und Y topologische Räume und $f: X \to Y$ eine Abbildung von X in Y. f heißt stetig im Punkte x von X, wenn jede Umgebung von $f(x)$ eine Umgebung von x als Urbild besitzt.

Anmerkung. Es genügt, daß jede Umgebung aus einer Umgebungsbasis von $f(x)$ eine Umgebung von x als Urbild besitzt. Im Falle metrischer Räume, insbesondere euklidischer Räume, ist die Definition also mit der vorangehenden ε-δ-Formulierung gleichwertig.

Für zusammengesetzte Abbildungen ergibt sich in einfacher Weise

Satz 1. *Es seien X, Y, Z topologische Räume und $f: X \to Y$ und $g: Y \to Z$ Abbildungen. Ist f im Punkte $x \in X$ und g im Punkte $f(x)$ stetig, so ist die zusammengesetzte Abbildung $g \circ f: X \to Z$ im Punkte x stetig.*

Beweis. Sei W eine beliebige Umgebung von $(g \circ f)(x) = g(f(x))$. Ihr Urbild $\overset{-1}{g}(W)$ bezüglich g ist eine Umgebung von $f(x)$, weil g im Punkte $f(x)$ stetig ist. Wegen der Stetigkeit von f im Punkte x ist $\overset{-1}{f}(\overset{-1}{g}(W))$ eine Umgebung von x. Nun ist aber $\overset{-1}{f}(\overset{-1}{g}(W)) = (\overset{-1}{g \circ f})(W)$, woraus die Behauptung folgt.

Wir werden später die Stetigkeit vermöge Konvergenz charakterisieren. Im Zusammenhang damit steht der folgende

Hilfssatz. Es sei $A \subset X$, $x \in \bar{A}$ und $f: X \to Y$ im Punkte x stetig. Dann ist $f(x) \in \overline{f(A)}$.

Beweis. Sei V eine beliebige Umgebung von $f(x)$. Dann ist $\overset{-1}{f}(V)$ eine Umgebung von x und $A \cap \overset{-1}{f}(V) \neq \emptyset$ nach Voraussetzung. Ist a ein Punkt dieses Durchschnittes, so ist $f(a) \in f(A) \cap V$, also $f(A) \cap V \neq \emptyset$. Jede Umgebung von $f(x)$ trifft also $f(A)$, was behauptet wurde.

Definition 2. Es seien X und Y topologische Räume. Eine Abbildung $f: X \to Y$ heißt stetig, wenn sie in jedem Punkte von X stetig ist.

Im weiteren soll die Aussage, daß $f: X \to Y$ eine stetige Abbildung ist, stets enthalten, daß X und Y topologische Räume sind.

Aus Satz 1 folgt unmittelbar

Satz 2. *Sind $f: X \to Y$ und $g: Y \to Z$ stetige Abbildungen, so ist die zusammengesetzte Abbildung $g \circ f: X \to Z$ stetig.*

Die Definition der Stetigkeit einer Abbildung kann durch gleichwertige Aussagen ersetzt werden, die häufig einfacher zu handhaben sind.

Satz 3. *Es seien X und Y topologische Räume und $f\colon X \to Y$ eine Abbildung. Die folgenden Aussagen sind gleichwertig:*

(a) *f ist stetig.*

(b) *Für jede Teilmenge A von X gilt $f(\bar{A}) \subset \overline{f(A)}$.*

(c) *Das Urbild jeder abgeschlossenen Menge von Y ist abgeschlossen.*

(d) *Das Urbild jeder offenen Menge von Y ist offen.*

Beweis. Es genügt zu zeigen, daß (b) aus (a), (c) aus (b), (d) aus (c) und schließlich (a) aus (d) folgt.

Der obige Hilfssatz ergibt unmittelbar, daß (b) aus (a) folgt.

Es gelte nun (b), und es sei F irgendeine abgeschlossene Teilmenge von Y. Wir setzen $A = \overset{-1}{f}(F)$. Dann ist $f(A) \subset F$ und daher $\overline{f(A)} \subset \bar{F} = F$. Hieraus und aus (b) folgt $f(\bar{A}) \subset F$ und damit $\bar{A} \subset \overset{-1}{f}(F) = A$. Wegen $A \subset \bar{A}$ folgt $A = \bar{A}$. Also ist $A = \overset{-1}{f}(F)$ abgeschlossen und (c) erfüllt.

Es gelte nun (c). Ist Q irgendeine offene Teilmenge von Y, so ist $\complement Q$ und daher auch $\overset{-1}{f}(\complement Q) = \complement \overset{-1}{f}(Q)$ abgeschlossen. Also ist $\overset{-1}{f}(Q)$ offen, und es gilt (d).

Schließlich gelte (d). Sei x irgendein Punkt von X und Q irgendeine offene Umgebung von $f(x)$. Dann ist $x \in \overset{-1}{f}(Q)$ und $\overset{-1}{f}(Q)$ offen, also Umgebung von x. Weil die offenen Umgebungen von $f(x)$ eine Umgebungsbasis von $f(x)$ bilden, ist f stetig im Punkte x. Damit folgt (a).

2.9 Homöomorphie. Zwei Realisierungen X und Y einer mathematischen Struktur sieht man als nicht wesentlich verschieden an, wenn es eine umkehrbar eindeutige Abbildung der Menge X auf die Menge Y gibt, welche die Struktur erhält. Im Falle algebraischer Strukturen führt dies auf den Begriff der Isomorphie, im Falle topologischer Räume auf den Begriff der Homöomorphie, der nicht mit dem algebraischen Begriff der Homomorphie verwechselt werden darf.

Ist $f\colon X \to Y$ eine umkehrbar eindeutige Abbildung der Menge X auf die Menge Y, so sagen wir auch, daß f bijektiv ist. Soll hervorgehoben werden, daß f bijektiv ist, schreiben wir $f\colon X \rightarrowtail\!\!\twoheadrightarrow Y$. Ist $f\colon X \rightarrowtail\!\!\twoheadrightarrow Y$, so existiert die Umkehrabbildung $f^{-1}\colon Y \rightarrowtail\!\!\twoheadrightarrow X$, wobei $f^{-1} \circ f$ die identische Abbildung von X und $f \circ f^{-1}$ die identische Abbildung von Y ist.

Definition. Es seien X und Y topologische Räume. X und Y heißen homöomorph, wenn es eine bijektive Abbildung $f\colon X \rightarrowtail\!\!\twoheadrightarrow Y$ gibt, bei der die offenen Mengen von X den offenen Mengen von Y entsprechen, wenn also jede offene Menge von X eine offene Menge von Y als Bild besitzt und jede offene Menge von Y Bild einer offenen Menge von X ist. Eine solche Abbildung f heißt Homöomorphie oder topologische Abbildung.

Hieraus und aus der Aussage (d) von 2.8 Satz 3 folgt unmittelbar der

Satz. *Es seien X und Y topologische Räume. Eine Abbildung $f\colon X \to Y$ ist genau dann topologisch, wenn f bijektiv ist und f und f^{-1} stetig sind.*

Anmerkung. Eine bijektive stetige Abbildung $f\colon X \rightarrowtail\!\!\!\twoheadrightarrow Y$ braucht nicht topologisch zu sein. Seien X und Y zwei topologische Räume, die aus derselben Menge E durch die diskrete und die gröbste Topologie auf E entstehen. Die identische Abbildung der Menge E auf sich induziert eine stetige bijektive Abbildung von X auf Y, die jedoch nicht topologisch ist, wenn E mehr als einen Punkt besitzt.

Aus der Definition oder auch aus dem Satz folgt unmittelbar, daß die identische Abbildung eines topologischen Raumes X auf sich topologisch ist und daß das Inverse f^{-1} einer topologischen Abbildung $f\colon X \rightarrowtail\!\!\!\twoheadrightarrow Y$ ebenfalls topologisch ist. Außerdem ist das Kompositum $g \circ f\colon X \rightarrowtail\!\!\!\twoheadrightarrow Z$ zweier topologischer Abbildungen $f\colon X \rightarrowtail\!\!\!\twoheadrightarrow Y$ und $g\colon Y \rightarrowtail\!\!\!\twoheadrightarrow Z$ eine topologische Abbildung. Der Homöomorphiebegriff hat also die Eigenschaften einer Äquivalenzrelation.

Beispiele. 1. Jede nicht-ausgeartete affine Abbildung des R^n auf sich ist eine topologische Abbildung.

2. Im R^n mit den cartesischen Koordinaten $x_1, \ldots, x_n$ sei I^n der durch $0 \leqq x_i \leqq 1$ für $i = 1, 2, \ldots, n$ definierte Würfel, E^n die durch $\sum_{i=1}^{n} x_i^2 \leqq 1$ definierte Vollkugel.

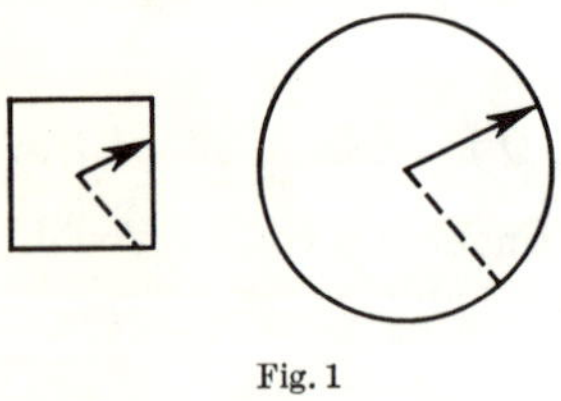

Fig. 1

Vermöge der induzierten Metrik sind I^n und E^n metrische und damit auch topologische Räume. Man erhält eine Homöomorphie von I^n auf E^n, wenn man den Mittelpunkt $(\frac{1}{2}, \frac{1}{2}, \ldots, \frac{1}{2})$ mit den Randpunkten (bezüglich R^n) von I^n durch Strecken verbindet und jede solche Strecke affin auf den gleichgerichteten Radius von E^n abbildet (Fig. 1, I^n und E^n sind nebeneinander gezeichnet).

Aufgaben. 1. Man weise nach, daß die Abbildungen in den beiden vorangehenden Beispielen topologisch sind.

2. Man stelle für eine Menge von 3 Elementen alle möglichen Topologien auf. Unter den so erhaltenen topologischen Räumen gibt es 9 derart, daß unter ihnen keine zwei homöomorph sind.

3. In einem metrischen Raum X ist jeder Punkt der Durchschnitt seiner offenen Umgebungen, und jeder Punkt ist eine abgeschlossene Teilmenge von X. Im R^n gibt es keine offene Menge, die nur aus einem Punkt besteht. Der Durchschnitt einer Familie offener Mengen braucht also nicht offen zu sein.

4. Für eine Menge X sei jeder Teilmenge A eine Teilmenge $\bar{A}$ so zugeordnet, daß die Regeln (2.1′), (2.2′), (2.3′), (2.4′) von 2.5 gelten. Nennt man diejenigen Mengen, für welche $A = \bar{A}$ ist, abgeschlossen, so wird X zu einem topologischen Raum, bei welchem der Übergang von A zu $\bar{A}$ gerade das Bilden der abgeschlossenen Hülle ist (Axiome von Kuratowski).

5. Eine Teilmenge eines topologischen Raumes ist genau dann offen, wenn sie keinen ihrer Randpunkte enthält. Sie ist genau dann abgeschlossen, wenn sie alle ihre Randpunkte enthält. Der Rand einer offenen (oder abgeschlossenen) Menge besitzt keine inneren Punkte. In einem diskreten Raum besitzt keine Teilmenge Randpunkte.

6. Es sei X ein metrischer Raum und $y \in X$. Die durch $x \to d(x, y)$ definierte Abbildung von X in R ist stetig.

§ 3 Vergleich und Erzeugung von Topologien

3.1 Vergleich von Topologien. Es seien $\mathfrak{T}_1$ und $\mathfrak{T}_2$ zwei Topologien auf derselben Menge X. Es kann sein, daß jede bezüglich $\mathfrak{T}_2$ offene Menge zugleich offen bezüglich $\mathfrak{T}_1$ ist. In diesem Falle heißt $\mathfrak{T}_2$ gröber als $\mathfrak{T}_1$ und $\mathfrak{T}_1$ feiner[1]) als $\mathfrak{T}_2$. Dabei ist zugelassen, daß $\mathfrak{T}_1$ und $\mathfrak{T}_2$ übereinstimmen, also dieselben offenen Mengen besitzen. Soll dies ausgeschlossen sein, so heißt $\mathfrak{T}_2$ echt gröber als $\mathfrak{T}_1$ bzw. $\mathfrak{T}_1$ echt feiner als $\mathfrak{T}_2$.

Auf der Menge X ist die diskrete Topologie feiner, die gröbste Topologie gröber als jede andere. Daß $\mathfrak{T}_1$ feiner als $\mathfrak{T}_2$ ist, besagt, daß das System der offenen Mengen von $\mathfrak{T}_1$ dasjenige von $\mathfrak{T}_2$ umfaßt, oder anschaulich gesprochen, daß $\mathfrak{T}_1$ „mehr" offene Mengen besitzt als $\mathfrak{T}_2$.

Satz 1. *Die topologischen Räume X_1 und X_2 mögen dadurch entstehen, daß man die Menge X mit den Topologien $\mathfrak{T}_1$ und $\mathfrak{T}_2$ versieht. Die identische Abbildung von X bewirkt eine Abbildung $i: X_1 \to X_2$. i ist genau dann stetig, wenn $\mathfrak{T}_1$ feiner als $\mathfrak{T}_2$ ist.*

Dies folgt unmittelbar aus 2.8 Satz 3 (d) und $i^{-1}(A) = A$ für $A \subset X$. Aus 2.8 Satz 3 folgt damit weiter

Satz 2. *Es seien $\mathfrak{T}_1$ und $\mathfrak{T}_2$ Topologien auf der Menge X. Die folgenden Aussagen sind gleichwertig:*

(a) *$\mathfrak{T}_1$ ist feiner als $\mathfrak{T}_2$.*

(b) *Für jeden Punkt x von X gilt: Jede Umgebung bezüglich $\mathfrak{T}_2$ ist auch Umgebung bezüglich $\mathfrak{T}_1$.*

(c) *Jede bezüglich $\mathfrak{T}_2$ abgeschlossene Menge ist auch abgeschlossen bezüglich $\mathfrak{T}_1$.*

(d) *Für jede Teilmenge von X ist die abgeschlossene Hülle bezüglich $\mathfrak{T}_1$ in derjenigen bezüglich $\mathfrak{T}_2$ enthalten.*

Es ist nicht gesagt, daß von zwei Topologien $\mathfrak{T}_1$, $\mathfrak{T}_2$ auf der Menge X die eine feiner als die andere ist. Sie können nicht vergleichbar sein. Sei beispielsweise $X = \{x, y\}$ die Menge von zwei Elementen x und y. $\mathfrak{T}_1$ und $\mathfrak{T}_2$ seien die Topologien auf X, die außer X und $\emptyset$ als einzige weitere offene Menge die Teilmenge $\{x\}$ bzw. $\{y\}$ besitzen. $\mathfrak{T}_1$ und $\mathfrak{T}_2$ sind nicht vergleichbar. Offenbar gilt aber: Sind $\mathfrak{T}_1$, $\mathfrak{T}_2$ und $\mathfrak{T}_3$ Topologien auf derselben Menge X und ist $\mathfrak{T}_1$ feiner als $\mathfrak{T}_2$ und $\mathfrak{T}_2$ feiner als $\mathfrak{T}_3$, so ist $\mathfrak{T}_1$ feiner als $\mathfrak{T}_3$, und es stimmen $\mathfrak{T}_1$ und $\mathfrak{T}_2$ überein, wenn $\mathfrak{T}_1$ feiner als $\mathfrak{T}_2$ und $\mathfrak{T}_2$ feiner als $\mathfrak{T}_1$ ist. Die Topologien auf einer Menge X sind also (nicht streng) geordnet (vgl. später 5.7), wenn feiner als „größer oder gleich" interpretiert wird. In diesem Sinne ist die diskrete Topologie die größte, die gröbste Topologie die kleinste.

Zu zwei Topologien $\mathfrak{T}_1$, $\mathfrak{T}_2$ auf der Menge X gibt es sicher eine gröbere, nämlich die gröbste, und eine feinere, nämlich die diskrete. Es fragt sich, ob es unter den gröberen eine feinste und unter den feineren eine gröbste gibt. Wir werden diese Fragen gleich für beliebige Familien von Topologien behandeln.

---

[1]) Statt gröber bzw. feiner sind auch die Bezeichnungen schwächer und stärker im Gebrauch. Wir vermeiden sie, weil sie in der englisch-sprachigen Literatur häufig im entgegengesetzten Sinne benutzt werden.

3.2 Durchschnitt von Topologien. Es sei $\{\mathfrak{T}_\lambda\}_{\lambda\in\Lambda}$ eine (nicht-leere) Familie von Topologien auf der Menge X. Für eine Topologie auf X, die gröber als jede Topologie $\mathfrak{T}_\lambda$ ist, ist eine offene Menge auch in jeder Topologie $\mathfrak{T}_\lambda$ offen. Sei nun $\mathfrak{O}$ das System aller derjenigen Teilmengen von X, die offen in jeder Topologie $\mathfrak{T}_\lambda$ sind. Die Vereinigung einer beliebigen Familie von Mengen aus $\mathfrak{O}$ ist wegen (O 1) offen für jedes $\mathfrak{T}_\lambda$ und gehört daher zu $\mathfrak{O}$. Der Durchschnitt von endlich vielen Mengen aus $\mathfrak{O}$ ist wegen (O 2) offen für jedes $\mathfrak{T}_\lambda$ und gehört ebenfalls zu $\mathfrak{O}$. Also definiert $\mathfrak{O}$ eine Topologie $\mathfrak{T}$ auf X. $\mathfrak{T}$ heißt der Durchschnitt oder die untere Grenze der Topologien $\mathfrak{T}_\lambda$. $\mathfrak{T}$ ist gröber als jedes $\mathfrak{T}_\lambda$ und feiner als jede andere Topologie mit dieser Eigenschaft.

3.3 Obere Grenze einer Familie von Topologien. Schwieriger ist die Frage nach der gröbsten Topologie, die feiner ist als jede Topologie $\mathfrak{T}_\lambda$ einer nicht-leeren Familie $\{\mathfrak{T}_\lambda\}_{\lambda\in\Lambda}$ von Topologien auf der Menge X. In einer Topologie, die feiner als jedes $\mathfrak{T}_\lambda$ ist, muß eine Menge jedenfalls dann offen sein, wenn sie für eine Topologie $\mathfrak{T}_\lambda$ offen ist. Aber diese Mengen allein genügen nicht den Axiomen (O 1), (O 2). Sei beispielsweise $X = \{x, y, z\}$ die Menge der drei Elemente x, y, z. $\mathfrak{T}_1$ und $\mathfrak{T}_2$ seien die Topologien auf X, die außer X und $\emptyset$ als einzige weitere offene Menge die Teilmenge $\{x, y\}$ bzw. $\{y, z\}$ besitzen. In einer Topologie, die feiner als $\mathfrak{T}_1$ und $\mathfrak{T}_2$ ist, sind $\{x, y\}$ und $\{y, z\}$ offen und damit auch deren Durchschnitt $\{y\}$, der weder in $\mathfrak{T}_1$ noch in $\mathfrak{T}_2$ offen ist. Wir gelangen damit zu dem Problem, ob es zu einem vorgegebenen System von Teilmengen der Menge X eine gröbste Topologie gibt, welche die Mengen des Systems als offene Mengen besitzt, und ob diese Topologie eindeutig bestimmt ist. Beides ist zu bejahen und soll nun ausgeführt werden.

Sei $\mathfrak{P}$ ein nicht-leeres System von Teilmengen der Menge X. In einer Topologie $\mathfrak{T}$ von X, in der alle Mengen aus $\mathfrak{P}$ offen sind, sind wegen (O 2) auch diejenigen Mengen offen, die Durchschnitt von je endlich vielen Mengen aus $\mathfrak{P}$ sind. Es sei $\mathfrak{Q}$ das System aller dieser Durchschnitte. $\mathfrak{Q}$ umfaßt $\mathfrak{P}$, denn für eine beliebige Menge A ist $A = A \cap A$. Sollte die Vereinigung aller Mengen von $\mathfrak{Q}$ verschieden von X sein, so nehmen wir X zu $\mathfrak{Q}$ hinzu. Für die Topologie $\mathfrak{T}$ müssen wegen (O 1) auch alle diejenigen Mengen offen sein, die Vereinigungen von Mengen aus $\mathfrak{Q}$ sind. Wir bezeichnen das System dieser Mengen mit $\mathfrak{O}$, wobei $\emptyset$ auch zu $\mathfrak{O}$ gehöre. $\mathfrak{O}$ umfaßt $\mathfrak{Q}$. Wir wollen zeigen, daß $\mathfrak{O}$ das System der offenen Mengen einer Topologie von X ist. Sei $\{Q_\varkappa\}_{\varkappa\in K}$ eine Familie von Mengen aus $\mathfrak{O}$ und $Q = \bigcup Q_\varkappa$. Es kann angenommen werden, daß kein $Q_\varkappa$ leer ist, weil es sonst zu Q keinen Beitrag liefert. Dann ist jedes $Q_\varkappa$ Vereinigung einer geeigneten Familie von Mengen aus $\mathfrak{Q}$, etwa $Q_\varkappa = \bigcup_{\lambda_\varkappa\in\Lambda_\varkappa} Q_{\lambda_\varkappa}$, und daher auch $Q = \bigcup_{\varkappa\in K} \bigcup_{\lambda_\varkappa\in\Lambda_\varkappa} Q_{\lambda_\varkappa}$ Vereinigung von Mengen aus $\mathfrak{Q}$. Also gehört Q zu $\mathfrak{O}$, und es folgt (O 1) für $\mathfrak{O}$. X gehört jedenfalls zu $\mathfrak{O}$. Wir zeigen nun, daß der Durchschnitt je zweier Mengen aus $\mathfrak{O}$ zu $\mathfrak{O}$ gehört. Hieraus folgt (O 2) für $\mathfrak{O}$ durch vollständige Induktion nach der Anzahl der zum Schnitt gebrachten Mengen. Seien Q und R Mengen aus $\mathfrak{O}$. Es kann angenommen werden, daß Q und R nicht-leer und von X verschieden sind, weil sonst $Q \cap R$ eine der Mengen $\emptyset$, Q, R ist. Q und R sind von der Gestalt $Q = \bigcup_{\lambda\in\Lambda} Q_\lambda$ und $R = \bigcup_{\mu\in M} R_\mu$, wobei die Mengen Q_λ und R_μ zu $\mathfrak{Q}$ gehören. Nun ist $R \cap Q = \bigcup_{\lambda\in\Lambda} Q_\lambda \cap \bigcup_{\mu\in M} R_\mu = \bigcup_{\lambda\in\Lambda} \bigcup_{\mu\in M} (Q_\lambda \cap R_\mu)$. Jedes Q_λ und jedes R_μ ist Durchschnitt von je endlich vielen Mengen aus $\mathfrak{P}$ und damit auch jedes $Q_\lambda \cap R_\mu$. Daher gehört jedes $Q_\lambda \cap R_\mu$

zu $\mathfrak{Q}$, und es gehört $R \cap Q$ zu $\mathfrak{O}$ als Vereinigung von Mengen aus $\mathfrak{Q}$. Wir erhalten, daß (O 1) und (O 2) für $\mathfrak{O}$ erfüllt sind.

Da jede Topologie auf X, welche die Mengen von $\mathfrak{P}$ als offene Mengen besitzt, auch die Mengen von $\mathfrak{O}$ als offene Mengen besitzt, definiert $\mathfrak{O}$ die gröbste Topologie auf X, in der die Mengen aus $\mathfrak{P}$ offen sind, und sie ist eindeutig bestimmt.

Definition. Es sei $\mathfrak{P}$ ein nicht-leeres System von Teilmengen der Menge X. Die gröbste Topologie auf X, welche die Mengen von $\mathfrak{P}$ als offene Mengen besitzt, heißt die von $\mathfrak{P}$ erzeugte Topologie. $\mathfrak{P}$ heißt ein Erzeugendensystem oder eine Subbasis dieser Topologie.

Jede Topologie besitzt mindestens ein Erzeugendensystem, zum Beispiel das System aller offenen Mengen. Der Begriff der Subbasis gibt ein Stetigkeitskriterium.

Satz 1. *Es seien X und Y topologische Räume, $f: X \to Y$ eine Abbildung und $\mathfrak{P}$ eine Subbasis für Y. f ist genau dann stetig, wenn jede Menge aus $\mathfrak{P}$ ein offenes Urbild bezüglich f hat.*

Beweis. Wegen 2.8 Satz 3 (d) ist die Bedingung für die Stetigkeit von f notwendig. Zum Nachweis, daß sie hinreichend ist, bemerken wir, daß für eine beliebige Familie $\{B_\lambda\}_{\lambda \in \Lambda}$ von Teilmengen von Y gilt $\overset{-1}{f}(\bigcap B_\lambda) = \bigcap \overset{-1}{f}(B_\lambda)$ und $\overset{-1}{f}(\bigcup B_\lambda) = \bigcup \overset{-1}{f}(B_\lambda)$. Damit folgt: Besitzt jede Menge aus $\mathfrak{P}$ ein offenes Urbild, so ist dies auch für die Durchschnitte von je endlich vielen der Fall und auch für die Vereinigung einer Familie solcher Durchschnitte. Wegen 2.8 Satz 3 (d) folgt hieraus die Stetigkeit von f.

Unsere ursprüngliche Frage ist nun auch beantwortet. Nach dem eingangs Gesagten gilt

Satz 2. *Es sei $\{\mathfrak{T}_\lambda\}_{\lambda \in \Lambda}$ eine nicht-leere Familie von Topologien auf der Menge X. Unter den Topologien von X, die feiner als jedes $\mathfrak{T}_\lambda$ sind, gibt es eine gröbste. Sie wird von denjenigen Mengen erzeugt, die für mindestens ein $\mathfrak{T}_\lambda$ offen sind, und heißt die obere Grenze der Topologien $\mathfrak{T}_\lambda$.*

3.4 Basen. Das im Vorangehenden aufgetretene System $\mathfrak{Q}$ führt auf folgende

Definition 1. Ein System $\mathfrak{Q}$ von offenen Mengen eines topologischen Raumes X heißt Basis (der Topologie von X), wenn jede nicht-leere offene Menge von X Vereinigung von Mengen aus $\mathfrak{Q}$ ist.

Eine Basis ist zugleich eine Subbasis. Als Basis kann stets das System aller offenen Mengen genommen werden. Häufig sind andere Basen leichter zu überblicken.

Beispiel. Sei X ein metrischer Raum. Für alle Punkte x und alle positiven reellen Zahlen ε betrachten wir die ε-Umgebungen $U(x; \varepsilon)$. Diese sind offen nach 1.3. Ist Q eine offene Menge und $y \in Q$, so gibt es für geeignetes ε ein $U(y; \varepsilon)$, das von Q umfaßt wird, woraus folgt, daß Q die Vereinigung aller in Q enthaltenen $U(x; \varepsilon)$ ist. Die Gesamtheit aller $U(x; \varepsilon)$ bildet also eine Basis. Für diesen Schluß braucht man nicht alle reellen positiven ε zuzulassen. Es genügt, für ε die Werte $1, \frac{1}{2}, \frac{1}{3}, \frac{1}{4}, \ldots$ (oder die Werte irgendeiner Nullfolge positiver reeller

Zahlen) zu nehmen. Die Gesamtheit aller $U(x; \varepsilon)$ mit $x \in X$ und $\varepsilon = \frac{1}{k}$ für $k = 1, 2, 3, \ldots$ bildet also ebenfalls eine Basis von X.

Für $X = \mathsf{R}^n$ läßt sich diese Basis noch weiter einschränken. Dazu nennen wir ein n-tupel $x = (x_1, x_2, \ldots, x_n)$ reeller Zahlen rational, wenn $x_1, x_2, \ldots, x_n$ rationale Zahlen sind. Sei nun Q eine offene Menge des R^n und $x = (x_1, x_2, \ldots, x_n)$ irgendein Punkt aus Q. Für eine geeignete natürliche Zahl k liegt dann $U\left(x; \frac{2}{k}\right)$ in Q. Es gibt einen rationalen Punkt $y = (y_1, y_2, \ldots, y_n)$ derart, daß $|x_i - y_i| < \frac{1}{k\sqrt{n}}$ für $i = 1, 2, \ldots, n$ und somit $d(x, y) < \frac{1}{k}$ ist. Nun ist $x \in U\left(y; \frac{1}{k}\right)$, und aus der Dreiecksungleichung (M 3) folgt $U\left(y; \frac{1}{k}\right) \subset U\left(x; \frac{2}{k}\right)$. Also ist $U\left(y; \frac{1}{k}\right)$ eine in Q enthaltene offene Umgebung von x. Es ergibt sich, daß die Umgebungen $U\left(y; \frac{1}{k}\right)$, wobei y die rationalen Punkte des R^n und k die natürlichen Zahlen durchläuft, eine Basis für die Topologie des R^n bilden. Jedes solche $U\left(y; \frac{1}{k}\right)$ ist durch $n + 1$ rationale Zahlen $y_1, y_2, \ldots, y_n, \frac{1}{k}$ charakterisiert. Die Menge dieser Umgebungen ist also abzählbar. Wir erhalten

Satz 1. *Die Topologie des* R^n *besitzt eine abzählbare Basis.*

Definition 2. Trifft für einen topologischen Raum X die Aussage zu:
(A 2) X besitzt eine abzählbare Basis,
so sagt man, daß X das zweite Abzählbarkeitsaxiom erfüllt.

Es sei wieder X ein beliebiger topologischer Raum und $\mathfrak{Q}$ eine Basis der Topologie von X. Für einen beliebigen Punkt x von X bilden diejenigen Mengen aus $\mathfrak{Q}$, die x enthalten, eine Umgebungsbasis. Ist nämlich U irgendeine Umgebung von x, so umfaßt U eine offene Umgebung V von x, und V ist Vereinigung von Mengen aus $\mathfrak{Q}$. Wegen $x \in V$ gibt es also eine Menge Q aus $\mathfrak{Q}$, die x enthält und die von V, und damit erst recht von U, umfaßt wird, und es ist Q Umgebung von x, weil Q offen ist. Wir erhalten

Satz 2. *Ist* $\mathfrak{Q}$ *eine Basis für den topologischen Raum* X, *so enthält* $\mathfrak{Q}$ *für jeden Punkt von* X *eine Umgebungsbasis.*

Hieraus ergibt sich insbesondere, daß das erste Abzählbarkeitsaxiom (A 1) (siehe 2.7) aus (A 2) folgt. Jedoch folgt (A 2) nicht aus (A 1). Auf einer nicht-abzählbaren Menge erfüllt die diskrete Topologie (A 1), nicht aber (A 2), weil jede Basis der diskreten Topologie alle einpunktigen Teilmengen enthalten muß.

Aufgaben. 1. Ein System $\mathfrak{Q}$ von Teilmengen der Menge X ist genau dann Basis einer Topologie auf X, wenn X Vereinigung aller Mengen aus $\mathfrak{Q}$ ist und wenn der Durchschnitt von je endlich vielen Mengen aus $\mathfrak{Q}$ Vereinigung von Mengen aus $\mathfrak{Q}$ oder leer ist.

2. Der metrische Raum des Beispiels 3 von 1.1 erfüllt (A 2). Anleitung: Man betrachte diejenigen Folgen, bei denen alle Glieder rational und nur endlich viele von null verschieden sind.

§ 4 Erzeugung topologischer Räume

Sei $f\colon X \to Y$ eine Abbildung. Ist dabei Y ein topologischer Raum und X eine Menge, so führt die Frage nach der gröbsten Topologie auf X, für welche f stetig ist, auf den Begriff der induzierten Topologie. Ist umgekehrt X ein topologischer Raum und Y eine Menge, so führt die Frage nach der feinsten Topologie auf Y, für welche f stetig ist, auf den Begriff der Identifizierungstopologie. Diese Fragestellungen lassen sich auf Familien von Abbildungen $f_\lambda\colon X \to X_\lambda$ bzw. $f_\lambda\colon X_\lambda \to X$ verallgemeinern, wobei sich topologische Produkte und topologische Summen als Spezialfälle ergeben.

4.1 Induzierte Topologie. Es seien X eine Menge, X' ein topologischer Raum und $f\colon X \to X'$ eine Abbildung. Ist Q' eine offene Menge von X', so ist wegen Aussage (d) von 2.8 Satz 3 das Urbild $\overset{-1}{f}(Q')$ offen in jeder Topologie auf X, für welche f stetig ist. Sei nun $\mathfrak{O}$ das System aller derjenigen Teilmengen von X, die Urbild einer offenen Menge von X' bezüglich f sind. $X = \overset{-1}{f}(X')$ gehört zu $\mathfrak{O}$, ebenso die leere Teilmenge von X als Urbild der leeren Teilmenge von X'. Ist $\{Q_\lambda\}_{\lambda \in \Lambda}$ eine Familie von Mengen aus $\mathfrak{O}$, so ist $Q_\lambda = \overset{-1}{f}(Q_\lambda')$ für alle λ aus Λ, wenn Q_λ' eine geeignete offene Menge von X' bezeichnet. $\bigcup Q_\lambda'$ ist offen in X', und wegen $\bigcup Q_\lambda = \bigcup \overset{-1}{f}(Q_\lambda') = \overset{-1}{f}(\bigcup Q_\lambda')$ gehört $\bigcup Q_\lambda$ zu $\mathfrak{O}$. Sind $Q_1, Q_2, \ldots, Q_n$ Mengen aus $\mathfrak{O}$, so ist $Q_i = \overset{-1}{f}(Q_i')$ für $i = 1, 2, \ldots, n$, wenn Q_i' eine geeignete offene Menge von X' ist. $\bigcap Q_i'$ ist offen und $\bigcap Q_i = \bigcap \overset{-1}{f}(Q_i') = \overset{-1}{f}(\bigcap Q_i')$ gehört ebenfalls zu $\mathfrak{O}$. Für $\mathfrak{O}$ sind also (O 1) und (O 2) erfüllt. Wegen Aussage (d) von 2.8 Satz 3 ist f für die von $\mathfrak{O}$ auf X definierte Topologie stetig, und nach Definition von $\mathfrak{O}$ ist diese Topologie die gröbste auf X, für welche f stetig ist.

Definition. Es seien X eine Menge, Y ein topologischer Raum und $f\colon X \to Y$ eine Abbildung. Die gröbste Topologie auf X, für welche f stetig ist, heißt die von f induzierte Topologie.

Satz 1. *Besitzt X die von $f\colon X \to Y$ induzierte Topologie, so ist eine Teilmenge von X genau dann offen, wenn sie (bezüglich f) Urbild einer offenen Menge von Y ist. Eine Teilmenge von X ist genau dann abgeschlossen, wenn sie Urbild einer abgeschlossenen Menge von Y ist. Eine Teilmenge U von X ist genau dann Umgebung von $x \in X$, wenn sie das Urbild einer Umgebung von $f(x)$ umfaßt.*

Beweis. Die erste Aussage folgt unmittelbar aus dem Vorangehenden. Die zweite folgt aus der ersten, weil für eine beliebige Teilmenge B von Y gilt $\overset{-1}{f}(\complement B) = \complement \overset{-1}{f}(B)$. Wegen der Stetigkeit von f ist das Urbild einer beliebigen Umgebung von $f(x)$ Umgebung von x und damit jede Obermenge dieses Urbildes. Ist umgekehrt U Umgebung von x, so umfaßt U eine offene Umgebung Q von x. Q ist Urbild einer offenen Menge Q' von Y, und es ist $f(x) \in Q'$, also Q' Umgebung von $f(x)$. Damit ergibt sich die dritte Aussage.

Anmerkung. Aus Satz 1 folgt: Erfüllt Y das 1. bzw. das 2. Abzählbarkeitsaxiom und besitzt X die von $f\colon X \to Y$ induzierte Topologie, so erfüllt auch X das 1. bzw. das 2. Abzählbarkeitsaxiom.

Die Bedeutung der von einer Abbildung induzierten Topologie zeigt

Satz 2. *Es seien X, Y, Z topologische Räume und $f\colon X \to Y$, $g\colon Y \to Z$ Abbildungen. Außerdem habe Y die von g induzierte Topologie. f ist dann und nur dann stetig, wenn $g \circ f$ stetig ist.*

Beweis. g ist stetig nach Voraussetzung. Ist f stetig, so ist $g \circ f$ wegen 2.8 Satz 2 stetig. Sei umgekehrt $g \circ f$ stetig. Ist Q irgendeine offene Menge von Y, so ist Q von der Gestalt $\overset{-1}{g}(R)$, wobei R eine offene Menge von Z ist. Nun ist $\overset{-1}{f}(Q) = \overset{-1}{f}(\overset{-1}{g}(R)) = \overset{-1}{(g \circ f)}(R)$ offen, weil $g \circ f$ stetig ist, woraus die Stetigkeit von f folgt (2.8 Satz 3).

Nach Satz 2 ist die gröbste Topologie, für welche $f\colon X \to Y$ stetig ist, zugleich die gröbste, für welche $g \circ f$ stetig ist. Daher gilt

Satz 3. *Es besitze Y die von $g\colon Y \to Z$ induzierte Topologie. Die von $f\colon X \to Y$ induzierte Topologie auf X stimmt mit der von $g \circ f$ induzierten überein.*

Die von $f\colon X \to Y$ induzierte Topologie ist insbesondere dann wichtig, wenn f verschiedene Punkte von X in verschiedene Punkte von Y abbildet, wenn also für $a \in X$ und $b \in X$ aus $f(a) = f(b)$ folgt, daß $a = b$ ist. Eine solche Abbildung nennen wir injektiv. Soll hervorgehoben werden, daß $f\colon X \to Y$ injektiv ist, so schreiben wir $f\colon X \rightarrowtail Y$.

4.2 Teilräume. Sei X ein topologischer Raum und A eine Teilmenge von X. Zu A gehört in natürlicher Weise eine injektive Abbildung $i\colon A \rightarrowtail X$, die jedem Punkt a von A den Punkt a von X zuordnet. Diese Abbildung heißt (natürliche) Injektion oder Inklusion von A in X. Sie induziert eine Topologie auf A. Wird A mit dieser Topologie versehen, so heißt A Teilraum oder Unterraum von X. Wir vereinbaren, daß wir weiterhin die Teilmengen eines topologischen Raumes stets als Teilräume auffassen wollen, sofern nicht ausdrücklich etwas anderes gesagt wird. Von einem Teilraum A von X sagt man, daß A die induzierte Topologie besitzt. Bei dieser Sprechweise wird also die Injektion nicht mehr erwähnt.

Für die Inklusion $i\colon A \rightarrowtail X$ ist das Urbild $\overset{-1}{i}(B)$ einer Teilmenge B von X nichts anderes als $A \cap B$. Hiernach und wegen 4.1 Satz 1 ist eine Teilmenge P von A genau dann eine offene Teilmenge des Teilraumes A, wenn P Durchschnitt von A mit einer offenen Menge von X ist. Eine offene Menge P des Teilraumes A braucht nicht offene Menge von X zu sein; um Verwechslungen auszuschließen, wird P als relativ A offene oder bezüglich A offene Menge bezeichnet. Beispielsweise ist A stets relativ A offen, es braucht aber A nicht offen in X zu sein. Hieraus und aus (O 2) entnimmt man, daß die relativ A offenen Mengen dann und nur dann sämtlich offen in X sind, wenn A offen in X ist.

Eine abgeschlossene Menge des Teilraumes A heißt relativ A oder bezüglich A abgeschlossen. Wegen 4.1 Satz 1 ist eine Teilmenge von A genau dann relativ A abgeschlossen, wenn sie Durchschnitt von A mit einer abgeschlossenen Menge von X ist. Die relativ A abgeschlossenen Mengen sind dann und nur dann sämtlich abgeschlossen in X, wenn A abgeschlossen in X ist.

Für einen Punkt x von A sind die Umgebungen relativ A die Durchschnitte von A mit den Umgebungen von x in X wiederum wegen 4.1 Satz 1. Ist A Umgebung von

x (bezüglich X), so sind die Umgebungen von x relativ A auch Umgebungen von x in X. Hieraus folgt unmittelbar

Satz 1. *Ist $A \subset X$ Umgebung von $x \in X$, so ist eine Umgebungsbasis von x relativ A auch Umgebungsbasis von x in X.*

Ist $B \subset A \subset X$, so besitzt die Menge B eine induzierte Topologie als Teilmenge von A und eine induzierte Topologie als Teilmenge von X. Wegen 4.1 Satz 3 stimmen beide Topologien überein. Ist X ein metrischer Raum und A eine Teilmenge von X, so besitzt A die von X induzierte Metrik. Die von dieser Metrik induzierte Topologie auf A stimmt mit der Topologie überein, die A als Teilraum von X besitzt. Ist nämlich a ein Punkt von A, so ist für jedes positive reelle ε die ε-Umgebung von a bezüglich A der Durchschnitt von A mit der ε-Umgebung von a in X.

Sind X und Y topologische Räume und ist $f\colon X \to Y$ eine Abbildung, so gehört zu f eine Abbildung $f'\colon X \to f(X)$ derart, daß f das Kompositum von f' und der Inklusion $i\colon f(X) \rightarrowtail Y$ ist. f' entsteht also dadurch aus f, daß der Wertevorrat Y auf die Bildmenge $f(X)$ eingeschränkt wird. 4.1 Satz 2 besagt für diesen Fall:

Satz 2. *Die Abbildung $f\colon X \to Y$ ist genau dann stetig, wenn die zugehörige Abbildung $f'\colon X \to f(X)$ stetig ist.*

Für eine Abbildung $f\colon X \to Y$ und eine Teilmenge A von X kann man das Kompositum $f \circ i$ der Inklusion $i\colon A \rightarrowtail X$ mit f betrachten. Statt $f \circ i$ schreibt man auch $f|A$ und nennt $f|A$ die Einschränkung von f auf A. Ist f stetig, so ist auch $f|A$ stetig, weil $i\colon A \rightarrowtail X$ stetig ist. Ist umgekehrt $f|A$ stetig, so braucht $f\colon X \to Y$ in keinem Punkte von A stetig zu sein.

Beispiel. Sei $X = Y$ die Zahlengerade, A die Menge der rationalen Zahlen. Die Abbildung

$$f(x) = \begin{cases} 0 \text{ für rationales } x \\ 1 \text{ für irrationales } x \end{cases}$$

ist in keinem Punkte stetig. Aber $f|A$ ist stetig.

Man bemerkt, daß es zu 4.1 Satz 2 keine entsprechende Aussage gibt, wenn man dort die Forderung, daß Y die von g induzierte Topologie besitzt, dadurch ersetzt, daß X die von f induzierte Topologie haben soll. Es gilt jedoch folgender häufig nützliche

Satz 3. *Es seien $A_1, A_2, \ldots, A_n$ abgeschlossene Mengen des topologischen Raumes X, und es sei $X = \bigcup_{i=1}^{n} A_i$. Die Abbildung $f\colon X \to Y$ in den topologischen Raum Y ist genau dann stetig, wenn es die Einschränkungen $f|A_i$ für $i = 1, 2, \ldots, n$ sind.*

Beweis. Ist f stetig, so ist $f|A_i$ stetig. Seien umgekehrt alle $f|A_i$ stetig. Ist G irgendeine abgeschlossene Menge von Y, so ist $\overset{-1}{(f|A_i)}(G) = A_i \cap \overset{-1}{f}(G)$ relativ A_i abgeschlossen wegen 2.8 Satz 3 und auch abgeschlossen in X, weil A_i abgeschlossen ist. Wegen $X = \bigcup A_i$ ist nun $\overset{-1}{f}(G) = \bigcup \overset{-1}{(f|A_i)}(G)$, und es ist $\overset{-1}{f}(G)$ wegen 2.5 (G 2) abgeschlossen, woraus die Stetigkeit von f nach 2.8 Satz 3 folgt.

Auf dieselbe Weise ergibt sich

Satz 4. *Es sei $\{Q_\lambda\}_{\lambda\in\Lambda}$ eine Familie offener Mengen des topologischen Raumes X und $X = \bigcup Q_\lambda$. Die Abbildung $f\colon X \to Y$ in den topologischen Raum Y ist genau dann stetig, wenn es alle Einschränkungen $f|Q_\lambda$ sind.*

4.3 Identifizierungstopologie. Es sei jetzt X ein topologischer Raum, X' eine Menge und $f\colon X \to X'$ eine Abbildung. $\mathfrak{O}'$ bezeichne das System aller derjenigen Teilmengen von X', die ein offenes Urbild bezüglich f besitzen. Weil für eine beliebige Familie $\{A_\lambda'\}_{\lambda\in\Lambda}$ von Teilmengen von X' gilt $\overset{-1}{f}(\bigcup A_\lambda') = \bigcup \overset{-1}{f}(A_\lambda')$ und $\overset{-1}{f}(\bigcap A_\lambda') = \bigcap \overset{-1}{f}(A_\lambda')$, definiert $\mathfrak{O}'$ eine Topologie auf X'. Wegen 2.8 Satz 3 ist f für diese Topologie stetig, und sie ist die feinste Topologie auf X' mit dieser Eigenschaft. Sei jetzt X' mit dieser Topologie versehen. Ist x' ein Punkt von X', der nicht Bildpunkt bezüglich f ist, also $x' \in \complement f(X)$, so ist die einpunktige Teilmenge $\{x'\}$ offen, weil ihr Urbild leer ist. $\complement f(X)$ besitzt also die diskrete Topologie. Weil $\complement f(X)$ diese triviale Topologie besitzt, wollen wir für das Folgende annehmen, daß $f(X) = X'$ ist. Man sagt dann, daß f eine Abbildung von X auf X' ist oder, wenn man die französische Bezeichnung übernimmt, daß f surjektiv ist. Soll hervorgehoben werden, daß $f\colon X \to X'$ surjektiv ist, so schreiben wir $f\colon X \twoheadrightarrow X'$.

Definition. Es sei X ein topologischer Raum, Y eine Menge und $f\colon X \twoheadrightarrow Y$ eine surjektive Abbildung. Die feinste Topologie auf Y, für welche f stetig ist, heißt die Identifizierungstopologie bezüglich f. Ist Y mit dieser Topologie versehen, so heißt f eine identifizierende Abbildung.

Auf die Herkunft dieser Bezeichnungen gehen wir weiter unten ein.

Satz 1. *Sei $f\colon X \twoheadrightarrow Y$ surjektiv. Die folgenden Aussagen sind gleichwertig:*

(a) *f ist identifizierend.*

(b) *Eine Teilmenge von Y ist genau dann offen, wenn ihr Urbild bezüglich f offen ist.*

(c) *Eine Teilmenge von Y ist genau dann abgeschlossen, wenn ihr Urbild bezüglich f abgeschlossen ist.*

Beweis. Nach dem Vorangehenden sind (a) und (b) gleichwertig, (b) und (c) sind es wegen $\overset{-1}{f}(\complement B) = \complement \overset{-1}{f}(B)$ für $B \subset Y$.

Das Analogon zu 4.1 Satz 2 ist

Satz 2. *Es seien X, Y, Z topologische Räume und $f\colon X \twoheadrightarrow Y$ eine identifizierende Abbildung. Die Abbildung $g\colon Y \to Z$ ist genau dann stetig, wenn $g \circ f$ stetig ist.*

Beweis. f ist stetig. Ist auch g stetig, so ist $g \circ f$ stetig. Sei umgekehrt $g \circ f$ stetig. Ist Q irgendeine offene Menge von Z, so ist $\overset{-1}{(g \circ f)}(Q)$ offen in X. $\overset{-1}{g}(Q)$ besitzt bezüglich f das offene Urbild $\overset{-1}{f}(\overset{-1}{g}(Q)) = \overset{-1}{(g \circ f)}(Q)$ und ist offen in Y, weil f identifizierend ist. Daher ist g stetig.

Nach Satz 2 ist die feinste Topologie auf Z, für welche g stetig ist, zugleich die feinste, für die $g \circ f$ stetig ist. Also gilt

Satz 3. *Es sei* $f\colon X \twoheadrightarrow Y$ *identifizierend. Die Identifizierungstopologie von* Z *bezüglich* $g\colon Y \twoheadrightarrow Z$ *stimmt mit der Identifizierungstopologie bezüglich* $g \circ f$ *überein.*

Satz 4. *Es sei* $f\colon X \twoheadrightarrow Y$ *identifizierend. Ist* B *offen oder abgeschlossen in* Y *und* $A = \overset{-1}{f}(B)$, *so wird durch* $f|A$ *eine identifizierende Abbildung* $g\colon A \twoheadrightarrow B$ *definiert.*

Beweis. Wegen $f(X) = Y$ ist $g(A) = f(A) = B$. $f|A$ ist stetig, und es ist g stetig wegen 4.2 Satz 2. Sei B offen. Dann ist A offen. Für eine Teilmenge C von B ist $\overset{-1}{g}(C) = \overset{-1}{f}(C)$. Ist $\overset{-1}{g}(C)$ offen relativ A, so ist $\overset{-1}{g}(C)$ auch offen in X. Wegen Satz 1 ist C offen. Weil g stetig ist, gilt auch die Umkehrung. Damit folgt die Behauptung für offenes B aus Satz 1. Im abgeschlossenen Falle schließt man entsprechend.

Zu dem Begriff der Identifizierungstopologie gelangt man noch auf andere Weise. Sei $f\colon X \to Y$ eine Abbildung von X in Y. Nennt man zwei Punkte x_1, x_2 von X äquivalent, wenn $f(x_1) = f(x_2)$ ist, so erhält man eine Äquivalenzrelation R für die Punkte von X. Die Menge der Äquivalenzklassen sei X/R, und es bezeichne $[x]$ die Klasse des Punktes x. Durch $p(x) = [x]$ und $\bar{f}([x]) = f(x)$ wird f in die Abbildungen $p\colon X \twoheadrightarrow X/R$ und $\bar{f}\colon X/R \to Y$ zerlegt. Wird X/R mit der Identifizierungstopologie bezüglich p versehen, so ist wegen Satz 2 $\bar{f}$ genau dann stetig, wenn f es ist. Nun ist Y aber entbehrlich. Ist R irgendeine Äquivalenzrelation für die Punkte von X und X/R die Menge der Äquivalenzklassen, so besteht die Projektion $p\colon X \twoheadrightarrow X/R$, die jedem Punkte von X seine Klasse zuordnet. Ist X ein topologischer Raum, so soll X/R stets mit der Identifizierungstopologie bezüglich p versehen sein. Die Projektion p kann so gedeutet werden, daß man äquivalente Punkte von X als nicht mehr verschieden ansieht. Man sagt daher, daß X/R aus X durch Identifizieren äquivalenter Punkte entsteht, woher die Bezeichnung Identifizierungstopologie rührt. Man nennt X/R auch den Quotienten von X nach R.

Beispiele. 1. Es sei X ein Rechteck in der euklidischen Ebene mit den Ecken a, b, c, d. Jeder Punkt der Seite ab bilde mit dem gegenüberliegenden Punkt der Seite cd eine Äquivalenzklasse, während jeder übrige Punkt von X eine Klasse für sich bilden soll. Man überzeugt sich leicht, daß für diese Äquivalenzrelation R der Raum X/R homöomorph zu dem Zylindermantel (endlicher Länge) im R^3 ist, der entsteht, wenn man die Seiten ab und cd des Rechteckes X zusammenklebt. Ein entsprechender Sachverhalt liegt vor, wenn man eine Polyederfläche im R^3 aus einem ebenen Netz aufbaut (vgl. später 7.2 Satz 2).

2. Im R^3 mit den Koordinaten x_0, x_1, x_2 betrachte man die durch $x_0^2 + x_1^2 + x_2^2 = 1$ definierte Kugelfläche S^2. Die ungeordneten Paare von Diametralpunkten von S^2 entsprechen umkehrbar eindeutig den Geraden durch den Nullpunkt. Werden Diametralpunkte von S^2 identifiziert, so entsteht die reelle projektive Ebene P^2 als topologischer Raum. Ersetzt man den R^3 durch den R^{n+1} und S^2 durch die Einheitssphäre S^n im R^{n+1}, so erhält man entsprechend den n-dimensionalen reellen projektiven Raum P^n.

4.4 Offene und abgeschlossene Abbildungen. Die Frage, ob die Identifizierungstopologie vorliegt, läßt sich gelegentlich vermöge der Begriffe der offenen und der abgeschlossenen Abbildung beantworten.

Definition. Eine Abbildung $f\colon X \to Y$ heißt offen (bzw. abgeschlossen), wenn f jede offene (bzw. abgeschlossene) Menge von X auf eine offene (bzw. abgeschlossene) Menge von Y abbildet.

Für die Frage, ob eine Abbildung offen ist, ist folgendes Kriterium nützlich:

Satz 1. *Es seien X, Y topologische Räume und $f\colon X \to Y$ eine Abbildung. Besitzt jede Menge einer Basis von X ein offenes Bild, so ist f offen.*

Dies folgt unmittelbar daraus, daß für eine beliebige Familie $\{A_\lambda\}_{\lambda \in \Lambda}$ von Teilmengen von X gilt $f(\bigcup A_\lambda) = \bigcup f(A_\lambda)$. Da eine entsprechende Gleichung für Durchschnitte nicht gilt, gibt es kein entsprechendes Kriterium für abgeschlossene Abbildungen.

Beispiele. 1. Zwei topologische Räume X, Y sind homöomorph, wenn es eine bijektive Abbildung $h\colon X \rightarrowtail\!\!\twoheadrightarrow Y$ gibt, die stetig und offen ist.

2. Die euklidische Ebene mit den Koordinaten x, y werde durch Projektion parallel zur y-Achse auf die x-Achse abgebildet. Die ε-Umgebung eines Punktes der Ebene geht hierbei in die ε-Umgebung des Bildpunktes über. Die Projektion ist stetig und offen wegen Satz 1, weil die ε-Umgebungen eine Basis der Topologie bilden (3.4 Beispiel). Die Projektion ist jedoch nicht abgeschlossen, denn die durch $xy = 1$ definierte Punktmenge der Ebene (Hyperbel) ist abgeschlossen, nicht aber ihr Bild, das aus allen von null verschiedenen reellen Zahlen besteht.

3. Durch $y = \sin x$ wird das Intervall $[0, 2\pi]$ stetig auf das Intervall $[-1, 1]$ abgebildet. Diese Abbildung ist abgeschlossen, weil sie auf $[0, \pi/2]$, $[\pi/2, 3\pi/2]$ und $[3\pi/2, 2\pi]$ abgeschlossen ist und weil eine Teilmenge von $[0, 2\pi]$ genau dann abgeschlossen ist, wenn ihr Durchschnitt mit diesen drei Teilintervallen es ist. Die Abbildung ist nicht offen. Beispielsweise ist $[0, 3\pi/4)$ offen bezüglich $[0, 2\pi]$, aber das Bild $[0, 1]$ ist nicht offen bezüglich $[-1, 1]$.

4. Es sei $f\colon X \twoheadrightarrow Y$ surjektiv, und es besitze X die von f induzierte Topologie. f ist offen und abgeschlossen. Ist nämlich A eine offene (abgeschlossene) Menge in X, so gibt es wegen 4.1 Satz 1 eine offene (abgeschlossene) Menge B in Y, so daß $A = \overset{-1}{f}(B)$ ist. Weil f surjektiv ist, ist $f(A) = B$.

Satz 2. *Sei $f\colon X \twoheadrightarrow Y$ eine stetige Abbildung von X auf Y. Ist f offen oder abgeschlossen, so besitzt Y die Identifizierungstopologie bezüglich f.*

Beweis. Ist B Teilmenge von Y, so ist $f(\overset{-1}{f}(B)) = B$, weil f surjektiv ist. Sei nun f offen. Ist B irgendeine Teilmenge von Y, deren Urbild $\overset{-1}{f}(B)$ offen ist, so ist B offen. Aus 4.3 Satz 1 folgt, daß die Topologie von Y feiner als die Identifizierungstopologie bezüglich f ist. Sie kann nicht echt feiner sein, weil sonst f nicht stetig wäre. Falls f abgeschlossen ist, schließt man entsprechend.

Sei wieder R eine Äquivalenzrelation auf dem topologischen Raum X und $p\colon X \twoheadrightarrow X/R$ die zugehörige Projektion. Ist A Teilmenge von X, so entsteht $\overset{-1}{p}(p(A))$ aus A dadurch, daß man zu A alle Punkte hinzunimmt, die zu einem Punkte von A äquivalent sind. Man sagt dafür auch, daß man A (bezüglich R) saturiert. Ist $A = \overset{-1}{p}(p(A))$, so heißt A saturiert. Ist nun p offen (abgeschlossen), so entsteht wegen 4.3 Satz 1 durch Saturieren aus jeder offenen (abgeschlossenen) Menge von X wieder eine offene (abgeschlossene) Menge und umgekehrt. Wenn p offen (abgeschlossen) ist, sagt man daher auch, daß die Äquivalenzrelation R offen (abgeschlossen) ist.

4.5 Topologische Produkte. Die Fragestellung von 4.1 läßt sich folgendermaßen verallgemeinern: Es sei Y eine Menge und $\{X_\lambda\}_{\lambda \in \Lambda}$ eine Familie topologischer Räume. Ferner sei für jedes $\lambda \in \Lambda$ eine Abbildung $f_\lambda\colon Y \to X_\lambda$ gegeben. Gesucht wird die gröbste Topologie auf Y, für welche alle f_λ stetig sind. Nach 4.1 und 3.3 ist dies die obere Grenze aller Topologien, die von den Abbildungen f_λ induziert werden. Wir wenden uns dem wichtigsten Spezialfall dieser Fragestellung zu. Mit ihm werden wir den allgemeinen Fall auf 4.1 zurückführen.

Es sei $\{X_\lambda\}_{\lambda \in \Lambda}$ eine (nicht-leere) Familie topologischer Räume. Für die Mengen X_λ können wir die Produktmenge $X = \prod_{\lambda \in \Lambda} X_\lambda$ bilden. Ein Punkt x von X ist eine Familie von Punkten $\{x_\lambda\}$, wobei $x_\lambda \in X_\lambda$ ist, also $x = \{x_\lambda\}$. x_λ heißt die Koordinate vom Index λ von x. Falls kein Mißverständnis zu befürchten ist, schreiben wir $\prod X_\lambda$ statt $\prod_{\lambda \in \Lambda} X_\lambda$. Ist $A_\lambda \subset X_\lambda$ für jedes $\lambda \in \Lambda$, so ist $A = \prod A_\lambda \subset X$. Ein Punkt $x = \{x_\lambda\}$ von X gehört genau dann zu A, wenn $x_\lambda \in A_\lambda$ für jedes $\lambda \in \Lambda$ ist. Hieraus folgt sofort: Sind A_λ und B_λ Teilmengen von X_λ, so ist

$$\prod A_\lambda \cap \prod B_\lambda = \prod (A_\lambda \cap B_\lambda). \tag{4.1}$$

Man beachte, daß für die Vereinigung keine entsprechende Formel gilt.

Beispiel 1. Es sei Λ die Menge der natürlichen Zahlen von 1 bis n und X_λ die Zahlengerade für alle λ. X besteht aus den n-tupeln reeller Zahlen. Die Koordinate vom Index λ hat die übliche Bedeutung. Nimmt man als Indexmenge die Menge aller natürlichen Zahlen, so sind die Punkte von X die Folgen reeller Zahlen. Nimmt man die Zahlengerade als Indexmenge, so sind die Punkte von X die auf der gesamten Zahlengeraden definierten reellen Funktionen.

Ordnet man jedem Punkt $x = \{x_\lambda\}$ seine Koordinate vom Index λ zu, so entsteht die Projektion $p_\lambda: X \to X_\lambda$. Ist $\varkappa \in \Lambda$ und $Q_\varkappa$ offen in $X_\varkappa$, so ist $\overset{-1}{p_\varkappa}(Q_\varkappa)$ offen für jede Topologie von X, für welche $p_\varkappa$ stetig ist. Dabei ist $\overset{-1}{p_\varkappa}(Q_\varkappa) = \prod Q_\lambda$, wenn $Q_\lambda = X_\lambda$ für $\lambda \neq \varkappa$ gesetzt wird. Sollen alle Projektionen p_λ stetig sein, so müssen alle Mengen der Gestalt $\overset{-1}{p_\lambda}(Q_\lambda)$ offen sein, wobei λ ganz Λ und Q_λ die offenen Mengen von X_λ durchläuft. Die von diesen Mengen erzeugte Topologie auf X (vgl. 3.3) ist also die gröbste, für welche alle Projektionen p_λ stetig sind.

Definition. Sei $\{X_\lambda\}_{\lambda \in \Lambda}$ eine (nicht-leere) Familie topologischer Räume. Die gröbste Topologie auf der Menge $X = \prod_{\lambda \in \Lambda} X_\lambda$, für welche alle Projektionen $p_\lambda: X \to X_\lambda$ stetig sind, heißt die Produkttopologie auf X. Wird X damit versehen, so heißt X das topologische Produkt der Räume X_λ. Falls nicht ausdrücklich etwas anderes gesagt wird, soll unter $X = \prod X_\lambda$ stets das topologische Produkt verstanden werden.

Da die Mengen der Gestalt $\overset{-1}{p_\lambda}(Q_\lambda)$ für offenes Q_λ in X_λ ein Erzeugendensystem der Produkttopologie bilden, erhält man gemäß 3.3 eine Basis, wenn man die Durchschnitte von je endlich vielen dieser Mengen bildet. Wegen (4.1) ergibt sich also

Satz 1. *Die Mengen der Gestalt $\prod Q_\lambda$, wobei Q_λ offen in X_λ und bis auf endlich viele Ausnahmen $Q_\lambda = X_\lambda$ ist, bilden eine Basis der Produkttopologie.*

Da es noch andere Basen gibt, wollen wir die angegebene als natürliche Basis bezeichnen. Falls Λ eine endliche Menge ist, vereinfacht sich die Beschreibung der natürlichen Basis: Sie wird von den Mengen der Gestalt $\prod Q_\lambda$ gebildet, wobei Q_λ offen in X_λ ist.

Anmerkung 1. Nach 3.4 Satz 2 ist mit einer Basis der Produkttopologie auch für jeden Punkt eine Umgebungsbasis bekannt. Ist für jedes X_λ eine Basis gegeben, so bilden die Mengen der Gestalt $\prod Q_\lambda'$, wobei Q_λ' jeweils X_λ oder Basismenge von X_λ und nur für endlich viele λ von X_λ verschieden ist, eine Basis von $X = \prod X_\lambda$. Wegen Satz 1 gehören diese Mengen jedenfalls zur natürlichen Basis von X. Die Behauptung folgt, wenn gezeigt wird, daß jede Menge der natürlichen Basis Vereinigung von Mengen der hier angegebenen Gestalt ist. Sei dazu $Q = \prod Q_\lambda$ eine Menge der natürlichen Basis und $Q_\lambda \neq X_\lambda$ etwa für $\lambda = \lambda_1, \lambda_2, \ldots, \lambda_n$. Ist $x = \{x_\lambda\}$ ein Punkt aus Q, so gibt es für $i = 1, 2, \ldots, n$ eine Basismenge Q'_{λ_i} von X_{λ_i}, die x_{λ_i} enthält und in Q_{λ_i} liegt. Setzt man $Q_\lambda' = X_\lambda$ für $\lambda \neq \lambda_1, \lambda_2, \ldots, \lambda_n$, so ist $Q' = \prod Q_\lambda'$ von der geforderten Gestalt, $Q' \subset Q$ wegen $Q_\lambda' \subset Q_\lambda$ für alle λ und außerdem $x \in Q'$. Daher ist Q Vereinigung aller in Q enthaltenen Mengen der hier geforderten Gestalt.

Sind in dem Produkt $X = \prod X_\lambda$ alle Faktoren X_λ derselbe topologische Raum Y, so schreibt man auch $X = Y^\Lambda$.

Beispiel 2. Die zu Beispiel 1 gehörigen topologischen Produkte sind R^n, R^N, R^R, wenn N die Menge der natürlichen Zahlen bezeichnet. Man beachte, daß bei R^R die Topologie von R für den Exponenten R keine Rolle spielt. Hiernach hat R^n als topologischer Raum zunächst doppelte Bedeutung, nämlich als topologisches Produkt und als Raum mit der von der Metrik des R^n induzierten Topologie. Diese beiden topologischen Räume sind jedoch identisch. Sei $x = (x_1, x_2, \ldots, x_n)$ ein Punkt der Menge R^n. Nach Anmerkung 1 enthält jede Umgebung von x bezüglich der Produkttopologie eine solche von der Gestalt $\prod_{i=1}^{n} Q_i'$, wobei Q_i' eine geeignete ε_i-Umgebung von x_i ist (Quaderumgebung), und diese umfaßt für geeignetes ε eine ε-Umgebung von x bezüglich der Metrik, beispielsweise für $\varepsilon = \min \varepsilon_i$. Umgekehrt umfaßt jede ε-Umgebung von x bezüglich der Metrik eine Umgebung von der Gestalt $\prod_{i=1}^{n} Q_i'$; man nehme für Q_i' etwa die ε/n-Umgebung von x_i. Beide Topologien auf der Menge R^n besitzen daher dieselben Umgebungen und stimmen somit überein.

Anmerkung 2. Ist Λ eine nicht-abzählbare Menge und besitzt jedes X_λ mindestens eine von $\emptyset$ und von X_λ verschiedene offene Menge, so erfüllt das topologische Produkt $X = \prod X_\lambda$ sicher nicht das 1. Abzählbarkeitsaxiom (vgl. 2.7). Zum Nachweis sei $x = \{x_\lambda\}$ ein Punkt von X, für welchen jedes x_λ eine von X_λ verschiedene offene Umgebung in X_λ besitzt. Nehmen wir an, daß x eine abzählbare Umgebungsbasis $\{V_n\}$ besitzt. Wegen Anmerkung 1 muß jedes V_n eine offene Umgebung $Q^{(n)}$ von x umfassen, die zur natürlichen Basis der Produkttopologie gehört. Es müßte also eine abzählbare Umgebungsbasis $\{Q^{(n)}\}$ von x geben, die aus Mengen der natürlichen Basis besteht. Jedes $Q^{(n)}$ ist von der Gestalt $Q^{(n)} = \prod Q_\lambda^{(n)}$, wobei nur endlich viele $Q_\lambda^{(n)}$ von X_λ verschieden sind. Die Menge M aller derjenigen λ, für welche $X_\lambda \neq Q_\lambda^{(n)}$ für irgendein n ist, ist als Vereinigung von abzählbar vielen endlichen Mengen abzählbar. Weil Λ nicht abzählbar ist, gibt es ein Element $\varkappa$ von Λ, das nicht zu M gehört. Nun besitzt $x_\varkappa$ eine von $X_\varkappa$ verschiedene offene Umgebung $Q_\varkappa$. Wird $Q_\lambda = X_\lambda$ für $\lambda \neq \varkappa$ gesetzt, so ist $Q = \prod Q_\lambda$ eine offene Umgebung von x, die kein $Q^{(n)}$ umfaßt, im Widerspruch dazu, daß $\{Q^{(n)}\}$ eine Umgebungsbasis von x sein sollte. x besitzt also keine abzählbare Umgebungsbasis.

Sei $\varkappa \in \Lambda$. Nach Definition der Produkttopologie ist $p_\varkappa\colon \prod X_\lambda \to X_\varkappa$ stetig. Für eine nicht-leere Menge $Q = \prod Q_\lambda$ der natürlichen Basis ist ferner $p_\varkappa(Q) = Q_\varkappa$, also offen. Hieraus folgt nach 4.4 Satz 1, daß $p_\varkappa$ offen ist. Also gilt

Satz 2. *Für das topologische Produkt $X = \prod\limits_{\lambda \in \Lambda} X_\lambda$ sind die Projektionen $p_\lambda\colon X \to X_\lambda$ stetig und offen.*

Das Analogon zu 4.1 Satz 2 ist

Satz 3. *Die Abbildung $f\colon Y \to X$ des topologischen Raumes Y in das topologische Produkt $X = \prod X_\lambda$ ist dann und nur dann stetig, wenn alle zusammengesetzten Abbildungen $p_\lambda \circ f\colon Y \to X_\lambda$ stetig sind.*

Beweis. p_λ ist stetig. Ist f stetig, so ist auch $p_\lambda \circ f$ stetig (2.8 Satz 2). Sei umgekehrt $p_\lambda \circ f$ stetig für jedes $\lambda \in \Lambda$. Ist $\varkappa \in \Lambda$ und $Q_\varkappa$ offen in $X_\varkappa$, so ist $\overset{-1}{p_\varkappa}(Q_\varkappa)$ offen in X und $\overset{-1}{f}(\overset{-1}{p_\varkappa}(Q_\varkappa)) = (p_\varkappa \overset{-1}{\circ} f)(Q_\varkappa)$ offen in Y wegen der Stetigkeit von $p_\varkappa \circ f$. Hieraus folgt die Stetigkeit von f nach 3.3 Satz 1, weil die Mengen der Gestalt $\overset{-1}{p_\varkappa}(Q_\varkappa)$ die Produkttopologie erzeugen.

Anmerkung 3. Sei $\{X_\lambda\}_{\lambda \in \Lambda}$ eine Familie topologischer Räume und Y eine Menge. Ferner sei für jedes $\lambda \in \Lambda$ eine Abbildung $f_\lambda\colon Y \to X_\lambda$ gegeben. Dann ist durch $f(y) = \{f_\lambda(y)\}$ eine Abbildung $f\colon Y \to \prod X_\lambda$ definiert, für welche $p_\lambda \circ f = f_\lambda$ ist. Ist Y mit einer Topologie versehen, so ist f wegen Satz 3 genau dann stetig, wenn alle f_λ es sind. Insbesondere ist die gröbste Topologie auf Y, für welche alle f_λ stetig sind, die von f induzierte. Die allgemeine Fragestellung am Anfang dieses Abschnittes 4.5 ist damit auf 4.1 zurückgeführt. Satz 3 enthält ferner den bekannten Spezialfall, daß eine stetige Abbildung in den R^n durch n reellwertige stetige Funktionen beschrieben wird.

Beispiel 3. Es sei Z ein topologischer Raum. Eine Abbildung $f\colon Z \to \mathsf{R}$ von Z in die Zahlengerade R bezeichnen wir auch als reellwertige Funktion auf Z. Sind f und g reellwertige Funktionen auf Z, so definieren f und g eine Abbildung $(f, g)\colon Z \to \mathsf{R}^2$. Bezeichnen x und y die Koordinaten von R^2, so sind $x + y$, $x - y$ und xy bekanntlich stetige Abbildungen von R^2 auf R. Berücksichtigt man, daß das Kompositum stetiger Abbildungen stetig ist, so ergibt sich aus Anmerkung 3: Sind f und g stetige reellwertige Funktionen auf Z, so sind auch $f + g$, $f - g$ und fg stetig. Dabei ist für $z \in Z$ unter $(f + g)(z)$ wie üblich $f(z) + g(z)$ zu verstehen, und $f - g$ und fg sind entsprechend erklärt. Die konstante Funktion $g(z) = a$ ist stetig. Daher ist mit f auch af stetig. Die Abbildung $x \to |x|$ (Betrag von x) von R in R ist stetig. Durch $z \to |f(z)|$ werde die Funktion $|f|$ auf Z erklärt. Sie ist ebenfalls stetig (wenn f stetig ist). $\max(f, g)$ bzw. $\min(f, g)$ werden durch $\max(f, g)(z) = \max(f(z), g(z))$ bzw. $\min(f, g)(z) = \min(f(z), g(z))$ erklärt. Diese Funktionen sind nach dem zuvor Gesagten ebenfalls stetig (für stetiges f und g), denn es ist $\max(f, g) = \frac{1}{2}(f + g + |f - g|)$ und $\min(f, g) = \frac{1}{2}(f + g - |f - g|)$.

Bezeichnet A_λ eine Teilmenge von X_λ, so kann $A = \prod A_\lambda$ einerseits als Teilraum von $X = \prod X_\lambda$ und andererseits als topologisches Produkt der Teilräume A_λ aufgefaßt werden. Beide Topologien auf der Menge A stimmen jedoch überein.

Jede relativ A_λ offene Teilmenge von A_λ ist nämlich von der Gestalt $A_\lambda \cap Q_\lambda$, wobei Q_λ offen in X_λ ist, und (4.1) und Satz 1 besagen, daß die natürliche Basis des Produktes $\prod A_\lambda$ auch Basis des Teilraumes A von X ist.

Ist Q_λ offen in X_λ für jedes $\lambda \in \Lambda$ und Λ eine unendliche Menge, so ist $\prod Q_\lambda$ nicht offen in $X = \prod X_\lambda$, wenn $Q_\lambda \neq X_\lambda$ für unendlich viele λ und kein Q_λ leer ist, weil in dieser Menge keine Menge der natürlichen Basis enthalten ist. Wollte man die Topologie von X so definieren, daß $\prod Q_\lambda$ stets offen ist, so ginge Satz 3 verloren. Ist dagegen A_λ abgeschlossen in X_λ, so ist $\prod A_\lambda$ abgeschlossen in X. Allgemeiner gilt für beliebige Teilmengen A_λ von X_λ

(4.2) $$\overline{\prod A_\lambda} = \prod \overline{A_\lambda}.$$

Zum Nachweis zeigen wir, daß die Komplemente beider Seiten übereinstimmen. Sei $A = \prod A_\lambda$ und $x = \{x_\lambda\}$ ein Punkt, der nicht in $\bar{A}$ liegt. x besitzt dann eine Umgebung, die A nicht trifft, und nach Anmerkung 1 liegt x auch in einer Menge $\prod Q_\lambda$ der natürlichen Basis, die mit A leeren Durchschnitt hat. Für mindestens einen Index, etwa $\lambda = \varkappa$, muß dann $Q_\varkappa \cap A_\varkappa = \emptyset$ sein. Weil $x_\varkappa \in Q_\varkappa$ und $Q_\varkappa$ offen ist, ist nun $x_\varkappa \notin \overline{A_\varkappa}$ und damit $x \notin \prod \overline{A_\lambda}$. Also ist $\complement \bar{A} \subset \complement \prod \overline{A_\lambda}$. Sei nun umgekehrt $x = \{x_\lambda\}$ ein Punkt, der nicht in $\prod \overline{A_\lambda}$ liegt. Für mindestens einen Index, etwa $\lambda = \varkappa$, ist dann $x_\varkappa \notin \overline{A_\varkappa}$, und es gibt eine offene Umgebung $Q_\varkappa$ von $x_\varkappa$ in $X_\varkappa$, so daß $A_\varkappa \cap Q_\varkappa = \emptyset$ ist. Für $\lambda \neq \varkappa$ sei $Q_\lambda = X_\lambda$. Dann ist $\prod Q_\lambda$ eine offene Umgebung von x, deren Durchschnitt mit $A = \prod A_\lambda$ leer ist. Also ist $x \notin \bar{A}$ und daher $\complement \prod \overline{A_\lambda} \subset \complement \bar{A}$, womit sich (4.2) ergibt.

Aus (4.2) folgt: Ist $A_\lambda = \overline{A_\lambda}$ für alle $\lambda \in \Lambda$, so ist $\prod A_\lambda = \overline{\prod A_\lambda}$. Ist umgekehrt $\prod A_\lambda = \overline{\prod A_\lambda}$, so ist $\prod A_\lambda = \prod \overline{A_\lambda}$. Wenn kein A_λ leer ist, folgt hieraus $A_\lambda = \overline{A_\lambda}$ für alle λ. Wäre etwa für $\lambda = \varkappa$ nämlich $A_\varkappa \neq \overline{A_\varkappa}$, so gäbe es einen Punkt $x_\varkappa \in \overline{A_\varkappa}$, der nicht in $A_\varkappa$ liegt. Für jedes $\lambda \neq \varkappa$ gäbe es wegen $A_\lambda \neq \emptyset$ einen Punkt $x_\lambda \in A_\lambda$, und es wäre $x = \{x_\lambda\}$ ein Punkt aus $\prod \overline{A_\lambda}$, aber nicht aus $\prod A_\lambda$. Also gilt

Satz 4. *Es sei $A_\lambda \subset X_\lambda$ und kein A_λ leer. $\prod A_\lambda$ ist genau dann abgeschlossen in $\prod X_\lambda$, wenn A_λ abgeschlossen in X_λ für alle λ ist.*

Man beachte, daß Satz 4 oder (4.2) keinen Überblick über alle abgeschlossenen Teilmengen von X geben. Insbesondere folgt nicht, daß die Projektionen $p_\lambda: X \to X_\lambda$ abgeschlossen sind, was nach Beispiel 2 und 4.4 Beispiel 2 falsch ist.

4.6 Assoziativität topologischer Produkte. Ist Λ eine Menge, so versteht man unter einer Partition von Λ eine Zerlegung von Λ in nicht-leere disjunkte Teilmengen, deren Vereinigung Λ ausmacht. Ist Λ Indexmenge eines topologischen Produktes, so gibt eine Partition von Λ Anlaß zu einem Produkt von Teilprodukten. Hierfür gilt folgende allgemeine Assoziativitätsaussage:

Satz. *Es sei $\{X_\lambda\}_{\lambda \in \Lambda}$ eine Familie topologischer Räume und $\{M_\nu\}_{\nu \in N}$ eine Partition der Menge Λ. Ferner sei $X = \prod_{\lambda \in \Lambda} X_\lambda$, $Y_\nu = \prod_{\lambda \in M_\nu} X_\lambda$ für $\nu \in N$ und $Y = \prod_{\nu \in N} Y_\nu$.*

Die identischen Abbildungen der Räume X_λ bewirken in natürlicher Weise eine bijektive Abbildung $\varphi\colon X \rightarrowtail\!\!\twoheadrightarrow Y$. φ ist topologisch.

Beweis. Für $x = \{x_\lambda\} \in X$ ist $\varphi(x) = \{\{x_\lambda\}_{\lambda \in M_\nu}\}_{\nu \in N}$, und φ ist offenbar bijektiv. Wie bisher bezeichne $p_\lambda\colon X \to X_\lambda$ die Projektionen von X auf seine Faktoren, $\varrho_\nu\colon Y \to Y_\nu$ und $\pi_\lambda\colon Y_\nu \to X_\lambda$ für $\lambda \in M_\nu$ mögen die Projektionen für Y und Y_ν sein. Für $\lambda \in M_\nu$ ist nun $p_\lambda = \pi_\lambda \circ \varrho_\nu \circ \varphi$. Wegen 4.5 Satz 3 und der Stetigkeit von p_λ ist $\varrho_\nu \circ \varphi$ stetig, woraus wiederum nach 4.5 Satz 3 die Stetigkeit von φ folgt. Für $\lambda \in M_\nu$ ist umgekehrt $\pi_\lambda \circ \varrho_\nu = p_\lambda \circ \varphi^{-1}$, woraus nach dem gleichen Satz die Stetigkeit von φ^{-1} aus der Stetigkeit von $\pi_\lambda \circ \varrho_\nu$ folgt. Nach dem Satz von 2.9 ist φ topologisch.

Für ein Produkt aus zwei topologischen Räumen X_1, X_2 schreiben wir auch $X_1 \times X_2$. Der vorstehende Satz gestattet es häufig, sich auf die Betrachtung von Produkten aus zwei Faktoren zu beschränken. Besitzt nämlich Λ mindestens zwei Elemente und ist $\varkappa \in \Lambda$, so ist $\prod X_\lambda$ homöomorph zu $X_\varkappa \times \prod\limits_{\lambda \neq \varkappa} X_\lambda$.

Ist Λ eine streng geordnete Menge, ist also für die Faktoren von $\prod X_\lambda$ eine Reihenfolge erklärt, so gibt der Beweis des vorangehenden Satzes zugleich eine Kommutativitätsaussage. Für zwei topologische Räume X, Y ist insbesondere $X \times Y$ homöomorph zu $Y \times X$ vermöge der Abbildung $(x, y) \to (y, x)$.

4.7 Abbildungen topologischer Produkte. Seien X, Y topologische Räume und x_0 ein fester Punkt von X. Wie oben bemerkt wurde, ist der Teilraum $x_0 \times Y$ von $X \times Y$ mit dem topologischen Produkt von x_0 und Y identisch, wobei die Topologie der einpunktigen Menge x_0 trivial ist. Die Mengen der natürlichen Basis von $x_0 \times Y$ sind wegen $\emptyset = x_0 \times \emptyset$ sämtlich von der Gestalt $x_0 \times Q$, wobei Q offen in Y ist. Durch $y \to (x_0, y)$ wird also Y topologisch auf $x_0 \times Y$ abgebildet.

Schreiben wir $f(x, y)$ für eine Abbildung $f\colon X \times Y \to Z$, so ist $f(x_0, y)$ die Einschränkung von f auf $x_0 \times Y$. Die Zuordnung $y \to f(x_0, y)$ ist eine Abbildung von Y in Z, die als zu x_0 (und f) gehörige partielle Abbildung bezeichnet wird. Ist sie stetig, so sagt man auch, daß $f(x, y)$ für festes $x = x_0$ stetig ist. $y \to (x_0, y)$ definiert eine topologische Abbildung $Y \rightarrowtail\!\!\twoheadrightarrow x_0 \times Y$, und die Injektion von $x_0 \times Y$ in $X \times Y$ ist stetig. Damit folgt aus 2.8 Satz 1 und 2.8 Satz 2

Satz 1. *Ist $f(x, y)$ im Punkte (x_0, y_0) stetig, so ist die partielle Abbildung $y \to f(x_0, y)$ stetig im Punkte y_0. Ist $f(x, y)$ stetig, so ist auch $y \to f(x_0, y)$ stetig für jedes feste $x_0 \in X$.*

Bekanntlich gilt hiervon nicht die Umkehrung.

Gegenbeispiel. Es sei $X = Y = Z = \mathsf{R}$ und

$$f(x, y) = \begin{cases} 0 \text{ für } (x, y) = (0, 0) \\ \dfrac{2xy}{x^2 + y^2} \text{ sonst.} \end{cases}$$

$f(x, y)$ ist für jedes feste x und für jedes feste y stetig, aber nicht stetig in $(0, 0)$. Auf der Geraden $x = y$ ist nämlich $f(x, y) = 1$ außer in $(0, 0)$.

Es seien $\{X_\lambda\}_{\lambda \in \Lambda}$ und $\{Y_\lambda\}_{\lambda \in \Lambda}$ zwei Familien topologischer Räume mit gleicher Indexmenge Λ. Ist für jedes $\lambda \in \Lambda$ eine Abbildung $f_\lambda\colon X_\lambda \to Y_\lambda$ gegeben, so wird durch $f(\{x_\lambda\}) = \{f_\lambda(x_\lambda)\}$ eine Abbildung $f\colon \prod X_\lambda \to \prod Y_\lambda$ definiert. Wir schreiben $f = \prod f_\lambda$. Ist Λ die Menge $\{1, 2, \ldots, n\}$, so schreiben wir auch $f = f_1 \times f_2 \times \ldots \times f_n$.

Satz 2. *Ist $\{f_\lambda\colon X_\lambda \to Y_\lambda\}$ eine Familie von Abbildungen topologischer Räume und kein X_λ leer, so ist $\prod f_\lambda\colon \prod X_\lambda \to \prod Y_\lambda$ genau dann stetig, wenn alle f_λ stetig sind.*

Beweis. Für $\varkappa \in \Lambda$ seien $p_\varkappa\colon \prod X_\lambda \to X_\varkappa$ und $q_\varkappa\colon \prod Y_\lambda \to Y_\varkappa$ die Projektionen zum Index $\varkappa$. Wegen 4.5 Satz 3 ist $f = \prod f_\lambda$ genau dann stetig, wenn alle Abbildungen $q_\lambda \circ f$ stetig sind. Nun ist aber $q_\lambda \circ f = f_\lambda \circ p_\lambda$ nach Definition von f. Weil kein X_λ leer ist, ist p_λ surjektiv, und wegen 4.5 Satz 2 und 4.4 Satz 2 ist p_λ eine identifizierende Abbildung. Wegen 4.3 Satz 2 ist f_λ genau dann stetig, wenn $f_\lambda \circ p_\lambda$ stetig ist, womit die Behauptung folgt.

Seien X, Y wieder topologische Räume. R bzw. S sei eine Äquivalenzrelation auf X bzw. Y. $\varrho\colon X \twoheadrightarrow X/R$ und $\sigma\colon Y \twoheadrightarrow Y/S$ seien die zugehörigen Projektionen. Betrachten wir $\varrho \times \sigma\colon X \times Y \twoheadrightarrow X/R \times Y/S$. Durch $(x, y) \sim (x', y')$, wenn $(\varrho \times \sigma)(x, y) = (\varrho \times \sigma)(x', y')$ ist, wird auf $X \times Y$ eine Äquivalenzrelation erklärt, die mit $R \times S$ bezeichnet wird. Es ist also (x, y) äquivalent (x', y') bezüglich $R \times S$ genau dann, wenn x äquivalent x' bezüglich R und y äquivalent y' bezüglich S ist. $p\colon X \times Y \twoheadrightarrow (X \times Y)/(R \times S)$ sei die zu $R \times S$ gehörige Projektion. $\varrho \times \sigma$ ist von der Gestalt $h \circ p$ (vgl. 4.3), wobei $h\colon (X \times Y)/(R \times S) \rightarrowtail\!\!\twoheadrightarrow X/R \times Y/S$ bijektiv ist und in natürlicher Weise aus R, S und $R \times S$ entsteht: Es ist $h([x, y]) = ([x], [y])$, wenn $[x]$, $[y]$ bzw. $[x, y]$ die Klassen von $x \in X$ nach R, von y nach S bzw. von (x, y) nach $R \times S$ bezeichnen. Versieht man alle Quotienten mit der Identifizierungstopologie, so sind ϱ, σ und p stetig. $\varrho \times \sigma$ ist stetig wegen Satz 2, und h ist stetig wegen 4.3 Satz 2. h ist im allgemeinen nicht topologisch, d. h. h^{-1} braucht nicht stetig zu sein, selbst dann nicht, wenn S die identische Relation ist, bei der jeder Punkt nur zu sich selbst äquivalent ist. Dies beruht darauf, daß die Produkttopologie möglichst grob, die Identifizierungstopologie aber möglichst fein definiert wurde (vgl. Aufgabe 8).

In speziellen Fällen kann auf die Stetigkeit von h^{-1} geschlossen werden. Sind insbesondere R und S offene Äquivalenzrelationen, d. h. sind ϱ und σ offen, so bildet $\varrho \times \sigma$ die Mengen der natürlichen Basis von $X \times Y$ auf Mengen der natürlichen Basis von $X/R \times Y/S$ ab, woraus wegen 4.4 Satz 1 folgt, daß $h \circ p = \varrho \times \sigma$ offen ist. Wegen 4.4 Satz 2 ist $h \circ p$ und wegen 4.3 Satz 3 ist h identifizierend. Weil h bijektiv ist, ist h topologisch, und es gilt

Satz 3. *Es seien R bzw. S offene Äquivalenzrelationen auf X bzw. Y. Dann sind $(X \times Y)/(R \times S)$ und $X/R \times Y/S$ in natürlicher Weise homöomorph.*

Einen anderen Spezialfall gibt 7.9 Satz 5.

4.8 Topologische Summen. Sei $\{X_\lambda\}_{\lambda \in \Lambda}$ eine (nicht-leere) Familie topologischer Räume, die nicht-leer[1]) und paarweise disjunkt sind. Aus den Mengen X_λ kann die Summenmenge $X = \sum X_\lambda$ gebildet werden: Ein Punkt gehört genau dann zu X, wenn er einem X_λ angehört. $\{X_\lambda\}$ ist also eine Partition[1]) von X. Ist $\{Q_\mu\}_{\mu \in M}$

---

[1]) Wir halten es für zweckmäßig, leere Summanden und damit „uneigentliche" Summen auszuschließen.

eine Familie von Teilmengen von X, so ist $X_\lambda \cap \bigcup_{\mu\in M} Q_\mu = \bigcup_{\mu\in M} (X_\lambda \cap Q_\mu)$ und $X_\lambda \cap \bigcap_{\mu\in M} Q_\mu = \bigcap_{\mu\in M} (X_\lambda \cap Q_\mu)$. Hieraus folgt: Diejenigen Teilmengen von X, deren Durchschnitte mit jedem X_λ jeweils offen in X_λ sind, sind die offenen Mengen einer Topologie auf X. Wird X mit dieser Topologie versehen, so heißt X die topologische Summe der Räume X_λ. Unter $X = \sum X_\lambda$ werde stets die topologische Summe verstanden. Die Summentopologie von X induziert auf jedem X_λ die vorhandene Topologie, und sie ist die feinste Topologie auf X mit dieser Eigenschaft. Dabei ist jedes X_λ eine offene Menge in X. Eine Teilmenge F von X ist wegen $\complement F \cap X_\lambda = X_\lambda - (F \cap X_\lambda)$ genau dann abgeschlossen, wenn ihr Durchschnitt mit jedem X_λ jeweils abgeschlossen in X_λ ist. Insbesondere ist jedes X_λ auch abgeschlossen in X.

Satz. *Es sei X ein topologischer Raum und $\{X_\lambda\}$ eine Partition der zugrunde liegenden Menge. X ist genau dann die topologische Summe der Teilräume X_λ, wenn jedes X_λ offen in X ist.*

Beweis. Ist $X = \sum X_\lambda$, so ist jedes X_λ offen nach Definition der Summentopologie. Sei umgekehrt jedes X_λ offen und $Q \subset X$. Ist Q offen, so ist $Q \cap X_\lambda$ offen. Ist andererseits $Q \cap X_\lambda$ offen in X_λ für jedes X_λ, so ist $Q \cap X_\lambda$ offen in X, weil X_λ offen ist, und $Q = \bigcup (Q \cap X_\lambda)$ offen. Also ist $X = \sum X_\lambda$.

Anmerkung 1. Ist Λ unendlich, so bleibt der Satz nicht bestehen, wenn offen durch abgeschlossen ersetzt wird. Die einpunktigen Teilmengen von R liefern ein Gegenbeispiel.

Anmerkung 2. Wegen des Satzes und 4.2 Satz 4 ist eine Abbildung $f\colon \sum X_\lambda \to Y$ genau dann stetig, wenn $f|X_\lambda$ stetig ist für jedes λ.

Das Bilden der topologischen Summe ist eine spezielle Verallgemeinerung der Fragestellung von 4.3 ebenso wie das topologische Produkt eine spezielle Verallgemeinerung von 4.1 ist (vgl. Aufgabe 9). Wir merken dazu an, daß es zu einer beliebigen Familie $\{Y_\lambda\}_{\lambda\in\Lambda}$ topologischer Räume stets eine Familie $\{X_\lambda\}$ von paarweise disjunkten Räumen gibt, so daß X_λ zu Y_λ homöomorph ist für alle λ. Man kann etwa $X_\lambda = Y_\lambda \times \{\lambda\}$ setzen, wobei $\{\lambda\}$ als einpunktiger topologischer Raum aufzufassen ist[1]).

Nach dem vorangehenden Satz ist ein Teilraum von R, der aus disjunkten offenen oder endlich vielen disjunkten abgeschlossenen Intervallen besteht, die topologische Summe dieser Intervalle. Der Teilraum Q von R, der aus den rationalen Zahlen besteht, zeigt, daß ein topologischer Raum mannigfache Darstellungen als topologische Summe besitzen kann und daß es dabei keine mit möglichst kleinen Mengen zu geben braucht. Dagegen ist ein diskreter topologischer Raum die topologische Summe seiner einpunktigen Teilmengen.

4.9 Zusammenhang. Der Begriff der topologischen Summe führt auf die folgende

Definition. Ein topologischer Raum heißt zusammenhängend, wenn er nicht die topologische Summe zweier (nicht-leerer) Teilräume ist.

---

[1]) Sind alle X_λ Teilräume des Raumes Z, so ist jedes $X_\lambda \times \lambda$ Teilraum von $Z \times \Lambda$, wobei Λ mit irgendeiner, etwa der diskreten, Topologie versehen sei.

Ist X nicht zusammenhängend, so gibt es also zwei offene nicht-leere Teilmengen A und B von X, so daß $A \cup B = X$ und $A \cap B = \emptyset$ ist, oder auch: Es gibt eine von $\emptyset$ und X verschiedene Teilmenge A von X, die zugleich offen und abgeschlossen (in X) ist.

Eine Teilmenge A des topologischen Raumes X heißt zusammenhängend, wenn der Teilraum A von X zusammenhängend ist. Eine zusammenhängende offene Teilmenge heißt Gebiet (in X).

Beispiel 1. Das abgeschlossene Intervall $I = [0,1]$ von R ist zusammenhängend. Zum Nachweis seien A und B zwei relativ I offene Mengen, so daß $A \cup B = I$ und $A \cap B = \emptyset$ ist. A und B sind abgeschlossen relativ I und auch abgeschlossen in R, weil I abgeschlossen in R ist. Es muß gezeigt werden, daß A oder B leer ist. Sei etwa A nicht leer und x die obere Grenze von A. Jede Umgebung von x bezüglich R trifft A, also gehört x zu $\bar{A} = A$. A ist offen relativ I und daher Umgebung von x bezüglich I. Hieraus folgt $x = 1$, weil sonst x nicht obere Grenze von A sein könnte. Wäre B nicht leer, folgte auf dieselbe Weise, daß 1 zu B gehörte, was wegen $A \cap B = \emptyset$ nicht sein kann.

Satz 1. *Ist $\{A_\lambda\}_{\lambda \in \Lambda}$ eine Familie zusammenhängender Teilmengen von X, deren Durchschnitt nicht leer ist, so ist $\bigcup A_\lambda$ zusammenhängend.*

Beweis. Es kann angenommen werden, daß $X = \bigcup A_\lambda$ ist. Sind Q_1 und Q_2 offene Mengen von X mit $Q_1 \cup Q_2 = X$ und $Q_1 \cap Q_2 = \emptyset$, so ist $A_\lambda \cap Q_1$ oder $A_\lambda \cap Q_2$ leer, weil A_λ zusammenhängend ist. Für $\lambda = \varkappa$ sei etwa $A_\varkappa \cap Q_2 = \emptyset$ und somit $A_\varkappa \subset Q_1$; dann ist $\bigcap A_\lambda \subset Q_1$. Wegen $\bigcap A_\lambda \neq \emptyset$ folgt $A_\lambda \cap Q_1 \neq \emptyset$ und somit $A_\lambda \cap Q_2 = \emptyset$ und $A_\lambda \subset Q_1$ für alle λ. Dann ist aber $X = \bigcup A_\lambda \subset Q_1$, also Q_2 leer, was zu zeigen war.

Aus Satz 1 folgt durch vollständige Induktion: Sind $A_0, A_1, \ldots, A_n$ zusammenhängend und ist $A_{i-1} \cap A_i \neq \emptyset$ für $i = 1, 2, \ldots, n$, so ist $\bigcup_{i=0}^{n} A_i$ zusammenhängend.

Beispiel 2. Die zusammenhängenden Teilmengen von R sind: Die leere Teilmenge, die einpunktigen Teilmengen und die Intervalle[1]) (offen, halboffen und abgeschlossen). Zum Beweis genügt es zu zeigen: Eine Teilmenge S von R ist genau dann zusammenhängend, wenn für je zwei verschiedene Punkte x, y aus S das abgeschlossene Intervall mit den Grenzen x und y zu S gehört[2]). Zum Nachweis bestehe S aus mehr als einem Punkt. Sei $x \in S$, $y \in S$ und etwa $x < y$. Lassen sich x und y so wählen, daß es eine nicht zu S gehörende Zahl z zwischen x und y gibt, so sind $A = \{u \mid u \in S \text{ und } u < z\}$ und $B = \{u \mid u \in S \text{ und } u > z\}$ nicht-leere Teilmengen von S, die relativ S offen sind und für die $A \cap B = \emptyset$ und $A \cup B = S$ ist. Die angegebene Bedingung ist also für den Zusammenhang von S notwendig. Nehmen wir nun an, daß sie erfüllt ist. Sei $x_0 \in S$. Für beliebiges $x \in S$ gehört das abgeschlossene Intervall I_x mit den Grenzen x und x_0 zu S. Wegen Beispiel 1 und Satz 1 ist $\bigcup_{x \in S} I_x$ zusammenhängend, und es ist $\bigcup_{x \in S} I_x = S$.

---

[1]) Zu den Intervallen gehören auch R und Mengen der Gestalt $\{x \mid x > a\}$, $\{x \mid x \geqq a\}$ und entsprechend mit $<$ bzw. $\leqq$ statt $>$, $\geqq$.

[2]) Den Nachweis, daß die Intervalle hierdurch charakterisiert sind, überlassen wir dem Leser. (Man nehme obere und untere Grenzen für Teilmengen von R zu Hilfe.)

Satz 2. *Ist $f: X \to Y$ stetig und X zusammenhängend, so ist $f(X)$ zusammenhängend.*

Beweis. Nach 4.2 Satz 2 ist die zu f gehörige Abbildung $f'\colon X \to f(X)$ stetig. Wäre $f(X)$ Vereinigung zweier nicht-leerer (bezüglich $f(X)$) offener Mengen M und N mit leerem Durchschnitt, so wären $\overset{-1}{f'}(M)$ und $\overset{-1}{f'}(N)$ nicht-leer und offen, und X wäre die topologische Summe dieser beiden Mengen, also nicht zusammenhängend.

Ist X nicht zusammenhängend, so kann $f(X)$ zusammenhängend sein. Dies ist beispielsweise der Fall, wenn X diskret ist und Y nur aus einem Punkt besteht. Beispiel 2 zeigt, daß Satz 2 den Zwischenwertsatz für stetige reelle Funktionen als Spezialfall enthält.

Satz 3. *Ist A eine zusammenhängende Teilmenge von X, so ist $\bar{A}$ zusammenhängend.*

Beweis. Da A als Teilraum von X dieselbe Topologie wie als Teilraum von $\bar{A}$ besitzt, kann $\bar{A} = X$ angenommen werden. Sind nun Q_1 und Q_2 offene Mengen, für die $Q_1 \cup Q_2 = \bar{A}$ und $Q_1 \cap Q_2 = \emptyset$ ist, so ist $Q_i' = Q_i \cap A$ für $i = 1,2$ offen relativ A und $A = Q_1' \cup Q_2'$, $Q_1' \cap Q_2' = \emptyset$. Gibt es in Q_i einen Punkt x_i, so ist Q_i Umgebung von x_i, und wegen $x_i \in \bar{A}$ ist $Q_i' \neq \emptyset$. Weil A zusammenhängend ist, muß Q_1' oder Q_2' und damit Q_1 oder Q_2 leer sein, was zu zeigen war.

Aus Satz 3 folgt: Ist A zusammenhängend und $A \subset B \subset \bar{A}$, so ist B zusammenhängend. Faßt man nämlich A als Teilraum von B auf, so ist B die abgeschlossene Hülle von A bezüglich B.

Ist x ein Punkt von X, so ist die einpunktige Teilmenge $\{x\}$ von X zusammenhängend. Die Vereinigung aller zusammenhängenden Teilmengen von X, die x enthalten, ist zusammenhängend wegen Satz 1, also die größte zusammenhängende Teilmenge, die x enthält. Sie ist abgeschlossen wegen Satz 3 und heißt die (Zusammenhangs-)Komponente von x in X. Gehört y zur Komponente von x, so stimmen die Komponenten von x und y überein. Die Komponente eines Punktes braucht nicht offen zu sein. Bezeichnet Q die Menge der rationalen Zahlen mit der von R induzierten Topologie, so besteht die Komponente eines jeden Punktes von Q nur aus diesem Punkt und ist nicht offen in Q. Ein topologischer Raum, dessen Komponenten nur aus je einem Punkt bestehen, heißt total unzusammenhängend. Ein diskreter Raum ist stets total unzusammenhängend. Die Umkehrung hiervon gilt nicht, wie das Beispiel Q zeigt.

Ein topologischer Raum X heißt lokal zusammenhängend, wenn für jeden Punkt die zusammenhängenden Umgebungen eine Umgebungsbasis bilden. Das Intervall [0,1] ist lokal zusammenhängend. Ein lokal zusammenhängender Raum braucht nicht zusammenhängend zu sein, wie das Beispiel der topologischen Summe zweier Intervalle zeigt. Umgekehrt braucht ein zusammenhängender Raum nicht lokal zusammenhängend zu sein. In R^2 bestehe A aus den Punkten $(1/n, 0)$ für $n = 1, 2, 3, \ldots$ und dem Punkt $(0, 0)$. Verbindet man die Punkte von A geradlinig mit $(0, 1)$, so erhält man einen Teilraum B von R^2, der nach Beispiel 1 und Satz 1 zusammenhängend ist. Er ist nicht lokal zusammenhängend, denn die Punkte auf der Strecke von $(0, 0)$ nach $(0, 1)$, abgesehen von $(0, 1)$ selbst, besitzen keine Basis zusammenhängender Umgebungen bezüglich B.

Aufgaben. **1.** Je zwei offene Intervalle von $\mathbb{R}$ sind homöomorph und homöomorph zu $\mathbb{R}$. Je zwei abgeschlossene und beschränkte Intervalle von $\mathbb{R}$ sind homöomorph.

2. Es sei R eine offene (abgeschlossene) Äquivalenzrelation auf dem Raume X. Ist A eine saturierte Teilmenge von X, so bewirkt $p: X \to X/R$ eine offene (abgeschlossene) Abbildung von A auf $p(A)$.

3. $y = \sin x$ definiert eine stetige offene Abbildung von $\mathbb{R}$ auf $[-1, 1]$, die nicht abgeschlossen ist. Dies ist zu zeigen und der Unterschied zu 4.4 Beispiel 3 zu erklären.

4. $x \to (\sin x, \cos x)$ ist eine Identifizierungsabbildung von $\mathbb{R}$ auf den Einheitskreis in $\mathbb{R}^2$. Die Einschränkung auf $[0, 2\pi)$ ist nicht identifizierend.

5. $f: X \to Y$ ist genau dann stetig, wenn der aus den Punkten $(x, f(x))$ bestehende Teilraum von $X \times Y$, der G r a p h von f, durch die Projektion von $X \times Y$ auf X topologisch abgebildet wird.

6. Ein abzählbares Produkt topologischer Räume erfüllt das 1. bzw. 2. Abzählbarkeitsaxiom, wenn dies für alle Faktoren der Fall ist.

7. Ist X ein metrischer Raum, so ist $d(x, y)$ eine stetige Funktion auf $X \times X$.

8. Es sei X die Teilmenge der euklidischen Ebene, die aus den Punkten (s, n) mit $0 \leqq s \leqq 1$ und $n \in \mathbb{Z}$ besteht. R sei die Äquivalenzrelation auf X, bei der alle Punkte der Form $(0, n)$ eine Klasse bilden, während jeder andere Punkt eine Klasse für sich bildet. Die Projektion $p: X \to X/R$ ist abgeschlossen. $p \times id_{\mathbb{Q}}: X \times \mathbb{Q} \to X/R \times \mathbb{Q}$ ist nicht identifizierend ($\mathbb{Q}$: rationale Zahlen). Siehe dagegen 7.9 Satz 5.

9. Man gebe das Analogon zu 4.5 Satz 3 und Anmerkung 3 für topologische Summen an.

10. $Y \times \sum_{\lambda \in \Lambda} X_\lambda$ ist homöomorph zu $\sum_{\lambda \in \Lambda} Y \times X_\lambda$.

11. Ein lokal zusammenhängender Raum ist die topologische Summe seiner Komponenten.

§ 5 Konvergenz

5.1 Filter. In einem topologischen Raum X kann man die Konvergenz von Folgen wie gewohnt definieren: Die Folge $\{x_n\}$ heißt konvergent gegen den Punkt x, wenn in jeder Umgebung von x ein Endstück der Folge liegt, d. h. die Menge aller x_n, deren Index n genügend groß ist. Auch der Begriff des Häufungspunktes läßt sich einführen: x heißt Häufungspunkt der Folge $\{x_n\}$, wenn in jeder Umgebung von x unendlich viele Glieder der Folge liegen. Bei der Allgemeinheit des Begriffs des topologischen Raumes sind jedoch die Folgen für eine befriedigende Konvergenztheorie nicht ausreichend. Wir werden in 7.4 auf einem geeigneten topologischen Raum eine Folge angeben, die einen Häufungspunkt aber keine konvergente Teilfolge besitzt. In Zusammenhang damit steht, daß es für einen Berührungspunkt x einer Teilmenge A keine Folge auf A zu geben braucht, die gegen x konvergiert, und schließlich läßt sich die Stetigkeit einer Abbildung im allgemeinen nicht durch Konvergenz von Folgen charakterisieren. Der Begriff der Folge muß also geeignet verallgemeinert werden. Dazu bemerken wir, daß der Umgebungsbegriff in die Definition der Konvergenz von Folgen eingeht. Dies läßt es wünschenswert erscheinen, auch Konvergenz für Systeme von Teilmengen eines topologischen Raumes zu erklären und zwar so, daß die Umgebungen des Punktes x_0 gegen den Punkt x_0 konvergieren.

Die Endstücke einer Folge haben die Eigenschaft, daß der Durchschnitt zweier Endstücke wieder ein Endstück ist und daß kein Endstück leer ist. Für eine

Umgebungsbasis des Punktes x gilt Ähnliches: Der Durchschnitt zweier Mengen der Umgebungsbasis ist Umgebung von x und umfaßt daher eine Menge der Umgebungsbasis, und keine solche Menge ist leer, weil sie x enthält. Wir gelangen damit zu folgender

Definition 1. Ein nicht-leeres System $\mathfrak{B}$ von Teilmengen der Menge X heißt Filterbasis (auf X), wenn es folgenden Bedingungen genügt:

(FB 1) Der Durchschnitt zweier Mengen aus $\mathfrak{B}$ umfaßt eine Menge aus $\mathfrak{B}$.

(FB 2) Die leere Menge gehört nicht zu $\mathfrak{B}$.

Die Endstücke einer Folge auf X bilden also eine Filterbasis. Ist X ein topologischer Raum, so ist jede Umgebungsbasis eines Punktes eine Filterbasis. Eine nicht-leere Teilmenge A von X bildet allein eine Filterbasis. Ist X eine unendliche Menge, so bilden die Komplemente der endlichen Teilmengen eine Filterbasis.

Wie bei Umgebungen empfiehlt es sich, Filterbasen dadurch zu erweitern, daß man zu jeder Menge einer Filterbasis alle ihre Obermengen hinzunimmt. Dann verschärft sich die Bedingung (FB 1), und wir gelangen zu

Definition 2 (H. Cartan). Ein nicht-leeres System $\mathfrak{F}$ von Teilmengen der Menge X heißt Filter (auf X), wenn es folgenden Bedingungen genügt:

(F 1) Jede Obermenge einer Menge aus $\mathfrak{F}$ gehört zu $\mathfrak{F}$.

(F 2) Der Durchschnitt zweier Mengen aus $\mathfrak{F}$ gehört zu $\mathfrak{F}$.

(F 3) Die leere Menge gehört nicht zu $\mathfrak{F}$.

Aus (F 2) folgt unmittelbar, daß der Durchschnitt von endlich vielen Mengen von $\mathfrak{F}$ zu $\mathfrak{F}$ gehört. Die Umgebungen eines Punktes x bilden einen Filter [vgl. 2.3 (V 1), (V 2), (V 3)], den Umgebungsfilter von x. Die Obermengen einer nicht-leeren Teilmenge A von X bilden einen Filter. Jede Filterbasis $\mathfrak{B}$ auf X bestimmt einen Filter $\mathfrak{F}$ auf X, der aus allen Obermengen der Mengen von $\mathfrak{B}$ besteht. Man sagt dann, daß $\mathfrak{F}$ die Basis $\mathfrak{B}$ besitzt. Ein Filter ist zugleich Filterbasis, er besitzt aber im allgemeinen verschiedene Basen. Man nennt zwei Filterbasen äquivalent, wenn sie denselben Filter bestimmen. Die Beziehung zu den Folgen wird hergestellt durch

Definition 3. Ein Filter heißt Elementarfilter, wenn er eine Basis besitzt, die aus den Endstücken einer Folge besteht.

Hiernach bestimmt jede Folge einen Elementarfilter. Im allgemeinen wird aber ein Elementarfilter von verschiedenen Folgen bestimmt. Ändert man beispielsweise in einer Folge endlich viele Glieder, so bleibt der zugehörige Elementarfilter ungeändert.

5.2 Vergleich von Filtern, Konvergenz. Die Konvergenzdefinition für Folgen vergleicht die Endstücke einer Folge mit den Umgebungen eines Punktes. Dies gibt Anlaß zu

Definition 1. Es seien $\mathfrak{F}$ und $\mathfrak{G}$ zwei Filter auf der Menge X. Gehört jede Menge aus $\mathfrak{F}$ zu $\mathfrak{G}$, so heißt $\mathfrak{F}$ gröber als $\mathfrak{G}$ und $\mathfrak{G}$ feiner als $\mathfrak{F}$. Ist $\mathfrak{G}$ feiner als $\mathfrak{F}$ und von $\mathfrak{F}$ verschieden, so heißt $\mathfrak{G}$ echt feiner als $\mathfrak{F}$.

Ist $\mathfrak{G}$ echt feiner als $\mathfrak{F}$, so gibt es in $\mathfrak{G}$ eine Menge, die nicht zu $\mathfrak{F}$ gehört. Auf der Menge X ist der Filter, der nur aus der Menge X besteht, gröber als alle anderen. Dagegen gibt es keinen Filter, der feiner als alle anderen ist, falls X mehr als einen Punkt besitzt. Ist die Teilmenge A von X nicht-leer und von X verschieden, so sind A und $\complement A$ allein Basis je eines Filters. Ein Filter, der feiner als diese beiden wäre, müßte A und $\complement A$ enthalten, also auch $A \cap \complement A$ wegen (F 2), was wegen (F 3) ausgeschlossen ist. Aus Definition 1 folgt unmittelbar: Sind $\mathfrak{F}$, $\mathfrak{G}$ und $\mathfrak{H}$ Filter auf X und ist $\mathfrak{F}$ feiner als $\mathfrak{G}$ und $\mathfrak{G}$ feiner als $\mathfrak{H}$, so ist $\mathfrak{F}$ feiner als $\mathfrak{H}$. Ist $\mathfrak{F}$ feiner als $\mathfrak{G}$ und $\mathfrak{G}$ feiner als $\mathfrak{F}$, so stimmen $\mathfrak{F}$ und $\mathfrak{G}$ überein. Ferner gilt

Satz 1. *Es seien $\mathfrak{B}_1$ und $\mathfrak{B}_2$ zwei Filterbasen auf der Menge X. Die beiden folgenden Aussagen sind gleichwertig:*

(a) *Der durch $\mathfrak{B}_1$ bestimmte Filter $\mathfrak{F}_1$ ist feiner als der durch $\mathfrak{B}_2$ bestimmte Filter $\mathfrak{F}_2$.*

(b) *Jede Menge aus $\mathfrak{B}_2$ umfaßt eine Menge aus $\mathfrak{B}_1$.*

Beweis. Ist (a) erfüllt, so gehört jede Menge aus $\mathfrak{B}_2$ zu $\mathfrak{F}_1$ und ist daher Obermenge einer Menge aus $\mathfrak{B}_1$. Ist umgekehrt (b) erfüllt, so umfaßt jede Menge aus $\mathfrak{F}_2$ eine Menge aus $\mathfrak{B}_1$ und gehört daher zu $\mathfrak{F}_1$.

Doppelte Anwendung von Satz 1 ergibt ein Äquivalenzkriterium für Filterbasen. Ferner besagt Satz 1 insbesondere, daß der durch eine Folge bestimmte Elementarfilter gröber ist als alle Filter, die zu Teilfolgen der Folge gehören. Satz 1 besagt auch, daß die folgende Definition der Konvergenz für Folgen die übliche ist.

Definition 2. Es sei X ein topologischer Raum. Ein Filter $\mathfrak{F}$ auf X heißt konvergent gegen den Punkt x, wenn $\mathfrak{F}$ feiner als der Umgebungsfilter von x ist. Konvergiert $\mathfrak{F}$ gegen x, so heißt x Limes von $\mathfrak{F}$, und man schreibt $\mathfrak{F} \to x$ oder $x \in \lim \mathfrak{F}$. $x = \lim \mathfrak{F}$ soll besagen, daß x der einzige Limes von $\mathfrak{F}$ ist. Eine Filterbasis $\mathfrak{B}$ heißt konvergent gegen x, wenn der Filter mit der Basis $\mathfrak{B}$ gegen x konvergiert. Ein Filter heißt konvergent, wenn er gegen (mindestens) einen Punkt konvergiert. Eine Folge $\{x_n\}$ auf X heißt konvergent gegen x, wenn der durch $\{x_n\}$ bestimmte Elementarfilter gegen x konvergiert.

Aus dieser Definition folgt unmittelbar

Satz 2. *Konvergiert der Filter $\mathfrak{F}$ gegen x, so konvergiert auch jeder feinere Filter gegen x.*

Bei der vorliegenden Definition der Konvergenz ist es möglich, daß ein konvergenter Filter verschiedene Limites hat. Besitzt X die gröbste Topologie, so konvergiert jeder Filter auf X gegen jeden Punkt von X. Es erhebt sich die Frage, welchen Bedingungen ein topologischer Raum X genügen muß, damit jeder konvergente Filter auf X nur einen Limes hat, es also keinen Filter gibt, der feiner ist als die Umgebungsfilter zweier verschiedener Punkte von X. Wir behandeln daher als nächstes das Problem, unter welchen Bedingungen es zu zwei Filtern auf X einen gemeinsamen feineren gibt, wobei wir wegen späterer Anwendungen die Fragestellung gleich auf Familien von Filtern ausdehnen und außerdem auch nach den gemeinsamen gröberen Filtern fragen.

5.3 Durchschnitt und obere Grenze von Filterfamilien. Es sei $\{\mathfrak{F}_\lambda\}_{\lambda \in \Lambda}$ eine Familie von Filtern auf der Menge X. Ist der Filter $\mathfrak{G}$ auf X gröber als jedes $\mathfrak{F}_\lambda$, so gehören die Mengen aus $\mathfrak{G}$ zu jedem $\mathfrak{F}_\lambda$. Es bezeichne $\mathfrak{F}$ das System aller derjenigen Teilmengen von X, die jedem $\mathfrak{F}_\lambda$ angehören. $\mathfrak{F}$ ist nicht leer, weil X wegen (F 1) zu allen $\mathfrak{F}_\lambda$ gehört. $\mathfrak{F}$ erfüllt offenbar (F 1), (F 2) und (F 3) und ist daher ein Filter, und es ist $\mathfrak{F}$ der feinste Filter, der gröber als alle $\mathfrak{F}_\lambda$ ist.

Definition 1. Es sei $\{\mathfrak{F}_\lambda\}_{\lambda\in\Lambda}$ eine (nicht-leere) Familie von Filtern auf der Menge X. Der feinste Filter auf X, der gröber als alle $\mathfrak{F}_\lambda$ ist, heißt der Durchschnitt oder die untere Grenze der Filterfamilie $\{\mathfrak{F}_\lambda\}$. Er besteht aus den Mengen, die zu jedem $\mathfrak{F}_\lambda$ gehören.

Hieraus und aus der Definition der Konvergenz folgt unmittelbar

Satz 1. *Es sei X ein topologischer Raum. Der Durchschnitt aller gegen den Punkt x von X konvergierenden Filter ist der Umgebungsfilter von x.*

Sei jetzt $\{\mathfrak{B}_\lambda\}_{\lambda\in\Lambda}$ eine Familie von Filterbasen auf der Menge X und $\mathfrak{F}_\lambda$ der Filter mit der Basis $\mathfrak{B}_\lambda$. Falls es einen Filter auf X gibt, der feiner als alle $\mathfrak{F}_\lambda$ ist, so müssen ihm die Mengen aller $\mathfrak{B}_\lambda$ angehören und wegen (F 2) auch die Durchschnitte von je endlich vielen solchen Mengen. Wegen (F 3) darf kein solcher Durchschnitt leer sein, insbesondere nicht der Durchschnitt von je endlich vielen Mengen aus verschiedenen $\mathfrak{B}_\lambda$. Sei nun $\mathfrak{B}$ das System aller Mengen von der Gestalt $\bigcap_{i=1}^{n} B_{\lambda_i}$, wobei $\lambda_1, \lambda_2, \ldots, \lambda_n$ verschiedene Elemente aus Λ sind und B_{λ_i} irgendeine Menge aus $\mathfrak{B}_{\lambda_i}$ ist. Ist keine Menge aus $\mathfrak{B}$ leer, so ist $\mathfrak{B}$ eine Filterbasis. Um (FB 1) nachzuweisen, seien $\bigcap_{h=1}^{m} B_{\mu_h} = B$ und $\bigcap_{j=1}^{l} B'_{\nu_j} = B'$ Mengen aus $\mathfrak{B}$. Ist die Gesamtheit der μ_h von der Gesamtheit der ν_j verschieden, so setze man $B_{\nu_j} = X$ für alle ν_j, die nicht unter den μ_h vorkommen, und $B'_{\mu_h} = X$ für alle μ_h, die nicht unter den ν_j vorkommen. Bezeichnet nun $\lambda_1, \lambda_2, \ldots, \lambda_n$ die Gesamtheit der Indizes μ_h und ν_j in irgendeiner Reihenfolge, so ist $B = \bigcap_{i=1}^{n} B_{\lambda_i}$ und $B' = \bigcap_{i=1}^{n} B'_{\lambda_i}$. Nun ist $B \cap B' = \bigcap_{i=1}^{n} (B_{\lambda_i} \cap B'_{\lambda_i})$. $B_{\lambda_i} \cap B'_{\lambda_i}$ umfaßt eine Menge B''_{λ_i} aus $\mathfrak{B}_{\lambda_i}$, trivialerweise, wenn B_{λ_i} oder B'_{λ_i} mit X übereinstimmt, und andernfalls wegen (FB 1). Also umfaßt $B \cap B'$ die nach Annahme nicht-leere Menge $\bigcap_{i=1}^{n} B''_{\lambda_i}$, und es gilt (FB 1) für $\mathfrak{B}$. $\mathfrak{B}$ ist offenbar Basis des gröbsten Filters, der feiner als alle zu den $\mathfrak{B}_\lambda$ gehörenden Filter ist. Wir erhalten also

Satz 2. *Es sei $\{\mathfrak{B}_\lambda\}_{\lambda\in\Lambda}$ eine Familie von Filterbasen auf der Menge X. Einen Filter auf X, der feiner als alle zu den Basen $\mathfrak{B}_\lambda$ gehörigen Filter ist, gibt es dann und nur dann, wenn alle Mengen der Gestalt $\bigcap_{i=1}^{n} B_{\lambda_i}$ nicht-leer sind, wobei $\lambda_1, \lambda_2, \ldots, \lambda_n$ verschiedene Elemente von Λ sind und B_{λ_i} eine Menge aus $\mathfrak{B}_{\lambda_i}$ ist. Ist diese Bedingung erfüllt, so bilden diese Mengen eine Basis des gröbsten Filters, der feiner als alle zu den Basen $\mathfrak{B}_\lambda$ gehörigen Filter ist.*

Definition 2. Wenn der durch Satz 2 bezeichnete Filter existiert, so heißt er die obere Grenze der zu den Basen $\mathfrak{B}_\lambda$ gehörigen Filter.

Satz 3. *Es sei $A \subset X$ und $\mathfrak{F}$ ein Filter auf X. Es gehört A dann und nur dann zu einem Filter, der feiner als $\mathfrak{F}$ ist, wenn $\complement A$ nicht zu $\mathfrak{F}$ gehört.*

Beweis. Gehört $\complement A$ zu $\mathfrak{F}$, so gehört $\complement A$ auch zu jedem feineren Filter, und wegen $A \cap \complement A = \emptyset$ kann kein solcher Filter A enthalten. Gehöre nun $\complement A$ nicht zu $\mathfrak{F}$. Ist F irgendeine Menge aus $\mathfrak{F}$, so ist F nicht in $\complement A$ enthalten (weil sonst $\complement A$ zu $\mathfrak{F}$ gehörte), also ist $F \cap \complement\complement A = F \cap A \neq \emptyset$. Nach Satz 2 existiert die obere Grenze von $\mathfrak{F}$ und dem Filter der Obermengen von A, also ein Filter, der A enthält und feiner als $\mathfrak{F}$ ist.

5.4 Separierte Räume. Sei X wieder ein topologischer Raum. Sind x und y verschiedene Punkte von X, so gibt es wegen 5.3 Satz 2 genau dann einen Filter, der feiner als der Umgebungsfilter von x und feiner als der Umgebungsfilter von y ist, wenn jede Umgebung von x jede Umgebung von y trifft. Ist dies nicht der Fall, so besitzen x und y disjunkte Umgebungen. Die Aussage, daß kein Filter auf X gegen zwei verschiedene Punkte konvergiert, ist also gleichwertig mit der folgenden:

(H) Je zwei verschiedene Punkte von X besitzen disjunkte Umgebungen.

Die Aussage (H) heißt Hausdorffsches Trennungsaxiom. Sie ist gleichwertig mit

(H′) Jeder Punkt von X ist der Durchschnitt seiner abgeschlossenen Umgebungen.

Ist nämlich (H) erfüllt und sind x und y verschiedene Punkte von X, so gibt es offenbar auch disjunkte offene Umgebungen $U(x)$ und $U(y)$ von x und y. $\complement U(y)$ umfaßt $U(x)$ und ist abgeschlossene Umgebung von x. Hiernach gibt es zu jedem von x verschiedenen Punkt y eine abgeschlossene Umgebung von x, die y nicht enthält, woraus (H′) folgt. Ist umgekehrt (H′) erfüllt und sind x und y verschiedene Punkte von X, so besitzt x eine abgeschlossene Umgebung $V(x)$, die y nicht enthält. $\complement V(x)$ ist dann eine offene Umgebung von y, die zu $V(x)$ disjunkt ist. Also gilt (H).

Weil (H) eine Aussage über Punktepaare von X ist, liegt es nahe, (H) in eine Aussage über $X \times X$ zu verwandeln. Die Punkte von $X \times X$ sind die Paare (x, y) von Punkten aus X. Um die Paare verschiedener Punkte zu erfassen, geben wir zunächst die

Definition 1. Unter der Diagonale Δ von $X \times X$ wird die Menge der Punkte (x, x) mit $x \in X$ verstanden.

Es gehört also (x, y) genau dann nicht zu Δ, wenn x und y verschiedene Punkte von X sind. Ist dies der Fall und (H) erfüllt, so gibt es disjunkte offene Umgebungen $U(x)$, $U(y)$ von x und y, und es ist $U(x) \times U(y)$ eine offene Umgebung von (x, y), die Δ nicht trifft. Folglich ist auch $\complement\Delta$ Umgebung von (x, y). Wir erhalten: Gilt (H), so ist $\complement\Delta$ Umgebung jedes seiner Punkte, also offen, und Δ ist abgeschlossen. Sei nun umgekehrt Δ abgeschlossen und (x, y) irgendein Punkt von $X \times X$, der nicht zu Δ gehört. Dann ist $\complement\Delta$ offene Umgebung von (x, y), und wegen 4.5 Satz 1 gibt es offene Mengen U und V von X, so daß $(x, y) \in U \times V \subset \complement\Delta$ ist. Wegen $(x, y) \in U \times V$ ist U offene Umgebung von x und V offene Umgebung von y, und $U \times V \subset \complement\Delta$ ist gleichwertig mit $U \cap V = \emptyset$. Es folgt also (H). Zusammenfassend erhalten wir

Satz 1. *Sei X ein topologischer Raum. Die folgenden Aussagen sind gleichwertig:*

(H) *Je zwei verschiedene Punkte von X besitzen disjunkte Umgebungen.*

(H′) *Jeder Punkt von X ist der Durchschnitt seiner abgeschlossenen Umgebungen.*

(H″) *Die Diagonale von $X \times X$ ist abgeschlossen.*

(H‴) *Kein Filter auf X konvergiert gegen zwei verschiedene Punkte.*

Definition 2. Ein topologischer Raum X heißt Hausdorffsch oder separiert, wenn er eine der Aussagen von Satz 1 (und damit alle) erfüllt.

Beispiel. Jeder metrische Raum ist separiert. Sind nämlich x und y verschiedene Punkte des metrischen Raumes X, so ist $d(x, y) > 0$ wegen (M 1) in 1.1. Für $2\varepsilon = d(x, y)$ sind die ε-Umgebungen von x und y disjunkt: Für einen Punkt z, der beiden Umgebungen angehörte, müßte gelten $d(x, y) \leqq d(x, z) + d(z, y) < 2\varepsilon$, was nach Wahl von ε unmöglich ist.

Vermöge (H) folgt sofort

Satz 2. *Jeder Teilraum eines separierten topologischen Raumes ist separiert.*

Aus (H') folgt wegen 2.5 (G 1)

Satz 3. *In einem separierten topologischen Raum stellt jeder Punkt eine abgeschlossene Menge dar.*

Die Umkehrung von Satz 3 gilt nicht. Es sei X eine unendliche Menge. X, $\emptyset$ und die Komplemente der endlichen Teilmengen von X sind die offenen Mengen einer Topologie auf X. Bei dieser Topologie ist jeder Punkt abgeschlossen, aber (H) nicht erfüllt.

Die Aussage, daß jeder Punkt abgeschlossen ist, ist gleichwertig damit, daß es zu je zwei verschiedenen Punkten für jeden der beiden Punkte eine Umgebung gibt, die den anderen Punkt nicht enthält. Man bezeichnet diese Aussage auch als 1. Trennungsaxiom (T 1) und nennt die stärkere Aussage (H) dann das 2. Trennungsaxiom (T 2). Noch schwächer ist (T 0): Für je zwei verschiedene Punkte besitzt mindestens einer der beiden eine Umgebung, die den anderen nicht enthält. (T 0) und (T 1) werden häufig dann verwandt, wenn sich (H) aus ihnen vermöge anderer Axiome folgern läßt.

Wir betrachten weiterhin beliebige topologische Räume. Falls (H) gelten soll, wird dies ausdrücklich gesagt. Wenn man auch den Konvergenzbegriff nur in separierten Räumen als „vernünftig" ansehen kann, so zeigen doch § 3 und § 4, daß auch nicht-separierte Räume zugelassen werden müssen, wenn man eine befriedigende Theorie topologischer Räume erhalten will.

5.5 Häufungspunkte. Man nennt einen Punkt x Häufungspunkt der Folge $\{x_n\}$, wenn in jeder Umgebung von x unendlich viele Glieder der Folge liegen. Gleichbedeutend damit ist, daß jede Umgebung von x jedes Endstück der Folge trifft, daß also x Berührungspunkt jedes Endstückes ist. Sei jetzt $\mathfrak{F}$ ein beliebiger Filter auf dem topologischen Raum X und $\mathfrak{B}$ eine Basis von $\mathfrak{F}$. Ist x Berührungspunkt jeder Menge aus $\mathfrak{B}$, so ist x auch Berührungspunkt jeder Menge aus $\mathfrak{F}$, weil jede solche Menge Obermenge einer Menge aus $\mathfrak{B}$ ist. Also gehört x zur abgeschlossenen Hülle jeder Menge aus $\mathfrak{F}$. Gehört aber A zu $\mathfrak{F}$, so gehört auch $\bar{A}$ dazu wegen $A \subset \bar{A}$, und es ergibt sich, daß x im Durchschnitt aller abgeschlossenen Filtermengen liegt. Gehört umgekehrt x diesem Durchschnitt an, so ist x Berührungspunkt jeder Menge aus $\mathfrak{F}$ und insbesondere jeder Menge aus $\mathfrak{B}$. Der übliche Begriff des Häufungspunktes einer Folge ordnet sich daher der folgenden Definition unter.

Definition. Es sei $\mathfrak{F}$ ein Filter auf dem topologischen Raum X. Ein Punkt x heißt Häufungspunkt von $\mathfrak{F}$, wenn x dem Durchschnitt der abgeschlossenen Mengen aus $\mathfrak{F}$ angehört. x heißt Häufungspunkt der Folge $\{x_n\}$ auf X, wenn x Häufungspunkt des zugehörigen Elementarfilters ist.

Aus der Definition folgt unmittelbar

Satz 1. *Ist x Häufungspunkt des Filters $\mathfrak{F}$, so ist x auch Häufungspunkt jedes Filters, der gröber als $\mathfrak{F}$ ist.*

Nach dem Vorangehenden gilt

Satz 2. *Es sei $\mathfrak{B}$ eine Filterbasis auf dem topologischen Raum X. Der Punkt x ist genau dann Häufungspunkt des Filters mit der Basis $\mathfrak{B}$, wenn x Berührungspunkt jeder Menge aus $\mathfrak{B}$ ist.*

Für $A \neq \emptyset$ ist A allein eine Filterbasis und $\bar{A}$ die Menge der Häufungspunkte des Filters, der aus den Obermengen von A besteht.

Satz 2 besagt insbesondere, daß x genau dann Häufungspunkt des Filters $\mathfrak{F}$ ist, wenn jede Umgebung von x mit jeder Menge aus $\mathfrak{F}$ einen nicht-leeren Durchschnitt hat. Wegen 5.3 Satz 2 ist dies gleichwertig damit, daß es einen Filter gibt, der feiner als $\mathfrak{F}$ und der Umgebungsfilter von x ist. Also gilt

Satz 3. *x ist genau dann Häufungspunkt des Filters $\mathfrak{F}$, wenn es zu $\mathfrak{F}$ einen feineren Filter gibt, der gegen x konvergiert. Konvergiert insbesondere $\mathfrak{F}$ gegen x, so ist x auch Häufungspunkt von $\mathfrak{F}$.*

In einem nicht-separierten Raum ist es möglich, daß ein konvergenter Filter außer seinen Limites weitere Häufungspunkte besitzt. Sei beispielsweise $X = \{x, y\}$ der topologische Raum mit den beiden Punkten x, y, für den $\emptyset$, X und $\{x\}$ offen sind. X allein bildet einen Filter $\mathfrak{F}$, der gegen y konvergiert. x ist Häufungspunkt aber nicht Limes von $\mathfrak{F}$. Dagegen gilt

Satz 4. *In einem separierten Raum ist für einen konvergenten Filter der Limes der einzige Häufungspunkt.*

Beweis. Sei x Limes des Filters $\mathfrak{F}$ und y Häufungspunkt von $\mathfrak{F}$. Nach Satz 3 gibt es einen Filter $\mathfrak{G}$, der gegen y konvergiert und feiner als $\mathfrak{F}$ ist. Wegen 5.2 Satz 2 konvergiert $\mathfrak{G}$ gegen x. In einem separierten Raum muß dann $x = y$ sein.

Wie für Folgen reeller Zahlen bekannt ist, braucht ein Filter keinen Häufungspunkt zu besitzen, und ein Filter, der nur einen Häufungspunkt besitzt, braucht nicht konvergent zu sein.

5.6 Die Rolle des 1. Abzählbarkeitsaxioms. Ist für einen topologischen Raum X das 1. Abzählbarkeitsaxiom (A 1) erfüllt (s. 2.7), so kann man sich bei Fragen der Konvergenz auf Folgen beschränken. Dies soll hier ausgeführt werden. (A 1) besagt, daß jeder Umgebungsfilter eine abzählbare Basis besitzt. Auch jeder Elementarfilter besitzt eine abzählbare Basis, denn die Menge der Endstücke einer Folge ist abzählbar. Wir wollen nun beliebige Filter mit einer abzählbaren Basis betrachten und machen dazu folgende

Vorbemerkung. Besitzt ein Filter eine abzählbare Basis, so besitzt er eine Basis $\mathfrak{B} = \{B_n\}_{n \in \mathbb{N}}$ derart, daß für $m > n$ gilt $B_m \subset B_n$.

Zum Beweis sei $\mathfrak{F}$ ein Filter mit abzählbarer Basis $\mathfrak{A}$. Die Mengen von $\mathfrak{A}$ lassen sich in eine Folge $\{A_n\}$ anordnen, wobei zugelassen ist, daß dieselbe Menge mehrfach, auch unendlich oft, auftritt, was notwendig ist, wenn $\mathfrak{A}$ nur aus endlich vielen Mengen besteht. Sei $B_n = \bigcap_{i=1}^{n} A_i$. Für $m > n$ ist offenbar $B_m \subset B_n$. Die Mengen B_n gehören sämtlich zu $\mathfrak{F}$, weil jede Durchschnitt von je endlich vielen Mengen aus $\mathfrak{F}$ ist. Wegen $B_n \subset A_n$ ist jede Menge aus $\mathfrak{F}$ Obermenge eines geeigneten B_n. Hieraus folgt, daß (FB 1) von dem System $\mathfrak{B} = \{B_n\}$ erfüllt wird und daß $\mathfrak{B}$ Basis von $\mathfrak{F}$ ist.

Satz 1. *Besitzt ein Filter $\mathfrak{F}$ eine abzählbare Basis, so gibt es feinere Elementarfilter, und $\mathfrak{F}$ ist der Durchschnitt aller Elementarfilter, die feiner als $\mathfrak{F}$ sind.*

Beweis. Sei $\mathfrak{B} = \{B_n\}$ eine Basis von $\mathfrak{F}$ nach Art der Vorbemerkung. Wird aus jedem B_n ein Punkt x_n ausgewählt, was wegen $B_n \neq \emptyset$ möglich ist, so ist der zur Folge $\{x_n\}$ gehörige Elementarfilter feiner als $\mathfrak{F}$. Dies folgt aus 5.2 Satz 1, weil wegen $B_m \subset B_n$ für $m > n$ das Endstück $\{x_m\}_{m \geqq n}$ in B_n liegt. Sei nun $\mathfrak{G}$ der Durchschnitt aller Elementarfilter, die feiner als $\mathfrak{F}$ sind. Nach 5.3 Definition 1 ist $\mathfrak{G}$ feiner als $\mathfrak{F}$. Wäre $\mathfrak{G}$ echt feiner als $\mathfrak{F}$, so gäbe es eine Menge A aus $\mathfrak{G}$, die nicht zu $\mathfrak{F}$ gehörte. Für jedes n wäre nun $B_n \cap \complement A \neq \emptyset$, weil andernfalls mindestens ein B_n in A läge und damit A zu $\mathfrak{F}$ gehörte. Wird x_n in $B_n \cap \complement A$ gewählt, so definiert die Folge $\{x_n\}$ einen Elementarfilter $\mathfrak{E}$, der feiner als $\mathfrak{F}$ ist. Wegen $x_n \in \complement A$ gehört $\complement A$ zu $\mathfrak{E}$. Andererseits müßte $\mathfrak{E}$ feiner als $\mathfrak{G}$ sein, nach Definition von $\mathfrak{G}$, und daher A zu $\mathfrak{E}$ gehören, was wegen $A \cap \complement A = \emptyset$ unmöglich ist.

Satz 1 besagt insbesondere: Besitzt der Punkt x des topologischen Raumes X eine abzählbare Umgebungsbasis, so ist der Umgebungsfilter von x durch die Menge der gegen x konvergierenden Folgen charakterisiert. Nach Definition der Konvergenz sind es damit auch alle gegen x konvergierenden Filter. Man beachte jedoch: Unter den gegen x konvergierenden Filtern gibt es im allgemeinen solche mit nicht-abzählbarer Basis, wie sich insbesondere in 5.7 ergeben wird. Ein Filter, der gröber als ein Filter mit abzählbarer Basis ist, braucht keine abzählbare Basis zu besitzen.

Beispiel. Der Umgebungsfilter des Punktes x (im Raume X) ist gröber als der Filter der Obermengen von x. Der letzte besitzt die einpunktige Menge $\{x\}$ allein als Basis. Der Umgebungsfilter braucht jedoch keine abzählbare Basis zu besitzen (4.5 Anmerkung 2).

Die Möglichkeit, konvergente Teilfolgen auszuwählen, ergibt sich aus

Satz 2. *Es sei $\mathfrak{F}$ ein Filter mit abzählbarer Basis und x Häufungspunkt von $\mathfrak{F}$. Besitzt x eine abzählbare Umgebungsbasis, so gibt es einen Elementarfilter, der feiner als $\mathfrak{F}$ ist und gegen x konvergiert.*

Beweis. Sei $\mathfrak{B} = \{B_n\}$ bzw. $\mathfrak{U} = \{U_n\}$ eine Basis nach Art der Vorbemerkung für $\mathfrak{F}$ bzw. den Umgebungsfilter von x. Weil x Häufungspunkt von $\mathfrak{F}$ ist, ist wegen 5.5 Satz 2 $B_n \cap U_n \neq \emptyset$ für jedes n. Wird x_n in $B_n \cap U_n$ gewählt, so hat der zur Folge $\{x_n\}$ gehörige Elementarfilter die gewünschten Eigenschaften.

Nimmt man für $\mathfrak{F}$ insbesondere den Filter der Obermengen einer nicht-leeren Teilmenge A von X, so ergibt Satz 2: Ist x Berührungspunkt von A und besitzt x eine abzählbare Umgebungsbasis, so gibt es eine Folge auf A, die (in X) gegen x konvergiert.

5.7 Ultrafilter. Wir fragen jetzt nach Filtern, die sich nicht mehr verfeinern lassen. Dazu benötigen wir einige Grundbegriffe für geordnete Mengen. Sei M eine Menge. Für gewisse Paare (a, b) von Elementen aus M sei eine Beziehung $a \geqq b$ erklärt, so daß folgende Aussagen gelten:

(Ord 1) Stets ist $a \geqq a$.

(Ord 2) Ist $a \geqq b$ und $b \geqq c$, so ist $a \geqq c$ (Transitivität).

(Ord 3) Ist $a \geqq b$ und $b \geqq a$, so ist $a = b$.

Man sagt dann, daß M geordnet ist (vermöge der Beziehung $\geqq$). Es wird nicht verlangt, daß für je zwei Elemente a, b mindestens eine der Beziehungen $a \geqq b$, $b \geqq a$ gilt, d. h. es kann Paare von nicht vergleichbaren Elementen geben. Ist $a \geqq b$ und $a \neq b$, so schreibt man $a > b$. Statt $a \geqq b$ bzw. $a > b$ schreibt man auch $b \leqq a$ bzw. $b < a$. Für $a > b$ sagt man, daß a größer als b oder daß b kleiner als a ist.

Beispiele. 1. Sei M die Menge der Teilmengen einer Menge X. Bezeichnen a und b Teilmengen von X, also Elemente von M, so soll $a \geqq b$ bedeuten, daß $a \supset b$ ist.

2. M sei die Menge der Topologien auf einer Menge X. Sind a und b Topologien auf X, so soll $a \geqq b$ besagen, daß a feiner als b ist.

3. Es sei M die Menge der Filter auf einer Menge X. Sind a und b Filter auf X, so soll $a \geqq b$ heißen, daß a feiner als b ist.

4. Es sei M die Menge der ganzen Zahlen oder die Menge der reellen Zahlen. $a \geqq b$ soll die übliche Bedeutung haben.

In Beispiel 4 sind je zwei Elemente von M vergleichbar, d. h. statt (Ord 1) gilt die stärkere Aussage

(Ord 1 t) Für je zwei Elemente a, b gilt mindestens eine der Beziehungen $a \geqq b$, $b \geqq a$.

Ist dies erfüllt, so heißt M streng oder total oder vollständig geordnet.

In einer geordneten Menge M heißt ein Element a maximal, wenn es kein von a verschiedenes Element b gibt, für das $b \geqq a$ ist. In Beispiel 1 ist X das einzige maximale Element von M, in Beispiel 2 ist die diskrete Topologie auf X das einzige maximale Element. In Beispiel 3 ist die Frage nach maximalen Elementen die Frage nach Filtern auf X, zu denen es keinen echt feineren gibt. Beispiel 4 zeigt, daß es auf einer geordneten Menge keine maximalen Elemente zu geben braucht. Eine Teilmenge A der geordneten Menge M heißt nach oben beschränkt, wenn es ein Element b von M gibt, so daß $b \geqq a$ für jedes a aus A gilt. b heißt dann eine obere Schranke von A. In den Beispielen 1 und 2 besitzt jede Teilmenge von M trivialerweise eine obere Schranke, in Beispiel 4 nicht und auch nicht in Beispiel 3, wie 5.3 Satz 2 zeigt. Für Beispiel 3 gilt jedoch

Satz 1. *In der Menge aller Filter auf X besitzt jede streng geordnete Teilmenge eine obere Schranke.*

Beweis. Sei H eine streng geordnete Menge von Filtern auf X. Gehören also die Filter $\mathfrak{F}$ und $\mathfrak{G}$ zu H, so ist $\mathfrak{F}$ feiner als $\mathfrak{G}$ oder $\mathfrak{G}$ feiner als $\mathfrak{F}$. Sind $\mathfrak{F}_1, \mathfrak{F}_2, \ldots, \mathfrak{F}_n$ Filter aus H, so kann angenommen werden, daß die Numerierung so erfolgt ist, daß $\mathfrak{F}_1 \geqq \mathfrak{F}_2 \geqq \ldots \geqq \mathfrak{F}_n$ ist. Ist A_i eine Menge aus $\mathfrak{F}_i$ für $i = 1, 2, \ldots, n$, so gehören die Mengen A_i alle zu $\mathfrak{F}_1$ und daher auch $\bigcap_{i=1}^{n} A_i$. Dieser Durchschnitt ist also nicht leer. Nach 5.3 Satz 2 existiert die obere Grenze für die zu H gehörigen Filter, was die Behauptung ergibt.

Satz 2 (Zorn). *Besitzt in der geordneten Menge M jede streng geordnete Teilmenge eine obere Schranke, so gibt es zu jedem Element a von M ein maximales Element b derart, daß $b \geqq a$ ist.*

Der Beweis beruht auf dem Auswahlaxiom. Wir führen ihn nicht aus sondern verweisen auf Bücher über Mengenlehre.

Definition. Ein Filter $\mathfrak{U}$ auf der Menge X heißt Ultrafilter, wenn es keinen Filter auf X gibt, der echt feiner als $\mathfrak{U}$ ist.

Aus den Sätzen 1 und 2 folgt

Satz 3. *Zu jedem Filter gibt es einen feineren Ultrafilter.*

Der Filter, der aus den Obermengen des Punktes x besteht, ist offenbar ein Ultrafilter. Ultrafilter dieser Art sind die einzigen, die man explizit angeben kann. Ist $\{x_n\}$ eine Folge, bei der unendlich viele Punkte verschieden sind, so ist der zugehörige Elementarfilter kein Ultrafilter, denn es gibt Teilfolgen, zu denen echt feinere Elementarfilter gehören. Hieraus und aus 5.6 Satz 1 folgt, daß ein Ultrafilter entweder aus den Obermengen eines Punktes besteht oder keine abzählbare Basis besitzt. Für Ultrafilter gilt das folgende Kriterium:

Satz 4. *Ein Filter $\mathfrak{U}$ auf der Menge X ist genau dann Ultrafilter, wenn für jede Teilmenge A von X gilt: A oder $\complement A$ gehört zu $\mathfrak{U}$.*

Beweis. Sei zunächst $\mathfrak{U}$ Ultrafilter. Gehört $\complement A$ nicht zu $\mathfrak{U}$, so gibt es nach 5.3 Satz 3 einen Filter $\mathfrak{F}$, der A enthält und feiner als $\mathfrak{U}$ ist. Weil $\mathfrak{U}$ Ultrafilter ist, ist $\mathfrak{U} = \mathfrak{F}$, also gehört A zu $\mathfrak{U}$. Ist andererseits $\mathfrak{U}$ kein Ultrafilter, so gibt es einen echt feineren Filter $\mathfrak{F}$. In $\mathfrak{F}$ gibt es eine Menge A, die nicht zu $\mathfrak{U}$ gehört. $\complement A$ kann nicht zu $\mathfrak{U}$ gehören, weil sonst A und $\complement A$ zu $\mathfrak{F}$ gehörten, was wegen $A \cap \complement A = \emptyset$ unmöglich ist.

Eine andere charakteristische Eigenschaft gibt

Satz 5. *Es sei $\mathfrak{U}$ ein Ultrafilter auf der Menge X. Sind $A_1, A_2, \ldots, A_n$ Teilmengen von X, für welche $\bigcup_{i=1}^{n} A_i$ zu $\mathfrak{U}$ gehört, so gehört mindestens eine der Mengen A_i zu $\mathfrak{U}$.*

Beweis. Gehört kein A_i zu $\mathfrak{U}$, so gehört $\complement A_i$ zu $\mathfrak{U}$ für $i = 1, 2, \ldots, n$ wegen Satz 4 und damit auch $\bigcap \complement A_i = \complement \bigcup A_i$, was unmöglich ist, wenn $\bigcup A_i$ zu $\mathfrak{U}$ gehören soll.

Daß Satz 5 für Ultrafilter charakteristisch ist, erkennt man, wenn man $n = 2$ setzt, irgendeine Teilmenge von X als A_1 und $\complement A_1$ als A_2 nimmt und Satz 4 anwendet.

Aufgaben. 1. Sei A eine Teilmenge des topologischen Raumes X. Ein Punkt x gehört genau dann zu $\mathring{A}$, wenn A zu jedem gegen x konvergierenden Filter gehört. x gehört genau dann zu $\overline{A}$, wenn A zu mindestens einem gegen x konvergierenden Filter gehört.

2. Es sei X eine nicht-abzählbare Menge und $\{x_n\}$ eine Folge auf X, deren Punkte sämtlich voneinander verschieden sind. Der Filter, der aus den Komplementen der endlichen Teilmengen von X besteht, ist echt gröber als der zu $\{x_n\}$ gehörige Elementarfilter und besitzt keine abzählbare Basis.

3. Der Durchschnitt von zwei Elementarfiltern ist ein Elementarfilter. Der Durchschnitt von zwei Filtern mit abzählbarer Basis besitzt eine abzählbare Basis. Falls die obere Grenze von abzählbar vielen Filtern mit abzählbaren Basen existiert, so besitzt sie eine abzählbare Basis.

4. Ein Ultrafilter auf einem separierten topologischen Raum ist entweder konvergent, oder er besitzt keinen Häufungspunkt.

§ 6 Konvergenz und Stetigkeit

6.1 Bild und Urbild von Filtern. Wir benötigen zunächst das Verhalten von Filtern bei Abbildungen. Seien X und X' Mengen und $f: X \to X'$ eine Abbildung. Ist $\mathfrak{B}$ eine Filterbasis auf X, so gehen die Mengen aus $\mathfrak{B}$ vermöge f in eine Filterbasis auf X' über. Dies beruht darauf, daß für zwei beliebige Teilmengen A und B von X gilt $f(A \cap B) \subset f(A) \cap f(B)$, woraus unmittelbar folgt, daß die Bilder der Mengen aus $\mathfrak{B}$ (FB 1) erfüllen. (FB 2) ist erfüllt, weil das Bild einer nicht-leeren Menge nicht-leer ist. Ist $\mathfrak{F}$ ein Filter auf X, so bilden die Bilder der Mengen von $\mathfrak{F}$ im allgemeinen nur eine Filterbasis: Ist f nicht surjektiv, so ist X' nicht Bild einer Menge von $\mathfrak{F}$, gehört aber jedem Filter auf X' an.

Definition 1. Es sei $f: X \to X'$ eine Abbildung und $\mathfrak{F}$ ein Filter auf X. Der Filter auf X', der die Bilder der Mengen aus $\mathfrak{F}$ zur Basis hat, heißt das Bild von $\mathfrak{F}$ bezüglich f und wird mit $f(\mathfrak{F})$ bezeichnet.

Beispiel. Es sei N die Menge der natürlichen Zahlen mit der üblichen Ordnung. Jede natürliche Zahl n bestimmt ein Endstück E_n von N durch $E_n = \{m \mid m \geqq n\}$. Diese Endstücke bilden eine Filterbasis. Der zugehörige Filter besteht aus den Komplementen der endlichen Teilmengen von N. Eine Abbildung von N in X ist nichts anderes als eine Folge auf X. Dabei besitzt der auf N angegebene Filter den zur Folge gehörigen Elementarfilter als Bild.

Ist $\mathfrak{B}'$ eine Filterbasis auf X', so erfüllen die Urbilder der Mengen von $\mathfrak{B}'$ bezüglich f die Bedingung (FB 1), denn für zwei beliebige Teilmengen A' und B' von X' gilt $\overset{-1}{f}(A' \cap B') = \overset{-1}{f}(A') \cap \overset{-1}{f}(B')$. (FB 2) ist dann und nur dann erfüllt, wenn keine Menge aus $\mathfrak{B}'$ ein leeres Urbild besitzt, also insbesondere dann, wenn f surjektiv ist, und auch dann, wenn $\mathfrak{B}'$ aus den Bildern einer Filterbasis auf X besteht. Ist $\mathfrak{F}'$ ein Filter auf X' und sind die Urbilder der Mengen aus $\mathfrak{F}'$ nicht-leer, so bilden diese Urbilder im allgemeinen nur eine Filterbasis: Ist A Urbild einer Menge aus $\mathfrak{F}'$, so erhält man sicher nicht alle Obermengen von A als Urbild, wenn verschiedene Punkte von $\complement A$ dasselbe Bild haben.

Definition 2. Es sei $f: X \to X'$ eine Abbildung und $\mathfrak{F}'$ ein Filter auf X'. Bilden die Urbilder der Mengen von $\mathfrak{F}'$ eine Filterbasis auf X, so heißt der Filter mit dieser Basis das Urbild von $\mathfrak{F}'$ bezüglich f und wird mit $\overset{-1}{f}(\mathfrak{F}')$ bezeichnet.

Nach dem Vorangehenden gilt

Satz 1. *Es sei $\mathfrak{B}'$ eine Filterbasis auf X'. Der Filter $\mathfrak{F}'$ mit der Basis $\mathfrak{B}'$ hat bezüglich $f: X \to X'$ genau dann ein Urbild, wenn keine Menge aus $\mathfrak{B}'$ ein leeres Urbild besitzt. Ist $\mathfrak{F}'$ Bild eines Filters auf X bezüglich f, so existiert $\overset{-1}{f}(\mathfrak{F}')$. Ist f surjektiv, so besitzt jeder Filter auf X' ein Urbild bezüglich f.*

Für beliebige Teilmengen A und A' von X bzw. X' gilt $\overset{-1}{f}(f(A)) \supset A$ und $f(\overset{-1}{f}(A')) \subset A'$. Ist f injektiv, so ist $\overset{-1}{f}(f(A)) = A$, ist f surjektiv, so ist $f(\overset{-1}{f}(A')) = A'$. Hieraus und aus den Definitionen folgt unmittelbar

Satz 2. *Sei $f: X \to X'$ eine Abbildung. Ist $\mathfrak{F}$ ein Filter auf X, so ist $\overset{-1}{f}(f(\mathfrak{F}))$ gröber als $\mathfrak{F}$ und stimmt mit $\mathfrak{F}$ überein, wenn f injektiv ist. Ist $\mathfrak{F}'$ ein Filter auf X' und $\overset{-1}{f}(\mathfrak{F}')$ vorhanden, so ist $f(\overset{-1}{f}(\mathfrak{F}'))$ feiner als $\mathfrak{F}'$ und stimmt mit $\mathfrak{F}'$ überein, falls f surjektiv ist. Sind $\mathfrak{F}$ und $\mathfrak{G}$ Filter auf X und ist $\mathfrak{F}$ feiner als $\mathfrak{G}$, so ist $f(\mathfrak{F})$ feiner als $f(\mathfrak{G})$. Sind $\mathfrak{F}'$ und $\mathfrak{G}'$ Filter auf X' und ist $\mathfrak{F}'$ feiner als $\mathfrak{G}'$, so ist $\overset{-1}{f}(\mathfrak{F}')$ feiner als $\overset{-1}{f}(\mathfrak{G}')$, falls diese beiden Filter existieren.*

Anmerkung 1. Die beiden letzten Aussagen von Satz 2 gelten nicht mehr, wenn man feiner durch echt feiner ersetzt.

Anmerkung 2. Ist $\mathfrak{B}$ eine Basis von $\mathfrak{F}$, so stellen die Bilder der Mengen von $\mathfrak{B}$ eine Basis von $f(\mathfrak{F})$ dar. Ist $\mathfrak{B}'$ eine Basis von $\mathfrak{F}'$, so stellen die Urbilder der Mengen von $\mathfrak{B}'$ eine Basis von $\overset{-1}{f}(\mathfrak{F}')$ dar, wenn dieser Filter existiert.

Diesen Betrachtungen ordnet sich folgender wichtige Spezialfall unter. Es sei A eine Teilmenge von X. Bezüglich der Inklusion von A in X besitzt jeder Filter $\mathfrak{G}$ auf A ein Bild auf X, das in diesem Falle die Fortsetzung von $\mathfrak{G}$ auf X heißt. Ist X ein topologischer Raum und konvergiert die Fortsetzung von $\mathfrak{G}$ auf X, so sagt man gelegentlich auch kurz, daß $\mathfrak{G}$ in X konvergiert. $\mathfrak{G}$ braucht dabei nicht auf A zu konvergieren. Besitzt aber $\mathfrak{G}$ auf A einen Limes, so ist dieser auch Limes der Fortsetzung. Ist $\mathfrak{F}$ ein Filter auf X, so braucht das Urbild von $\mathfrak{F}$ bezüglich der Inklusion von A in X nicht zu existieren. Es existiert wegen Satz 1 genau dann, wenn A jede Menge aus $\mathfrak{F}$ trifft. Man bezeichnet das Urbild auch als Spur von $\mathfrak{F}$ auf A. Die Spur von $\mathfrak{F}$ auf A existiert insbesondere dann, wenn A zu $\mathfrak{F}$ gehört. In diesem Falle ist $\mathfrak{F}$ die Fortsetzung seiner Spur auf A. Gehört A nicht zu $\mathfrak{F}$, ist aber die Spur von $\mathfrak{F}$ auf A vorhanden, so ist die Fortsetzung der Spur nach 5.3 nichts anderes als die obere Grenze von $\mathfrak{F}$ und dem Filter der Obermengen von A. Nimmt man insbesondere für $\mathfrak{F}$ den Umgebungsfilter eines Punktes, so folgt aus der Definition der Berührungspunkte (2.5 Definition 1) unmittelbar

Satz 3. *Es sei A eine Teilmenge des topologischen Raumes X und $x \in X$. Die folgenden Aussagen sind gleichwertig:*

(a) $x \in \bar{A}$.
(b) *Der Umgebungsfilter von x besitzt eine Spur auf A.*
(c) *Es gibt einen Filter auf A, der in X gegen x konvergiert.*

6.2 Stetigkeit. Es seien jetzt X und Y topologische Räume, $f: X \to Y$ eine Abbildung und x_0 ein Punkt von X. Die Aussage, daß f im Punkte x_0 stetig ist

(2.8 Definition 1), ist gleichwertig damit, daß jede Umgebung von $f(x_0)$ das Bild einer Umgebung von x_0 umfaßt, oder anders ausgedrückt, daß der Umgebungsfilter von $f(x_0)$ gröber als das Bild des Umgebungsfilters von x_0 ist. Vermöge der Konvergenzdefinition erhalten wir

Satz 1. *Es seien X und Y topologische Räume. Die Abbildung $f\colon X \to Y$ ist im Punkte x_0 von X genau dann stetig, wenn das Bild (bezüglich f) des Umgebungsfilters von x_0 gegen $f(x_0)$ konvergiert.*

Falls $f(x_0)$ der einzige Limes des Bildes des Umgebungsfilters von x_0 ist, schreiben wir

$$\lim_{x \to x_0} f(x) = f(x_0). \tag{6.1}$$

Ist also insbesondere Y separiert, so kann (6.1) auch als Definition der Stetigkeit von f im Punkte x_0 benutzt werden. Ist f im Punkte x_0 stetig und $\mathfrak{F}$ ein Filter auf X, der gegen x_0 konvergiert, so ist $f(\mathfrak{F})$ wegen 6.1 Satz 2 feiner als das Bild des Umgebungsfilters von x_0, und daher konvergiert $f(\mathfrak{F})$ ebenfalls gegen $f(x_0)$. Berücksichtigt man, daß insbesondere der Umgebungsfilter von x_0 gegen x_0 konvergiert, so kann man Satz 1 auch so aussprechen:

Satz 2. *Die Abbildung $f\colon X \to Y$ ist genau dann im Punkte x_0 von X stetig, wenn jeder gegen x_0 konvergierende Filter auf X ein gegen $f(x_0)$ konvergierendes Bild hat.*

Grob gesagt, sind also stetige Abbildungen solche, die mit Grenzübergängen vertauschbar sind.

Ist f im Punkte x_0 stetig, so besagt Satz 2 insbesondere, daß jede gegen x_0 konvergierende Folge auf X durch f in eine gegen $f(x_0)$ konvergierende Folge übergeführt wird. Besitzt x_0 eine abzählbare Umgebungsbasis, so gilt auch die Umkehrung. Sei $\{V_n\}$ eine abzählbare Umgebungsbasis von x_0. Nach der Vorbemerkung von 5.6 kann angenommen werden, daß $V_m \subset V_n$ für $m \geqq n$ ist. Ist nun f nicht stetig in x_0, so gibt es eine Umgebung W von $f(x_0)$, für welche das Urbild $\overset{-1}{f}(W)$ keine Umgebung von x_0 ist. Dann ist aber $V_n \cap \complement \overset{-1}{f}(W) \neq \emptyset$. Wird x_n in $V_n \cap \complement \overset{-1}{f}(W)$ gewählt für $n = 1, 2, 3, \ldots$, so konvergiert die Folge $\{x_n\}$ gegen x_0, aber ihr Bild $\{f(x_n)\}$ konvergiert nicht gegen $f(x_0)$, weil W keinen Punkt der Bildfolge enthält. Wir erhalten also

Satz 3. *Besitzt der Punkt x_0 von X eine abzählbare Umgebungsbasis, so ist die Abbildung $f\colon X \to Y$ genau dann im Punkte x_0 stetig, wenn jede gegen x_0 konvergierende Folge durch f in eine gegen $f(x_0)$ konvergierende Folge übergeführt wird.*

Für Räume, die das 1. Abzählbarkeitsaxiom erfüllen, insbesondere für metrische Räume, kann also die Stetigkeit von Abbildungen vermöge konvergenter Folgen charakterisiert werden.

6.3 Konvergenz in Produkten. Wir sind nun in der Lage, die Konvergenz in topologischen Produkten auf die Faktoren zurückzuführen.

Satz 1. *Es sei $X = \prod_{\lambda \in \Lambda} X_\lambda$ ein topologisches Produkt. Der Filter $\mathfrak{F}$ auf X konvergiert genau dann gegen den Punkt $x = \{x_\lambda\}$, wenn für jedes λ der Filter $p_\lambda(\mathfrak{F})$ gegen x_λ konvergiert.*

Beweis. Wegen der Stetigkeit von p_λ und wegen 6.2 Satz 2 folgt aus der Konvergenz von $\mathfrak{F}$ gegen x, daß $p_\lambda(\mathfrak{F})$ gegen x_λ konvergiert. Sei umgekehrt x_λ Limes von $p_\lambda(\mathfrak{F})$ für jedes λ. Ist Q_λ eine offene Umgebung von x_λ, so gehört Q_λ zu $p_\lambda(\mathfrak{F})$ und daher $\overset{-1}{p_\lambda}(Q_\lambda)$ zu $\overset{-1}{p_\lambda}(p_\lambda(\mathfrak{F}))$ und auch zu dem nach 6.1 Satz 2 feineren Filter $\mathfrak{F}$. Zu $\mathfrak{F}$ gehören daher auch die Durchschnitte von je endlich vielen Mengen der Gestalt $\overset{-1}{p_\lambda}(Q_\lambda)$, also alle Mengen der Gestalt $\prod Q_\lambda$, wobei Q_λ eine offene Umgebung von x_λ und nur für endlich viele λ von X_λ verschieden ist. Diese Mengen bilden aber eine Umgebungsbasis von x, und es ergibt sich, daß jede Umgebung von x zu $\mathfrak{F}$ gehört, also $\mathfrak{F}$ gegen x konvergiert.

Beispiel. Ein Punkt f von R^R (vgl. 4.5) ist eine reelle Funktion $f\colon \mathsf{R} \to \mathsf{R}$. In R^R konvergiert die Folge $\{f_n\}$ gegen g genau dann, wenn $\lim f_n(x) = g(x)$ für jedes $x \in \mathsf{R}$ ist (einfache Konvergenz).

Satz 1 ist für die Produkttopologie charakteristisch, denn für beliebiges $x \in X$ legt er fest, welche Filter auf X gegen x konvergieren. Der Umgebungsfilter von x ist der gröbste unter diesen.

Satz 1 führt auf die Frage nach Filtern auf $X = \prod X_\lambda \neq \emptyset$ zu vorgegebenen Projektionen. Sei dazu für jedes λ ein Filter $\mathfrak{F}_\lambda$ auf X_λ gegeben. Für $\varkappa \in \Lambda$ besteht $\overset{-1}{p_\varkappa}(\mathfrak{F}_\varkappa)$ aus allen Mengen der Gestalt $\prod F_\lambda$, wobei $F_\varkappa$ eine Menge aus $\mathfrak{F}_\varkappa$ und $F_\lambda = X_\lambda$ für $\lambda \neq \varkappa$ ist. Nach 5.3 Satz 2 und (4.1) existiert die obere Grenze $\mathfrak{F}$ der Filter $\overset{-1}{p_\lambda}(\mathfrak{F}_\lambda)$. Eine Basis von $\mathfrak{F}$ besteht aus den Mengen der Gestalt $\prod F_\lambda$, wobei F_λ zu $\mathfrak{F}_\lambda$ gehört und nur für endlich viele λ von X_λ verschieden ist. Offenbar ist $\mathfrak{F}$ der gröbste Filter auf X, für den $p_\lambda(\mathfrak{F}) = \mathfrak{F}_\lambda$ für alle λ gilt. Man bezeichnet $\mathfrak{F}$ als das Produkt der Filter $\mathfrak{F}_\lambda$ und schreibt $\mathfrak{F} = \prod \mathfrak{F}_\lambda$. Insbesondere ist der Umgebungsfilter eines Punktes $x = \{x_\lambda\}$ von X das Produkt der Umgebungsfilter aller x_λ.

Besitzt ein Filter $\mathfrak{F}$ auf X zwei verschiedene Limites, so folgt aus Satz 1, daß dann auch mindestens einer der Filter $p_\lambda(\mathfrak{F})$ zwei verschiedene Limites hat. Gibt es umgekehrt auf einem X_λ, etwa auf $X_\varkappa$, einen Filter, der zwei verschiedene Limites hat, so gibt es nach dem Vorangehenden auch auf X einen Filter, der mindestens zwei verschiedene Limites besitzt, vorausgesetzt, daß kein X_λ leer ist, daß es also auf jedem X_λ mindestens einen Umgebungsfilter gibt. Vermöge 5.4 Satz 1 erhalten wir damit

Satz 2. *Ist in dem topologischen Produkt $X = \prod_{\lambda \in \Lambda} X_\lambda$ kein X_λ leer, so ist X genau dann separiert, wenn alle X_λ separiert sind.*

6.4 Fortsetzung stetiger Abbildungen. Bereits bei der Definition des Differentialquotienten tritt das Problem auf, eine Funktion (den Differenzenquotienten) in einem Punkte, in dem sie noch nicht definiert ist, so zu definieren, daß sie dort stetig wird. Ein allgemeineres Problem liegt vor, wenn man die Funktion a^x (a eine positive reelle Zahl) zunächst für rationale x definiert und dann zu einer für reelle x stetigen Funktion erweitern will. Dies führt auf die Frage, ob und wie eine stetige Abbildung $g\colon A \to Y$ des Teilraumes A von X zu einer stetigen Abbildung $f\colon X \to Y$ fortgesetzt werden kann, wobei die Aussage, daß f eine Fortsetzung von g ist, bedeuten soll, daß $f|A = g$ ist. In der vorliegenden Form ist diese Fragestellung zu allgemein. Mit Mitteln der Konvergenztheorie können wir von A aus nur solche Punkte von X erfassen, die sich in X als Limes eines Filters auf A (genauer dessen Fortsetzung auf X) erhalten lassen, also wegen 6.1 Satz 3 nur die Punkte von $\bar{A}$. Es kann nun freilich angenommen werden, daß $X = \bar{A}$ ist, weil andernfalls X durch einen Teilraum ersetzt werden kann.

Definition 1. Es seien A und B Teilmengen des topologischen Raumes X. A heißt dicht bezüglich B, wenn $B \subset \bar{A}$ ist, und dicht in B, wenn $A \subset B \subset \bar{A}$ ist. Ist A dicht in X, so sagt man auch, daß A überall dicht ist.

Hilfssatz. Ist A dicht in X und Q offen in X, so ist $A \cap Q$ dicht in Q.

Beweis. Sei $x \in Q$ und U eine Umgebung von x. $Q \cap U$ ist ebenfalls Umgebung von x. Wegen $x \in X = \bar{A}$ ist $A \cap Q \cap U \neq \emptyset$. Es folgt $x \in \overline{A \cap Q}$ und damit $Q \subset \overline{A \cap Q}$.

Wir führen noch eine Bezeichnung ein und nehmen dazu an, daß Y separiert ist. Für eine Abbildung $f\colon X \to Y$ ist die Stetigkeit von f im Punkte x_0 nach 6.2 Satz 1 gleichwertig mit

$$\lim_{x \to x_0} f(x) = f(x_0), \tag{6.2}$$

was besagt, daß das Bild des Umgebungsfilters von x_0 gegen $f(x_0)$ konvergiert. Induziert der Umgebungsfilter von x_0 einen Filter $\mathfrak{F}$ auf der Teilmenge A von X, so schreiben wir

$$\lim_{\substack{x \to x_0 \\ x \in A}} f(x) = y, \tag{6.3}$$

wenn das Bild von $\mathfrak{F}$ bezüglich der Abbildung $f|A$ gegen y konvergiert. Ist insbesondere $A = \complement x_0$, so schreiben wir statt (6.3) auch

$$\lim_{\substack{x \to x_0 \\ x \neq x_0}} f(x) = y \tag{6.4}$$

für die entsprechende Aussage.

Wir wenden uns nun unserer Fragestellung zu, wobei A dicht in X und Y separiert sei. Ist x_0 irgendein Punkt von X, so ist die Spur (vgl. 6.1 Satz 3) des Umgebungsfilters von x_0 auf A vorhanden. Sei nun zunächst $f\colon X \to Y$ eine stetige Abbildung. Wegen 6.2 Satz 2 gelten (6.2) und (6.3) mit $y = f(x_0)$. Setzen wir $g = f|A$, so geht (6.3) über in

$$\lim_{\substack{x \to x_0 \\ x \in A}} g(x) = f(x_0). \tag{6.5}$$

Hieraus folgt: Ist die stetige Abbildung $g\colon A \to Y$ vorgegeben, so kann eine stetige Fortsetzung $f\colon X \to Y$ von g nur existieren, wenn für jedes x_0 in X der Limes auf der linken Seite von (6.5) vorhanden ist. Da dieser Limes eindeutig bestimmt ist, ergibt sich, daß g auf höchstens eine Weise stetig fortgesetzt werden kann, was sich auch so aussprechen läßt:

Satz 1. *Es seien f und h zwei stetige Abbildungen des topologischen Raumes X in den separierten topologischen Raum Y. A sei eine in X dichte Teilmenge von X. Stimmen f und h auf A überein (ist also $f|A = h|A$), so ist $f = h$.*

Sei weiterhin $\bar{A} = X$, Y separiert, $g: A \to Y$ stetig und der Limes auf der linken Seite von (6.5) für jedes $x_0 \in X$ vorhanden. Durch (6.5) ist eine Abbildung $f: X \to Y$ definiert. f ist eine Fortsetzung von g, denn für $x_0 \in A$ gilt entsprechend (6.2)

$$\lim_{\substack{x \to x_0 \\ x \in A}} g(x) = g(x_0),$$

woraus wegen (6.5) $g(x_0) = f(x_0)$ und damit $g = f|A$ folgt. Es bleibt zu klären, ob f stetig ist. Sei dazu x_0 ein beliebiger Punkt von X und V irgendeine Umgebung von $f(x_0)$. (6.5) besagt, daß $\overset{-1}{g}(V)$ der Spur des Umgebungsfilters von x_0 auf A angehört, daß also für eine geeignete offene Umgebung Q von x_0 (in X) gilt $\overset{-1}{g}(V) \supset A \cap Q$ oder $f(A \cap Q) = g(A \cap Q) \subset V$. Wir erhielten die Stetigkeit von f im Punkte x_0, wenn wir zeigen könnten, daß sogar $f(Q) \subset V$ ist. Tatsächlich können wir nur schließen, daß $f(Q)$ in $\bar{V}$ liegt. Sei dazu x_1 irgendein Punkt aus Q. Weil Q offen und damit Umgebung von x_1 ist, gehört $A \cap Q$ der Spur des Umgebungsfilters $\mathfrak{F}_1$ von x_1 auf A an. (6.5) besagt, daß $f(x_1) = \lim g(\mathfrak{F}_1)$ ist. Insbesondere ist $f(x_1)$ Häufungspunkt von $g(\mathfrak{F}_1)$ und daher $f(x_1) \in \overline{g(A \cap Q)}$. Damit erhalten wir $f(Q) \subset \overline{g(A \cap Q)}$, und wegen $g(A \cap Q) \subset V$ folgt $f(Q) \subset \bar{V}$. Hierbei war V beliebig und Q geeignet gewählt. Also umfaßt jede abgeschlossene Umgebung von $f(x_0)$ das Bild einer Umgebung von x_0 bezüglich f. Wir können nun auf die Stetigkeit von f im Punkte x_0 jedenfalls dann schließen, wenn jede Umgebung von $f(x_0)$ eine abgeschlossene umfaßt, und auf die Stetigkeit von f, wenn Y der folgenden Bedingung genügt:

(O 3) Für jeden Punkt bilden die abgeschlossenen Umgebungen eine Umgebungsbasis.

Definition 2. Ein topologischer Raum heißt r e g u l ä r, wenn er separiert ist und der Bedingung (O 3) genügt.

(O 3) bezeichnet man entsprechend als Regularitätsaxiom. Wir haben bewiesen

Satz 2. *Es sei A dicht in dem topologischen Raum X, und es sei Y ein regulärer Raum. Ist g: $A \to Y$ eine stetige Abbildung, so kann g auf höchstens eine Weise zu einer stetigen Abbildung f: $X \to Y$ fortgesetzt werden. f existiert genau dann, wenn $\lim\limits_{\substack{x \to x_0 \\ x \in A}} g(x)$ für jedes $x_0 \in X$ existiert.*

Ist B ein Teilraum von Y und y ein Punkt von B, so bilden die Durchschnitte von B mit einer Umgebungsbasis von y (in Y) eine Umgebungsbasis von y relativ B. Hiernach sind die Teilräume eines regulären Raumes regulär.

Man verwechsle (O 3) nicht mit der Aussage (H′) von 5.4, daß jeder Punkt der Durchschnitt seiner abgeschlossenen Umgebungen ist. Die gröbste Topologie auf einer Menge X erfüllt (O 3), aber nicht (H′), wenn X mehr als einen Punkt besitzt. Aus (H′) folgt auch nicht (O 3).

Beispiel. Wir betrachten R und die Teilmenge Q der rationalen Zahlen. $\mathfrak{T}$ sei die übliche Topologie auf R. Nach 3.4 bilden die ε-Umgebungen der Punkte von R eine Basis von $\mathfrak{T}$. Die Topologie $\mathfrak{T}'$ auf R besitze als Basis dieselben Mengen und außerdem ihre Durchschnitte mit Q. Die Topologie $\mathfrak{T}'$ ist echt feiner als $\mathfrak{T}$, und es sind $\mathfrak{T}$ und $\mathfrak{T}'$ separiert. Die Punkte in $\complement \mathsf{Q}$ besitzen bezüglich $\mathfrak{T}$ und $\mathfrak{T}'$ dieselben Umgebungen. Weil in jedem Intervall rationale Zahlen liegen, ist Q dicht in R bezüglich $\mathfrak{T}$ und $\mathfrak{T}'$. Sei jetzt $x \in \mathsf{Q}$. Die Mengen $\mathsf{Q} \cap U(x; \varepsilon)$ bilden eine Umgebungsbasis $\mathfrak{B}$ von x bezüglich $\mathfrak{T}'$. Die abgeschlossene Hülle von $\mathsf{Q} \cap U(x; \varepsilon)$ bezüglich $\mathfrak{T}'$ enthält $U(x; \varepsilon)$, weil Q dicht in R ist. In keiner Menge von $\mathfrak{B}$ ist eine Menge von der Gestalt $U(x; \varepsilon)$ enthalten, d. h. keine Menge aus $\mathfrak{B}$ umfaßt eine abgeschlossene Umgebung von x. $\mathfrak{T}'$ erfüllt also (O 3) nicht, ist aber separiert. Die Topologie $\mathfrak{T}$ ist übrigens regulär (vgl. Aufg. 4); $\mathfrak{T}'$ zeigt, daß eine Topologie, die feiner als eine reguläre ist, nicht regulär zu sein braucht. Sei nun X bzw. Y die mit der Topologie $\mathfrak{T}$ bzw. $\mathfrak{T}'$ versehene Menge R und $A = \mathsf{Q}$. Die identische Abbildung von A definiert eine stetige Abbildung $g: A \to Y$, für welche der Limes auf der linken Seite von (6.5) für jedes $x_0 \in X$ existiert. Es ist f die identische Abbildung von R. Aber f ist nicht stetig, weil $\mathfrak{T}'$ echt feiner als $\mathfrak{T}$ ist. Satz 2 gilt also nicht mehr, wenn Y nicht regulär ist.

6.5* Doppellimites. Die Regularität spielt auch eine Rolle bei doppelten Grenzübergängen. Wir führen dazu folgende Bezeichnungen ein: Ist $\mathfrak{F}$ ein Filter auf der Menge X, Y ein topologischer Raum und $f: X \to Y$ eine Abbildung, so schreiben wir statt $y = \lim f(\mathfrak{F})$ auch $y = \lim\limits_{\mathfrak{F}} f(x)$, falls dieser Limes eindeutig existiert. Ist $\mathfrak{F}_1 \times \mathfrak{F}_2$ das Produkt der Filter $\mathfrak{F}_1$ auf X_1 und $\mathfrak{F}_2$ auf X_2 und ist $f: X_1 \times X_2 \to Y$ eine Abbildung, so steht entsprechend $\lim\limits_{\mathfrak{F}_1 \times \mathfrak{F}_2} f(x_1, x_2) = y$ für $\lim f(\mathfrak{F}_1 \times \mathfrak{F}_2) = y$. $\lim\limits_{\mathfrak{F}_2} f(x_1, x_2) = y$ soll besagen, daß das Bild von $\mathfrak{F}_2$ bezüglich der partiellen Abbildung $x_2 \to f(x_1, x_2)$ gegen y konvergiert. Nun gilt der

Satz. *Es sei $\mathfrak{F}_1$ bzw. $\mathfrak{F}_2$ ein Filter auf X_1 bzw. X_2, Y ein regulärer Raum und $f: X_1 \times X_2 \to Y$ eine Abbildung. Ist dann*

(a) $\lim\limits_{\mathfrak{F}_1 \times \mathfrak{F}_2} f(x_1, x_2) = y_0$ *vorhanden,*

(b) $\lim\limits_{\mathfrak{F}_2} f(x_1, x_2) = g(x_1)$ *für jedes x_1 aus X_1 vorhanden,*

so existiert $\lim\limits_{\mathfrak{F}_1} g(x_1)$, *und es ist* $\lim\limits_{\mathfrak{F}_1} g(x_1) = \lim\limits_{\mathfrak{F}_1} \lim\limits_{\mathfrak{F}_2} f(x_1, x_2) = \lim\limits_{\mathfrak{F}_1 \times \mathfrak{F}_2} f(x_1, x_2)$.

Beweis. Sei W eine abgeschlossene Umgebung von y_0. Dann gibt es wegen (a) Mengen F_1 und F_2 aus $\mathfrak{F}_1$ bzw. $\mathfrak{F}_2$, so daß $f(F_1 \times F_2) \subset W$ ist. Für jedes x_1 aus F_1 ist dann $g(x_1) \in \overline{f(x_1 \times F_2)} \subset \overline{f(F_1 \times F_2)} \subset \overline{W} = W$, also $g(F_1) \subset W$. Weil die abgeschlossenen Umgebungen von y_0 eine Umgebungsbasis von y_0 bilden, folgt $\lim g(\mathfrak{F}_1) = y_0$.

Der Satz gilt insbesondere für Doppelfolgen $y_{n,m}$, wobei X_1 und X_2 die Menge der natürlichen Zahlen N ist und $\mathfrak{F}_1$ und $\mathfrak{F}_2$ der Filter auf N ist, der die Endstücke von N als Basis besitzt (vgl. 6.1 Beispiel). Für Doppelfolgen im R^n dürfte der Satz dem Leser bekannt sein. Man beachte, daß $\lim\limits_{\mathfrak{F}_1} \lim\limits_{\mathfrak{F}_2} f(x_1, x_2)$ und $\lim\limits_{\mathfrak{F}_2} \lim\limits_{\mathfrak{F}_1} f(x_1, x_2)$ vorhanden sein können, wenn $\lim\limits_{\mathfrak{F}_1 \times \mathfrak{F}_2} f(x_1, x_2)$ nicht existiert.

Gegenbeispiel. Sei $Y = \mathsf{R}$, $y_{n,m} = 1$ für $n \geqq m$ und $y_{n,m} = 0$ für $n < m$. Dann ist $\lim\limits_{m \to \infty} \lim\limits_{n \to \infty} y_{n,m} = 1$, $\lim\limits_{n \to \infty} \lim\limits_{m \to \infty} y_{n,m} = 0$ und $\lim\limits_{n,m \to \infty} y_{n,m}$ nicht vorhanden. Wird $y_{n,m} = \dfrac{2nm}{n^2 + m^2}$ gesetzt, so ist $\lim\limits_{m \to \infty} \lim\limits_{n \to \infty} y_{n,m} = \lim\limits_{n \to \infty} \lim\limits_{m \to \infty} y_{n,m} = 0$, aber $\lim\limits_{n,m \to \infty} y_{n,m}$ existiert nicht.

6.6* Moore-Smith-Folgen. Das Beispiel von 6.1 läßt sich verallgemeinern. Bei jeder geordneten Menge M (vgl. 5.7) kann man von Endstücken sprechen. Ist a

Element von M, so besteht das zu a gehörige Endstück E_a aus allen Elementen m von M, für welche $m \geqq a$ ist, $E_a = \{m \mid m \geqq a\}$. Wegen $a \in E_a$ ist kein Endstück leer. Die Endstücke bilden eine Filterbasis auf M genau dann, wenn es zu je zwei Elementen a, b ein Element c gibt, so daß $c \geqq a$ und $c \geqq b$ ist.

Definition. Eine geordnete Menge M heißt nach oben (oder nach rechts) gefiltert oder gerichtet, wenn es zu je zwei Elementen a, b ein Element c gibt, für das $c \geqq a$ und $c \geqq b$ gilt.

Damit läßt sich der Begriff der Folge verallgemeinern: Unter einer Moore-Smith-Folge auf der Menge X versteht man eine Abbildung einer nach oben gefilterten Menge M in X. Die Bilder der Endstücke von M heißen Endstücke der Moore-Smith-Folge. Zu jeder Moore-Smith-Folge auf X gehört ein Filter auf X, der die Endstücke der Moore-Smith-Folge als Basis besitzt. Die Konvergenz einer Moore-Smith-Folge auf einem topologischen Raum wird durch die Konvergenz dieses Filters definiert.

Man kann eine Konvergenztheorie mit Moore-Smith-Folgen allein entwickeln, die zu derjenigen mit Filtern gleichwertig ist. Tatsächlich ist dies die ältere Theorie. Wir gehen nicht darauf ein.

6.7* Konvergenz als Grundbegriff. Wir haben in § 2 verschiedene Möglichkeiten kennengelernt, topologische Räume zu definieren. Es können die Begriffe der offenen Menge, der abgeschlossenen Menge, der Umgebung, das Bilden der abgeschlossenen Hülle (§ 2 Aufgabe 4) oder auch dual dazu das Bilden des Inneren als Grundbegriffe gewählt werden. Es erhebt sich die Frage, ob auch der Begriff der Konvergenz als Grundbegriff gewählt werden kann. Sei dazu auf der Menge X eine Familie $\{\mathfrak{F}_\lambda\}_{\lambda \in \Lambda}$ von Filtern gegeben und zu jedem Filter $\mathfrak{F}_\lambda$ ein Limes x_λ, wobei zugelassen ist, daß Filter mit verschiedenen Indizes übereinstimmen, daß also zu einem Filter verschiedene Limites vorgegeben sind. Ist $\mathfrak{T}$ eine Topologie auf X, für welche die vorgegebenen Konvergenzen $\mathfrak{F}_\lambda \to x_\lambda$ vorhanden sind, so gilt für jede offene Menge Q von $\mathfrak{T}$: Ist $x \in Q$, so gehört Q allen vorgegebenen Filtern an, die x als vorgegebenen Limes besitzen. Sei nun $\mathfrak{O}$ das System derjenigen Teilmengen von X, die diese Eigenschaft haben, wobei wir $\emptyset$ zu $\mathfrak{O}$ rechnen. $\mathfrak{O}$ erfüllt (O 1). Ist nämlich $Q = \bigcup_{\mu \in M} Q_\mu$ eine Vereinigung von Mengen aus $\mathfrak{O}$ und $x \in Q$, so gehört x zu mindestens einer Menge Q_μ, etwa zu Q_ν. Dann gehört Q_ν zu allen $\mathfrak{F}_\lambda$, für welche $x_\lambda = x$ ist, und damit erst recht die Obermenge Q, woraus (O 1) folgt. Ist $Q = \bigcap_{i=1}^{n} Q_i$ Durchschnitt von endlich vielen Mengen aus $\mathfrak{O}$ und $x \in Q$, so ist $x \in Q_i$ für $i = 1, 2, \ldots, n$. Die Mengen Q_i gehören zu allen $\mathfrak{F}_\lambda$, für die $x_\lambda = x$ ist, und damit auch deren Durchschnitt Q. Auch X gehört zu $\mathfrak{O}$, und es gilt (O 2). $\mathfrak{O}$ definiert offenbar die feinste Topologie auf X, für welche die vorgegebenen Konvergenzen $\mathfrak{F}_\lambda \to x_\lambda$ für alle λ vorhanden sind. Wir erhalten den

Satz. *Zu vorgegebenen Konvergenzen $\{\mathfrak{F}_\lambda \to x_\lambda\}_{\lambda \in \Lambda}$ auf der Menge X gibt es stets eine feinste Topologie auf X, welche diese Konvergenzen besitzt.*

Diese Topologie kann jedoch unerwünschte Eigenschaften besitzen. Es kann sein, daß bei ihr ein vorgegebener Filter Limites besitzt, die nicht vorgegeben sind, oder daß nicht vorgegebene Filter konvergent sind. Ein Beispiel werden wir in 7.9 erhalten. Es liegt daher nahe, den Begriff des topologischen Raumes abzuschwächen, um solche Erscheinungen zu vermeiden.

Eine Menge X wird zum Limesraum oder quasitopologischen Raum dadurch, daß auf ihr ein System von Filtern mit Limites vorgegeben wird, das folgenden Bedingungen genügt:

(L 1) Konvergiert der Filter $\mathfrak{F}$ gegen x, so konvergiert auch jeder feinere Filter gegen x.

(L 2) Konvergieren die Filter $\mathfrak{F}$ und $\mathfrak{G}$ gegen x, so konvergiert auch der Durchschnitt von $\mathfrak{F}$ und $\mathfrak{G}$ gegen x.

(L 3) Für jeden Punkt x konvergiert der Filter der Obermengen von x gegen x.

Zur Theorie der quasitopologischen Räume wollen wir nur einige Andeutungen machen. 6.2 Satz 2 wird zur Definition der Stetigkeit. 2.8 Satz 1 und Satz 2 gelten entsprechend. 5.4 (H''') definiert weiterhin separierte Räume. Eine Teilmenge A von X wird dadurch zum Teilraum, daß man einen Filter auf A konvergent gegen den Punkt a von A nennt, wenn seine Fortsetzung auf X gegen a konvergiert. Produkte werden durch 6.3 Satz 1 definiert. 6.3 Satz 2 bleibt erhalten. Ein Punkt x heißt Häufungspunkt des Filters $\mathfrak{F}$ auf X, wenn es einen feineren Filter gibt, der gegen x konvergiert (5.5 Satz 3). Auch die Begriffe des kompakten, abzählbar kompakten und folgenkompakten Raumes, auf die wir in § 7 eingehen werden, bleiben für quasitopologische Räume sinnvoll. Entsprechend 3.3 kann eine Quasitopologie dadurch erzeugt werden, daß man sich die Konvergenzen nur zum Teil vorgibt: Ist auf X eine Familie von Konvergenzen $\{\mathfrak{F}_\lambda \to x_\lambda\}_{\lambda \in \Lambda}$ gegeben, so nehme man zunächst alle unter (L 3) gehörenden Filter hinzu, danach bilde man für jeden Punkt x die Durchschnitte von je endlich vielen Filtern, die bereits als gegen x konvergierende Filter vorhanden sind, wodurch die Gültigkeit von (L 2) erreicht wird, und schließlich nehme man alle feineren Filter hinzu. Es bereitet keine Schwierigkeiten, die bisherigen Resultate auf ihre Übertragbarkeit zu prüfen[1]).

Man nähert sich dem Begriff des topologischen Raumes noch mehr an, wenn man (L 2) ersetzt durch

(L 2 t) Der Durchschnitt aller gegen den Punkt x konvergierenden Filter konvergiert gegen x.

Dies kann auch so ausgedrückt werden, daß es zu jedem Punkt x einen gröbsten gegen x konvergierenden Filter gibt. Dieser erfüllt die Eigenschaften (V 1), (V 2), (V 3) von 2.3. Man gelangt daher zu topologischen Räumen, die vermöge ihrer Umgebungen definiert werden, wenn man zu (L 1), (L 2 t), (L 3) noch eine geeignete Umformulierung von (V 4) hinzunimmt.

Aufgaben. 1. Ein topologischer Raum heißt separabel[2]), wenn es in ihm eine abzählbare dichte Teilmenge gibt. Man zeige: Ein metrischer Raum ist genau dann separabel, wenn er das 2. Abzählbarkeitsaxiom erfüllt.

2. Ist $f\colon X \twoheadrightarrow Y$ stetig und surjektiv und ist A dicht in X, so ist $f(A)$ dicht in Y.

3. Es sei $X = \prod_{\lambda \in \Lambda} X_\lambda$, A_λ dicht in X_λ und w_λ ein fester Punkt in A_λ. Man zeige: Die Menge der Punkte $\{x_\lambda\}$ von X mit $x_\lambda \in A_\lambda$ für alle λ und $x_\lambda \neq w_\lambda$ für nur endlich viele λ ist dicht in X. Man schließe hieraus vermöge Aufgabe 2, daß ein nicht-leeres topologisches Produkt von abzählbar vielen Faktoren genau dann separabel (s. Aufgabe 1) ist, wenn alle Faktoren es sind.

4. Jeder metrische Raum ist regulär.

5. Ein nicht-leeres topologisches Produkt ist genau dann regulär, wenn jeder Faktor regulär ist. Jeder Unterraum eines regulären Raumes ist regulär.

---

[1]) Für Einzelheiten verweisen wir auf Fischer, H. R.: Limesräume, Math. Ann. **137**, S. 269 bis 303 (1959).

[2]) Dieser Begriff hat keine Beziehung zu separiert = Hausdorffsch. Es bestehen daher Tendenzen, ihn abzuschaffen.

6. Es sei A offen und dicht in X. Auf $\complement A$ werde die diskrete Topologie induziert. Ist für eine stetige Abbildung $g: A \to Y$ von A in den separierten topologischen Raum Y der Limes (6.5) für jeden Punkt x_0 von $\complement A$ vorhanden, so ist g stetig auf X fortsetzbar. Es wird nicht verlangt, daß Y regulär ist.

7. Das nicht-leere topologische Produkt $X = \prod X_\lambda$ ist genau dann zusammenhängend, wenn alle X_λ zusammenhängend sind. (Man führe den Beweis zunächst für zwei Faktoren. Man betrachte dazu Abbildungen in einem Raum mit zwei Punkten und zugehörige partielle Abbildungen. Für unendliche Produkte benutze man Aufgabe 3 mit $A_\lambda = X_\lambda$.) X ist genau dann lokal zusammenhängend, wenn es alle X_λ sind und wenn außerdem höchstens endlich viele X_λ nicht zusammenhängend sind.

§ 7 Kompakte und lokalkompakte Räume

7.1 Kompakte Räume. Im euklidischen Raum sind die beschränkten abgeschlossenen Mengen dadurch charakterisiert (vgl. im Folgenden 7.4 Satz 5), daß für sie der Borel-Lebesguesche Überdeckungssatz gilt, und dadurch, daß auf einer solchen Menge jede Folge mindestens einen Häufungspunkt besitzt, der zur Menge gehört (Satz von Bolzano-Weierstraß). Diese Eigenschaften, die viele wichtige Anwendungen besitzen, führen auf den Begriff des kompakten Raumes.

Definition 1. Sei A eine Teilmenge der Menge X. Eine Familie $\mathfrak{U} = \{U_\lambda\}_{\lambda \in \Lambda}$ von Teilmengen von X heißt Überdeckung von A, wenn $A \subset \bigcup U_\lambda$ ist. Ist X ein topologischer Raum und $\mathfrak{U} = \{U_\lambda\}$ eine Überdeckung von $A \subset X$, so heißt $\mathfrak{U}$ offen bzw. abgeschlossen, wenn alle Mengen U_λ offen bzw. abgeschlossen sind. Ist $\mathfrak{U} = \{U_\lambda\}_{\lambda \in \Lambda}$ eine Überdeckung von A und ist für eine Teilmenge M von Λ auch $\mathfrak{U}' = \{U_\lambda\}_{\lambda \in M}$ eine Überdeckung von A, so sagt man, daß die Überdeckung $\mathfrak{U}'$ in $\mathfrak{U}$ enthalten ist. Eine Überdeckung heißt endlich bzw. abzählbar, wenn sie aus endlich bzw. abzählbar vielen Mengen besteht.

Den Zusammenhang zwischen den eingangs erwähnten Eigenschaften gibt

Satz 1. *Sei X ein topologischer Raum. Die folgenden Aussagen sind gleichwertig:*

(C) *Jede offene Überdeckung von X enthält eine endliche Überdeckung.*

(C′) *In jeder Familie abgeschlossener Mengen von X mit leerem Durchschnitt gibt es endlich viele Mengen, deren Durchschnitt leer ist.*

(C″) *Jeder Filter auf X besitzt mindestens einen Häufungspunkt.*

(C‴) *Jeder Ultrafilter auf X ist konvergent.*

Beweis. (C) und (C′) sind dual: Ist $\{Q_\lambda\}_{\lambda \in \Lambda}$ eine offene Überdeckung von X, so ist $\{\complement Q_\lambda\}$ wegen $\complement \bigcup Q_\lambda = \bigcap \complement Q_\lambda$ eine Familie abgeschlossener Mengen mit leerem Durchschnitt, und umgekehrt bilden die Komplemente der Mengen einer solchen Familie eine offene Überdeckung von X. Hiernach sind (C) und (C′) gleichwertig. Sei nun (C′) erfüllt. Ist $\mathfrak{F}$ ein Filter auf X, so ist der Durchschnitt von je endlich vielen abgeschlossenen Mengen aus $\mathfrak{F}$ nicht-leer, wegen (C′) ist auch der Durchschnitt aller abgeschlossenen Mengen aus $\mathfrak{F}$ nicht-leer. Also hat $\mathfrak{F}$ einen Häufungspunkt, und es gilt (C″). Ist (C′) nicht erfüllt, so gibt es auf X eine Familie abgeschlossener Mengen $\{F_\lambda\}_{\lambda \in \Lambda}$, deren Durchschnitt leer ist, während die Durchschnitte von je endlich vielen Mengen der Familie nicht-leer sind. Diese Durchschnitte sind abgeschlossen, und sie bilden die Basis eines Filters, der keinen Häufungspunkt besitzt. Folglich sind (C′) und (C″) gleichwertig.

Für Ultrafilter ist die Konvergenz wegen 5.5 Satz 3 gleichbedeutend mit der Existenz von Häufungspunkten. Daher folgt (C‴) aus (C″). Umgekehrt folgt (C″) aus (C‴): Zu einem beliebigen Filter $\mathfrak{F}$ auf X gibt es einen feineren Ultrafilter $\mathfrak{U}$ (5.7 Satz 3), und die Häufungspunkte von $\mathfrak{U}$ sind auch Häufungspunkte von $\mathfrak{F}$ (5.5 Satz 1).

Definition 2. Ein topologischer Raum X heißt quasikompakt[1]), wenn er einer der Bedingungen (C), (C′), (C″), (C‴) – und damit allen – genügt. Ein topologischer Raum heißt kompakt, wenn er quasikompakt und separiert ist.

In einem separierten Raum hat ein konvergenter Filter nur einen Häufungspunkt, nämlich seinen Limes (5.5 Satz 4). In einem kompakten Raum gilt auch die Umkehrung wegen

Satz 2. *Sei X ein quasikompakter Raum. Besitzt ein Filter auf X nur einen Häufungspunkt, so ist er konvergent.*

Beweis. Es sei x der einzige Häufungspunkt des Filters $\mathfrak{F}$ auf X. Wenn $\mathfrak{F}$ nicht gegen x konvergierte, gäbe es eine offene Umgebung Q von x, die nicht zu $\mathfrak{F}$ gehörte. Wegen 5.3 Satz 3 existierte ein Filter $\mathfrak{G}$, der feiner als $\mathfrak{F}$ wäre und $\complement Q$ enthielte. Wegen (C″) besäße $\mathfrak{G}$ einen Häufungspunkt y, der zu der abgeschlossenen Menge $\complement Q$ von $\mathfrak{G}$ gehören müßte und wegen $x \in Q$ von x verschieden wäre. Der gröbere Filter $\mathfrak{F}$ besäße dann die beiden Häufungspunkte x und y, was der Annahme widerspricht. Also ist $\mathfrak{F}$ konvergent.

Sei X ein topologischer Raum und A ein quasikompakter Teilraum. Es ist gleichgültig, ob man die Eigenschaft (C) mit offenen Mengen in X oder relativ offenen Teilmengen von A formuliert, weil jede relativ A offene Menge Durchschnitt von A mit einer offenen Menge von X ist. Dagegen muß (C′) mit relativ A abgeschlossenen Mengen formuliert werden, denn eine relativ A abgeschlossene Menge braucht nicht abgeschlossen in X zu sein (s. jedoch unten Satz 4).

Eine Teilmenge eines quasikompakten Raumes braucht nicht quasikompakt zu sein. Beispielsweise ist das abgeschlossene Intervall $I = [0, 1]$ von R kompakt (vgl. 7.4 Satz 5), nicht aber das offene Intervall $(0, 1)$, denn die Folge $\{1/n\}$ hat keinen Häufungspunkt auf $(0, 1)$. Wir treffen hier zum ersten Male eine Eigenschaft eines topologischen Raumes an, die nicht allen seinen Teilräumen zukommt. Es gilt jedoch

Satz 3. *Ist X ein quasikompakter Raum und A eine abgeschlossene Teilmenge von X, so ist A quasikompakt.*

Beweis. Sei $\{F_\lambda\}_{\lambda \in \Lambda}$ eine Familie (bezüglich A) abgeschlossener Teilmengen von A mit leerem Durchschnitt. Weil A abgeschlossen ist, ist jedes F_λ auch abgeschlossen in X. Weil (C′) für X gilt, gibt es endlich viele Mengen in $\{F_\lambda\}$, die einen leeren Durchschnitt besitzen. Also gilt (C′) auch für A.

Satz 3 läßt sich nicht umkehren. Besitzt X die gröbste Topologie, so ist jede Teilmenge quasikompakt. Es gilt aber

---

[1]) Für quasikompakt wird in einem Teil der Literatur kompakt benutzt, in älterer und russischer Literatur bikompakt, wobei dann kompakt für abzählbar kompakt (vgl. 7.4) steht.

Satz 4. *Es sei X ein separierter topologischer Raum. Ist der Teilraum A von X kompakt, so ist A eine abgeschlossene Menge von X.*

Beweis. Es kann $A \neq \emptyset$ angenommen werden, weil die Aussage sonst trivial ist. Sei x irgendein Punkt von $\bar{A}$. Der Umgebungsfilter von x induziert auf A einen Filter $\mathfrak{F}$, der wegen (C″) einen Häufungspunkt a auf A besitzt. Sei $\mathfrak{F}'$ die Fortsetzung von $\mathfrak{F}$ auf X. a ist auch Häufungspunkt von $\mathfrak{F}'$. Nun ist aber $\mathfrak{F}'$ feiner als der Umgebungsfilter von x (6.1 Satz 2), also konvergent gegen x. Weil X separiert ist, ist x der einzige Häufungspunkt von $\mathfrak{F}'$ (5.5 Satz 4). Also ist $a = x$, und es folgt $\bar{A} \subset A$ und damit $\bar{A} = A$.

Die Sätze 3 und 4 ergeben zusammen

Satz 5. *In einem kompakten Raum ist eine Teilmenge genau dann kompakt, wenn sie abgeschlossen ist.*

Satz 6. *Die Vereinigung endlich vieler quasikompakter Mengen ist quasikompakt.*

Beweis. Seien $A_1, A_2, \ldots, A_n$ quasikompakte Teilmengen des topologischen Raumes X. Ist $\mathfrak{U}$ eine offene Überdeckung von $B = \bigcup_{i=1}^{n} A_i$, so ist $\mathfrak{U}$ zugleich offene Überdeckung von A_i für $i = 1, 2, \ldots, n$. Weil A_i quasikompakt ist, enthält $\mathfrak{U}$ eine endliche Überdeckung $\mathfrak{U}_i$ von A_i. $\mathfrak{U}_1, \mathfrak{U}_2, \ldots, \mathfrak{U}_n$ machen zusammen eine endliche Überdeckung von B aus. Also ist B quasikompakt.

Satz 4 gibt Anlaß zu folgender

Definition 3. Eine Teilmenge A des topologischen Raumes X heißt relativ kompakt, wenn ihre abgeschlossene Hülle $\bar{A}$ kompakt ist.

Wegen Satz 5 ist in einem kompakten Raum jede Teilmenge relativ kompakt. Ist A relativ kompakt, so gilt für jeden Filter auf A, daß seine Fortsetzung auf $\bar{A}$ und damit auch seine Fortsetzung auf X mindestens einen Häufungspunkt besitzt. Da ein Filter auf X genau dann Fortsetzung eines Filters auf A ist, wenn er die Menge A enthält, ergibt sich

Satz 7. *Sei A eine relativ kompakte Teilmenge des topologischen Raumes X. Ist $\mathfrak{F}$ ein Filter auf X, der die Menge A enthält, so besitzt $\mathfrak{F}$ einen Häufungspunkt.*

7.2 Bilder kompakter Räume. Der folgende Satz ist grundlegend:

Satz 1. *Es sei X ein quasikompakter Raum. Ist $f\colon X \to Y$ eine stetige Abbildung, so ist das Bild $f(X)$ quasikompakt.*

Beweis. Da zu der stetigen Abbildung $f\colon X \to Y$ eine stetige Abbildung $f'\colon X \twoheadrightarrow f(X)$ gehört (4.2 Satz 2), kann angenommen werden, daß $Y = f(X)$, also f surjektiv ist. Sei $\mathfrak{G}$ ein Filter auf Y. Wegen $Y = f(X)$ existiert das Urbild $\overset{-1}{f}(\mathfrak{G})$, und es besitzt nach Voraussetzung einen Häufungspunkt x. Auf X gibt es einen feineren Filter $\mathfrak{F}$, der gegen x konvergiert. Wegen der Stetigkeit von f konvergiert $f(\mathfrak{F})$ gegen $f(x)$. Also ist $f(x)$ Häufungspunkt von $f(\mathfrak{F})$ und damit auch Häufungspunkt des gröberen Filters $f(\overset{-1}{f}(\mathfrak{G}))$, der wegen 6.1 Satz 2 mit $\mathfrak{G}$ übereinstimmt.

Ist $Y = \mathsf{R}$, also f eine stetige reellwertige Funktion, so enthält Satz 1 die als Satz vom Maximum und Minimum bekannte Aussage, daß eine stetige reellwertige Funktion auf einer kompakten Menge einen größten und einen kleinsten Funktionswert annimmt. Es gilt nämlich der

Hilfssatz. Eine kompakte Teilmenge A des R^n ist beschränkt und abgeschlossen.

Beweis. A ist abgeschlossen wegen 7.1 Satz 4. Ordnet man jedem Punkt a von A die Umgebung $U(a; 1)$ zu (d. h. seine ε-Umgebung mit $\varepsilon = 1$), so genügen wegen (C) endlich viele solcher Umgebungen, um A zu überdecken, etwa $U(a_1; 1)$, $U(a_2; 1), \ldots, U(a_r; 1)$, woraus unmittelbar folgt, daß A beschränkt ist.

Satz 2. *Ist $f\colon X \twoheadrightarrow Y$ eine stetige Abbildung des quasikompakten Raumes X auf den separierten Raum Y, so ist f abgeschlossen, und Y besitzt die Identifizierungstopologie bezüglich f.*

Beweis. Ist A eine abgeschlossene Teilmenge von X, so ist A quasikompakt wegen 7.1 Satz 3. $f(A)$ ist quasikompakt wegen Satz 1 und kompakt, weil Y separiert ist. Wegen 7.1 Satz 4 ist $f(A)$ abgeschlossen. Also ist f abgeschlossen, und die restliche Behauptung folgt aus 4.4 Satz 2.

Ist insbesondere f bijektiv, so erhält man

Satz 3. *Ist $f\colon X \rightarrowtail\!\!\twoheadrightarrow Y$ eine bijektive stetige Abbildung des kompakten Raumes X auf den separierten Raum Y, so ist f topologisch.*

Diese Aussage läßt sich auch anders fassen. Die topologischen Räume X und Y mögen aus derselben Menge M dadurch entstehen, daß man M mit einer kompakten Topologie $\mathfrak{T}_1$ bzw. einer separierten Topologie $\mathfrak{T}_2$ versieht. Die identische Abbildung von M auf sich bewirkt eine bijektive Abbildung $f\colon X \rightarrowtail\!\!\twoheadrightarrow Y$. Ist $\mathfrak{T}_1$ feiner als $\mathfrak{T}_2$, so ist f stetig, und wegen Satz 3 kann $\mathfrak{T}_1$ nicht echt feiner als $\mathfrak{T}_2$ sein. Also gilt

Satz 4. *Zu einer separierten Topologie gibt es keine echt feinere kompakte.*

7.3 Kompakte Produkte

Satz 1 (Tychonoff). *Sei $X = \prod_{\lambda \in \Lambda} X_\lambda$ ein nicht-leeres topologisches Produkt. X ist genau dann quasikompakt, wenn alle X_λ quasikompakt sind.*

Beweis. Wegen $X \neq \emptyset$ ist die Projektion $p_\lambda\colon X \twoheadrightarrow X_\lambda$ surjektiv für jedes λ, und sie ist stetig. Ist X quasikompakt, so ist X_λ quasikompakt wegen 7.2 Satz 1. Zum Beweise der Umkehrung sei $\mathfrak{U}$ ein Ultrafilter auf X. $p_\lambda(\mathfrak{U})$ ist ein Ultrafilter auf X_λ. Ist nämlich A_λ irgendeine Teilmenge von X_λ, so sind $\overset{-1}{p_\lambda}(A_\lambda)$ und $\overset{-1}{p_\lambda}(\complement A_\lambda) = \complement \overset{-1}{p_\lambda}(A_\lambda)$ komplementäre Teilmengen von X, und wegen 5.7 Satz 4 gehört eine dieser beiden Mengen zu $\mathfrak{U}$. Also gehört A_λ oder $\complement A_\lambda$ zu $p_\lambda(\mathfrak{U})$, und wegen 5.7 Satz 4 ist $p_\lambda(\mathfrak{U})$ ein Ultrafilter. Sind nun alle X_λ quasikompakt, so ist wegen (C''') jeder der Filter $p_\lambda(\mathfrak{U})$ konvergent, woraus wegen 6.3 Satz 1 folgt, daß $\mathfrak{U}$ konvergiert. Also ist X quasikompakt.

Zusammen mit 6.3 Satz 2 ergibt sich

Satz 2. *Das nicht-leere topologische Produkt* $X = \prod_{\lambda \in \Lambda} X_\lambda$ *ist genau dann kompakt, wenn jedes* X_λ *kompakt ist.*

7.4 Verwandte Begriffe. Ein separierter topologischer Raum X heißt abzählbar kompakt, wenn jede Folge auf X mindestens einen Häufungspunkt besitzt. X heißt folgenkompakt, wenn es zu jeder Folge eine konvergente Teilfolge gibt.

Die Aussage, daß ein separierter Raum X abzählbar kompakt ist, ist wegen 5.6 Satz 1 gleichwertig damit, daß jeder Filter mit abzählbarer Basis mindestens einen Häufungspunkt besitzt. Ein kompakter Raum ist also auch abzählbar kompakt. Das Umgekehrte gilt nicht. Ein folgenkompakter Raum ist auch abzählbar kompakt. Wiederum gilt nicht die Umkehrung. Wir werden unten ein Gegenbeispiel geben. Aus 5.6 Satz 2 folgt jedoch sofort

Satz 1. *Erfüllt ein abzählbar kompakter Raum das 1. Abzählbarkeitsaxiom, so ist er folgenkompakt.*

Unter zusätzlichen Voraussetzungen läßt sich für abzählbar kompakte Räume schließen, daß sie kompakt sind, z. B. wenn das 2. Abzählbarkeitsaxiom erfüllt ist. Wir beweisen dazu zunächst

Satz 2 (Lindelöf). *Besitzt ein topologischer Raum* X *eine abzählbare Basis, so genügt er der Bedingung*

(L) *Jede offene Überdeckung von* X *enthält eine abzählbare Überdeckung.*

Beweis. Sei $\{Q_n\}$ eine abzählbare Basis und $\{U_\lambda\}_{\lambda \in \Lambda}$ eine offene Überdeckung von X. Jedes U_λ ist Vereinigung derjenigen Basismengen, die in U_λ enthalten sind. Sei $Q_{n_1}, Q_{n_2}, Q_{n_3}, \ldots$ die Teilfolge derjenigen Basismengen, die in mindestens einem U_λ enthalten sind. Dann ist $\bigcup_{i=1}^{\infty} Q_{n_i} = \bigcup_{\lambda \in \Lambda} U_\lambda = X$. Wird jedem Q_{n_i} eine Menge U_λ, etwa U_{λ_i}, zugeordnet, die Q_{n_i} umfaßt, so ist auch $\bigcup_{i=1}^{\infty} U_{\lambda_i} = X$, womit sich die Behauptung ergibt.

Nunmehr können wir zeigen:

Satz 3. *Besitzt der topologische Raum* X *eine abzählbare Basis und ist er abzählbar kompakt, so ist er kompakt.*

Beweis. Nehmen wir an, daß die Behauptung falsch ist. Dann gibt es wegen Satz 2 eine abzählbare offene Überdeckung $\{U_n\}$ von X, die keine endliche Überdeckung enthält. $V_n = \bigcup_{i=1}^{n} U_i$ ist offen und von X verschieden. Für jedes $n = 1, 2, 3, \ldots$ sei x_n ein Punkt aus $\complement V_n$. Nach Voraussetzung hat die Folge $\{x_n\}$ einen Häufungspunkt, etwa x. Weil $\{U_n\}$ eine Überdeckung von X ist, gehört x zu mindestens einer dieser Mengen, etwa zu U_m. U_m und erst recht V_m ist eine offene Umgebung von x. Für $n \geqq m$ ist $V_n \supset V_m$, und wegen $x_n \in \complement V_n$ liegt x_n nicht in V_m, was der Annahme widerspricht, daß x Häufungspunkt von $\{x_n\}$ ist. Also muß die Behauptung gelten.

Kompakte metrische Räume werden auch **Kompakta** genannt. Für metrische Räume sind die Begriffe kompakt, abzählbar kompakt und folgenkompakt gleichwertig. Genauer gilt

Satz 4. *Es sei X ein metrischer, abzählbar kompakter Raum. Dann gilt*

(a) *Zu jeder offenen Überdeckung $\{Q_\lambda\}_{\lambda\in\Lambda}$ von X gibt es eine positive reelle Zahl δ* (Lebesguesche Zahl) *derart, daß für jeden Punkt x die δ-Umgebung $U(x;\delta)$ in mindestens einem Q_λ enthalten ist.*

(b) *Zu jeder positiven reellen Zahl ε gibt es endlich viele Punkte in X derart, daß X von den ε-Umgebungen dieser Punkte überdeckt wird.*

(c) *X ist kompakt.*

(d) *X ist folgenkompakt.*

Beweis. (a) Nehmen wir an, daß (a) falsch ist, daß es also eine offene Überdeckung $\{Q_\lambda\}$ von X gibt, zu der keine Lebesguesche Zahl existiert. Dann gibt es für $n = 1, 2, 3, \ldots$ einen Punkt x_n derart, daß $U(x_n; 2^{-n})$ von keinem Q_λ umfaßt wird. Nach Voraussetzung hat die Folge $\{x_n\}$ einen Häufungspunkt, etwa x. x gehört zu einer der Mengen Q_λ, etwa zu $Q_\varkappa$, und $Q_\varkappa$ ist offene Umgebung von x. Für eine geeignete natürliche Zahl m liegt $U(x; 2^{-m})$ in $Q_\varkappa$. Wegen der Dreiecksungleichung gilt für jeden Punkt y aus $U(x; 2^{-m-1})$, daß $U(y; 2^{-m-1}) \subset U(x; 2^{-m}) \subset Q_\varkappa$ ist und daher erst recht $U(y; 2^{-n}) \subset Q_\varkappa$ für $n \geqq m + 1$. Nach Wahl der Punkte x_n kann für $n \geqq m + 1$ kein Punkt x_n in $U(x; 2^{-m-1})$ liegen, was der Annahme widerspricht, daß x Häufungspunkt von $\{x_n\}$ ist. Daher kann (a) nicht falsch sein.

(b) Nehmen wir an, daß (b) falsch ist. Dann gibt es ein positives reelles ε derart, daß X nicht von endlich vielen ε-Umgebungen überdeckt wird. Hieraus folgt, daß es eine Folge $\{x_n\}$ gibt, bei der $d(x_n, x_m) \geqq \varepsilon$ stets für $n \neq m$ gilt: x_1 kann beliebig gewählt werden. Sind $x_1, x_2, \ldots, x_k$ bereits so bestimmt, daß $d(x_n, x_m) \geqq \varepsilon$ ist für $n \neq m$ und $n, m \leqq k$, so bilden die Umgebungen $U(x_i; \varepsilon)$ für $i = 1, 2, \ldots, k$ keine Überdeckung von X, und es kann x_{k+1} so gewählt werden, daß x_{k+1} keiner dieser Umgebungen angehört, also $d(x_{k+1}, x_i) \geqq \varepsilon$ für $i = 1, 2, \ldots, k$ gilt. Auf diese Weise entsteht die Folge $\{x_n\}$. Ist x irgendein Punkt von X, so ist die Entfernung je zweier Punkte aus $U(x; \varepsilon/2)$ wegen der Dreiecksungleichung kleiner als ε, und diese Umgebung kann höchstens einen Punkt der Folge $\{x_n\}$ enthalten. Die Folge $\{x_n\}$ besitzt also keinen Häufungspunkt, und X kann nicht abzählbar kompakt sein, wenn (b) nicht gilt.

(c) Sei $\{Q_\lambda\}$ eine offene Überdeckung von X. Wegen (a) gibt es zu ihr eine Lebesguesche Zahl δ. Wegen (b) gibt es endlich viele Punkte, etwa $x_1, x_2, \ldots, x_r$ derart, daß die Umgebungen $U(x_i; \delta)$ für $i = 1, 2, \ldots, r$ eine Überdeckung von X bilden. Jedes $U(x_i; \delta)$ ist in einem geeigneten Q_λ, etwa in Q_{λ_i}, enthalten. Daher bilden $Q_{\lambda_1}, Q_{\lambda_2}, \ldots, Q_{\lambda_r}$ eine Überdeckung von X, und es ist X kompakt.

(d) folgt schließlich aus Satz 1 wegen des Satzes in 2.7.

Anmerkung. Satz 4 besagt wegen 5.6 insbesondere, daß für metrische Räume eine vollständige Konvergenztheorie besteht, die nur Folgen benutzt.

Wir können nun den Hilfssatz von 7.2 verschärfen zu dem bekannten

Satz 5 (Borel-Lebesgue). *Eine Teilmenge des R^n ist genau dann kompakt, wenn sie beschränkt und abgeschlossen ist.*

Beweis. Es muß nur noch gezeigt werden, daß eine beschränkte, abgeschlossene Teilmenge F des R^n kompakt ist. Weil R^n das topologische Produkt von n Faktoren R und weil F beschränkt ist, liegt F in dem Produkt von n beschränkten, abgeschlossenen Intervallen von R. Es genügt zu zeigen, daß ein solches Intervall kompakt ist, denn wegen 7.3 Satz 2 ist dann auch jedes Produkt von solchen Intervallen kompakt und wegen 7.1 Satz 5 auch jede abgeschlossene Teilmenge eines solchen Produktes. Nun ist aber ein beschränktes, abgeschlossenes Intervall von R abzählbar kompakt nach einem wohlbekannten Satz von Weierstraß. Wegen Satz 4 ist es auch kompakt.

Beispiel eines kompakten Raumes, der nicht folgenkompakt ist. Es sei Λ die Menge der Teilfolgen der Folge $\{n\}$ der natürlichen Zahlen und $I = [0, 1]$ das wegen Satz 5 kompakte Einheitsintervall von R. Nun sei $X = I^\Lambda = \prod_{\lambda \in \Lambda} I_\lambda$, wobei $I_\lambda = I$ ist. Auf I_λ definieren wir eine Folge $\{x_\lambda^{(k)}\}_{k \in \mathsf{N}}$ folgendermaßen: Gehört die natürliche Zahl k nicht zu der Teilfolge λ von $\{n\}$, so sei $x_\lambda^{(k)} = 0$, gehört k zu λ, so sei $x_\lambda^{(k)}$ null oder eins, je nachdem k in der Teilfolge λ einen ungeraden oder geraden Index hat. Wählt man also aus der Folge $\{x_\lambda^{(k)}\}_{k \in \mathsf{N}}$ die λ entsprechende Teilfolge aus, so erhält man eine Folge, deren Glieder abwechselnd 0 und 1 sind. Durch $\{x^{(k)}\} = \{\{x_\lambda^{(k)}\}_{\lambda \in \Lambda}\}$ ist eine Folge auf X definiert. X ist wegen 7.3 Satz 2 kompakt. Die Folge $\{x^{(k)}\}$ besitzt also mindestens einen Häufungspunkt. Sie besitzt aber keine konvergente Teilfolge. Jede Teilfolge von $\{x^{(k)}\}$ wird nämlich durch eine Teilfolge λ der natürlichen Zahlen bestimmt, und bei Projektion von X auf den entsprechenden Faktor I_λ entsteht eine divergente Folge auf I_λ. Wegen 6.3 Satz 1 kann also keine Teilfolge von $\{x^{(k)}\}$ konvergieren.

Es gilt aber noch

Satz 6. *Das topologische Produkt von abzählbar vielen folgenkompakten Räumen ist folgenkompakt.*

Beweis. Sei $X = \prod X_i$, wobei i die natürlichen Zahlen oder einen Abschnitt davon durchläuft, und es sei jedes X_i folgenkompakt. Insbesondere ist jedes X_i separiert und damit auch X wegen 6.3 Satz 2. Sei $\{x^{(0,n)}\}_{n \in \mathsf{N}} = \{\{x_i^{(0,n)}\}\}_{n \in \mathsf{N}}$ eine Folge auf X. Weil X_1 folgenkompakt ist, gibt es zu $\{x_1^{(0,n)}\}$ eine konvergente Teilfolge $\{x_1^{(1,n)}\}$ und daher eine Teilfolge $\{x^{(1,n)}\}$ von $\{x^{(0,n)}\}$, deren Projektion in X_1 konvergiert. Sind die Folgen $\{x^{(k,n)}\}$ für $k = 1, 2, \ldots, r$ bereits so bestimmt, daß $\{x^{(k,n)}\}$ eine Teilfolge von $\{x^{(k-1,n)}\}$ ist und daß die Projektionen $\{x_i^{(k,n)}\}$ für $1 \leqq i \leqq k$ konvergieren, so wähle man aus $\{x^{(r,n)}\}$ eine Teilfolge $\{x^{(r+1,n)}\}$ so aus, daß auch $\{x_{r+1}^{(r+1,n)}\}$ konvergiert. Durchläuft i eine endliche Menge, so erhält man nach endlich vielen Schritten eine Teilfolge von $\{x^{(0,n)}\}$, deren sämtliche Projektionen konvergieren und die wegen 6.3 Satz 1 konvergent ist. Durchläuft i die Menge aller natürlichen Zahlen, so betrachte man die „Diagonalfolge" $\{x^{(n,n)}\}$.

Sie ist Teilfolge von $\{x^{(0,n)}\}$, und ihr zu der natürlichen Zahl r gehöriges Endstück ist Teilfolge von $\{x^{(r,n)}\}$. Daraus folgt, daß für $\{x^{(n,n)}\}$ alle Projektionen in die Faktoren X_i konvergieren und somit $\{x^{(n,n)}\}$ wegen 6.3 Satz 1 konvergent ist.

7.5 Lokalkompakte Räume. Der euklidische Raum R^n ist nicht kompakt, aber jeder seiner Punkte besitzt eine kompakte Umgebung (7.4 Satz 5). Dies führt auf die

Definition. Ein separierter topologischer Raum X heißt lokalkompakt, wenn jeder Punkt von X eine kompakte Umgebung besitzt.

Insbesondere ist jeder kompakte Raum X lokalkompakt, weil X Umgebung jedes seiner Punkte ist. Um Irrtümer zu vermeiden, merken wir an, daß ein Raum nicht separiert zu sein braucht, wenn jeder Punkt eine kompakte, also auch separierte, Umgebung besitzt.

Beispiele. 1. Eine n-dimensionale Mannigfaltigkeit ist ein separierter topologischer Raum, bei dem jeder Punkt eine zu R^n homöomorphe Umgebung besitzt. Jeder solche Raum ist lokalkompakt.

2. Sei S der Kreis $x^2 + y^2 = 1$ in R^2. X entstehe aus S dadurch, daß man für $x \neq 0$ jeweils $(x, \sqrt{1 - x^2})$ und $(x, -\sqrt{1 - x^2})$ identifiziert, während $(0, 1)$ und $(0, -1)$ nicht identifiziert werden. X ist nicht separiert, aber jeder Punkt besitzt kompakte Umgebungen.

Satz 1. *Jeder lokalkompakte Raum ist regulär. Für jeden Punkt bilden die kompakten Umgebungen eine Umgebungsbasis.*

Beweis. Wegen 7.1 Satz 4 genügt es, die zweite Behauptung zu beweisen. Sei zunächst X ein kompakter Raum. Ist x ein Punkt von X, so ist x wegen (H') in 5.4 der Durchschnitt seiner abgeschlossenen Umgebungen. Die abgeschlossenen Umgebungen von x bilden die Basis eines Filters $\mathfrak{F}$, der jedenfalls gröber als der Umgebungsfilter von x ist. Er ist auch feiner, denn nach Definition der Häufungspunkte eines Filters (s. 5.5) ist x der einzige Häufungspunkt von $\mathfrak{F}$ und nach 7.1 Satz 2 konvergiert $\mathfrak{F}$ gegen x. Die abgeschlossenen Umgebungen von x bilden also eine Umgebungsbasis von x, und sie sind kompakt wegen 7.1 Satz 5, weil X kompakt ist. Sei nun X lokalkompakt und x ein Punkt von X. x besitzt eine kompakte Umgebung V, die wegen 7.1 Satz 4 abgeschlossen ist. Nach dem Vorangehenden besitzt x eine Umgebungsbasis relativ V, die aus kompakten Umgebungen besteht. Wegen 4.2 Satz 1 ist sie auch Umgebungsbasis von x in X.

Ein Teilraum eines lokalkompakten Raumes braucht nicht lokalkompakt zu sein. Die Zahlengerade R ist lokalkompakt, nicht jedoch die Teilmenge Q der rationalen Zahlen. Jedoch gilt

Satz 2. *In einem lokalkompakten Raum ist jede Teilmenge lokalkompakt, die Durchschnitt einer offenen Menge mit einer abgeschlossenen Menge ist.*

Beweis. Eine offene Menge ist lokalkompakt wegen Satz 1. Sei F eine abgeschlossene Menge. Für einen Punkt x von F ist der Durchschnitt von F mit einer kompakten Umgebung V von x eine Umgebung von x relativ F. $F \cap V$ ist eine abgeschlossene Teilmenge von V und wegen 7.1 Satz 5 kompakt. Also ist F lokalkompakt. Ist schließlich Q eine offene und F eine abgeschlossene Menge, so ist Q lokalkompakt und $Q \cap F$ eine relativ Q abgeschlossene Teilmenge von Q, also ebenfalls lokalkompakt nach dem eben Bewiesenen.

7.1 Satz 2 gilt nicht mehr für lokalkompakte Räume, wie von den Folgen reeller Zahlen her bekannt ist. Auch 7.2 Satz 1 überträgt sich nicht.

Gegenbeispiel. Die Menge $(0, \infty)$ der positiven reellen Zahlen ist als offene Teilmenge von R lokalkompakt. Auf ihr werde eine Abbildung f in den R^2 wie folgt definiert:

$$f(x) = \begin{cases} (x, \sin 1/x) & \text{für } 0 < x \leqq 1/\pi \\ \left(\frac{2}{\pi} - x, 0\right) & \text{für } x \geqq 1/\pi. \end{cases}$$

Die Abbildung ist stetig. Die Menge der Bildpunkte ist aber nicht lokalkompakt. Der Bildpunkt $(0, 0)$ besitzt in der Menge der Bildpunkte keine kompakte Umgebung, weil eine solche eine abgeschlossene Teilmenge von R^2 sein müßte.

7.3 Satz 2 besitzt ein Analogon:

Satz 3. *Das nicht-leere topologische Produkt $X = \prod X_\lambda$ ist genau dann lokalkompakt, wenn die Faktoren X_λ alle lokalkompakt und bis auf endlich viele Ausnahmen sogar kompakt sind.*

Beweis. Sei zunächst X lokalkompakt. Der Punkt $x = \{x_\lambda\}$ besitzt eine kompakte Umgebung V, und diese umfaßt eine offene Umgebung Q der Gestalt $Q = \prod Q_\lambda$, wobei Q_λ offene Umgebung von x_λ in X_λ und nur für endlich viele λ von X_λ verschieden ist. $p_\lambda(V)$ ist kompakt wegen 7.2 Satz 1 und Umgebung von x_λ, denn es ist $p_\lambda(V) \supset p_\lambda(Q) = Q_\lambda$ wegen $V \supset Q$. Hiernach sind höchstens diejenigen X_λ nicht kompakt, für welche $Q_\lambda \neq X_\lambda$ ist, und alle X_λ sind lokalkompakt, weil die Koordinaten von x beliebig gewählt werden können.

Es seien nun etwa die Faktoren X_λ für $\lambda = \varkappa_1, \varkappa_2, \ldots, \varkappa_n$ nicht kompakt aber lokalkompakt, während alle übrigen X_λ kompakt sind. Für den Punkt $x = \{x_\lambda\}$ sei $V_{\varkappa_i}$ eine kompakte Umgebung von $x_{\varkappa_i}$ in $X_{\varkappa_i}$ für $i = 1, 2, \ldots, n$, während $V_\lambda = X_\lambda$ für $\lambda \neq \varkappa_1, \varkappa_2, \ldots, \varkappa_n$ sei. Dann ist $V = \prod V_\lambda$ eine Umgebung von x und kompakt wegen 7.3 Satz 2. Also ist X lokalkompakt.

7.6 Die Alexandroffsche Kompaktifizierung. Ein lokalkompakter Raum läßt sich in kompakte Räume einbetten, d. h. topologisch abbilden auf Unterräume geeigneter kompakter Räume. Dies kann auf verschiedene Weisen geschehen; eine werden wir hier angeben, eine andere in 9.2. Liegt X in dem kompakten Raum Y, so ist die abgeschlossene Hülle von X bezüglich Y kompakt. Man kann sich daher auf solche Einbettungen beschränken, bei denen X im einbettenden Raum Y dicht ist. Bei solchen Einbettungen sagt man häufig, daß man zu X „unendlich ferne" oder „uneigentliche" Punkte hinzunimmt.

Beispiele. 1. Im R^{n+1} mit den Koordinaten $x_0, x_1, \ldots, x_n$ betrachten wir die Halbsphäre, die durch $(x_0 - 1)^2 + \sum_{i=1}^{n} x_i^2 = 1$, $x_0 \leqq 1$ definiert ist. Sie ist kompakt (7.4 Satz 5), denn sie ist eine beschränkte Teilmenge von R^{n+1} und auch eine abgeschlossene, weil sie Durchschnitt der durch $x_0 \leqq 1$ definierten abgeschlossenen

Menge mit derjenigen Menge ist, die das Urbild des Punktes 1 von R bei der stetigen Abbildung $(x_0, x_1, \ldots, x_n) \to (x_0 - 1)^2 + \sum_{i=1}^{n} x_i^2$ ist. Projiziert man die Halbsphäre parallel zur x_0-Achse auf die Hyperebene $x_0 = 0$ (d. i. die Abbildung $(x_0, x_1, \ldots, x_n) \to (0, x_1, \ldots, x_n)$), so erhält man eine n-dimensionale abgeschlossene Vollkugel (für $n = 1$ ein kompaktes Intervall). Die Abbildung ist stetig als Einschränkung einer stetigen Abbildung des R^{n+1} auf die Halbsphäre, und sie ist offenbar bijektiv. Wegen 7.2 Satz 3 ist sie topologisch. Projiziert man dagegen die Halbsphäre zentral vom Punkte $(1, 0, \ldots, 0)$ (also vom Mittelpunkt der Sphäre) auf die Hyperebene $x_0 = 0$, so besitzen die Punkte mit $x_0 = 1$ (die Punkte des „Äquators") keine Bildpunkte, während die Abbildung topologisch ist, wenn man den Äquator der Halbsphäre fortläßt. Nimmt man zu der Hyperebene $x_0 = 0$ „uneigentliche" Punkte so hinzu, daß die Zentralprojektion für die Halbsphäre bijektiv wird, und überträgt man dabei die Topologie der Halbsphäre, so entsteht aus der Hyperebene $x_0 = 0$, die ein R^n ist, ein kompakter topologischer Raum, der zur n-dimensionalen Vollkugel homöomorph ist. Für $n = 1$ bedeutet dies, daß man R durch einen Punkt $-\infty$ und einen Punkt ∞ zu einem kompakten Raum abschließt.

2. Ordnet man bei der Zentralprojektion der Halbsphäre jedem Paar von Diametralpunkten des Äquators nur einen uneigentlichen Punkt von $x_0 = 0$ zu und nimmt man auf dem so aus R^n entstehenden Raum die zu der Projektion gehörige Identifizierungstopologie, so entsteht der n-dimensionale reelle projektive Raum P^n, den man auch dadurch erhält, daß man auf der ganzen Sphäre $(x_0 - 1)^2 + \sum_{i=1}^{n} x_i^2 = 1$ Diametralpunkte identifiziert.

3. Projiziert man die Sphäre $(x_0 - 1)^2 + \sum_{i=1}^{n} x_i^2 = 1$ stereographisch vom „Nordpol" $(2, 0, \ldots, 0)$ aus auf den durch $x_0 = 0$ definierten R^n, so hat nur das Projektionszentrum keinen Bildpunkt, und die Abbildung ist topologisch, wenn man das Projektionszentrum in der Sphäre wegläßt. Man erkennt, daß man den R^n durch einen „unendlich fernen" Punkt zu einem kompakten Raum abschließen kann, der zur n-dimensionalen Sphäre homöomorph ist. Dies geschieht beispielsweise dann, wenn man die Gaußsche Ebene der komplexen Zahlen zur Riemannschen Zahlenkugel abschließt.

Es genügt stets ein Punkt, um einen nicht kompakten, lokalkompakten Raum zu einem kompakten abzuschließen. Dies besagt der folgende

Satz (Alexandroff). *Es sei X ein lokalkompakter Raum. Dann gibt es einen kompakten Raum X' derart, daß X zu einem Unterraum von X' homöomorph ist, dessen Komplement nur aus einem Punkt besteht. X' ist bis auf Homöomorphie eindeutig bestimmt.*

Beweis. Die Menge X' bestehe aus der Menge X und einem weiteren Punkt ω. Nehmen wir zunächst an, daß auf X' eine kompakte Topologie $\mathfrak{T}'$ existiert, welche auf X die vorhandene induziert. Da $\mathfrak{T}'$ separiert ist, ist die einpunktige Teilmenge $\{\omega\}$ von X' abgeschlossen, also X offen in X'. Die in X liegenden offenen Mengen von $\mathfrak{T}'$ sind daher genau diejenigen, die offen in X bezüglich der auf X vorhandenen Topologie sind. Die übrigen offenen Mengen von $\mathfrak{T}'$ enthalten ω. Ihre

Komplemente sind abgeschlossen und daher kompakt (7.1 Satz 5), also kompakte Teilmengen von X. Umgekehrt muß jede kompakte Teilmenge von X abgeschlossen bezüglich $\mathfrak{T}'$ sein, also ein offenes Komplement in X' haben. Die offenen Mengen von $\mathfrak{T}'$ sind also die offenen Teilmengen von X und die Komplemente der kompakten Teilmengen von X (Komplemente bezüglich X'). Damit ergibt sich die Eindeutigkeit von $\mathfrak{T}'$ und zugleich der Ansatz zum Existenzbeweis.

Sei $\mathfrak{O}'$ das System derjenigen Teilmengen von X', die offene Teilmengen von X oder Komplemente (bezüglich X') kompakter Teilmengen von X sind. Ist Q' eine Menge aus $\mathfrak{O}'$, so ist $Q' \cap X$ offen in X. Entweder ist nämlich Q' offene Teilmenge von X und damit $Q' \cap X = Q'$, oder es ist $\complement Q'$ eine kompakte, also auch abgeschlossene Teilmenge von X, die $Q' \cap X$ als Komplement bezüglich X besitzt. Da alle offenen Mengen von X zu $\mathfrak{O}'$ gehören, erhalten wir: Wenn $\mathfrak{O}'$ das System der offenen Mengen einer Topologie von X' ist, so induziert diese Topologie auf X die vorhandene.

Sei nun $\{Q_\lambda'\}$ eine Familie von Mengen aus $\mathfrak{O}'$. Ihre Vereinigung $Q' = \bigcup Q_\lambda'$ gehört jedenfalls dann zu $\mathfrak{O}'$, wenn alle Q_λ' in X liegen, weil dann alle Q_λ' und damit auch Q' offene Mengen von X sind. Gehöre nun ω zu mindestens einem Q_λ', etwa zu $Q_\varkappa'$. Dann ist $\complement Q_\varkappa'$ eine kompakte Teilmenge von X. Wir zeigen, daß auch $\complement Q' = \complement \bigcup Q_\lambda' = \bigcap \complement Q_\lambda'$ kompakte Teilmenge von X ist, woraus folgt, daß Q' zu $\mathfrak{O}'$ gehört. Jedenfalls ist $\complement Q' \subset \complement Q_\varkappa' \subset X$ und daher $\complement Q' = \bigcap \complement Q_\lambda' = \bigcap (\complement Q_\lambda' \cap X)$. $\complement Q_\lambda' \cap X$ besitzt als Komplement bezüglich X die Teilmenge $Q_\lambda' \cap X$ von X, die nach dem Vorangehenden offen ist. Daher ist $\complement Q_\lambda' \cap X$ eine abgeschlossene Teilmenge von X. Es folgt, daß auch $\complement Q'$ eine abgeschlossene Teilmenge von X ist, und es ist $\complement Q'$ kompakt als abgeschlossene Teilmenge der kompakten Menge $\complement Q_\varkappa'$. Wir haben erhalten, daß (O 1) für $\mathfrak{O}'$ erfüllt ist.

X' gehört zu $\mathfrak{O}'$ als Komplement der leeren Teilmenge von X, die kompakt ist. Seien nun $Q_1', Q_2', \ldots, Q_n'$ Mengen aus $\mathfrak{O}'$. Ist eine davon Teilmenge von X, so ist $\bigcap_{i=1}^{n} Q_i' = X \cap \bigcap_{i=1}^{n} Q_i' = \bigcap_{i=1}^{n} (X \cap Q_i')$ offen in X, und Q' gehört zu $\mathfrak{O}'$. Gehört ω zu allen Q_i' für $i = 1, 2, \ldots, n$, so ist $\complement Q_i'$ eine kompakte Teilmenge von X und $\complement \bigcap Q_i' = \bigcup \complement Q_i'$ ist wegen 7.1 Satz 6 eine kompakte Teilmenge von X, so daß auch jetzt $\bigcap Q_i'$ zu $\mathfrak{O}'$ gehört. Also erfüllt $\mathfrak{O}'$ auch (O 2), und $\mathfrak{O}'$ besteht aus den offenen Mengen einer Topologie $\mathfrak{T}'$ von X'.

Diese Topologie ist separiert. Zwei verschiedene Punkte von X besitzen in X disjunkte Umgebungen und auch in X', weil X offen in X' ist. Ist x irgendein Punkt von X, so besitzt x in X eine kompakte Umgebung V. V ist auch Umgebung von x in X', und $\complement V$ ist offen in X'. V und $\complement V$ sind disjunkte Umgebungen von x und ω. Die Topologie $\mathfrak{T}'$ von X' ist auch kompakt. Ist $\{Q_\lambda'\}$ eine Überdeckung von X' mit Mengen aus $\mathfrak{O}'$, so gehört ω zu mindestens einer dieser Mengen, etwa zu $Q_\varkappa'$, und $\complement Q_\varkappa'$ ist eine kompakte Teilmenge von X. $\{Q_\lambda'\}$ ist auch eine offene Überdeckung von $\complement Q_\varkappa'$. Sie enthält eine endliche Überdeckung von $\complement Q_\varkappa'$, und zusammen mit $Q_\varkappa'$ erhält man eine endliche Überdeckung von X'.

Anmerkung. Wir haben im Vorangehenden nicht ausgeschlossen, daß X kompakt ist. Ist dies jedoch der Fall, so ist X offen und abgeschlossen in X', also X' topologische Summe von X und $\{\omega\}$. Ist X nicht kompakt, so ist X nicht abgeschlossen in X' und daher dicht in X'.

7.7 Abzählbarkeit im Unendlichen. X, X' und ω mögen dieselben Bedeutungen wie im vorangehenden Beweis haben. Weil X offen in X' ist, ist die Aussage, daß X' das 1. Abzählbarkeitsaxiom erfüllt, gleichwertig damit, daß in X jeder Punkt eine abzählbare Umgebungsbasis besitzt und daß außerdem für ω eine abzählbare Umgebungsbasis (in X') existiert (vgl. 2.7). Besitzt die Topologie von X' eine abzählbare Basis $\mathfrak{Q}'$, so bilden diejenigen Mengen aus $\mathfrak{Q}'$, die ω enthalten, eine abzählbare Umgebungsbasis von ω und diejenigen Mengen aus $\mathfrak{Q}'$, die in X enthalten sind, eine abzählbare Basis von X, wieder weil X offen in X' ist. Umgekehrt erhält man aus einer abzählbaren Basis der Topologie von X und aus einer abzählbaren offenen Umgebungsbasis von ω eine abzählbare Basis für X'. (Wir erinnern daran, daß ein Punkt mit abzählbarer Umgebungsbasis auch eine abzählbare offene Umgebungsbasis besitzt, s. 2.7.) Die angegebenen Sachverhalte führen auf die

Definition. Ein lokalkompakter Raum X heißt abzählbar im Unendlichen, wenn in dem kompakten Raum X', der aus X durch Hinzunahme des einzigen Punktes ω entsteht, ω eine abzählbare Umgebungsbasis besitzt.

Aus dem eben Gesagten ergibt sich

Satz 1. *Mit den vorangehenden Bezeichnungen gilt: X' erfüllt das 1. oder 2. Abzählbarkeitsaxiom genau dann, wenn es für X erfüllt ist und wenn außerdem X abzählbar im Unendlichen ist.*

Ein Teil dieses Satzes wird durch Aufgabe 3 verschärft.

Für eine offene Umgebungsbasis $\mathfrak{B}$ von ω sind die Komplemente der Mengen aus $\mathfrak{B}$ kompakte Teilmengen von X, und es ist X die Vereinigung dieser Komplemente, weil ω der Durchschnitt seiner Umgebungen ist (wegen (H')). Ist also X im Unendlichen abzählbar, so ist X Vereinigung von abzählbar vielen kompakten Mengen. Davon gilt auch die Umkehrung. Sei X die Vereinigung der abzählbar vielen kompakten Mengen $K_1, K_2, K_3, \ldots$. Das Komplement $\complement K_i$ von K_i bezüglich X' ist eine offene Umgebung von ω. Vermöge dieser Umgebungen wollen wir eine abzählbare Umgebungsbasis von ω herstellen. Sei V_1 eine kompakte Umgebung von ω, die in $\complement K_1$ liegt. Eine solche existiert wegen 7.5 Satz 1. Der Durchschnitt von $\complement K_2$ mit dem Inneren $\mathring{V}_1$ von V_1 ist eine offene Umgebung von ω und umfaßt eine kompakte Umgebung V_2 von ω, wieder wegen 7.5 Satz 1. Ist bereits die kompakte Umgebung V_n von ω bestimmt, so wird als V_{n+1} eine kompakte Umgebung von ω gewählt, die im Durchschnitt von $\complement K_{n+1}$ mit $\mathring{V}_n$ liegt. Für $n = 1, 2, 3, \ldots$ ist also V_n eine kompakte Umgebung von ω und $V_{n+1} \subset \mathring{V}_n$. Um nachzuweisen, daß $\{V_n\}$ eine Umgebungsbasis von ω ist, müssen wir zeigen, daß jede offene Umgebung von ω ein geeignetes V_n umfaßt oder, wenn wir zu den Komplementen übergehen, daß jede kompakte Teilmenge von X im Komplement eines geeigneten V_n liegt. Sei dazu $Q_n = \complement V_n$. Q_n ist eine offene Teilmenge von X, und wegen $V_n \subset \complement K_n$ ist $Q_n \supset K_n$. Wegen $X = \bigcup_{n=1}^{\infty} K_n$ folgt

$$X = \bigcup_{n=1}^{\infty} Q_n. \tag{7.1}$$

Wegen $V_{n+1} \subset \mathring{V}_n \subset V_n$ ist ferner $Q_{n+1} \supset \overline{Q_n} \supset Q_n$ und daher

$$Q_n = \bigcup_{i=1}^{n} Q_i, \tag{7.2}$$

$$\overline{Q_n} \subset Q_{n+1}. \tag{7.3}$$

Ist nun K irgendeine kompakte Teilmenge von X, so ist $\{Q_n\}$ wegen (7.1) eine offene Überdeckung von K, und es wird K bereits von endlich vielen der Mengen Q_n überdeckt. Aus (7.2) folgt aber, daß K schon von einem einzigen geeigneten Q_n überdeckt wird. Also ist $\{V_n\}$ tatsächlich Umgebungsbasis von ω.

Zugleich haben wir noch mehr erhalten. $\overline{Q_n} = \complement \mathring{V}_n$ ist eine kompakte Teilmenge von X. Aus (7.1) folgt $X = \bigcup_{n=1}^{\infty} \overline{Q_n}$, und unter Hinzunahme von (7.3) ergibt sich, daß X in sehr spezieller Weise als Vereinigung von abzählbar vielen offenen und abzählbar vielen kompakten Mengen dargestellt werden kann. Zusammenfassend erhalten wir

Satz 2. *Für einen lokalkompakten Raum X sind die folgenden Aussagen gleichwertig:*

(a) *X ist abzählbar im Unendlichen.*

(b) *X ist Vereinigung von abzählbar vielen kompakten Mengen.*

(c) *Es gibt eine abzählbare offene Überdeckung $\{Q_n\}$ von X derart, daß für $n = 1, 2, 3, \ldots$ $\overline{Q_n}$ kompakt und in Q_{n+1} enthalten ist.*

Die kompakten Räume sind dabei nicht ausgeschlossen, aber für sie sind alle drei Eigenschaften trivial.

Anmerkung. Ist der topologische Raum X Vereinigung von abzählbar vielen kompakten Mengen, so braucht X nicht lokalkompakt zu sein. Der Teilraum $\mathbb{Q}$ von $\mathbb{R}$, der aus den rationalen Zahlen besteht, ist Vereinigung von abzählbar vielen Punkten. Jeder Punkt stellt eine kompakte Menge dar. Aber $\mathbb{Q}$ ist nicht lokalkompakt.

7.8 Eigentliche Abbildungen. Die Kompaktifizierung eines lokalkompakten Raumes durch einen Punkt führt noch auf folgende Frage: Es seien X_1 und X_2 zwei lokalkompakte Räume und $f: X_1 \to X_2$ eine stetige Abbildung. Die kompakten Räume X_1' und X_2' mögen aus X_1 bzw. X_2 durch Hinzunahme eines Punktes ω_1 bzw. ω_2 entstehen. Durch $f'(\omega_1) = \omega_2$ werde f zu der Abbildung $f': X_1' \to X_2'$ fortgesetzt. Wann ist f' stetig?

Weil X_i für $i = 1, 2$ offen in X_i' und f stetig ist, besitzen die offenen Mengen von X_2', die in X_2 enthalten sind, auch ein offenes Urbild bezüglich f'. Die Stetigkeit von f' ist also gleichwertig damit, daß jede offene Umgebung von ω_2 eine offene Umgebung von ω_1 als Urbild besitzt, oder wenn man zu den Komplementen übergeht, daß jede kompakte Teilmenge von X_2 ein kompaktes Urbild (bezüglich f' oder f) besitzt. Dies führt auf die

Definition. Sind X_1, X_2 lokalkompakte Räume, so heißt eine stetige Abbildung $f: X_1 \to X_2$ eigentlich, wenn jede kompakte Teilmenge von X_2 ein kompaktes Urbild bezüglich f besitzt[1]).

Nach dem Vorangehenden gilt

Satz 1. *Die kompakten Räume X_1' und X_2' mögen aus den lokalkompakten Räumen X_1 und X_2 durch Hinzunahme je eines Punktes ω_1 bzw. ω_2 entstehen. Eine stetige Abbildung $f: X_1 \to X_2$ läßt sich genau dann durch $f'(\omega_1) = \omega_2$ zu einer stetigen Abbildung $f': X_1' \to X_2'$ fortsetzen, wenn f eigentlich ist.*

Anmerkung. Ist X_1 nicht kompakt und besitzt $f: X_1 \to X_2$ eine stetige Fortsetzung $\bar{f}: X_1' \to X_2$, so ist f nicht eigentlich. Es ist nämlich $\bar{f}(X_1')$ kompakt, nicht aber $X_1 = \overset{-1}{f}(\bar{f}(X_1'))$.

Sei wieder $f'(\omega_1) = \omega_2$ und f' stetig. Ist A eine (relativ X_1) abgeschlossene Teilmenge von X_1, so ist $A \cup \{\omega_1\}$ das Komplement einer offenen Menge bezüglich X_1', also kompakt (7.1 Satz 5). Wegen 7.2 Satz 1 ist $f'(A \cup \{\omega_1\}) = f(A) \cup \{\omega_2\}$ kompakt, also abgeschlossen (7.1 Satz 5), und es ist $f(A)$ abgeschlossen relativ X_2. Somit ist f abgeschlossen. Insbesondere ist $f(X_1)$ abgeschlossen in X_2. Wegen 7.5 Satz 2 ist $f(X_1)$ lokalkompakt. Wir erhalten

Satz 2. *Es seien X_1 und X_2 lokalkompakte Räume. Ist die Abbildung $f: X_1 \to X_2$ eigentlich, so ist f abgeschlossen und $f(X_1)$ lokalkompakt.*

7.9 Kompakt-offene Topologie. Wir betrachten für zwei topologische Räume X und Y die Menge der stetigen Abbildungen von X in Y, die wir mit $\mathscr{C}(X, Y)$ bezeichnen. Für $u \in \mathscr{C}(X, Y)$, also $u: X \to Y$, und $x \in X$ ist $u(x) \in Y$ definiert. Damit ergibt sich die Abbildung

$$j: \mathscr{C}(X, Y) \times X \to Y; \qquad j(u, x) = u(x). \tag{7.4}$$

Versieht man $\mathscr{C}(X, Y)$ mit der diskreten Topologie, so ist j stetig. Wir fragen, ob es auf $\mathscr{C}(X, Y)$ eine gröbste Topologie gibt, für die j stetig ist. Allgemeiner sei Z eine Menge und $f: Z \times X \to Y$ eine gegebene Abbildung. Für welche Topologien auf Z ist f stetig? Nehmen wir an, daß Z eine solche Topologie besitzt, so gilt

Hilfssatz 1. Es sei $f: Z \times X \to Y$ stetig. $\mathfrak{U}(x)$ bezeichne den Umgebungsfilter von $x \in X$. Dann gilt

(a) Die durch $x \to f(z, x)$ definierte partielle Abbildung $f_z: X \to Y$ ist stetig für jedes $z \in Z$.

(b) Ist $\mathfrak{F}$ ein Filter auf Z, der gegen z_0 konvergiert, so konvergiert $f(\mathfrak{F} \times \mathfrak{U}(x))$ gegen $f(z_0, x)$ für jedes $x \in X$.

Beweis. (a) ist 4.7 Satz 1. Wegen 6.3 konvergiert $\mathfrak{F} \times \mathfrak{U}(x)$ gegen (z_0, x), und aus 6.2 Satz 2 folgt (b).

Für eine Teilmenge H von $\mathscr{C}(X, Y)$ bezeichnen wir die Einschränkung der durch (7.4) definierten Abbildung j auf $H \times X$ wieder mit j.

1) Auf die Behandlung eigentlicher Abbildungen beliebiger topologischer Räume können wir nicht eingehen. Die hier gegebene Definition trifft nur für lokalkompakte Räume zu. Für den allgemeinen Fall s. Bourbaki, Topologie générale.

Hilfssatz 2. Es sei $H \subset \mathscr{C}(X, Y)$, $u_0 \in H$ und $\mathfrak{F}$ ein Filter auf H derart, daß $j(\mathfrak{F} \times \mathfrak{U}(x))$ gegen $u_0(x)$ konvergiert für jedes $x \in X$. Dann gibt es eine Topologie auf H, für die $\mathfrak{F}$ gegen u_0 konvergiert und j stetig ist.

Beweis. Wir definieren auf H eine Topologie $\mathfrak{T}$ folgendermaßen: Jede Teilmenge von H, die u_0 nicht enthält, sei offen. Von den Teilmengen, die u_0 enthalten, seien genau diejenigen offen, die zu $\mathfrak{F}$ gehören. Man bestätigt unmittelbar, daß (O 1) und (O 2) erfüllt sind. Wird H mit dieser Topologie versehen, so konvergiert $\mathfrak{F}$ gegen u_0, weil jede Umgebung von u_0 zu $\mathfrak{F}$ gehört. Es bleibt zu zeigen, daß j stetig ist. Sei zunächst u_1 ein von u_0 verschiedener Punkt aus H. Für $x \in X$ sei Q eine Umgebung von $u_1(x)$. Weil $u_1: X \to Y$ stetig ist, ist $\overset{-1}{u_1}(Q)$ eine Umgebung von x in X, und es ist $\{u_1\} \times \overset{-1}{u_1}(Q)$ eine Umgebung von (u_1, x), weil $\{u_1\}$ offen ist. Wegen $j(\{u_1\} \times \overset{-1}{u_1}(Q)) = u_1(\overset{-1}{u_1}(Q)) \subset Q$ ist j stetig in allen Punkten (u_1, x). Es muß noch die Stetigkeit von j in den Punkten (u_0, x) nachgeprüft werden. Sei Q eine Umgebung von $u_0(x)$. Wegen der Stetigkeit von $u_0: X \to Y$ gibt es eine Umgebung V von x, so daß $u_0(V) \subset Q$ ist. Nach Voraussetzung über $\mathfrak{F}$ gibt es eine Menge F aus $\mathfrak{F}$ und eine Umgebung V' von x, so daß $j(F \times V') \subset Q$ ist. $V'' = V \cap V'$ ist Umgebung von x, $F' = F \cup \{u_0\}$ ist Umgebung von u_0 in der Topologie $\mathfrak{T}$, und es ist $F' \times V''$ Umgebung von (u_0, x). Ferner ist $j(F' \times V'') \subset Q$, woraus die Stetigkeit von j im Punkte (u_0, x) folgt.

Berücksichtigt man, daß ein Filter $\mathfrak{F}$ auf H, der für eine Topologie $\mathfrak{T}$ auf H gegen u_0 konvergiert, auch für jede gröbere Topologie auf H gegen u_0 konvergiert (3.1 Satz 2 (b)), so ergeben die Hilfssätze 1 und 2 zusammen

Satz 1. *Es sei H eine Menge stetiger Abbildungen von X in Y. Auf H existiere eine gröbste Topologie, für welche die durch $j(u, x) = u(x)$ definierte Abbildung $j: H \times X \to Y$ stetig ist. Bei dieser Topologie konvergiert ein Filter $\mathfrak{F}$ auf H genau dann gegen $u_0 \in H$, wenn für jedes $x \in X$ gilt: $j(\mathfrak{F} \times \mathfrak{U}(x))$ konvergiert gegen $u_0(x) = j(u_0, x)$. Hierbei bezeichnet $\mathfrak{U}(x)$ den Umgebungsfilter von x.*

Anmerkung 1. Diese Topologie auf H braucht nicht zu existieren. Die durch den Satz bezeichneten Konvergenzen definieren jedoch stets eine gröbste Quasitopologie auf H (vgl. 6.7), für welche j stetig ist.

Satz 2. *Auf $\mathscr{C}(X, Y)$ existiere eine gröbste Topologie, für die $j: \mathscr{C}(X, Y) \times X \to Y$ stetig ist, und es sei $\mathscr{C}(X, Y)$ mit dieser Topologie versehen. Eine Abbildung $f: Z \times X \to Y$ ist dann und nur dann stetig, wenn die folgenden beiden Bedingungen erfüllt sind:*

(a) *Für jedes $z \in Z$ ist die partielle Abbildung $f_z: X \to Y$ stetig.*
(b) *Die durch die Zuordnung $z \to f_z$ definierte Abbildung $\tilde{f}: Z \to \mathscr{C}(X, Y)$ ist stetig.*

Beweis. Wir zeigen zunächst, daß (a) und (b) hinreichende Bedingungen sind. Es bezeichne *id* die identische Abbildung von X. (a) besagt, daß sich f in der Form $f = j \circ (\tilde{f} \times id)$ darstellen läßt.

(7.5)

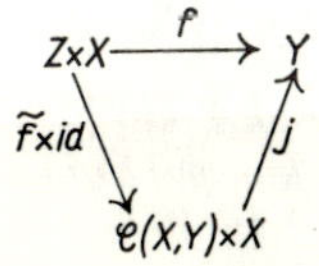

Wegen (b) und 4.7 Satz 2 ist $\tilde{f} \times id$ stetig. Hieraus und aus der Stetigkeit von j folgt die Stetigkeit von f.

Sei nun umgekehrt f stetig. Wegen Hilfssatz 1 gilt (a), also auch die Zerlegung (7.5) von f. Sei $\mathfrak{G}$ ein Filter auf Z, der gegen z_0 konvergiert. $\mathfrak{U}(x)$ bezeichne wieder den Umgebungsfilter von $x \in X$. Wegen Hilfssatz 1 konvergiert $f(\mathfrak{G} \times \mathfrak{U}(x))$ gegen $f(z_0, x)$ für jedes $x \in X$. Wegen (7.5) heißt dies, daß $j(\tilde{f} \times id)(\mathfrak{G} \times \mathfrak{U}(x))$ gegen $j(\tilde{f}(z_0), x)$ konvergiert. Nun ist aber $(\tilde{f} \times id)(\mathfrak{G} \times \mathfrak{U}(x)) = \tilde{f}(\mathfrak{G}) \times \mathfrak{U}(x)$, und wegen Satz 1 konvergiert $\tilde{f}(\mathfrak{G})$ gegen $\tilde{f}(z_0)$. Wegen 6.2 Satz 2 ist $\tilde{f}$ stetig im Punkte z_0, woraus (b) und damit der Satz folgt.

Sei wieder $H \subset \mathscr{C}(X, Y)$, und es sei H mit irgendeiner Topologie versehen, für die $j\colon H \times X \to Y$ stetig ist. Ferner sei K eine kompakte Menge in X und Q eine offene Menge in Y. $\Omega(K, Q)$ bezeichne die Menge derjenigen $u \in H$, für welche $j(u \times K) \subset Q$ ist. Wir behaupten, daß $\Omega(K, Q)$ offen ist. Sei $u \in \Omega(K, Q)$. Für jedes $x \in K$ ist Q Umgebung von $u(x) = j(u, x)$. Wegen der Stetigkeit von j gibt es eine Umgebung $W(u; x)$ von u und eine offene Umgebung $V(x)$ von x, so daß $j(W(u; x) \times V(x)) \subset Q$ ist. Weil K kompakt ist, genügen nun endlich viele Mengen $V(x)$, etwa $V(x_1), V(x_2), \ldots, V(x_n)$, um K zu überdecken. $W = \bigcap_{i=1}^{n} W(u; x_i)$ ist Umgebung von u, und es ist $j(W \times V(x_i)) \subset Q$. Wegen $K \subset \bigcup V(x_i)$ folgt $j(W \times K) \subset Q$. Also ist $W \subset \Omega(K, Q)$, und es ergibt sich, daß $\Omega(K, Q)$ Umgebung aller seiner Punkte, also offen ist.

Definition. Es seien X und Y topologische Räume. Für jede kompakte Teilmenge K von X und jede offene Menge Q von Y bezeichne $\Omega(K, Q)$ die Menge derjenigen stetigen Abbildungen von X in Y, welche K in Q abbilden. Die von allen Mengen $\Omega(K, Q)$ auf $\mathscr{C}(X, Y)$ erzeugte Topologie heißt die k o m p a k t - o f f e n e Topologie. Durch diese Topologie wird $\mathscr{C}(X, Y)$ zum topologischen Raum, der mit $\mathscr{C}_{co}(X, Y)$ bezeichnet wird. Die Topologie, die auf einer Teilmenge H von $\mathscr{C}(X, Y)$ durch die kompakt-offene induziert wird, heißt die kompakt-offene Topologie auf H.

Anmerkung 2. Die Mengen $\Omega(K, Q)$ bilden im allgemeinen keine Basis für die kompakt-offene Topologie.

Nach dem Vorangehenden gilt

Hilfssatz 3. Auf $H \subset \mathscr{C}(X, Y)$ ist die kompakt-offene Topologie gröber als jede Topologie, für welche $j\colon H \times X \to Y$ stetig ist.

Sei nun X lokalkompakt. Ist (u_0, x_0) ein beliebiger Punkt von $H \times X$ und Q eine beliebige offene Umgebung von $u_0(x_0)$, so gibt es wegen der Stetigkeit von u_0 eine kompakte Umgebung K von x_0, so daß $u_0(K) \subset Q$ ist. Bezeichnet wieder $\Omega(K, Q)$ die Menge derjenigen $u \in H$, für welche $u(K) \subset Q$ ist, so ist $\Omega(K, Q)$ offen in H für die kompakt-offene Topologie und damit Umgebung von u_0. $\Omega(K, Q) \times K$ ist Umgebung von (u_0, x_0), und es ist $j(\Omega(K, Q) \times K) \subset Q$ nach Definition von $\Omega(K, Q)$. Hieraus folgt die Stetigkeit von j im Punkte (u_0, x_0) und damit die Stetigkeit allgemein. Zusammen mit Hilfssatz 3 ergibt sich

Satz 3. *Ist X ein lokalkompakter und Y ein beliebiger topologischer Raum, so ist für jede Teilmenge H von $\mathscr{C}(X, Y)$ die kompakt-offene Topologie die gröbste aller Topologien, für welche die durch $(u, x) \to u(x)$ definierte Abbildung $j\colon H \times X \to Y$ stetig ist.*

Satz 4. *Es sei X ein lokalkompakter und Y ein topologischer Raum. Y ist homöomorph zu dem Teilraum Y' von $\mathscr{C}_{co}(X, Y)$, der aus den konstanten Abbildungen besteht. $\mathscr{C}_{co}(X, Y)$ ist genau dann separiert, wenn Y separiert ist.*

Beweis. Jedem $y \in Y$ ist eine konstante Abbildung $y'\colon X \to Y$ mit $y'(X) = \{y\}$ zugeordnet. Es ist also $j(y', x) = y$ für alle x. Die Menge Y' der konstanten Abbildungen liegt in $\mathscr{C}(X, Y)$. Sei $i\colon Y \to Y'$ die durch $y \to y'$ bewirkte Abbildung. Es ist also $j(i(y), x) = y$. Wird die Topologie von Y vermöge i auf Y' übertragen, so entsteht auf Y' offenbar die gröbste Topologie, für welche $j\colon Y' \times X \to Y$ stetig ist. Nach Satz 3 ist dies die kompakt-offene Topologie auf Y', so daß also Y vermöge i homöomorph zu dem Teilraum Y' von $\mathscr{C}_{co}(X, Y)$ ist. Es folgt, daß $\mathscr{C}_{co}(X, Y)$ nur dann separiert sein kann, wenn Y es ist. Ist aber Y separiert, so ist es auch $\mathscr{C}_{co}(X, Y)$: Sind u und v aus $\mathscr{C}_{co}(X, Y)$ verschieden, so gibt es einen Punkt x von X, für welchen $u(x) \neq v(x)$ ist. Weil Y separiert ist, besitzen $u(x)$ und $v(x)$ disjunkte offene Umgebungen Q_1 und Q_2. Die einpunktige Menge $\{x\}$ ist kompakt, also sind $\Omega(x, Q_1)$ und $\Omega(x, Q_2)$ offen in $\mathscr{C}_{co}(X, Y)$. Sie sind disjunkt und Umgebungen von u bzw. v, also ist $\mathscr{C}_{co}(X, Y)$ separiert.

Als Anwendung geben wir einen Satz an, der für Homotopiefragen (vgl. III.3.3 und III.3.4) von Bedeutung ist. (Man vergleiche mit 4.7 Satz 3.)

Satz 5. *Es sei X ein lokalkompakter und Z ein topologischer Raum. R sei eine Äquivalenzrelation auf Z. 1 bezeichne die identische Relation auf X, bei der jeder Punkt eine Klasse bildet. Dann sind $Z/R \times X$ und $(Z \times X)/(R \times 1)$ in natürlicher Weise homöomorph.*

Beweis. Es seien $\varrho\colon Z \to Z/R$, $p\colon Z \times X \to (Z \times X)/(R \times 1)$ die Projektionen. Dann besteht folgendes Diagramm

(7.6)

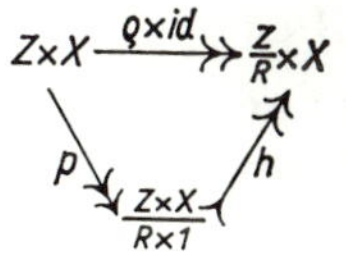

mit $\varrho \times id = h \circ p$, und alle Abbildungen sind stetig (vgl. 4.7). Wir setzen $Y = (Z \times X)/(R \times 1)$. Wegen Satz 2 und 3 bewirkt p eine stetige Abbildung $\tilde{p}\colon Z \to \mathscr{C}_{co}(X, Y)$. Bezüglich R äquivalente Punkte haben dasselbe Bild bei $\tilde{p}$, so daß $\tilde{p}$ von der Form $\tilde{p} = \tilde{\tilde{p}} \circ \varrho$ mit $\tilde{\tilde{p}}\colon Z/R \to \mathscr{C}_{co}(X, Y)$ ist. Wegen 4.3 Satz 2 ist $\tilde{\tilde{p}}$ stetig. Für $z \in Z$ und $x \in X$ und j in der Bedeutung (7.4) ist nun $p(z, x) = j(\tilde{p}(z), x) = j[\tilde{\tilde{p}}(\varrho(z)), x]$ und außerdem $p(z, x) = h^{-1}(\varrho(z), x)$ wegen (7.6). Beides zusammen besagt, daß $\tilde{\tilde{p}}(\varrho(z))$ die zum Punkte $\varrho(z) \in Z/R$ gehörige partielle Abbildung von h^{-1} ist. Weil ϱ surjektiv, also jeder Punkt von Z/R von der Form $\varrho(z)$ ist, und weil $\tilde{\tilde{p}}\colon Z/R \to \mathscr{C}_{co}(X, Y)$ stetig ist, folgt aus den Sätzen 2 und 3, daß h^{-1} stetig ist, was zu zeigen war.

Aufgaben. 1. Es seien X und Y separierte topologische Räume und $f\colon X \to Y$ eine stetige Abbildung. Für jede relativ kompakte Teilmenge A von X ist $f(A)$ relativ kompakt.

2. Jeder kompakte metrische Raum besitzt eine abzählbare Basis. (Anleitung: Man betrachte Überdeckungen mit ε-Umgebungen für $\varepsilon = 2^{-n}$, $n = 1, 2, 3, \ldots$)

3. Besitzt ein lokalkompakter Raum eine abzählbare Basis, so ist er abzählbar im Unendlichen. Insbesondere ist der $\mathbb{R}^n$ im Unendlichen abzählbar.

4. Ein lokalkompakter Raum ist genau dann im Unendlichen abzählbar, wenn er der Lindelöfschen Bedingung (L) von 7.4 Satz 2 genügt.

5. Es sei M eine kompakte n-dimensionale Mannigfaltigkeit. (a) Sei U eine zum $\mathbb{R}^n$ homöomorphe offene Teilmenge von M. Identifiziert man das Komplement von U zu einem Punkt, so entsteht eine n-Sphäre. (b) M läßt sich in ein Produkt von endlich vielen Sphären und damit in einen euklidischen Raum einbetten.

6. Es seien X und Y lokalkompakt und Z ein topologischer Raum. Für $u: X \to Y$ und $v: Y \to Z$ bewirkt die Zuordnung $(u, v) \to v \circ u$ eine stetige Abbildung $\mathscr{C}_{co}(X, Y) \times \mathscr{C}_{co}(Y, Z) \to \mathscr{C}_{co}(X, Z)$.

7. Es seien X und Y metrische Räume und X kompakt. $f: X \to Y$ sei stetig. Zu jedem $\varepsilon > 0$ gibt es $\delta > 0$, so daß gilt: Für je zwei Punkte x_1, x_2 aus X mit $d(x_1, x_2) < \delta$ ist $d(f(x_1), f(x_2)) < \varepsilon$ (f ist gleichmäßig stetig).

8. Es sei X ein kompakter und Y ein metrischer Raum. Wird für $f, g: X \to Y$ gesetzt $d(f, g) = \sup_x d(f(x), g(x))$ (sup = supremum, obere Grenze), so wird die Menge aller stetigen Abbildungen von X in Y zu einem metrischen Raum. Versieht man $\mathscr{C}(X, Y)$ mit dieser Metrik, so ist $j: \mathscr{C}(X, Y) \times X \to Y$ stetig. Die zu dieser Metrik gehörige Topologie heißt Topologie der gleichmäßigen Konvergenz. Man begründe diese Benennung.

§ 8 Normale und parakompakte Räume

8.1 Umgebungen von Teilmengen. Für das Weitere brauchen wir eine Verallgemeinerung des Umgebungsbegriffes.

Definition. Sei A eine Teilmenge des topologischen Raumes X. Eine Teilmenge B von X heißt Umgebung von A, wenn A im Inneren von B liegt, wenn also B Umgebung für alle Punkte von A ist.

Da eine offene Menge mit ihrem Inneren übereinstimmt, ist insbesondere jede offene Obermenge von A Umgebung von A, und die offenen Mengen sind Umgebungen jeder ihrer Teilmengen. Jede Umgebung von A umfaßt eine offene. Jede Obermenge einer Umgebung von A ist Umgebung von A.

Vermöge der Definition läßt sich das Regularitätsaxiom anders formulieren:

Satz. *Sei X ein topologischer Raum. Die folgenden Aussagen sind gleichwertig:*

(O 3) *Für jeden Punkt von X bilden die abgeschlossenen Umgebungen eine Umgebungsbasis.*

(O 3′) *Ist G eine abgeschlossene Teilmenge von X und x ein Punkt, der nicht zu G gehört, so besitzen x und G disjunkte Umgebungen.*

(O 3″) *Ist G eine abgeschlossene, K eine quasikompakte Teilmenge von X und ist $G \cap K = \emptyset$, so besitzen G und K disjunkte Umgebungen.*

Beweis. Weil ein einzelner Punkt eine kompakte Teilmenge von X ausmacht, ist (O 3′) ein Spezialfall von (O 3″). Es genügt daher zu zeigen, daß (O 3″) aus (O 3) und (O 3) aus (O 3′) folgt.

Sei (O 3) erfüllt, G abgeschlossen, K quasikompakt und $G \cap K = \emptyset$. Ist $K = \emptyset$, so sind X und $\emptyset$ disjunkte Umgebungen von G und K. Sei nun $K \neq \emptyset$. Für jeden Punkt x aus K ist $\complement G$ eine offene Umgebung von x, und wegen (O 3) gibt es eine abgeschlossene Umgebung $V(x)$ von x, die in $\complement G$ enthalten ist. Das Innere $\mathring{V}(x)$

von $V(x)$ ist eine offene Umgebung von x. Weil K quasikompakt ist, wird K von endlich vielen Mengen der Gestalt $\mathring{V}(x)$ überdeckt, etwa von $\mathring{V}(x_1)$, $\mathring{V}(x_2), \ldots$, $\mathring{V}(x_n)$. Nun ist $\bigcup_{i=1}^{n} \mathring{V}(x_i)$ eine offene und somit $\bigcup_{i=1}^{n} V(x_i) = V$ eine abgeschlossene Umgebung von K. Wegen $V(x_i) \subset \complement G$ ist $V \subset \complement G$ und damit $G \subset \complement V$. Nun ist $\complement V$ offen, also Umgebung von G, und zu der Umgebung V von K disjunkt. Daher gilt (O 3'').

Sei nun (O 3') erfüllt. Es genügt zu zeigen, daß jede offene Umgebung von x eine abgeschlossene umfaßt. Ist $x \in Q$ und Q offen, so ist $\complement Q$ eine abgeschlossene Menge, die x nicht enthält. x und $\complement Q$ besitzen disjunkte Umgebungen, also auch disjunkte offene Umgebungen, etwa $U(x)$ und $V = V(\complement Q)$. Dabei ist $U(x) \subset \complement V$ und $\complement V \subset Q$ wegen $V \supset \complement Q$. Außerdem ist $\complement V$ abgeschlossen, also eine in Q enthaltene, abgeschlossene Umgebung von x. Damit ist der Satz bewiesen.

8.2 Normale Räume. Ist X ein kompakter Raum, so ist X regulär wegen 7.5 Satz 1, und weil für X die abgeschlossenen Teilmengen mit den kompakten übereinstimmen (7.1 Satz 5), besagt (O 3''), daß in X je zwei disjunkte abgeschlossene Mengen disjunkte Umgebungen besitzen. Dieser Eigenschaft topologischer Räume wollen wir uns jetzt zuwenden.

Definition. Ein topologischer Raum heißt normal, wenn er separiert ist und der folgenden Bedingung genügt:

(O 5) Je zwei disjunkte abgeschlossene Mengen besitzen disjunkte Umgebungen.

Wie eben bemerkt wurde, gilt

Satz 1. *Jeder kompakte Raum ist normal.*

Eine Teilmenge eines normalen Raumes braucht nicht normal zu sein. Es gilt jedoch

Satz 2. *Jede abgeschlossene Teilmenge eines normalen Raumes ist normal.*

Beweis. Sei X ein normaler Raum und G eine abgeschlossene Teilmenge von X. Sind A und B relativ G abgeschlossene Teilmengen von G, so sind A und B auch abgeschlossen in X. Sind A und B außerdem disjunkt, so besitzen A und B in X disjunkte Umgebungen und daher auch disjunkte offene Umgebungen U und V. Die Durchschnitte von U und V mit G sind offen relativ G und daher disjunkte Umgebungen von A und B relativ G.

Wir merken an, daß das Produkt zweier normaler Räume nicht normal zu sein braucht (9 Aufgabe 6).

Jeder normale Raum ist regulär, denn in einem separierten Raum macht jeder Punkt eine abgeschlossene Teilmenge aus, womit (O 3') aus (O 5) folgt. Dagegen folgt (O 3') nicht aus (O 5) allein. Der Raum $X = \{x_1, x_2\}$ mit den offenen Mengen $\emptyset$, $\{x_1\}$, X erfüllt (O 5) trivialerweise, nicht aber (O 3'). Umgekehrt folgt (O 5) nicht aus (O 3).

8.3 Normalität metrischer Räume. Um nachweisen zu können, daß metrische Räume normal sind, führen wir zunächst den Abstand je zweier Teilmengen ein.

Definition. Es sei X ein metrischer Raum. Sind A und B zwei nicht-leere Teilmengen von X, so heißt die untere Grenze der Entfernungen $d(a, b)$ aller Punktepaare (a, b) mit $a \in A$ und $b \in B$ der Abstand von A und B. Er wird mit $d(A, B)$ bezeichnet.

Ist $A \cap B \neq \emptyset$, so ist $d(A, B) = 0$. Doch gilt nicht die Umkehrung. Es können sogar disjunkte abgeschlossene Mengen den Abstand null haben. Beispielsweise wird in der euklidischen Ebene mit den Koordinaten x, y durch $xy = 1$ eine abgeschlossene Menge (Hyperbel) definiert. Die Gerade $x = 0$ ist ebenfalls abgeschlossen. Sie ist zu der Hyperbel $xy = 1$ disjunkt und hat von ihr den Abstand null. Anders ist es, wenn eine der beiden Mengen nur aus einem Punkt x besteht. $d(x, A) = 0$ ist gleichwertig damit, daß in jeder Umgebung von x mindestens ein Punkt von A liegt. Also gilt

Satz 1. *Sei $A \neq \emptyset$. $d(x, A) = 0$ ist gleichwertig mit $x \in \bar{A}$.*

Satz 2. *Sei $A \neq \emptyset$. $d(x, A)$ ist stetig.*

Beweis. Aus $d(x, z) \leqq d(x, y) + d(y, z)$ für $z \in A$ folgt $d(x, A) \leqq d(x, y) + d(y, z)$ und damit weiter $d(x, A) \leqq d(x, y) + d(y, A)$. Vertauscht man die Rollen von x und y, so ergibt sich $|d(x, A) - d(y, A)| \leqq d(x, y)$ und damit die Behauptung.

Anmerkung 1. Aus Satz 1 und Satz 2 folgt: Für $A \neq \emptyset$ ist $\bar{A}$ der Durchschnitt der abzählbar vielen offenen Mengen $Q_n = \{x \mid d(x, A) < 2^{-n}\}$ mit $n = 1, 2, 3, \ldots$ Dual dazu gilt: Jede offene Menge ist Vereinigung von abzählbar vielen abgeschlossenen.

Anmerkung 2. Ist $A \neq \emptyset$ abgeschlossen, $B \neq \emptyset$ kompakt und $A \cap B = \emptyset$, so ist $d(A, B) > 0$. Dies folgt aus Satz 1, Satz 2 und 7.2 Satz 1.

Satz 3. *Jeder metrische Raum ist normal.*

Beweis. Seien A und B zwei disjunkte abgeschlossene Mengen des metrischen Raumes X. Es kann angenommen werden, daß A und B nicht-leer sind. $h(x) = d(x, A) - d(x, B)$ ist wegen Satz 2 und 4.5 Beispiel 3 stetig. Die Mengen $U = \{x \mid h(x) < 0\}$ und $V = \{x \mid h(x) > 0\}$ sind offen als Urbilder offener Mengen von R bezüglich h. Für $x \in A$ ist $d(x, A) = 0$ und $d(x, B) > 0$ wegen Satz 1, $A \cap B = \emptyset$ und $B = \bar{B}$. Hieraus folgt $A \subset U$. Entsprechend gilt $B \subset V$. U und V sind offene Umgebungen von A bzw. B, und es ist $U \cap V = \emptyset$.

Ein Teilraum A eines metrischen Raumes X ist vermöge der auf X definierten Entfernung selbst ein metrischer Raum, und die von der Metrik auf A induzierte Topologie ist diejenige, welche die Topologie von X auf A induziert (vgl. 4.2). Demnach ist für einen metrischen Raum jeder Teilraum normal. Normale Räume mit dieser Eigenschaft nennt man vollständig normal.

8.4 Fortsetzung stetiger Funktionen. Das Axiom (O 5) läßt sich auch anders fassen:

Hilfssatz 1. (O 5) ist gleichwertig mit folgender Aussage: Ist G eine abgeschlossene Menge und Q eine offene Umgebung von G, so gibt es eine offene Umgebung U von G derart, daß $\bar{U}$ in Q enthalten ist.

Beweis. Ist G abgeschlossen und Q eine offene Umgebung von G, so sind $\complement Q = F$ und G disjunkte abgeschlossene Mengen, und umgekehrt ist jede zu G disjunkte abgeschlossene Menge F Komplement einer offenen Umgebung Q von G. Gilt (O 5), so besitzen G und F disjunkte Umgebungen, also auch disjunkte offene Umgebungen U und V. Dann ist $U \subset \complement V$ und $\complement V$ abgeschlossen. Daher ist auch $\overline{U} \subset \complement V$. Wegen $V \supset F = \complement Q$ ist $\complement V \subset Q$ und damit $\overline{U} \subset Q$. Ist umgekehrt U eine offene Umgebung von G, für welche $\overline{U} \subset Q$ ist, so sind U und $\complement \overline{U}$ disjunkte offene Umgebungen von G und $F = \complement Q$.

Wiederholte Anwendung von Hilfssatz 1 ergibt eine bemerkenswerte Konstruktion. Seien F und G disjunkte abgeschlossene Mengen. Wir setzen $\complement F = U(1)$. $U(1)$ ist offene Umgebung von G, und wegen Hilfssatz 1 gibt es eine offene Umgebung $U(0)$ von G, für welche $\overline{U(0)} \subset U(1)$ ist. $U(1)$ ist offene Umgebung der abgeschlossenen Menge $\overline{U(0)}$, und wiederum wegen Hilfssatz 1 gibt es eine offene Umgebung $U(1/2)$ von $\overline{U(0)}$, für welche $\overline{U(1/2)} \subset U(1)$ ist. Nun läßt sich Hilfssatz 1 auf die Umgebung $U(1/2)$ von $\overline{U(0)}$ und auf die Umgebung $U(1)$ von $\overline{U(1/2)}$ anwenden. So fortfahrend kann man für jede rationale Zahl der Gestalt $k/2^n$ mit $k = 0, 1, 2, \ldots, 2^n$ eine offene Menge $U(k/2^n)$ erhalten, so daß gilt

(8.1) $$\overline{U\left(\frac{k}{2^n}\right)} \subset U\left(\frac{k+1}{2^n}\right) \quad \text{für } k = 0, 1, 2, \ldots, 2^n - 1.$$

Hat man nämlich bereits für eine natürliche Zahl n die offenen Mengen $U(k/2^n)$ so vorliegen, daß (8.1) erfüllt ist, so gibt es wegen Hilfssatz 1 eine offene Umgebung $U\left(\frac{2k+1}{2^{n+1}}\right)$ von $\overline{U\left(\frac{k}{2^n}\right)} = \overline{U\left(\frac{2k}{2^{n+1}}\right)}$ derart, daß $\overline{U\left(\frac{2k+1}{2^{n+1}}\right)} \subset U\left(\frac{k+1}{2^n}\right)$ ist. Auf diese Weise erhält man für jede Zahl r des Intervalls $[0, 1]$, die von der Gestalt $k/2^n$ für geeignetes ganzes k und n ist, eine offene Menge $U(r)$ und zwar so, daß für je zwei derartige Zahlen r und r' gilt

(8.2) $$\overline{U(r)} \subset U(r') \quad \text{für } r < r',$$

denn zu r und r' gibt es ganze Zahlen n, k, m, so daß $r = k/2^n$ und $r' = m/2^n$ ist. Für $r < r'$ ist dann $k < m$, und es folgt (8.2) aus (8.1). Wir können für eine beliebige reelle Zahl t aus $[0, 1]$ eine offene Menge $U(t)$ durch

(8.3) $$U(t) = \bigcup_{r \leqq t} U(r)$$

definieren. Ist dabei t eine rationale Zahl der Gestalt $k/2^n$, so ist $U(t)$ widerspruchsfrei festgelegt, was unmittelbar aus (8.1) und (8.2) folgt. Entsprechend (8.2) gilt jetzt allgemein

(8.4) $$\overline{U(t)} \subset U(t') \quad \text{für } t < t',$$

denn für geeignete ganze Zahlen k und n gilt $t < k/2^n < (k+1)/2^n < t'$, woraus wegen (8.2) und (8.3) folgt

$$\overline{U(t)} \subset \overline{U\left(\frac{k}{2^n}\right)} \subset U\left(\frac{k+1}{2^n}\right) \subset U(t').$$

Um Fallunterscheidungen zu vermeiden, setzen wir noch $U(t) = \emptyset$ für $t < 0$ und $U(t) = X$ für $t > 1$. Dann gilt (8.4) für beliebige reelle Zahlen t und t', weil $\emptyset$ und X zugleich offen und abgeschlossen sind.

Nun liegt es nahe, die Punkte von X nach ihrer Lage zu den Mengen $U(t)$ zu klassifizieren. Sei $f(x)$ die untere Grenze derjenigen t, für welche x in $U(t)$ liegt. Wegen $U(t) = X$ für $t > 1$ ist $f(x) \leqq 1$, und wegen $U(t) = \emptyset$ für $t < 0$ ist $f(x) \geqq 0$. Ist $G \neq \emptyset$, so ist $f(x) = 0$ für $x \in G$ wegen $G \subset U(0)$. Ist $F \neq \emptyset$, so ist $f(x) = 1$ für $x \in F$ wegen $F = \complement U(1)$ und $f(x) \leqq 1$.

Wir wollen zeigen, daß $f(x)$ eine stetige Funktion auf X ist. Dazu sei x_0 irgendein Punkt von X und ε irgendeine positive reelle Zahl. Wir setzen $f(x_0) = t_0$. Es genügt zu zeigen, daß in einer Umgebung von x_0 gilt $|f(x) - t_0| \leqq \varepsilon$. Aus $x \in U(t_0 + \varepsilon)$ folgt $f(x) \leqq t_0 + \varepsilon$ nach Definition von $f(x)$. Für $x \in \complement \overline{U(t_0 - \varepsilon)}$ ist $f(x) \geqq t_0 - \varepsilon$, denn aus $f(x) < t_0 - \varepsilon$ folgt $x \in U(t_0 - \varepsilon) \subset \overline{U(t_0 - \varepsilon)}$. Nun ist $U(t_0 + \varepsilon) \cap \complement \overline{U(t_0 - \varepsilon)}$ offen als Durchschnitt zweier offener Mengen und Umgebung von x_0, denn wegen $f(x_0) = t_0$ ist jedenfalls $x_0 \in U(t_0 + \varepsilon)$ und $x_0 \notin U(t_0 - \varepsilon/2)$, also wegen (8.4) auch $x_0 \notin \overline{U(t_0 - \varepsilon)}$. Auf $U(t_0 + \varepsilon) \cap \complement \overline{U(t_0 - \varepsilon)}$ gilt $|f(x) - t_0| \leqq \varepsilon$. Es folgt, daß $f(x)$ im Punkte x_0 stetig ist und, weil x_0 beliebig gewählt war, daß $f(x)$ stetig ist.

Zu den disjunkten abgeschlossenen Mengen F und G haben wir vermöge Hilfssatz 1, also vermöge (O 5), eine stetige Funktion $f\colon X \to [0, 1]$ erhalten, die für alle Punkte von G den Wert 0 und für alle Punkte von F den Wert 1 hat. Hat man umgekehrt zu den disjunkten abgeschlossenen Mengen G und F eine solche Funktion f auf X, so sind die Urbilder der relativ $[0, 1]$ offenen Mengen $[0, 1/2)$ und $(1/2, 1]$ offen wegen der Stetigkeit von f und somit disjunkte Umgebungen von G und F. Damit haben wir erhalten:

Satz 1 (Urysohn). *Für einen topologischen Raum X sind die beiden folgenden Aussagen gleichwertig:*

(O 5) *Je zwei disjunkte abgeschlossene Mengen besitzen disjunkte Umgebungen.*

(O 5′) *Zu je zwei disjunkten abgeschlossenen Mengen G und F von X gibt es eine stetige Funktion $f\colon X \to [0, 1]$, welche für alle Punkte aus G den Wert 0 und für alle Punkte aus F den Wert 1 hat.*

Anmerkung 1. Dafür, daß f in allen Punkten von G den Wert 0 hat, schreibt man auch $f|G = 0$. Man beachte jedoch, daß nicht verlangt wurde, daß $G \neq \emptyset$ ist. Allerdings ist (O 5′) für $G = \emptyset$ trivial. Es kann dann $f(x) = 1$ für alle Punkte x gesetzt werden.

Satz 1 kann noch verallgemeinert werden. Sind G und F disjunkte abgeschlossene Mengen, so erhält man durch $f|G = 0$ und $f|F = 1$ eine stetige Abbildung der abgeschlossenen Menge $G \cup F$ in das kompakte Intervall $[0, 1]$. (O 5′) besagt, daß sich diese Abbildung zu einer stetigen Abbildung von X in $[0, 1]$ fortsetzen läßt. Satz 1 ist also ein Spezialfall des folgenden

Satz 2. *Für einen topologischen Raum X sind die beiden folgenden Aussagen gleichwertig:*

(O 5) *Je zwei disjunkte abgeschlossene Mengen besitzen disjunkte Umgebungen.*

(O 5″) *Ist G irgendeine abgeschlossene Teilmenge und $g\colon G \to [a, b]$ eine stetige reellwertige Funktion, die G in das kompakte Intervall $[a, b]$ abbildet, so besitzt g eine stetige Fortsetzung $f\colon X \to [a, b]$.*

Anmerkung 2. Wenn man die Zahlengerade R durch zwei Punkte $-\infty$ und ∞ kompaktifiziert (vgl. 7.6 Beispiel 1), kann zugelassen werden, daß $a = -\infty$ oder auch $b = \infty$ ist.

Ehe wir Satz 2 beweisen, bemerken wir, daß angenommen werden kann, daß $[a, b]$ das Intervall $[-1, 1]$ ist, weil je zwei kompakte Intervalle von R homöomorph sind. Auch die in Anmerkung 2 erwähnten Fälle lassen sich so erfassen. Der Beweis wird so geführt werden, daß auf X der Reihe nach stetige Funktionen $f_n(x)$ für $n = 1, 2, 3, \ldots$ derart definiert werden, daß g durch $f_n|G$ immer besser approximiert wird und daß die Folge $\{f_n(x)\}$ in jedem Punkte x von X konvergiert. Der Übergang von f_n zu f_{n+1} beruht auf folgendem

Hilfssatz 2. X erfülle (O 5). G sei eine abgeschlossene Menge in X und b eine positive reelle Zahl. Ist $u: G \to [-b, b]$ eine stetige Abbildung, so gibt es eine stetige Abbildung $v: X \to [-b/3, b/3]$ derart, daß für jeden Punkt x von G gilt $|u(x) - v(x)| \leqq 2b/3$.

Beweis von Hilfssatz 2. Sei A die Menge derjenigen Punkte von G, für welche $u(x) \leqq -b/3$ ist, und B die Menge derjenigen Punkte von G, für welche $u(x) \geqq b/3$ ist. A und B sind disjunkt und abgeschlossen relativ G, weil sie Urbilder abgeschlossener Mengen von R bezüglich der stetigen Abbildung u sind. Weil G abgeschlossen ist, sind A und B auch abgeschlossen in X. Nach Satz 1 gibt es eine stetige Funktion $w: X \to [0, 1]$ derart, daß $w|A = 0$ und $w|B = 1$ ist. Die Funktion $v(x) = \frac{2b}{3} w(x) - \frac{b}{3}$ hat die gewünschten Eigenschaften, wie man leicht nachprüft.

Beweis von Satz 2. Da (O 5′) aus (O 5″) folgt, bleibt wegen Satz 1 nur noch zu zeigen, daß (O 5″) aus (O 5) folgt. Sei also jetzt (O 5) erfüllt. Wie bereits bemerkt wurde, kann angenommen werden, daß $a = -1$ und $b = 1$ ist, daß also $g: G \to [-1, 1]$ gegeben ist. Nach Hilfssatz 2 gibt es eine stetige Funktion $f_1: X \to [-1/3, 1/3]$ derart, daß für die Punkte von G gilt $|g(x) - f_1(x)| \leqq 2/3$. Nehmen wir an, daß die stetige Funktion

$$(8.5_n) \qquad f_n: X \to \left[-1 + \left(\frac{2}{3}\right)^n,\ 1 - \left(\frac{2}{3}\right)^n\right]$$

bereits definiert ist und zwar so, daß auf G gilt

$$(8.6_n) \qquad |g(x) - f_n(x)| \leqq \left(\frac{2}{3}\right)^n.$$

Nach Hilfssatz 2 gibt es eine stetige Funktion

$$(8.7_n) \qquad v_n: X \to \left[-\frac{1}{3}\left(\frac{2}{3}\right)^n,\ \frac{1}{3}\left(\frac{2}{3}\right)^n\right],$$

so daß auf G gilt $|g(x) - f_n(x) - v_n(x)| \leqq (2/3)^{n+1}$. Setzen wir

$$(8.8_n) \qquad f_{n+1}(x) = f_n(x) + v_n(x),$$

so ist f_{n+1} eine stetige Funktion auf X. Für f_{n+1} ist die Ungleichung (8.6_{n+1}) erfüllt, die aus (8.6_n) durch Ersetzen von n durch $n+1$ entsteht. Außerdem folgt aus (8.5_n), (8.7_n) und (8.8_n), daß f_{n+1} eine Abbildung der Art (8.5_{n+1}) ist, also X in $[-1 + (2/3)^{n+1}, 1 - (2/3)^{n+1}]$ abbildet. Auf diese Weise können die Funktionen

f_n und v_n für $n = 1, 2, 3, \ldots$ so bestimmt werden, daß (8.5_n), (8.6_n), (8.7_n), (8.8_n) für jede natürliche Zahl n gelten. Aus (8.6_n) folgt, daß auf G gilt: $\lim_{n\to\infty} f_n(x) = g(x)$. Ist x ein beliebiger Punkt von X und $m \geqq n$, so folgt aus (8.8_k) und (8.7_k) für $k = n, n+1, \ldots, m-1$

$$(8.9) \qquad |f_m(x) - f_n(x)| = \left|\sum_{k=n}^{m-1} v_k(x)\right| < \sum_{k=n}^{\infty} \frac{1}{3}\left(\frac{2}{3}\right)^k = \left(\frac{2}{3}\right)^n; \quad m \geqq n.$$

Nach dem Cauchyschen Konvergenzkriterium für reelle Zahlenfolgen konvergiert die Folge $\{f_n(x)\}$ gegen einen Wert $f(x)$, wobei gilt

$$(8.10) \qquad |f(x) - f_n(x)| \leqq \left(\frac{2}{3}\right)^n.$$

Aus (8.5_n) und (8.10) folgt, daß X durch f in $[-1, 1]$ abgebildet wird.

Die Konvergenzabschätzung (8.10) ist unabhängig von x, die Konvergenz also gleichmäßig. Hieraus folgt, wie bekannt, die Stetigkeit von f, was wir der Vollständigkeit halber kurz ausführen. Sei x_0 irgendein Punkt von X und ε eine positive reelle Zahl. Es gibt eine natürliche Zahl n derart, daß $(2/3)^n < \varepsilon$ ist und somit für jeden Punkt x gilt $|f(x) - f_n(x)| < \varepsilon$. Wegen der Stetigkeit von f_n gibt es eine Umgebung $U(x_0)$ von x_0 derart, daß für $x \in U(x_0)$ gilt $|f_n(x) - f_n(x_0)| < \varepsilon$. Für $x \in U(x_0)$ ist dann

$$|f(x) - f(x_0)| \leqq |f(x) - f_n(x)| + |f_n(x) - f_n(x_0)| + |f_n(x_0) - f(x_0)| < 3\varepsilon.$$

Hieraus folgt die Stetigkeit von f. Satz 2 ist damit bewiesen.

Es gelten auch (O 5″) entsprechende Aussagen über Abbildungen in halboffene und offene Intervalle.

Satz 3. *Der topologische Raum X besitze die Eigenschaft* (O 5). *G sei eine abgeschlossene Menge von X. Ist $g: G \to [a, b)$ eine stetige Abbildung von G in das halboffene Intervall $[a, b)$, so besitzt g eine stetige Fortsetzung $f: X \to [a, b)$. Ist $g: G \to (a, b)$ eine stetige Abbildung in das offene Intervall (a, b), so besitzt g eine stetige Fortsetzung $f: X \to (a, b)$.*

Anmerkung 2 gilt entsprechend.

Beweis. Zum Beweis der ersten Aussage kann angenommen werden, daß $[a, b)$ das halboffene Intervall $[0, 1)$ ist. Wegen Satz 2 existiert eine stetige Fortsetzung $h: X \to [0, 1]$ von g. Sei B die Menge der Punkte, für welche $h(x) = 1$ ist. B ist als Urbild der abgeschlossenen Menge $\{1\}$ abgeschlossen und disjunkt zu G nach Voraussetzung über g. Durch $v(x) = h(x)$ für $x \in G$ und $v(x) = 0$ für $x \in B$ wird eine stetige Funktion $v: G \cup B \to [0, 1)$ auf der abgeschlossenen Menge $G \cup B$ definiert. Nach Satz 2 besitzt v eine stetige Fortsetzung $v': X \to [0, 1]$. Die Funktion $f(x) = \min(h(x), v'(x))$ ist stetig wegen 4.5 Beispiel 3. Auf G ist $g(x) = h(x) = v(x) = v'(x) = f(x)$. Außerdem ist $f(x) < 1$ wegen $v'(x) = 0$ für $x \in B$ und $h(x) < 1$ für $x \in \complement B$. Also ist $0 \leqq f(x) < 1$ für jedes x.

Zum Beweis der zweiten Aussage kann angenommen werden, daß (a, b) das Intervall $(-1, 1)$ ist. Wegen 4.5 Beispiel 3 sind auch die Funktionen $g^+(x) = \max(g(x), 0)$ und $g^-(x) = \max(-g(x), 0)$ stetig, und es ist $g(x) = g^+(x) - g^-(x)$.

Nach der bereits bewiesenen ersten Aussage besitzt g^+ eine stetige Fortsetzung $f^+: X \to [0, 1)$ und g^- eine stetige Fortsetzung $f^-: X \to [0, 1)$. Sei $f = f^+ - f^-$. Dann ist f stetig, $f|G = g$ und $-1 < f(x) < 1$ für jedes x, was die zweite Behauptung ergibt.

Die Sätze 2 und 3 ergeben zusammen mit 4.5 Satz 3

Satz 4 (Tietze-Urysohn). *Es sei F eine abgeschlossene Teilmenge des normalen Raumes X. Ferner sei* $\{Y_\lambda\}_{\lambda \in \Lambda}$ *eine Familie von Intervallen in* R *und* $Y = \prod Y_\lambda$. *Jede stetige Abbildung von F in Y läßt sich zu einer stetigen Abbildung von X in Y fortsetzen.*

Wir weisen insbesondere auf den Spezialfall $Y = \mathsf{R}^n$ hin.

8.5* Parakompakte Räume. Lokalkompakte und normale Räume sind allgemeiner als kompakte (7.5 und 8.2 Satz 1). Kompaktheit ist eine globale Eigenschaft, d. h. eine Eigenschaft des ganzen Raumes, Lokalkompaktheit eine lokale, d. h. eine Eigenschaft geeigneter Umgebungsbasen der Punkte. Wir wenden uns jetzt einer Eigenschaft zu, die eine lokale Aussage für offene Überdeckungen des ganzen Raumes gibt.

Definition 1. Eine Familie $\mathfrak{A} = \{A_\lambda\}_{\lambda \in \Lambda}$ von Teilmengen des topologischen Raumes X heißt lokalendlich, wenn es zu jedem $x \in X$ eine Umgebung $U(x)$ gibt, so daß $U(x) \cap A_\lambda$ nur für höchstens endlich viele λ nicht leer ist.

Hilfssatz 1. Ist $\mathfrak{A} = \{A_\lambda\}_{\lambda \in \Lambda}$ eine lokalendliche Familie von Teilmengen des topologischen Raumes X, so bilden die abgeschlossenen Hüllen $\bar{A}_\lambda$ der Menge A_λ eine lokalendliche Familie $\bar{\mathfrak{A}} = \{\bar{A}_\lambda\}_{\lambda \in \Lambda}$.

Beweis. Sei $x \in X$. x besitzt eine offene Umgebung Q derart, daß $Q \cap A_\lambda$ nur für endlich viele λ nicht leer ist. Für $Q \cap A_\lambda = \emptyset$ ist $A_\lambda \subset \complement Q$, woraus wegen der Abgeschlossenheit von $\complement Q$ folgt $\bar{A}_\lambda \subset \complement Q$ und damit $Q \cap \bar{A}_\lambda = \emptyset$. Hiernach ist auch $\bar{\mathfrak{A}}$ lokalendlich.

Hilfssatz 2. Ist $\{F_\lambda\}_{\lambda \in \Lambda}$ eine lokalendliche Familie abgeschlossener Mengen in dem topologischen Raum X, so ist $F = \bigcup F_\lambda$ abgeschlossen.

Beweis. Wir zeigen, daß $\complement F$ offen ist. Sei $x \in \complement F$. x besitzt eine offene Umgebung $Q(x)$, die nur endlich viele F_λ trifft. Ist $Q(x) \cap F_\lambda = \emptyset$ für alle λ, so liegt $Q(x)$ in $\complement F$. Ist $Q(x) \cap F_\lambda \neq \emptyset$ etwa für $\lambda_1, \lambda_2, \ldots, \lambda_n$, so ist $Q(x) \cap \bigcap \complement F_{\lambda_i}$ eine offene Umgebung von x, die in $\complement F$ liegt. Hiernach ist $\complement F$ offen.

Anmerkung 1. Ist $\{F_\lambda\}$ eine lokalendliche abgeschlossene Überdeckung von X und $f: X \to Y$ eine Abbildung, so ist f genau dann stetig, wenn es alle Einschränkungen $f|F_\lambda$ sind. Vermöge des vorangehenden Hilfssatzes kann der Beweis wie bei 4.2 Satz 3 geführt werden.

Definition 2. Es seien $\mathfrak{A} = \{A_\lambda\}_{\lambda \in \Lambda}$ und $\mathfrak{B} = \{B_\mu\}_{\mu \in M}$ Überdeckungen der Menge X. $\mathfrak{A}$ heißt feiner als $\mathfrak{B}$ oder Verfeinerung von $\mathfrak{B}$, wenn jede Menge aus $\mathfrak{A}$ in (mindestens) einer aus $\mathfrak{B}$ liegt.

Anmerkung 2. Aus Definition 2 folgt unmittelbar: Eine in $\mathfrak{B}$ enthaltene Überdeckung ist feiner als $\mathfrak{B}$. Sind $\mathfrak{A}$, $\mathfrak{B}$, $\mathfrak{C}$ Überdeckungen von X und ist $\mathfrak{A}$ feiner als $\mathfrak{B}$, $\mathfrak{B}$ feiner als $\mathfrak{C}$, so ist $\mathfrak{A}$ feiner als $\mathfrak{C}$. Sind $\mathfrak{A} = \{A_\lambda\}_{\lambda \in \Lambda}$ und $\mathfrak{B} = \{B_\mu\}_{\mu \in \mathsf{M}}$ zwei beliebige Überdeckungen eines Raumes X, so bilden die Durchschnitte $C_{\lambda\mu} = A_\lambda \cap B_\mu$ für alle λ und μ eine Überdeckung $\mathfrak{C}$ von X, die feiner als $\mathfrak{A}$ und feiner als $\mathfrak{B}$ ist. Hierbei kann man aus $\mathfrak{C}$ noch alle leeren $C_{\lambda\mu}$ fortlassen. Sind $\mathfrak{A}$ und $\mathfrak{B}$ offen, so ist auch $\mathfrak{C}$ offen.

Definition 3 (Dieudonné). Der topologische Raum X heißt parakompakt, wenn er separiert ist und der folgenden Bedingung genügt:

(PC) Zu jeder offenen Überdeckung von X gibt es eine feinere Überdeckung, die ebenfalls offen und außerdem lokalendlich ist.

Jeder kompakte Raum ist hiernach auch parakompakt.

Hilfssatz 3. Es sei X ein parakompakter Raum. Ist $\mathfrak{R} = \{R_\lambda\}_{\lambda \in \Lambda}$ eine offene Überdeckung von X, so gibt es eine lokalendliche offene Überdeckung $\mathfrak{Q} = \{Q_\lambda\}_{\lambda \in \Lambda}$ von X (zur gleichen Indexmenge Λ), so daß $Q_\lambda \subset R_\lambda$ ist für alle $\lambda \in \Lambda$.

Beweis. Zu $\mathfrak{R}$ gibt es eine feinere lokalendliche offene Überdeckung $\mathfrak{P} = \{P_\mu\}_{\mu \in \mathsf{M}}$. Jedem P_μ werde eine umfassende Menge von $\mathfrak{R}$ zugeordnet. Damit entsteht eine Abbildung $\varphi\colon \mathsf{M} \to \Lambda$ derart, daß $P_\mu \subset R_{\varphi(\mu)}$ ist für alle $\mu \in \mathsf{M}$. Für $\lambda \in \Lambda$ setzen wir

$$Q_\lambda = \bigcup_{\varphi(\mu) = \lambda} P_\mu, \tag{8.11}$$

wobei $Q_\lambda = \emptyset$ ist, wenn es kein μ mit $\varphi(\mu) = \lambda$ gibt. Nach Wahl von φ ist $Q_\lambda \subset R_\lambda$, und es ist $\mathfrak{Q} = \{Q_\lambda\}_{\lambda \in \Lambda}$ eine offene Überdeckung von X. Zu $x \in X$ gibt es eine Umgebung $U(x)$, die nur endlich viele P_μ trifft, etwa P_{μ_i} für $i = 1, 2, \ldots, n$. Nun ist $U(x) \cap Q_\lambda \neq \emptyset$ nur dann, wenn λ von der Gestalt $\varphi(\mu_i)$ ist. Daher ist $\mathfrak{Q}$ lokalendlich.

Satz 1. *Jede abgeschlossene Menge eines parakompakten Raumes ist parakompakt.*

Beweis. Sei F eine abgeschlossene Teilmenge des parakompakten Raumes X und $\mathfrak{V} = \{V_\lambda\}$ eine (relativ F) offene Überdeckung des Teilraumes F. Für jedes λ kann eine offene Menge R_λ von X so gewählt werden, daß $V_\lambda = F \cap R_\lambda$ ist. Dann bildet $\{R_\lambda\}$ zusammen mit $\complement F$ eine offene Überdeckung von X. Zu ihr gibt es eine feinere lokalendliche offene Überdeckung $\mathfrak{Q}$. Wegen Hilfssatz 3 kann angenommen werden, daß $\mathfrak{Q}$ aus einer Menge $Q' \subset \complement F$ und einer Familie $\{Q_\lambda\}$ mit $Q_\lambda \subset R_\lambda$ besteht. Nun gilt $F \cap Q_\lambda \subset F \cap R_\lambda = V_\lambda$. Hieraus und aus den Eigenschaften von $\mathfrak{Q}$ folgt, daß $\{F \cap Q_\lambda\}$ eine lokalendliche offene Überdeckung des Teilraumes F ist, die feiner als $\mathfrak{V}$ ist. Also ist F parakompakt.

Satz 2. *Jeder parakompakte Raum ist normal.*

Der Beweis beruht auf folgendem

Hilfssatz 4. Es sei X ein parakompakter Raum. F und G seien disjunkte abgeschlossene Mengen von X. Wenn es zu jedem Punkt x aus F disjunkte offene Umgebungen von x und G gibt, so besitzen F und G disjunkte offene Umgebungen.

Beweis von Hilfssatz 4. Für jedes $x \in F$ seien disjunkte offene Umgebungen $V(x)$ und $W(G; x)$ von x und G ausgewählt. Wir betrachten die offene Überdeckung $\mathfrak{V}$ von X, die aus den Mengen $V(x)$ und der offenen Menge $\complement F$ besteht. Nach Hilfssatz 3 gibt es eine feinere lokalendliche Überdeckung, die aus einer Menge $Q' \subset \complement F$ und offenen Mengen Q_x mit $Q_x \subset V(x)$ besteht. Wir setzen

$$(8.12) \qquad Q = \bigcup_{x \in F} Q_x; \quad H = \bigcup_{x \in F} \bar{Q}_x.$$

Wegen $Q' \subset \complement F$ ist Q eine offene Umgebung von F, und wegen der Hilfssätze 1 und 2 ist H abgeschlossen. Nach Wahl von $W(G; x)$ gilt $\bar{Q}_x \subset \bar{V}_x \subset \complement W(G; x) \subset \complement G$, woraus $H \subset \complement G$ und damit $\complement H \supset G$ folgt. $\complement H$ ist offen, also offene Umgebung von G, und wegen (8.12) zu der Umgebung Q von F disjunkt.

Beweis von Satz 2. Sei zunächst F eine abgeschlossene Menge in X und $G = y$ ein Punkt in $\complement F$. Weil X separiert ist, sind die Voraussetzungen von Hilfssatz 4 erfüllt (5.4 Satz 3), und es besitzen y und F disjunkte offene Umgebungen. Weil hierbei F eine beliebige abgeschlossene Menge von X war, sind die Voraussetzungen des Hilfssatzes für je zwei disjunkte abgeschlossene Mengen F und G erfüllt (G bzw. $x \in F$ in der Rolle des vorangehenden F bzw. y), und Hilfssatz 4 besagt, daß (O 5) erfüllt ist, was zu zeigen war.

Das Produkt zweier parakompakter Räume braucht nicht parakompakt zu sein (9 Aufg. 6). Es gilt jedoch

Satz 3. *Das Produkt aus einem parakompakten und einem kompakten Raum ist parakompakt.*

Beweis. Es sei X ein parakompakter, K ein kompakter Raum und $\mathfrak{R}$ eine offene Überdeckung von $X \times K$. Ist $(x, y) \in X \times K$, so liegt (x, y) in mindestens einer der Mengen von $\mathfrak{R}$. Es gibt daher offene Umgebungen $V(x; y)$ und $W(y; x)$ von x und y, so daß $V(x; y) \times W(y; x)$ in einer Menge aus $\mathfrak{R}$ liegt. Es werde jedem Punkt (x, y) aus $X \times K$ eine solche offene Umgebung $V(x; y) \times W(y; x)$ zugeordnet. Für jedes feste x bilden die Mengen $W(y; x)$ eine offene Überdeckung von K. Diese enthält eine endliche Überdeckung. Eine solche werde ausgewählt und mit $W(y_1(x)), \ldots, W(y_{n(x)}(x))$ bezeichnet. Der Durchschnitt $V(x) = \bigcap V(x; y_i(x))$ der zugehörigen Umgebungen von x ist eine offene Umgebung von x, und es liegt $V(x) \times W(y_i(x))$ in mindestens einer Menge von $\mathfrak{R}$. Wird auf diese Weise jedem $x \in X$ eine Umgebung $V(x)$ zugeordnet, so bilden die Mengen $V(x)$ eine offene Überdeckung $\mathfrak{V}$ von X. Nach Voraussetzung gibt es eine feinere lokalendliche offene Überdeckung $\mathfrak{P} = \{P_\lambda\}$ von X. Es kann dabei angenommen werden, daß kein P_λ leer ist. Zu jedem P_λ werde ein Punkt x_λ so bestimmt, daß $P_\lambda \subset V(x_\lambda)$ ist. Dies ist möglich, weil $\mathfrak{P}$ feiner als $\mathfrak{V}$ ist. Das Mengensystem $\mathfrak{Q}$ bestehe aus Mengen der Gestalt $P_\lambda \times W(y_i(x_\lambda))$ mit $\lambda \in \Lambda$ und $1 \leqq i \leqq n(x_\lambda)$. Diese Mengen sind offen in $X \times K$. Sie bilden eine Überdeckung von $X \times K$, denn zu $(x, y) \in X \times K$ gibt es eine x enthaltende Menge aus $\mathfrak{P}$, etwa $P_\varkappa$, und zu $\varkappa$ gibt es eine y enthaltende Menge $W(y_i(x_\varkappa))$. Ferner folgt aus der Wahl von $V(x_\lambda)$ und aus $P_\lambda \times W(y_i(x_\lambda)) \subset V(x_\lambda) \times W(y_i(x_\lambda))$, daß die Überdeckung $\mathfrak{Q}$ feiner als $\mathfrak{R}$ ist. Es bleibt zu zeigen, daß $\mathfrak{Q}$ lokalendlich ist. Sei dazu (x, y) ein Punkt von $X \times K$. Weil $\mathfrak{P}$ eine lokalendliche Überdeckung von X ist, gibt es eine Umgebung

$U(x)$ von x, die nur endlich viele Mengen P_λ trifft. $U(x) \times K$ ist eine Umgebung von (x, y), die nur diejenigen Mengen $P_\lambda \times W(y_i(x_\lambda))$ trifft, für die $P_\lambda \cap U(x) \neq \emptyset$ ist, und dies sind insgesamt nur endlich viele. Der Satz ist damit bewiesen.

8.6* Partition der Eins. Die Bedeutung der parakompakten Räume besteht darin, daß sich bei ihnen gewisse globale Aussagen auf lokale zurückführen lassen. Insbesondere betrifft dies stetige Funktionen $f: X \to \mathsf{R}$ (X parakompakt); sie lassen sich auf Funktionen zurückführen, die außerhalb eines „kleinen" Bereichs verschwinden, worauf wir nun eingehen wollen.

Definition 1. Es sei X ein topologischer Raum und $f: X \to \mathsf{R}$ eine stetige Funktion. Der Träger $\operatorname{Trg}(f)$ von f ist die abgeschlossene Hülle der Menge derjenigen Punkte x, für die $f(x) \neq 0$ ist:

$$\operatorname{Trg}(f) = \overline{\{x \mid f(x) \neq 0\}}. \tag{8.13}$$

$\complement \operatorname{Trg}(f)$ ist also die größte offene Menge von X, auf der f (identisch) verschwindet. Ist $f(x) = 0$ für alle x, so ist $\operatorname{Trg}(f) = \emptyset$.

Ist $\{f_\lambda: X \to \mathsf{R}\}_{\lambda \in \Lambda}$ eine Familie stetiger Funktionen, deren Träger eine lokalendliche Familie von Teilmengen bilden, so ist in jedem Punkte x von X die Summe $\sum f_\lambda(x) = f(x)$ definiert, wenn man darunter die Summe der nur endlich vielen von null verschiedenen Summanden versteht, bzw. null, wenn alle Summanden null sind. $x \to f(x)$ definiert also eine Funktion $f: X \to \mathsf{R}$. Zu $x \in X$ gibt es eine offene Umgebung $U(x)$, die $\operatorname{Trg}(f_\lambda)$ nur für endlich viele λ trifft. Demnach ist $f \mid U(x)$ Summe von endlich vielen stetigen Funktionen und somit stetig. Hieraus folgt wegen 4.2 Satz 4:

Satz 1. *Ist $\{f_\lambda: X \to \mathsf{R}\}_{\lambda \in \Lambda}$ eine Familie stetiger Funktionen, deren Träger eine lokalendliche Familie von Teilmengen des Raumes X bilden, so ist $f = \sum f_\lambda$ eine stetige Funktion auf X.*

Definition 2. Unter einer Partition der Eins auf dem topologischen Raum X versteht man eine Familie stetiger, nicht-negativer Funktionen $\{e_\lambda: X \to \mathsf{R}\}_{\lambda \in \Lambda}$ derart, daß die Träger eine lokalendliche Überdeckung von X bilden und daß $\sum_{\lambda \in \Lambda} e_\lambda(x) = 1$ ist für jedes $x \in X$.

Daß e_λ nicht-negativ ist, soll wie üblich besagen, daß $e_\lambda(x) \geqq 0$ ist für alle x. Ist $f: X \to \mathsf{R}$ eine stetige Funktion und $\{e_\lambda\}$ eine Partition der Eins auf X, so bilden die Produkte $f_\lambda = f e_\lambda$ (4.5 Beispiel 3) eine Familie stetiger Funktionen. Dabei ist $\operatorname{Trg}(f_\lambda) \subset \operatorname{Trg}(e_\lambda)$, also $\{\operatorname{Trg}(f_\lambda)\}$ eine lokalendliche Familie, und es ist $\sum f_\lambda(x) = f(x)$ für alle x. Vermöge $\{e_\lambda\}$ ist f auf die Familie $\{f_\lambda\}$ mit „kleinen" Trägern zurückgeführt. Der anschauliche Ausdruck „klein" führt zu

Definition 3. Es sei $\{A_\lambda\}_{\lambda \in \Lambda}$ eine Familie von Teilmengen des topologischen Raumes X. Eine Familie $\{f_\lambda\}_{\lambda \in \Lambda}$ stetiger reellwertiger Funktionen auf X heißt $\{A_\lambda\}_{\lambda \in \Lambda}$ untergeordnet, wenn $\operatorname{Trg}(f_\lambda) \subset A_\lambda$ ist für alle $\lambda \in \Lambda$.

Es wird sich nun darum handeln, Partitionen der Eins aufzufinden, die einer gegebenen Überdeckung untergeordnet sind. Wir beweisen zunächst

Satz 2. *Es sei* $\{P_\lambda\}_{\lambda\in\Lambda}$ *eine lokalendliche offene Überdeckung des normalen Raumes* X. *Zu ihr gibt es eine offene Überdeckung* $\{Q_\lambda\}_{\lambda\in\Lambda}$ *von* X *derart, daß* $\overline{Q_\lambda}\subset P_\lambda$ *ist für alle* λ.

Beweis. Der Beweis beruht auf dem Satz von Zorn (vgl. 5.7). Wir betrachten Familien von Teilmengen von X der Gestalt $\mathfrak{Q}=\{Q_\lambda\}_{\lambda\in M}$ mit folgenden Eigenschaften:

(a) M ist Teilmenge von Λ,

(b) Q_λ ist offen und $\overline{Q_\lambda}\subset P_\lambda$,

(c) $\bigcup\limits_{\lambda\in M} Q_\lambda \cup \bigcup\limits_{\lambda\notin M} P_\lambda = X$.

Wir lassen zu, daß M die leere Teilmenge von Λ ist. Ist $M=\emptyset$ oder $M=\Lambda$, so steht in (c) die Vereinigung eines leeren Mengensystems. Darunter ist die leere Menge zu verstehen. Ist $M=\emptyset$, so ist (b) gegenstandslos, und (c) ist erfüllt, weil $\{P_\lambda\}$ eine Überdeckung von X ist. Die Menge[1]) Φ der betrachteten Familien ist also nicht leer. Wir definieren auf Φ eine Ordnung folgendermaßen: Sind $\mathfrak{Q}^1=\{Q^1_\lambda\}_{\lambda\in M_1}$ und $\mathfrak{Q}^2=\{Q^2_\lambda\}_{\lambda\in M_2}$ Elemente von Φ, so sei $\mathfrak{Q}^1\geqq\mathfrak{Q}^2$, wenn $M_1\supset M_2$ und $Q^1_\lambda=Q^2_\lambda$ ist für jedes $\lambda\in M_2$. Es ist ohne weiteres ersichtlich, daß Φ dadurch geordnet ist (vgl. 5.7). Wir zeigen, daß eine beliebige streng geordnete Teilmenge Ψ von Φ eine obere Schranke besitzt. Wir fassen Ψ als Familie $\{\psi\}_{\psi\in\Psi}=\{\mathfrak{Q}^\psi\}_{\psi\in\Psi}$ $=\{\{Q^\psi_\lambda\}_{\lambda\in M_\psi}\}_{\psi\in\Psi}$ auf. Sei $M=\bigcup M_\psi$. Ist $\lambda\in M$, so gehört λ zu mindestens einer der Mengen M_ψ, etwa zu M_χ. Wir setzen $Q_\lambda=Q^\chi_\lambda$. Diese Definition ist widerspruchsfrei: Ist außerdem $\lambda\in M_\varphi$, so ist $\varphi\geqq\chi$ oder $\chi\geqq\varphi$, weil Ψ streng geordnet ist. Nach Definition der Ordnung ist jedenfalls $Q^\chi_\lambda=Q^\varphi_\lambda$. Damit ist $\mathfrak{Q}=\{Q_\lambda\}_{\lambda\in M}$ definiert, und es sind (a) und (b) für $\mathfrak{Q}$ erfüllt. Zum Nachweis von (c) sei $x\in X$. Weil $\{P_\lambda\}_{\lambda\in\Lambda}$ lokalendlich ist, gehört x nur für endlich viele λ zu P_λ, etwa für $\lambda=\lambda_1,\lambda_2,\ldots,\lambda_n$. Gehört eines dieser λ_i nicht zu M, so ist $x\in\bigcup\limits_{\lambda\notin M}P_\lambda$. Gehören alle λ_i zu M, so gibt es wegen $M=\bigcup M_\psi$ für $i=1,2,\ldots,n$ ein $\psi_i\in\Psi$ derart, daß $\lambda_i\in M_{\psi_i}$ ist. Weil Ψ streng geordnet ist, können wir annehmen, daß die Numerierung so erfolgt ist, daß $\psi_1\geqq\psi_2\geqq\ldots\geqq\psi_n$ ist. Dann ist aber $M_{\psi_1}\supset M_{\psi_2}\supset\ldots\supset M_{\psi_n}$, und es liegen $\lambda_1,\lambda_2,\ldots,\lambda_n$ in M_{ψ_1}. Weil (c) für $\{Q^{\psi_1}_\lambda\}_{\lambda\in M_{\psi_1}}$ erfüllt ist und weil $x\notin P_\lambda$ fur $\lambda\notin M_{\psi_1}$ ist, ist $x\in\bigcup\limits_{\lambda\in M_{\psi_1}}Q^{\psi_1}_\lambda$ und daher erst recht $x\in\bigcup\limits_{\lambda\in M}Q_\lambda$. Es folgt, daß (c) für $\{Q_\lambda\}_{\lambda\in M}$ erfüllt ist. Aus der Definition dieser Familie folgt ferner, daß sie eine obere Schranke für die Teilmenge Ψ von Φ ist. Nach dem Satz von Zorn gibt es in Φ ein maximales Element.

Die Behauptung ergibt sich nun aus (b) und (c), wenn noch gezeigt wird, daß für ein maximales Element $\varphi=\{Q^\varphi_\lambda\}_{\lambda\in M_\varphi}$ aus Φ notwendig $M_\varphi=\Lambda$ ist. Sei dazu $\mathfrak{Q}=\{Q_\lambda\}_{\lambda\in M}$ ein Element aus Φ. Wir zeigen: Ist $M\neq\Lambda$, so ist $\mathfrak{Q}$ nicht maximal. Sei also $M\neq\Lambda$. Dann gibt es ein Element $\varkappa$ in Λ, so daß $\varkappa\notin M$ ist. Wir setzen $R=\bigcup\limits_{\lambda\in M}Q_\lambda\cup\bigcup\limits_{\lambda\notin M,\,\lambda\neq\varkappa}P_\lambda$. R ist offen, und wegen (c) ist $R\cup P_\varkappa=X$ und damit $\complement R\subset P_\varkappa$. $P_\varkappa$ ist offene Umgebung der abgeschlossenen Menge $\complement R$. Weil X normal

[1]) Es sei $\mathfrak{P}X$ die Menge der Teilmengen von X. Jede Familie $\mathfrak{Q}$ kann als Teilmenge von $\Lambda\times\mathfrak{P}X$ aufgefaßt werden. Φ ist also Teilmenge von $\mathfrak{P}(\Lambda\times\mathfrak{P}X)$.

ist, gibt es eine offene Menge $Q_\varkappa$ mit $\complement R \subset Q_\varkappa \subset \overline{Q_\varkappa} \subset P_\varkappa$ (8.4 Hilfssatz 1). Setzen wir $M' = M \cup \{\varkappa\}$. Für die Familie $\mathfrak{Q}' = \{Q_\lambda\}_{\lambda \in M'}$ sind dann (a) und (b) erfüllt und auch (c) wegen $Q_\varkappa \cup R = X$. Außerdem ist $\mathfrak{Q}' > \mathfrak{Q}$, also $\mathfrak{Q}$ nicht maximal. Damit ist der Satz bewiesen.

Satz 3. *Ist $\{P_\lambda\}_{\lambda \in \Lambda}$ eine lokalendliche offene Überdeckung des normalen Raumes X, so gibt es eine ihr untergeordnete Partition der Eins.*

Beweis. Nach Satz 2 gibt es eine offene Überdeckung $\{Q_\lambda\}_{\lambda \in \Lambda}$ von X, so daß $\overline{Q_\lambda} \subset P_\lambda$ ist für alle λ. Weil X normal ist, gibt es für jedes λ eine offene Menge R_λ, so daß $\overline{Q_\lambda} \subset R_\lambda \subset \overline{R_\lambda} \subset P_\lambda$ ist (8.4 Hilfssatz 1). Wegen 8.4 Satz 1 gibt es eine stetige Funktion $h_\lambda \colon X \to [0, 1]$ derart, daß $h_\lambda | \overline{Q_\lambda} = 1$ und $h_\lambda | \complement R_\lambda = 0$ ist. Dabei ist $\operatorname{Trg}(h_\lambda) \subset \overline{R_\lambda} \subset P_\lambda$. Die Familie $\{h_\lambda\}$ ist daher der Überdeckung $\{P_\lambda\}$ untergeordnet. Weil $\{P_\lambda\}$ lokalendlich ist, ist erst recht $\{\operatorname{Trg}(h_\lambda)\}$ lokalendlich. $h(x) = \sum h_\lambda(x)$ ist also definiert, und $h \colon X \to \mathsf{R}$ ist stetig. Weil $\{Q_\lambda\}$ eine Überdeckung von X und $h_\lambda | Q_\lambda = 1$ ist, folgt $h(x) \geqq 1$ für alle x. Damit ist $e_\lambda = h_\lambda / h$ definiert für alle λ und stetig. Außerdem ist $0 \leqq e_\lambda(x) \leqq 1$ und $\sum e_\lambda(x) = 1$ für alle x. Wegen $\operatorname{Trg}(e_\lambda) = \operatorname{Trg}(h_\lambda) \subset P_\lambda$ ist $\{e_\lambda\}$ eine Partition der Eins, die $\{P_\lambda\}$ untergeordnet ist.

Aus Satz 3 erhält man wegen 8.5 Hilfssatz 3 und 8.5 Satz 2 den

Satz 4. *Ist $\mathfrak{R}$ eine offene Überdeckung des parakompakten Raumes X, so gibt es auf X eine Partition der Eins, die $\mathfrak{R}$ untergeordnet ist.*

8.7* Spezielle parakompakte Räume. Wir geben zunächst ein Kriterium für parakompakte Räume, dessen Nutzen sich alsbald erweisen wird.

Satz 1. *Ein topologischer Raum X ist genau dann parakompakt, wenn er regulär ist und der folgenden Bedingung genügt:*

Ist $\mathfrak{R} = \{R_\lambda\}_{\lambda \in \Lambda}$ eine offene Überdeckung von X, so gibt es eine feinere offene Überdeckung $\mathfrak{S}$ derart, daß sich die Mengen von $\mathfrak{S}$ auf abzählbar viele lokalendliche Familien $\mathfrak{S}_n$ verteilen. Dabei ist zugelassen, daß gewisse $\mathfrak{S}_n$ leere Familien sind.

Beweis. Ist X parakompakt, so ist X normal (8.5 Satz 2) und daher regulär. Außerdem ist die Bedingung des Satzes in trivialer Weise erfüllt. Der Beweis der Umkehrung erfolgt in 3 Schritten. Zunächst wird $\mathfrak{R}$ zu einer lokalendlichen Überdeckung verfeinert, die nicht offen zu sein braucht. Die Mengen dieser Verfeinerung werden im 3. Schritt zu offenen Mengen vergrößert. Dabei werden lokalendliche abgeschlossene Überdeckungen benutzt, die im 2. Schritt bereitgestellt werden. Sei weiterhin X ein regulärer Raum, welcher der Bedingung des Satzes genügt.

1. Schritt. Zu gegebenem $\mathfrak{R}$ gibt es eine feinere lokalendliche Überdeckung. $\mathfrak{S}$ sei gemäß der Bedingung des Satzes gewählt. Es sei P_n die Vereinigung der Mengen von $\mathfrak{S}_n$. Ist $\mathfrak{S}_n$ leer, so sei $P_n = \emptyset$. Wir setzen

$$Q_n = \bigcup_{i=1}^{n} P_i, \quad Q_0 = \emptyset \quad \text{und} \quad A_n = Q_n \cap \complement Q_{n-1}. \tag{8.14}$$

$\{P_n\}$ ist eine offene Überdeckung von X, ebenso $\{Q_n\}$, und wegen $Q_{n-1} \subset Q_n$ sind die Mengen A_n paarweise disjunkt. Ferner ist $A_n \subset P_n$ und daher $\mathfrak{S}_n$ eine lokalendliche Überdeckung von A_n. Dabei können die über A_n hinausragenden Teile der Mengen von $\mathfrak{S}_n$ abgeschnitten werden. Die Familie $\mathfrak{T}_n$ bestehe aus den Durchschnitten von A_n mit den Mengen von $\mathfrak{S}_n$. A_n ist die Vereinigung der Mengen von $\mathfrak{T}_n$. Die Familie $\mathfrak{T}$ bestehe aus allen Mengen, die zu einem $\mathfrak{T}_n$ gehören. Weil X von $\{A_n\}$ überdeckt wird, ist $\mathfrak{T}$ eine Überdeckung von X. Zum Nachweis, daß $\mathfrak{T}$ lokalendlich ist, sei x ein Punkt von X. x liege etwa in A_m. Für $n \leqq m$ besitzt x eine Umgebung U_n, die nur endlich viele Mengen aus $\mathfrak{S}_n$ und damit erst recht nur endlich viele Mengen aus $\mathfrak{T}_n$ trifft. $U = Q_m \cap \bigcap_{n=1}^{m} U_n$ ist eine Umgebung von x, die insgesamt nur endlich viele Mengen aus $\mathfrak{T}_1, \mathfrak{T}_2, \ldots, \mathfrak{T}_m$ trifft. Ist $n > m$, so ist $U \cap A_n = \emptyset$, denn es ist $U \subset Q_m = \bigcup_{i=1}^{m} A_i$ und außerdem $A_n \cap Q_m = \emptyset$; also trifft U keine Menge aus $\mathfrak{T}_n$. Es folgt, daß $\mathfrak{T}$ lokalendlich ist. Außerdem ist $\mathfrak{T}$ feiner als $\mathfrak{S}$ und damit feiner als $\mathfrak{R}$.

2. Schritt. Zu gegebenem $\mathfrak{R}$ gibt es eine feinere Überdeckung, die lokalendlich und abgeschlossen ist. Zunächst bemerken wir: Ist $x \in X$, so besitzt x mindestens eine der Mengen von $\mathfrak{R}$ als offene Umgebung. Weil X regulär ist, gibt es eine offene Umgebung V_x, deren abgeschlossene Hülle $\overline{V_x}$ noch in einer Menge von $\mathfrak{R}$ enthalten ist. Wird jedem Punkte x eine solche Umgebung V_x zugeordnet, so entstehen eine offene Überdeckung $\mathfrak{V} = \{V_x\}$ und eine abgeschlossene Überdeckung $\overline{\mathfrak{V}} = \{\overline{V_x}\}$ von X. $\mathfrak{V}$ und $\overline{\mathfrak{V}}$ sind feiner als $\mathfrak{R}$. Wegen des 1. Schrittes gibt es eine Überdeckung $\mathfrak{A}$ von X, die lokalendlich und feiner als $\mathfrak{V}$ ist. Die entsprechende abgeschlossene Überdeckung $\overline{\mathfrak{A}}$ ist lokalendlich wegen 8.5 Hilfssatz 1. Sie ist feiner als $\overline{\mathfrak{V}}$ und damit feiner als $\mathfrak{R}$.

3. Schritt. Zu gegebenem $\mathfrak{R}$ gibt es eine feinere Überdeckung, die lokalendlich und offen ist. Wegen des 1. Schrittes gibt es zu $\mathfrak{R}$ eine feinere lokalendliche Überdeckung $\mathfrak{T}$. Jedem Punkt x kann eine offene Umgebung W_x zugeordnet werden, die nur endlich viele Mengen von $\mathfrak{T}$ trifft. $\mathfrak{W} = \{W_x\}$ ist eine offene Überdeckung von X, zu der es wegen des 2. Schrittes eine feinere Überdeckung $\overline{\mathfrak{A}}$ gibt, die lokalendlich und abgeschlossen ist. Wir vergrößern eine jede Menge T von $\mathfrak{T}$ auf folgende Weise zu einer offenen Menge T': Weil $\mathfrak{T}$ feiner als $\mathfrak{R}$ ist, kann T eine Obermenge $R(T)$ aus $\mathfrak{R}$ zugeordnet werden. Ferner sei $F(T)$ die Vereinigung derjenigen Mengen von $\overline{\mathfrak{A}}$, die T nicht treffen. $F(T)$ ist Vereinigung einer lokalendlichen Familie abgeschlossener Mengen und wegen 8.5 Hilfssatz 2 abgeschlossen. Sei nun $T' = R(T) \cap \complement F(T)$ und $\mathfrak{T}'$ das System der Mengen T' für alle T aus $\mathfrak{T}$. Für die zu T gehörige Menge T' gilt $T \subset T' \subset R(T)$, und es ist T' offen. Mit $\mathfrak{T}$ ist auch $\mathfrak{T}'$ eine Überdeckung von X, $\mathfrak{T}'$ ist feiner als $\mathfrak{R}$ und offen. Es bleibt zu zeigen, daß $\mathfrak{T}'$ lokalendlich ist. Ist x ein Punkt von X, so besitzt x eine Umgebung V, die nur endlich viele Mengen von $\overline{\mathfrak{A}}$ trifft, etwa $\overline{A_1}, \overline{A_2}, \ldots, \overline{A_n}$. Jede der Mengen $\overline{A_i}$ $(i = 1, 2, \ldots, n)$ liegt in einer Menge von $\mathfrak{W}$ und trifft daher nur endlich viele Mengen von $\mathfrak{T}$, etwa T_{ij} für $j = 1, 2, \ldots, m_i$. Sei nun T eine Menge aus $\mathfrak{T}$, die von diesen Mengen T_{ij} verschieden ist. Dann ist $T \cap \overline{A_i} = \emptyset$. Nach Definition von T' ist auch $T' \cap \overline{A_i} = \emptyset$. Weil $\overline{\mathfrak{A}}$ eine Überdeckung von X ist, wird

V von den Mengen $\overline{A_\iota}$ überdeckt, und es folgt $T' \cap V = \emptyset$. V kann also nur endlich viele Mengen von $\mathfrak{T}'$ treffen. Damit ist der Satz bewiesen.

Die Bedingung von Satz 1 ist für eine offene Überdeckung $\mathfrak{R}$ sicher dann erfüllt, wenn $\mathfrak{R}$ eine abzählbare Überdeckung $\mathfrak{S}$ enthält. Für jedes $\mathfrak{S}_n$ kann dann eine einzige Menge von $\mathfrak{S}$ genommen werden. Aus dem Lindelöfschen Überdeckungssatz (7.4 Satz 2) folgt daher unmittelbar

Satz 2. *Ein regulärer Raum mit abzählbarer Basis ist parakompakt.*

Satz 3. *Es sei X ein lokalkompakter Raum, der im Unendlichen abzählbar ist. X ist parakompakt. Genauer gilt: Zu jeder offenen Überdeckung von X gibt es eine feinere lokalendliche offene Überdeckung von X, die aus abzählbar vielen relativ kompakten Mengen besteht*[1]).

Beweis. Nach 7.7 Satz 2 besitzt X eine abzählbare offene Überdeckung $\mathfrak{Q} = \{Q_n\}$ derart, daß $\overline{Q_n}$ kompakt ist für alle n. Ist $\mathfrak{R}$ eine offene Überdeckung von X, so genügen jeweils endlich viele Mengen von $\mathfrak{R}$, um $\overline{Q_n}$ zu überdecken, woraus folgt, daß $\mathfrak{R}$ eine abzählbare Überdeckung enthält. Wegen 7.5 Satz 1 ist X regulär. Damit folgt aus Satz 1, daß X parakompakt ist. Sei nun $\mathfrak{U}$ eine beliebige offene Überdeckung von X. Nach 8.5 Anmerkung 2 gibt es eine offene Überdeckung $\mathfrak{T}$ von X, die feiner als $\mathfrak{U}$ und $\mathfrak{Q}$ ist. Zu $\mathfrak{T}$ gibt es eine feinere offene Überdeckung $\mathfrak{R}$, die lokalendlich ist. $\mathfrak{R}$ enthält eine abzählbare Überdeckung $\mathfrak{S}$, die erst recht lokalendlich ist. $\mathfrak{S}$ ist offen und feiner als $\mathfrak{U}$ und $\mathfrak{Q}$. Ist S eine Menge von $\mathfrak{S}$, so liegt S in einer Menge von $\mathfrak{Q}$, etwa in Q_n, und damit in $\overline{Q_n}$. Hiernach ist $\overline{S} \subset \overline{Q_n}$, und es ist $\overline{S}$ kompakt (7.1 Satz 5).

Satz 4 (A. H. Stone). *Jeder metrische Raum ist parakompakt.*

Beweis. Sei X ein metrischer Raum mit der Metrik $d\colon X \times X \to \mathbb{R}$. X ist regulär (8.3 Satz 3). Es bleibt zu zeigen, daß X der Bedingung von Satz 1 genügt. Sei dazu $\mathfrak{R} = \{R_\lambda\}_{\lambda \in \Lambda}$ eine offene Überdeckung von X. Λ werde wohlgeordnet (siehe dazu 8.8 im Folgenden). Für jedes $\lambda \in \Lambda$ und für jede natürliche Zahl n setzen wir

$$U_{n\lambda} = \{x \mid d(x, \complement R_\lambda) > 2^{-n}\}, \tag{8.15}$$

$$T_{n\lambda} = U_{n\lambda} \cap \bigcap_{\varkappa < \lambda} \complement R_\varkappa \quad (\varkappa \in \Lambda), \tag{8.16}$$

$$S_{n\lambda} = \{x \mid d(x, T_{n\lambda}) < 2^{-n-2}\}. \tag{8.17}$$

Aus 8.3 Satz 1 folgt $\bigcup_n U_{n\lambda} = R_\lambda$, weil $\complement R_\lambda$ abgeschlossen ist. Vermöge (8.15) wird also R_λ durch abzählbar viele Mengen ausgeschöpft. Für festes n erhält man vermöge (8.16) Mengen, die sich nicht zu nahe kommen. Sind $T_{n\lambda}$ und $T_{n\mu}$ nicht leer, so gilt

$$d(T_{n\lambda}, T_{n\mu}) \geqq 2^{-n} \quad (\lambda, \mu \in \Lambda;\ \lambda \neq \mu). \tag{8.18}$$

Ist nämlich $x \in T_{n\lambda}$, $y \in T_{n\mu}$ und etwa $\lambda < \mu$, so ist $y \notin R_\lambda$ wegen Definition (8.16) für $T_{n\mu}$. Aus (8.15) folgt $d(x, y) > 2^{-n}$ und damit (8.18). Während $T_{n\lambda}$ nicht offen

---

[1]) Umgekehrt gilt: Ist ein lokalkompakter Raum zusammenhängend und parakompakt, so ist er abzählbar im Unendlichen (s. Bourbaki, Topologie générale).

zu sein braucht, ist die Menge $S_{n\lambda}$ offen. Für $T_{n\lambda} \neq \emptyset$ ist sie Urbild einer offenen Menge von R bezüglich der stetigen Funktion $d(x, T_{n\lambda})$ (8.3 Satz 2), für $T_{n\lambda} = \emptyset$ ist auch $S_{n\lambda} = \emptyset$. Sind $S_{n\lambda}$ und $S_{n\mu}$ nicht leer, so folgt aus (8.17) und (8.18) vermöge der Dreiecksungleichung $d(S_{n\lambda}, S_{n\mu}) \geqq 2^{-n-1}$. Hieraus folgt für festes n: Ist x irgendein Punkt von X, so trifft seine Kugelumgebung vom Radius 2^{-n-2} höchstens eine der Mengen $S_{n\lambda}$. Also ist $\mathfrak{S}_n = \{S_{n\lambda}\}_{\lambda \in \Lambda}$ eine lokalendliche Familie offener Mengen. Wegen (8.15), (8.16), (8.17) ist $S_{n\lambda} \subset R_\lambda$. Es bleibt zu zeigen, daß die Mengen $S_{n\lambda}$ für alle n und alle λ eine Überdeckung von X bilden. Sei $x \in X$. x liegt in mindestens einer Menge von $\mathfrak{R}$. Sei λ das kleinste Element von Λ, für welches $x \in R_\lambda$ ist. Ein solches λ existiert, weil Λ wohlgeordnet ist. Wegen (8.15) ist $x \in U_{n\lambda}$ für ein geeignetes n. Wegen der Wahl von λ folgt aus (8.16) $x \in T_{n\lambda}$ und damit $x \in S_{n\lambda}$, was zu zeigen war.

8.8 Anhang über Wohlordnung. Ein Element μ einer geordneten Menge Λ (vgl. 5.7) heißt kleinstes oder erstes Element von Λ, wenn für jedes von μ verschiedene Element λ gilt $\mu < \lambda$. Falls Λ ein kleinstes Element besitzt, so ist dieses eindeutig bestimmt (Ord 3 in 5.7). Eine geordnete Menge Λ heißt wohlgeordnet, wenn jede nicht leere Teilmenge (in der von Λ herrührenden Ordnung) ein kleinstes Element besitzt. Insbesondere besitzt Λ dann ein kleinstes Element. Beispielsweise ist die Menge N der natürlichen Zahlen durch ihre natürliche Anordnung $1, 2, 3, \ldots$ wohlgeordnet, nicht dagegen die Menge Z der ganzen Zahlen, weil es keine kleinste ganze Zahl gibt. In den folgenden Anordnungen ist jedoch Z wohlgeordnet:

$$0, 1, -1, 2, -2, 3, -3, \ldots$$

$$0, 1, 2, 3, \ldots; -1, -2, -3, \ldots$$

$$1, 2, 3, \ldots; -1, -2, -3, \ldots; 0$$

Versieht man eine Menge Λ mit einer Ordnung, so daß Λ zu einer wohlgeordneten Menge wird, so sagt man, daß man Λ wohlordnet. Jede nicht-leere Teilmenge einer wohlgeordneten Menge ist wohlgeordnet. Jede wohlgeordnete Menge ist streng geordnet, wie die Teilmengen von je zwei Elementen zeigen.

Anmerkung. In einer wohlgeordneten Menge Λ gibt es keine unendliche, streng absteigende Folge $\lambda_1 > \lambda_2 > \lambda_3 > \ldots$, weil sonst die Menge der Folgenglieder kein kleinstes Element besäße.

Satz (Zermelo). *Jede Menge läßt sich wohlordnen.*

Mit dem Satz von Zorn (5.7 Satz 2) läßt sich ein einfacher Beweis geben. Wir gehen nicht darauf ein und verweisen auf Bücher über Mengenlehre.

Die vollständige Induktion bei natürlichen Zahlen läßt sich auf wohlgeordnete Mengen verallgemeinern. Diese Verallgemeinerung heißt transfinite Induktion und besteht in Folgendem: Es sei Λ eine wohlgeordnete Menge und $\mathfrak{A}(\lambda)$ eine Aussage, die von dem willkürlichen Element λ von Λ abhängt. Wenn für jedes $\varkappa \in \Lambda$ die Induktionsannahme: „$\mathfrak{A}(\lambda)$ ist richtig für alle $\lambda < \varkappa$" den Induktionsschluß: „$\mathfrak{A}(\varkappa)$ ist richtig" gestattet, so ist $\mathfrak{A}(\lambda)$ richtig für alle $\lambda \in \Lambda$. Wäre nämlich die Teilmenge derjenigen Elemente λ von Λ, für die $\mathfrak{A}(\lambda)$ falsch ist, nicht leer, so besäße sie ein kleinstes Element, etwa $\varkappa$. Für $\varkappa$ wäre der Induktionsschluß ausführbar, was zum Widerspruch führt. Man beachte, daß der Induktionsschluß für $\varkappa$ auch möglich sein muß, wenn $\varkappa$ das kleinste Element von Λ ist, wenn also die Induktionsannahme leer ist.

Aufgaben. 1. Man übertrage (V 1), (V 2), (V 3), (V 4) von 2.3 auf Umgebungen einer beliebigen Teilmenge.

2. (a) (O 3) ist gleichwertig mit (O 3'''): Jede abgeschlossene Menge ist der Durchschnitt ihrer abgeschlossenen Umgebungen. (b) (O 5) ist gleichwertig mit (O 5'''): Ist G irgendeine abgeschlossene Teilmenge, so enthält jede Umgebung von G eine abgeschlossene. (c) Man vergleiche (O 3''') mit (H'), ferner (O 5''') mit (O 3) und außerdem (H), (O 3'), (O 5).

3. Ist X ein metrischer Raum, so besitzt X eine Basis $\mathfrak{Q}$, deren Mengen sich auf abzählbar viele lokalendliche Familien verteilen. (Man betrachte die Überdeckungen von X mit ε-Umgebungen für $\varepsilon = 2^{-n}$ und wende 8.7 Satz 4 an.)

4. Besitzt der reguläre Raum X eine Basis $\mathfrak{Q}$, deren Mengen sich auf abzählbar viele lokalendliche Familien verteilen, so ist X parakompakt (weitergehend in II.2 Aufgabe 5).

5. In einem parakompakten Raum ist jede Vereinigung von abzählbar vielen abgeschlossenen Mengen parakompakt.

§ 9 Vollständig reguläre Räume

9.1 Vollständige Regularität. Ist X ein normaler Raum, so gilt (O 5') von 8.4 Satz 1 insbesondere, wenn G nur aus einem Punkte x besteht und F eine abgeschlossene Menge ist, die x nicht enthält, also $\complement F$ eine offene Umgebung von x ist. Das Komplement einer beliebigen Umgebung von x ist stets im Komplement einer offenen Umgebung von x enthalten. Für normale Räume gilt also insbesondere

(O 4) Ist x ein beliebiger Punkt von X und $U(x)$ eine Umgebung von x, so gibt es eine stetige Funktion $f\colon X \to [0, 1]$, die im Punkte x den Wert 0 und für alle Punkte von $\complement U(x)$ den Wert 1 hat.

Definition. Ein topologischer Raum X heißt vollständig regulär, wenn er separiert ist und der Bedingung (O 4) genügt.

Satz 1. *Jeder normale Raum ist vollständig regulär. Jeder vollständig reguläre Raum ist regulär.*

Beweis. Nur die zweite Aussage ist noch zu beweisen. Sei x ein Punkt von X, $U(x)$ eine Umgebung von x und $f\colon X \to [0, 1]$ eine zugehörige stetige Funktion gemäß (O 4). Das Urbild von $[0, 1/2]$ bezüglich f ist abgeschlossen, weil f stetig ist, Umgebung von x, weil $[0, 1/2]$ Umgebung von 0 relativ $[0, 1]$ ist, und es ist in $U(x)$ enthalten, woraus (O 3) folgt.

Anmerkung 1. Der Beweis zeigt, daß (O 3) aus (O 4) allein folgt. Dagegen folgt (O 4) nicht aus (O 5) allein.

Im Gegensatz zu (O 5) überträgt sich (O 4) auf alle Teilräume. Ist A eine Teilmenge von X und x ein Punkt von A, so ist eine Umgebung von x relativ A der Durchschnitt von A mit einer geeigneten Umgebung $U(x)$ von x in X. Ist $f\colon X \to [0, 1]$ eine stetige Funktion gemäß (O 4), so ist $f|A$ eine entsprechende Funktion für den Teilraum A. Daher gilt

Satz 2. *Besitzt der topologische Raum X die Eigenschaft* (O 4), *so ist* (O 4) *auch für jeden Teilraum von X erfüllt. Ist X vollständig regulär, so ist jeder Teilraum von X vollständig regulär.*

Anmerkung 2. Jeder kompakte Raum ist vollständig regulär wegen Satz 1 und 8.2 Satz 1. Wegen 8.3 Satz 3 ist jeder metrische Raum vollständig regulär, wegen 8.5 Satz 2 auch jeder parakompakte Raum. Wegen Satz 2 und 7.6 ist jeder lokalkompakte Raum vollständig regulär.

(O 4) überträgt sich auch auf Produkte. Genauer gilt

Satz 3. *Das nicht-leere topologische Produkt* $X = \prod X_\lambda$ *erfüllt* (O 4) *genau dann, wenn* (O 4) *von jedem* X_λ *erfüllt wird. X ist genau dann vollständig regulär, wenn jedes* X_λ *vollständig regulär ist.*

Beweis. Wegen 6.3 Satz 2 folgt die zweite Aussage aus der ersten. Sei zunächst (O 4) für jedes X_λ erfüllt, $x = \{x_\lambda\}$ ein Punkt von X und $U(x)$ Umgebung von x. Wegen 4.5 Satz 1 ist in $U(x)$ eine offene Umgebung $Q(x) = \prod Q_\lambda$ von x enthalten, wobei Q_λ eine offene Umgebung von x_λ in X_λ und nur für endlich viele λ, etwa für $\lambda = \varkappa_1, \varkappa_2, \ldots, \varkappa_n$, von X_λ verschieden ist. Sei $f_i\colon X_{\varkappa_i} \to [0, 1]$ eine stetige Funktion, die im Punkte $x_{\varkappa_i}$ den Wert 0 und für alle Punkte von $\complement Q_{\varkappa_i}$ den Wert 1 hat. $f_i p_{\varkappa_i}$ ist eine stetige Funktion auf X, und wegen 4.5 Beispiel 3 ist auch $f = \max_i f_i p_{\varkappa_i}$ stetig. f bildet X in $[0, 1]$ ab. Wegen $f_i p_{\varkappa_i}(x) = f_i(x_{\varkappa_i}) = 0$ ist $f(x) = 0$. Ist y ein Punkt von $\complement Q(x)$, so ist $y_{\varkappa_i} \in \complement Q_{\varkappa_i}$ für mindestens ein i, also $f(y) = 1$.

Sei nun umgekehrt (O 4) für X erfüllt. Es genügt zu zeigen, daß (O 4) für einen beliebigen Faktor X_λ gilt. Wegen 4.6 kann man sich dabei auf ein Produkt von zwei Faktoren beschränken. Sei also $X = X_1 \times X_2$. Ist x_2 ein Punkt von X_2, so ist (O 4) wegen Satz 2 für den Teilraum $X_1 \times x_2$ von X erfüllt, und wegen 4.7 ist X_1 zu $X_1 \times x_2$ homöomorph. Satz 3 ist damit bewiesen.

9.2 Einbettung in Quader. Es bezeichne weiterhin I das kompakte Intervall [0,1] der Zahlengeraden R.

Definition. Sei Λ eine nicht-leere Indexmenge. Der topologische Raum I^Λ $(= \prod_{\lambda \in \Lambda} I_\lambda$ mit $I_\lambda = I$ für alle $\lambda \in \Lambda)$ wird als Quader oder als Würfel bezeichnet.

Wegen 7.3 Satz 2 ist jeder Quader kompakt.

(O 4) gibt Anlaß, zu einem topologischen Raum X stetige Abbildungen $\varphi\colon X \to I$ zu betrachten. Sei Φ eine Menge solcher Abbildungen. Gemäß 4.5 Anmerkung 3 wird durch

(9.1) $$j(x) = \{\varphi(x)\}_{\varphi \in \Phi}$$

eine stetige Abbildung $j\colon X \to I^\Phi$ definiert, für welche $\varphi = p_\varphi \circ j$ für jedes $\varphi \in \Phi$ ist. (O 4) legt es nahe, die Mengen

(9.2) $$W_\varphi = \overset{-1}{\varphi}([0, 1)) \quad \text{und} \quad W_\varphi' = \overset{-1}{p_\varphi}([0, 1))$$

zu betrachten. [0, 1) ist offen relativ I, und es sind W_φ und W_φ' offen in X bzw. I^Φ, weil φ und p_φ stetig sind. Wegen $\varphi = p_\varphi \circ j$ ist $W_\varphi = \overset{-1}{j}(W_\varphi')$ und daher

$$j(W_\varphi) = W_\varphi' \cap j(X). \tag{9.3}$$

Erfüllt X die Bedingung (O 4) und ist Φ die Menge aller stetigen Abbildungen von X in I, so hat man mit den Mengen W_φ „genügend viele" offene Mengen von X zur Verfügung. Es gilt

Hilfssatz 1. Der topologische Raum X genüge der Bedingung (O 4). Ist Φ die Menge aller stetigen Abbildungen von X in I, so bilden die Mengen W_φ für $\varphi \in \Phi$ eine Basis von X.

Beweis. Ist Q eine nicht-leere offene Menge von X und x irgendein Punkt aus Q, so gibt es wegen (O 4) eine stetige Abbildung $\varphi: X \to I$, die in x den Wert 0 und in den Punkten von $\complement Q$ den Wert 1 hat, für die also $x \in W_\varphi \subset Q$ ist. Hiernach ist Q Vereinigung aller Mengen W_φ, die in Q enthalten sind. Weil jedes W_φ offen ist, ergibt sich die Behauptung.

Für das Folgende sei X ein vollständig regulärer Raum und Φ eine solche Menge stetiger Abbildungen von X in I, daß die Mengen W_φ für $\varphi \in \Phi$ eine Basis von X bilden. Zu der Abbildung $j: X \to I^\Phi$ gehört nach 4.2 Satz 2 eine stetige Abbildung $j': X \twoheadrightarrow j(X)$. (9.3) besagt, daß $j'(W_\varphi)$ eine offene Menge von $j(X)$ ist. Wegen 4.4 Satz 1 ist j' eine offene Abbildung. Außerdem ist j' bijektiv. Sind nämlich x und y zwei verschiedene Punkte von X, so gibt es eine offene Umgebung von x, die y nicht enthält, weil X separiert ist. Es gibt daher eine Menge W_φ, für welche $x \in W_\varphi$ und $y \in \complement W_\varphi$ ist. Für die zugehörige Abbildung φ ist $\varphi(x) < 1$ und $\varphi(y) = 1$. Wegen (9.1) ist $j(x) \neq j(y)$. Die Abbildung j' ist also bijektiv, außerdem stetig und offen und daher topologisch. Wir haben erhalten

Hilfssatz 2. Ist X ein vollständig regulärer Raum und Φ eine Menge stetiger Abbildungen von X in I derart, daß die Mengen W_φ für $\varphi \in \Phi$ eine Basis von X bilden, so ist X homöomorph zu einem Teilraum von I^Φ.

Aus den Hilfssätzen 1 und 2 folgt, daß ein vollständig regulärer Raum homöomorph zu einem Teilraum eines geeigneten Quaders ist, insbesondere also homöomorph zu einem Teilraum eines geeigneten kompakten Raumes. Ist umgekehrt X homöomorph zu einem Teilraum eines kompakten Raumes, so ist X vollständig regulär. Wegen 9.1 Anmerkung 2 ist nämlich jeder kompakte Raum vollständig regulär, und wegen 9.1 Satz 2 ist es auch jeder Teilraum eines kompakten Raumes. Damit ergibt sich

Satz 1 (Tychonoff). *Ein topologischer Raum ist genau dann vollständig regulär, wenn er homöomorph zu einem Teilraum eines kompakten Raumes ist.*

Anmerkung 1. Satz 1 besagt, daß ein vollständig regulärer Raum X als Teilraum eines kompakten Raumes aufgefaßt werden kann oder, wie man auch sagt, daß sich X in einen kompakten Raum einbetten läßt. Insbesondere kann X in den Quader I^Φ eingebettet werden, wenn Φ die Menge aller stetigen Abbildungen von X

in I ist. Wird X vermöge der Einbettung (9.1) als Teilraum von I^{Φ} aufgefaßt, so ist die abgeschlossene Hülle von X in I^{Φ} ein kompakter Raum $\tilde{X}$, in dem X dicht ist. $\tilde{X}$ heißt die Stone-Čech-Kompaktifizierung von X.

Hilfssatz 2 läßt erwarten, daß sich Satz 1 unter besonderen Voraussetzungen verschärfen läßt. In der Tat gilt

Satz 2. *Ist X ein vollständig regulärer Raum mit abzählbarer Basis, so ist X homöomorph zu einem Teilraum von I^{N}, wobei N die Menge der natürlichen Zahlen bezeichnet.*

Zum Beweis muß wegen Hilfssatz 2 nur gezeigt werden, daß es in der Menge Φ aller stetigen Abbildungen von X in I eine abzählbare Teilmenge Φ' gibt, für welche $\{W_\varphi\}_{\varphi\in\Phi'}$ eine Basis von X ist. Weil $\{W_\varphi\}_{\varphi\in\Phi}$ eine Basis von X ist, ergibt sich dies unmittelbar aus dem folgenden

Satz 3. *Besitzt der topologische Raum X eine abzählbare Basis, so enthält jede Basis von X eine abzählbare.*

Beweis. Sei $\mathfrak{Q} = \{Q_n\}$ eine abzählbare Basis und $\mathfrak{V} = \{V_\lambda\}_{\lambda\in\Lambda}$ eine beliebige Basis von X. Ist Q_m eine Menge aus $\mathfrak{Q}$, so ist Q_m Vereinigung der in Q_m enthaltenen Mengen von $\mathfrak{V}$, weil $\mathfrak{V}$ Basis ist. Ist insbesondere x irgendein Punkt aus Q_m, so gibt es eine Menge V_λ aus $\mathfrak{V}$, für welche $x \in V_\lambda \subset Q_m$ ist. Nun ist V_λ Vereinigung von Mengen aus $\mathfrak{Q}$, weil $\mathfrak{Q}$ eine Basis ist. Es gibt daher eine Menge Q_n in V_λ, für welche

$$x \in Q_n \subset V_\lambda \subset Q_m \tag{9.4}$$

ist. Betrachten wir nun die Menge aller Paare (Q_n, Q_m) von Mengen aus $\mathfrak{Q}$, für welche es mindestens eine Menge V_λ aus $\mathfrak{V}$ gibt, so daß $Q_n \subset V_\lambda \subset Q_m$ ist. Für jedes solche Paar (Q_n, Q_m) werde ein derartiges V_λ ausgewählt und mit $V_{n,m}$ bezeichnet. $\{V_{n,m}\}$ ist ein abzählbares Teilsystem von $\mathfrak{V}$, weil es nur abzählbar viele Paare (n, m) natürlicher Zahlen gibt. Ist Q_m irgendeine Menge aus $\mathfrak{Q}$ und x irgendein Punkt aus Q_m, so gibt es wegen (9.4) eine Menge $V_{n,m}$ mit $x \in V_{n,m} \subset Q_m$. Also ist Q_m die Vereinigung der in Q_m enthaltenen Mengen $V_{n,m}$. Eine beliebige offene Menge Q von X ist Vereinigung der in Q enthaltenen Mengen Q_m und damit auch der in Q enthaltenen Mengen $V_{n,m}$. Also ist $\{V_{n,m}\}$ eine Basis. Sie ist abzählbar und in $\mathfrak{V}$ enthalten, womit sich die Behauptung ergibt.

Anmerkung 2. I^{N} besitzt eine abzählbare Basis (4 Aufgabe 6) und damit auch jeder Teilraum von I^{N}. Wegen Satz 2 besitzt also ein vollständig regulärer Raum genau dann eine abzählbare Basis, wenn er homöomorph zu einem Teilraum von I^{N} ist.

9.3 Metrisierbarkeit. Wir können jetzt wenigstens teilweise die Frage beantworten, wann die Topologie eines Raumes X durch eine Metrik auf X induziert wird. Ein topologischer Raum X heißt metrisierbar, wenn es auf X eine Metrik gibt, welche die vorhandene Topologie induziert.

Wir hatten bereits in 1.4 bemerkt, daß verschiedene Metriken dieselbe Topologie induzieren können. Insbesondere gilt der

Hilfssatz. Bezeichnet $d(x, y)$ die Entfernung der Punkte x und y bezüglich einer Metrik $\mathfrak{M}$ auf der Menge X, so wird durch

$$d'(x, y) = \frac{d(x, y)}{1 + d(x, y)} \tag{9.5}$$

eine Metrik $\mathfrak{M}'$ auf X definiert, welche dieselbe Topologie wie $\mathfrak{M}$ induziert.

Beweis. $d'(x, y) = 0$ ist gleichwertig mit $d(x, y) = 0$, also gleichwertig mit $x = y$. Wegen $d(x, y) = d(y, x)$ ist auch $d'(x, y) = d'(y, x)$. Ferner gilt für d' die Dreiecksungleichung, denn für je drei nicht-negative reelle Zahlen a, b, c, für welche $a \leqq b + c$ ist, ist $a(1 + b)(1 + c) \leqq b(1 + a)(1 + c) + c(1 + a)(1 + b)$. Also definiert (9.5) eine Metrik $\mathfrak{M}'$ auf X. Sie hat die Eigenschaft, daß stets

$$d'(x, y) < 1 \tag{9.6}$$

ist. Durch

$$t \to \frac{t}{1 + |t|} \tag{9.7}$$

wird R topologisch auf $(-1, 1)$ und die Menge der nicht-negativen reellen Zahlen topologisch auf $[0, 1)$ abgebildet. Hieraus folgt, daß $\mathfrak{M}$ und $\mathfrak{M}'$ für die Punkte von X dieselben Umgebungen definieren, daß also von $\mathfrak{M}$ und $\mathfrak{M}'$ auf X dieselbe Topologie induziert wird.

Ein Produkt $X = \prod_{\lambda \in \Lambda} X_\lambda$ metrisierbarer Räume braucht nicht metrisierbar zu sein. Besteht jedes X_λ aus mindestens zwei Punkten und ist Λ eine nicht-abzählbare Menge, so ist für X nach 4.5 Anmerkung 2 das 1. Abzählbarkeitsaxiom nicht erfüllt, also X nicht metrisierbar wegen des Satzes von 2.7. Dagegen gilt

Satz 1. *Das topologische Produkt* $X = \prod_{n=1}^{\infty} X_n$ *der metrisierbaren Räume* X_n *ist metrisierbar.*

Beweis. Auf jedem X_n sei eine Metrik definiert, welche die vorhandene Topologie induziert. Für je zwei Punkte x_n, y_n von X_n bezeichne $d_n(x_n, y_n)$ die Entfernung. Wegen des Hilfssatzes können wir annehmen, daß stets $d_n(x_n, y_n) \leqq 1$ ist. Sei nun $\{c_n\}$ eine Folge positiver reeller Zahlen, für welche $\sum_{n=1}^{\infty} c_n$ konvergiert. Für je zwei Punkte $x = \{x_n\}$ und $y = \{y_n\}$ von X setzen wir

$$d(x, y) = \sum_{n=1}^{\infty} c_n d_n(x_n, y_n). \tag{9.8}$$

$d(x, y)$ existiert wegen $d_n \leqq 1$ und $\sum_{n=1}^{\infty} c_n < \infty$. Weil c_n positiv und d_n nicht-negativ ist, ist $d(x, y) = 0$ gleichwertig mit $d_n(x_n, y_n) = 0$ für alle n, also gleichwertig mit $x = y$. Offenbar ist $d(x, y) = d(y, x)$. Ist ferner noch $z = \{z_n\}$ ein

Punkt von X, so gilt

$$d(x,y)+d(y,z)=\sum_{n=1}^{\infty}c_n[d_n(x_n,y_n)+d_n(y_n,z_n)]\geqq\sum_{n=1}^{\infty}c_n d_n(x_n,z_n)=d(x,z).$$

Also definiert (9.8) eine Metrik auf X. Wir nennen sie eine **Produktmetrik**.

Die durch (9.8) definierte Metrik auf X induziert auf X eine Topologie $\mathfrak{T}'$. Die Produkttopologie von X werde mit $\mathfrak{T}$ bezeichnet. Zum Nachweis, daß $\mathfrak{T}'$ und $\mathfrak{T}$ übereinstimmen, zeigen wir, daß sie dieselben Umgebungen besitzen. Eine beliebige Umgebung $U(x)$ des Punktes $x=\{x_n\}$ bezüglich $\mathfrak{T}$ enthält den Durchschnitt von endlich vielen Umgebungen bezüglich $\mathfrak{T}$, die von der Gestalt $W_m(x) = \prod_{n=1}^{\infty} Q_n$ sind, wobei Q_m für geeignetes positives ε eine ε-Umgebung von x_m in X_m und $Q_n = X_n$ für $n \neq m$ ist. In $W_m(x)$ liegt die $(c_m\varepsilon)$-Umgebung von x bezüglich $\mathfrak{T}'$, denn aus $d(x,y)<c_m\varepsilon$ folgt $d_m(x_m,y_m)<\varepsilon$. In $U(x)$ liegt demnach der Durchschnitt von endlich vielen Umgebungen von x bezüglich $\mathfrak{T}'$, woraus folgt, daß $U(x)$ auch Umgebung von x bezüglich $\mathfrak{T}'$ ist. Sei umgekehrt $U'(x;\varepsilon)$ eine ε-Umgebung von x bezüglich $\mathfrak{T}'$. Dann gibt es eine natürliche Zahl p, so daß $\sum_{n=p+1}^{\infty} c_n < \frac{\varepsilon}{2}$ ist. Sei $\delta = \frac{\varepsilon}{2}\left(\sum_{n=1}^{p} c_n\right)^{-1}$. Ist Q_n die δ-Umgebung von x_n in X_n für $n \leqq p$ und ist $Q_n = X_n$ für $n > p$, so ist $Q = \prod_{n=1}^{\infty} Q_n$ eine Umgebung von x bezüglich $\mathfrak{T}$. Aus (9.8) folgt, daß Q in $U'(x;\varepsilon)$ enthalten ist. Also ist $U'(x;\varepsilon)$ auch Umgebung von x bezüglich $\mathfrak{T}$. Satz 1 ist damit bewiesen.

Anmerkung. Entsprechend Satz 1 ist auch das Produkt von endlich vielen, etwa k, metrischen Räumen metrisierbar. Eine Metrik entsprechend (9.8) wird dann durch $d(x,y) = \sum_{n=1}^{k} c_n d_n(x_n,y_n)$ definiert, wobei die c_n beliebige positive Zahlen sind und die Annahme, daß $d_n \leqq 1$ ist, entfallen kann.

Nach Satz 1 ist insbesondere der Quader $I^{\mathbb{N}}$ metrisierbar. Wegen 9.2 Satz 2 ist auch jeder vollständig reguläre Raum mit abzählbarer Basis metrisierbar. Umgekehrt ist wegen 8.3 Satz 3 jeder metrische Raum normal und wegen 9.1 Satz 1 auch vollständig regulär. Wir erhalten also

Satz 2 (Urysohn). *Für einen topologischen Raum mit abzählbarer Basis sind vollständige Regularität, Normalität und Metrisierbarkeit gleichwertige Eigenschaften.*

Zusatz. Nach 8.7 Satz 2, Satz 4 und 8.5 Satz 2 sind für einen topologischen Raum mit abzählbarer Basis auch Regularität, Parakompaktheit und Metrisierbarkeit gleichwertig.

Wegen Satz 2 und 9.1 Anmerkung 2 ist jeder lokalkompakte Raum mit abzählbarer Basis metrisierbar. Ein kompakter Raum ist genau dann metrisierbar, wenn er eine abzählbare Basis besitzt (7 Aufgabe 2).

In der folgenden Übersicht sind die in diesem Kapitel behandelten topologischen Begriffe und ihre gegenseitige Beziehung zusammengestellt.

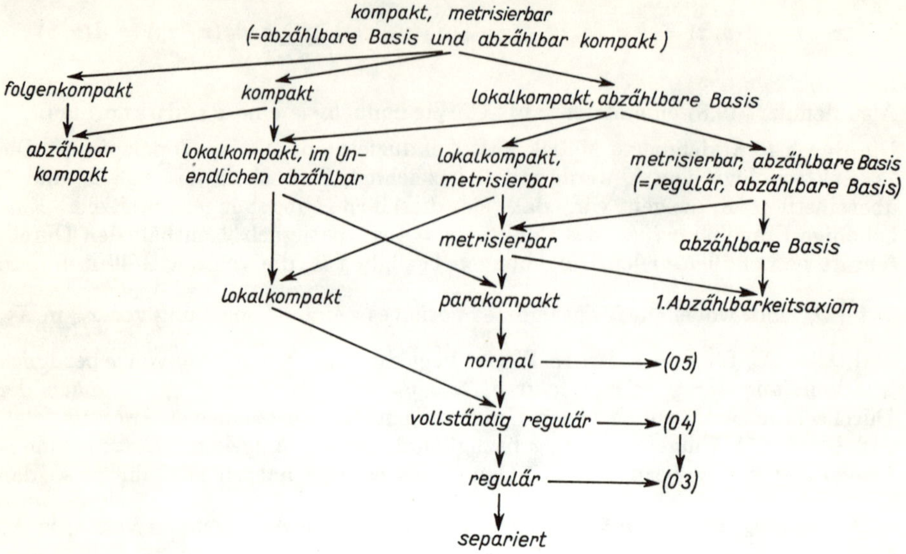

Aufgaben. 1. Man prüfe die Beziehungen der Übersicht nach. (Berücksichtige 7 Aufgabe 2 und 3.)

2. Es sei X ein metrischer Raum. Für je zwei nicht-leere kompakte Teilmengen F, G werde definiert

$$\overline{d}(F, G) = \max \left(\sup_{x \in F} d(x, G), \sup_{x \in G} d(x, F)\right) \quad \text{(Abweichung von } F \text{ und } G).$$

Dies ist eine Metrik auf der Menge der nicht-leeren kompakten Teilmengen von X (Hausdorff-Metrik).

3. Wie in 9.3 sei für $n = 1, 2, 3, \ldots$ X_n ein metrischer Raum mit der Metrik d_n, wobei stets $d_n(x_n, y_n) \leqq 1$ sei. Ferner sei $\{c_n\}$ eine Folge positiver reeller Zahlen, für welche $\sum_{n=1}^{\infty} c_n$ konvergiert. Man zeige: $d'(x, y) = \sqrt{\sum_{n=1}^{\infty} c_n d_n^2(x_n, y_n)}$ ist eine Metrik auf $X = \prod_{n=1}^{\infty} X_n$. Sie induziert dieselbe Topologie wie die Metrik (9.8). Ist insbesondere $X_n = I$ für alle n und $c_n = n^{-2}$, so wird I^{N} zu einem metrischen Raum, der Hilbertscher Fundamentalquader heißt. Man zeige, daß dieser Raum metrischer Teilraum des Hilbertschen Raumes in 1.1 Beispiel 3 ist.

4. Für einen lokalkompakten Raum X sind folgende Aussagen gleichwertig: (a) X besitzt eine abzählbare Basis. (b) Die Alexandroffsche Kompaktifizierung ist metrisierbar. (c) X ist metrisierbar und abzählbar im Unendlichen. (Benutze 7 Aufgabe 2, 3, 4.)

5. Ist eine Mannigfaltigkeit abzählbar im Unendlichen, so ist sie metrisierbar.

6. Für das Intervall $(-1, 1]$ bilden die halboffenen Teilintervalle der Form $(a, b]$ die Basis einer Topologie. Für diesen Raum X gilt: Jede offene Überdeckung besitzt eine Verfeinerung, die aus abzählbar vielen disjunkten offenen Mengen besteht. (Man baue die Verfeinerung von rechts nach links auf.) $X \times X$ ist vollständig regulär. Man mache sich plausibel, daß $X \times X$ nicht normal ist. (Man betrachte die Menge der rationalen und die Menge der irrationalen Punkte auf der Geraden $y = -x$). X erfüllt das 1. Abzählbarkeitsaxiom und ist parakompakt, aber nicht metrisierbar [Einzelheiten bei Sorgenfrey, Bull. AMS 53 (1947), S. 631].

II Uniforme Räume

§ 1 Uniforme Strukturen

1.1 Vorbemerkungen. Der Begriff des topologischen Raumes gestattet es, Stetigkeit und Konvergenz in voller Allgemeinheit zu behandeln. Er ist jedoch nicht geeignet, gleichmäßige Stetigkeit und gleichmäßige Konvergenz zu definieren. Es ist hierzu erforderlich, Umgebungen verschiedener Punkte der „Größe" nach zu vergleichen. Für einen metrischen Raum ist dies ohne weiteres möglich: ε-Umgebungen verschiedener Punkte zu gleichem ε sind „gleich groß". Jedoch ist der Begriff des metrischen Raumes zu eng. Produkte mit nicht-abzählbar vielen Faktoren zeigen (vgl. I.2.7 und I.4.5 Anmerkung 2), daß für eine befriedigende Theorie der Rahmen der metrischen Räume überschritten werden muß.

Wir wollen nun freilich nicht vom Umgebungsbegriff ausgehen sondern eine neue Struktur unabhängig vom Begriff des topologischen Raumes definieren, wobei sich die Beziehung zu den topologischen Räumen allerdings bald ergeben wird. Der Begriff der Umgebung fixiert die Aussage: „y liegt genügend nahe bei x" durch: „y liegt in einer geeigneten Umgebung von x". Nun soll die Aussage: „Zwei Punkte x, y liegen genügend nahe beieinander" so präzisiert werden, daß die der Dreiecksungleichung entsprechende Aussage: „x und z sind sicher dann genügend nahe beieinander, wenn es einen Punkt y gibt, der hinreichend nahe bei x und bei z liegt" einen Sinn bekommt. Das Vorbild sind wieder die metrischen Räume.

Sei X ein metrischer Raum. Wir wollen sagen, daß der Punkt x zu dem Punkt y benachbart von der Ordnung V_ε ist (ε eine positive reelle Zahl), wenn $d(x, y) < \varepsilon$ ist. Für die „Nachbarschaftsordnungen" V_ε gelten dazu folgende Aussagen:

(a) Jeder Punkt x ist zu sich selbst von jeder Ordnung benachbart ($d(x, x) = 0$).

(b) Ist x zu y von der Ordnung V_ε benachbart, so ist auch y zu x von der Ordnung V_ε benachbart ($d(x, y) = d(y, x)$).

(c) Zu jedem V_ε gibt es ein V_δ derart, daß x zu z sicher dann von der Ordnung V_ε benachbart ist, wenn es einen Punkt y gibt, so daß x zu y und y zu z benachbart von der Ordnung V_δ ist (Dreiecksungleichung mit $\delta \leq \varepsilon/2$).

(d) Zu V_ε und V_δ gibt es ein V_γ, so daß gilt: Ist x zu y von der Ordnung V_γ benachbart, so ist x zu y auch von der Ordnung V_ε und von der Ordnung V_δ benachbart. (Es kann $\gamma = \min(\varepsilon, \delta)$ genommen werden.)

Aus einem bald ersichtlichen Grund empfiehlt es sich, die Aussage (b) durch folgende schwächere zu ersetzen:

(b') Zu V_ε gibt es ein V_δ derart, daß x zu y sicher dann von der Ordnung V_ε benachbart ist, wenn y zu x von der Ordnung V_δ benachbart ist.

In (a), (b'), (c), (d) treten die positiven reellen Zahlen als „Maß der Nachbarschaft" nur in sehr schwachem Sinne auf. Tatsächlich lassen sich entsprechende Aussagen ohne reelle Zahlen formulieren. Um dies ausführen zu können, bemerken wir, daß es sich um Aussagen über Punktepaare handelt. Die Menge der Punktepaare (x, y), für welche x zu y von der Ordnung V_ε benachbart ist, ist eine Teilmenge von

$X \times X$, die wir einfach mit V_ε bezeichnen wollen. (a), (b′), (c), (d) sind Aussagen über die Lage solcher Teilmengen V_ε in $X \times X$. Dabei enthalten (b′) und (c) Operationen, die aus Teilmengen von $X \times X$ neue Teilmengen bilden. Diesen Operationen wollen wir uns zunächst zuwenden.

1.2 Operationen auf Paarmengen. Sei X eine Menge. Wir erinnern daran, daß die Diagonale Δ von $X \times X$ die Menge der Paare (x, x) mit $x \in X$ ist. In 1.1 besagt die Aussage (a), daß Δ jedem V_ε angehört. Ist A eine beliebige Teilmenge von $X \times X$, so verstehen wir unter $\overset{-1}{A}$ die Menge der Paare (x, y), für welche $(y, x) \in A$ ist. Anschaulich gesprochen (Fig. 2) entsteht $\overset{-1}{A}$ aus A durch Spiegelung von A an der Diagonalen Δ. Ist $B = \overset{-1}{A}$, so ist $\overset{-1}{B} = A$. Ist $A = \overset{-1}{A}$, so heißt A symmetrisch. $A \cap \overset{-1}{A}$ ist stets symmetrisch. In 1.1 besagt (b′), daß es zu V_ε ein V_δ mit $\overset{-1}{V_\delta} \subset V_\varepsilon$ gibt.

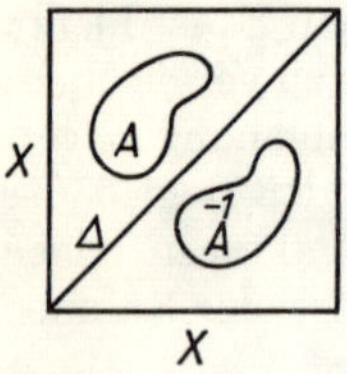

Fig. 2

In 1.1 (c) tritt eine Komposition von Paaren auf, die wir etwas allgemeiner fassen wollen. Seien A und B Teilmengen von $X \times X$. Unter $A \circ B$ verstehen wir die Menge derjenigen Paare (x, y), für welche es ein $z \in X$ gibt, so daß $(x, z) \in A$ und $(z, y) \in B$ ist. In 1.1 besagt (c) also, daß es zu V_ε ein V_δ mit $V_\delta \circ V_\delta \subset V_\varepsilon$ gibt.

Offenbar ist

$$A \circ \Delta = \Delta \circ A = A. \tag{1.1}$$

$A \circ (B \circ C) = (A \circ B) \circ C$ ist die Menge derjenigen Paare (x, y), zu denen es ein Paar $(u, v) \in B$ gibt, so daß $(x, u) \in A$ und $(v, y) \in C$ ist. Wegen dieser Assoziativität schreiben wir einfach

$$A \circ B \circ C = A \circ (B \circ C) = (A \circ B) \circ C. \tag{1.2}$$

Statt $A \circ A$ schreiben wir auch $\overset{2}{A}$. Allgemeiner setzen wir $\overset{1}{A} = A$ und für jede natürliche Zahl n: $\overset{n+1}{A} = \overset{n}{A} \circ A$. Aus (1.2) folgt

$$\overset{n}{A} \circ \overset{m}{A} = \overset{n+m}{A} \quad \text{für natürliche Zahlen } n, m. \tag{1.3}$$

Man beachte, daß im allgemeinen $\overset{n+1}{A} \circ \overset{-1}{A} \neq \overset{n}{A}$ ist. Dagegen gilt

$$\overset{n}{\left(\overset{-1}{A}\right)} = \overset{-1}{\left(\overset{n}{A}\right)}. \tag{1.4}$$

Ist insbesondere A symmetrisch, so ist auch $\overset{n}{A}$ für jedes natürliche n symmetrisch. Außerdem gilt offenbar:

$$\text{Aus } A \subset B \text{ folgt } \overset{-1}{A} \subset \overset{-1}{B} \text{ und } \overset{n}{A} \subset \overset{n}{B}. \tag{1.5}$$

Hieraus folgt wegen (1.1) und (1.3)

$$\overset{n}{A} \subset \overset{n+m}{A} \quad \text{für } \Delta \subset A. \tag{1.6}$$

Als Anwendung wollen wir Äquivalenzrelationen betrachten. Sei auf X eine Äquivalenzrelation gegeben. Die Menge der Paare (x, y), für welche x äquivalent zu y ist $(x \sim y)$, ist eine Teilmenge C von $X \times X$. Da für jedes $x \in X$ gilt $x \sim x$ (Reflexivität der Äquivalenz), ist

$$\Delta \subset C. \tag{1.7}$$

Wegen der Symmetrie der Äquivalenz (aus $x \sim y$ folgt $y \sim x$) ist

$$C = \overset{-1}{C}. \tag{1.8}$$

Schließlich ergibt die Transitivität der Äquivalenz (aus $x \sim y$ und $y \sim z$ folgt $x \sim z$) $\overset{2}{C} \subset C$, und wegen (1.6) und (1.7) folgt

$$\overset{2}{C} = C. \tag{1.9}$$

Ist umgekehrt (1.7), (1.8), (1.9) für eine Teilmenge C von $X \times X$ erfüllt, so ist „$x \sim y$, wenn $(x, y) \in C$ ist," eine Äquivalenzrelation.

1.3 Uniforme Räume. Wir kehren nun zu dem metrischen Raum X von 1.1 zurück. Sei $\mathfrak{B}$ die Gesamtheit der Teilmengen V_ε von $X \times X$. Statt V_ε, V_δ, V_γ schreiben wir jetzt V, V', W. Dann erhalten die Aussagen (a), (b′), (c), (d) folgende Gestalt:

(U 1′) Jede Menge aus $\mathfrak{B}$ umfaßt die Diagonale Δ von $X \times X$.

(U 2′) Zu jeder Menge V aus $\mathfrak{B}$ gibt es eine Menge V' aus $\mathfrak{B}$, so daß $\overset{-1}{V'} \subset V$ ist.

(U 3′) Zu jeder Menge V aus $\mathfrak{B}$ gibt es eine Menge W aus $\mathfrak{B}$, so daß $\overset{2}{W} \subset V$ ist.

(U 4′) Sind V und V' Mengen aus $\mathfrak{B}$, so gibt es eine Menge W aus $\mathfrak{B}$, so daß $W \subset V \cap V'$ ist.

Wegen (U 1′) ist keine Menge aus $\mathfrak{B}$ leer, und es kann (U 4′) durch die Aussage ersetzt werden, daß $\mathfrak{B}$ eine Filterbasis ist. In 1.1 war die Abschwächung von (b) zu (b′) erforderlich, um für den Filter mit der Basis $\mathfrak{B}$ beliebige Basen betrachten zu können.

Sei X jetzt wieder eine beliebige nicht-leere Menge. Ist $\mathfrak{B}$ eine Filterbasis auf $X \times X$, die den Bedingungen (U 1′), (U 2′), (U 3′) genügt, so hat der Filter $\mathfrak{U}$ auf $X \times X$, der $\mathfrak{B}$ als Basis besitzt, folgende Eigenschaften:

(U 1) Jede Menge aus $\mathfrak{U}$ umfaßt die Diagonale Δ von $X \times X$.

(U 2) Gehört die Menge V zu $\mathfrak{U}$, so gehört auch $\overset{-1}{V}$ zu $\mathfrak{U}$.

(U 3) Zu jeder Menge V aus $\mathfrak{U}$ gibt es eine Menge W aus $\mathfrak{U}$, so daß $\overset{2}{W} \subset V$ ist.

Dies folgt daraus, daß jede Menge aus $\mathfrak{U}$ Obermenge einer Menge aus $\mathfrak{B}$ ist und daß wegen (1.5) $V' \subset \overset{-1}{V}$ aus $\overset{-1}{V'} \subset V$ folgt. Erfüllt umgekehrt ein Filter $\mathfrak{U}$ auf $X \times X$ die Bedingungen (U 1), (U 2), (U 3), so sind (U 1′), (U 2′), (U 3′) wegen (1.5) für jede Basis $\mathfrak{B}$ von $\mathfrak{U}$ erfüllt.

Nach diesen Bemerkungen können wir Ordnungen für die Nachbarschaft von Punktepaaren, die in 1.1 zunächst für metrische Räume mit Hilfe der reellen Zahlen erklärt wurden, allgemein definieren.

Definition 1 (A. Weil). Ist zu der Menge X ein Filter $\mathfrak{U}$ auf $X \times X$ gegeben, so daß (U 1), (U 2), (U 3) erfüllt sind, so sagen wir, daß auf X eine uniforme Struktur definiert ist oder daß X mit einer uniformen Struktur versehen ist. Eine Menge X, die mit einer uniformen Struktur versehen ist, heißt ein **uniformer Raum.** Er wird, falls kein Mißverständnis zu befürchten ist, ebenfalls mit X bezeichnet. Der Filter $\mathfrak{U}$ heißt der Nachbarschaftsfilter, die Mengen aus $\mathfrak{U}$ heißen Nachbarschaften des uniformen Raumes X. Ist V eine Nachbarschaft und sind x, y Punkte von X, so sagen wir, daß x zu y benachbart von der Ordnung V ist, wenn $(x, y) \in V$ ist.

Man beachte, daß eine Nachbarschaft des uniformen Raumes X eine Teilmenge von $X \times X$ und nicht etwa von X ist. Nach dem Bisherigen ist ein metrischer Raum zugleich ein uniformer Raum. Eine Basis des Nachbarschaftsfilters besteht dabei aus den Mengen $V_\varepsilon = \{(x, y) \mid d(x, y) < \varepsilon\}$. (U 1), (U 2), (U 3) sind gerade aus den Axiomen (M 1), (M 2), (M 3) des metrischen Raumes (I.1.1) hergeleitet. Zu verschiedenen Metriken auf X kann jedoch dieselbe uniforme Struktur gehören (s. 2.6 im Folgenden).

Es ist möglich, daß in einem uniformen Raum X zwei verschiedene Punkte von jeder Ordnung benachbart sind. Dies ist genau dann der Fall, wenn der Durchschnitt aller Nachbarschaften ein Punktepaar (x, y) enthält, das nicht auf der Diagonalen von $X \times X$ liegt. Soll dies ausgeschlossen werden, so muß (U 1) durch folgende schärfere Bedingung ersetzt werden:

(U 1 H) Der Durchschnitt aller Mengen aus $\mathfrak{U}$ ist die Diagonale von $X \times X$.

Definition 2. Ein uniformer Raum X heißt separiert oder Hausdorffsch, wenn sein Nachbarschaftsfilter der Bedingung (U 1 H) genügt.

Ein metrischer Raum ist ein separierter uniformer Raum, denn aus $d(x, y) = 0$ folgt $x = y$. Daß wir auch nicht separierte uniforme Räume zugelassen haben, wird sich als Vorzug erweisen.

Es ist häufig nützlich, spezielle Basen des Nachbarschaftsfilters zur Verfügung zu haben.

Hilfssatz. Die symmetrischen Nachbarschaften bilden eine Basis des Nachbarschaftsfilters. Durchläuft V eine Basis des Nachbarschaftsfilters, so ist dies auch für $\overset{n}{V}$ der Fall, wenn n eine (feste) natürliche Zahl ist.

Beweis. Die erste Behauptung folgt wegen $V \cap \overset{-1}{V} \subset V$ aus (U 2), weil der Durchschnitt zweier Nachbarschaften eine Nachbarschaft ist. Ist ferner V eine Nachbarschaft, so ist $V \subset \overset{n}{V}$ wegen (U 1) und (1.6), also auch $\overset{n}{V}$ eine Nachbarschaft. Sei $\mathfrak{B}$ eine Basis des Nachbarschaftsfilters $\mathfrak{U}$. (U 3′) besagt, daß jede Menge aus $\mathfrak{B}$, und damit jede Menge aus $\mathfrak{U}$, eine solche von der Gestalt $\overset{2}{W}$ mit W aus $\mathfrak{B}$ umfaßt. Damit ergibt sich die zweite Behauptung für den Fall $n = 2$. Durch vollständige

Induktion nach der natürlichen Zahl k erhält man entsprechend die zweite Behauptung für jede natürliche Zahl n von der Form $n = 2^k$. Da jede natürliche Zahl von einer geeigneten Potenz von 2 übertroffen wird, ergibt sich schließlich die zweite Behauptung allgemein, weil wegen (U 1) und (1.6) für jede Nachbarschaft gilt

$$V \subset \overset{n}{V} \subset \overset{n+m}{V} \quad \text{für } n, m \geqq 1, \text{ ganz}. \tag{1.10}$$

1.4 Die Topologie uniformer Räume. Zu einem uniformen Raum X gehört eine Topologie. Sie entsteht aus den Nachbarschaften so, wie dies für metrische Räume der Fall ist. Es bezeichne $V(x)$ die Menge derjenigen Punkte von X, zu denen x von der Ordnung V benachbart ist, $V(x) = \{y \mid (x, y) \in V\}$. Ist X ein metrischer Raum, so ist $V_\varepsilon = \{(x, y) \mid d(x, y) < \varepsilon\}$ und $V_\varepsilon(x) = U(x; \varepsilon)$, und jede Umgebung von x ist von der Form $V(x)$, weil die Mengen V_ε eine Basis des Nachbarschaftsfilters bilden. Wir zeigen, daß auch für einen beliebigen uniformen Raum X die Mengen $V(x)$ die Umgebungen für eine Topologie auf X sind. Ist x irgendein Punkt von X, so steht die Menge X in umkehrbar eindeutiger Beziehung zu der Teilmenge $x \times X$ von $X \times X$ vermöge der Zuordnung $y \to (x, y)$. $V(x)$ entspricht dabei $(x \times X) \cap V$. Für die Mengen $V(x)$ sind die Bedingungen (V 1), (V 2), (V 3) von I.2.3 erfüllt, weil die Nachbarschaften einen Filter bilden. Es bleibt noch (V 4) nachzuprüfen. Sei U irgendeine Nachbarschaft und W eine solche, für die $\overset{2}{W} \subset U$ ist (U 3). Wegen (1.10) ist $W \subset \overset{2}{W} \subset U$, also $W(x) \subset \overset{2}{W}(x) \subset U(x)$. Ist y irgendein Punkt aus $W(x)$ und z ein Punkt aus $W(y)$, so ist $(x, y) \in W$ und $(y, z) \in W$, also $(x, z) \in \overset{2}{W}$. Daher ist $W(y) \subset \overset{2}{W}(x) \subset U(x)$ für jedes $y \in W(x)$. Hieraus folgt, daß $U(x)$ von der Form $V(y)$ für jedes $y \in W(x)$ ist, weil die Bedingung (V 1) für die Mengen $V(y)$ erfüllt ist. Also gilt (V 4) von I.2.3, und wegen des Satzes in I.2.3 sind die Mengen $V(x)$ die Umgebungen von x bezüglich einer Topologie auf X. Unter der Topologie des uniformen Raumes X wird stets diese verstanden. Wie oben bemerkt wurde, ist diese Festsetzung für metrische Räume widerspruchsfrei.

Eine Topologie auf der Menge X braucht nicht von einer uniformen Struktur herzurühren. Eine genaue Bedingung hierfür werden wir in 2.7 angeben. Andererseits kann eine Topologie auf X zu verschiedenen uniformen Strukturen gehören.

Beispiel 1. Es sei R^+ die Menge der positiven reellen Zahlen. $\mathsf{R}^+ \times \mathsf{R}^+$ fassen wir als den rechten oberen Quadranten der Ebene mit den Koordinaten x_1, x_2 auf. Die übliche Metrik $d(x, y) = |x - y|$ definiert eine uniforme Struktur auf R^+. Eine Basis der Nachbarschaften wird in $\mathsf{R}^+ \times \mathsf{R}^+$ von den Streifen gebildet, die von einem Geradenpaar $x_2 = x_1 \pm \varepsilon$ (für jedes $\varepsilon > 0$) begrenzt werden. Eine andere Metrik auf R^+ erhält man durch $d'(x, y) = |\log x - \log y|$. Eine Basis der Nachbarschaften wird von den Sektoren in $\mathsf{R}^+ \times \mathsf{R}^+$ gebildet, die von dem Geradenpaar $x_2 = c x_1$ und $x_2 = (1/c) x_1$ für $0 < c < 1$ begrenzt werden. Die beiden Nachbarschaftsfilter sind nicht vergleichbar, denn keiner der angegebenen Streifen enthält einen Sektor, und auch das Umgekehrte ist nicht der Fall. Es gehört aber zu beiden uniformen Strukturen dieselbe Topologie von R^+. (Das Beispiel beruht darauf, daß die Funktionen $e^x : \mathsf{R} \to \mathsf{R}^+$ und $(\log x) : \mathsf{R}^+ \to \mathsf{R}$ stetig, aber nicht gleichmäßig stetig sind).

Für die Topologie uniformer Räume wollen wir hier nur einige einfache Eigenschaften angeben. Aus ihrer Definition folgt unmittelbar

Satz 1. *Durchläuft V eine Basis des Nachbarschaftsfilters, so durchläuft $V(x)$ eine Umgebungsbasis von x.*

Sei A eine Teilmenge des uniformen Raumes X. Ist V eine Nachbarschaft, so setzen wir

$$V(A) = \bigcup_{x \in A} V(x). \tag{1.11}$$

Es ist $V(A)$ eine Umgebung von A, und zwar eine solche, die man als „gleichmäßige Umgebung" bezeichnen kann. Nicht jede Umgebung von A braucht eine gleichmäßige zu umfassen, selbst dann nicht, wenn A abgeschlossen ist.

Beispiel 2. In der Ebene R^2 mit den Koordinaten x, y ist das Komplement der Hyperbel $xy = 1$ eine offene Umgebung der Geraden $x = 0$. Sie enthält aber keine gleichmäßige Umgebung (bezüglich der Metrik von R^2).

Es gilt jedoch

Satz 2. *Es sei A eine Teilmenge des uniformen Raumes X. Die abgeschlossene Hülle $\bar{A}$ von A ist der Durchschnitt der gleichmäßigen Umgebungen von A.*

Beweis. Sei zunächst $y \in \bar{A}$ und V eine beliebige symmetrische Nachbarschaft. $V(y)$ ist Umgebung von y. In ihr gibt es einen Punkt x von A wegen $y \in \bar{A}$. Aus $x \in V(y)$ folgt $y \in V(x)$, weil V symmetrisch ist, und damit $y \in V(A)$. Hieraus folgt wegen 1.3 Hilfssatz, daß $\bar{A}$ im Durchschnitt der gleichmäßigen Umgebungen von A enthalten ist. Sei nun umgekehrt y ein Punkt dieses Durchschnittes. Ist V irgendeine symmetrische Nachbarschaft, so ist $y \in V(A)$. Also gibt es einen Punkt x von A, für den $y \in V(x)$ und somit $x \in V(y)$ ist. Es folgt $A \cap V(y) \neq \emptyset$, und wegen Satz 1 und 1.3 Hilfssatz ist $y \in \bar{A}$. Der Durchschnitt der gleichmäßigen Umgebungen von A ist daher in $\bar{A}$ enthalten, womit sich die Behauptung ergibt. Die Schlußweise versagt für $A = \emptyset$. Aber die gleichmäßigen Umgebungen der leeren Teilmenge von X sind sämtlich leer, so daß Satz 2 auch für diesen Fall gilt.

Ist V eine Nachbarschaft, so ist $\overset{2}{V}(x) = V(V(x))$ nach Definition von $\overset{2}{V}$ und $V(A)$. Durchläuft V alle Nachbarschaften, so bilden die Mengen $\overset{2}{V}$ eine Nachbarschaftsbasis wegen des Hilfssatzes von 1.3 und die Mengen $\overset{2}{V}(x)$ eine Umgebungsbasis von x wegen Satz 1. Nach (1.10) ist $V(x) \subset \overset{2}{V}(x)$. Aus Satz 2 und $\overset{2}{V}(x) = V(V(x))$ folgt $\overline{V}(x) \subset \overset{2}{V}(x)$. Es ergibt sich, daß jede Umgebung von x eine abgeschlossene umfaßt. Der uniforme Raum X erfüllt also (O 3). Wir werden diese Aussage später verschärfen. Sie ergibt hier schon, daß nicht jede Topologie zu einer uniformen Struktur gehören kann. Aus ihr folgt ferner, daß die doppelte Verwendung der Bezeichnung separiert bzw. Hausdorffsch konsistent ist.

Satz 3. *Der uniforme Raum X ist genau dann separiert, wenn seine Topologie separiert ist. Jeder separierte uniforme Raum ist regulär.*

Beweis. Ist der uniforme Raum X separiert, so gilt (U 1 H) für den Nachbarschaftsfilter $\mathfrak{U}$. Daher ist jeder Punkt x von X der Durchschnitt seiner Umgebungen. Weil (O 3) erfüllt ist, ist x auch der Durchschnitt seiner abgeschlossenen

Umgebungen. Also ist (H′) von I.5.4 erfüllt und die Topologie von X separiert. Ist die uniforme Struktur von X nicht separiert, so gibt es zwei verschiedene Punkte x, y von X, die von jeder Ordnung benachbart sind. y liegt dann in jeder Umgebung von x, und die Topologie von X ist nicht separiert.

Für kompakte Teilmengen läßt sich Satz 2 verschärfen:

Satz 4. *Ist K eine kompakte Teilmenge des uniformen Raumes X, so enthält jede Umgebung von K eine gleichmäßige Umgebung.*

Beweis. Es kann $K \neq \emptyset$ angenommen werden. Sei U eine Umgebung von K. Zu jedem $x \in K$ gibt es eine Nachbarschaft V_x, so daß $\overset{2}{V}_x(x) \subset U$ ist, denn die Umgebungen der Form $\overset{2}{V}(x) = V(V(x))$ bilden eine Umgebungsbasis von x. Jedem $x \in K$ sei so eine Nachbarschaft V_x zugeordnet. Bildet man für jede Menge $V_x(x)$ das Innere, so erhält man eine offene Überdeckung von K. Weil K kompakt ist, genügen endlich viele Mengen $V_x(x)$, etwa $V_{x_i}(x_i)$ für $i = 1, 2, \ldots, n$, um K zu überdecken. Wir setzen $V = \bigcap_i V_{x_i}$. Sei $y \in K$. y liegt in einer Menge $V_{x_i}(x_i)$, etwa in $V_{x_j}(x_j)$, und wegen $V \subset V_{x_j}$ liegt $V(y)$ in $\overset{2}{V}_{x_j}(x_j)$. Es folgt $V(K) \subset \bigcup_i \overset{2}{V}_{x_i}(x_i) \subset U$, was zu zeigen war.

Satz 5. *Sei K eine kompakte und F eine abgeschlossene Teilmenge des uniformen Raumes X. Ist $K \cap F = \emptyset$, so besitzen K und F disjunkte gleichmäßige Umgebungen.*

Für metrische Räume besagt der Satz, daß K und F positiven Abstand haben.

Beweis. Sei $K \cap F = \emptyset$. Dann ist $\complement F$ Umgebung von K. Wegen Satz 4 gibt es eine Nachbarschaft W, so daß $W(K) \subset \complement F$ ist. Nach 1.3 Hilfssatz gibt es eine symmetrische Nachbarschaft V mit $\overset{2}{V} \subset W$. Nun ist $V(K) \cap V(F) = \emptyset$. Gäbe es nämlich einen Punkt z in diesem Durchschnitt, so gäbe es $x \in K$ und $y \in F$ mit $(x, z) \in V$ und $(z, y) \in V$, woraus $(x, y) \in \overset{2}{V} \subset W$ folgte, was wegen $W(K) \cap F = \emptyset$ unmöglich ist.

1.5 Gleichmäßige Stetigkeit. Die bekannte Definition der gleichmäßigen Stetigkeit reeller Funktionen läßt sich übertragen.

Definition. Es seien X und X' uniforme Räume. Eine Abbildung $f: X \to X'$ heißt gleichmäßig stetig, wenn es zu jeder Nachbarschaft V' von X' eine Nachbarschaft V von X gibt, so daß für je zwei Punkte x, y von X gilt: Ist x zu y von der Ordnung V benachbart, so ist $f(x)$ zu $f(y)$ von der Ordnung V' benachbart.

Sind X und X' metrische Räume, so bilden die Mengen $V_\varepsilon' = \{(x', y') \mid d'(x', y') < \varepsilon\}$ eine Nachbarschaftsbasis von X', und die Definition läßt sich dann so fassen: Zu jedem $\varepsilon > 0$ existiert ein $\delta > 0$, so daß aus $d(x, y) < \delta$ stets folgt $d'(f(x), f(y)) < \varepsilon$.

Die Definition besagt: Bei geeignetem V gilt $f(V(x)) \subset V'(f(x))$ für jedes $x \in X$. Hieraus folgt insbesondere

Satz 1. *Jede gleichmäßig stetige Abbildung ist stetig.*

Die Umkehrung gilt bekanntlich nicht (vgl. 1.4 Beispiel 1). Für gleichmäßig stetige Abbildungen geben wir zwei wichtige Beispiele.

Beispiel 1. Sind a und b reelle Zahlen, so ist $f(x) = ax + b$ eine gleichmäßig stetige Abbildung von R in R ($\delta \leqq \varepsilon |a|^{-1}$ für $a \neq 0$).

Beispiel 2. Ist A eine nicht-leere Teilmenge des metrischen Raumes X, so ist $d(x, A)$ eine gleichmäßig stetige Abbildung von X in R. Dies folgt unmittelbar aus $|d(x, A) - d(y, A)| \leqq d(x, y)$ (s. I.8.3 Beweis von Satz 2).

Die Definition der gleichmäßigen Stetigkeit läßt sich noch anders fassen. Zu der Abbildung $f\colon X \to X'$ gehört eine Abbildung $(f \times f)\colon X \times X \to X' \times X'$, die durch $(f \times f)(x, y) = (f(x), f(y))$ definiert ist. Berücksichtigt man, daß die Obermengen einer Nachbarschaft selbst Nachbarschaften sind, so ergibt die Definition sofort (vgl. I.2.8 Definition der Stetigkeit)

Satz 2. *Es seien X und X' uniforme Räume. Die Abbildung $f\colon X \to X'$ ist genau dann gleichmäßig stetig, wenn jede Nachbarschaft von X' eine Nachbarschaft von X als Urbild bezüglich $f \times f$ besitzt.*

Damit ergibt sich leicht

Satz 3. *Es seien X, Y, Z uniforme Räume. Sind $f\colon X \to Y$ und $g\colon Y \to Z$ gleichmäßig stetige Abbildungen, so ist auch $g \circ f\colon X \to Z$ gleichmäßig stetig.*

Beweis. Sei V eine Nachbarschaft von Z. Wegen der gleichmäßigen Stetigkeit von g ist $(g \overset{-1}{\times} g)(V)$ eine Nachbarschaft von Y, und wegen der gleichmäßigen Stetigkeit von f ist $(f \overset{-1}{\times} f)(g \overset{-1}{\times} g)(V)$ eine Nachbarschaft von X. Diese Nachbarschaft besteht aus den Punktepaaren (x, x'), für welche $(f(x), f(x')) \in (g \overset{-1}{\times} g)(V)$ und somit $(g \circ f(x), g \circ f(x')) \in V$ ist. Also ist

$$(1.12) \qquad (f \overset{-1}{\times} f)(g \overset{-1}{\times} g)(V) = (g \circ f \overset{-1}{\times} g \circ f)(V),$$

und es ist $g \circ f$ gleichmäßig stetig.

1.6 Isomorphie. Wie zu jeder mathematischen Struktur gehört zum Begriff der uniformen Struktur ein Isomorphiebegriff.

Definition. Zwei uniforme Räume X und Y heißen isomorph, wenn es eine bijektive Abbildung $f\colon X \rightarrowtail\!\!\!\twoheadrightarrow Y$ gibt, so daß sich vermöge $f \times f$ dieNachbarschaften von X und Y umkehrbar eindeutig entsprechen. Eine solche Abbildung f heißt Isomorphie von X auf Y.

Eine Isomorphie $f\colon X \rightarrowtail\!\!\!\twoheadrightarrow Y$ ist insbesondere eine Homöomorphie für die topologischen Räume X und Y. Die Umkehrung gilt nicht. Entstehen die beiden uniformen Räume X und Y aus derselben Menge M dadurch, daß man M mit verschiedenen uniformen Strukturen versieht, zu denen dieselbe Topologie gehört (vgl. 1.4 Beispiel 1), so bewirkt die identische Abbildung der Menge M auf sich eine Homöomorphie des topologischen Raumes X auf den topologischen Raum Y, aber keine Isomorphie der uniformen Räume X und Y.

Aus der Definition und 1.5 Satz 2 folgt unmittelbar der

Satz. *Es seien X und Y uniforme Räume. Eine Abbildung $f: X \to Y$ ist genau dann eine Isomorphie, wenn f bijektiv ist und wenn f und f^{-1} gleichmäßig stetig sind.*

Aufgabe. Für eine Menge von 3 bzw. 4 Punkten gebe man alle uniformen Strukturen an. Für eine endliche Menge entsprechen die uniformen Strukturen umkehrbar eindeutig den Äquivalenzrelationen.

§ 2 Erzeugung uniformer Strukturen

2.1 Vergleich uniformer Strukturen. Aus dem Vergleich von Filtern ergibt sich der Vergleich uniformer Strukturen.

Definition 1. Sind $\mathfrak{U}_1$ und $\mathfrak{U}_2$ zwei uniforme Strukturen auf der Menge X, so heißt $\mathfrak{U}_1$ feiner (bzw. gröber) als $\mathfrak{U}_2$, wenn der Nachbarschaftsfilter von $\mathfrak{U}_1$ feiner (bzw. gröber) als derjenige von $\mathfrak{U}_2$ ist.

Unter allen uniformen Strukturen auf der nicht-leeren Menge X gibt es eine feinste. Für sie ist die Diagonale Δ von $X \times X$ eine Nachbarschaft. (Wegen $\Delta = \overset{2}{\Delta} = \overset{-1}{\Delta}$ ist Δ allein eine Nachbarschaftsbasis.) Sie wird auch als die diskrete uniforme Struktur auf X bezeichnet. Die gröbste uniforme Struktur auf X besitzt $X \times X$ als einzige Nachbarschaft.

Da der Vergleich uniformer Strukturen der Vergleich von Nachbarschaftsfiltern ist, bezeichnen wir, falls kein Mißverständnis zu befürchten ist, eine uniforme Struktur auf X und ihren Nachbarschaftsfilter (auf $X \times X$) mit demselben Buchstaben.

Der Vergleich uniformer Strukturen ist mit dem Vergleich der zugehörigen Topologien verträglich:

Satz 1. *Es seien $\mathfrak{U}_1$ und $\mathfrak{U}_2$ uniforme Strukturen auf der Menge X. Ist $\mathfrak{U}_1$ feiner als $\mathfrak{U}_2$, so ist die zu $\mathfrak{U}_1$ gehörige Topologie feiner als die zu $\mathfrak{U}_2$ gehörige. Zu der feinsten bzw. gröbsten uniformen Struktur auf X gehört die diskrete bzw. gröbste Topologie auf X.*

Beweis. Ist V eine Nachbarschaft von $\mathfrak{U}_2$ und x irgendein Punkt von X, so ist V auch Nachbarschaft von $\mathfrak{U}_1$ und $V(x)$ Umgebung von x für die zu $\mathfrak{U}_1$ und $\mathfrak{U}_2$ gehörigen Topologien. Da jede Umgebung von x bezüglich der zu $\mathfrak{U}_2$ gehörigen Topologie von der Form $V(x)$ ist, ergibt sich die erste Behauptung (I.3.1 Satz 2). Besitzt X die feinste uniforme Struktur, so stellt jeder Punkt von X eine Umgebung von sich dar, also ist die Topologie diskret. Besitzt X die gröbste uniforme Struktur, so ist X die einzige Umgebung für einen beliebigen Punkt, also liegt die gröbste Topologie vor.

Anmerkung 1. Satz 1 gilt nicht mehr, wenn man beide Male feiner durch echt feiner ersetzt. 1.4 Beispiel 1 und die folgenden Betrachtungen liefern ein Gegenbeispiel. Gehört zu der uniformen Struktur $\mathfrak{U}$ auf X die diskrete Topologie, so braucht $\mathfrak{U}$ nicht die feinste uniforme Struktur auf X zu sein.

Sei $\{\mathfrak{U}_\lambda\}$ eine Familie von Nachbarschaftsfiltern auf $X \times X$. Für jedes λ sei $\mathfrak{B}_\lambda$ eine Basis von $\mathfrak{U}_\lambda$. Wegen (U 1) ist der Durchschnitt von je endlich vielen Mengen aus den Basen $\mathfrak{B}_\lambda$ eine Obermenge der Diagonalen von $X \times X$ und insbesondere nicht-leer. Nach I.5.3 Satz 2 existiert die obere Grenze $\mathfrak{U}$ der Familie $\{\mathfrak{U}_\lambda\}$. Die Mengen der Gestalt $\bigcap_{i=1}^{n} V_i$, wobei $n = 1, 2, 3, \ldots$ und $V_1, V_2, \ldots, V_n$ irgendwelche Mengen aus den Filterbasen $\mathfrak{B}_\lambda$ sind, bilden eine Basis $\mathfrak{B}$ von $\mathfrak{U}$. Wie bereits bemerkt, ist (U 1′) für $\mathfrak{B}$ erfüllt. Sei $\overset{-1}{V_i'} \subset V_i$ und $\overset{2}{W_i} \subset V_i$ für $i = 1, 2, \ldots, n$. Für $V' = \bigcap V_i'$ gilt dann $\overset{-1}{V'} \subset \overset{-1}{V_i'} \subset V_i$ und damit $\overset{-1}{V'} \subset \bigcap V_i$. Für $W = \bigcap W_i$ gilt $\overset{2}{W} \subset \overset{2}{W_i} \subset V_i$ und damit $\overset{2}{W} \subset \bigcap V_i$. Also gelten (U 2′) und (U 3′) für $\mathfrak{B}$, und $\mathfrak{U}$ ist ein Nachbarschaftsfilter. Die uniforme Struktur $\mathfrak{U}$ heißt die **obere Grenze** der uniformen Strukturen $\mathfrak{U}_\lambda$. Sie ist (I.5.3 Satz 2) die gröbste uniforme Struktur auf X, die feiner als alle $\mathfrak{U}_\lambda$ ist.

Satz 2. *Es sei $\{\mathfrak{U}_\lambda\}$ eine Familie uniformer Strukturen auf der Menge X und $\mathfrak{U}$ deren obere Grenze. Die zu $\mathfrak{U}$ gehörige Topologie ist die obere Grenze der Topologien, die zu den $\mathfrak{U}_\lambda$ gehören.*

Beweis. Die Topologie $\mathfrak{T}_\lambda$ gehöre zu $\mathfrak{U}_\lambda$, die Topologie $\mathfrak{T}$ zu $\mathfrak{U}$. Ferner sei $\mathfrak{T}'$ die obere Grenze der $\mathfrak{T}_\lambda$, also die gröbste Topologie auf X, die feiner als alle $\mathfrak{T}_\lambda$ ist. Wegen Satz 1 ist $\mathfrak{T}$ feiner als jedes $\mathfrak{T}_\lambda$ und daher feiner als $\mathfrak{T}'$. Zur Umkehrung sei x irgendein Punkt von X und U eine Umgebung von x bezüglich $\mathfrak{T}$. U umfaßt eine Umgebung von x bezüglich $\mathfrak{T}$, die von der Gestalt $V(x)$ mit $V = \bigcap_{i=1}^{n} V_i$ ist. Dabei ist V_i Nachbarschaft für ein geeignetes $\mathfrak{U}_{\lambda_i}$. Nun ist $V(x) = \bigcap V_i(x)$ auch Umgebung von x bezüglich $\mathfrak{T}'$, weil jedes $V_i(x)$ Umgebung von x bezüglich $\mathfrak{T}_{\lambda_i}$ und damit auch bezüglich der feineren Topologie $\mathfrak{T}'$ ist. Hiernach ist U auch Umgebung von x bezüglich $\mathfrak{T}'$, und $\mathfrak{T}$ ist gröber als $\mathfrak{T}'$. Damit folgt die Behauptung.

Anmerkung 2. Aus Satz 2 folgt: Gehört die Topologie $\mathfrak{T}$ auf der Menge X zu einer uniformen Struktur, so gibt es unter allen uniformen Strukturen auf X, zu denen $\mathfrak{T}$ gehört, eine feinste, nämlich die obere Grenze dieser uniformen Strukturen.

Für eine Familie $\{\mathfrak{U}_\lambda\}$ von Nachbarschaftsfiltern auf $X \times X$ kann man auch den Durchschnitt (die untere Grenze) betrachten. Doch ist dieser Filter im allgemeinen kein Nachbarschaftsfilter. Die Bedingung (U 3) braucht nicht mehr erfüllt zu sein[1]). Es gibt zwar unter den Nachbarschaftsfiltern auf $X \times X$, die gröber als alle $\mathfrak{U}_\lambda$ sind, einen feinsten (nämlich ihre obere Grenze), jedoch braucht dazu nicht der Durchschnitt der zu den $\mathfrak{U}_\lambda$ gehörigen Topologien zu gehören. Insbesondere kann man nicht schließen, daß es unter allen uniformen Strukturen, die zu derselben Topologie auf X gehören, eine gröbste gibt.

2.2 Induzierte uniforme Struktur. Es sei $f: X \to X'$ eine Abbildung der Menge X in den uniformen Raum X'. f bewirkt die Abbildung $(f \times f): X \times X \to X' \times X'$. Ist V' eine Nachbarschaft von X', so liegt (x, y) im Urbild von V' bezüglich $f \times f$ genau dann, wenn $(f(x), f(y)) \in V'$ ist. Hiernach liegt die Diagonale von $X \times X$ im Urbild jeder Nachbarschaft von X', und der Nachbarschaftsfilter $\mathfrak{U}'$ von X'

[1]) Es gibt ein Gegenbeispiel, bei dem X aus nur 3 Punkten besteht.

besitzt bezüglich $f \times f$ ein Urbild $\mathfrak{U} = (\overset{-1}{f \times f})(\mathfrak{U}')$. Wie eben bemerkt wurde, ist (U 1) für $\mathfrak{U}$ erfüllt. Ist W das Urbild der Nachbarschaft W', so ist offenbar $\overset{-1}{W}$ das Urbild von $\overset{-1}{W'}$. Ferner ist $\overset{2}{W}$ im Urbild von $\overset{2}{W'}$ enthalten. Ist nämlich $(x, y) \in \overset{2}{W}$, so existiert $z \in X$, so daß $(x, z) \in W$ und $(z, y) \in W$ ist, also $(f(x), f(z)) \in W'$ und $(f(z), f(y)) \in W'$ nach Definition von W. Daraus folgt $(f(x), f(y)) \in \overset{2}{W'}$ und damit $\overset{2}{W} \subset (\overset{-1}{f \times f})(\overset{2}{W'})$. Die Urbilder der Nachbarschaften von X' bezüglich $f \times f$ erfüllen somit (U 1'), (U 2'), (U 3'). Also ist $\mathfrak{U}$ ein Nachbarschaftsfilter auf $X \times X$.

Definition. Sei $f: X \to X'$ eine Abbildung der Menge X in den uniformen Raum X'. Die uniforme Struktur auf X, die als Nachbarschaftsfilter das Urbild des Nachbarschaftsfilters von X' bezüglich $f \times f$ besitzt, heißt die von f auf X induzierte uniforme Struktur.

Aus dieser Definition und der Charakterisierung der gleichmäßig stetigen Abbildungen durch 1.5 Satz 2 folgt unmittelbar

Satz 1. *Es seien X und X' uniforme Räume. Die Abbildung $f: X \to X'$ ist genau dann gleichmäßig stetig, wenn die uniforme Struktur von X feiner als die von f induzierte ist. Die von f induzierte uniforme Struktur ist also die gröbste auf X, für welche f gleichmäßig stetig ist.*

Satz 2. *Es seien X und X' uniforme Räume. Besitzt X die von $f: X \to X'$ induzierte uniforme Struktur, so besitzt X die von f induzierte Topologie.*

Beweis. Sei x irgendein Punkt von X und $x' = f(x)$. Durchläuft V' die Nachbarschaften von X', so durchläuft $V'(x')$ die Umgebungen von x'. Wegen I.4.1 Satz 1 durchläuft $\overset{-1}{f}(V'(x'))$ eine Umgebungsbasis von x bezüglich der von f auf X induzierten Topologie. Für $V = (\overset{-1}{f \times f})(V')$ ist nun aber $V(x) = \overset{-1}{f}(V'(x'))$, denn $y \in V(x)$ ist gleichwertig mit $(x, y) \in V$, also gleichwertig mit $(f(x), f(y)) \in V'$, und dies ist gleichwertig mit $f(y) \in V'(x')$ und auch mit $y \in \overset{-1}{f}(V'(x'))$. Bezüglich der von f induzierten uniformen Struktur besitzt also x dieselben Umgebungen wie bezüglich der von f induzierten Topologie, womit die Behauptung folgt.

Dem Satz 2 von I.4.1 entspricht hier

Satz 3. *Es seien X, Y, Z uniforme Räume und $f: X \to Y$, $g: Y \to Z$ Abbildungen. Besitzt Y die von g induzierte uniforme Struktur, so ist f genau dann gleichmäßig stetig, wenn $g \circ f$ es ist.*

Beweis. g ist gleichmäßig stetig wegen Satz 1. Ist f gleichmäßig stetig, so ist $g \circ f$ gleichmäßig stetig wegen 1.5 Satz 3. Sei umgekehrt $g \circ f$ gleichmäßig stetig und V eine beliebige Nachbarschaft von Y. Weil Y die von g induzierte uniforme Struktur besitzt, gibt es eine Nachbarschaft W von Z, für welche $(\overset{-1}{g \times g})(W) \subset V$ ist. Das Urbild von W bezüglich $(g \circ f) \times (g \circ f)$ ist eine Nachbarschaft U von X wegen der gleichmäßigen Stetigkeit von $g \circ f$. Aus $(x_1, x_2) \in U$ folgt $[g(f(x_1)), g(f(x_2))] \in W$ und $(f(x_1), f(x_2)) \in (\overset{-1}{g \times g})(W) \subset V$. Daher ist f gleichmäßig stetig (1.5 Definition).

Aus Satz 1 und Satz 3 folgt unmittelbar das Analogon zu I.4.1 Satz 3:

Satz 4. *Es seien Y und Z uniforme Räume, und es besitze Y die von $g: Y \to Z$ induzierte uniforme Struktur. Auf der Menge X stimmen die von $f: X \to Y$ und $g \circ f: X \to Z$ induzierten uniformen Strukturen überein.*

Ist A eine nicht-leere Teilmenge des uniformen Raumes X, so besitzt A eine von der Inklusion $i: A \to X$ induzierte uniforme Struktur (vgl. I.4.2). Wird A damit versehen, so heißt A Teilraum von X. Eine Teilmenge eines uniformen Raumes soll weiterhin stets als Teilraum aufgefaßt werden. Um Ausnahmen zu vermeiden, soll auch die leere Menge als uniformer Raum zugelassen werden, obwohl für sie keine Nachbarschaften existieren. Ist A Teilraum des uniformen Raumes X, so ist A wegen Satz 2 auch Teilraum des topologischen Raumes X. Ist $A \subset B \subset X$, so besitzt A wegen Satz 4 als Teilraum von B dieselbe uniforme Struktur wie als Teilraum von X. Für den Teilraum A von X läßt sich der Nachbarschaftsfilter einfach beschreiben: Nach der obigen Definition ist der Nachbarschaftsfilter von A die Spur des Nachbarschaftsfilters von X auf $A \times A$ (vgl. I.6.1). Wegen Satz 3 ist eine Abbildung $f: X \to Y$ genau dann gleichmäßig stetig, wenn die zugehörige Abbildung $f': X \to f(X)$ gleichmäßig stetig ist (vgl. I.4.2 Satz 2).

2.3 Separation. Ist $f: X \twoheadrightarrow Y$ eine Abbildung des uniformen Raumes X auf die Menge Y, so besitzt der Nachbarschaftsfilter von X einen Filter auf $Y \times Y$ als Bild bezüglich $f \times f$. Dieser ist jedoch im allgemeinen kein Nachbarschaftsfilter, die Bedingung (U 3) braucht nicht erfüllt zu sein[1]). Es gibt zwar eine feinste uniforme Struktur auf Y, für welche f gleichmäßig stetig ist, doch braucht dazu nicht die Identifizierungstopologie von Y bezüglich f zu gehören. Aus diesem Grunde beschränken wir uns auf einen wichtigen Spezialfall. Es sei X ein uniformer Raum und $C \subset (X \times X)$ der Durchschnitt seiner Nachbarschaften. Wegen (U 1) ist $\Delta \subset C$. Aus (U 2) folgt $C = \overset{-1}{C}$. Ist V eine beliebige Nachbarschaft und W eine Nachbarschaft, für welche $\overset{2}{W} \subset V$ ist, so ist $\overset{2}{C} \subset \overset{2}{W} \subset V$ wegen $C \subset W$, woraus $\overset{2}{C} \subset C$ folgt. Wegen $\Delta \subset C$ ist auch $\overset{2}{C} \supset C$, also $\overset{2}{C} = C$. Nach 1.2 stellt C eine Äquivalenzrelation dar. Dabei bedeutet $x \sim y$, daß x zu y von jeder Ordnung benachbart ist. Sei $\dot{X}$ die Menge dieser Äquivalenzklassen, und es bezeichne $\dot{x}$ die Klasse des Punktes x. Ordnet man jedem Punkt von X seine Klasse zu, so entsteht die Projektion $p: X \twoheadrightarrow \dot{X}$. Durch $p \times p: X \times X \twoheadrightarrow \dot{X} \times \dot{X}$ werden die Nachbarschaften von X in die Mengen einer Filterbasis $\dot{\mathfrak{B}}$ auf $\dot{X} \times \dot{X}$ übergeführt. Dabei sei $\dot{V}$ das Bild der Nachbarschaft V. Die Punktepaare (x, y) und (x', y') haben genau dann dasselbe Bild bezüglich $p \times p$, wenn $(x, x') \in C$ und $(y, y') \in C$. Also ist

$$(2.1) \qquad (p \times p)(V) = \dot{V}, \quad (p \overset{-1}{\times} p)(\dot{V}) = C \circ V \circ C.$$

Wegen $\Delta \subset C \subset V$ ist ferner

$$(2.2) \qquad V \subset C \circ V \circ C \subset \overset{3}{V},$$

[1]) Es gibt ein Gegenbeispiel, bei dem X aus 4 und Y aus 3 Punkten besteht.

und aus dem Hilfssatz von 1.3 folgt, daß die Mengen der Gestalt $C \circ V \circ C$, wobei V die Nachbarschaften von X durchläuft, eine Nachbarschaftsbasis von X bilden. Insbesondere ist C der Durchschnitt dieser Mengen. Hieraus folgt wegen (2.1), daß der Durchschnitt der Mengen von $\dot{\mathfrak{B}}$ bezüglich $p \times p$ das Urbild C besitzt. Nun ist $(p \times p)(C) = \dot{\Delta}$, weil $(x, y) \in C$ mit $\dot{x} = \dot{y}$ gleichwertig ist. Also ist $\dot{\Delta}$ der Durchschnitt der Mengen von $\dot{\mathfrak{B}}$, und es gilt (U 1 H) für $\dot{\mathfrak{B}}$. Es gilt auch (U 2'). Zu $(\dot{x}, \dot{y}) \in \overset{-1}{\dot{V}}$, also $(\dot{y}, \dot{x}) \in \dot{V}$, gibt es nämlich Punkte x und y von X, so daß $(y, x) \in V$, also $(x, y) \in \overset{-1}{V}$ ist, und umgekehrt folgt $(\dot{x}, \dot{y}) \in \overset{-1}{\dot{V}}$ aus $(y, x) \in V$. Also ist $\overset{-1}{\dot{V}} = \dot{\overset{-1}{V}}$ und (U2') für $\dot{\mathfrak{B}}$ erfüllt. Um auch (U 3') nachzuweisen, bemerken wir, daß es wegen 1.3 Hilfssatz zu der Nachbarschaft V eine Nachbarschaft W mit $\overset{6}{W} \subset V$ gibt. Ist nun $(\dot{x}, \dot{y}) \in \overset{2}{\dot{W}}$, so gibt es $\dot{z}$ mit $(\dot{x}, \dot{z}) \in \dot{W}$ und $(\dot{z}, \dot{y}) \in \dot{W}$, woraus wegen (2.1) für beliebige Repräsentanten x, y, z von $\dot{x}, \dot{y}, \dot{z}$ folgt $(x, z) \in C \circ W \circ C$ und $(z, y) \in C \circ W \circ C$. Wegen (2.2) ist $(x, y) \in C \circ W \circ C \circ C \circ W \circ C \subset \overset{6}{W} \subset V$ und damit $(\dot{x}, \dot{y}) \in \dot{V}$. Also ist $\overset{2}{\dot{W}} \subset \dot{V}$, und es ist $\dot{\mathfrak{B}}$ Basis eines Nachbarschaftsfilters auf $\dot{X} \times \dot{X}$, der auf $\dot{X}$ eine separierte uniforme Struktur definiert. $\dot{X}$ sei weiterhin mit dieser uniformen Struktur versehen.

Definition. Der soeben beschriebene uniforme Raum $\dot{X}$ heißt der zu X assoziierte separierte uniforme Raum.

Ist X separiert, so ist $C = \Delta$ und $X = \dot{X}$.

Oben nach (2.2) wurde bemerkt, daß die Mengen $C \circ V \circ C$ eine Basis des Nachbarschaftsfilters von X bilden. Damit folgt aus (2.1) und der Definition in 2.2, daß X die von p induzierte uniforme Struktur besitzt. Insbesondere ist p gleichmäßig stetig. Wegen 2.2 Satz 2 besitzt X die von p induzierte Topologie. Zusammen mit I.4.4 Beispiel 4 und Satz 2 ergibt sich

Satz 1. *Die Projektion $p\colon X \twoheadrightarrow \dot{X}$ des uniformen Raumes X auf seinen assoziierten separierten Raum $\dot{X}$ ist gleichmäßig stetig, offen und abgeschlossen. $\dot{X}$ besitzt die Identifizierungstopologie bezüglich p, und es besitzt X die von p induzierte uniforme Struktur.*

Vermöge $\dot{X}$ können stetige Abbildungen von X in separierte topologische Räume zerlegt werden. Sei Y ein separierter topologischer Raum und $f\colon X \to Y$ stetig. Ist $f(x_1) \neq f(x_2)$, so besitzen $f(x_1)$ und $f(x_2)$ disjunkte Umgebungen, und wegen der Stetigkeit von f besitzen auch x_1 und x_2 disjunkte Umgebungen. Es können also x_1 und x_2 nicht von jeder Ordnung benachbart sein. Ist dagegen $\dot{x}_1 = \dot{x}_2$, so muß $f(x_1) = f(x_2)$ sein. Durch $\dot{f}(\dot{x}) = f(x)$ wird also eine Abbildung $\dot{f}\colon \dot{X} \to Y$ definiert, wobei $\dot{f} \circ p = f$ ist. Nach Satz 1 und I.4.3 Satz 2 ist auch $\dot{f}$ stetig. Ist Y ein separierter uniformer Raum und f gleichmäßig stetig, so ist $\dot{f}$ ebenfalls gleichmäßig stetig. Zunächst ist f stetig wegen 1.5 Satz 1, also $\dot{f}$ vorhanden. Ist W eine beliebige Nachbarschaft von Y, so ist ihr Urbild bezüglich $f \times f$ eine Nachbarschaft V von X wegen der gleichmäßigen Stetigkeit von f. Das Urbild von W bezüglich

$\dot{f} \times \dot{f}$ ist nichts anderes als $(p \times p)(V) = \dot{V}$, weil es wegen (1.12) das Urbild V bezüglich $p \times p$ besitzt und $p \times p$ surjektiv ist. Wir erhalten

Satz 2. *Sei $f: X \to Y$ eine stetige bzw. gleichmäßig stetige Abbildung des uniformen Raumes X in den separierten, topologischen bzw. uniformen Raum Y. Durch $\dot{f}(\dot{x}) = f(x)$ wird eine stetige bzw. gleichmäßig stetige Abbildung $\dot{f}: \dot{X} \to Y$ definiert, wobei $\dot{f} \circ p = f$ ist.*

Durch die Sätze 1 und 2 sind die nicht separierten uniformen Räume auf ihre assoziierten separierten zurückgeführt.

2.4 Uniforme Produkte. Entsprechend I.4.5 läßt sich die Fragestellung von 2.2 verallgemeinern. Es sei $\{X_\lambda\}_{\lambda \in \Lambda}$ eine Familie uniformer Räume, X eine Menge und $f_\lambda: X \to X_\lambda$ eine Abbildung für jedes $\lambda \in \Lambda$. Zu jedem f_λ gehört eine induzierte uniforme Struktur $\mathfrak{U}_\lambda$ von X. Die obere Grenze $\mathfrak{U}$ der Familie $\{\mathfrak{U}_\lambda\}$ ist offenbar die gröbste uniforme Struktur auf X, für welche alle f_λ gleichmäßig stetig sind. Wegen 2.2 Satz 2 gehört zu $\mathfrak{U}_\lambda$ die von f_λ induzierte Topologie, und wegen 2.1 Satz 2 gehört zu $\mathfrak{U}$ die obere Grenze dieser Topologien, also die gröbste Topologie auf X, für welche alle f_λ stetig sind. Ein Spezialfall hiervon sind die Produkte.

Definition. Es sei $\{X_\lambda\}_{\lambda \in \Lambda}$ eine Familie uniformer Räume. Wird die Menge $X = \prod_{\lambda \in \Lambda} X_\lambda$ mit der gröbsten uniformen Struktur versehen, für welche die Projektionen $p_\lambda: X \to X_\lambda$ gleichmäßig stetig sind, so heißt X das Produkt der uniformen Räume X_λ.

Nach dem zuvor Bemerkten folgt zusammen mit 1.4 Satz 3 und I.6.3 Satz 2

Satz 1. *Das Produkt $X = \prod X_\lambda$ der uniformen Räume X_λ besitzt die Produkttopologie. Ist $X \neq \emptyset$, so ist X genau dann separiert, wenn jedes X_λ separiert ist.*

Wie für die offenen Mengen topologischer Produkte läßt sich für die Nachbarschaften uniformer Produkte in natürlicher Weise eine Basis angeben. Sei $\mathfrak{B}_\lambda$ eine Nachbarschaftsbasis von X_λ. Es muß $X \times X$ zu $\prod (X_\lambda \times X_\lambda)$ in Beziehung gesetzt werden. Durch $j(\{x_\lambda\}, \{y_\lambda\}) = \{(x_\lambda, y_\lambda)\}$ wird eine bijektive Abbildung $j: X \times X \rightarrowtail\!\!\twoheadrightarrow \prod (X_\lambda \times X_\lambda)$ definiert. Sei $\varkappa \in \Lambda$. Läßt man $V_\varkappa$ die Nachbarschaftsbasis $\mathfrak{B}_\varkappa$ von $X_\varkappa$ durchlaufen und setzt man $V_\lambda = X_\lambda \times X_\lambda$ für $\lambda \neq \varkappa$, so bilden die Mengen $(p_\varkappa \overset{-1}{\times} p_\varkappa)(V_\varkappa) = j^{-1}\left(\prod V_\lambda\right)$ eine Basis des Nachbarschaftsfilters, welcher zu der von $p_\varkappa$ auf X induzierten uniformen Struktur gehört. Nach 2.1 erhält man eine Basis des Nachbarschaftsfilters von X, wenn man die Durchschnitte von je endlich vielen Mengen der Gestalt $(p_\lambda \overset{-1}{\times} p_\lambda)(V_\lambda)$ bildet, also wegen I.(4.1) durch die Mengen der Gestalt $j^{-1}\left(\prod V_\lambda\right)$, wobei V_λ nur für endlich viele λ von $X_\lambda \times X_\lambda$ verschieden ist und dann zu $\mathfrak{B}_\lambda$ gehört. Ist jedes $\mathfrak{B}_\lambda$ der gesamte Nachbarschaftsfilter von X_λ, so nennen wir die angegebene Basis die natürliche Basis des Nachbarschaftsfilters von X. Für ein Produkt $X = \prod_{i=1}^{n} X_i$ von endlich vielen Faktoren läßt sich eine Basis einfacher beschreiben. Sie besteht aus allen Mengen der Gestalt $j^{-1}\left(\prod_{i=1}^{n} V_i\right)$, wobei jedes V_i eine Nachbarschaftsbasis von X_i durchläuft.

Entsprechend I.4.5 Satz 3 gilt

Satz 2. *Sei Y ein uniformer Raum und $X = \prod X_\lambda$ ein Produkt uniformer Räume. Die Abbildung $f\colon Y \to X$ ist genau dann gleichmäßig stetig, wenn alle Abbildungen $p_\lambda \circ f\colon Y \to X_\lambda$ gleichmäßig stetig sind.*

Beweis. Ist f gleichmäßig stetig, so ist es auch $p_\lambda \circ f$ wegen 1.5 Satz 3, weil p_λ gleichmäßig stetig ist. Seien nun umgekehrt alle $p_\lambda \circ f$ gleichmäßig stetig. Ist V eine Nachbarschaft von X, so umfaßt V eine Nachbarschaft der natürlichen Nachbarschaftsbasis, also den Durchschnitt von endlich vielen Nachbarschaften der Gestalt $(p_{\lambda_i} \overset{-1}{\times} p_{\lambda_i})(V_{\lambda_i})$ mit $i = 1, 2, \ldots, n$, wobei V_{λ_i} eine geeignete Nachbarschaft von X_{λ_i} ist. Wegen der gleichmäßigen Stetigkeit von $p_{\lambda_i} \circ f$ ist das Urbild von V_{λ_i} bezüglich $p_{\lambda_i} \circ f \times p_{\lambda_i} \circ f$ eine Nachbarschaft von Y für $i = 1, 2, \ldots, n$. Der Durchschnitt dieser Nachbarschaften von Y ist wegen (1.12) im Urbild von V bezüglich $f \times f$ enthalten. Also ist auch $\overset{-1}{(f \times f)}(V)$ eine Nachbarschaft von Y, woraus die gleichmäßige Stetigkeit von f folgt (1.5 Satz 2).

Wie für topologische Produkte (I.4.6) schließt man, daß das Produkt uniformer Räume assoziativ ist. Entsprechend zu den topologischen Produkten erhält man auch: Ist A_λ ein Teilraum von X_λ, so ist das Produkt $A = \prod A_\lambda$ der uniformen Räume A_λ isomorph zu dem Teilraum A von $\prod X_\lambda$. Insbesondere erhält man für das Produkt $X \times Y$ zweier uniformer Räume X, Y zu jedem Punkt y von Y eine Isomorphie von X auf $X \times y$, die durch die Zuordnung $x \to (x, y)$ bewirkt wird. Entsprechend I.4.7 Satz 1 gilt

Satz 3. *Ist $f\colon X \times Y \to Z$ eine gleichmäßig stetige Abbildung und y ein Punkt von Y, so ist die durch $x \to f(x, y)$ bewirkte partielle Abbildung von X in Z gleichmäßig stetig.*

Entsprechend I.4.7 gilt keine Umkehrung.

2.5 Offene und abgeschlossene Nachbarschaften. Wir sind jetzt in der Lage, spezielle Basen für den Nachbarschaftsfilter eines uniformen Raumes X anzugeben. Sei j die durch $j(x_1, x_2, x_3, x_4) = (x_1, x_3, x_2, x_4)$ definierte Abbildung von X^4 auf sich. Nach 2.4 besteht die natürliche Nachbarschaftsbasis des uniformen Raumes $X \times X$ aus den Mengen $j(V_1 \times V_2)$, wobei V_1 und V_2 die Nachbarschaften von X durchlaufen. Weil $V_1 \cap V_2$ wieder eine Nachbarschaft von X ist, durchläuft auch $j(V \times V)$ eine Basis der Nachbarschaften von $X \times X$, wenn V eine Basis der Nachbarschaften von X durchläuft. Wegen 1.4 Satz 1 erhält man für den Punkt (x, y) von $X \times X$ eine Umgebungsbasis durch die Mengen $(j(V \times V))(x, y)$. Aus der Definition der Umgebungen in einem uniformen Raum und aus der Definition von j folgt $(j(V \times V))(x, y) = V(x) \times V(y)$. Ist nun M irgendeine Teilmenge von $X \times X$, so ist die gleichmäßige Umgebung $(j(V \times V))(M)$ von M (vgl. (1.11)) gleich $\bigcup_{(x,y) \in M} (V(x) \times V(y))$. Zu ihr gehört (x', y') genau dann, wenn es $(x, y) \in M$ gibt, so daß $(x, x') \in V$ und $(y, y') \in V$ ist. Also ist $\overset{-1}{V} \circ M \circ V = (j(V \times V))(M)$ eine gleichmäßige Umgebung von M.

Sei V eine symmetrische Nachbarschaft von X. Für die Diagonale Δ von $X \times X$ ist $\Delta \circ V = V$, und wegen $V = \overset{-1}{V}$ ist $\overset{-1}{V} \circ \Delta \circ V = \overset{2}{V}$ eine gleichmäßige Umgebung von Δ in $X \times X$. Wegen 1.3 Hilfssatz umfaßt jede Nachbarschaft von X eine solche Umgebung von Δ. Die Nachbarschaften von X sind also spezielle Umgebungen von Δ. Für $V = \overset{-1}{V}$ ist ferner $\overset{-1}{V} \circ V \circ V = \overset{3}{V}$ eine gleichmäßige Umgebung von V. Insbesondere liegt V im Innern von $\overset{3}{V}$, und wegen 1.4 Satz 2 ist $V \subset \bar{V} \subset \overset{3}{V}$. Also sind $\bar{V}$ und das Innere von $\overset{3}{V}$ Nachbarschaften, die in $\overset{3}{V}$ enthalten sind, und sie sind wieder symmetrisch. Durchläuft nun V die symmetrischen Nachbarschaften von X, so durchläuft $\overset{3}{V}$ eine Basis des Nachbarschaftsfilters von X wegen 1.3 Hilfssatz, also auch $\bar{V}$ und auch das Innere von $\overset{3}{V}$. Da eine Basis eines Filters eine Basis bleibt, wenn noch weitere Mengen des Filters hinzugenommen werden, erhalten wir den

Hilfssatz. Die abgeschlossenen symmetrischen Nachbarschaften bilden eine Basis des Nachbarschaftsfilters. Gleiches gilt von den offenen symmetrischen Nachbarschaften.

Anmerkung. Ist V eine offene bzw. abgeschlossene Nachbarschaft und x ein Punkt von X, so ist $V(x)$ eine offene bzw. abgeschlossene Umgebung von x. Vermöge $y \to (x, y)$ entspricht nämlich $V(x)$ dem Durchschnitt von V mit dem Teilraum $x \times X$ von $X \times X$, der zu X isomorph ist. Aus dem Hilfssatz und 1.4 Satz 1 erhält man spezielle Umgebungsbasen von x.

2.6 Quasimetriken. Bei der Einführung der uniformen Strukturen waren wir von den metrischen Räumen ausgegangen. Es ist zweckmäßig, neben dem Begriff der Metrik einen abgeschwächten Begriff zur Verfügung zu haben, der ebenfalls zu uniformen Strukturen führt, aber nicht mehr notwendig zu separierten. Wir kompaktifizieren die nicht-negativen reellen Zahlen durch einen Punkt ∞, und für reelles a setzen wir: $a < \infty$, $a + \infty = \infty$ sowie $\infty + \infty = \infty$.

Definition. Eine Quasimetrik auf der Menge X ist eine Abbildung $d: X \times X \to [0, \infty]$ mit folgenden Eigenschaften:

(M 1 Q) Stets ist $d(x, x) = 0$.

(M 2) Für je zwei Punkte x, y gilt $d(x, y) = d(y, x)$.

(M 3) Für je drei Punkte x, y, z gilt $d(x, y) + d(y, z) \geqq d(x, z)$ (Dreiecksungleichung).

Ist X mit einer Quasimetrik versehen, so heißt X ein quasimetrischer Raum. $d(x, y)$ heißt die Distanz der Punkte x und y. Die Quasimetrik d heißt endlich, wenn stets $d(x, y) < \infty$ ist.

Der Unterschied zur Metrik besteht also darin, daß ∞ als Distanz zugelassen ist und daß verschiedene Punkte die Distanz null haben können. Auf Quasimetriken wird man häufig durch Integrale geführt.

Beispiel. Wir betrachten eine Menge von reellwertigen Funktionen der reellen Variablen t, die im Intervall $[-1, 1]$ definiert sind. Für je zwei Funktionen $x(t)$, $y(t)$ sei $\int_{-1}^{1} x(t)y(t)\,dt$ erklärt. Es kann sich also etwa um die Menge der im Intervall $[-1, 1]$ (im Riemannschen Sinne) eigentlich integrierbaren Funktionen oder um die Menge der meßbaren und quadratisch integrablen Funktionen handeln. Dann wird durch $d(x, y) = \left[\int_{-1}^{1} (x(t) - y(t))^2\,dt\right]^{\frac{1}{2}}$ eine Quasimetrik definiert. Verschiedene Funktionen können dabei die Distanz null haben.

Ebenso wie eine Metrik definiert eine Quasimetrik auf der Menge X eine uniforme Struktur. Für $0 < \varepsilon < \infty$ heißt x zu y benachbart von der Ordnung V_ε, wenn $d(x, y) < \varepsilon$ ist. Die Mengen $V_\varepsilon = \{(x, y) \mid d(x, y) < \varepsilon\}$ bilden die Basis eines Nachbarschaftsfilters auf $X \times X$.

Entsprechend I.9.3 Hilfssatz gilt: Ist $d(x, y)$ eine Quasimetrik auf der Menge X, so ist auch $\dfrac{d(x, y)}{1 + d(x, y)} = d'(x, y)$ eine Quasimetrik auf X, wenn man $\dfrac{\infty}{\infty} = 1$ setzt. Zu beiden Quasimetriken gehört dieselbe uniforme Struktur. Ist $d(x, y)$ eine endliche Quasimetrik auf X, so ist d eine Abbildung des uniformen Raumes $X \times X$ in den metrischen, also uniformen Raum R. Dabei gilt der

Satz. *Ist X ein quasimetrischer Raum mit der endlichen Quasimetrik $d(x, y)$, so ist die Abbildung $d\colon X \times X \to \mathsf{R}$ gleichmäßig stetig.*

Anmerkung 1. Entsprechendes gilt, wenn d nicht endlich ist. Dazu übertrage man die uniforme Struktur des Teilraumes $[0, 1]$ von R vermöge $t \to \dfrac{t}{1-t}$ auf $[0, \infty]$. Aus 3.6 Satz 1 wird übrigens folgen, daß $[0, \infty]$ ebenso wie $[0, 1]$ genau eine uniforme Struktur zuläßt.

Beweis. Wir verwenden die Bezeichnungen von 2.5. Die Mengen $j(V_\varepsilon \times V_\varepsilon)$ bilden eine Nachbarschaftsbasis von $X \times X$, wenn ε die positiven reellen Zahlen durchläuft. (x, y) und (x', y') sind von der Ordnung $j(V_\varepsilon \times V_\varepsilon)$ genau dann benachbart, wenn $d(x, x') < \varepsilon$ und $d(y, y') < \varepsilon$ ist. Ist dies der Fall, so ist wegen der Dreiecksungleichung

$$d(x, y) \leqq d(x, x') + d(x', y') + d(y', y) < d(x', y') + 2\varepsilon.$$

Ebenso folgt $d(x', y') < d(x, y) + 2\varepsilon$ und damit $|d(x, y) - d(x', y')| < 2\varepsilon$. Also gilt: Bildet man zu der durch die Zahl 2ε bestimmten Nachbarschaft von R das Urbild bezüglich $d \times d$, so erhält man auf X^4 eine Menge, die $j(V_\varepsilon \times V_\varepsilon)$ umfaßt, also eine Nachbarschaft von $X \times X$. Damit ergibt sich die Behauptung.

Anmerkung 2. Aus dem Satz folgt wegen 1.5 Satz 1, daß $d(x, y)$ auf $X \times X$ stetig ist. Insbesondere ist für jedes $x \in X$ die partielle Abbildung $y \to d(x, y)$ stetig.

Bildet man zu einem quasimetrischen Raum X mit endlicher Quasimetrik den assoziierten separierten uniformen Raum $\dot{X}$, so kann $\dot{X}$ als metrischer Raum aufgefaßt werden: Der Durchschnitt C der Nachbarschaften von X ist die Menge der Punktepaare (x, y), für welche $d(x, y) = 0$ ist. Ist $d(x, x') = 0$ und $d(y, y') = 0$, so ist wegen der Dreiecksungleichung

$$d(x, y) \leqq d(x, x') + d(x', y') + d(y', y) = d(x', y')$$

und ebenso $d(x', y') \leqq d(x, y)$, also

$$d(x, y) = d(x', y') \quad \text{für} \quad d(x, x') = d(y, y') = 0. \tag{2.3}$$

Durch $\dot{d}(\dot{x}, \dot{y}) = d(x, y)$ wird eine Abbildung $\dot{d}\colon \dot{X} \times \dot{X} \to [0, \infty)$ definiert. Dabei ist $\dot{d}(\dot{x}, \dot{y}) = 0$ gleichwertig mit $\dot{x} = \dot{y}$, und offenbar gelten (M 2) und (M 3) für $\dot{d}$. Für die Nachbarschaft V_ε von X ist $V_\varepsilon = C \circ V_\varepsilon \circ C$ wegen (2.3) und daher $\dot{V}_\varepsilon = \{(\dot{x}, \dot{y}) \mid \dot{d}(\dot{x}, \dot{y}) < \varepsilon\}$ (vgl. (2.1)). Zu $\dot{d}$ gehört also die uniforme Struktur von $\dot{X}$.

Ist $\{d_\lambda(x, y)\}_{\lambda \in \Lambda}$ eine Familie von Quasimetriken auf X, so ist auch $d(x, y) = \sup_{\lambda \in \Lambda} d_\lambda(x, y)$ eine Quasimetrik, denn (M 1 Q) und (M 2) gelten offenbar auch für $d(x, y)$, und (M 3) folgt aus $d_\lambda(x, z) \leqq d_\lambda(x, y) + d_\lambda(y, z) \leqq d(x, y) + d(y, z)$. Dabei gehört zu jedem $d_\lambda(x, y)$ eine uniforme Struktur $\mathfrak{U}_\lambda$ auf X. Die zu $d(x, y)$ gehörige uniforme Struktur ist feiner als jedes $\mathfrak{U}_\lambda$. Sie ist im allgemeinen echt feiner als die obere Grenze der $\mathfrak{U}_\lambda$ (vgl. dazu im Folgenden 2.7 und 2.8).

2.7 Uniformisierbarkeit. Wir können jetzt diejenigen topologischen Räume charakterisieren, deren Topologie aus einer uniformen Struktur erhalten werden kann. Ein topologischer Raum X heißt *uniformisierbar*, wenn es auf der Menge X eine uniforme Struktur gibt, zu welcher die vorhandene Topologie von X gehört.

Hilfssatz. Ist X ein topologischer Raum, welcher der Bedingung (O 4) genügt (vgl. I.9.1), so ist X uniformisierbar.

Beweis. Wie in I.9.2 bezeichne I das Intervall $[0, 1]$ der Zahlengeraden. Vermöge der üblichen Metrik von R ist I ein uniformer Raum. Φ sei die Menge aller stetigen Abbildungen $\varphi\colon X \to I$. Sei $\mathfrak{U}$ die wegen 2.1 vorhandene gröbste uniforme Struktur auf X, für welche alle $\varphi \in \Phi$ gleichmäßig stetig sind, $\mathfrak{T}$ die zu $\mathfrak{U}$ gehörige Topologie und $\mathfrak{T}'$ die auf X vorhandene Topologie. Nach den Bemerkungen am Anfang von 2.4 ist $\mathfrak{T}$ die gröbste Topologie auf X, für welche alle $\varphi \in \Phi$ stetig sind. Also ist $\mathfrak{T}$ gröber als $\mathfrak{T}'$. Weil jedes $\varphi \in \Phi$ stetig bezüglich $\mathfrak{T}$ ist, sind die Mengen $W_\varphi = \overset{-1}{\varphi}([0, 1))$ offen für $\mathfrak{T}$. Nach I.9.2 Hilfssatz 1 bilden die Mengen W_φ eine Basis für $\mathfrak{T}'$. Damit folgt, daß jede bezüglich $\mathfrak{T}'$ offene Menge auch offen bezüglich $\mathfrak{T}$ ist, daß also $\mathfrak{T}'$ gröber als $\mathfrak{T}$ ist. Somit ist $\mathfrak{T}' = \mathfrak{T}$, und es ist $\mathfrak{U}$ eine uniforme Struktur auf X, zu welcher die vorhandene Topologie $\mathfrak{T}'$ gehört.

Es ist nun unser Ziel, die Umkehrung des Hilfssatzes zu beweisen. Dazu ist es erforderlich, für jeden Punkt x und jede Umgebung $V(x)$ von x eine geeignete Funktion zu konstruieren. Da in einem uniformen Raum $V(x)$ von einer Nachbarschaft V herrührt, liegt der Versuch nahe, diese Konstruktion bei festem V gleichmäßig für alle x vorzunehmen, d. h. eine Funktion auf $X \times X$ zu definieren, die auf der Diagonalen von $X \times X$ den Wert null und auf dem Komplement $\complement V$ der Nachbarschaft V den Wert 1 hat. Wenn wir nur verlangen, daß die Funktionswerte auf $\complement V$ nicht kleiner als 1/2 sind, läßt sich sogar erreichen, daß die Funktion eine Quasimetrik auf X ist. So wollen wir vorgehen.

Es sei V eine beliebige Nachbarschaft, V_1 eine in V enthaltene symmetrische Nachbarschaft. Zu V_1 wählen wir eine Folge $\{V_n\}$ symmetrischer Nachbarschaften so, daß $\overset{3}{V}_{n+1} \subset V_n$ für $n = 1, 2, 3, \ldots$ ist. Wegen 1.3 Hilfssatz können V_1, V_2, $V_3, \ldots$ der Reihe nach so bestimmt werden. Die Forderung $\overset{3}{V}_{n+1} \subset V_n$ wird sich später rechtfertigen. Aus ihr folgt, daß jedenfalls $V_{n+1} \subset V_n$ ist. Als Vorgänger der gesuchten Quasimetrik definieren wir die noch unstetige Hilfsfunktion $h(x, y)$ auf $X \times X$ folgendermaßen: Es sei

$$h(x, y) = \begin{cases} 0, \text{ wenn } (x, y) \text{ in allen } V_n \text{ liegt,} \\ 1, \text{ wenn } (x, y) \in \complement V_1, \\ 2^{-k}, \text{ wenn } (x, y) \in V_n \text{ für } 1 \leqq n \leqq k, \text{ aber } (x, y) \notin V_{k+1}. \end{cases} \tag{2.4}$$

Jedenfalls ist $0 \leqq h(x, y) \leqq 1$ und $h(x, x) = 0$ für alle x. Außerdem ist $h(x, y) = h(y, x)$, weil alle V_n symmetrisch sind. Um eine Quasimetrik $d(x, y)$ zu erhalten, müssen wir die Funktion $h(x, y)$ so glätten, daß die Dreiecksungleichung erfüllt wird. Für eine Folge $z_0, z_1, \ldots, z_p$ von endlich vielen Punkten muß dann jedenfalls gelten $d(z_0, z_p) \leqq \sum_{i=1}^{p} d(z_{i-1}, z_i)$. Dies führt auf den Ansatz

$$d(x, y) = \inf \sum_{i=1}^{p} h(z_{i-1}, z_i), \tag{2.5}$$

wobei rechts die untere Grenze für alle endlichen Folgen $z_0, z_1, \ldots, z_p$ mit $z_0 = x$, $z_p = y$ und $p = 1, 2, 3, \ldots$ zu bilden ist. Aus $h(z_{i-1}, z_i) \geqq 0$ folgt $d(x, y) \geqq 0$. Wegen $h(x, x) = 0$ ist auch $d(x, x) = 0$, also gilt (M 1 Q). Aus der Punktfolge $x = z_0, z_1, \ldots, z_p = y$ erhält man eine Folge $y = z_0', z_1', \ldots, z_p' = x$, wenn man $z_i' = z_{p-i}$ setzt. Hieraus und aus $h(z_{i-1}, z_i) = h(z_i, z_{i-1})$ folgt $d(x, y) = d(y, x)$, also (M 2). Zum Beweis der Dreiecksungleichung (M 3) seien x, y und z drei Punkte von X. Wegen (2.5) gibt es zu vorgegebener positiver reeller Zahl ε eine natürliche Zahl p und Punkte $x = z_0, z_1, \ldots, z_p = y$, so daß $\sum_{i=1}^{p} h(z_{i-1}, z_i) < d(x, y) + \varepsilon$ ist. Entsprechend gibt es eine natürliche Zahl q und Punkte $z_{p+1}, \ldots, z_{p+q} = z$, so daß $\sum_{i=p+1}^{p+q} h(z_{i-1}, z_i) < d(y, z) + \varepsilon$ ist. Hieraus und aus (2.5) folgt

$$d(x, z) \leqq \sum_{i=1}^{p+q} h(z_{i-1}, z_i) < d(x, y) + d(y, z) + 2\varepsilon.$$

Da eine solche Beziehung für jede positive Zahl ε gilt, folgt (M 3). Die Funktion $d(x, y)$ ist also eine Quasimetrik auf X.

Wir wollen zeigen, daß $d(x, y) \geqq 1/2$ für $(x, y) \in \complement V_1$ ist. Wir beweisen sogar die schärfere Aussage, daß für jedes $(x, y) \in X \times X$ gilt

$$\frac{1}{2} h(x, y) \leqq d(x, y) \leqq h(x, y). \tag{2.6}$$

Die rechte Ungleichung folgt unmittelbar aus (2.5). Die linke Ungleichung folgt ebenfalls aus (2.5), wenn für jede natürliche Zahl p und für beliebige Punkte $z_0, z_1, \ldots, z_p$ stets gilt

$$\frac{1}{2}\, h(z_0, z_p) \leqq \sum_{i=1}^{p} h(z_{i-1}, z_i). \tag{2.7}$$

Wir beweisen (2.7) durch vollständige Induktion. Wegen $h(z_0, z_1) \geqq 0$ ist (2.7) jedenfalls für $p = 1$ richtig. Sei nun $m > 1$ eine natürliche Zahl, und es werde angenommen, daß (2.7) für alle natürlichen Zahlen $p < m$ gilt. $z_0, z_1, \ldots, z_m$ seien beliebig gewählte Punkte. Wir setzen $\sum_{i=1}^{m} h(z_{i-1}, z_i) = a$. Ist $a \geqq 1/2$, so ist wegen $h(z_0, z_m) \leqq 1$ nichts zu beweisen. Sei nun $a < 1/2$. Es gibt eine natürliche Zahl $j \leqq m$ derart, daß $\sum_{i=1}^{j} h(z_{i-1}, z_i) > a/2$ aber $\sum_{i=1}^{j-1} h(z_{i-1}, z_i) \leqq a/2$ oder $j = 1$ ist. Ist $j > 1$, so ist nach Induktionsannahme $h(z_0, z_{j-1}) \leqq a$, und dies ist auch für $j = 1$ richtig. Außerdem ist $h(z_{j-1}, z_j) \leqq a$. Ist $j < m$, so ist $\sum_{i=j+1}^{m} h(z_{i-1}, z_i) < a/2$ wegen $\sum_{i=1}^{j} h(z_{i-1}, z_i) > a/2$, und wiederum nach Induktionsannahme ist $h(z_j, z_m) < a$, was auch für $j = m$ gilt. Um auf die Definition von $h(x, y)$ zurückgreifen zu können, werde die natürliche Zahl k so bestimmt, daß $2^{-k} \leqq a < 2^{-k+1}$ ist. Wegen $a < 1/2$ ist $k \geqq 2$. Nach der Definition (2.4) von $h(x, y)$ liegen (z_0, z_{j-1}), (z_{j-1}, z_j), (z_j, z_m) in V_k, weil der Wert von h für jedes der drei Punktepaare nicht größer als a und damit höchstens 2^{-k} ist. Es folgt $(z_0, z_m) \in \overset{3}{V}_k \subset V_{k-1}$ wegen $k \geqq 2$ und der Wahl der Nachbarschaften V_n. Also ist $h(z_0, z_m) \leqq 2^{-k+1} \leqq 2a$. Aus der Induktionsannahme folgt somit, daß (2.7) für $p = m$ gilt. Daher gilt (2.7) allgemein und damit auch (2.6).

Die auf X vorhandene uniforme Struktur sei $\mathfrak{U}$. Zu der zu V konstruierten Quasimetrik (2.5) gehört eine uniforme Struktur $\mathfrak{D}_V$ auf X. Nun gibt es zu vorgegebener positiver reeller Zahl ε eine natürliche Zahl k, so daß $2^{-k} < \varepsilon$ ist. Die rechte Ungleichung von (2.6) besagt zusammen mit (2.4), daß die Nachbarschaft V_k in der durch $d(x, y) < \varepsilon$ bestimmten Teilmenge von $X \times X$ enthalten ist. Daher ist $\mathfrak{D}_V$ gröber als $\mathfrak{U}$.

Nach 2.6 Anmerkung 2 ist für jedes feste $x \in X$ die Funktion $d_x(y) = d(x, y)$ stetig bezüglich der zu $\mathfrak{D}_V$ gehörigen Topologie von X, für die zu $\mathfrak{U}$ gehörige feinere Topologie (2.1 Satz 1) ist sie es erst recht. Wegen (2.4) und (2.6) und wegen $V_1 \subset V$ ist $d(x, y) \geqq 1/2$ für $y \notin V(x)$. Die Funktion $f(y) = \min(2\, d_x(y), 1)$ ist stetig (I.4.5 Beispiel 3). Es ist $f(x) = 0$ und $f(y) = 1$ für $y \notin V(x)$. Es ergibt sich, daß (O 4) für die zu $\mathfrak{U}$ gehörige Topologie erfüllt ist. Zusammen mit dem Hilfssatz erhalten wir

Satz 1. *Ein topologischer Raum ist genau dann uniformisierbar, wenn er der Bedingung* (O 4) *genügt.*

Aus dem Vorangehenden ergibt sich noch mehr. Wird jeder Nachbarschaft V von X auf die obige Weise eine Quasimetrik und damit eine uniforme Struktur $\mathfrak{D}_V$

auf X zugeordnet, so ist die vorhandene uniforme Struktur $\mathfrak{U}$ feiner als jedes $\mathfrak{D}_V$ und damit feiner als die obere Grenze $\mathfrak{D}$ der Strukturen $\mathfrak{D}_V$. Wegen (2.6), (2.4) und $V \supset V_1$ ist andererseits V Nachbarschaft bezüglich $\mathfrak{D}_V$ und erst recht bezüglich $\mathfrak{D}$. $\mathfrak{U}$ ist also auch gröber als $\mathfrak{D}$ und stimmt daher mit $\mathfrak{D}$ überein. Wir haben erhalten

Satz 2. *Jede uniforme Struktur ist obere Grenze einer Familie uniformer Strukturen, die zu endlichen Quasimetriken gehören.*

2.8 Metrisierbarkeit. Wir werfen noch die Frage auf, wann eine uniforme Struktur $\mathfrak{U}$ auf X durch eine einzige Quasimetrik erhalten werden kann. Dazu ist jedenfalls notwendig, daß $\mathfrak{U}$ eine abzählbare Nachbarschaftsbasis besitzt, denn für eine Quasimetrik $d(x, y)$ bilden die durch $d(x, y) < 2^{-n}$ bestimmten Nachbarschaften für $n = 1, 2, 3, \ldots$ eine Basis. Diese Bedingung ist auch hinreichend. Sei $\{U_n\}$ eine abzählbare Nachbarschaftsbasis für $\mathfrak{U}$. Wir wählen in U_1 eine symmetrische Nachbarschaft V_1 und dann die symmetrischen Nachbarschaften V_n für $n = 2, 3, 4, \ldots$ so, daß jeweils $\overset{3}{V}_n \subset V_{n-1} \cap \bigcap_{i=1}^{n} U_i$ ist. Dies ist wegen 1.3 Hilfssatz möglich, weil der Durchschnitt endlich vieler Nachbarschaften aus $\mathfrak{U}$ zu $\mathfrak{U}$ gehört. Wegen $V_n \subset \overset{3}{V}_n \subset U_n$ ist auch $\{V_n\}$ eine Basis von $\mathfrak{U}$. Wie in 2.7 werde zu der Folge $\{V_n\}$ die Quasimetrik $d(x, y)$ konstruiert. Die Mengen der Gestalt $W_n = \{(x, y) \mid d(x, y) \leqq 2^{-n}\}$ bilden eine Basis der zugehörigen uniformen Struktur $\mathfrak{D}$. Wegen (2.4) und (2.6) ist $V_{n-1} \supset W_n \supset V_n$. Hiernach ist $\{W_n\}$ auch Basis von $\mathfrak{U}$, und es stimmen $\mathfrak{D}$ und $\mathfrak{U}$ überein. Folglich gilt

Satz 1. *Eine uniforme Struktur läßt sich genau dann aus einer Quasimetrik erhalten, wenn sie eine abzählbare Nachbarschaftsbasis besitzt.*

Wir fragen noch, wann eine uniforme Struktur durch eine Metrik erhalten werden kann. Ein uniformer Raum X heißt m e t r i s i e r b a r, wenn seine uniforme Struktur zu einer Metrik auf X gehört.

Eine endliche Quasimetrik $d(x, y)$ ist genau dann eine Metrik, wenn die zugehörige uniforme Struktur separiert ist, denn (x, y) gehört dem Durchschnitt aller Nachbarschaften genau dann an, wenn $d(x, y) = 0$ ist. Da man eine Quasimetrik stets durch eine endliche ersetzen kann (vgl. 2.6), erhalten wir aus Satz 1

Satz 2. *Ein uniformer Raum ist genau dann metrisierbar, wenn er separiert ist und eine abzählbare Nachbarschaftsbasis besitzt.*

Aufgaben. 1. Ist eine separierte uniforme Struktur auf X obere Grenze von abzählbar vielen uniformen Strukturen, die zu Quasimetriken auf X gehören, so ist sie metrisierbar.

2. Es sei X ein Produkt von abzählbar vielen metrischen Räumen. Zu jeder Produktmetrik von X gehört die Struktur des uniformen Produktes.

3. Es sei $\{X_\lambda\}$ eine Familie paarweise disjunkter uniformer Räume. Auf der Menge $X = \sum X_\lambda$ gibt es eine feinste uniforme Struktur, für welche alle Inklusionen $i_\lambda \colon X_\lambda \to X$ gleichmäßig stetig sind. Wird X mit dieser Struktur versehen, so heißt X die S u m m e d e r u n i f o r m e n R ä u m e X_λ. Die zugehörige Topologie ist die Summentopologie. (Anleitung: Man betrachte auf $X \times X$ die Mengen der Gestalt $V = \bigcup V_\lambda$, wobei V_λ eine beliebige Nachbarschaft von X_λ ist, und zeige, daß sie eine Nachbarschaftsbasis bilden.)

4. Es sei $\{X_\lambda\}_{\lambda\in\Lambda}$ eine Familie paarweise disjunkter metrischer Räume. d_λ sei die Metrik auf X_λ. Auf der Menge $X = \sum X_\lambda$ gibt es mindestens eine Metrik d derart, daß zu ihr die Summentopologie von X gehört und daß die zu d gehörige uniforme Struktur auf jedem X_λ die zu d_λ gehörige induziert. Ist Λ unendlich, so ist die zu d gehörige uniforme Struktur im allgemeinen echt gröber als die der uniformen Summe. (Anleitung: Es kann angenommen werden, daß die Entfernungen bezüglich d_λ die obere Schranke 1 haben. Dann kann d so gewählt werden, daß X_λ metrischer Teilraum des mit der Metrik d versehenen Raumes X ist.)

5. Ein topologischer Raum X ist genau dann metrisierbar, wenn er regulär ist und eine Basis $\mathfrak{Q}$ besitzt, deren Mengen sich auf abzählbar viele lokalendliche Familien $\mathfrak{Q}_n$ verteilen (Bing-Nagata-Smirnow). Anleitung: Notwendigkeit durch I.8 Aufgabe 3. Umkehrung: X ist parakompakt (I.8 Aufgabe 4). Für jedes Paar natürlicher Zahlen (m, n) und jede Menge $Q \in \mathfrak{Q}_m$ sei P_n die Vereinigung derjenigen Mengen von $\mathfrak{Q}_n$, deren abgeschlossene Hülle in Q liegt. Es ist $\overline{P}_n \subset Q$ (I.8.5 Hilfssatz 2). Sei f_Q eine stetige Abbildung von X in $[0, 1]$, die auf $\overline{P}_n$ den Wert 1 und auf $\complement Q$ den Wert 0 hat (I.8.5 Satz 2 und I.8.4 Satz 1). $d_{mn}(x, y) = \sum_{Q\in\mathfrak{Q}_m} |f_Q(x) - f_Q(y)|$ ist eine Quasimetrik (I.8.6 Satz 1). $d_{mn}: X \times X \to \mathsf{R}$ ist stetig. Die obere Grenze der zu diesen Quasimetriken gehörigen uniformen Strukturen ist metrisierbar (Aufgabe 1). Benutze 2.1 Satz 2.

6. Sei X ein uniformisierbarer topologischer Raum und $\mathfrak{U}_0$ die feinste uniforme Struktur, zu welcher die Topologie von X gehört. Wird X mit $\mathfrak{U}_0$ versehen, so gilt: Ist f eine stetige Abbildung von X in einen uniformen Raum Y, so ist f gleichmäßig stetig. Diese Aussage ist für $\mathfrak{U}_0$ charakteristisch (universelle uniforme Struktur).

§ 3 Vollständige Räume

Wir wenden uns jetzt der Konvergenz in uniformen Räumen zu. Da eine Nachbarschaft Umgebungen für alle Punkte definiert, ist es möglich, eine notwendige Konvergenzbedingung anzugeben, die unabhängig vom Limes ist. Diese Bedingung ist die Übertragung des Cauchyschen Konvergenzkriteriums für Zahlenfolgen. Sie ist im allgemeinen nicht hinreichend. Räume, für welche diese Bedingung auch hinreichend ist, heißen vollständig. Wir werden zeigen, daß sich jeder uniforme Raum in einen vollständigen einbetten läßt.

3.1 Cauchy-Filter. Die Aussage, daß ein Filter konvergiert, bedeutet einen Vergleich des Filters mit einem Umgebungsfilter. Die in der Sprechweise „kleine Umgebung" enthaltene Vorstellung wird man auf „kleine Filtermengen" übertragen wollen. Für einen topologischen Raum hat dies jedoch keinen Sinn, da Umgebungen verschiedener Punkte keinen Vergleich durch die Topologie allein gestatten. Dagegen ist es für uniforme Räume möglich, der anschaulichen Vorstellung einen präzisen Sinn zu geben.

Definition 1. Sei V irgendeine Nachbarschaft des uniformen Raumes X. Eine Teilmenge A von X heißt klein von der Ordnung V, wenn je zwei Punkte aus A von der Ordnung V benachbart sind. Man sagt, daß ein System von Teilmengen beliebig kleine Mengen enthält, wenn es zu jeder Nachbarschaft V eine Menge des Systems gibt, die klein von der Ordnung V ist.

Die Aussage, daß A klein von der Ordnung V ist, besagt also, daß $A \times A$ in V liegt. Hieraus folgt übrigens $\bar{A} \times \bar{A} \subset \bar{V}$ und damit der

Hilfssatz 1. Ist V eine abgeschlossene Nachbarschaft von X und A eine Teilmenge von X, die klein von der Ordnung V ist, so ist auch $\bar{A}$ klein von der Ordnung V.

Anmerkung 1. Ist X ein quasimetrischer Raum und A Teilmenge von X, so versteht man unter dem Durchmesser von A die obere Grenze der Distanzen $d(x, y)$ für x und y in A. Ist A klein von der Ordnung $\bar{V}_\varepsilon = \{(x, y) | d(x, y) \leqq \varepsilon\}$, so ist der Durchmesser von A nicht größer als ε und umgekehrt.

Ist V eine Nachbarschaft und x ein Punkt von X, so ist $V(x)$ klein von der Ordnung $\overset{-1}{V} \circ V$, denn für y und z in $V(x)$ liegen (x, y) und (x, z) in V, also (y, z) in $\overset{-1}{V} \circ V$. Ist $\mathfrak{F}$ ein Filter auf X, der gegen x konvergiert, so gehört jede Umgebung von x zu $\mathfrak{F}$. Durchläuft V die symmetrischen Nachbarschaften, so durchläuft $\overset{-1}{V} \circ V = \overset{2}{V}$ eine Nachbarschaftsbasis und $V(x)$ eine Umgebungsbasis von x. Daher enthält $\mathfrak{F}$ beliebig kleine Mengen. Ist insbesondere X die Zahlengerade und $\mathfrak{F}$ ein durch die Folge $\{x_n\}$ definierter Elementarfilter, so ist die Aussage, daß $\mathfrak{F}$ beliebig kleine Mengen enthält, gleichwertig mit der Aussage, daß es zu jedem $\varepsilon > 0$ ein Endstück der Folge gibt, so daß für je zwei Glieder x_n und x_m des Endstückes $|x_n - x_m| < \varepsilon$ ist. Hiervon und von dem Cauchyschen Konvergenzkriterium für reelle Zahlenfolgen rührt die

Definition 2. Ein Filter auf dem uniformen Raum X heißt Cauchy-Filter, wenn er beliebig kleine Mengen enthält. Eine Folge heißt Cauchy-Folge, wenn der zugehörige Elementarfilter ein Cauchy-Filter ist.

Weil die abgeschlossenen Nachbarschaften eine Nachbarschaftsbasis bilden (2.5 Hilfssatz) folgt aus Hilfssatz 1 der

Hilfssatz 2. Jeder Cauchy-Filter enthält beliebig kleine abgeschlossene Mengen.

Nach dem zuvor Bemerkten gilt

Satz 1. *Auf einem uniformen Raum ist jeder konvergente Filter ein Cauchy-Filter.*

Die Umkehrung des Satzes gilt im allgemeinen nicht, beispielsweise nicht für die rationalen Zahlen (mit der üblichen Metrik). Eine Cauchy-Folge rationaler Zahlen braucht nicht gegen eine rationale Zahl zu konvergieren; die Umkehrung von Satz 1 gilt erst in dem umfassenden Raum der reellen Zahlen. An Stelle der Umkehrung von Satz 1 tritt

Satz 2. *Jeder Cauchy-Filter konvergiert gegen seine Häufungspunkte.*

Beweis. Sei x Häufungspunkt des Cauchy-Filters $\mathfrak{F}$ und V eine beliebige Nachbarschaft. Wegen Hilfssatz 2 gibt es eine abgeschlossene Menge F von $\mathfrak{F}$, die klein von der Ordnung V ist. Nach Definition des Häufungspunktes ist $x \in F$ und daher $F \subset V(x)$. Es folgt, daß $\mathfrak{F}$ feiner als der Umgebungsfilter von x ist, was zu zeigen war.

Die Definition der gleichmäßigen Stetigkeit in 1.5 sagt aus, daß bei einer gleichmäßig stetigen Abbildung $f\colon X \to Y$ „hinreichend kleine" Teilmengen von X „kleine" Bilder haben. Zusammen mit der Definition des Cauchy-Filters ergibt sich unmittelbar

Satz 3. *Sei $f\colon X \to Y$ eine gleichmäßig stetige Abbildung. Ist $\mathfrak{F}$ ein Cauchy-Filter auf X, so ist sein Bild $f(\mathfrak{F})$ ein Cauchy-Filter auf Y.*

Anmerkung 2. Eine Abbildung, die Cauchy-Filter von X in Cauchy-Filter von Y überführt, ist sicher stetig, sie braucht aber nicht gleichmäßig stetig zu sein, wie die Funktion e^x zeigt.

Nimmt man für die Abbildung in Satz 3 insbesondere die Inklusion eines Teilraumes A in den uniformen Raum X, so erhält man, daß für jeden Cauchy-Filter auf A die Fortsetzung auf X ein Cauchy-Filter ist. Umgekehrt gilt

Satz 4. *Es sei Y ein uniformer Raum, und es besitze X die von der Abbildung $f\colon X \to Y$ induzierte uniforme Struktur. Ferner sei $\mathfrak{G}$ ein Cauchy-Filter auf Y. Besitzt $\mathfrak{G}$ ein Urbild bezüglich f, so ist es ein Cauchy-Filter.*

Beweis. Durchläuft V die Nachbarschaften von Y, so bilden die Mengen $\overset{-1}{(f\times f)}(V)$ eine Nachbarschaftsbasis von X. Ist die Teilmenge B von Y klein von der Ordnung V, so ist ihr Urbild bezüglich f klein von der Ordnung $\overset{-1}{(f\times f)}(V)$, woraus die Behauptung folgt.

3.2 Vollständige Räume. Die bedeutsame Rolle, die das Cauchysche Konvergenzkriterium bereits in der Differential- und Integralrechnung spielt, läßt erwarten, daß denjenigen uniformen Räumen, in denen jeder Cauchy-Filter konvergiert, besonderes Interesse zukommt.

Definition. Ein uniformer Raum heißt vollständig, wenn jeder Cauchy-Filter konvergiert. Ein metrischer Raum heißt vollständig, wenn er als uniformer Raum vollständig ist.

In einem vollständigen Raum sind also Cauchy-Filter und konvergenter Filter gleichwertige Begriffe.

Beispiel. Die Zahlengerade R ist vollständig. Sei $\mathfrak{F}$ ein Cauchy-Filter. Zu $\varepsilon > 0$ gibt es eine Menge M von $\mathfrak{F}$, so daß für je zwei Zahlen x, y aus M gilt $|x-y| < \varepsilon$. Sei $x_0 \in M$ und A die Menge der Zahlen y mit $|y - x_0| \leqq \varepsilon$. A ist kompakt, und wegen $M \subset A$ induziert $\mathfrak{F}$ einen Filter auf A. Dieser besitzt einen Häufungspunkt, also auch $\mathfrak{F}$, und $\mathfrak{F}$ konvergiert wegen 3.1 Satz 2. Ebenso schließt man, daß R^n vollständig ist.

Wie das Beispiel der rationalen Zahlen zeigt, braucht ein Teilraum eines vollständigen Raumes nicht vollständig zu sein. Es gilt jedoch

Satz 1. *Jeder abgeschlossene Teilraum eines vollständigen Raumes ist vollständig. Jeder vollständige Teilraum eines (nicht notwendig vollständigen) separierten uniformen Raumes ist abgeschlossen.*

Beweis. Sei zunächst X vollständig und G eine abgeschlossene Menge in X. Ferner sei $\mathfrak{F}$ ein Cauchy-Filter auf G und $\mathfrak{F}'$ seine Fortsetzung auf X. $\mathfrak{F}'$ ist ein Cauchy-Filter (3.1 Satz 3) und konvergiert nach Voraussetzung über X. Ist $y \in \lim \mathfrak{F}'$, so ist $y \in G$, weil G eine abgeschlossene Menge des Filters $\mathfrak{F}'$ ist. Hieraus folgt, daß auch $\mathfrak{F}$ gegen y konvergiert, und es ist G vollständig.

Sei nun A ein vollständiger Teilraum des separierten uniformen Raumes X. Sei ferner x irgendein Punkt von $\bar{A}$. Der Umgebungsfilter $\mathfrak{B}(x)$ von x induziert einen

Filter $\mathfrak{F}$ auf A, der wegen 3.1 Satz 4 ein Cauchy-Filter ist. Wegen der Vollständigkeit von A konvergiert $\mathfrak{F}$, etwa gegen $y \in A$. Die Fortsetzung von $\mathfrak{F}$ auf X konvergiert dann ebenfalls gegen y und auch gegen x, weil sie feiner als $\mathfrak{B}(x)$ ist. Weil X separiert ist, muß $x = y$ sein, und es folgt $A = \bar{A}$.

Ein diskreter uniformer Raum X ist vollständig: Weil die Diagonale von $X \times X$ Nachbarschaft von X ist, muß jeder Cauchy-Filter eine einpunktige Menge enthalten und konvergiert daher gegen diesen Punkt. Bei der Separation eines uniformen Raumes bleibt die Vollständigkeit erhalten. Genauer gilt

Satz 2. *Ein uniformer Raum X ist genau dann vollständig, wenn sein assoziierter separierter Raum $\dot{X}$ vollständig ist.*

Beweis. Sei X vollständig. Ist $\dot{\mathfrak{F}}$ ein Cauchy-Filter auf $\dot{X}$, so besitzt $\dot{\mathfrak{F}}$ ein Urbild $\mathfrak{F}$ bezüglich $p\colon X \twoheadrightarrow \dot{X}$, weil p surjektiv ist. Wegen 3.1 Satz 4 ist $\mathfrak{F}$ ein Cauchy-Filter, denn X besitzt die von p induzierte uniforme Struktur (2.3 Satz 1). Nach Voraussetzung konvergiert $\mathfrak{F}$. Ist $x \in \lim \mathfrak{F}$, so konvergiert $p(\mathfrak{F})$ gegen $p(x)$, weil p stetig ist, und es ist $\dot{\mathfrak{F}}$ mit $p(\mathfrak{F})$ identisch (I.6.1 Satz 2). Also ist $\dot{X}$ vollständig. Sei nun umgekehrt $\dot{X}$ vollständig. Ist $\mathfrak{F}$ ein Cauchy-Filter auf X, so ist $p(\mathfrak{F})$ wegen der gleichmäßigen Stetigkeit von p und 3.1 Satz 3 ein Cauchy-Filter auf $\dot{X}$. Sei $\dot{x} = \lim p(\mathfrak{F})$. Weil X die von p induzierte Topologie besitzt (2.3 Satz 1 und 2.2 Satz 2), konvergiert $\overset{-1}{p}(p(\mathfrak{F}))$ gegen jedes Urbild von $\dot{x}$ (vgl. I.4.1 Satz 1) und damit auch der feinere Filter $\mathfrak{F}$.

3.3 Fortsetzung von Abbildungen. Die Bedeutung der vollständigen Räume zeigt sich bei Abbildungen. Sei A eine Teilmenge des topologischen Raumes X und $f\colon A \to Y$ eine stetige Abbildung von A in den separierten vollständigen Raum Y. Nach 1.4 Satz 3 ist Y regulär, und nach I.6.4 Satz 2 besitzt f genau dann eine stetige Fortsetzung $\bar{f}\colon \bar{A} \to Y$, wenn $\lim\limits_{\substack{x \to z \\ x \in A}} f(x)$ für alle $z \in \bar{A}$ existiert. Wegen der Vollständigkeit von Y läßt sich dies auch so aussprechen:

Satz 1. *Es sei A ein Teilraum des topologischen Raumes X und $f\colon A \to Y$ eine stetige Abbildung in den separierten vollständigen Raum Y. f besitzt eine stetige Fortsetzung $\bar{f}\colon \bar{A} \to Y$ genau dann, wenn für jedes $x \in \bar{A}$ gilt: Die Spur des Umgebungsfilters von x auf A besitzt einen Cauchy-Filter als Bild bezüglich f. Existiert eine stetige Fortsetzung von f, so ist sie eindeutig bestimmt.*

Die Bedingung des Satzes ist wegen 3.1 Sätze 1, 4 und 3 sicher dann erfüllt, wenn X ein uniformer Raum und f gleichmäßig stetig ist. Wir wollen zeigen, daß dann $\bar{f}$ sogar gleichmäßig stetig ist. Dazu beweisen wir zunächst den

Hilfssatz 1. Es sei X ein uniformer Raum und A dicht in X. Bildet man für die Nachbarschaften von A die abgeschlossenen Hüllen in $X \times X$, so erhält man eine Nachbarschaftsbasis für X.

Beweis. Weil A dicht in X ist, ist $A \times A$ dicht in $X \times X$ (vgl. I.(4.2)). Sei V eine offene Nachbarschaft von X und $U = (A \times A) \cap V$. Wegen I.6.4 Hilfssatz ist U dicht in V, also $V \subset \bar{U}$. Wegen $U \subset V$ ist außerdem $\bar{U} \subset \bar{V}$. Nach dem Hilfssatz von 2.5 erhält man eine Nachbarschaftsbasis von X, wenn V die offenen Nachbarschaften durchläuft. U durchläuft dann eine Nachbarschaftsbasis von A. Ferner durchläuft $\bar{V}$ eine Nachbarschaftsbasis von X, weil nach dem Hilfssatz von 2.5 jede Nachbarschaft eine abgeschlossene und auch noch die abgeschlossene Hülle einer offenen Nachbarschaft umfaßt. Damit folgt aus $V \subset \overline{U} \subset \bar{V}$ die Behauptung.

Satz 2. *Es sei A ein Teilraum des uniformen Raumes X und $f: A \to Y$ eine gleichmäßig stetige Abbildung von A in den separierten vollständigen Raum Y. f besitzt eine eindeutig bestimmte stetige Fortsetzung $\bar{f}: \bar{A} \to Y$, und es ist $\bar{f}$ gleichmäßig stetig.*

Beweis. Nur noch die gleichmäßige Stetigkeit von $\bar{f}$ ist zu beweisen. Wegen der Stetigkeit von $\bar{f}$ ist $\bar{f}\times\bar{f}: \bar{A}\times\bar{A} \to Y\times Y$ stetig (I.4.7 Satz 2). Sei W eine abgeschlossene Nachbarschaft von Y. Das Urbild von W bezüglich $\bar{f}\times\bar{f}$ ist eine abgeschlossene Teilmenge V von $\bar{A}\times\bar{A}$. $V \cap A\times A$ ist Urbild von W bezüglich $f\times f$ und eine Nachbarschaft von A wegen der gleichmäßigen Stetigkeit von f. Nach Hilfssatz 1 ist $\overline{V \cap A\times A}$ eine Nachbarschaft von $\bar{A}$ und damit auch die Obermenge $\bar{V} = V$. Weil die abgeschlossenen Nachbarschaften eine Basis bilden, folgt die gleichmäßige Stetigkeit von $\bar{f}$.

Satz 3. *Es sei Y ein separierter uniformer Raum und X ein in Y dichter Teilraum. Läßt sich X durch eine Metrik d metrisieren, so setzt sich d zu einer Metrik auf Y fort, die den uniformen Raum Y metrisiert.*

Beweis. Sei X durch die Metrik d metrisierbar. Nach dem Satz in 2.6 ist $d: X\times X \to \mathsf{R}$ gleichmäßig stetig. R ist vollständig (3.2 Beispiel). $X\times X$ ist dicht in $Y\times Y$ (I. (4.2)). Nach Satz 2 besitzt d eine gleichmäßig stetige Fortsetzung $\bar{d}: Y\times Y \to \mathsf{R}$. Wir zeigen, daß $\bar{d}$ eine Quasimetrik auf Y ist. Zunächst ist die Diagonale Δ von $X\times X$ dicht in der Diagonalen H von $Y\times Y$. $\bar{d}|H$ ist eine stetige Fortsetzung von $\bar{d}|\Delta = 0$. Daraus folgt (I.6.4 Satz 1) $\bar{d}|H = 0$, also $\bar{d}(y, y) = 0$ für alle y. Ferner ist $\bar{d}(x_1, x_2) - \bar{d}(x_2, x_1) = 0$ für alle $(x_1, x_2) \in X\times X$. Weil $X\times X$ in $Y\times Y$ dicht und $\bar{d}$ stetig ist, folgt $\bar{d}(y_1, y_2) - \bar{d}(y_2, y_1) = 0$ für alle $(y_1, y_2) \in Y\times Y$. Zum Nachweis der Dreiecksungleichung bemerken wir, daß es wegen der gleichmäßigen Stetigkeit von $\bar{d}$ zu beliebigem reellem $\varepsilon > 0$ eine Nachbarschaft W von $Y\times Y$ gibt, so daß $|\bar{d}(y_1, y_2) - \bar{d}(z_1, z_2)| < \varepsilon$ ist für je zwei von der Ordnung W benachbarte Punkte (y_1, y_2), (z_1, z_2) von $Y\times Y$. W kann gemäß 2.5 von der Form $j(V\times V)$ gewählt werden, wobei V eine geeignete Nachbarschaft von Y ist. Seien nun y_1, y_2, y_3 irgend drei Punkte aus Y. Weil X dicht in Y ist, gibt es für $i = 1, 2, 3$ einen Punkt $x_i \in X \cap V(y_i)$. Dann ist $|\bar{d}(y_i, y_k) - \bar{d}(x_i, x_k)| < \varepsilon$. Wegen $\bar{d}(x_i, x_k) = d(x_i, x_k)$ und $d(x_1, x_3) \leqq d(x_1, x_2) + d(x_2, x_3)$ folgt $\bar{d}(y_1, y_3) \leqq \bar{d}(y_1, y_2) + \bar{d}(y_2, y_3) + 3\varepsilon$ und hieraus die Dreiecksungleichung für $\bar{d}$, weil ε beliebig gewählt werden kann. Für $y_3 = y_1$ folgt noch $\bar{d}(y_1, y_2) \geqq 0$. Also ist $\bar{d}$ eine Quasimetrik.

Sei $\mathfrak{U}$ die uniforme Struktur von Y. Wir zeigen, daß $\mathfrak{U}$ zu $\bar{d}$ gehört. Weil Y separiert ist, folgt damit auch, daß $\bar{d}$ eine Metrik ist. Für $\varepsilon > 0$ wird durch $\bar{d}(y_1, y_2) \leqq \varepsilon$ eine Teilmenge $V(\varepsilon)$ von $Y\times Y$ definiert, die als Urbild von $[0, \varepsilon]$ bezüglich der stetigen Abbildung $\bar{d}$ abgeschlossen ist. Nach Voraussetzung ist $U(\varepsilon) = V(\varepsilon) \cap (X\times X)$ eine Nachbarschaft von X, und wegen Hilfssatz 1 ist $\overline{U}(\varepsilon)$ eine Nachbarschaft von Y. Wegen $\overline{U}(\varepsilon) \subset \bar{V}(\varepsilon) = V(\varepsilon)$ ist $V(\varepsilon)$ eine Nachbarschaft von Y. Durchläuft ε die positiven reellen Zahlen, so bilden wegen 2.5 Hilfssatz die Mengen $V(\varepsilon)$

eine Basis der zu $\bar{d}$ gehörigen uniformen Struktur. Damit folgt, daß diese Struktur gröber als $\mathfrak{U}$ ist. Sei umgekehrt W eine abgeschlossene Nachbarschaft von Y. $W \cap (X \times X)$ umfaßt eine Nachbarschaft $U_\varepsilon = \{(x_1, x_2) \mid d(x_1, x_2) < \varepsilon\}$ von X. Die durch $\bar{d}(y_1, y_2) < \varepsilon$ definierte Teilmenge V_ε von $Y \times Y$ ist offen, und es ist $U_\varepsilon = V_\varepsilon \cap (X \times X)$. U_ε ist dicht in V_ε wegen I.6.4 Hilfssatz. Es folgt $V_\varepsilon \subset \overline{U}_\varepsilon \subset \overline{W} = W$. Weil die abgeschlossenen Nachbarschaften von Y eine Basis von $\mathfrak{U}$ bilden, ist $\mathfrak{U}$ gröber als die zu $\bar{d}$ gehörige uniforme Struktur. Also stimmen beide Strukturen überein, was zu zeigen war.

Satz 4. *Es seien X und Y separierte vollständige Räume, und es sei A dicht in X und B dicht in Y. Ist $f\colon A \rightarrowtail\!\!\twoheadrightarrow B$ eine Isomorphie,* so *setzt sich f zu einem Isomorphismus von X auf Y fort.*

Beweis. Sei $g = f^{-1}$. Nach Satz 2 besitzen f und g gleichmäßig stetige Fortsetzungen $\bar{f}$ bzw. $\bar{g}$. Dann ist $\bar{g} \circ \bar{f}$ eine stetige Fortsetzung der identischen Abbildung $f^{-1} \circ f$ von A. Wegen der Eindeutigkeit der Fortsetzung ist $\bar{g} \circ \bar{f}$ die identische Abbildung id_X von X. Ebenso ist $\bar{f} \circ \bar{g} = id_Y$. Hieraus folgt $\bar{g} = \bar{f}^{-1}$, und $\bar{f}$ ist eine Isomorphie, weil $\bar{f}$ und $\bar{f}^{-1}$ gleichmäßig stetig sind.

Es liegt die Frage nahe, ob man von einer dichten Teilmenge eines uniformen Raumes auf die Vollständigkeit des Raumes schließen kann. Hierüber gilt

Hilfssatz 2. Es sei X ein uniformer Raum und A eine in X dichte Teilmenge. X ist genau dann vollständig, wenn jeder Cauchy-Filter auf A eine konvergente Fortsetzung auf X besitzt.

Beweis. Ist X vollständig, so ist die Fortsetzung eines Cauchy-Filters auf A ein Cauchy-Filter von X nach 3.1 Satz 3 und daher konvergent. Zum Beweis der Umkehrung sei $\mathfrak{F}$ ein Cauchy-Filter auf X. Wir müssen zeigen, daß $\mathfrak{F}$ konvergiert. $\mathfrak{F}$ braucht keinen Filter auf A zu induzieren. Wir gehen daher zu einem gröberen Filter $\mathfrak{G}$ über. Die Mengen der Gestalt $V(M)$ (vgl. (1.11)), wobei V alle Nachbarschaften und M alle Mengen von $\mathfrak{F}$ durchläuft, bilden die Basis eines Filters $\mathfrak{G}$. Sind nämlich V und V' zwei beliebige Nachbarschaften und M, M' zwei beliebige Mengen von $\mathfrak{F}$, so ist $V \cap V' = W$ eine Nachbarschaft und $M \cap M'$ eine Menge von $\mathfrak{F}$, und wegen (1.11) ist $W(M \cap M') \subset W(M) \cap W(M') \subset V(M) \cap V'(M')$. Außerdem ist $\mathfrak{G}$ ein Cauchy-Filter: Ist V eine beliebige symmetrische Nachbarschaft, so gibt es eine Menge M von $\mathfrak{F}$, die klein von der Ordnung V ist. $V(M)$ ist klein von der Ordnung $\overset{3}{V}$. Zu x, y in $V(M)$ gibt es nämlich Punkte x', y' in M, so daß (x', x) und (y', y) in V liegen; außerdem ist $(x', y') \in V$, und wegen der Symmetrie von V ist $(x, y) \in \overset{3}{V}$. Durchläuft nun V die symmetrischen Nachbarschaften, so durchläuft $\overset{3}{V}$ eine Nachbarschaftsbasis, woraus folgt, daß $\mathfrak{G}$ beliebig kleine Mengen enthält. Wegen $M \subset V(M)$ ist $\mathfrak{F}$ feiner als $\mathfrak{G}$, und es genügt zu zeigen, daß $\mathfrak{G}$ konvergiert. Weil $V(M)$ eine nicht-leere offene Menge umfaßt und A dicht in X ist, ist $V(M) \cap A \neq \emptyset$. Daher induziert $\mathfrak{G}$ einen Filter $\mathfrak{G}'$ auf A, der wegen 3.1 Satz 4 ein Cauchy-Filter ist. Die Fortsetzung von $\mathfrak{G}'$ auf X konvergiert nach Voraussetzung. Der gröbere Filter $\mathfrak{G}$ besitzt daher einen Häufungspunkt und ist wegen 3.1 Satz 2 konvergent. (Übrigens gilt: Unter den Cauchy-Filtern, die gröber als $\mathfrak{F}$ sind, ist $\mathfrak{G}$ der gröbste.)

3.4 Vervollständigung. Wir können nun zeigen, daß sich jeder uniforme Raum in einen vollständigen einbetten läßt. Der Vorgang ist von den reellen Zahlen her bekannt: Man kann sie aus den rationalen Zahlen als Klassen von Cauchy-Folgen rationaler Zahlen erhalten, wobei zwei solche Folgen zur selben Klasse gehören, wenn ihre Differenz eine Nullfolge ist. Um die nicht-separierten Räume mit zu erfassen, rücken wir die Klassenbildung ans Ende der Konstruktion.

Satz 1. *Zu jedem uniformen Raum X gibt es einen vollständigen uniformen Raum $\tilde{X}$ derart, daß X isomorph zu einer dichten Teilmenge von $\tilde{X}$ ist. Ist X außerdem separiert, so gibt es einen (bis auf Isomorphie) eindeutig bestimmten, separierten vollständigen Raum $\hat{X}$, die vollständige Hülle von X, derart, daß X isomorph zu einer dichten Teilmenge von $\hat{X}$ ist.*

Beweis. Es sei $\tilde{X}$ die Menge der Cauchy-Filter auf X. Um Doppeldeutigkeiten zu vermeiden, bezeichnen wir den Punkt von $\tilde{X}$, der durch den Cauchy-Filter $\mathfrak{x}$ auf X bestimmt ist, mit $\tilde{\mathfrak{x}}$. Jeder Punkt x von X ist Basis des Filters seiner Obermengen, und dieser ist ein Cauchy-Filter. Ordnen wir jedem Punkte von X diesen Cauchy-Filter zu, so entsteht die Injektion $i\colon X \rightarrowtail \tilde{X}$ der Menge X in $\tilde{X}$.

Wir definieren auf $\tilde{X}$ eine uniforme Struktur folgendermaßen: Es sei V eine beliebige symmetrische Nachbarschaft von X. Ihr wird eine Nachbarschaft $\tilde{V}$ von $\tilde{X}$ zugeordnet. Die Punkte $\tilde{\mathfrak{x}}, \tilde{\mathfrak{y}}$ von $\tilde{X}$ sollen genau dann von der Ordnung $\tilde{V}$ benachbart sein, wenn die Filter $\mathfrak{x}$ und $\mathfrak{y}$ eine Menge gemein haben, die klein von der Ordnung V ist. Hieraus folgt unmittelbar, daß $i(x)$ und $i(y)$ genau dann von der Ordnung $\tilde{V}$ benachbart sind, wenn x und y benachbart von der Ordnung V sind. Wenn wir also zeigen können, daß die $\tilde{V}$ die Basis eines Nachbarschaftsfilters von $\tilde{X}$ bilden, so bewirkt i einen Isomorphismus von X auf $i(X)$. Tatsächlich gilt

(a) Für jedes $\tilde{\mathfrak{x}} \in \tilde{X}$ und $\tilde{V}$ ist $(\tilde{\mathfrak{x}}, \tilde{\mathfrak{x}}) \in \tilde{V}$, weil der Cauchy-Filter $\mathfrak{x}$ jedenfalls eine Menge enthält, die klein von der Ordnung V ist. Also gilt (U 1′) von 1.3.

(b) Nach Definition sind die Mengen $\tilde{V}$ symmetrisch, also gilt (U 2′).

(c) Ist V eine symmetrische Nachbarschaft von X, so gibt es eine symmetrische Nachbarschaft W von X mit $\overset{2}{W} \subset V$. Ist $(\tilde{\mathfrak{x}}, \tilde{\mathfrak{y}}) \in \tilde{W}$ und $(\tilde{\mathfrak{y}}, \tilde{\mathfrak{z}}) \in \tilde{W}$, so haben die Filter $\mathfrak{x}$ und $\mathfrak{y}$ eine Menge M und die Filter $\mathfrak{y}$ und $\mathfrak{z}$ eine Menge N gemein, so daß M und N klein von der Ordnung W sind. $M \cup N$ ist Obermenge von M und N, gehört also zu $\mathfrak{x}$, $\mathfrak{y}$ und $\mathfrak{z}$. Weil M und N zu $\mathfrak{y}$ gehören, ist $M \cap N$ nicht leer, woraus wegen der Symmetrie von W folgt, daß $M \cup N$ klein von der Ordnung $\overset{2}{W}$, also auch klein von der Ordnung V ist. Hieraus folgt $(\tilde{\mathfrak{x}}, \tilde{\mathfrak{z}}) \in \tilde{V}$ und damit (U 3′).

(d) Die Mengen $\tilde{V}$ bilden eine Filterbasis. Für je zwei symmetrische Nachbarschaften V und V' von X ist $W = V \cap V'$ eine symmetrische Nachbarschaft. Haben nun die Cauchy-Filter $\mathfrak{x}$ und $\mathfrak{y}$ auf X eine Menge M gemein, die klein von der Ordnung W ist, so ist M auch klein von den Ordnungen V und V' wegen $W \subset V$ und $W \subset V'$. Damit folgt $\tilde{W} \subset \tilde{V} \cap \tilde{V}'$.

Für den ersten Teil des Satzes bleibt zu zeigen, daß $\tilde{X}$ vollständig und daß $i(X)$ dicht in $\tilde{X}$ ist. Sei dazu $\mathfrak{x}$ ein beliebiger Cauchy-Filter auf X, also $\tilde{\mathfrak{x}}$ ein beliebiger Punkt von $\tilde{X}$, und V eine beliebige symmetrische Nachbarschaft von X, also $\tilde{V}$

eine beliebige Menge der oben erklärten Nachbarschaftsbasis von $\tilde{X}$. Dann enthält $\mathfrak{x}$ eine Menge M, die klein von der Ordnung V ist. Für $x \in M$ ist $(i(x), \tilde{\mathfrak{x}}) \in \tilde{V}$, also $i(x) \in \tilde{V}(\tilde{\mathfrak{x}})$. Hieraus folgt, daß $i(X)$ von jeder Umgebung von $\tilde{\mathfrak{x}}$ getroffen wird und daß $i(X)$ dicht in $\tilde{X}$ ist. Ferner folgt $i(M) \subset \tilde{V}(\tilde{\mathfrak{x}})$, was besagt, daß der Filter $i(\mathfrak{x})$ auf $\tilde{X}$ gegen den Punkt $\tilde{\mathfrak{x}}$ konvergiert. Weil nun aber X durch i isomorph auf $i(X)$ abgebildet wird, sind die Filter der Gestalt $i(\mathfrak{x})$ von $\tilde{X}$ nichts anderes als die Fortsetzungen der Cauchy-Filter von $i(X)$, und wegen 3.3 Hilfssatz 2 ist $\tilde{X}$ vollständig. Der erste Teil des Satzes ist damit bewiesen.

Sei nun X separiert. Der zu $\tilde{X}$ assoziierte separierte Raum sei $\hat{X}$ und $p\colon \tilde{X} \twoheadrightarrow \hat{X}$ die zugehörige Projektion. Nach 3.2 Satz 2 ist $\hat{X}$ vollständig. Weil $\tilde{X}$ durch p stetig auf $\hat{X}$ abgebildet wird, ist $p(i(X))$ dicht in $\hat{X}$ (I.2.8 Satz 3 (b)). Ferner ist $p \circ i\colon X \to \hat{X}$ injektiv: Sind x und y verschiedene Punkte von X, so gibt es eine symmetrische Nachbarschaft V, so daß $(x, y) \notin V$ ist. Daraus folgt $(i(x), i(y)) \notin \tilde{V}$ und $p(i(x)) \neq p(i(y))$ nach Definition von $\hat{X}$. Außerdem wird X durch $p \circ i$ isomorph abgebildet, denn es besitzt $\tilde{X}$ die von p induzierte uniforme Struktur (2.3 Satz 1), X die von i induzierte und wegen 2.2 Satz 4 auch die von $p \circ i$ induzierte. Daß $\hat{X}$ schließlich bis auf Isomorphie eindeutig bestimmt ist, folgt aus 3.3 Satz 4. Damit ist der Satz vollständig bewiesen.

Anmerkung. Die Konstruktion von $\hat{X}$ kann unmittelbar ohne $\tilde{X}$ erfolgen. Die Punkte von $\hat{X}$ sind Klassen von Cauchy-Filtern auf X, wobei zwei Cauchy-Filter genau dann zur selben Klasse gehören, wenn ihr Durchschnitt ein Cauchy-Filter ist. Es gibt übrigens in jeder Klasse einen gröbsten (vgl. das Ende von 3.3).

Die vollständige Hülle $\hat{X}$ eines metrischen Raumes X läßt sich wegen 3.3 Satz 3 durch die Fortsetzung der Metrik von X metrisieren. Unter der vollständigen Hülle eines metrischen Raumes wird stets der mit dieser Metrik versehene Raum verstanden. Die Vollständigkeit metrischer Räume läßt sich übrigens bereits mit Folgen erfassen:

Satz 2. *Ein metrischer Raum X ist genau dann vollständig, wenn jede Cauchy-Folge konvergiert.*

Beweis. Es sei in X jede Cauchy-Folge konvergent und $\hat{X}$ die vollständige Hülle von X. $\hat{X}$ ist metrisch, genügt also dem ersten Abzählbarkeitsaxiom. Wäre $X \neq \hat{X}$, so gäbe es einen Punkt x in $\hat{X}$, der nicht in X läge, und eine Folge von Punkten x_n aus X, die gegen x konvergierte. Die Folge $\{x_n\}$ wäre eine Cauchy-Folge in X, die wegen der Eindeutigkeit des Limes nicht in X konvergieren könnte, im Widerspruch zur Voraussetzung. Die Umkehrung ist trivial.

Auf Satz 2 beruht es, daß man für einen metrischen Raum X die Konstruktion der vollständigen Hülle $\hat{X}$ mit Folgen ausführen kann. Die Punkte von $\hat{X}$ sind Klassen von Cauchy-Folgen aus X. Die Definition der Klassen (vgl. die obige Anmerkung) kann vermöge der Metrik ohne Filterbegriff angegeben werden.

3.5 Vollständige Produkte. Unabhängig von der Vollständigkeit gilt zunächst

Satz 1. *Sei $X = \prod X_\lambda$ ein Produkt uniformer Räume. Ein Filter $\mathfrak{F}$ auf X ist genau dann ein Cauchy-Filter, wenn seine Projektionen $p_\lambda(\mathfrak{F})$ sämtlich Cauchy-Filter sind.*

Beweis. Ist $\mathfrak{F}$ ein Cauchy-Filter, so ist wegen 3.1 Satz 3 auch $p_\lambda(\mathfrak{F})$ ein Cauchy-Filter, weil $p_\lambda\colon X \twoheadrightarrow X_\lambda$ gleichmäßig stetig ist. Seien umgekehrt alle $p_\lambda(\mathfrak{F})$ Cauchy-Filter. Sei $V = j(\prod V_\lambda)$ eine Menge der natürlichen Nachbarschaftsbasis von X (vgl. 2.4), wobei etwa $V_\lambda \neq X_\lambda \times X_\lambda$ für $\lambda = \varkappa_1, \varkappa_2, \ldots, \varkappa_n$ sei. In $p_{\varkappa_i}(\mathfrak{F})$ gibt es eine Menge $A_{\varkappa_i}$, die klein von der Ordnung $V_{\varkappa_i}$ ist. Setzt man $A_\lambda = X_\lambda$ für $\lambda \neq \varkappa_i$, so ist $A_\lambda \times A_\lambda \subset V_\lambda$ für alle λ, also $A = \prod A_\lambda$ klein von der Ordnung V. Außerdem ist A eine Menge von $\mathfrak{F}$ (vgl. I.6.3), woraus folgt, daß $\mathfrak{F}$ ein Cauchy-Filter ist.

Satz 2. *Das nicht-leere Produkt $X = \prod X_\lambda$ der uniformen Räume X_λ ist genau dann vollständig, wenn alle X_λ vollständig sind.*

Beweis. Sind alle X_λ vollständig, so ist X vollständig wegen Satz 1 und I.6.3 Satz 1. Sei umgekehrt X vollständig. Wegen $X \neq \emptyset$ sind die Projektionen $p_\lambda\colon X \to X_\lambda$ surjektiv. Für jedes λ sei $\mathfrak{F}_\lambda$ irgendein Cauchy-Filter auf X_λ. Sei $\mathfrak{F} = \prod \mathfrak{F}_\lambda$ (vgl. I.6.3). Dann ist $\mathfrak{F}_\lambda = p_\lambda(\mathfrak{F})$, und wegen Satz 1 ist $\mathfrak{F}$ ein Cauchy-Filter. $\mathfrak{F}$ konvergiert, weil X vollständig ist. Wegen der Stetigkeit von p_λ konvergiert auch $p_\lambda(\mathfrak{F}) = \mathfrak{F}_\lambda$, woraus die Vollständigkeit aller X_λ folgt.

Satz 3. *Sei $X = \prod X_\lambda$ ein Produkt separierter uniformer Räume. Für die vollständigen Hüllen $\hat{X}$ und $\hat{X}_\lambda$ gilt: $\hat{X}$ ist isomorph zu $\prod \hat{X}_\lambda$.*

Beweis. Wegen I.6.3 Satz 2 ist X separiert, so daß $\hat{X}$ einen Sinn hat. Wir können X_λ als Teilraum von $\hat{X}_\lambda$ und damit X als Teilraum von $\prod \hat{X}_\lambda$ auffassen, wobei das Produkt wegen Satz 2 vollständig ist. Nach I.(4.2) gilt dann

$$\overline{X} = \overline{\prod X_\lambda} = \prod \overline{X}_\lambda = \prod \hat{X}_\lambda$$

und damit die Behauptung wegen der Eindeutigkeit von $\hat{X}$ (3.4 Satz 1).

3.6 Kompakte Räume. Ist X ein kompakter Raum, so ist X vollständig regulär und nach 2.7 Satz 1 uniformisierbar. Wird X uniformisiert, so ist X vollständig: Jeder Cauchy-Filter auf X besitzt einen Häufungspunkt, weil X kompakt ist, und ist konvergent wegen 3.1 Satz 2. Darüber hinaus gilt der grundlegende

Satz 1. *Ist X ein kompakter Raum, so ist X auf genau eine Weise uniformisierbar. Der Filter der Nachbarschaften besteht aus allen Umgebungen der Diagonalen Δ von $X \times X$. Der uniforme Raum X ist vollständig.*

Beweis. Sei $\mathfrak{U}$ der Nachbarschaftsfilter irgendeiner uniformen Struktur von X, zu der die Topologie von X gehört. Die Nachbarschaften sind nach 2.5 jedenfalls Umgebungen von Δ. Nehmen wir an, daß es eine Umgebung von Δ gibt, die nicht zu $\mathfrak{U}$ gehört. Dann gibt es auch eine offene dieser Art, etwa W. Auf $\complement W$ induziert $\mathfrak{U}$ einen Filter $\mathfrak{F}$, weil andernfalls W eine Nachbarschaft umfaßte und damit selbst zu $\mathfrak{U}$ gehörte. $\mathfrak{F}$ besitzt auf $\complement W$ einen Häufungspunkt (x, y), weil die abgeschlossene Teilmenge $\complement W$ von $X \times X$ ebenso wie $X \times X$ kompakt ist. (x, y) müßte nun allen abgeschlossenen Nachbarschaften angehören. Diese bilden jedoch eine Basis von $\mathfrak{U}$, und ihr Durchschnitt ist Δ, weil X separiert ist, womit wir die sich widersprechenden Aussagen $(x, y) \in \complement W$ und $(x, y) \in \Delta$ erhalten. Also gehört jede Umgebung von Δ zu $\mathfrak{U}$, was zu zeigen war.

Man beachte, daß ein lokalkompakter Raum zwar uniformisierbar ist, aber verschiedene Uniformisierungen besitzen kann, auch solche, in denen er vollständig ist, die also nicht von einer Kompaktifizierung induziert werden. Die reellen Zahlen bilden ein Beispiel.

Satz 1 hat bemerkenswerte Konsequenzen.

Satz 2. *Ist $f: X \to Y$ eine stetige Abbildung des kompakten Raumes X in den uniformen Raum Y, so ist f gleichmäßig stetig.*

Beweis. Mit f ist auch $f \times f: X \times X \to Y \times Y$ stetig. Ist W eine offene Nachbarschaft von Y, so ist das Urbild von W bezüglich $f \times f$ eine offene Menge von $X \times X$, welche die Diagonale von $X \times X$ umfaßt, also eine Nachbarschaft von X. Weil die offenen Nachbarschaften von Y eine Nachbarschaftsbasis bilden, ergibt sich die Behauptung.

Satz 2 enthält den bekannten Spezialfall, daß eine stetige reelle Funktion, die in einem kompakten Intervall stetig ist, in diesem Intervall auch gleichmäßig stetig ist (Satz von Heine).

Wenn man berücksichtigt, daß die Einschränkung einer gleichmäßig stetigen Abbildung $f: X \to Y$ auf einen Teilraum A von X gleichmäßig stetig ist, so ergibt sich aus Satz 2 und 3.3 Satz 2

Satz 3. *Es sei A eine dichte Teilmenge des kompakten Raumes X und $f: A \to Y$ eine Abbildung von A in den separierten vollständigen Raum Y. f läßt sich genau dann zu einer stetigen Abbildung von X in Y fortsetzen, wenn f gleichmäßig stetig ist (bezüglich der von X auf A induzierten uniformen Struktur).*

3.7 Präkompakte Räume. Die Bedeutung der vorangehenden Resultate wirft die Frage auf, wann umgekehrt ein uniformer Raum kompakt ist, oder allgemeiner, wann die vollständige Hülle eines separierten uniformen Raumes kompakt ist. Ein separierter uniformer Raum heißt präkompakt, wenn seine vollständige Hülle kompakt ist. Ein separierter präkompakter Raum ist also genau dann kompakt, wenn er vollständig ist.

Satz. *Ein separierter uniformer Raum X ist genau dann präkompakt, wenn es zu jeder Nachbarschaft V eine endliche Überdeckung von X gibt, deren Mengen klein von der Ordnung V sind.*

Zusatz. Der Satz bleibt bestehen, wenn man zusätzlich verlangt, daß die Überdeckungen offen oder abgeschlossen sein sollen.

Beweis. Wir beweisen zunächst den Zusatz. Sei V eine symmetrische offene Nachbarschaft. Gibt es zu V eine Überdeckung von X mit den endlich vielen Mengen $M_1, M_2, \ldots, M_n$, die sämtlich klein von der Ordnung V sind, so sind die Mengen $\bar{M}_i$ und $V(M_i)$ jedenfalls klein von der Ordnung $\overset{3}{V}$, und es ist $V(M_i)$ offen ((1.11) und Anmerkung in 2.5). Die Mengen $\bar{M}_i$ bilden eine abgeschlossene, die Mengen $V(M_i)$ eine offene endliche Überdeckung von X. Durchläuft V die symmetrischen offenen Nachbarschaften, so durchläuft auch $\overset{3}{V}$ eine Nachbarschaftsbasis (Hilfssatz in 2.5 und 1.3), woraus der Zusatz folgt.

Als nächstes führen wir den Satz auf eine Aussage über vollständige Räume zurück. Sei dazu $\hat{X}$ die vollständige Hülle des separierten uniformen Raumes X. Wir fassen X als Teilraum von $\hat{X}$ auf. Jede Nachbarschaft V von X ist von der Gestalt $V = \hat{V} \cap (X \times X)$, wobei $\hat{V}$ eine Nachbarschaft von $\hat{X}$ ist, und durchläuft V die Nachbarschaften von X, so durchläuft $\bar{V}$ (zu bilden in $\hat{X} \times \hat{X}$) eine Nachbarschaftsbasis von $\hat{X}$ (3.3 Hilfssatz 1). Läßt sich nun $\hat{X}$ mit endlich vielen Mengen, etwa $\hat{M}_1, \hat{M}_2, \ldots, \hat{M}_n$, überdecken, die klein von der Ordnung $\hat{V}$ sind, so bilden die Mengen $M_i = X \cap \hat{M}_i$ eine endliche Überdeckung von X, und es ist M_i klein von der Ordnung $\hat{V} \cap (X \times X) = V$. Ist umgekehrt X mit endlich vielen Mengen $M_1, M_2, \ldots, M_n$ überdeckt, die sämtlich klein von der Ordnung V sind, so ist $\bar{M}_i$ (bezüglich $\hat{X}$) klein von der Ordnung $\bar{V}$, denn es ist $M_i \times M_i \subset V$ und folglich $\bar{M}_i \times \bar{M}_i \subset \bar{V}$. Ferner ist $\bigcup_{i=1}^{n} \bar{M}_i$ als Vereinigung von endlich vielen abgeschlossenen Mengen abgeschlossen in $\hat{X}$, Obermenge von X und wegen $\hat{X} = \bar{X}$ mit $\hat{X}$ identisch. Die im Satz angegebene Überdeckungseigenschaft für X ist also genau dann vorhanden, wenn $\hat{X}$ sie besitzt.

Sei von nun an X ein separierter vollständiger Raum. Es ist noch zu zeigen, daß X genau dann kompakt ist, wenn X die angegebene Überdeckungseigenschaft besitzt. Ist X kompakt und V eine beliebige Nachbarschaft, so gibt es eine offene symmetrische Nachbarschaft W mit $\overset{2}{W} \subset V$. Nun wird X jedenfalls von allen Umgebungen $W(x)$ überdeckt, und weil X kompakt ist, genügen bereits endlich viele zur Überdeckung. $W(x)$ ist klein von der Ordnung $\overset{2}{W}$, also auch klein von der Ordnung V, und es folgt die Aussage des Satzes in der einen Richtung. Sei umgekehrt für X die Überdeckungseigenschaft erfüllt. Wir zeigen, daß X kompakt ist, indem wir nachweisen, daß jeder Ultrafilter konvergiert. Wegen der Vollständigkeit von X ist dies gleichwertig damit, daß jeder Ultrafilter ein Cauchy-Filter ist. Sei $\mathfrak{F}$ ein Ultrafilter und V eine beliebige Nachbarschaft. Nach Voraussetzung kann X durch endlich viele Mengen, etwa $M_1, M_2, \ldots, M_n$, überdeckt werden, die klein von der Ordnung V sind. Wegen I.5.7 Satz 5 gehört mindestens eine der Mengen M_i zu $\mathfrak{F}$. Damit ergibt sich, daß $\mathfrak{F}$ beliebig kleine Mengen enthält. Jeder Ultrafilter ist also ein Cauchy-Filter. Damit ist der Satz bewiesen.

Anmerkung 1. Für einen metrischen Raum X läßt sich die im Satz angegebene Überdeckungseigenschaft so aussprechen: Für jedes $\varepsilon > 0$ läßt sich X durch endlich viele Mengen überdecken, deren Durchmesser kleiner als ε ist. Metrische Räume mit dieser Eigenschaft nennt man auch *total beschränkt*. Ein metrischer Raum ist also genau dann präkompakt, wenn er total beschränkt ist. Die Aussage (b) in I.7.4 Satz 4 ist übrigens mit totaler Beschränktheit gleichwertig.

Anmerkung 2. Jeder vollständig reguläre Raum läßt sich als Teilraum eines kompakten auffassen (I.9.2 Satz 1). Mit der induzierten uniformen Struktur ist er wegen 3.6 Satz 1 und 3.2 Satz 1 präkompakt.

3.8 Vollständig metrisierbare Räume. Ist ein topologischer Raum metrisierbar, so ist das im allgemeinen auf verschiedene Weisen möglich. Wir nennen einen topologischen Raum vollständig metrisierbar, wenn er so metrisiert werden kann, daß er ein vollständiger (uniformer) Raum wird. Aus 3.2 Satz 1 folgt unmittelbar

Satz 1. *Jeder abgeschlossene Teilraum eines vollständig metrisierbaren Raumes ist vollständig metrisierbar.*

Daß es noch andere vollständig metrisierbare Teilräume gibt, wird sich unten zeigen.

Satz 2. *Ein abzählbares topologisches Produkt vollständig metrisierbarer Räume ist vollständig metrisierbar.*

Beweis. Sei $\{X_n\}$ eine abzählbare Familie (sie darf auch endlich sein) von vollständigen metrischen Räumen. $\mathfrak{B}_n$ sei eine abzählbare Basis des Nachbarschaftsfilters von X_n (2.8 Satz 2). Gemäß 2.4 wird eine Nachbarschaftsbasis $\mathfrak{B}$ des Produktes $X = \prod X_n$ von den Mengen der Gestalt $j^{-1}\left(\prod V_n\right)$ gebildet, wobei V_n nur für endlich viele n von $X_n \times X_n$ verschieden ist und dann zu $\mathfrak{B}_n$ gehört. $\mathfrak{B}$ ist abzählbar. Nach 2.8 Satz 2 ist der uniforme Raum X metrisierbar, und er ist vollständig wegen 3.5 Satz 2. Damit folgt die Behauptung, weil X die Produkttopologie besitzt (2.4 Satz 1).

Hilfssatz 1. Jede offene Teilmenge eines vollständig metrisierbaren Raumes ist vollständig metrisierbar.

Beweis. Es sei X ein vollständiger metrischer Raum mit der Metrik $d: X \times X \to \mathsf{R}$. Q sei eine offene Teilmenge von X. Es kann $Q \neq \emptyset$ und $Q \neq X$ angenommen werden. Wegen Satz 2 und 3.2 Beispiel ist $\mathsf{R} \times X$ vollständig metrisierbar. $(t, x) \to (t, d(x, \complement_X Q))$ ist eine stetige Abbildung von $\mathsf{R} \times X$ in $\mathsf{R} \times \mathsf{R}$ (I.8.3 Satz 2 und I.4.7 Satz 2). Daher ist $(t, x) \to t \cdot d(x, \complement_X Q)$ eine stetige Funktion auf $\mathsf{R} \times X$. Die durch $t \cdot d(x, \complement_X Q) = 1$ definierte Teilmenge F von $\mathsf{R} \times X$ ist abgeschlossen. Wegen Satz 1 ist F vollständig metrisierbar. $x \in Q$ ist gleichwertig mit $d(x, \complement_X Q) > 0$. Die Projektion $(t, x) \to x$ induziert daher eine Abbildung $h: F \to Q$, die zu der Abbildung $x \to ([d(x, \complement_X Q)]^{-1}, x)$ invers ist. Beide Abbildungen sind stetig. Also ist Q homöomorph zu F, womit die Behauptung folgt.

Satz 3. *Es sei X ein separierter topologischer Raum und $\{A_n\}$ eine Folge vollständig metrisierbarer Teilräume. Dann ist $A = \bigcap A_n$ vollständig metrisierbar.*

Beweis. Sei[1]) $Y = X^{\mathsf{N}}$ $\left(= \prod X_n \text{ mit } X_n = X \text{ für alle } n\right)$. Die Punkte $y = \{x_n\}$ mit $x_n = x$ für alle n bilden die Diagonale Δ von Y. Wie in I.5.4 ergibt sich, daß Δ abgeschlossen ist. $x \to \{x_n\}$ mit $x_n = x$ für alle n definiert die Diagonalabbildung $f: X \to \Delta$. Sie ist topologisch, denn sie ist stetig (I.4.5 Satz 3), und sie besitzt die Einschränkungen der Projektionen $p_n: Y \to X$ auf Δ als Inverse. Sei $B = \prod A_n$. Wegen Satz 2 ist B vollständig metrisierbar. Es ist $B \subset Y$, und es ist $B \cap \Delta$ ab-

[1]) N bezeichnet wie immer die Menge der natürlichen Zahlen.

geschlossen relativ B, also vollständig metrisierbar wegen Satz 1. Aus der Definition von f folgt unmittelbar, daß A vermöge f auf $B \cap \Delta$ abgebildet wird, und zwar topologisch, woraus die Behauptung folgt.

Beispiel. In R ist das Komplement einer einpunktigen Menge vollständig metrisierbar wegen Hilfssatz 1. Der Teilraum der irrationalen Zahlen ist der Durchschnitt abzählbar vieler solcher Komplemente, also vollständig metrisierbar wegen Satz 3.

Satz 4. *Eine Teilmenge eines vollständig metrisierbaren Raumes X ist genau dann vollständig metrisierbar, wenn sie Durchschnitt von abzählbar vielen offenen Mengen ist.*

Beweis. Hilfssatz 1 und Satz 3 ergeben, daß der Durchschnitt abzählbar vieler offener Teilmengen von X vollständig metrisierbar ist. Sei nun umgekehrt A ein Teilraum von X, der vollständig ist bezüglich einer mit der Topologie von A verträglichen Metrik $d: A \times A \to \mathsf{R}$. Sei $\bar{A}$ die abgeschlossene Hülle von A in X. Für jede natürliche Zahl n betrachten wir folgende Teilmenge P_n von $\bar{A}$: $x \in \bar{A}$ gehöre zu P_n, wenn es eine offene Umgebung U von x (in X) gibt, so daß der vermöge d bestimmte Durchmesser (siehe 3.1 Anmerkung 1) von $A \cap U$ kleiner als 2^{-n} ist. Ist $x \in P_n$ und U eine solche Umgebung von x, so ist $U \cap \bar{A} \subset P_n$. Daher ist P_n offen relativ $\bar{A}$. Weil die Metrik d zur Topologie von A gehört, ist $A \subset P_n$ und daher $A \subset \bigcap P_n$. Sei umgekehrt $x \in \bigcap P_n$. Nach Definition der P_n besitzt der Umgebungsfilter $\mathfrak{U}(x)$ von x in X eine Spur $\mathfrak{B}(x)$ auf A, wobei $\mathfrak{B}(x)$ Cauchy-Filter bezüglich der Metrik d ist. $\mathfrak{B}(x)$ konvergiert in X gegen x, weil die Fortsetzung von $\mathfrak{B}(x)$ auf X feiner als $\mathfrak{U}(x)$ ist. Weil A vollständig ist, konvergiert $\mathfrak{B}(x)$ auf A. Weil A die induzierte Topologie besitzt und X separiert ist, folgt $x \in A$ und damit $A = \bigcap P_n$. Nun ist P_n offen relativ $\bar{A}$. Es gibt daher für jedes n eine offene Menge Q_n in X, so daß $P_n = \bar{A} \cap Q_n$ ist. Weil X metrisierbar ist, ist $\bar{A}$ Durchschnitt von abzählbar vielen offenen Mengen S_n von X (I.8.3 Anmerkung 1). Nun ist $S_n \cap Q_n$ offen in X und $\bigcap (S_n \cap Q_n) = \bigcap S_n \cap \bigcap Q_n = \bar{A} \cap \bigcap Q_n = \bigcap P_n = A$, was zu zeigen war.

3.9 Der Satz von Baire. Wir wollen uns der Frage zuwenden, wann in einem topologischen Raum X der Durchschnitt abzählbar vieler offener Mengen dicht in X ist. Damit diese Frage sinnvoll ist, muß vorausgesetzt werden, daß jede der zum Schnitt gebrachten Mengen selbst dicht in X ist.

Die Aussage, daß eine Teilmenge A von X dicht in X ist, ist gleichwertig damit, daß A jede nicht-leere offene Menge trifft, also auch damit, daß das Komplement von A keinen inneren Punkt besitzt. Die offenen, in X dichten Mengen sind also zu den abgeschlossenen Mengen ohne inneren Punkt komplementär.

Definition 1. Eine Teilmenge A des topologischen Raumes X heißt nirgends dicht, wenn die abgeschlossene Hülle $\bar{A}$ von A keinen inneren Punkt besitzt. Eine Teilmenge B heißt mager oder von der 1. Kategorie (Baire), wenn sie Vereinigung von abzählbar vielen nirgends dichten Mengen ist.

Daß A nirgends dicht ist, läßt sich auch so aussprechen: Die leere Teilmenge von X ist die einzige offene Menge, bezüglich welcher A dicht ist. Der Rand einer offenen oder abgeschlossenen Teilmenge von X ist nirgends dicht (I.2 Aufgabe 5). Für beliebige Teilmengen von X gilt dies nicht. Beispielsweise stimmt in R der

Rand der Teilmenge Q der rationalen Zahlen mit R überein. Q ist übrigens mager, da ein einzelner Punkt von R eine nirgends dichte Teilmenge von R darstellt. Man bemerkt, daß eine magere Teilmenge eines Raumes X in X dicht sein kann. Dagegen ist die Vereinigung von endlich vielen nirgends dichten Teilmengen nirgends dicht. Zum Nachweis genügt es wegen I.(2.4′) zu zeigen, daß die Vereinigung zweier abgeschlossener nirgends dichter Teilmengen nirgends dicht ist, oder dual dazu, daß der Durchschnitt zweier in X dichter offener Mengen P und Q dicht in X ist. Ist R eine beliebige nicht-leere offene Menge, so ist $Q \cap R$ offen und nicht leer, weil Q dicht ist. Entsprechend folgt $P \cap (Q \cap R) = (P \cap Q) \cap R \neq \emptyset$. Hiernach ist $P \cap Q$ dicht in X.

Satz 1. *Sei X ein topologischer Raum. Die folgenden Eigenschaften sind gleichwertig:*

(a) *Der Durchschnitt von abzählbar vielen offenen, in X dichten Mengen ist stets dicht in X.*

(b) *Keine Vereinigung von abzählbar vielen nirgends dichten Teilmengen besitzt einen inneren Punkt.*

(c) *Die einzige magere offene Teilmenge ist die leere.*

(d) *Für jede magere Teilmenge ist das Komplement dicht in X.*

Beweis. Durch Übergang zu den Komplementen entsteht aus (a) die duale Aussage

(b′) Die Vereinigung von abzählbar vielen abgeschlossenen, nirgends dichten Teilmengen besitzt nie einen inneren Punkt.

(b′) ist ein Spezialfall von (b), tatsächlich aber auch mit (b) gleichwertig. Nach Definition ist die abgeschlossene Hülle einer nirgends dichten Menge ebenfalls nirgends dicht. Die Vereinigung eines Systems von Teilmengen ist jedenfalls in der Vereinigung der abgeschlossenen Hüllen dieser Teilmengen enthalten. Also folgt (b) aus dem Spezialfall (b′). (b) und (d) unterscheiden sich nur durch die Ausdrucksweise, wie oben (vor Definition 1) bemerkt wurde. (c) folgt unmittelbar aus (b). Zur Umkehrung zeigen wir, daß (c) nicht gelten kann, wenn (b) nicht gilt. Es bezeichne $\{A_n\}$ eine Folge nirgends dichter Teilmengen und A deren Vereinigung. Kann $\{A_n\}$ so gewählt werden, daß A einen inneren Punkt besitzt, so umfaßt A eine nicht-leere offene Menge Q. Die Mengen $A_n \cap Q$ sind erst recht nirgends dicht, und wegen $Q \subset A$ ist Q die Vereinigung dieser Mengen. Also kann (c) nur gelten, wenn (b) gilt.

Definition 2. Ein topologischer Raum X heißt ein Bairescher Raum, wenn er eine (und damit alle) der in Satz 1 angegebenen Eigenschaften besitzt.

Satz 2. *Jeder offene Unterraum eines Baireschen Raumes X ist ein Bairescher Raum.*

Beweis. Es sei Q offen in X. Wir zeigen zunächst: Ist A eine in Q nirgends dichte Teilmenge von Q, so ist A auch nirgends dicht in X. Sei $\bar{A}$ die abgeschlossene Hülle von A in X und B das Innere von $\bar{A}$. $Q \cap B$ ist eine offene Teilmenge von Q, die aus Berührungspunkten von A besteht. Nach Wahl von A ist $Q \cap B = \emptyset$, also $Q \subset \complement_X B$. Weil $\complement_X B$ abgeschlossen ist, folgt $\bar{A} \subset \bar{Q} \subset \complement_X B$, und wegen $B \subset \bar{A}$ ist $B = \emptyset$, also A nirgends dicht in X. Es folgt, daß jede bezüglich Q magere Teilmenge von Q auch mager in X ist. Ferner ist jede relativ Q offene Teilmenge von Q auch offen in X, weil Q offen ist. Damit folgt die Behauptung aus Satz 1 (c).

Satz 3 (Baire). *Ist ein topologischer Raum vollständig metrisierbar oder lokalkompakt, so ist er ein Bairescher Raum.*

Beweis. Wir weisen die Eigenschaft (a) von Satz 1 nach. Sei $\{P_n\}$ eine Folge von Teilmengen des topologischen Raumes X, die offen und dicht in X sind. Nehmen wir zunächst an, daß X eine Metrik $d\colon X \times X \to \mathsf{R}$ besitzt, bezüglich welcher X vollständig ist. Es muß gezeigt werden: Ist Q irgendeine nicht-leere offene Menge, so ist $Q \cap \bigcap P_n \neq \emptyset$. Wir setzen $Q = Q_1$ und konstruieren eine Folge $\{Q_n\}$ nicht-leerer offener Mengen. Ist Q_n bereits definiert, so ist $Q_n \cap P_n$ offen und nicht-leer. Weil X regulär ist, gibt es eine offene Menge $Q_{n+1} \neq \emptyset$, so daß $\bar{Q}_{n+1} \subset Q_n \cap P_n$ ist. Außerdem soll Q_{n+1} so gewählt werden, daß der Durchmesser von Q_{n+1} kleiner als 2^{-n} ist. Wegen $\bar{Q}_{n+1} \subset \bar{Q}_n$ bilden die Mengen $\{\bar{Q}_n\}$ die Basis eines Cauchy-Filters. Weil X vollständig ist, besitzt dieser Filter einen Häufungspunkt, nämlich seinen Limes. Dieser Häufungspunkt liegt in $\bigcap \bar{Q}_n$. Nach Konstruktion ist $\bigcap \bar{Q}_n \subset \bigcap (Q_n \cap P_n) \subset Q \cap \bigcap P_n$, also $Q \cap \bigcap P_n \neq \emptyset$. Ist X lokalkompakt, so wird die Folge $\{Q_n\}$ so konstruiert, daß $\bar{Q}_{n+1} \subset Q_n \cap P_n$ und $\bar{Q}_{n+1}$ kompakt ist. Dies ist möglich, weil jede offene Menge eines lokalkompakten Raumes lokalkompakt ist (I.7.5 Satz 2). Wieder ist $\bigcap \bar{Q}_n \neq \emptyset$, weil die Mengen $\bar{Q}_n$ für $n \geqq 2$ abgeschlossene Mengen eines Filters auf der kompakten Menge $\bar{Q}_2$ sind.

Anmerkung. Für vollständig metrisierbare Räume und lokalkompakte Räume verschärft sich Satz 2 wegen 3.8 Satz 4 und I.7.5 Satz 2.

Der Bairesche Satz hat besondere Bedeutung für halbstetige Funktionen. Eine reellwertige Funktion $f\colon X \to \mathsf{R}$ heißt nach unten (bzw. oben) halbstetig im Punkte x, wenn es zu jeder Zahl $a < f(x)$ (bzw. $a > f(x)$) eine Umgebung U von x gibt, so daß $f(y) > a$ (bzw. $f(y) < a$) für alle $y \in U$ gilt. f heißt nach unten (oben) halbstetig, wenn f nach unten (oben) halbstetig in allen Punkten von X ist. Ist f nach unten halbstetig, so ist $-f$ nach oben halbstetig. Eine Funktion ist genau dann stetig, wenn sie nach oben und nach unten halbstetig ist. Sei f nach unten halbstetig. Für jede reelle Zahl a ist dann $\{x \mid f(x) > a\}$ eine offene und damit $\{x \mid f(x) \leqq a\}$ eine abgeschlossene Teilmenge von X.

Satz 4. *Es sei $f\colon X \to \mathsf{R}$ eine nach unten halbstetige Funktion auf dem Baireschen Raum X. Jede nicht-leere offene Menge in X enthält eine nicht-leere offene Teilmenge, auf der f gleichmäßig nach oben beschränkt ist.*

Beweis. Sei $Q \neq \emptyset$ offen in X. Für jede ganze Zahl n sind die Mengen $F_n = \{x \mid x \in Q \text{ und } f(x) \leqq n\}$ abgeschlossen relativ Q, und es ist $Q = \bigcup F_n$. Wegen Satz 2 besitzt Q die Eigenschaft (b) von Satz 1. Daher muß mindestens eine der (in Q) abgeschlossenen Mengen F_n innere Punkte besitzen, etwa F_m. Auf dem Inneren von F_m ist m eine obere Schranke von f.

Es würde hier zu weit führen, näher auf halbstetige Funktionen einzugehen. Wir begnügen uns mit einigen Andeutungen. Wird R durch zwei Punkte $-\infty$ und ∞ zu dem Raum $\bar{\mathsf{R}}$ kompaktifiziert und $-\infty < a < \infty$ für jede reelle Zahl a gesetzt, so lassen sich halbstetige Funktionen $f\colon X \to \bar{\mathsf{R}}$ entsprechend definieren. Für eine Familie $\{f_\lambda\}$ nach unten halbstetiger Funktionen ist dann die obere Grenze (d. h. die Funktion $x \to \sup_\lambda f_\lambda(x)$) wieder nach unten halbstetig. Auf Räumen mit der Eigenschaft (O 4), also auf uniformisierbaren Räumen (und nur auf solchen), ist eine Funktion genau dann nach unten halbstetig, wenn sie obere Grenze einer Familie stetiger Funktionen ist.

Für endlich viele nach unten halbstetige Funktionen ist die untere Grenze nach unten halbstetig und auch die Summe überall dort, wo sie definiert ist. (Die Summe von $-\infty$ und ∞ ist nicht definiert, sonst ist $-\infty + a = -\infty$ und $\infty + a = \infty$.) Das Produkt zweier nicht-negativer nach unten halbstetiger Funktionen ist nach unten halbstetig, wo es definiert ist ($\infty \cdot 0$ ist nicht definiert, für $a > 0$ ist $a \cdot \infty = \infty$). Die Beweise hierfür sind sehr einfach.

Aufgaben. 1. Es sei X ein vollständiger metrischer Raum mit der Metrik d und $f: X \to X$ eine Abbildung. Es existiere eine Zahl c mit $0 \leqq c < 1$, so daß $d(f(x), f(y)) \leqq cd(x,y)$ für alle $x, y \in X$ ist. Man zeige: f besitzt genau einen Fixpunkt, d. h. es gibt genau einen Punkt z, so daß $f(z) = z$ ist. Ist x_1 ein beliebiger Punkt von X, so konvergiert die durch $x_{n+1} = f(x_n)$ definierte Folge $\{x_n\}$ gegen den Fixpunkt von f. Dieser Satz ist grundlegend für Iterationsverfahren.

2. Es sei X dicht in dem vollständigen uniformen Raum Y. $\dot{X}$ bzw. $\dot{Y}$ sei der zu X bzw. Y assoziierte separierte Raum. Die Inklusion von X in Y bewirkt eine Injektion von $\dot{X}$ in $\dot{Y}$, und es kann $\dot{Y}$ als vollständige Hülle von $\dot{X}$ aufgefaßt werden.

3. Es sei X ein metrischer Raum und A dicht in X. X ist genau dann vollständig, wenn jede Cauchy-Folge auf A in X konvergiert.

4. Ein vollständiger uniformer Raum ist genau dann kompakt, wenn er abzählbar kompakt ist. Ein separierter uniformer Raum X ist genau dann präkompakt, wenn jede Folge auf X in der vollständigen Hülle von X einen Häufungspunkt besitzt. (Vgl. I.7.4 Beweis von Satz 4 (b).)

5. In einem separierten vollständigen uniformen Raum stimmen die relativ kompakten Teilmengen mit den präkompakten überein.

6. Es sei X ein vollständig regulärer Raum. Die von der Čech-Stoneschen Kompaktifizierung $\tilde{X}$ (I.9.2 Anmerkung 1) herrührende präkompakte Struktur von X ist die gröbste uniforme Struktur, für welche alle stetigen Abbildungen von X in $[0, 1]$ gleichmäßig stetig sind. Ist Y irgendein kompakter Raum, in dem X dicht ist, so läßt sich die identische Abbildung von X stetig zu einer Abbildung von $\tilde{X}$ auf Y fortsetzen. Y entsteht daher aus $\tilde{X}$ durch Identifizieren (I.7.2 Satz 2) (Universalität der Čech-Stoneschen Kompaktifizierung). Die von $\tilde{X}$ induzierte uniforme Struktur ist die feinste präkompakte, die zur Topologie von X gehört.

7. Ein lokalkompakter Raum mit abzählbarer Basis ist vollständig metrisierbar (I.9 Aufgabe 4).

8. Eine Summe vollständig metrisierbarer Räume ist vollständig metrisierbar (2 Aufgabe 4).

9. Ein topologischer Raum mit abzählbarer Basis ist genau dann vollständig metrisierbar, wenn er homöomorph zu dem Durchschnitt von abzählbar vielen offenen Mengen in I^{N} ist ($I = [0, 1]$).

§ 4 Gleichmäßige Konvergenz

4.1 Einfache Konvergenz. Es sei zunächst X eine Menge und Y ein topologischer Raum. Die Abbildungen von X in Y sind die Punkte von $Y^X = \prod_{x \in X} Y_x$ mit $Y_x = Y$ für alle $x \in X$. Eine Abbildung $f\colon X \to Y$ ist derjenige Punkt von $\prod Y_x$, dessen Koordinate vom Index x den Wert $f(x) \in Y$ hat. Statt Y^X schreiben wir von nun an $\mathscr{F}(X,Y)$ oder einfach $\mathscr{F}$ (falls kein Mißverständnis zu befürchten ist), weil wir $\mathscr{F}$ mit Topologien versehen werden, die von der Produkttopologie verschieden sind. Jede Topologie auf $\mathcal{F}$ ergibt einen Konvergenzbegriff für Abbildungen von X in Y. Konvergenzbegriffe für reelle Funktionen sind Spezialfälle. Allerdings können wir hier nicht auf Konvergenzbegriffe eingehen, die sich durch Integrale ergeben.

Sei $\mathcal{F} = \mathcal{F}(X, Y)$ und x ein festgewählter Punkt von X. Wird jedem $f \in \mathcal{F}$ der Wert $f(x)$ zugeordnet, so entsteht eine Abbildung von $\mathcal{F}$ in Y, die wir mit x^* bezeichnen. Es ist also

$$(4.1) \qquad x^*(f) = f(x) \quad \text{für alle } f \in \mathcal{F}(X, Y)$$

die Definition von $x^*: \mathcal{F} \to Y$. x^* ist nichts anderes als die Projektion der Produktmenge Y^X auf den Faktor zum Index x. Ist $\mathfrak{G}$ ein Filter auf $\mathcal{F}$, so heißt $\mathfrak{G}$ **konvergent im Punkte** x von X, wenn $x^*(\mathfrak{G})$ konvergiert.

Bezüglich der Produkttopologie von Y^X ist ein Filter $\mathfrak{G}$ auf $\mathcal{F}$ genau dann konvergent, wenn alle seine Projektionen $x^*(\mathfrak{G})$ konvergieren (I.6.3 Satz 1), wenn er also in allen Punkten von X konvergiert, und die Produkttopologie ist hierdurch charakterisiert. Versieht man $\mathcal{F}$ mit dieser Topologie, so sagt man auch, daß $\mathcal{F}$ die **Topologie der einfachen Konvergenz** besitzt. Ein bezüglich dieser Topologie konvergenter Filter auf $\mathcal{F}$ heißt einfach konvergent.

Betrachten wir der Kürze halber eine Folge $\{f_n\}$ auf $\mathcal{F}$. Einfache Konvergenz besagt, daß für jedes $x \in X$ die Folge $\{f_n(x)\} = \{x^*(f_n)\}$ konvergiert. Will man für verschiedene Punkte x die „Konvergenzgüte" der zugehörigen Folgen $\{x^*(f_n)\}$ vergleichen, so muß man Umgebungen der Limites vergleichen. Dies ist möglich, wenn Y ein uniformer Raum ist. Sei dies nun der Fall. Dann kann $\mathcal{F}$ mit der uniformen Struktur des Produktes $\prod Y_x$ versehen werden. Geschieht das, so ist die zugehörige Topologie die Topologie der einfachen Konvergenz (2.4 Satz 1). Wir sagen dann, daß $\mathcal{F}$ mit der **Struktur der einfachen Konvergenz** versehen ist, und bezeichnen diesen uniformen Raum mit $\mathcal{F}_s(X, Y)$. Die Struktur der einfachen Konvergenz ist die gröbste uniforme Struktur auf $\mathcal{F}$, für welche alle Abbildungen $x^*: \mathcal{F} \to Y$ gleichmäßig stetig sind. Aus 2.4 Satz 1 folgt unmittelbar der

Satz. *Ist Y ein separierter uniformer Raum, so ist $\mathcal{F}_s(X, Y)$ separiert.*

Die natürliche Basis des Nachbarschaftsfilters von $\mathcal{F}_s$ zeigt, daß eine Nachbarschaftsbeziehung für f und g aus $\mathcal{F}_s$ nur eine Aussage über die Werte der Abbildungen $f, g: X \to Y$ in endlich vielen Punkten von X ist. Will man mehr erhalten, so muß $\mathcal{F}$ mit einer feineren Struktur versehen werden. Die stärksten Aussagen werden sich ergeben, wenn man die Werte von f und g in allen Punkten von X gleichzeitig vergleicht. Dieser Struktur auf $\mathcal{F}$ wenden wir uns jetzt zu.

4.2 Gleichmäßige Konvergenz. Wir erinnern an die Definition der gleichmäßigen Konvergenz für Folgen reeller Funktionen. Sind die Funktionen f_n auf der Teilmenge M von R definiert, so heißt die Folge $\{f_n\}$ auf M gleichmäßig konvergent gegen die Funktion g, wenn es zu jeder Zahl $\varepsilon > 0$ ein Endstück $\{f_n\}_{n \geqq m}$ der Folge gibt, so daß $|g(x) - f_n(x)| \leqq \varepsilon$ ist für alle $x \in M$ und $n \geqq m$. Für genügend große n wird also g in allen Punkten von M durch f_n mit der vorgegebenen Genauigkeit ε approximiert. Diese Aussage läßt sich ohne weiteres übertragen.

Definition. Sei X eine Menge, Y ein uniformer Raum und V eine Nachbarschaft von Y. Sind f und g zwei Abbildungen von X in Y derart, daß $(f(x), g(x)) \in V$ für alle $x \in X$ ist, so sagen wir, daß f durch g mit der Genauigkeit V gleichmäßig approximiert wird.

Unter $W_X(V)$ verstehen wir die Teilmenge von $\mathcal{F}(X, Y) \times \mathcal{F}(X, Y)$, die aus allen Paaren (f, g) besteht, bei denen f durch g mit der Genauigkeit V gleichmäßig approximiert wird.

(4.2) $(f, g) \in W_X(V)$, wenn $(f(x), g(x)) = (x^* \times x^*)(f, g) \in V$ für alle $x \in X$,

ist also die Definition von $W_X(V)$. Besteht kein Zweifel über X, so schreiben wir einfach $W(V)$ statt $W_X(V)$. Durchläuft V die Nachbarschaften von Y, so durchlaufen die Mengen $W(V)$ die Basis eines Nachbarschaftsfilters für $\mathcal{F}$: Für jedes $f \in \mathcal{F}$ und jedes $W(V)$ ist offenbar $(f, f) \in W(V)$. Die Diagonale von $\mathcal{F} \times \mathcal{F}$ liegt also in allen $W(V)$. Ferner folgt aus (4.2) unmittelbar: Ist $V \subset V'$, so ist $W(V) \subset W(V')$. Für je zwei Nachbarschaften V_1 und V_2 von Y folgt damit

$$W_X(V_1 \cap V_2) \subset W_X(V_1) \cap W_X(V_2). \tag{4.3}$$

Ferner ergibt (4.2) unmittelbar

$$\overset{-1}{W}_X(V) = W_X(\overset{-1}{V}) \quad \text{und} \quad \overset{2}{W}_X(V) \subset W_X(\overset{2}{V}). \tag{4.4}$$

Die Mengen $W(V)$ bilden also eine Basis für den Nachbarschaftsfilter einer uniformen Struktur auf $\mathcal{F}$. Diese uniforme Struktur heißt die Struktur der gleichmäßigen Konvergenz. Den mit dieser Struktur versehenen Raum bezeichnen wir mit $\mathcal{F}_u(X, Y)$ oder $\mathcal{F}_u$. Seine Topologie heißt die Topologie der gleichmäßigen Konvergenz. Ein Filter auf $\mathcal{F}$ heißt gleichmäßig konvergent, wenn er bei dieser Topologie konvergiert. Für $f \in \mathcal{F}_u$ ist die Umgebung $W(V)(f)$ die Menge derjenigen Punkte von $\mathcal{F}_u$, die f mit der Genauigkeit V gleichmäßig approximieren. Die Definition der gleichmäßigen Konvergenz enthält daher als Spezialfall die oben angegebene für Folgen reeller Funktionen. Aus (4.2) folgt unmittelbar, daß $x^*: \mathcal{F}_u \to Y$ für jedes $x \in X$ gleichmäßig stetig ist. Zusammen mit dem Satz von 4.1 folgt

Satz 1. *Auf $\mathcal{F}(X, Y)$ ist die Struktur der gleichmäßigen Konvergenz feiner als die der einfachen Konvergenz. Jeder gleichmäßig konvergente Filter auf $\mathcal{F}(X, Y)$ konvergiert auch einfach. Ist Y separiert, so ist es auch $\mathcal{F}_u(X, Y)$.*

(4.2) läßt sich übrigens auch so schreiben:

$$W_X(V) = \bigcap_{x \in X} \overset{-1}{(x^* \times x^*)}(V). \tag{4.5}$$

Anmerkung 1. Aus (4.3) und (4.4) folgt unmittelbar: Durchläuft V eine Basis des Nachbarschaftsfilters von Y, so durchläuft $W(V)$ eine Basis des Nachbarschaftsfilters von $\mathcal{F}_u$.

Anmerkung 2. Sei Y ein metrischer Raum mit der Metrik d. Die Teilmengen $\{(y_1, y_2) \mid d(y_1, y_2) \leqq 2^{-n}\}$ von $Y \times Y$ bilden für $n \in \mathbb{N}$ eine Basis des Nachbarschaftsfilters. Der Nachbarschaftsfilter von $\mathcal{F}_u$ besitzt daher eine abzählbare Basis. Außerdem ist $\mathcal{F}_u$ separiert wegen Satz 1. Wegen 2.8 Satz 2 ist $\mathcal{F}_u$ metrisierbar. Läßt man ∞ als Entfernung zu, so läßt sich eine geeignete separierte Quasimetrik sofort angeben, nämlich

$$(4.6) \qquad d(f, g) = \sup_x d(f(x), g(x)).$$

$d(f, g) \leqq \varepsilon$ bedeutet nämlich, daß $d(f(x), g(x)) \leqq \varepsilon$ ist für alle x, und dies ist (4.2). Offenbar ist $d(f, g) = d(g, f)$, und es ist $d(f, g) = 0$ gleichwertig mit $f = g$. Für f, g, h in $\mathscr{F}$ und x in X ist

$$d(f(x), h(x)) \leqq d(f(x), g(x)) + d(g(x), h(x)) \leqq d(f, g) + d(g, h),$$

woraus die Dreiecksungleichung folgt.

Sei nun X ein topologischer und Y ein uniformer Raum. Die stetigen Abbildungen von X in Y bilden eine Teilmenge von $\mathscr{F}(X, Y)$, die wir wie in I.7.9 mit $\mathscr{C}(X, Y)$ bezeichnen oder auch einfach mit $\mathscr{C}$. Wird $\mathscr{C}$ als Teilraum von $\mathscr{F}_s$ bzw. $\mathscr{F}_u$ aufgefaßt, so schreiben wir $\mathscr{C}_s$ bzw. $\mathscr{C}_u$. Für eine einfach konvergente Folge stetiger reeller Funktionen braucht bekanntlich die Grenzfunktion nicht stetig zu sein. Dagegen ist, grob gesagt, ein gleichmäßiger Limes stetiger Abbildungen eine stetige Abbildung. Diese Behauptung läßt sich wegen I.6.1 Satz 3 auch so aussprechen:

Satz 2. *Ist X ein topologischer und Y ein uniformer Raum, so ist $\mathscr{C}_u(X, Y)$ abgeschlossen in $\mathscr{F}_u(X, Y)$.*

Zum Beweis benutzen wir: Ist $x \in X$ und $\mathfrak{B}$ der Umgebungsfilter von x, so ist die Abbildung $f\colon X \to Y$ genau dann im Punkte x stetig, wenn der Filter $f(\mathfrak{B})$ gegen $f(x)$ konvergiert (I.6.2 Satz 1). Da $f(x)$ allen Mengen von $f(\mathfrak{B})$ angehört, also Häufungspunkt von $f(\mathfrak{B})$ ist, genügt es wegen 3.1 Satz 1 und 2 zu wissen, daß $f(\mathfrak{B})$ ein Cauchy-Filter auf Y ist. Wir beweisen zunächst zwei Hilfssätze.

Hilfssatz 1. Es sei $\mathfrak{G}$ ein Filter auf der Menge X und L die Menge derjenigen Abbildungen $f\colon X \to Y$, für welche $f(\mathfrak{G})$ ein Cauchy-Filter ist. L ist abgeschlossen in $\mathscr{F}_u(X, Y)$.

Beweis. Sei h ein Berührungspunkt von L in $\mathscr{F}_u$. Zu beliebiger symmetrischer Nachbarschaft V von Y gibt es dann ein f in L, so daß $(f(x), h(x)) \in V$ für alle x ist. Weil $f(\mathfrak{G})$ beliebig kleine Mengen enthält, gibt es eine Menge G in $\mathfrak{G}$, so daß für je zwei Punkte x_1, x_2 aus G gilt $(f(x_1), f(x_2)) \in V$. Wegen $(f(x_i), h(x_i)) \in V$ folgt $(h(x_1), h(x_2)) \in \overset{3}{V}$ und damit, daß $h(G)$ klein von der Ordnung $\overset{3}{V}$ ist. Wegen 1.3 Hilfssatz ist $h(\mathfrak{G})$ ein Cauchy-Filter und damit $h \in L$, was zu zeigen war.

Ist X ein topologischer Raum und ist $\mathfrak{G}$ der Umgebungsfilter des Punktes x von X, so ergibt sich nach dem zuvor Bemerkten aus Hilfssatz 1 der Spezialfall

Hilfssatz 2. Die Menge derjenigen Abbildungen von X in Y, die im Punkte x von X stetig sind, ist abgeschlossen in $\mathscr{F}_u(X, Y)$.

Hiernach ist $\mathscr{C}(X, Y)$ Durchschnitt von abgeschlossenen Mengen in $\mathscr{F}_u$, womit Satz 2 bewiesen ist.

Satz 2 besagt, daß das Komplement von $\mathscr{C}_u$ offen in $\mathscr{F}_u$ ist, und das läßt sich auch so aussprechen: Ist $h: X \to Y$ nicht stetig, so läßt sich h durch stetige Abbildungen nicht mit beliebiger Genauigkeit gleichmäßig approximieren.

Die Aussage, daß eine Teilmenge L von $\mathscr{C}_u(X, Y)$ dicht in $\mathscr{C}_u$ ist, bedeutet, daß jede stetige Abbildung von X in Y durch zu L gehörige beliebig genau gleichmäßig approximiert werden kann. Einem solchen Sachverhalt wenden wir uns jetzt zu.

4.3 Der Approximationssatz von Weierstraß und Stone. Wir betrachten stetige reellwertige Funktionen auf dem topologischen Raum X, also $\mathscr{C}(X, \mathsf{R})$. Gehören f und g zu $\mathscr{C}$ und ist $a \in \mathsf{R}$, so gehören auch af, $f+g$, fg, $|f|$, $\max(f, g)$ und $\min(f,g)$ zu $\mathscr{C}$ (I.4.5 Beispiel 3) und damit auch Summen, Produkte, Maxima und Minima von je endlich vielen Funktionen aus $\mathscr{C}$. Jedes $a \in \mathsf{R}$ kann als konstante Funktion $x \to a$ aufgefaßt werden. Damit ist af von der Form gf, und es ist $f + a$ erklärt. Für natürliche Zahlen n ($n \in \mathsf{N}$) verstehen wir unter f^n die durch $f^n(x) = (f(x))^n$ erklärte Funktion, also das Produkt von n Faktoren f. Damit sind Ausdrücke der Gestalt

$$(4.7) \qquad a f_1^{n_1} f_2^{n_2} \ldots f_k^{n_k} \quad \text{mit} \quad a \in \mathsf{R},\ f_i \in \mathscr{C},\ n_i \in \mathsf{N} \quad \text{für } i = 1, 2, \ldots, k$$

erklärt. Sei H eine Teilmenge von $\mathscr{C}$. Eine Summe von endlich vielen Ausdrücken der Gestalt (4.7), bei denen jeweils alle f_i zu H gehören und ein Ausdruck auch eine Konstante sein darf, heißt Polynom in Funktionen[1]) aus H. Jedes solche Polynom gehört zu $\mathscr{C}$.

Für f und g aus $\mathscr{C}(X, \mathsf{R})$ setzen wir

$$(4.8) \qquad f \leqq g, \text{ wenn } f(x) \leqq g(x) \text{ für alle } x \in X.$$

Damit wird $\mathscr{C}$ geordnet. Für diese Ordnung ist $\mathscr{C}$ nach oben und nach unten gerichtet (I.6.6), denn es ist $\max(f, g) \geqq f, g$ und $\min(f, g) \leqq f, g$.

Für f, g in $\mathscr{C}$ und $a \in \mathsf{R}$ wird durch die Zuordnungen $(a, f) \to af$ und $(f, g) \to f + g$ eine Vektorraumstruktur auf $\mathscr{C}$ erklärt. Unterräume bezüglich dieser Vektorraumstruktur bezeichnen wir als Vektorunterräume. Für jede Topologie oder uniforme Struktur auf $\mathscr{C}$ ist ein solcher Vektorunterraum zugleich Teilraum von $\mathscr{C}$. Ist H eine Teilmenge von $\mathscr{C}$, so bilden die Polynome in Funktionen aus H einen Vektorunterraum von $\mathscr{C}$.

Sei von nun an X kompakt. Jede stetige Funktion $f: X \to \mathsf{R}$ ist beschränkt (I.7.2 Satz 1). Durch

$$(4.9) \qquad \|f\| = \sup_x |f(x)|$$

wird die Norm $\|f\|$ von f definiert. Dabei ist $0 \leqq \|f\| < \infty$. Vermöge (4.6) ist $\mathscr{C}_u(X, \mathsf{R})$ metrisiert, dabei ist

$$(4.10) \qquad d(f, g) = \|f - g\|.$$

Wir drücken im Weiteren Entfernungen durch Normen aus.

---

[1]) Jedes Polynom in n Funktionen $f_1, f_2, \ldots, f_n$ aus H kann so erhalten werden: Man betrachte ein Polynom $g(y_1, y_2, \ldots, y_n)$ mit reellen Koeffizienten in den Unbestimmten y_i ($i = 1, 2, \ldots, n$). Ersetzt man jeweils y_i durch f_i, so entsteht $g(f_1, f_2, \ldots, f_n)$.

Hilfssatz 1. Ist $L \subset \mathscr{C}_u(X, \mathsf{R})$ ein Vektorunterraum, so ist auch die abgeschlossene Hülle $\overline{L}$ ein Vektorunterraum.

Beweis. Seien f_0 und g_0 Berührungspunkte von L und $a \in \mathsf{R}$. Es muß gezeigt werden, daß af_0 und $f_0 + g_0$ Berührungspunkte von L sind. Zu beliebigem $\varepsilon > 0$ gibt es f und g in L derart, daß $\|f - f_0\| < \varepsilon$ und $\|g - g_0\| < \varepsilon$ ist. Aus (4.9) folgt $\|af - af_0\| < |a|\varepsilon$ und $\|f + g - (f_0 + g_0)\| < 2\,\varepsilon$. Weil af und $f + g$ zu L gehören und ε beliebig gewählt war, folgt die Behauptung.

Hilfssatz 2. Es sei X ein kompakter Raum, H eine Teilmenge von $\mathscr{C}(X, \mathsf{R})$ und $g \in \mathscr{C}$. Wenn es für jedes $x \in X$ eine Funktion h_x in H gibt, so daß $h_x(x) > g(x)$ (bzw. $h_x(x) < g(x)$) ist, so gibt es in H endlich viele Funktionen $f_1, f_2, \ldots, f_n$ derart, daß $\max(f_1(x), f_2(x), \ldots, f_n(x)) > g(x)$ (bzw. $\min(f_1(x), f_2(x), \ldots, f_n(x)) < g(x)$) ist für alle x.

Beweis. Jedem x in X werde eine Funktion h_x mit $h_x(x) > g(x)$ (bzw. $h_x(x) < g(x)$) zugeordnet. Q_x sei die Menge der Punkte $y \in X$, in denen $h_x(y) > g(y)$ (bzw. $h_x(y) < g(y)$) ist. Q_x ist offen als Urbild der Teilmenge $t > 0$ (bzw. $t < 0$) von R bezüglich der stetigen Funktion $h_x - g$. Weil X kompakt ist, wird X von endlich vielen Mengen Q_x überdeckt, etwa von denen, die zu $x = x_1, x_2, \ldots, x_n$ gehören. Setzt man $f_i = h_{x_i}$, so folgt die Behauptung.

Ist $\{f_\lambda\}$ eine Familie von reellwertigen Funktionen auf X und $f(x) = \sup\limits_\lambda f_\lambda(x)$ für alle x vorhanden, so heißt die Funktion $x \to f(x)$ die obere Grenze der Familie $\{f_\lambda\}$. Hat man R durch ∞ und $-\infty$ kompaktifiziert, so ist die obere Grenze stets vorhanden. Ist stets $f(x) < \infty$, so heißt f endlich.

Satz 1 (Dini). *Es sei X ein kompakter Raum und H eine Menge stetiger reellwertiger Funktionen auf X, die bezüglich der Ordnung* (4.8) *nach oben gerichtet ist. Ist die obere Grenze f der Funktionen aus H endlich und stetig, so kann sie mit beliebig vorgegebener Genauigkeit durch eine Funktion aus H gleichmäßig approximiert werden. Ist insbesondere H eine monoton wachsende Folge stetiger Funktionen, die gegen eine stetige Funktion $f\colon X \to \mathsf{R}$ einfach konvergiert, so konvergiert H gleichmäßig gegen f.*

Beweis. Sei f endlich und stetig. Ist $\varepsilon > 0$ vorgegeben, so gibt es nach Definition von f zu jedem x eine Funktion h_x aus H, so daß $h_x(x) > f(x) - \varepsilon$ ist. Wegen Hilfssatz 2 gibt es in H endlich viele Funktionen $f_1, f_2, \ldots, f_n$ derart, daß $\max(f_1(x), f_2(x), \ldots, f_n(x)) > f(x) - \varepsilon$ ist für alle x. Weil H nach oben gerichtet ist, gibt es eine Funktion h in H, so daß $h \geqq f_i$ ist für $i = 1, 2, \ldots, n$. Erst recht ist $h(x) > f(x) - \varepsilon$ für alle x. Außerdem ist $h \leqq f$ nach Definition von f und damit $\|f - h\| \leqq \varepsilon$, woraus die erste Behauptung folgt. Ist $H = \{f_n\}$ eine monoton wachsende Folge, also $f_k \geqq f_m$ für $k > m$, die gegen f einfach konvergiert, so ist f die obere Grenze von H. Weil je zwei Folgenglieder bezüglich der Ordnung (4.8) vergleichbar sind, ist H gerichtet. Zu $\varepsilon > 0$ gibt es also f_m in H mit $f(x) - \varepsilon < f_m(x) \leqq f(x)$ für alle x, woraus $\|f - f_n\| \leqq \varepsilon$ für $n \geqq m$ folgt[1]).

[1]) Entsprechend kann die erste Aussage des Satzes so ausgesprochen werden: Die Endstücke der gerichteten Menge H bilden die Basis eines gleichmäßig gegen f konvergierenden Filters.

Hilfssatz 3. Es sei X kompakt und H eine Teilmenge von $\mathscr{C}(X, \mathsf{R})$ derart, daß für g und h aus H stets $\max(g, h)$ und $\min(g, h)$ zu H gehören. Eine Funktion f aus $\mathscr{C}$ kann dann und nur dann beliebig genau durch eine Funktion aus H gleichmäßig approximiert werden, wenn es für jedes $\varepsilon > 0$ und jedes Paar (x, y) von Punkten aus X eine Funktion h_{xy} aus H gibt, so daß $|f(x) - h_{xy}(x)| < \varepsilon$ und $|f(y) - h_{xy}(y)| < \varepsilon$ ist.

Beweis. Die Bedingung ist offenbar notwendig. Sei sie nun erfüllt und $\varepsilon > 0$ gegeben. Für jedes $x \in X$ sei H_x die Menge der Funktionen h aus H, für welche $h(x) < f(x) + \varepsilon$ ist. Nach Annahme gibt es zu jedem y eine Funktion h_{xy} in H_x, so daß $h_{xy}(y) > f(y) - \varepsilon$ ist. Nach Hilfssatz 2 gibt es endlich viele Funktionen $f_1, f_2, \ldots, f_n$ in H_x derart, daß $g_x(y) = \max(f_1(y), f_2(y), \ldots, f_n(y)) > f(y) - \varepsilon$ ist für alle $y \in X$. Dabei ist $g_x(x) < f(x) + \varepsilon$. Nach Annahme über H gehört g_x zu H. Wiederum nach Hilfssatz 2 gibt es unter den Funktionen g_x endlich viele, etwa $g_{x_1}, g_{x_2}, \ldots, g_{x_m}$, so daß $j(x) = \min(g_{x_1}(x), g_{x_2}(x), \ldots, g_{x_m}(x)) < f(x) + \varepsilon$ ist für alle x. Wegen $g_{x_i}(x) > f(x) - \varepsilon$ für alle x folgt $f(x) - \varepsilon < j(x) < f(x) + \varepsilon$ für alle x, also $\|f - j\| \leqq \varepsilon$. Wieder nach Annahme über H gehört j zu H, was die Behauptung ergibt.

Aus Hilfssatz 3 folgt unmittelbar

Hilfssatz 4. Es sei X kompakt und H eine Teilmenge von $\mathscr{C}_u(X, \mathsf{R})$ derart, daß für g und h aus H stets $\max(g, h)$ und $\min(g, h)$ zu H gehören und daß es für je zwei Punkte x, y aus X und je zwei reelle Zahlen a, b eine Funktion h in H gibt, für die $h(x) = a$ und $h(y) = b$ ist. H ist dicht in $\mathscr{C}_u(X, \mathsf{R})$.

Definition. Sind X und Y Mengen und ist H eine Teilmenge von $\mathscr{F}(X, Y)$, so sagt man, daß H die Punkte von X trennt, wenn es für je zwei verschiedene Punkte x_1, x_2 aus X eine Abbildung h aus H gibt, so daß $h(x_1) \neq h(x_2)$ ist.

Satz 2 (M. H. Stone). *Es sei X ein kompakter Raum und L ein Vektorunterraum von $\mathscr{C}_u(X, \mathsf{R})$ mit folgenden Eigenschaften:*

(a) *Die konstanten Funktionen gehören zu L.*

(b) *Gehört h zu L, so gehört auch $|h|$ zu L.*

(c) *L trennt die Punkte von X.*

Dann kann jede Funktion aus $\mathscr{C}(X, \mathsf{R})$ mit beliebiger Genauigkeit durch eine Funktion aus L gleichmäßig approximiert werden.

Beweis. Wegen $\max(f, g) = \frac{1}{2}(f + g + |f - g|)$, $\min(f, g) = \frac{1}{2}(f + g - |f - g|)$ und (b) gehören mit g und h auch $\max(g, h)$ und $\min(g, h)$ zu L. Sind x_1 und x_2 zwei beliebige verschiedene Punkte aus X, so gibt es eine Funktion h aus L derart, daß $h(x_1) \neq h(x_2)$ ist. Sind noch zwei reelle Zahlen a, b gegeben, so ist

$$g(x) = a + (b - a)\frac{h(x) - h(x_1)}{h(x_2) - h(x_1)} \quad \text{für } x \in X$$

eine stetige Funktion mit $g(x_1) = a$ und $g(x_2) = b$. Weil L ein Vektorraum und (a) erfüllt ist, gehört g zu L. Für L sind damit die Voraussetzungen von Hilfssatz 4 erfüllt, woraus die Behauptung folgt.

Für das Folgende benötigen wir einige einfache Aussagen aus der Analysis, die wir voranstellen. Zunächst gilt: Ist $0 \leqq s \leqq 1$, so konvergiert die durch $a_1 = 0$, $a_{n+1} = a_n + \frac{1}{2}(s - a_n^2)$ definierte Zahlenfolge monoton wachsend gegen $\sqrt{s}$. Durch einfache Umformung erhält man nämlich

$$\sqrt{s} - a_{n+1} = (\sqrt{s} - a_n)\left(1 - \frac{1}{2}(\sqrt{s} + a_n)\right)$$

und hieraus durch vollständige Induktion $0 \leqq a_n \leqq \sqrt{s}$ wegen $0 \leqq \sqrt{s} \leqq 1$. Es folgt $2(a_{n+1} - a_n) = s - a_n^2 \geqq 0$. Die Folge ist also monoton wachsend und durch $\sqrt{s}$ nach oben beschränkt. Grenzübergang ergibt $s - (\lim a_n)^2 = 0$.

Hilfssatz 5. Für jede Zahl $\varepsilon > 0$ und jedes Intervall $[-a, a]$ in $\mathbb{R}$ gibt es ein Polynom $p(t)$, so daß $|p(t) - |t|| \leqq \varepsilon$ im ganzen Intervall gilt.

Beweis. Durch die Substitution $t \to at$ wird die Behauptung auf das Intervall $[-1, 1]$ zurückgeführt. Liege dieses jetzt vor. Setzt man $s = t^2$, so ist $0 \leqq s \leqq 1$. Die Folge $p_1 = 0$, $p_{n+1}(s) = p_n(s) + \frac{1}{2}[s - (p_n(s))^2]$ konvergiert nach dem Vorangehenden für $0 \leqq s \leqq 1$ monoton wachsend gegen $\sqrt{s} = |t|$. Alle $p_n(s)$ sind Polynome in s und damit in t^2. Nach dem Satz von Dini (Satz 1) konvergiert die Folge $p_n(t^2)$ auf $[-1, 1]$ gleichmäßig gegen $|t|$, was die Behauptung ergibt.

Satz 3 (Weierstraß-Stone). *Es sei X ein kompakter Raum und H eine Menge stetiger reellwertiger Funktionen auf X, welche die Punkte von X trennt. Dann kann jede stetige reellwertige Funktion auf X mit beliebiger Genauigkeit durch ein Polynom in Funktionen aus H gleichmäßig approximiert werden.*

Beweis. Die Polynome in Funktionen aus H bilden einen Vektorraum M. Wegen Hilfssatz 1 ist $\bar{M}$ ein Vektorraum. Es muß gezeigt werden, daß $\bar{M} = \mathscr{C}_u(X, \mathbb{R})$ ist. Wegen $\bar{\bar{M}} = \bar{M}$ folgt dies aus Satz 2, wenn $\bar{M}$ den Bedingungen (a), (b), (c) von Satz 2 genügt. (a) und (c) sind offenbar erfüllt. Sei nun $h \in \bar{M}$ und $\varepsilon > 0$ vorgegeben. h ist beschränkt, sei etwa $|h(x)| \leqq a$ für alle x. Wegen Hilfssatz 5 gibt es ein Polynom $p(t)$, so daß $|p(t) - |t|| < \varepsilon$ ist für $|t| \leqq a$. Es folgt $|p(h(x)) - |h(x)|| < \varepsilon$ für alle x. Das Polynom $p(t)$ ist auf dem kompakten Intervall $|t| \leqq a + 1$ gleichmäßig stetig (3.6 Satz 2). Es gibt daher eine Zahl $\delta > 0$, so daß $|p(s) - p(t)| < \varepsilon$ ist für $|t - s| < \delta$ und $|t| \leqq a$. Wegen $h \in \bar{M}$ gibt es $g \in M$, so daß $|h(x) - g(x)| < \delta$ ist für alle x. Damit folgt

$$(4.11)\quad \begin{aligned} |p(g(x)) - |h(x)|| &\leqq |p(g(x)) - p(h(x))| + |p(h(x)) - |h(x)|| \\ &< 2\varepsilon \quad \text{für alle } x. \end{aligned}$$

Sei j die durch $x \to p(g(x))$ definierte Funktion. g ist ein Polynom in Funktionen aus H. Faßt man $p(t)$ als Polynom in der Unbestimmten t auf, so entsteht j dadurch, daß man das Polynom g für t in $p(t)$ einsetzt. Dadurch entsteht wieder ein Polynom in Funktionen aus H. Also ist $j \in M$. (4.11) besagt $\|j - |h|\| \leqq 2\varepsilon$. Damit folgt $|h| \in \bar{M}$. Die Bedingung (b) von Satz 2 ist also für $\bar{M}$ erfüllt, was noch zu zeigen war.

Beispiel. Sei X eine kompakte Teilmenge des $\mathbb{R}^n$ mit den Koordinaten $x_1, x_2, \ldots, x_n$. Die Einschränkungen der Koordinatenfunktionen auf X gehören zu $\mathscr{C}(X, \mathbb{R})$, und sie trennen die Punkte von X. Satz 3 ergibt, daß jede stetige Funktion $f: X \to \mathsf{R}$ durch Polynome in den Koordinaten $x_1, x_2, \ldots, x_n$ beliebig genau gleichmäßig approximiert werden kann. Das ist der klassische Satz von Weierstraß.

Anmerkung. Für die Gültigkeit der Sätze ist wesentlich, daß X kompakt ist. Beispielsweise lassen sich die Funktionen e^x und $\sin x$ nicht durch Polynome in x gleichmäßig auf ganz R approximieren, wohl aber auf jedem kompakten Intervall. Daß auch im Satz von Dini die Kompaktheit von X wesentlich ist, zeigt die Funktionenfolge $f_n(x) = \dfrac{-x^2}{n + x^2}$.

4.4 Gleichmäßige Konvergenz auf Teilmengen. Wenn man für eine einfach konvergente Folge stetiger reeller Funktionen $f_n: \mathsf{R} \to \mathsf{R}$ schließen will, daß die Grenzfunktion stetig ist, braucht man nicht zu fordern, daß die Folge $\{f_n\}$ gleichmäßig konvergiert. Beispielsweise genügt es zu wissen, daß für jede kompakte Teilmenge K von R die Folge $\{f_n | K\}$ gleichmäßig konvergiert. Es ist also zu erwarten, daß 4.2 Satz 2 noch gilt, wenn die Struktur der gleichmäßigen Konvergenz durch geeignete gröbere Strukturen ersetzt wird. Darauf zielen die folgenden Betrachtungen.

Sei weiterhin X ein topologischer Raum und Y ein uniformer. Die Topologie von X wird nur für $\mathscr{C}(X, Y)$ eine Rolle spielen, nicht aber für $\mathscr{F}(X, Y)$. Sei A eine Teilmenge von X. Wir versehen $\mathscr{F}(A, Y)$ mit der Struktur der gleichmäßigen Konvergenz. Wird nun jeder Abbildung $f: X \to Y$ die Einschränkung $f | A$ zugeordnet, so entsteht die Abbildung

(4.12) $$A^*: \mathscr{F}(X, Y) \to \mathscr{F}_u(A, Y) \quad \text{mit} \quad A^*(f) = f | A.$$

Ist f stetig, so ist auch $f | A$ stetig, also gilt

(4.13) $$A^*(\mathscr{C}(X, Y)) \subset \mathscr{C}_u(A, Y).$$

Besteht A nur aus dem einen Punkt x, so geht (4.12) in (4.1) über, denn die Räume $\mathscr{F}_u(x, Y) = \mathscr{C}_u(x, Y)$ und Y stimmen in natürlicher Weise überein. Wir lassen $A = \emptyset$ zu. Unter $\mathscr{F}_u(A, Y) = \mathscr{C}_u(A, Y)$ ist dann ein Raum mit nur einem Punkt zu verstehen.

Definition 1. Ein Filter $\mathfrak{G}$ auf $\mathscr{F}(X, Y)$ heißt gleichmäßig konvergent auf der Teilmenge A von X, wenn $A^*(\mathfrak{G})$ auf $\mathscr{F}_u(A, Y)$ konvergiert.

A^* induziert eine uniforme Struktur auf $\mathscr{F}(X, Y)$. Ist V eine Nachbarschaft von Y, so ist die gemäß (4.2) definierte Teilmenge $W_A(V)$ von $\mathscr{F}(A, Y) \times \mathscr{F}(A, Y)$ eine Nachbarschaft von $\mathscr{F}_u(A, Y)$. Wir setzen

(4.14) $$W(A, V) = (A^* \overset{-1}{\times} A^*)\, W_A(V).$$

Aus (4.2) und (4.12) folgt unmittelbar

(4.15) $$W(A, V) = \{(f, g) | f, g \in \mathscr{F}(X, Y) \text{ und } (f(x), g(x)) \in V \text{ für alle } x \in A\}.$$

Dabei ist $W(\emptyset, V) = \mathscr{F}(X, Y) \times \mathscr{F}(X, Y)$. Aus (4.15) folgt unmittelbar

(4.16) $$W(A, V') \subset W(A, V) \quad \text{für} \quad V' \subset V.$$

Wegen (4.14) und 4.2 Anmerkung 1 durchlaufen die Mengen $W(A, V)$ eine Basis der von A^* induzierten uniformen Struktur, wenn V eine Nachbarschaftsbasis von Y durchläuft. Wir betrachten nun gleichzeitig verschiedene Teilmengen von X. Aus (4.15) ergibt sich

$$W(B, V) \supset W(A, V) \quad \text{für} \quad B \subset A, \tag{4.17}$$

$$W\left(\bigcup_{i=1}^{n} A_i, V\right) = \bigcap_{i=1}^{n} W(A_i, V) \quad \text{für} \quad A_i \subset X. \tag{4.18}$$

Definition 2. Es sei X ein topologischer, Y ein uniformer Raum und $\mathfrak{S}$ ein nicht-leeres System von Teilmengen von X. Die gröbste uniforme Struktur auf $\mathscr{F}(X, Y)$, für welche die Abbildungen (4.12) für alle Mengen A aus $\mathfrak{S}$ gleichmäßig stetig sind, heißt die Struktur der a u f d e n M e n g e n v o n $\mathfrak{S}$ g l e i c h m ä ß i g e n K o n v e r g e n z. $\mathscr{F}_{\mathfrak{S}}(X, Y)$ bezeichne den mit dieser Struktur versehenen Raum.

Die Verträglichkeit dieser Benennung mit Definition 1 wird sich unten (Satz 2) ergeben. Wegen 2.4 ist die Topologie von $\mathscr{F}_{\mathfrak{S}}(X, Y)$ die gröbste, für welche die Abbildungen A^* für alle A aus $\mathfrak{S}$ stetig sind. $\mathscr{F}_u$ und $\mathscr{F}_s$ sind Spezialfälle der Räume $\mathscr{F}_{\mathfrak{S}}$, sie entstehen, wenn $\mathfrak{S}$ nur aus X bzw. aus allen einpunktigen Teilmengen von X besteht. Wird $\mathscr{C}(X, Y)$ mit der von $\mathscr{F}_{\mathfrak{S}}(X, Y)$ induzierten Struktur versehen, so schreiben wir $\mathscr{C}_{\mathfrak{S}}(X, Y)$.

Es sei $\mathfrak{B}$ eine Basis des Nachbarschaftsfilters von Y und $\mathfrak{U}_{\mathfrak{S}}$ der Nachbarschaftsfilter von $\mathscr{F}_{\mathfrak{S}}(X, Y)$. Nach 2.4 erhält man eine Basis von $\mathfrak{U}_{\mathfrak{S}}$, wenn man für je endlich viele Mengen der Gestalt $W(A, V)$ mit A aus $\mathfrak{S}$ und V aus $\mathfrak{B}$ die Durchschnitte bildet. Wegen (4.16) und (4.18) ist nun aber

$$\bigcap_{i=1}^{n} W(A_i, V_i) \supset \bigcap_{i=1}^{n} W\left(A_i, \bigcap_{j=1}^{n} V_j\right) = W\left(\bigcup_{i=1}^{n} A_i, \bigcap_{j=1}^{n} V_j\right).$$

$\bigcap V_j$ umfaßt eine Menge aus $\mathfrak{B}$. Wegen (4.16) folgt

Hilfssatz 1. Die Mengen der Gestalt $W(A, V)$, wobei A die Vereinigungen von je endlich vielen Mengen aus $\mathfrak{S}$ und V eine Basis des Nachbarschaftsfilters von Y durchläuft, bilden eine Basis von $\mathfrak{U}_{\mathfrak{S}}$.

Hiernach ändert sich $\mathfrak{U}_{\mathfrak{S}}$ nicht, wenn man zu $\mathfrak{S}$ noch die Vereinigungen von je endlich vielen Mengen aus $\mathfrak{S}$ hinzunimmt, und wegen (4.17) können danach auch noch alle Teilmengen dieser Vereinigungen hinzugenommen werden. Damit folgt aus Definition 2 unmittelbar

Hilfssatz 2. Ist die Teilmenge B von X in der Vereinigung von endlich vielen Mengen des Teilmengensystems $\mathfrak{S}$ enthalten, so ist $B^*\colon \mathscr{F}_{\mathfrak{S}}(X, Y) \to \mathscr{F}_u(B, Y)$ gleichmäßig stetig.

Vermöge Definition 2 folgt hieraus weiter

Satz 1. *Es seien $\mathfrak{R}$ und $\mathfrak{S}$ zwei nicht-leere Systeme von Teilmengen von X. Ist jede Menge aus $\mathfrak{R}$ in einer Vereinigung von endlich vielen Mengen aus $\mathfrak{S}$ enthalten, so ist die uniforme Struktur von $\mathscr{F}_{\mathfrak{R}}(X, Y)$ gröber als diejenige von $\mathscr{F}_{\mathfrak{S}}(X, Y)$. Insbesondere ist die uniforme Struktur von $\mathscr{F}_u(X, Y)$ feiner als die von $\mathscr{F}_{\mathfrak{S}}(X, Y)$.*

Ist $\mathfrak{S}$ eine Überdeckung von X, so ist die uniforme Struktur von $\mathscr{F}_s(X, Y)$ gröber als die von $\mathscr{F}_{\mathfrak{S}}(X, Y)$.

Hilfssatz 3. Ein Filter $\mathfrak{G}$ auf $\mathscr{F}_{\mathfrak{S}}(X, Y)$ ist genau dann konvergent, wenn er ein Cauchy-Filter ist und in allen denjenigen Punkten konvergiert, die mindestens einer Menge von $\mathfrak{S}$ angehören.

Beweis. Es sei S die Vereinigung aller Mengen aus $\mathfrak{S}$. Ist $\mathfrak{G}$ konvergent, so ist $\mathfrak{G}$ Cauchy-Filter wegen 3.1 Satz 1, und für $x \in S$ ist x^* stetig wegen Hilfssatz 2, also konvergiert auch $x^*(\mathfrak{G})$. Sei nun umgekehrt $\mathfrak{G}$ ein Cauchy-Filter, der in allen Punkten von S konvergiert, etwa gegen $f_0(x)$ für $x \in S$. Im Komplement von S werde $f_0\colon X \to Y$ beliebig definiert. Wir zeigen, daß $\mathfrak{G}$ gegen f_0 konvergiert. Wegen Hilfssatz 1 können wir annehmen, daß die Vereinigungen von je endlich vielen Mengen aus $\mathfrak{S}$ wieder zu $\mathfrak{S}$ gehören. Sei nun V eine abgeschlossene Nachbarschaft von Y und A eine Menge aus $\mathfrak{S}$. Der Cauchy-Filter $\mathfrak{G}$ enthält eine Menge G, die klein von der Ordnung $W(A, V)$ ist. Liegen g und f in G, so ist $(g(x), f(x)) = (x^*(g), x^*(f)) \in V$ für alle $x \in A$ nach (4.15). Für diese x ist also $x^*(G)$ klein von der Ordnung V. Weil $x^*(\mathfrak{G})$ gegen $f_0(x)$ konvergiert, liegt ferner $x^*(f_0) = f_0(x)$ in der abgeschlossenen Hülle von $x^*(G)$, und diese ist ebenfalls klein von der Ordnung V wegen 3.1 Hilfssatz 1. Es folgt $(f_0(x), f(x)) \in V$ für alle $x \in A$ und $f \in G$. Dies besagt, daß G in der Umgebung $W(A, V)(f_0)$ von f_0 liegt. Durchläuft A die Mengen von $\mathfrak{S}$ und V die abgeschlossenen Nachbarschaften, so durchläuft $W(A, V)(f_0)$ eine Umgebungsbasis von f_0 wegen Hilfssatz 1, womit folgt, daß $\mathfrak{G}$ gegen f_0 konvergiert.

Nunmehr ergibt sich die Berechtigung für die Benennung der uniformen Struktur von $\mathscr{F}_{\mathfrak{S}}$ (Definitionen 1 und 2):

Satz 2. *Ein Filter $\mathfrak{G}$ auf $\mathscr{F}_{\mathfrak{S}}(X, Y)$ ist genau dann konvergent, wenn $\mathfrak{G}$ für jedes A aus $\mathfrak{S}$ auf A gleichmäßig konvergiert.*

Beweis. A^* ist stetig. Konvergiert $\mathfrak{G}$, so konvergiert auch $A^*(\mathfrak{G})$. Sei umgekehrt $A^*(\mathfrak{G})$ konvergent für jedes A aus $\mathfrak{S}$. Für $x \in A$ ist dann $x^*(A^*(\mathfrak{G})) = x^*(\mathfrak{G})$ konvergent. Wegen Hilfssatz 3 muß nur noch gezeigt werden, daß $\mathfrak{G}$ ein Cauchy-Filter ist. Sind $A_1, A_2, \ldots, A_n$ Mengen aus $\mathfrak{S}$ und ist V eine Nachbarschaft von Y, so gibt es für $i = 1, 2, \ldots, n$ eine Menge G_i in $\mathfrak{G}$, so daß $A_i^*(G_i)$ klein von der Ordnung $W_{A_i}(V)$ (vgl. (4.2)) auf $\mathscr{F}_u(A_i, Y)$ ist. Wegen (4.14) und (4.15) ist G_i klein von der Ordnung $W(A_i, V)$. Nun ist $G = \bigcap G_i$ eine Menge von $\mathfrak{G}$, die wegen (4.18) klein von der Ordnung $W(\bigcup A_i, V)$ ist. Aus Hilfssatz 1 folgt, daß $\mathfrak{G}$ ein Cauchy-Filter ist.

Die gewünschte Verallgemeinerung von 4.2 Satz 2 ist nun

Satz 3. *Es sei $\mathfrak{S}$ ein System von Teilmengen des topologischen Raumes X derart, daß jeder Punkt von X innerer Punkt von mindestens einer Menge aus $\mathfrak{S}$ ist. Y sei ein uniformer Raum. Dann ist $\mathscr{C}_{\mathfrak{S}}(X, Y)$ abgeschlossen in $\mathscr{F}_{\mathfrak{S}}(X, Y)$. Außerdem ist die durch $j(f, x) = f(x)$ definierte Abbildung $j\colon \mathscr{C}_{\mathfrak{S}}(X, Y) \times X \to Y$ stetig.*

Beweis. Ordnet man jeder Menge von $\mathfrak{S}$ ihr Inneres zu, so erhält man eine offene Überdeckung von X. Damit folgt wegen I.4.2 Satz 4, daß eine Abbildung $f\colon X \to Y$

genau dann stetig ist, wenn es alle Einschränkungen von f auf die Mengen von $\mathfrak{S}$ sind[1]). Es ist also

$$\mathscr{C}_{\mathfrak{S}}(X, Y) = \bigcap_{A \in \mathfrak{S}} \overset{-1}{A^*}(\mathscr{C}_u(A, Y)).$$

Wegen 4.2 Satz 2 ist $\mathscr{C}_u(A, Y)$ abgeschlossen in $\mathscr{F}_u(A, Y)$. Wegen der Stetigkeit der Abbildungen A^* ist $\mathscr{C}_{\mathfrak{S}}(X, Y)$ Durchschnitt von abgeschlossenen Mengen in $\mathscr{F}_{\mathfrak{S}}(X, Y)$, also abgeschlossen. Zum Beweis der zweiten Behauptung sei (f_0, x_0) irgendein Punkt aus $\mathscr{C}_{\mathfrak{S}}(X, Y) \times X$ und V eine beliebige symmetrische Nachbarschaft von Y. Wegen der Stetigkeit von f_0 gibt es eine Umgebung U von x_0, so daß $f_0(U) \subset V(f_0(x_0))$, also $(f_0(x_0), f_0(x)) \in V$ für alle $x \in U$ ist. Nach Voraussetzung über $\mathfrak{S}$ kann U so gewählt werden, daß U in einer Menge von $\mathfrak{S}$, etwa in A, enthalten ist. $H = W(A, V)(f_0)$ ist Umgebung von f_0. Für $f \in H$ und $x \in A$ ist $(f_0(x), f(x)) \in V$. Wegen $U \subset A$ folgt $(f_0(x_0), f(x)) \in \overset{2}{V}$ für alle $f \in H$ und alle $x \in U$, also $j(H \times U) \subset \overset{2}{V}(f_0(x_0))$. Hieraus folgt die Stetigkeit von j im Punkte (f_0, x_0) (1.3 Hilfssatz) und damit die Behauptung.

4.5 Kompakte Konvergenz. Ist $\mathfrak{S}$ das System der kompakten Teilmengen des Raumes X, so schreiben wir $\mathscr{F}_c(X, Y)$ bzw. $\mathscr{C}_c(X, Y)$ statt $\mathscr{F}_{\mathfrak{S}}$ und $\mathscr{C}_{\mathfrak{S}}$. Die uniforme Struktur dieser Räume heißt die Struktur der auf kompakten Mengen gleichmäßigen Konvergenz oder kurz die Struktur der kompakten Konvergenz. Die Topologie wird entsprechend bezeichnet. Ist X kompakt, so stimmen die Strukturen der kompakten Konvergenz und der gleichmäßigen Konvergenz überein wegen 4.4 Satz 1.

4.4 Satz 3 zeigt, daß die Struktur der kompakten Konvergenz für lokalkompakte Räume wichtig ist. In diesem Falle gilt der

Satz. *Es sei X ein lokalkompakter und Y ein uniformer Raum. Auf $\mathscr{C}(X, Y)$ stimmt die Topologie der kompakten Konvergenz mit der kompakt-offenen Topologie überein.*

Beweis. Wegen 4.4 Satz 3 und I.7.9 Satz 3 muß nur noch gezeigt werden, daß auf $\mathscr{C}(X, Y)$ die Topologie der kompakten Konvergenz gröber als die kompakt-offene ist. Die Vereinigung endlich vieler kompakter Mengen ist kompakt. Wegen 4.4 Hilfssatz 1 erhält man eine Nachbarschaftsbasis von $\mathscr{F}_c(X, Y)$ durch die Mengen der Gestalt $W(K, V)$, wobei K die kompakten Teilmengen von X und V die Nachbarschaften von Y durchläuft. Sei f_0 ein beliebiger Punkt aus $\mathscr{C}(X, Y) = \mathscr{C}$ und U die Menge derjenigen Punkte von $\mathscr{C}$, zu denen f_0 von der Ordnung $W(K, V)$ benachbart ist. Die Mengen dieser Art bilden eine Umgebungsbasis von f_0 bezüglich der Topologie der kompakten Konvergenz auf $\mathscr{C}$. Es muß gezeigt werden, daß U bei gegebenen K und V eine Umgebung von f_0 bezüglich der kompakt-offenen Topologie umfaßt. Sei dazu V' eine offene symmetrische Nachbarschaft von Y mit $\overset{3}{V'} \subset V$. Wegen der Stetigkeit von f_0 besitzt jeder Punkt von K eine kompakte Umgebung, deren Bild bezüglich f_0 klein von der Ordnung V' ist. Weil K kompakt ist, wird K von den Inneren endlich vieler solcher Umgebungen überdeckt. Es gibt also in X endlich viele kompakte Mengen $K_1, K_2, \ldots, K_n$, die K überdecken und für die $f_0(K_i)$ klein von der Ordnung V' ist. Weil V' offen ist, ist die gleich-

[1]) Die Abgeschlossenheit von $\mathscr{C}_{\mathfrak{S}}(X, Y)$ folgt bereits aus dieser Eigenschaft von $\mathfrak{S}$.

mäßige Umgebung $Q_i = V'(f_0(K_i))$ von $f_0(K_i)$ offen in Y. Wegen der Symmetrie von V' ist Q_i klein von der Ordnung $\overset{3}{V'}$ und damit klein von der Ordnung V. Nach Definition von Q_i liegt f_0 in $\Omega(K_i, Q_i)$ (I.7.9 Definition), und es ist $P = \bigcap \Omega(K_i, Q_i)$ eine Umgebung von f_0 bezüglich der kompakt-offenen Topologie. Liegt f in dieser Umgebung P und ist $x \in K_i$, so liegen $f_0(x)$ und $f(x)$ in Q_i, also ist $(f_0(x), f(x)) \in V$. Es folgt $(f_0(x), f(x)) \in V$ für alle f in P und alle x in K und damit $P \subset U$, was zu zeigen war.

4.6 Struktureigenschaften. Wir wenden uns wieder den Räumen $\mathscr{F}_{\mathfrak{S}}(X, Y)$ allgemein zu. Für $y \in Y$ wird durch $f(x) = y$ für alle x eine konstante Abbildung definiert, die wir mit y' bezeichnen. Durch $y \to y'$ wird die Injektion $i\colon Y \to \mathscr{F}(X, Y)$ definiert. Sei $Y' = i(Y)$. Es ist $Y' \subset \mathscr{C}(X, Y)$.

Satz 1. *Besteht $\mathfrak{S}$ nicht nur aus der leeren Menge, so ist für $\mathscr{F}_{\mathfrak{S}}(X, Y)$ der Teilraum Y' der konstanten Abbildungen isomorph zu Y.*

Beweis. Es kann angenommen werden, daß die Vereinigungen von je endlich vielen Mengen aus $\mathfrak{S}$ zu $\mathfrak{S}$ gehören. Ist nun $A \neq \emptyset$ eine Menge aus $\mathfrak{S}$ und V eine Nachbarschaft von Y, so ist $W(A, V) \cap (Y' \times Y')$ die Menge derjenigen Paare (y_1', y_2'), für welche $(y_1, y_2) \in V$ ist. Damit folgt die Behauptung aus 4.4 Hilfssatz 1.

Satz 2. *Es bestehe Y aus mehr als einem Punkt. $\mathscr{F}_{\mathfrak{S}}(X, Y)$ ist genau dann separiert, wenn Y separiert und $\mathfrak{S}$ eine Überdeckung von X ist.*

Beweis. Ist $\mathfrak{S}$ keine Überdeckung von X, so gibt es einen Punkt $x_0 \in X$, der keiner Menge von $\mathfrak{S}$ angehört. Seien y_1 und y_2 zwei verschiedene Punkte von Y. Wir setzen $f(x_0) = y_1$ und $f(x) = y_2$ für $x \neq x_0$. Wegen (4.15) ist f zu der konstanten Abbildung y_2' von jeder Ordnung benachbart, also $\mathscr{F}_{\mathfrak{S}}$ nicht separiert. Sei nun $\mathfrak{S}$ eine Überdeckung von X. Wegen Satz 1 kann $\mathscr{F}_{\mathfrak{S}}$ nur dann separiert sein, wenn Y es ist. Ist Y separiert, so ist $\mathscr{F}_s$ separiert nach dem Satz von 4.1, und es ist erst recht $\mathscr{F}_{\mathfrak{S}}$ separiert wegen 4.4 Satz 1.

Satz 3. *$\mathfrak{S}$ bestehe nicht nur aus der leeren Menge. $\mathscr{F}_{\mathfrak{S}}(X, Y)$ ist genau dann vollständig, wenn Y es ist.*

Beweis. Sei zunächst Y vollständig und $\mathfrak{G}$ ein Cauchy-Filter auf $\mathscr{F}_{\mathfrak{S}}$. Es muß gezeigt werden, daß $\mathfrak{G}$ konvergiert. Sei x ein Punkt von X, der einer Menge von $\mathfrak{S}$ angehört. $x^*\colon \mathscr{F}_{\mathfrak{S}} \to Y$ ist gleichmäßig stetig wegen 4.4 Hilfssatz 2 und $\mathscr{F}_u(x, Y) = Y$. Nach 3.1 Satz 3 ist $x^*(\mathfrak{G})$ ein Cauchy-Filter. Weil Y vollständig ist, konvergiert $x^*(\mathfrak{G})$, und wegen 4.4 Hilfssatz 3 konvergiert $\mathfrak{G}$. Sei nun $\mathscr{F}_{\mathfrak{S}}$ vollständig und $\mathfrak{G}$ ein Cauchy-Filter auf Y. Wegen Satz 1 ist das Bild von $\mathfrak{G}$ bei der Injektion $i\colon Y \to \mathscr{F}_{\mathfrak{S}}$ ein Cauchy-Filter, also konvergent. Nach Annahme gibt es einen Punkt x, der zu einer Menge von $\mathfrak{S}$ gehört. Weil x^* stetig ist, konvergiert $x^*(i(\mathfrak{G}))$, und es ist $x^*(i(\mathfrak{G})) = \mathfrak{G}$ wegen $x^* \circ i = id_Y$. Also ist Y vollständig.

Durch dieselbe Schlußweise folgt aus der Vollständigkeit von $\mathscr{C}_{\mathfrak{S}}$ die von Y. Ist umgekehrt Y vollständig, so ist $\mathscr{F}_{\mathfrak{S}}$ vollständig und wegen 3.2 Satz 1 ist es $\mathscr{C}_{\mathfrak{S}}$, falls $\mathscr{C}_{\mathfrak{S}}$ abgeschlossen in $\mathscr{F}_{\mathfrak{S}}$ ist, also sicher dann, wenn die Voraussetzungen von 4.4 Satz 3 zutreffen. Unter diesen Voraussetzungen folgt ferner wegen $Y' \subset \mathscr{C}_{\mathfrak{S}}$ aus Satz 2, daß $\mathscr{C}_{\mathfrak{S}}$ genau dann separiert ist, wenn Y es ist. Also gilt

Satz 4. *Es sei Y ein uniformer Raum und $\mathfrak{S}$ eine Überdeckung des topologischen Raumes X derart, daß jeder Punkt von X innerer Punkt einer Menge von $\mathfrak{S}$ ist. $\mathscr{C}_{\mathfrak{S}}(X, Y)$ ist genau dann vollständig bzw. separiert, wenn Y vollständig bzw. separiert ist.*

Für das Folgende stellen wir einen Hilfssatz bereit. Die Abbildung A^* in (4.12) bewirkt eine Abbildung von $\mathscr{C}(X, Y)$ in $\mathscr{C}_u(A, Y)$, die wir ebenfalls mit A^* bezeichnen wollen. Dann gilt der

Hilfssatz. Sei A dicht in dem topologischen Raum X. $A^*: \mathscr{C}(X, Y) \to \mathscr{C}_u(A, Y)$ induziert auf $\mathscr{C}(X, Y)$ die Struktur der gleichmäßigen Konvergenz.

Beweis. Wegen 4.4 Hilfssatz 1 und 2.5 Hilfssatz genügt es zu zeigen, daß für jede abgeschlossene Nachbarschaft V von Y die Mengen $W(A, V)$ und $W(X, V)$ dieselbe Spur auf $\mathscr{C} \times \mathscr{C}$ haben. Wegen (4.17) ist $W(X, V) \subset W(A, V)$. Es muß also $W(A, V) \cap (\mathscr{C} \times \mathscr{C}) \subset W(X, V)$ nachgewiesen werden. Seien dazu f und g zwei stetige Abbildungen von X in Y, so daß $(f, g) \in W(A, V)$ ist, also $(f(x), g(x)) \in V$ für alle $x \in A$. Durch $\varphi(x) = (f(x), g(x))$ ist eine stetige Abbildung $\varphi: X \to Y \times Y$ definiert. Es folgt $\varphi(X) = \varphi(\bar{A}) \subset \bar{V} = V$ (I.2.8 Satz 3) und damit $(f, g) \in W(X, V)$.

Aus diesem Hilfssatz folgt wegen 4.4 Definition 2 und 2.2 Satz 4, daß sich die Struktur von $\mathscr{C}_{\mathfrak{S}}(X, Y)$ nicht ändert, wenn man die abgeschlossenen Hüllen aller Mengen von $\mathfrak{S}$ zu $\mathfrak{S}$ hinzunimmt.

4.7 Gleichgradige Stetigkeit. Gleichmäßige Stetigkeit ist, grob gesagt, eine Aussage, die für eine Abbildung $f: X \to Y$ die „Güte der Stetigkeit" für alle Punkte von X zugleich beurteilt. Gleichgradige Stetigkeit beurteilt dagegen die Güte der Stetigkeit für alle Abbildungen einer Familie $\{f_\lambda: X \to Y\}$ in jeweils einem Punkte von X.

Definition. Es sei X ein topologischer, Y ein uniformer Raum und H eine Teilmenge von $\mathscr{F}(X, Y)$. H heißt gleichgradig stetig im Punkte x_0, wenn es zu jeder Nachbarschaft V von Y eine Umgebung U von x_0 gibt, so daß $f(U) \subset V(f(x_0))$ für alle $f \in H$ ist. H heißt gleichgradig stetig, wenn H gleichgradig stetig in jedem Punkte von X ist.

Ist H gleichgradig stetig, so besteht H offenbar aus stetigen Abbildungen. Für $x \in X$ ist x^* gemäß (4.1) eine Abbildung von $\mathscr{F}(X, Y)$ in Y. Die Einschränkung $x^* | H$ bezeichnen wir der Kürze halber wieder mit x^*. Es wird also x^* als Element von $\mathscr{F}(H, Y)$ aufgefaßt. Gleichgradige Stetigkeit von H im Punkte x_0 heißt, daß es zu V eine Umgebung U gibt, so daß $(x_0^*(f), x^*(f)) = (f(x_0), f(x)) \in V$ ist für alle f in H und $x \in U$, also gemäß (4.2), daß $x^* \in W_H(V)(x_0^*)$ ist für $x \in U$. Hiernach gilt

Hilfssatz 1. $H \subset \mathscr{F}(X, Y)$ ist genau dann im Punkte x_0 gleichgradig stetig, wenn die durch $x \to x^*$ definierte Abbildung $i^*: X \to \mathscr{F}_u(H, Y)$ stetig im Punkte x_0 ist.

Wir schreiben H_s bzw. H_c, wenn H mit der Topologie der einfachen bzw. der kompakten Konvergenz versehen wird. In beiden Fällen ist x^* stetig für alle x nach Definition dieser Topologien. Damit folgt aus Hilfssatz 1

Hilfssatz 2. Die Teilmenge H von $\mathscr{F}_s(X, Y)$ ist genau dann gleichgradig stetig, wenn die Abbildung $i^*: X \to \mathscr{C}_u(H_s, Y)$ stetig ist.

Satz 1. *Es sei H eine gleichgradig stetige Teilmenge von $\mathscr{F}(X, Y)$. Versieht man H mit der Topologie der einfachen Konvergenz, so ist die durch $(f, x) \to f(x)$ definierte Abbildung $j: H_s \times X \to Y$ stetig. Die Topologie der einfachen Konvergenz ist die gröbste Topologie auf H mit dieser Eigenschaft. Ist X lokalkompakt, so stimmen auf H die Topologien der einfachen und der kompakten Konvergenz überein.*

Beweis. $(f, x) \to (x, f)$ ist eine topologische Abbildung von $H_s \times X$ auf $X \times H_s$. Wegen Hilfssatz 2 und I.4.7 Satz 2 ist $i^* \times id_H$: $X \times H_s \to \mathscr{C}_u(H_s, Y) \times H_s$ stetig. Wegen $i^*(X) \subset \mathscr{C}_u(H_s, Y)$ und 4.4 Satz 3 ist die durch $(x^*, f) \to x^*(f)$ definierte Abbildung von $i^*(X) \times H_s$ in Y stetig. Also ist die zusammengesetzte Abbildung $(f, x) \to (x, f) \to (x^*, f) \to x^*(f) = f(x)$ stetig, was die erste Behauptung ergibt. Ist H mit irgendeiner Topologie versehen, so kann die Abbildung $j: H \times X \to Y$ nur dann stetig sein, wenn für jedes (feste) $x \in X$ die partielle Abbildung $j_x = x^*$ stetig ist, wenn also die Topologie feiner als die der einfachen Konvergenz ist, was die zweite Behauptung ergibt. Die dritte folgt damit aus I.7.9 Satz 3. Die Topologie von H_s ist übrigens auch im allgemeinen Falle durch I.7.9 Satz 1 charakterisiert.

Satz 2. *Ist H eine gleichgradig stetige Teilmenge von $\mathscr{F}_s(X, Y)$, so ist auch die abgeschlossene Hülle $\bar{H}$ von H in $\mathscr{F}_s(X, Y)$ gleichgradig stetig. Ist X lokalkompakt, so stimmt $\bar{H}$ mit der abgeschlossenen Hülle von H in $\mathscr{F}_c(X, Y)$ überein.*

Beweis. Wegen des Hilfssatzes in 4.6 induziert $H^*: \mathscr{C}(\bar{H}_s, Y) \to \mathscr{C}_u(H_s, Y)$ auf $\mathscr{C}(\bar{H}_s, Y)$ die Topologie der gleichmäßigen Konvergenz. Definiert man $\bar{i}^*: X \to \mathscr{C}_u(\bar{H}_s, Y)$ entsprechend $i^*: X \to \mathscr{C}_u(H_s, Y)$, so ist $i^* = H^* \circ \bar{i}^*$. Wegen Hilfssatz 2 ist i^* und wegen I.4.1 Satz 2 ist $\bar{i}^*$ stetig, woraus wiederum wegen Hilfssatz 2 die gleichgradige Stetigkeit von $\bar{H}$ folgt. Sei nun X lokalkompakt und J die abgeschlossene Hülle von H in $\mathscr{F}_c(X, Y)$. Weil die Topologie der kompakten Konvergenz feiner als diejenige der einfachen Konvergenz ist, gilt für die Mengen $H, J, \bar{H}$ jedenfalls $H \subset J \subset \bar{H}$. Wendet man Satz 1 auf $\bar{H}$ an, so zeigt sich, daß die abgeschlossenen Hüllen von H relativ $\bar{H}$ für beide Topologien übereinstimmen, daß also $J = \bar{H}$ ist.

Der Begriff der gleichgradigen Stetigkeit ist von Ascoli bei der Frage eingeführt worden, wann es für eine Folge stetiger Funktionen eine Teilfolge gibt, die gegen eine stetige Funktion konvergiert. Legt man dabei die kompakte Konvergenz zugrunde, so läßt sich auf die Existenz einer solchen Teilfolge jedenfalls dann schließen, wenn die abgeschlossene Hülle bezüglich $\mathscr{C}_c$ für die Menge der Folgenglieder folgenkompakt ist. Ersetzt man Folgen durch Filter, so ergibt sich der entsprechende Schluß bei kompakter abgeschlossener Hülle. (Über die Existenz von Folgen siehe Aufgabe 2 und I.7.4 Satz 1.)

Satz 3 (Ascoli-Bourbaki). *Es sei X ein lokalkompakter, Y ein separierter uniformer Raum und H eine Menge stetiger Abbildungen von X in Y. In der mit der Topologie der kompakten Konvergenz versehenen Menge $\mathscr{C}_c(X, Y)$ aller stetigen*

Abbildungen von X in Y ist H dann und nur dann relativ kompakt, wenn folgende beiden Bedingungen erfüllt sind:

(a) *H ist gleichgradig stetig.*

(b) *Für jedes $x \in X$ ist die Menge $x^*(H) = \{f(x) \mid f \in H\}$ relativ kompakt.*

Beweis. Wir weisen nochmals darauf hin, daß für jedes $x \in X$ die Abbildung $x^*: \mathscr{C}(X, Y) \to Y$ für die Topologie der kompakten und die Topologie der einfachen Konvergenz auf $\mathscr{C}(X, Y)$ stetig ist (nach Definition). Sei $\bar{H}$ die abgeschlossene Hülle von H in $\mathscr{C}_c(X, Y)$ und zunächst $\bar{H}$ kompakt. Für jedes x ist dann $x^*(\bar{H})$ kompakt und $x^*(H)$ relativ kompakt wegen $x^*(H) \subset x^*(\bar{H})$. Also ist (b) erfüllt. Die durch $(f, x) \to f(x)$ definierte Abbildung $j: \bar{H} \times X \to Y$ ist stetig wegen 4.4 Satz 3 und $\bar{H} \subset \mathscr{C}_c(X, Y)$. Weil $\bar{H}$ kompakt ist, stimmen auf $\mathscr{C}(\bar{H}, Y)$ die Topologien der gleichmäßigen und der kompakten Konvergenz überein. Wegen des Satzes von 4.5 ist diese Topologie die kompakt-offene, und wegen I.7.9 Satz 3 ist sie die gröbste Topologie auf $\mathscr{C}(\bar{H}, Y)$, für welche die durch $(u, f) \to u(f)$ definierte Abbildung von $\mathscr{C}(\bar{H}, Y) \times \bar{H} \to Y$ stetig ist. Wegen der Stetigkeit von $j: \bar{H} \times X \to Y$ ist nun die durch $(x, f) \to (f, x) \to j(f, x) = f(x) = x^*(f)$ definierte Abbildung von $X \times \bar{H}$ in Y stetig. I.7.9 Satz 2 ergibt, daß die durch $x \to x^*$ definierte Abbildung $i^*: X \to \mathscr{C}_u(\bar{H}, Y)$ stetig ist. Aus Hilfssatz 2 folgt, daß $\bar{H}$, also erst recht H, gleichgradig stetig ist, daß also (a) erfüllt ist.

Seien nun umgekehrt (a) und (b) erfüllt. $\bar{H}$ ist jetzt wegen Satz 2 zugleich die abgeschlossene Hülle von H in $\mathscr{F}_s(X, Y)$. Nun ist $\mathscr{F}_s(X, Y) = Y^X = \prod_{x \in X} Y_x$ mit $Y_x = Y$ für alle x. Sei $K_x = \overline{x^*(H)}$. Wegen (b) ist K_x kompakt, also ist $\prod K_x$ eine kompakte Teilmenge von $\prod Y_x$. Wegen der Stetigkeit von x^* ist $x^*(\bar{H}) \subset \overline{x^*(H)} = K_x$ (I.2.8 Satz 3) für alle x. Hieraus folgt $\bar{H} \subset \prod K_x$. Also ist $\bar{H}$ kompakt, womit der Satz bewiesen ist.

Anmerkung. Wie der Beweis zeigt, sind (a) und (b) hinreichend dafür, daß H in $\mathscr{C}_s$ relativ kompakt ist. (Man beachte Satz 2.)

Die Bedingung (b) von Satz 3 ist von selbst erfüllt, wenn Y kompakt ist. Ist $Y = \mathsf{R}$, so ist $x^*(H)$ genau dann relativ kompakt, wenn $x^*(H)$ beschränkt ist. Hier gilt nun

Satz 4. *Es sei X ein zusammenhängender topologischer Raum und H eine gleichgradig stetige Menge reellwertiger Funktionen auf X. Ist für die zu H gehörigen Funktionen die Menge der Funktionswerte in einem Punkte x_0 von X beschränkt, so ist sie in jedem Punkte beschränkt. Ferner ist dann die Funktionenmenge H auf jeder kompakten Teilmenge von X gleichmäßig beschränkt.*

Beweis. Weil H gleichgradig stetig ist, besitzt jeder Punkt x von X eine Umgebung $U(x)$ derart, daß für $z \in U(x)$ und alle $f \in H$ gilt $|f(z) - f(x)| \leqq 1$. Wenn es nun in $U(x)$ einen Punkt z_0 gibt, so daß in z_0 die Menge der zu H gehörigen Funktionswerte (also $z_0^*(H)$) nach oben (bzw. unten) beschränkt ist, etwa durch M_0, so ist $M_0 + 2$ (bzw. $M_0 - 2$) eine gleichmäßige obere (bzw. untere) Schranke für die zu H gehörigen Funktionswerte auf ganz $U(x)$. Hieraus folgt, daß die Menge derjenigen Punkte x von X, in denen $x^*(H)$ nach oben (bzw. nach unten) beschränkt ist, offen und auch abgeschlossen ist. Wenn X zusammenhängend ist,

ist diese Menge entweder leer oder ganz X, womit sich die erste Behauptung ergibt. Die zweite Behauptung folgt nun einfach daraus, daß jede kompakte Teilmenge von X durch endlich viele Umgebungen der angegebenen Art $U(x)$ überdeckt wird.

Aufgaben. 1. Es sei X ein topologischer Raum und $\mathscr{B}$ die Menge der beschränkten reellwertigen Funktionen auf X (d. h. zu $f \in \mathscr{B}$ gibt es $a \in \mathsf{R}$ mit $|f(x)| \leqq a$ für alle x). (a) $\mathscr{B}$ ist offen und abgeschlossen in $\mathscr{F}_u(X, \mathsf{R})$. Die Menge der beschränkten stetigen Funktionen ist abgeschlossen in $\mathscr{F}_u$. (b) Für $f \in \mathscr{B}$ werde gesetzt $\|f\| = \sup_x |f(x)|$, und es werde $\mathscr{B}$ mit der Struktur der gleichmäßigen Konvergenz versehen. Dann gilt: $f \to |f|$ ist eine gleichmäßig stetige Abbildung von $\mathscr{B}$ in sich, ebenso $f \to af$ für festes $a \in \mathsf{R}$, $(f, g) \to f + g$, $\max(f, g)$, $\min(f, g)$ ist jeweils eine gleichmäßig stetige, $(f, g) \to fg$ eine stetige Abbildung von $\mathscr{B} \times \mathscr{B}$ in $\mathscr{B}$. $(t, f) \to tf$ bildet $\mathsf{R} \times \mathscr{B}$ stetig in $\mathscr{B}$ ab.

2. Ist Y ein metrischer Raum und $\mathfrak{S}$ eine abzählbare Überdeckung des topologischen Raumes X, so ist $\mathscr{F}_{\mathfrak{S}}(X, Y)$ metrisierbar. Ist Y ein metrischer Raum und X ein lokalkompakter Raum, der im Unendlichen abzählbar ist, so ist $\mathscr{F}_c(X, Y)$ metrisierbar.

3. Es sei H eine gleichgradig stetige Teilmenge von $\mathscr{C}(X, Y)$ und $\mathfrak{F}$ ein Filter auf H. Die Menge der Punkte x von X, für die $x^*(\mathfrak{F})$ ein Cauchy-Filter ist, ist abgeschlossen. Ist Y vollständig, so konvergiert $\mathfrak{F}$ auf H_s schon dann, wenn $\mathfrak{F}$ in allen Punkten einer in X dichten Menge konvergiert.

4. Es sei $\mathfrak{S}$ eine Überdeckung des topologischen Raumes X. Ferner sei Y ein uniformer Raum, $\dot{Y}$ der zu Y assoziierte separierte uniforme Raum und $p: Y \to \dot{Y}$ die zugehörige Projektion. Zu jeder Abbildung $\dot{f}: X \to \dot{Y}$ gibt es eine Abbildung $f: X \to Y$ mit $\dot{f} = p \circ f$, und f ist genau dann stetig, wenn $\dot{f}$ stetig ist. Sind $f_1, f_2: X \to Y$ Abbildungen derart, daß $p \circ f_1 = p \circ f_2$ ist, so sind f_1 und f_2 in $\mathscr{F}_{\mathfrak{S}}(X, Y)$ von jeder Ordnung benachbart.

5. Mit den Bezeichnungen von 4.4 gilt: Die Abbildungen A^* bewirken eine Abbildung $\mathfrak{S}^*: \mathscr{F}(X, Y) \to \prod_{A \in \mathfrak{S}} \mathscr{F}_u(A, Y)$. $\mathscr{F}_{\mathfrak{S}}(X, Y)$ besitzt die von $\mathfrak{S}^*$ induzierte uniforme Struktur. Ist $\mathfrak{S}$ eine Überdeckung von X, so ist $\mathfrak{S}^*$ injektiv und abgeschlossen. Ist außerdem Y separiert, so ist eine Teilmenge H von $\mathscr{F}_{\mathfrak{S}}(X, Y)$ genau dann relativ kompakt, wenn es alle $A^*(H)$ sind (1.7 Aufgabe 1, 4.6 Satz 2).

6. In dem Satz von 4.5 kann die Bedingung entfallen, daß X lokalkompakt sei. (Für das System $\mathfrak{S}$ der kompakten Teilmengen von X betrachte man $\mathfrak{S}^*$ wie in Aufgabe 5.)

III Homotopie

§ 1 Homotope Abbildungen

1.1 Homotopie. Wir wollen stetige Abbildungen $f: Z \to X$ stetig abändern. Dazu bezeichne I weiterhin das abgeschlossene Intervall $[0, 1]$ der Zahlengeraden. Ferner merken wir an: Ist $\Phi: Z \times I \to X$ eine stetige Abbildung, so gehört zu jedem $t \in I$ eine partielle Abbildung $\Phi_t: Z \to X$, die für $z \in Z$ durch $\Phi_t(z) = \Phi(z, t)$ definiert ist (vgl. I.4.7).

Definition 1. Es seien $f, g: Z \to X$ zwei stetige Abbildungen. f heißt h o m o t o p zu g oder in g d e f o r m i e r b a r, wenn es eine stetige Abbildung $\Phi: Z \times I \to X$ gibt, so daß $\Phi_0 = f$ und $\Phi_1 = g$ ist. Dabei wird Φ als Homotopie zwischen f und g oder als Deformation von f in g bezeichnet. Ist f homotop zu g, so schreiben wir $f \simeq g$.

Das Bestehen einer Homotopie zwischen f und g kann anschaulich so ausgedrückt werden: f und g können durch eine stetige einparametrige Schar stetiger Abbildungen $\Phi_t\colon Z \to X$ verbunden werden. Bei dieser Sprechweise heißt t der Deformationsparameter. Die Aussage, daß die Schar Φ_t stetig ist, soll dabei gerade bedeuten, daß jedes Φ_t partielle Abbildung einer stetigen Abbildung $\Phi\colon Z\times I \to X$ ist. Man kann sich eine Homotopie zeitlich vorstellen: f wird in der Zeiteinheit in g deformiert, Φ_t gibt den Zustand zur Zeit t an.

Definition 2. Eine stetige Abbildung $w\colon I \to X$ heißt ein Weg in X. $w(0)$ heißt Anfangspunkt, $w(1)$ Endpunkt des Weges w. Falls das Bild $w(I)$ nur aus einem einzigen Punkte $x \in X$ besteht, so heißt w ein Punktweg; er wird mit $\langle x\rangle$ bezeichnet.

Ein Weg kann als parametrisierte Kurve aufgefaßt werden. Man verwechsle jedoch den Weg $w\colon I \to X$ nicht mit der Punktmenge $w(I)$.

Bei einer Homotopie $\Phi\colon Z\times I \to X$ gehört zu jedem $z \in Z$ eine partielle Abbildung $\Phi_z\colon I \to X$, die durch $\Phi_z(t) = \Phi(z, t)$ definiert ist. Φ_z heißt der zu z gehörige Deformationsweg (bezüglich Φ). Man sagt auch, daß das Bild von z den Weg Φ_z durchläuft. Eine Homotopie zwischen f und g kann also auch so aufgefaßt werden: Den Punkten von Z sind in stetiger Weise Deformationswege zugeordnet, so daß das Bild von $z \in Z$ von $f(z)$ nach $g(z)$ läuft. Die Stetigkeit dieser Zuordnung ist wieder durch Definition 1 präzisiert.

Die Bedeutung des Homotopiebegriffs beruht darauf, daß er es gestattet, die Menge der stetigen Abbildungen von Z in X in Klassen homotoper Abbildungen zu zerlegen:

Satz 1. *Für stetige Abbildungen ist die Homotopie eine Äquivalenzrelation.*

Beweis. Es seien f, f_0, f_1, f_2 stetige Abbildungen von Z in X. Es muß gezeigt werden:

(1.1) $$f \simeq f.$$

(1.2) $$\text{Ist } f_0 \simeq f_1, \text{ so ist } f_1 \simeq f_0.$$

(1.3) $$\text{Ist } f_0 \simeq f_1 \text{ und } f_1 \simeq f_2, \text{ so ist } f_0 \simeq f_2.$$

Man erhält (1.1), wenn man $\Phi(z, t) = f(z)$ setzt, also $\Phi = f\circ p$, wobei p die Projektion von $Z\times I$ auf Z ist. Zum Beweis von (1.2) sei Φ eine Homotopie von f_0 in f_1, also $\Phi_0 = f_0$, $\Phi_1 = f_1$. Durch die Zuordnung $(z, t) \to (z, 1-t)$ wird eine topologische Selbstabbildung von $Z\times I$ auf sich definiert (I.4.7 Satz 2). Daher ist $\Psi(z, t) = \Phi(z, 1-t)$ eine Homotopie von f_1 in f_0. Zum Beweise von (1.3) sei Φ eine Homotopie von f_0 in f_1 und Ψ eine Homotopie von f_1 in f_2. Sei

(1.4) $$X(z, t) = \begin{cases} \Phi(z, 2t) & \text{für } 0 \leqq t \leqq \frac{1}{2} \\ \Psi(z, 2t-1) & \text{für } \frac{1}{2} \leqq t \leqq 1. \end{cases}$$

Wegen $\Phi(z, 1) = f_1(z) = \Psi(z, 0)$ ist X widerspruchsfrei definiert. X ist stetig auf den beiden abgeschlossenen Teilmengen $Z\times[0, 1/2]$ und $Z\times[1/2, 1]$ von $Z\times I$. Hieraus folgt (I.4.2 Satz 3), daß X stetig ist. Also gilt (1.3).

Man kann (1.4) so deuten: Die Deformationen Φ und Ψ werden hintereinander mit „doppelter Geschwindigkeit" ausgeführt.

Anmerkung. Der in (1.4) vorliegende Sachverhalt, daß eine stetige Abbildung durch ihre Einschränkungen auf endlich viele abgeschlossene Mengen des abzubildenden Raumes definiert wird, wird im Folgenden noch häufig auftreten. Wir werden dabei den Satz 3 aus I.4.2 stillschweigend benutzen. Außerdem schreiben wir bei Zusammensetzungen von Abbildungen künftig gf statt $g \circ f$, wenn kein Mißverständnis zu befürchten ist.

Der Homotopiebegriff ist mit der Komposition von Abbildungen verträglich:

Satz 2. *Es seien f_0 und f_1 homotope Abbildungen von X in Y und g_0, g_1 homotope Abbildungen von Y in Z. Dann sind $g_0 f_0$ und $g_1 f_1$ homotope Abbildungen von X in Z.*

Beweis. Es sei Φ: $X \times I \to Y$ eine Homotopie zwischen f_0 und f_1, und es sei Ψ: $Y \times I \to Z$ eine Homotopie zwischen g_0 und g_1. Für $g_0 \Phi$: $X \times I \to Z$ ist $(g_0 \Phi)_0 = g_0 f_0$ und $(g_0 \Phi)_1 = g_0 f_1$. Also ist $g_0 f_0 \simeq g_0 f_1$. Durch die Zuordnung $(x, t) \to (f_1(x), t)$ wird eine stetige Abbildung F: $X \times I \to Y \times I$ definiert (I.4.7 Satz 2). Für ΨF: $X \times I \to Z$ ist $(\Psi F)_0 = g_0 f_1$ und $(\Psi F)_1 = g_1 f_1$. Also ist $g_0 f_1 \simeq g_1 f_1$. Zusammen mit $g_0 f_0 \simeq g_0 f_1$ folgt die Behauptung aus (1.3).

Definition 3. Eine Abbildung f: $X \to Y$ heißt konstant, wenn $f(X)$ nur aus einem Punkte besteht. Eine Abbildung, die zu einer konstanten Abbildung homotop ist, heißt nullhomotop oder unwesentlich.

Eine Homotopie Φ: $X \times I \to Y$ heißt Isotopie, wenn Φ_t für jedes $t \in I$ eine topologische Abbildung von X auf $\Phi_t(X)$ bewirkt. Φ_0 und Φ_1 heißen dann isotop. Die Sätze 1 und 2 gelten entsprechend für isotope Abbildungen.

1.2 Bogenkomponenten. Als einfachstes Beispiel homotoper Abbildungen $f: Z \to X$ betrachten wir den Fall, daß Z nur aus einem Punkte z besteht. Eine Abbildung von Z in X kann dann einfach als ein Punkt von X aufgefaßt werden. Weil $\{z\} \times I$ homöomorph zu I ist, sind zwei „Punkte" x_0 und x_1 von X genau dann homotop, wenn es einen Weg w in X gibt, für den $w(0) = x_0$ und $w(1) = x_1$ ist, oder anders ausgedrückt, wenn es einen Weg von x_0 nach x_1 gibt, wofür man auch sagt, daß x_0 mit x_1 durch einen Weg verbindbar ist. Wegen 1.1 Satz 1 ist die Verbindbarkeit durch Wege eine Äquivalenzrelation für die Punkte von X.

Definition 1. Sei X ein topologischer Raum. Die Menge der Punkte von X, die mit dem Punkte $x \in X$ durch einen Weg verbindbar sind, heißt die Bogenkomponente von x (in X). X heißt bogenweise zusammenhängend, wenn je zwei Punkte von X durch einen Weg verbindbar sind.

Die Bogenkomponenten zweier verschiedener Punkte stimmen entweder überein, oder sie sind disjunkt. Der euklidische Raum R^n und die durch $\sum_{i=1}^{n} x_i^2 \leqq 1$ im R^n definierte Vollkugel E^n sind offenbar bogenweise zusammenhängend. Entfernt man aus der Zahlengeraden den Punkt 0, so entsteht ein Raum, der zwei Bogenkomponenten besitzt. Für einen beliebigen topologischen Raum ist die Bogenkomponente eines Punktes ein bogenweise zusammenhängender Teilraum.

Satz 1. *Ein bogenweise zusammenhängender Raum ist zusammenhängend.*

Beweis. Ist X nicht zusammenhängend (vgl. I.4.9), so ist X Vereinigung zweier offener, nicht-leerer, disjunkter Teilmengen A und B. Sei $a \in A$ und $b \in B$. Gäbe es einen Weg w von a nach b, so besäße die Teilmenge $w(I)$ von X nicht-leere Durchschnitte mit A und B, die relativ $w(I)$ offen wären. Es folgte, daß $w(I)$ nicht zusammenhängend wäre im Widerspruch zu I.4.9 Beispiel 1 und Satz 2. Ein nicht zusammenhängender Raum ist also nicht bogenweise zusammenhängend, was die Behauptung ergibt.

Anmerkung 1. Satz 1 läßt sich nicht umkehren. In der Ebene mit den Koordinaten x, y bestehe X aus den Punkten $(x, \sin 1/x)$ für $x \neq 0$ und den Punkten $(0, y)$ mit $-1 \leqq y \leqq 1$. X ist zusammenhängend, besitzt aber drei Bogenkomponenten.

Anmerkung 2. Aus Satz 1 folgt, daß für jeden topologischen Raum die Bogenkomponente eines Punktes in der Komponente dieses Punktes enthalten ist.

Satz 2. *Ein stetiges Bild eines bogenweise zusammenhängenden Raumes ist bogenweise zusammenhängend.*

Beweis. Sei $f\colon X \to Y$ eine stetige Abbildung und X bogenweise zusammenhängend. Je zwei Punkte y_0 und y_1 aus $f(X)$ besitzen Urbilder in X, etwa x_0 und x_1. In X gibt es einen Weg w von x_0 nach x_1, und es ist $fw\colon I \to Y$ ein Weg in $f(X)$ von y_0 nach y_1.

Definition 2. Ein topologischer Raum X heißt lokal bogenweise zusammenhängend, wenn für jedes $x \in X$ gilt: Jede Umgebung von x umfaßt eine bogenweise zusammenhängende Umgebung von x.

Beispiel. Verbindet man in der Ebene R^2 die Punkte $\left(\frac{1}{n}, 0\right)$ für $n = 1, 2, 3, \ldots$ und $(0, 0)$ durch Strecken mit dem Punkte $(0, 1)$, so entsteht ein Teilraum X von R^2, der bogenweise, aber nicht lokal bogenweise zusammenhängt. Dagegen ist die topologische Summe zweier Intervalle lokal bogenweise zusammenhängend, aber nicht bogenweise zusammenhängend.

Satz 3. *Ist der topologische Raum X lokal bogenweise zusammenhängend, so ist die Bogenkomponente eines jeden Punktes offen. Sie stimmt mit seiner Komponente überein. Jede Umgebung eines Punktes enthält eine offene, bogenweise zusammenhängende Umgebung.*

Beweis. Nach Definition 2 besitzt jeder Punkt von X eine Umgebung, die in seiner Bogenkomponente enthalten ist. Daraus folgt die erste Behauptung. Wegen des Satzes in I.4.8 ist X die topologische Summe seiner Bogenkomponenten. Eine echte Obermenge einer Bogenkomponente ist daher ebenfalls eine topologische Summe und somit nicht zusammenhängend. Damit folgt aus Satz 1 die zweite Behauptung. Sei schließlich U eine offene Umgebung von x. Aus Definition 2 folgt unmittelbar, daß U ein lokal bogenweise zusammenhängender Teilraum ist. Die Bogenkomponente von x bezüglich U ist offen in U und damit offen in X, womit sich die letzte Behauptung ergibt.

Anmerkung 3. Wegen Satz 1 und Satz 3 sind für lokal bogenweise zusammenhängende Räume Zusammenhang und bogenweiser Zusammenhang gleichwertig.

1.3 Homotopie-Äquivalenz. Zwei topologische Räume heißen homotopie-äquivalent oder vom gleichen Homotopietyp, wenn es stetige Abbildungen $f\colon X \to Y$ und $g\colon Y \to X$ gibt, so daß gf und fg homotop zur identischen Abbildung von X bzw. Y sind. Dabei wird f als Homotopie-Äquivalenz (von X mit Y) und g als (ein) Homotopie-Inverses von f bezeichnet.

f und g sind nicht eindeutig bestimmt. Wegen 1.1 Satz 2 können z. B. f und g durch homotope Abbildungen ersetzt werden. Darüber hinaus ist es möglich, daß es Homotopie-Äquivalenzen $f_0, f_1\colon X \to Y$ gibt, die nicht homotop sind, z. B. dann, wenn X eine topologische Selbstabbildung besitzt, die nicht zur Identität homotop ist.

Beispiel. Eine Teilmenge X des R^n heiße sternförmig, wenn es einen Punkt a in X gibt derart, daß für jeden Punkt x von X die Strecke mit den Endpunkten a und x zu X gehört. Jede sternförmige Punktmenge X ist homotopie-äquivalent zu einem topologischen Raum, der nur aus einem Punkte besteht. Er werde hier mit $Y = \{y\}$ bezeichnet. Zum Nachweis sei im R^n ein affines Koordinatensystem mit dem Nullpunkt a und den Koordinaten $x_1, x_2, \ldots, x_n$ eingeführt. Sei $f(X) = y$ und $g(y) = a$. Dann ist fg die identische Abbildung von Y, und es ist $gf(X) = a$. Setzen wir $\Phi(x_1, x_2, \ldots, x_n, t) = (tx_1, tx_2, \ldots, tx_n)$ für $(x_1, x_2, \ldots, x_n) \in X$, so erhalten wir eine stetige Abbildung $\Phi\colon X \times I \to X$, für welche $\Phi_0 = gf$ und Φ_1 die identische Abbildung von X ist.

Für topologische Räume ist Homotopie-Äquivalenz, wie der Name sagt, eine Äquivalenzrelation: Offenbar ist für jeden topologischen Raum die identische Abbildung eine Homotopie-Äquivalenz mit sich selbst. Nach Definition ist die Aussage, daß zwei topologische Räume vom gleichen Homotopietyp sind, symmetrisch. Es bleibt noch die Transitivität dieser Aussage nachzuprüfen. Seien dazu $f\colon X \to Y$ und $g\colon Y \to Z$ Homotopie-Äquivalenzen mit Homotopie-Inversen f' bzw. g'. Bezeichnet id_X, id_Y, id_Z die identische Abbildung von X, Y, Z, so gilt also $f'f \simeq id_X$, $ff' \simeq id_Y \simeq g'g$, $gg' \simeq id_Z$. Wegen 1.1 Satz 2 ist nun $(f'g')(gf) = f'(g'g)f \simeq f'id_Y f = f'f \simeq id_X$ und entsprechend $(gf)(f'g') \simeq id_Z$. Also ist $gf\colon X \to Z$ eine Homotopie-Äquivalenz mit Homotopie-Inversem $f'g'$.

Die Bedeutung des Begriffes Homotopie-Äquivalenz beruht darauf, daß viele topologische Invarianten, insbesondere diejenigen der algebraischen Topologie, Invarianten des Homotopietyps sind. Wir geben hier ein erstes Beispiel. Für einen topologischen Raum X bezeichne $\pi_0(X)$ die Menge seiner Bogenkomponenten. Sei $f\colon X \to Y$ eine Homotopie-Äquivalenz und $g\colon Y \to X$ ein Homotopie-Inverses von f. Wegen 1.2 Satz 2 bildet f jede Bogenkomponente von X in eine von Y ab. Entsprechendes gilt für g und auch für gf. Wird gf in id_X deformiert, so verläßt kein Punkt seine Bogenkomponente. Hieraus folgt, daß gf jede Bogenkomponente von X in sich abbildet. Entsprechendes gilt für fg und Y. Daher bildet f verschiedene Bogenkomponenten von X in verschiedene von Y ab, und jede Bogenkomponente von Y enthält Bildpunkte. f induziert also eine bijektive Abbildung von $\pi_0(X)$ auf $\pi_0(Y)$, und es ergibt sich, daß die (Kardinal-) Zahl der Bogenkomponenten eine Invariante des Homotopietyps ist. Insbesondere ist die Eigenschaft eines topologischen Raumes, bogenweise zusammenhängend zu sein, eine Invariante seines Homotopietyps.

1.4 Relative Homotopie. Häufig wird folgende Verschärfung des Homotopiebegriffes benötigt:

Definition. Es sei C ein Teilraum von Z. Zwei stetige Abbildungen $f, g\colon Z \to X$ heißen homotop relativ C, wenn eine Homotopie $\Phi\colon Z \times I \to X$ zwischen f und g besteht, welche jedem Punkt von C einen Punktweg als Deformationsweg zuordnet.

Es ist also $\Phi_0 = f$, $\Phi_1 = g$, und für $z \in C$ ist $\Phi(z, t) = f(z)$. Insbesondere muß $f|C = g|C$ sein. Man sagt auch, daß das Bild von C bei der Deformation (punktweise) festbleibt. Im Beispiel von 1.3 ist Φ eine Homotopie relativ a. 1.1 Satz 1 überträgt sich samt Beweis ohne weiteres auf relative Homotopie. An Stelle von 1.1 Satz 2 tritt der

Satz. *Es seien $f_0, f_1\colon X \to Y$ homotop relativ A $(A \subset X)$ und $g_0, g_1\colon Y \to Z$ homotop relativ B $(B \subset Y)$. Ferner sei $f_0(A) \subset B$. Dann sind $g_0 f_0$ und $g_1 f_1$ homotop relativ A.*

Der Beweis von 1.1 Satz 2 überträgt sich ohne weiteres.

1.5 Verallgemeinerung. Die vorangehenden Betrachtungen lassen sich noch verallgemeinern. Häufig ist, wie eben in 1.4, zusammen mit einem Raum X ein Teilraum von X zu betrachten, gelegentlich auch ein n-tupel ineinanderliegender Räume $X_1 \supset X_2 \supset X_3 \supset \ldots \supset X_n$, wofür wir einfach $(X_1, X_2, \ldots, X_n)$ schreiben. Unter einer stetigen Abbildung $f\colon (Z_1, Z_2, \ldots, Z_n) \to (X_1, X_2, \ldots, X_n)$ versteht man eine stetige Abbildung $f\colon Z_1 \to X_1$, für welche $f(Z_i) \subset X_i$ ist für $i = 1, 2, \ldots, n$. Zwei solche Abbildungen f, g heißen homotop, wenn es eine Homotopie $\Phi\colon Z_1 \times I \to X_1$ zwischen f und g gibt, bei welcher jeweils $\Phi(Z_i \times I) \subset X_i$ ist. Man sagt auch, daß das Bild von Z_i innerhalb X_i deformiert wird oder daß es X_i während der Deformation nicht verläßt. Ist $Z_2 = \emptyset$ oder $X_n = X_1$, so erhält man den einfachen Homotopiebegriff als Spezialfall. Die Sätze 1 und 2 von 1.1 übertragen sich ohne weiteres, ebenso überträgt sich der Begriff der Homotopie-Äquivalenz auf n-tupel topologischer Räume. Auch der Begriff der relativen Homotopie überträgt sich: Zwei Abbildungen $f, g\colon (Z_1, Z_2, \ldots, Z_n) \to (X_1, X_2, \ldots, X_n)$ heißen homotop relativ Z_n, wenn es eine Homotopie zwischen f und g gibt, die jedem Punkt von Z_n einen Punktweg als Deformationsweg zuordnet. Besteht insbesondere X_n nur aus einem Punkt, so sind homotope Abbildungen $f, g\colon (Z_1, Z_2, \ldots, Z_n) \to (X_1, X_2, \ldots, X_n)$ homotop relativ Z_n.

1.6 Retrakte. Ein Teilraum A des topologischen Raumes X heißt Retrakt von X, wenn es eine stetige Abbildung $r\colon X \to A$ gibt, für welche $r|A$ die identische Abbildung von A ist. Eine solche Abbildung r heißt Retraktion. Sei $i\colon A \to X$ die Inklusion von A in X. A heißt (starker) Deformationsretrakt von X, wenn es eine Retraktion $r\colon X \to A$ gibt derart, daß $ir\colon X \to X$ zur identischen Abbildung id_X von X homotop relativ A ist[1]). r heißt dann Deformationsretraktion, eine Homotopie von id_X in ir heißt retrahierende Homotopie. Eine Deformationsretraktion ist insbesondere eine Homotopie-Äquivalenz wegen $ri = id_A$. Ein topologischer Raum heißt zusammenziehbar, wenn er einen seiner Punkte als Deformationsretrakt besitzt.

---

[1]) Es gibt verschiedene Abschwächungen, z. B. daß $i\colon A \to X$ homotopie-invers zu $r\colon X \to A$ ist.

Beispiele. 1. Ein Punkt von X stellt stets einen Retrakt von X dar. Jede sternförmige Punktmenge des R^n (1.3 Beispiel) ist zusammenziehbar.

2. Der R^n besitzt die durch $\sum_{i=1}^{n} x_i^2 \leqq 1$ definierte Kugel E^n als Deformationsretrakt. Man erhält eine retrahierende Homotopie, wenn man jeden Punkt außerhalb E^n mit jeweils konstanter Geschwindigkeit radial zur Randsphäre S^{n-1} von E^n laufen läßt (Fig. 3).

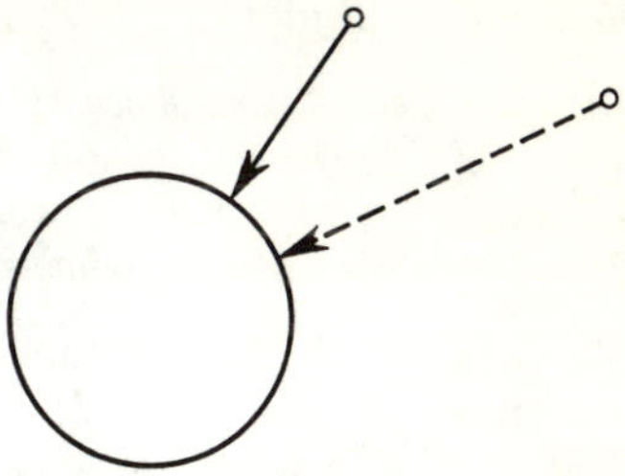
Fig. 3

3. $\check{E}^n$ entstehe aus E^n durch Weglassen des Mittelpunktes. Läßt man jeden Punkt von $\check{E}^n$ mit konstanter Geschwindigkeit radial nach der Randsphäre S^{n-1} laufen, so erhält man eine retrahierende Homotopie. S^{n-1} ist also Deformationsretrakt von $\check{E}^n$. Zusammen mit Beispiel 2 ergibt sich: $\check{\mathsf{R}}^n$ entstehe aus dem R^n durch Weglassen des Nullpunktes. S^{n-1} ist Deformationsretrakt von $\check{\mathsf{R}}^n$.

4. $E^n \times I$ besitzt $(E^n \times 0) \cup (S^{n-1} \times I)$ als Deformationsretrakt. Zum Nachweis sei der R^n die Hyperebene $x_{n+1} = 0$ des R^{n+1}. $E^n \times I$ ist dann in natürlicher Weise Teilraum des R^{n+1}. Sei p der Punkt, der über dem Mittelpunkt von E^n in der Höhe 2 liegt (Fig. 4). Man erhält eine retrahierende Homotopie, wenn man jeden Punkt von $E^n \times I$ von p aus projiziert und ihn auf dem Projektionsstrahl mit konstanter Geschwindigkeit nach $(E^n \times 0) \cup (S^{n-1} \times I)$ laufen läßt.

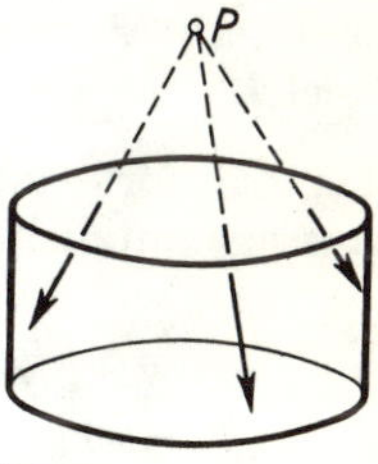

Fig. 4

Satz 1. *Es sei A Retrakt von X und C ein Teilraum von Z. Läßt sich eine stetige Abbildung $f\colon C \to A$ zu einer stetigen Abbildung $f'\colon Z \to X$ fortsetzen, so gibt es auch eine stetige Fortsetzung $g\colon Z \to A$.*

Beweis. Man schließe an f' eine Retraktion $r\colon X \to A$ an.

Sei $A \subset X$, $f\colon X \to Y$ stetig und $\Psi\colon A \times I \to Y$ eine Homotopie von $f|A$, also $\Psi_0 = f|A$. Wir fragen, ob sich Ψ zu einer Homotopie Φ von f erweitern läßt. Dies braucht nicht der Fall zu sein.

Gegenbeispiele. 1. Es sei $X = Y = E^n$, $A = \check{E}^n$ (vgl. Beispiel 3), $f = id_X$ und Ψ die retrahierende Homotopie des Beispiels 3. Ψ_1 läßt sich zu keiner stetigen Abbildung von E^n in sich fortsetzen, weil andernfalls das Bild des Mittelpunktes von E^n Berührungspunkt aller Punkte von S^{n-1} sein müßte. Ψ ist also sicher nicht zu einer Homotopie von id_X fortsetzbar.

2. Wir betrachten in R^2 abzählbar unendlich viele aneinanderhängende 1-Sphären S_n^1 mit Radius $1/n^2$ (Fig. 5). Sie häufen sich gegen einen Punkt $\mathfrak{x}$. A sei eine Strecke mit den Endpunkten $\mathfrak{x}$ und $\mathfrak{y}$, die keine der Sphären trifft, und es sei X die Vereinigung von A mit den Sphären S_n^1. Ferner sei $X = Y$ und $f = id_X$. A läßt sich durch eine Homotopie Ψ auf $\mathfrak{y}$ zusammenziehen. Ψ ist nicht zu einer Homotopie von id_X erweiterbar. Man müßte sonst unendlich viele Sphären S_n^1 über $\mathfrak{x}$ „hinwegziehen".

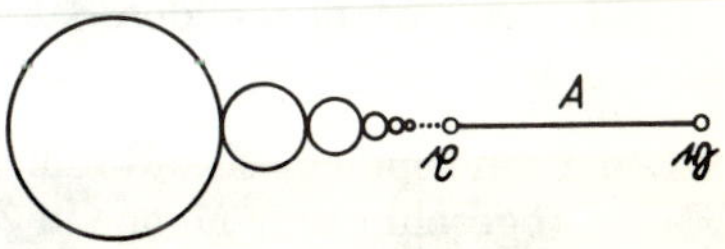

Fig. 5

Die Anschauung läßt erwarten, daß dies nicht möglich ist. Ein Beweis hierfür ergibt sich aus 6 Aufgabe 3. Im Gegensatz zu Gegenbeispiel 1 ist hier A abgeschlossen und Ψ_1 auf X erweiterbar.

Man sagt, daß das Raumpaar (X, A) die Homotopie-Erweiterungseigenschaft besitzt, wenn es bei jeder Wahl von Y, $f\colon X \to Y$ und $\Psi\colon A \times I \to Y$ mit $\Psi_0 = f|A$ (f und Ψ stetig) eine Homotopie $\Phi\colon X \times I \to Y$ mit $\Phi_0 = f$ und $\Phi|A \times I = \Psi$ gibt.

Satz 2. *Es sei A eine abgeschlossene Menge des topologischen Raumes X. Das Raumpaar (X, A) besitzt genau dann die Homotopie-Erweiterungseigenschaft, wenn $(X \times 0) \cup (A \times I)$ Retrakt von $X \times I$ ist. Insbesondere besitzt (E^n, S^{n-1}) die Homotopie-Erweiterungseigenschaft.*

Beweis. Sei $f\colon X \to Y$ und $\Psi\colon A \times I \to Y$ mit $\Psi_0 = f|A$ gegeben. Wir definieren $g\colon (X \times 0) \cup (A \times I) \to Y$ folgendermaßen: Für $x \in X$ sei $g(x, 0) = f(x)$, und es sei $g|A \times I = \Psi$. Wegen $\Psi_0 = f|A$ ist g widerspruchsfrei definiert. Weil A abgeschlossen ist, ist $A \times I$ abgeschlossen in $X \times I$. Ferner ist $X \times 0$ abgeschlossen in $X \times I$. Damit folgt die Stetigkeit von g. Ist nun $r\colon X \times I \to (X \times 0) \cup (A \times I)$ eine Retraktion, so ist $\Phi = gr$ eine Erweiterung von Ψ mit $\Phi_0 = f$. Es besitze jetzt umgekehrt (X, A) die Homotopie-Erweiterungseigenschaft. Wir setzen insbesondere $Y = (X \times 0) \cup (A \times I)$ und $g = id_Y$, $f(x) = g(x, 0)$ und $\Psi = g|A \times I$. Nach Annahme läßt sich g zu einer stetigen Abbildung $r\colon X \times I \to Y$ erweitern. r ist eine Retraktion. Die letzte Aussage des Satzes folgt aus Beispiel 4.

Für die Fortsetzbarkeit einer speziellen Homotopie ist gelegentlich die folgende Aussage nützlich:

Satz 3. *Es sei X ein normaler Raum und A eine abgeschlossene Teilmenge von X. Es sei $f\colon X \to Y$ stetig und $\Psi\colon A \times I \to Y$ eine Homotopie von $f|A = \Psi_0$. Gibt es eine Umgebung U von A, so daß sich Ψ zu einer Homotopie von $f|U$ fortsetzen läßt, so läßt sich Ψ zu einer Homotopie von f fortsetzen.*

Beweis. Die Fortsetzung von Ψ auf $U \times I$ werde ebenfalls mit Ψ bezeichnet. Wegen I.8.4 Hilfssatz 1 kann angenommen werden, daß U abgeschlossen ist. U umfaßt eine offene Umgebung V von A. Wegen I.8.4 Satz 1 gibt es eine stetige Funktion $\alpha\colon X \to I$, so daß $\alpha|A = 1$ und $\alpha|\complement V = 0$ ist. Wir setzen $\Phi(x, t) = \Psi(x, t\alpha(x))$ für $x \in U$, $t \in I$ und $\Phi(x, t) = f(x)$ für $x \in \complement V$. Damit ist $\Phi\colon X \times I \to Y$ widerspruchsfrei definiert und stetig, weil $U \times I$ und $\complement V \times I$ abgeschlossen in $X \times I$ sind. Ferner ist $\Phi_0 = f$ und $\Phi|A \times I = \Psi|A \times I$.

1.7* Absolute Umgebungsretrakte. Im Vorangehenden sind für die Fortsetzbarkeit von Abbildungen Eigenschaften des abzubildenden Raumes maßgebend. Wir wenden uns jetzt einer Eigenschaft des Bildraumes zu. Sie wird durch den Sachverhalt des vorangehenden Satzes 3 von 1.6 nahegelegt, wenn dabei auch $X \times I$ normal ist.

Es sei X ein topologischer Raum. Im Folgenden bezeichne Z einen normalen Raum, F eine abgeschlossene Menge in Z und $g\colon F \to X$ eine stetige Abbildung. Läßt sich g stets stetig auf eine Umgebung von F in Z fortsetzen, wie auch immer Z, F, g im besonderen gewählt sind, so heißt X **absoluter Umgebungsretrakt**[1]). Diese Bezeichnung rührt her von

Satz 1. *Es sei X' ein absoluter Umgebungsretrakt. Ist Z ein normaler Raum und X ein zu X' homöomorpher abgeschlossener Teilraum von Z, so ist X Retrakt einer Umgebung.*

Beweis. Da X ein absoluter Umgebungsretrakt ist, kann $F = X$ und $g = id_X$ gesetzt werden.

Satz 2. *R^n ist ein absoluter Umgebungsretrakt. Jede offene Menge eines absoluten Umgebungsretraktes ist ein absoluter Umgebungsretrakt. Jeder Retrakt eines absoluten Umgebungsretraktes ist ein absoluter Umgebungsretrakt.*

Beweis. Die erste Aussage folgt aus I.8.4 Satz 4. Ist X ein absoluter Umgebungsretrakt und Q offen in X, so besitzt die Abbildung $g\colon F \to Q$ eine Fortsetzung $h\colon U \to X$, wobei U eine geeignete offene Umgebung von F ist. $\overset{-1}{h}(Q)$ ist eine offene Umgebung von F, die sich in Q abbildet. Damit ergibt sich die zweite Behauptung. Die letzte folgt aus 1.6 Satz 1.

Satz 3 (Hanner). *Ist der topologische Raum X Vereinigung endlich vieler offener Mengen, die absolute Umgebungsretrakte sind, so ist X ein absoluter Umgebungsretrakt.*

Beweis. Es genügt, den Fall zu betrachten, daß X Vereinigung zweier in X offener absoluter Umgebungsretrakte Q_1 und Q_2 ist. Für $F \subset Z$ liege $g\colon F \to X$ vor. Wir setzen g in zwei Schritten auf eine Umgebung W von F fort. Sei dazu $A_1 = F - \overset{-1}{g}(Q_2)$ und $A_2 = F - \overset{-1}{g}(Q_1)$. Dann ist $A_1 \cap A_2 = \emptyset$, und es sind A_1 und A_2 abgeschlossen in F und damit in Z (Fig. 6).

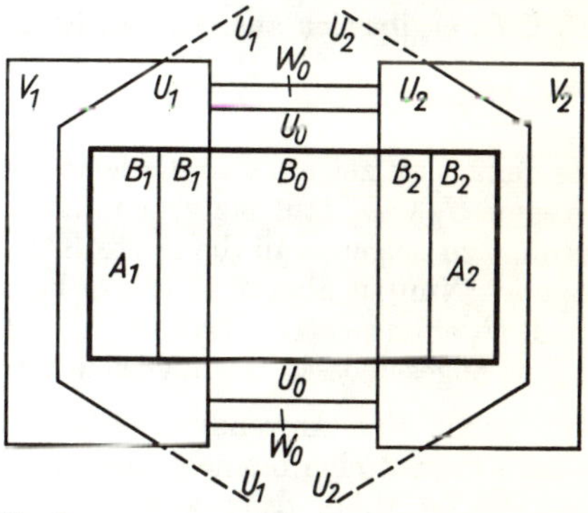

Fig. 6

Weil Z normal ist, gibt es disjunkte offene Umgebungen V_1, V_2 von A_1 und A_2. Wir setzen $V_0 = Z - (V_1 \cup V_2)$. V_0 ist abgeschlossen in Z und daher normal. Sei $B_i = F \cap V_i$ für $i = 0, 1, 2$. Dann ist

$$g(B_0) \subset Q_1 \cap Q_2;$$
$$(1.5) \qquad g(B_1) \subset Q_1;$$
$$g(B_2) \subset Q_2.$$

B_0 ist abgeschlossen in V_0, V_0 normal, und es ist $Q_1 \cap Q_2$ ein absoluter Umgebungsretrakt wegen Satz 2. Daher gibt es eine Umgebung W_0 von B_0 relativ V_0, so daß $g|B_0$ eine stetige Fortsetzung $h\colon W_0 \to Q_1 \cap Q_2$ besitzt. Es kann angenommen werden, daß W_0 in V_0 abgeschlossen ist (I.8.4 Hilfssatz 1). W_0 ist dann auch abgeschlossen in Z. h und g stimmen auf $F \cap W_0 = B_0$ überein. Da F und W_0

---

[1]) Diese Definition ist eine Verallgemeinerung der ursprünglich von Borsuk gegebenen. Absolute Umgebungsretrakte werden in der Literatur häufig durch ANR bezeichnet (Absolute Neighbourhood Retract).

abgeschlossen sind, definieren g und h zusammen eine wieder mit g bezeichnete stetige Abbildung $g\colon F \cup W_0 \to X$. Wegen (1.5) und $h(W_0) \subset Q_1 \cap Q_2$ gilt

$$(1.6)\qquad g(B_1 \cup W_0) \subset Q_1, \qquad g(B_2 \cup W_0) \subset Q_2.$$

Nun sind $F \cup W_0$ und $Z - V_2$ abgeschlossen. $B_1 \cup W_0 = (F \cup W_0) \cap (Z - V_2)$ ist daher auch abgeschlossen in Z. Wegen (1.6) gibt es in Z eine offene Umgebung U_1 von $B_1 \cup W_0$, so daß $g \,|\, B_1 \cup W_0$ eine stetige Fortsetzung $g_1\colon U_1 \to Q_1$ besitzt. Entsprechend gibt es eine stetige Fortsetzung $g_2\colon U_2 \to Q_2$ von $g \,|\, B_2 \cup W_0$ auf eine offene Umgebung U_2 von $B_2 \cup W_0$. Es sei

$$(1.7)\qquad U_i' = W_0 \cup (U_i \cap V_i) \quad \text{und} \quad g_i' = g_i \,|\, U_i' \quad \text{für} \quad i = 1, 2,$$

$$(1.8)\qquad W = U_1' \cup U_2' = W_0 \cup (U_1 \cap V_1) \cup (U_2 \cap V_2).$$

Wegen $W_0 = W_0 \cap V_0$ sind die drei Mengen W_0, $U_1 \cap V_1$ und $U_2 \cap V_2$ paarweise disjunkt, und die beiden letzten sind offen in Z. Daraus folgt, daß U_1' und U_2' relativ W abgeschlossen sind. Auf $U_1' \cap U_2' = W_0$ stimmen g_1' und g_2' überein. Sie definieren daher zusammen eine wieder mit g bezeichnete stetige Abbildung $g\colon W \to X$.

Es bleibt zu zeigen, daß W Umgebung von F ist. Sei dazu U_0 das Innere von W_0 relativ V_0 und

$$(1.9)\qquad U = U_0 \cup (U_1 \cap V_1) \cup (U_2 \cap V_2).$$

Weil W_0 Umgebung von B_0 relativ V_0 ist, gilt $B_0 \subset U_0 \subset W_0$. Zusammen mit $B_1 \subset U_1 \cap V_1$, $B_2 \subset U_2 \cap V_2$ und $F = B_0 \cup B_1 \cup B_2$ ergibt sich $F \subset U \subset W$. Wir zeigen, daß U offen ist, womit die Behauptung folgt. Man beachte, daß auf der rechten Seite von (1.9) alle von U_0 freien Glieder offene Mengen sind. Wegen $U_0 \subset U_1$ ergibt sich aus (1.9) durch Umformung (vgl. Anhang (5))

$$U = [U_1 \cap (U_0 \cup V_1)] \cup (U_2 \cap V_2) = [U_1 \cup (U_2 \cap V_2)] \cap [(U_0 \cup V_1) \cup (U_2 \cap V_2)].$$

Es genügt zu zeigen, daß die letzte eckige Klammer eine offene Menge darstellt. Wegen $U_0 \subset U_2$ läßt sie sich umformen zu $(V_1 \cup U_2) \cap (U_0 \cup V_1 \cup V_2)$, und es genügt zu zeigen, daß die letzte Klammer ein abgeschlossenes Komplement in Z besitzt. Nun ist aber $Z - (U_0 \cup V_1 \cup V_2) = (Z - (V_1 \cup V_2)) - U_0 = V_0 - U_0$. Weil U_0 offen relativ V_0 ist, ist $V_0 - U_0$ abgeschlossen in V_0, aber auch in Z, denn V_0 ist abgeschlossen. Damit ist der Satz bewiesen.

Wir geben eine Anwendung. Eine Mannigfaltigkeit M (I.7.5 Beispiel 1) besitzt wegen Satz 2 eine offene Überdeckung, die aus absoluten Umgebungsretrakten besteht. Ist M kompakt, so genügen endlich viele dieser Mengen zur Überdeckung. Aus Satz 3 folgt damit

Satz 4. *Jede kompakte Mannigfaltigkeit ist ein absoluter Umgebungsretrakt.*

1.8* Lokale Zusammenziehbarkeit. Ein topologischer Raum X heißt lokal zusammenziehbar, wenn für jedes $x \in X$ gilt: Jede Umgebung V von x umfaßt eine Umgebung U von x, die innerhalb V auf x zusammengezogen werden kann. Dies soll besagen, daß es eine Homotopie $\Phi\colon U \times I \to V$ relativ x gibt, so daß Φ_0

die Inklusion von U in V und Φ_1 konstant ist. Hierbei ist $\Phi(U \times I)$ bogenweise zusammenhängend wegen $\Phi_1(U) = \{x\}$, und wegen $U \subset \Phi(U \times I) \subset V$ gilt

Satz 1. *Jeder lokal zusammenziehbare Raum ist lokal bogenweise zusammenhängend.*

Wegen 1.6 Beispiel 1 ist jede Mannigfaltigkeit lokal zusammenziehbar.

Satz 2. *Es sei X ein kompakter absoluter Umgebungsretrakt. Jede Umgebung V der Diagonalen Δ von $X \times X$ umfaßt eine Umgebung U von Δ, die innerhalb V auf Δ zusammengezogen werden kann. X ist lokal zusammenziehbar.*

Beweis. Wegen I.9.2 kann angenommen werden, daß X Teilraum eines Quaders I^Λ ist. Wegen 1.7 Satz 1 gibt es eine Retraktion $r\colon Q \to X$ für eine offene Umgebung Q von X in I^Λ (I.8.2 Satz 1 und I.7.1 Satz 5). Für $x = \{x_\lambda\}$ und $y = \{y_\lambda\}$ in I^Λ und $t \in I$ setzen wir

$$\Phi(x, y, t) = \{t x_\lambda + (1 - t) y_\lambda\} \tag{1.10}$$

und erhalten damit eine stetige Abbildung $\Phi\colon I^\Lambda \times I^\Lambda \times I \to I^\Lambda$ (I.4.5 Satz 3). Durch Φ wird $\Delta \times I$ auf X abgebildet wegen $\Phi(x, x, t) = x$. Relativ $X \times X \times I$ gibt es daher eine offene Umgebung W' von $\Delta \times I$ mit $\Phi(W') \subset Q$. Wir definieren $\Psi\colon W' \to X \times X$ durch

$$\Psi(x, y, t) = (x, r\Phi(x, y, t)) \quad \text{für} \quad (x, y, t) \in W'. \tag{1.11}$$

Dabei ist

$$\Psi(x, x, t) = (x, x). \tag{1.12}$$

Daher gibt es in W' eine offene Umgebung W von $\Delta \times I$ mit $\Psi(W) \subset V$. Nun umfaßt W eine offene Menge der Gestalt $U \times I$ mit $\Delta \subset U$. Zu $z \in \Delta$ und $t \in I$ gibt es nämlich offene Mengen $A(z; t) \subset X \times X$ und $B(t; z) \subset I$, so daß $(z, t) \in A(z; t) \times B(t; z) \subset W$ ist. Weil I kompakt ist, wird I bei festem z von endlich vielen Mengen $B(t; z)$ überdeckt. Der Durchschnitt der ihnen entsprechenden Mengen $A(z; t)$ ist eine offene Umgebung $A(z)$ von z, und es ist $A(z) \times I \subset W$. Wird jedem $z \in \Delta$ eine solche Menge $A(z)$ zugeordnet, so ist $U = \bigcup A(z)$ offen, $\Delta \subset U$ und $U \times I \subset W$. Wegen (1.12) ist $\Psi | U \times I$ eine Homotopie relativ Δ. Nach Konstruktion ist $\Psi(U \times I) \subset V$. Wegen (1.10) und (1.11) ist ferner $\Psi(x, y, 0) = (x, y)$ und $\Psi(x, y, 1) = (x, x)$, womit die erste Behauptung folgt. Setzen wir $U(x) = (x \times X) \cap U$ und $V(x) = (x \times X) \cap V$, so wird $U(x)$ wegen (1.11) durch $\Psi | U(x) \times I$ innerhalb $V(x)$ auf x zusammengezogen. Hieraus folgt die zweite Behauptung, denn jede Umgebung $V(x)$ von x ist von der Form $(x \times X) \cap V$ für eine geeignete Umgebung V von Δ.

Anmerkung. X und $X \times X$ sind wegen II.3.6 Satz 1 auf genau eine Weise uniformisierbar. Weil Δ homöomorph zu X ist, kann wegen II.1.4 Satz 5 für U eine gleichmäßige Umgebung von Δ genommen werden. Ist insbesondere X ein kompakter metrischer absoluter Umgebungsretrakt, so kann $X \times X$ mit einer Produktmetrik versehen werden, etwa $d((x_1, x_2), (y_1, y_2)) = d(x_1, y_1) + d(x_2, y_2)$. Für U kann dann eine δ-Umgebung von Δ für geeignetes reelles $\delta > 0$ genommen werden[1]). Ist V die ε-Umgebung von Δ, so ergibt die vorangehende Schlußweise:

[1]) Dies läßt sich unmittelbar einsehen: Wird $X \times X \times I$ mit einer Produktmetrik versehen, so haben $\Delta \times I$ und $\complement W$ positiven Abstand.

Zu $\varepsilon > 0$ gibt es $\delta > 0$ derart, daß sich für jedes $x \in X$ die δ-Umgebung von x innerhalb der ε-Umgebung auf x zusammenziehen läßt (X ist gleichmäßig lokal zusammenziehbar).

Aufgaben. 1. Ein nicht-leeres topologisches Produkt ist genau dann bogenweise zusammenhängend, wenn alle Faktoren es sind. Es ist genau dann lokal bogenweise zusammenhängend, wenn alle Faktoren lokal bogenweise und außerdem bis auf endlich viele Ausnahmen bogenweise zusammenhängen.

2. Sind X mit X' und Y mit Y' homotopie-äquivalent, so existiert (mindestens) eine bijektive Beziehung zwischen den Homotopieklassen der stetigen Abbildungen von X in Y und den Homotopieklassen der stetigen Abbildungen von X' in Y'.

3. Ein topologisches Produkt von zusammenziehbaren Räumen ist zusammenziehbar. Insbesondere ist jeder Quader zusammenziehbar.

4. Es sei X ein lokalkompakter und Y ein beliebiger topologischer Raum. Die Homotopieklassen stetiger Abbildungen von X in Y sind die Bogenkomponenten des Raumes $\mathscr{C}_{co}(X, Y)$ (I.7.9 Satz 2 und 3).

5. Das topologische Produkt endlich vieler absoluter Umgebungsretrakte ist ein absoluter Umgebungsretrakt.

6. Ist ein kompakter absoluter Umgebungsretrakt X Teilraum eines Quaders I^A, so gibt es in jeder Umgebung V von X (bezüglich I^A) eine Umgebung U von X, die sich innerhalb V auf X (relativ X) zusammenziehen läßt. (Anleitung: Es gibt eine Retraktion $r\colon Q \to X$ für eine geeignete Umgebung Q von X. Man betrachte $\Phi(x, t) = \{tp_\lambda r(x) + (1-t)p_\lambda(x)\}$ für $x \in Q$, p_λ Projektion zum Index λ für I^A. Vgl. Beweis von 1.8 Satz 2.)

§ 2 Simpliziale Komplexe

Es sollen Räume bereitgestellt werden, die sich in übersichtlicher Weise aus einfachen Bausteinen aufbauen lassen. Von ihnen hat die algebraische Topologie ihren Ausgang genommen. Nach Zusammenstellung der Hilfsmittel aus der analytischen Geometrie geben wir die Bausteine in 2.3 an.

2.1 Grundbegriffe der affinen Geometrie. Zur Vereinfachung der Schreibweise stellen wir die Punkte des R^n durch Ortsvektoren dar: Es steht $\mathfrak{x}$ für $(x_1, x_2, \ldots, x_n)$, $\mathfrak{y}$ für $(y_1, y_2, \ldots, y_n)$ usw. Unter $t\mathfrak{x}$ mit $t \in \mathsf{R}$ verstehen wir den Punkt $(tx_1, tx_2, \ldots, tx_n)$, unter $\mathfrak{x} + \mathfrak{y}$ den Punkt $(x_1 + y_1, x_2 + y_2, \ldots, x_n + y_n)$. Die Verbindungsstrecke der Punkte $\mathfrak{x}$ und $\mathfrak{y}$ besteht aus den Punkten $(1-t)\mathfrak{x} + t\mathfrak{y}$ mit $0 \leqq t \leqq 1$. $\mathfrak{x}$ und $\mathfrak{y}$ heißen Endpunkte dieser Strecke. Wir lassen $\mathfrak{x} = \mathfrak{y}$ zu. Für $\mathfrak{x} \neq \mathfrak{y}$ wird die Verbindungsstrecke durch den Punkt $(1-t)\mathfrak{x} + t\mathfrak{y}$ im Verhältnis $t:(1-t)$ geteilt.

Der von den Punkten $\mathfrak{x}_0, \mathfrak{x}_1, \ldots, \mathfrak{x}_p$ aufgespannte lineare Raum, er heiße L, besteht für $p > 0$ aus den Punkten

$$\mathfrak{x}_0 + \sum_{i=1}^{p} \lambda_i(\mathfrak{x}_i - \mathfrak{x}_0) \quad \text{mit} \quad \lambda_i \in \mathsf{R}. \tag{2.1}$$

Um hierbei die Ausnahmestellung von $\mathfrak{x}_0$ aufzuheben, setzen wir $\lambda_0 = 1 - \sum_{i=1}^{p} \lambda_i$, wodurch (2.1) in

$$\sum_{i=0}^{p} \lambda_i \mathfrak{x}_i \quad \text{mit} \quad \sum_{i=0}^{p} \lambda_i = 1, \quad \lambda_i \in \mathsf{R} \tag{2.2}$$

übergeht. (2.2) gilt auch für $p = 0$. L ist der Durchschnitt aller linearen Räume, die $\mathfrak{x}_0, \mathfrak{x}_1, \ldots, \mathfrak{x}_p$ enthalten. Die *Punkte* $\mathfrak{x}_0, \mathfrak{x}_1, \ldots, \mathfrak{x}_p$ sind *linear unabhängig* oder *in allgemeiner Lage*, wenn L nicht durch eine echte Teilmenge von ihnen aufgespannt wird. Sind $\mathfrak{x}_0, \mathfrak{x}_1, \ldots, \mathfrak{x}_p$ linear unabhängig[1]), so besitzt jeder Punkt von L nur eine Darstellung der Gestalt (2.1) bzw. (2.2), und es hat L die Dimension p. Die Koeffizienten λ_i in (2.1) sind dann affine (Parallel-) Koordinaten in L. Auch die Koeffizienten in (2.2) können als Koordinaten in L benutzt werden. Sie heißen *baryzentrische Koordinaten* bezüglich $\mathfrak{x}_0, \mathfrak{x}_1, \ldots, \mathfrak{x}_p$. Wegen (2.1) und (2.2) sind sie stetige Funktionen auf L.

Jede Teilmenge einer Menge linear unabhängiger Punkte besteht aus linear unabhängigen Punkten. Ein einzelner Punkt ist stets linear unabhängig.

Es seien R^n und R^m euklidische Räume, $\mathfrak{x}_0, \mathfrak{x}_1, \ldots, \mathfrak{x}_p$ linear unabhängige Punkte des R^n und L der von ihnen aufgespannte lineare Raum. Die affinen Abbildungen von L in den R^m sind die Abbildungen der Gestalt

$$(2.3) \qquad \sum_{i=0}^{p} \lambda_i \mathfrak{x}_i \to \sum_{i=0}^{p} \lambda_i \mathfrak{y}_i \quad \text{mit} \quad \sum_{i=0}^{p} \lambda_i = 1\,,$$

wobei $\mathfrak{y}_0, \mathfrak{y}_1, \ldots, \mathfrak{y}_p$ (jeweils geeignete) Punkte des R^m sind. Sind auch sie linear unabhängig, so ist die Abbildung (2.3) *nicht-ausgeartet*. Aus (2.3) entnimmt man: Die Verbindungsstrecke zweier Punkte von L geht in die Verbindungsstrecke der Bildpunkte über. Dabei bleiben die Teilverhältnisse erhalten, wenn die Bildstrecke nicht zu einem Punkt entartet ist. Die affine Abbildung (2.3) ist stetig. Sie ist völlig dadurch bestimmt, daß $\mathfrak{y}_i$ das Bild von $\mathfrak{x}_i$ für $i = 0, 1, \ldots, p$ ist.

2.2 Konvexe Mengen. Eine Teilmenge K des R^n heißt *konvex*, wenn für je zwei Punkte aus K die Verbindungsstrecke zu K gehört. Beispielsweise sind konvex: eine Strecke, die abgeschlossene Kugel $x_1^2 + x_2^2 + \ldots + x_n^2 \leqq 1$, die offene Kugel $x_1^2 + x_2^2 + \ldots + x_n^2 < 1$, jeder abgeschlossene und jeder offene Halbraum $a_1x_1 + a_2x_2 + \ldots + a_nx_n \geqq b$ bzw. $a_1x_1 + a_2x_2 + \ldots + a_nx_n > b$ (mindestens ein a_i nicht null), jeder lineare Raum, insbesondere R^n und die leere Teilmenge. Aus der Definition der Konvexität folgt unmittelbar

Satz 1. *Ist $\{K_\lambda\}$ eine Familie konvexer Teilmengen des R^n, so ist $\bigcap K_\lambda$ konvex.*

Ist M irgendeine Teilmenge des R^n, so gibt es sicher eine M umfassende konvexe Menge, nämlich R^n. Der Durchschnitt aller M umfassenden konvexen Mengen ist wegen Satz 1 konvex. Er heißt die *konvexe Hülle* von M. Die konvexe Hülle von M ist also die kleinste konvexe Menge, die M umfaßt.

Definition. Es sei M eine nicht-leere Teilmenge und $\mathfrak{x}$ ein Punkt des R^n. Unter dem *Kegel* mit der Spitze $\mathfrak{x}$ und der Basis M verstehen wir die Menge der Punkte, die auf den Verbindungsstrecken von $\mathfrak{x}$ nach den Punkten von M liegen. Er wird mit $C(\mathfrak{x}, M)$ bezeichnet. Hierbei ist $\mathfrak{x} \in M$ nicht ausgeschlossen.

Satz 2. *Es sei K eine nicht-leere konvexe Teilmenge und $\mathfrak{x}$ ein Punkt des R^n. Die konvexe Hülle von $\{\mathfrak{x}\} \cup K$ ist der Kegel $C(\mathfrak{x}, K)$.*

[1]) Dies ist für $p > 0$ genau dann der Fall, wenn die Verbindungsvektoren $\mathfrak{x}_1 - \mathfrak{x}_0, \mathfrak{x}_2 - \mathfrak{x}_0, \ldots, \mathfrak{x}_p - \mathfrak{x}_0$ linear unabhängige Vektoren sind.

Beweis. Nach Definition der Konvexität und des Kegels gehört jedenfalls $C(\mathfrak{x}, K)$ der konvexen Hülle von $\{\mathfrak{x}\} \cup K$ an. Es bleibt zu zeigen, daß $C(\mathfrak{x}, K)$ konvex ist. Seien dazu $\mathfrak{y}_1$ und $\mathfrak{y}_2$ zwei Punkte dieses Kegels und $\mathfrak{y} = (1 - \lambda)\mathfrak{y}_1 + \lambda\mathfrak{y}_2$ mit $\lambda \in [0, 1]$. $\mathfrak{y} \in C(\mathfrak{x}, K)$ ist die Behauptung. Nach Definition des Kegels gilt $\mathfrak{y}_i = (1 - t_i)\mathfrak{x} + t_i\mathfrak{z}_i$ $(i = 1, 2)$ für geeignetes $\mathfrak{z}_i \in K$ und $t_i \in [0, 1]$. Daher ist

$$\mathfrak{y} = [(1 - \lambda)(1 - t_1) + \lambda(1 - t_2)]\mathfrak{x} + (1 - \lambda)t_1\mathfrak{z}_1 + \lambda t_2\mathfrak{z}_2. \tag{2.4}$$

Die Koeffizienten auf der rechten Seite sind nicht negativ, und ihre Summe ist 1. Sei $\mu = (1 - \lambda)t_1 + \lambda t_2$. Ist $\mu = 0$, so folgt $\mathfrak{y} = \mathfrak{x} \in C(\mathfrak{x}, K)$. Ist $\mu > 0$, so setzen wir $\varkappa = \lambda t_2\mu^{-1}$. Damit ergibt sich aus (2.4)

$$\mathfrak{y} = (1 - \mu)\mathfrak{x} + \mu[(1 - \varkappa)\mathfrak{z}_1 + \varkappa\mathfrak{z}_2]. \tag{2.5}$$

Wegen $0 \leqq \varkappa \leqq 1$ und der Konvexität von K ist $(1 - \varkappa)\mathfrak{z}_1 + \varkappa\mathfrak{z}_2 \in K$, und aus (2.5) folgt $\mathfrak{y} \in C(\mathfrak{x}, K)$.

Aus der Tatsache, daß eine affine Abbildung Strecken in Strecken überführt, folgt unmittelbar

Satz 3. *Es sei φ: $\mathsf{R}^p \to \mathsf{R}^q$ eine affine Abbildung. Ist K eine konvexe Menge im R^p, so ist $\varphi(K)$ konvex. Ist $M \subset \mathsf{R}^p$ und $\mathfrak{x} \in \mathsf{R}^p$, so ist*

$$\varphi(C(\mathfrak{x}, M)) = C(\varphi(\mathfrak{x}), \varphi(M)). \tag{2.6}$$

Aus der Definition der Konvexität folgt ferner

Satz 4. *Ist K eine konvexe Teilmenge von R^n und L eine konvexe Teilmenge von R^m, so ist $K \times L$ eine konvexe Teilmenge von $\mathsf{R}^n \times \mathsf{R}^m$.*

2.3 Affine Simplexe. Sind $\mathfrak{x}_0, \mathfrak{x}_1, \ldots, \mathfrak{x}_p$ $(p \geqq 0)$ linear unabhängige Punkte des R^n, so wird die Punktmenge[1])

$$s_p = \left\{ \sum_{i=0}^{p} \lambda_i \mathfrak{x}_i \;\middle|\; \sum_{i=0}^{p} \lambda_i = 1 \text{ und } \lambda_i \geqq 0 \text{ für } i = 0, 1, \ldots, p \right\} \tag{2.7}$$

als affines Simplex bezeichnet. Man sagt, daß s_p von $\mathfrak{x}_0, \mathfrak{x}_1, \ldots, \mathfrak{x}_p$ aufgespannt wird. s_p wird die Dimension p zugelegt. Sie ist dadurch charakterisiert, daß s_p in einem p-dimensionalen linearen Raum, aber in keinem $(p - 1)$-dimensionalen liegt. Statt p-dimensionales Simplex sagen wir kurz p-Simplex. Affine 0- bzw. 1-Simplexe sind Punkte bzw. Strecken. Für höhere Dimensionen wird sich die Gestalt unten durch Satz 1 ergeben.

In (2.7) sind die Koeffizienten λ_i baryzentrische Koordinaten bezüglich $\mathfrak{x}_0, \mathfrak{x}_1, \ldots, \mathfrak{x}_p$ (in dem von diesen Punkten aufgespannten linearen Raum). Die Punkte $\mathfrak{x}_i$ $(i = 0, 1, \ldots, p)$ sind die einzigen Punkte von s_p, für die nur eine baryzentrische Koordinate von null verschieden ist. Hieraus und aus der Bedingung $\lambda_i \geqq 0$ folgt leicht (vgl. auch Satz 1): Die Punkte $\mathfrak{x}_i$ sind dadurch ausgezeichnet, daß sie einer auf s_p liegenden Strecke nur als Endpunkt angehören können. Sie heißen Ecken

---

[1]) Gemäß I.4.2 fassen wir eine Teilmenge eines topologischen Raumes stets als Teilraum auf.

von s_p. Unter den baryzentrischen Koordinaten auf einem affinen Simplex s_p sind stets diejenigen bezüglich der Ecken zu verstehen. Der Punkt $(p+1)^{-1}\sum_{i=0}^{p} \mathfrak{x}_i$ heißt Schwerpunkt von s_p.

Jede nicht-leere Teilmenge der Ecken von s_p besteht aus linear unabhängigen Punkten und spannt daher ein affines Simplex auf. Jedes solche Simplex heißt Seite[1]) von s_p. Insbesondere ist s_p Seite von sich selbst. Alle anderen Seiten von s_p heißen eigentliche Seiten. s_p besitzt $\binom{p+1}{q+1}$ Seiten der Dimension q $(0 \leqq q \leqq p)$. Statt q-dimensionale Seite sagen wir kurz q-Seite. Ist s_q eine q-Seite von s_p und $q < p$, so spannen diejenigen Ecken von s_p, die nicht Ecken von s_q sind, eine $(p-q-1)$-Seite von s_p auf. Von ihr sagt man, daß sie s_q gegenüberliegt. Für $p > 0$ liegt insbesondere jeder Ecke von s_p eine $(p-1)$-Seite gegenüber.

Satz 1. *Es sei s_p ein affines p-Simplex mit $p > 0$ und $\mathfrak{x}_0$ Ecke von s_p. Dann ist s_p der Kegel, der $\mathfrak{x}_0$ als Spitze und die $\mathfrak{x}_0$ gegenüberliegende Seite von s_p als Basis besitzt.*

Beweis. Sei s_p das Simplex (2.7). Der im Satz angegebene Kegel besteht aus den Punkten der Gestalt

$$(2.8) \quad (1-t)\mathfrak{x}_0 + t\sum_{i=1}^{p} \mu_i \mathfrak{x}_i \quad \text{mit} \quad 0 \leqq t \leqq 1, \quad \sum_{i=1}^{p} \mu_i = 1 \quad \text{und} \quad \mu_i \geqq 0.$$

Diese Punkte liegen wegen (2.7) auf s_p. Umgekehrt läßt sich jeder Punkt von s_p durch (2.8) darstellen.

Satz 1 läßt die Gestalt affiner Simplexe erkennen. Insbesondere sind 2- bzw. 3-Simplexe Dreiecke bzw. Tetraeder. Wegen Satz 1 läßt sich jedes affine p-Simplex durch p-malige Kegelbildung aufbauen, indem man mit einer Ecke beginnt.

Satz 2. *Jedes affine Simplex ist die konvexe Hülle seiner Ecken.*

Der Satz ist für 0-Simplexe trivial und folgt aus Satz 1 und 2.2 Satz 2 durch vollständige Induktion nach der Dimension.

Die Einschränkung einer affinen Abbildung auf s_p bezeichnen wir kurz als affine Abbildung von s_p. Wegen (2.3) ist sie durch die Bilder der Ecken von s_p völlig bestimmt. Ist die Abbildung nicht-ausgeartet, so wird s_p wegen (2.3) und (2.7) bijektiv auf ein p-Simplex abgebildet, wobei die Ecken von s_p in die Ecken des Bildes übergehen. Die Abbildung ist topologisch, weil auch die inverse Abbildung affin ist und affine Abbildungen stetig sind. Daher gilt

Satz 3. *Je zwei affine p-Simplexe s_p und s_p' sind affin homöomorph. Jede solche Homöomorphie entspricht einer bijektiven Zuordnung der Ecken von s_p zu den Ecken von s_p'.*

Es gibt $(p+1)!$ affine Abbildungen von s_p auf s_p'. Um diese Vieldeutigkeit aufzuheben, führt man geordnete Simplexe ein. s_p heißt geordnet, wenn für seine Ecken $\mathfrak{x}_0, \mathfrak{x}_1, \ldots, \mathfrak{x}_p$ eine Reihenfolge festgelegt ist. Ist diese Reihenfolge die durch

[1]) Nur die $(p-1)$-Seiten von s_p als Seiten zu bezeichnen, wäre zwar anschaulicher aber unzweckmäßig für das Weitere.

die Indizes angezeigte, so bezeichnen wir das geordnete affine Simplex s_p durch $\langle \mathfrak{x}_0, \mathfrak{x}_1, \ldots, \mathfrak{x}_p \rangle$. Die Seiten von s_p werden dann ebenfalls als geordnete Simplexe aufgefaßt, ihre Eckenordnung ist die von s_p herrührende. Für zwei geordnete affine p-Simplexe s_p, s_p' gibt es genau eine affine Abbildung von s_p auf s_p', welche die Eckenordnung erhält.

Sei weiterhin s_p das (nicht notwendig geordnete) Simplex (2.7). Die Vereinigung seiner $(p-1)$-Seiten heißt der geometrische Rand von s_p. Er wird mit $\dot{s}_p$ bezeichnet. Es ist $\mathfrak{x} \in \dot{s}_p$ genau dann, wenn $\mathfrak{x} \in s_p$ und mindestens eine baryzentrische Koordinate von $\mathfrak{x}$ null ist. Ist $\mathfrak{x} \in s_p$, aber $\mathfrak{x} \notin \dot{s}_p$, so heißt $\mathfrak{x}$ mittlerer Punkt von s_p. Die Begriffe geometrischer Rand und mittlerer Punkt sind ebenso wie Seite und Schwerpunkt invariant gegenüber den Abbildungen des Satzes 3. Der Schwerpunkt ist ein mittlerer Punkt von s_p. Für 0-Simplexe ist der geometrische Rand leer. Aus der Definition der mittleren Punkte und der Definition der Seiten folgt unmittelbar der

Hilfssatz. Ist $\mathfrak{x} \in s_p$, so ist $\mathfrak{x}$ mittlerer Punkt von genau einer Seite von s_p, nämlich der Seite kleinster Dimension, die $\mathfrak{x}$ enthält.

Satz 4. *Das affine p-Simplex s_p ist kompakt. Die Menge der mittleren Punkte von s_p ist konvex, bezüglich s_p offen und in s_p dicht.*

Beweis. Für $p = 0$ ist der Satz trivial. Für $p > 0$ betrachten wir im R^p mit den cartesischen Koordinaten $x_1, x_2, \ldots, x_p$ das affine Simplex, das den Nullpunkt und die Einheitspunkte auf den Koordinatenachsen als Ecken besitzt. Wegen Satz 3 kann angenommen werden, daß s_p dieses Simplex ist. Für die zu seinen Ecken gehörigen baryzentrischen Koordinaten $\lambda_0, \lambda_1, \ldots, \lambda_p$ ist dann $\lambda_0 = 1 - \sum x_i$ und $\lambda_i = x_i$ für $i > 0$. s_p ist der Durchschnitt der abgeschlossenen Halbräume $\sum x_i \leqq 1$ und $x_i \geqq 0$ für $i = 1, 2, \ldots, p$. Es folgt, daß s_p abgeschlossen und beschränkt ist. Wegen I.7.4 Satz 5 ist s_p kompakt. Die Menge der mittleren Punkte wird durch $x_i > 0$ für $i = 1, 2, \ldots, p$ und $\sum x_i < 1$ beschrieben, woraus die zweite Behauptung folgt.

Satz 5. *Es sei s_p ein affines p-Simplex mit $p > 0$ und $\mathfrak{m}$ ein mittlerer Punkt von s_p. s_p schneidet aus jeder von $\mathfrak{m}$ ausgehenden Halbgeraden, welche dem von s_p aufgespannten linearen Raum angehört, eine Strecke aus, deren zweiter Endpunkt auf $\dot{s}_p$ liegt. Insbesondere ist s_p der Kegel mit der Spitze $\mathfrak{m}$ und der Basis $\dot{s}_p$.*

Beweis. Da jede der Halbgeraden eine abgeschlossene konvexe Menge ist, ist der Durchschnitt mit s_p konvex (Satz 2 und 2.2 Satz 1) und kompakt (Satz 4 und I.7.4 Satz 5), womit die Behauptung aus Satz 4 folgt.

Anmerkung 1. Vermöge Satz 5 erhält man entsprechend I.2.9 Beispiel 2: Für $p > 0$ ist s_p homöomorph zur abgeschlossenen p-dimensionalen Kugel E^p und $\dot{s}_p$ homöomorph zur $(p-1)$-dimensionalen Sphäre S^{p-1}.

Anmerkung 2. s_p läßt sich topologisch so auf sich abbilden, daß $\dot{s}_p$ identisch und ein vorgegebener mittlerer Punkt in einen anderen abgebildet wird. Eine topologische Abbildung von $\dot{s}_p$ auf sich läßt sich zu einer topologischen Abbildung von s_p auf sich fortsetzen. Beides folgt aus Satz 5 entsprechend I.2.9 Beispiel 2 und gilt wegen Anmerkung 1 entsprechend für E^p und S^{p-1}.

2.4 Simpliziale Komplexe. Wir wenden uns nun topologischen Räumen zu, die in bestimmter Weise aus affinen Simplexen zusammengesetzt sind. Es sei $\mathfrak{S}$ eine Menge von endlich vielen affinen Simplexen im R^n, die folgenden beiden Bedingungen genügt:

(K 1) Gehört das Simplex s_p zu $\mathfrak{S}$, so gehört jede Seite von s_p zu $\mathfrak{S}$.

(K 2) Für je zwei Simplexe aus $\mathfrak{S}$ ist der Durchschnitt entweder leer oder eine gemeinsame Seite[1]).

Ist ein Teilraum des R^n als Vereinigung der Simplexe einer solchen Simplexmenge $\mathfrak{S}$ dargestellt, so bezeichnen wir ihn als endlichen, geometrischen, simplizialen Komplex[2]). Wir sprechen im Folgenden kurz von einem Komplex und führen die Adjektive nur an, wenn sie hervorgehoben werden sollen. Fig. 7 zeigt ein Beispiel eines ebenen Komplexes.

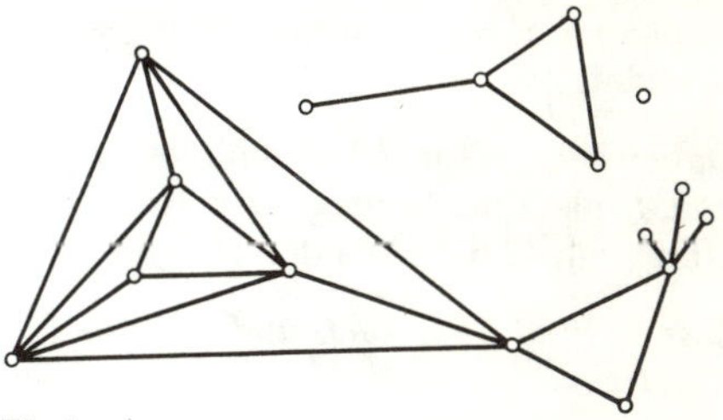

Fig. 7

Sei K ein simplizialer Komplex und $\mathfrak{S}$ die zur Darstellung von K benutzte Simplexmenge. Die Bedingung (K 2) besagt, daß sich die Simplexe passend aneinanderfügen. Insbesondere kann kein Punkt von K mittlerer Punkt zweier verschiedener Simplexe aus $\mathfrak{S}$ sein (2.3 Hilfssatz). (K 1) besagt, daß jeder Punkt aus K mittlerer Punkt eines Simplexes aus $\mathfrak{S}$ ist. Für $\mathfrak{x} \in K$ gibt es also genau ein Simplex von $\mathfrak{S}$, das $\mathfrak{x}$ als mittleren Punkt besitzt. Dieses Simplex heißt das Trägersimplex von $\mathfrak{x}$; wegen (K 2) ist es Seite aller Simplexe, denen $\mathfrak{x}$ angehört. Bildet man für jedes Simplex von $\mathfrak{S}$ die Menge seiner mittleren Punkte, so erhält man vermöge dieser Mengen eine Partition von K. Die Simplexe von $\mathfrak{S}$ bezeichnen wir von nun an als Simplexe von K.

Ist ein topologischer Raum X zu einem simplizialen Komplex homöomorph, so heißt er triangulierbar oder Polyeder. Eine Triangulation oder simpliziale Zerlegung von X liegt vor, wenn für einen simplizialen Komplex K eine topologische Abbildung $\tau: K \rightarrowtail\!\!\!\twoheadrightarrow X$ fixiert ist. Die Bilder der Simplexe von K unter τ bezeichnet man als Simplexe dieser Triangulation.

Beispiel. Es sei s_p ein affines p-Simplex. Die Seiten von s_p bilden eine Triangulation von s_p, die eigentlichen Seiten eine Triangulation von $\dot{s}_p$. Nach 2.3 Anmerkung 1 sind abgeschlossene Kugeln und Sphären Polyeder.

Man erhält ein Polyeder insbesondere, wenn man bei einem simplizialen Komplex K von der simplizialen Darstellung absieht. Wir bezeichnen diesen topologischen Raum mit $|K|$ und nennen ihn das K zugrunde liegende Polyeder. Durch $|K|$ ist K keineswegs bestimmt. Von trivialen Ausnahmen abgesehen, besitzt $|K|$ verschiedene Triangulationen, auch solche, deren Simplexe nicht affin sind.

Wir betrachten weiterhin den simplizialen Komplex K. Unter der Dimension von K versteht man die größte Dimension der Simplexe von K. Es wird sich später

[1]) Man beachte, daß jedes Simplex Seite von sich selbst ist.

[2]) In der Literatur wird häufig die Simplexmenge $\mathfrak{S}$ so bezeichnet.

ergeben, daß sie eine topologische Invariante von $|K|$ ist. Ein Unterkomplex von K ist ein simplizialer Komplex, dessen Simplexe zugleich Simplexe von K sind. Eine Teilmenge der Simplexmenge von K definiert einen Unterkomplex von K genau dann, wenn sie der Bedingung (K 1) genügt, denn (K 2) ist von selbst erfüllt. Insbesondere setzen sich diejenigen Simplexe von K, deren Dimension höchstens q ist ($q \geqq 0$, ganz), zu einem Unterkomplex von K zusammen. Er heißt das q-dimensionale Gerüst von K und wird mit K^q bezeichnet. Die 0- bzw. 1-Simplexe von K werden Ecken bzw. Kanten von K genannt. Es besteht also K^0 aus den Ecken, K^1 aus den Ecken und den Kanten von K. Ist die Dimension von K nicht größer als q, so stimmen K und K^q überein.

Definition. Es seien K und L simpliziale Komplexe. Eine Abbildung $v\colon K \to L$ heißt simplizial, wenn sie jedes Simplex von K affin auf ein Simplex von L abbildet.

Dabei wird K^0 in L^0 abgebildet, weil insbesondere jede Ecke von K ein Simplex von L als Bild besitzt. Das Kompositum zweier affiner Abbildungen ist wieder affin (vgl. (2.3)). Aus der Definition folgt damit unmittelbar

Satz 1. *Sind $v\colon K \to L$ und $u\colon L \to M$ simpliziale Abbildungen, so ist $uv\colon K \to M$ simplizial.*

Da eine affine Abbildung eines affinen Simplexes bereits durch die Bilder seiner Ecken bestimmt ist, ist eine simpliziale Abbildung $v\colon K \to L$ durch ihre Einschränkung auf K^0 bereits völlig festgelegt. Welche Abbildungen von K^0 in L als Einschränkungen simplizialer Abbildungen in Frage kommen, beantwortet

Satz 2. *Es seien K und L simpliziale Komplexe. Eine Abbildung $v\colon K^0 \to L$ läßt sich genau dann zu einer simplizialen Abbildung von K in L fortsetzen, wenn folgende Bedingung erfüllt ist:*

(S) *Sind $\mathfrak{x}_0, \mathfrak{x}_1, \ldots, \mathfrak{x}_p$ Ecken eines Simplexes von K, so sind $v(\mathfrak{x}_0), v(\mathfrak{x}_1), \ldots, v(\mathfrak{x}_p)$ (nicht notwendig verschiedene) Ecken eines Simplexes von L.*

Ist dies der Fall, so ist die Fortsetzung eindeutig bestimmt.

Beweis. Sei s_p ein Simplex von K, $\mathfrak{x}_0, \mathfrak{x}_1, \ldots, \mathfrak{x}_p$ seien seine Ecken. Ist zunächst $v\colon K \to L$ eine simpliziale Abbildung, so sind $v(\mathfrak{x}_0), v(\mathfrak{x}_1), \ldots, v(\mathfrak{x}_p)$ Ecken von L, die auf $v(s_p)$ liegen, also Ecken von $v(s_p)$ (vgl. (K 2)), und es gilt (S). Sei nun umgekehrt $v\colon K^0 \to L$ gegeben und (S) erfüllt. Es gibt auf L ein Simplex, das $v(\mathfrak{x}_0), v(\mathfrak{x}_1), \ldots, v(\mathfrak{x}_p)$ als Ecken und keine weiteren Ecken besitzt (vgl. (K 1)). Sei t dieses Simplex. v läßt sich auf genau eine Weise zu einer affinen Abbildung von s_p fortsetzen. Aus (2.3) und (2.7) folgt, daß dabei das Bild von s_p in t liegt und daß eine geeignete Seite von s_p nicht-ausgeartet auf t abgebildet wird. Also wird s_p auf t abgebildet. Sei nun v auf alle Simplexe von K affin fortgesetzt. Ist s_q Seite von s_p, so stimmen auf s_q die von s_p und s_q herrührenden Fortsetzungen überein, wiederum wegen (2.3). Damit folgt aus (K 2), daß eine widerspruchsfrei definierte Abbildung von K in L vorliegt, und diese Abbildung ist simplizial.

Satz 3. *Jeder endliche simpliziale Komplex ist kompakt. Simpliziale Abbildungen zwischen endlichen simplizialen Komplexen sind stetig.*

Beweis. Seien K, L endliche simpliziale Komplexe, und sei $v: K \to L$ simplizial. K ist wegen 2.3 Satz 4 Vereinigung von endlich vielen kompakten Mengen eines R^n und daher selbst kompakt. Außerdem ist jedes Simplex von K eine (im R^n und damit in K) abgeschlossene Menge. v ist auf jedem Simplex von K affin und damit stetig. Wegen I.4.2 Satz 3 ist v stetig.

Zwei simpliziale Komplexe K und L heißen isomorph, wenn es eine bijektive simpliziale Abbildung $v: K \rightarrowtail\!\!\twoheadrightarrow L$ gibt. Das Inverse einer solchen Abbildung ist ebenfalls simplizial, was unmittelbar aus der Definition der simplizialen Abbildungen und (2.3) folgt. Wegen Satz 3 sind isomorphe endliche simpliziale Komplexe insbesondere homöomorph. Aus Satz 2 folgt, daß K und L genau dann isomorph sind, wenn es eine bijektive Abbildung $v: K^0 \rightarrowtail\!\!\twoheadrightarrow L^0$ gibt, so daß v und v^{-1} der Bedingung (S) genügen. Ist $v: K^0 \rightarrowtail L^0$ injektiv und (S) für v erfüllt, so ist K isomorph zu einem Unterkomplex von L.

Sei nun L insbesondere der simpliziale Komplex, der sich aus allen Seiten eines affinen N-Simplexes s_N zusammensetzt. Wir bezeichnen diesen Komplex einfach als das affine N-Simplex s_N. Für eine Abbildung $v: K^0 \to s_N{}^0$ ist (S) trivialerweise erfüllt. Ist N genügend groß (K endlich), so läßt sich v injektiv wählen. Also gilt

Satz 4. *Ist die Eckenzahl des simplizialen Komplexes K nicht größer als $N + 1$, so ist K isomorph zu einem Unterkomplex des affinen N-Simplexes s_N. Isomorphe simpliziale Komplexe sind homöomorph.*

2.5 Simpliziales Schema. Simpliziale Komplexe lassen sich bis auf Isomorphie schematisch beschreiben. Sei J die Menge der Ecken des Komplexes K. Wir nennen eine Teilmenge von J ausgezeichnet, wenn sie die Eckenmenge eines Simplexes von K ist. Dann gilt (vgl. (K 1)):

(Sch 1) Jede ausgezeichnete Menge ist nicht-leer und endlich.

(Sch 2) Jede nicht-leere Teilmenge einer ausgezeichneten Menge ist ausgezeichnet.

(Sch 3) Jedes Element von J gehört einer ausgezeichneten Menge an.

Sei nun J eine beliebige Menge. Sind für J Teilmengen ausgezeichnet, so daß (Sch 1), (Sch 2), (Sch 3) erfüllt sind, so sagen wir, daß ein simpliziales Schema über der Menge J vorliegt. (Sch 3) besagt lediglich, daß J keine für das Schema überflüssigen Elemente besitzt. Ist die Menge der ausgezeichneten Teilmengen endlich (abzählbar bzw. nicht-abzählbar), so heißt das simpliziale Schema endlich (abzählbar bzw. nicht-abzählbar). Wegen (Sch 1) und (Sch 3) ist dies genau dann der Fall, wenn J endlich (abzählbar bzw. nicht-abzählbar) ist. Ein simpliziales Schema über J heißt lokalendlich, wenn jedes Element von J nur endlich vielen ausgezeichneten Teilmengen angehört. Es seien $\mathfrak{S}$ und $\mathfrak{S}'$ simpliziale Schemata über den Mengen J bzw. J'. $\mathfrak{S}$ und $\mathfrak{S}'$ heißen isomorph, wenn es eine bijektive Abbildung $v: J \rightarrowtail\!\!\twoheadrightarrow J'$ gibt, so daß v und v^{-1} ausgezeichnete Mengen in ausgezeichnete Mengen überführen. Zwei (endliche) simpliziale Komplexe sind hiernach genau dann isomorph, wenn ihre simplizialen Schemata es sind. Zu einem simplizialen Schema über der Eckenmenge eines affinen Simplexes s_N gehört stets ein Unterkomplex von s_N. Dies folgt unmittelbar aus dem Vergleich von (K 1) und (Sch 2). Daher ist jedes endliche simpliziale Schema zu dem Schema eines endlichen, geometrischen, simplizialen Komplexes isomorph.

Sei nun $\mathfrak{S}$ ein beliebiges simpliziales Schema über einer Menge J. Wir wollen $\mathfrak{S}$ einen topologischen Raum K zuordnen, der vermöge $\mathfrak{S}$ als Vereinigung von topologischen Bildern affiner Simplexe dargestellt ist, und zwar so, daß (K 1), (K 2) entsprechend gelten. Den Ansatz liefert 2.4 Satz 4 vermöge der baryzentrischen Koordinaten von s_N. Die Punkte von K seien alle diejenigen Familien reeller Zahlen $\{\lambda_i\}_{i\in J}$, die folgenden Bedingungen genügen:

(1) $\lambda_i \geqq 0$ für alle $i \in J$.

(2) Die Indizes der von null verschiedenen Glieder bilden eine ausgezeichnete Teilmenge im Schema $\mathfrak{S}$.

(3) $\sum \lambda_i = 1$.

Wegen (2) und (Sch 1) besitzt die Summe in (3) nur endlich viele von null verschiedene Summanden. Sie hat also Sinn. Den ausgezeichneten Teilmengen im Schema $\mathfrak{S}$ werden Simplexe von K zugeordnet. Seien $i_0, i_1, \ldots, i_p$ die Elemente einer ausgezeichneten Teilmenge. Durch $\lambda_i = 0$ für $i \neq i_0, i_1, \ldots, i_p$ wird eine Teilmenge s_p' von K definiert. Neben s_p' betrachten wir ein affines p-Simplex s_p mit den Ecken $\mathfrak{x}_0, \mathfrak{x}_1, \ldots, \mathfrak{x}_p$. Durch $\{\lambda_i\} \to \sum_{k=0}^{p} \lambda_{i_k} \mathfrak{x}_k$ ist eine bijektive Abbildung $\sigma\colon s_p' \rightarrowtail\!\!\twoheadrightarrow s_p$ definiert. Vermöge σ^{-1} werde die affine und die topologische Struktur von s_p auf s_p' übertragen. Wegen 2.3 Satz 3 ist diese Struktur auf s_p' unabhängig davon, wie s_p und die Reihenfolge der Ecken von s_p gewählt sind. Es sind jetzt insbesondere Seiten von s_p' und abgeschlossene Mengen auf s_p' erklärt. s_p' werde nun als p-Simplex von K bezeichnet. Damit ist K als Vereinigung von Simplexen dargestellt, und man bestätigt leicht, daß (K 1) und (K 2) erfüllt sind. Die Topologie von K wird festgelegt (vgl. 3.1 im Folgenden) durch die Bedingung:

(K 3) Eine Teilmenge von K ist genau dann abgeschlossen, wenn ihr Durchschnitt mit jedem Simplex von K abgeschlossen ist.

K heißt der zu $\mathfrak{S}$ gehörige simpliziale Komplex. K ist separiert: Sind $\lambda' = \{\lambda_i'\}$ und $\lambda'' = \{\lambda_i''\}$ verschiedene Punkte von K, so gibt es einen Index, etwa j, so daß $\lambda_j' < \lambda_j''$ ist. Es werde $a \in I$ so gewählt, daß $\lambda_j' < a < \lambda_j''$ ist. Durch $\lambda_j \geqq a$ bzw. $\lambda_j \leqq a$ werden wegen (K 3) abgeschlossene Teilmengen von K definiert. Daher erhält man durch $\lambda_j < a$ bzw. $\lambda_j > a$ disjunkte offene Umgebungen von λ' und λ''. Ist $\mathfrak{S}$ das Schema eines endlichen, geometrischen, simplizialen Komplexes L mit den Ecken $\mathfrak{x}_0, \mathfrak{x}_1, \ldots, \mathfrak{x}_N$, so fällt der soeben konstruierte simpliziale Komplex K vermöge $\{\lambda_i\} \to \sum \lambda_i \mathfrak{x}_i$ mit L zusammen. Die jetzt definierten simplizialen Komplexe sind also Verallgemeinerungen der zuvor betrachteten geometrischen Komplexe. Sie sind (spezielle) Zellenkomplexe, die wir in § 3 behandeln.

2.6 Normalunterteilung. Unter Komplexen verstehen wir im Folgenden wieder endliche, geometrische, simpliziale Komplexe. Für manche Zwecke erweist sich die durch den Komplex K gegebene Triangulation des Polyeders $|K|$ als zu grob, insbesondere dann, wenn man versucht, eine stetige Abbildung $K \to L$ in eine simpliziale zu deformieren.

Beispiel. Es sei K bzw. L der durch den Rand eines Dreiecks bzw. Vierecks gebildete Komplex. Es besteht also K bzw. L aus je 3 bzw. 4 Ecken und Kanten. Man erkennt leicht, daß jede simpliziale Abbildung von K in L homotop zu einer konstanten Abbildung ist. K und L sind homöomorph. Eine topologische Abbildung von K auf L ist aber nicht nullhomotop, wie sich noch ergeben wird (5.7 Beispiel 2).

Wir stellen ein Verfahren bereit, das einem Komplex K einen Komplex K' mit kleineren Simplexen zuordnet, so daß $|K| = |K'|$ ist.

Definition. Es sei K ein simplizialer Komplex. Ist K^* ein simplizialer Komplex derart, daß $|K^*| = |K|$ und jedes Simplex von K^* in einem Simplex von K enthalten ist, so heißt K^* Unterteilung von K.

Anmerkung. Aus der Definition folgt unmittelbar: Ist K^* Unterteilung von K und L ein Unterkomplex von K, so bilden die auf L liegenden Simplexe von K^* eine Unterteilung von L.

Wir betrachten nun zunächst ein affines p-Simplex s_p mit $p > 0$ (Fig. 8). Vermöge der eigentlichen Seiten von s_p ist $\dot{s}_p$ als simplizialer Komplex dargestellt. Sei A eine Unterteilung dieses Komplexes und $\mathfrak{m}$ ein mittlerer Punkt von s_p. Ist t ein Simplex von A, so sind die Ecken von t zusammen mit $\mathfrak{m}$ linear unabhängig. Dies folgt daraus, daß die Ecken von t linear unabhängig sind und $\mathfrak{m}$ dem von ihnen aufgespannten linearen Raum nicht angehört. Der Kegel $C(\mathfrak{m}, t)$ ist daher ein affines Simplex (2.3 Satz 1). Ist t' ein weiteres Simplex von A, so ist

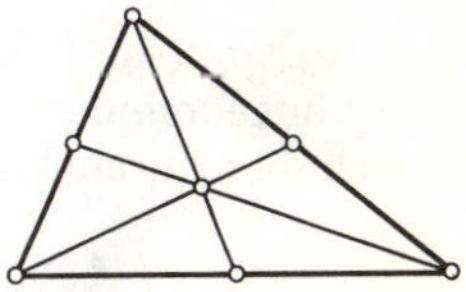

Fig. 8

$C(\mathfrak{m}, t) \cap C(\mathfrak{m}, t')$ entweder $\mathfrak{m}$ oder $C(\mathfrak{m}, t \cap t')$, je nachdem $t \cap t'$ leer ist oder nicht (2.3 Satz 5). Wegen $|A| = \dot{s}_p$ und $s_p = C(\mathfrak{m}, \dot{s}_p)$ (2.3 Satz 5) folgt: Die Simplexe, die $\mathfrak{m}$ als Ecke und ein Simplex von A als gegenüberliegende Seite haben, bilden zusammen mit ihren Seiten eine Unterteilung B von s_p. Wir wollen dies kurz so ausdrücken: Projiziert man A von $\mathfrak{m}$ aus, so entsteht eine Unterteilung B von s_p.

Wir ordnen nun jedem simplizialen Komplex K eine baryzentrische oder Normalunterteilung K' auf folgende Weise zu: Ist K nulldimensional, also $K = K^0$, so sei $K' = K$. Es sei nun $p > 0$ und die Normalunterteilung für $(p-1)$-dimensionale Komplexe bereits erklärt. Ferner sei jetzt K ein p-dimensionaler Komplex. Für sein $(p-1)$-dimensionales Gerüst K^{p-1} ist die Normalunterteilung $(K^{p-1})'$ vorhanden. Jedes p-Simplex von K werde dadurch unterteilt, daß man von seinem Schwerpunkt aus die durch $(K^{p-1})'$ bewirkte Unterteilung seines geometrischen Randes projiziert (vgl. obige Anmerkung). K' sei die Vereinigung[1]) der so unterteilten p-Simplexe von K mit $(K^{p-1})'$. Man prüft ohne weiteres nach, daß K' eine Unterteilung von K ist. Fig. 8 zeigt ein normalunterteiltes 2-Simplex. Aus der Konstruktion von K' folgt durch Induktion nach der Dimension von K der

Hilfssatz. Die Ecken von K' sind die Schwerpunkte der Simplexe[2]) von K. Sind $s^0, s^1, \ldots, s^q$ Simplexe von K derart, daß s^{i+1} eigentliche Seite von s^i ist für $i = 0, 1, \ldots, q-1$, so sind ihre Schwerpunkte die Ecken eines Simplexes von K', und es lassen sich alle Simplexe von K' so beschreiben.

Ferner gilt offenbar: Ist L Unterkomplex von K, so ist L' Unterkomplex von K'.

---

[1]) Man beachte, daß K Simplexe besitzen kann, die nicht Seite eines p-Simplexes von K sind.

[2]) Man beachte, daß ein 0-Simplex mit seinem Schwerpunkt zusammenfällt.

Wir benutzen nun die Metrik des euklidischen Raumes, um die Simplexe von K und K' der Größe nach zu vergleichen.

Satz 1. *Es sei s_p ein affines p-Simplex und d sein Durchmesser*[1]). *Für jedes Simplex der Normalunterteilung s_p' von s_p ist der Durchmesser nicht größer als $d\,p/(p+1)$.*

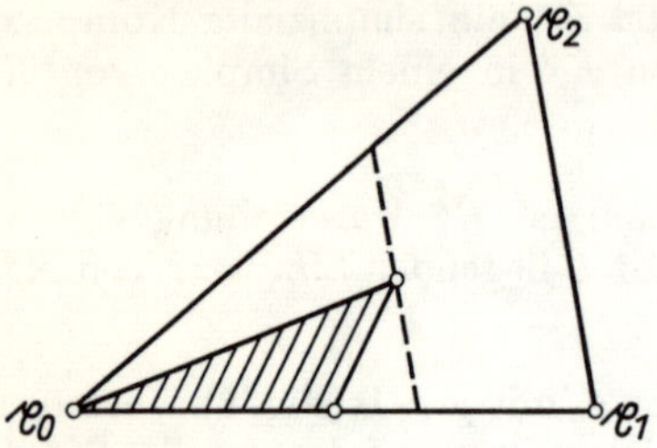

Fig. 9

Beweis. Es kann $p > 0$ angenommen werden. Wegen des Hilfssatzes ist jedes Simplex von s_p' Seite eines p-Simplexes. Da der Durchmesser eines Simplexes nicht kleiner sein kann als der Durchmesser einer Seite, genügt es, die Behauptung für ein beliebiges p-Simplex t_p von s_p' zu beweisen. Seien $\mathfrak{x}_0, \mathfrak{x}_1, \ldots, \mathfrak{x}_p$ die Ecken von s_p, und es sei s_q die von den Ecken $\mathfrak{x}_0, \mathfrak{x}_1, \ldots, \mathfrak{x}_q$ $(0 \leqq q \leqq p)$ aufgespannte Seite. Sind die Ecken von s_p geeignet numeriert, so sind die Ecken von t_p die Schwerpunkte von $s_p, s_{p-1}, \ldots, s_0$. Es kann ferner angenommen werden, daß $\mathfrak{x}_0$ der Nullpunkt des Koordinatensystems ist, da sich dies durch Translation erreichen läßt. Dann ist

$$s_p = \left\{ \sum_{i=1}^{p} \lambda_i \mathfrak{x}_i \;\middle|\; \sum_{i=1}^{p} \lambda_i \leqq 1 \text{ und } \lambda_i \geqq 0 \text{ für } i = 1, 2, \ldots, p \right\},$$

und es ist

$$r_p = \left\{ \frac{p}{p+1} \sum_{i=1}^{p} \lambda_i \mathfrak{x}_i \;\middle|\; \sum_{i=1}^{p} \lambda_i \leqq 1 \text{ und } \lambda_i \geqq 0 \text{ für } i = 1, 2, \ldots, p \right\}$$

ein Simplex mit den Ecken $[p/(p+1)]\,\mathfrak{x}_i$ $(0 \leqq i \leqq p)$ (Fig. 9). r_p entsteht aus s_p durch ähnliche Verkleinerung im Verhältnis $p : (p+1)$. Daher ist $d\,p/(p+1)$ der Durchmesser von r_p. Die Ecken von t_p sind $\mathfrak{x}_0$ und die Punkte $(q+1)^{-1} \sum_{i=1}^{q} \mathfrak{x}_i$ für $1 \leqq q \leqq p$. Sie liegen auf r_p. Weil r_p konvex und t_p die konvexe Hülle seiner Ecken ist (2.3 Satz 2), liegt t_p auf r_p, woraus die Behauptung folgt.

Durch Wiederholung der Normalunterteilung erhält man aus dem Komplex K der Reihe nach die Komplexe $K', K'', \ldots, K^{(r)}, \ldots$.

Satz 2. *Es sei K ein endlicher simplizialer Komplex. Ist r genügend groß, so haben alle Simplexe der r-fachen Normalunterteilung $K^{(r)}$ von K einen Durchmesser, der kleiner als eine vorgegebene reelle Zahl $\delta > 0$ ist.*

Beweis. Sei p die Dimension von K und d der größte Durchmesser der Simplexe von K. Wegen $\frac{q}{q+1} < \frac{p}{p+1}$ für $q < p$ folgt aus Satz 1 durch Induktion nach r, daß die Durchmesser der Simplexe von $K^{(r)}$ nicht größer als $\left(\frac{p}{p+1}\right)^r d$ sind. Damit ergibt sich die Behauptung.

---

[1]) Siehe II.3.1 Anmerkung 1.

Wissenschaften, 1973.

Humphreys, J.E. Arithmetic groups. Courant Inst. of Mathematical Ma512.7
Sciences, 1971. qH888

Manacher, Glenn K. ESPL: a low-level language in the style of Ma510.79
ALGOL. Courant Inst. of Mathematical Sciences, 1971. qM311

Siegel, Carl L. Lectures on celestial mechanics. Springer-Verlag, Ma521.1
1971. Si15vE

Linear operators and operator equations. Consultants Bureau, Ma514.9
1971. (Problems in mathematical analysis, V. 2) qL645ZE

Harrison, M.G. Data-structures and programming. Courant Inst. Ma510.79
of Mathematical Sciences, 1970. qH247

Yoshida, K. Functional analysis, 3rd ed. Springer-Verlag, 1971. Ma514.9
Y83b

Christoffersson, A. The one component model with incomplete data. Ma519
Uppsala, 1970. C465

Turnbull, H.W. An introduction to the theory of canonical matrices. Ma512.4
Dover, 1961. T849a

Cocke, John. Programming languages and their compilers; preliminary Ma510.79
notes. 2d rev. ed. Courant Inst. of Math. Sciences, 1970. qC649a

Steen, S.W.P. Mathematical logic: with special reference to the Ma164
natural numbers. Cambridge Univ. Press, 1972. St32

Annals of mathematics studies. Princeton Univ. Press, 1971. Ma510.2
#68. Miller, C.F. On group-theoretic decision problems and An72
their classification.
#70. Hirzebruch, F. etal. Prospects in mathematics.
#71. Laufer, H. Normal two-dimensional singularities.

MATHEMATICS LIBRARY
310 Vincent Hall

Additions to the collection during May, 1972

Schubert, Horst. Topology. (Translated from the German.) Allyn and Bacon 1968.	Ma515.9 Sch78E
Cartan, Henri. Calcul differentiel. Paris, Hermann, 1967.	Ma513.1 C241
Festschrift Henrich Weber by H.R. Weber and others. Chelsea, 1912-71.	Ma510.8 W388f
Treder, H. Gravitationstheorie und Aequivalenzprinzip. Berlin, Akademie-Verlag, 1971.	Ma531.5 T713
Flügge, S. Practical quantum mechanics. V.1-2. Springer-Verlag, 1971.	Ma530.1 F671rE
Weierstrass, Karl T. Formeln und Lehrzätze zum Gebrauche der elliptischen Functionen. Physica-Verlag, 1962.	Ma514.41 W426
Bernays, Paul. Axiomatic set theory. 2d ed. North-Holland, 1968.	Ma512.3 B457a
Hermann, R. Lectures in mathematical physics. V. 2. Benjamin, 1972.	Ma530.1 H426ℓ
Apostol, T. Calculus. 2d ed. V. 2. Blaisdell, 1969.	Ma513 Ap46a
Pipkin, A.C. Lectures on viscoelasticity theory. Springer-	Ma510.82

2.7 Simpliziale Approximation. Wir wollen stetige Abbildungen zwischen (endlichen) Komplexen in simpliziale deformieren und stellen zuvor ein Hilfsmittel bereit. Wir benötigen, daß jeder Punkt von K genau einem Simplex von K, seinem Trägersimplex, als mittlerer Punkt angehört (vgl. 2.4).

Definition. Es sei K ein simplizialer Komplex und $\mathfrak{x}_i$ eine Ecke von K. Der (offene) Stern von $\mathfrak{x}_i$, in Zeichen $\mathrm{St}\,\mathfrak{x}_i$, ist die Menge aller derjenigen Punkte von K, deren Trägersimplex die Ecke $\mathfrak{x}_i$ besitzt.

Man kann $\mathrm{St}\,\mathfrak{x}_i$ so erhalten: Man bilde zunächst die Vereinigung aller Simplexe von K, die $\mathfrak{x}_i$ als Ecke besitzen, und lasse danach alle Seiten weg, die $\mathfrak{x}_i$ nicht zur Ecke haben (Fig. 10). Das Komplement von $\mathrm{St}\,\mathfrak{x}_i$ bezüglich K ist ein Unterkomplex L_i. Er besteht aus allen Simplexen, die $\mathfrak{x}_i$ nicht zur Ecke haben. Wegen 2.4 Satz 3 sind die (endlichen) Komplexe K und L_i kompakt. Daher (I.7.1 Satz 5) ist L_i abgeschlossen[1]) und $\mathrm{St}\,\mathfrak{x}_i$ offen in K. Bildet man für alle Ecken von K die Sterne, so erhält man eine offene Überdeckung von K.

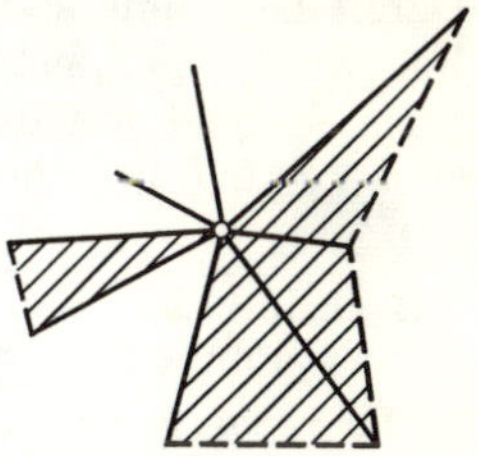

Fig. 10

Aus der Definition folgt unmittelbar der

Hilfssatz. Es seien $\mathfrak{x}_1, \mathfrak{x}_2, \ldots, \mathfrak{x}_k$ Ecken des simplizialen Komplexes K und $\mathfrak{x} \in K$. Es ist $\mathfrak{x} \in \bigcap_{i=1}^{k} \mathrm{St}\,\mathfrak{x}_i$ dann und nur dann, wenn $\mathfrak{x}_1, \mathfrak{x}_2, \ldots, \mathfrak{x}_k$ Ecken des Trägersimplexes von $\mathfrak{x}$ sind.

Satz. *Es seien K und L endliche simpliziale Komplexe, und es sei $f\colon K \to L$ eine stetige Abbildung. $K^{(r)}$ bezeichne die r-fache Normalunterteilung von K. Ist r genügend groß, so ist f homotop zu einer simplizialen Abbildung $v\colon K^{(r)} \to L$, und die Homotopie kann so gewählt werden, daß für jedes $\mathfrak{x} \in K$ der zu $\mathfrak{x}$ gehörige Deformationsweg auf dem Trägersimplex von $f(\mathfrak{x})$ liegt.*

Beweis. Wir benutzen, daß K und L Teilräume euklidischer Räume R^n bzw. R^m sind und daß K die vom R^n induzierte Metrik besitzt. Wir bilden für alle Ecken von L die Sterne. Die Urbilder dieser Sterne bezüglich f bilden eine offene Überdeckung von K. Zu dieser Überdeckung gibt es wegen 2.4 Satz 3 und I.7.4 Satz 4 eine positive reelle Zahl δ derart, daß für jedes $\mathfrak{x} \in K$ die δ-Umgebung $U(\mathfrak{x}; \delta)$ von $\mathfrak{x}$ (relativ K) in einer Menge der Überdeckung enthalten ist. Dies läßt sich auch so ausdrücken: Für jedes $\mathfrak{x} \in K$ ist $f(U(\mathfrak{x}; \delta))$ in dem Stern (mindestens) einer Ecke von L enthalten. Sei nun r so groß gewählt, daß die Durchmesser der Simplexe von $K^{(r)}$ kleiner als δ sind. Wegen 2.6 Satz 2 ist dies möglich. Ist $\mathfrak{x}_i$ Ecke von $K^{(r)}$, so liegt $\mathrm{St}\,\mathfrak{x}_i$ in $U(\mathfrak{x}_i; \delta)$ und daher $f(\mathrm{St}\,\mathfrak{x}_i)$ in dem Stern einer Ecke von L. Eine solche Ecke von L werde ausgewählt und mit $v(\mathfrak{x}_i)$ bezeichnet. Es ist also

$$f(\mathrm{St}\,\mathfrak{x}_i) \subset \mathrm{St}\,(v(\mathfrak{x}_i)). \tag{2.8}$$

Sei nun $\mathfrak{x}$ ein Punkt von $|K| = |K^{(r)}|$. Aus (2.8) und dem Hilfssatz folgt: Sind $\mathfrak{x}_0, \mathfrak{x}_1, \ldots, \mathfrak{x}_q$ die Ecken des Trägersimplexes von $\mathfrak{x}$ in $K^{(r)}$, so sind

1) Es hätte hierfür auch (K 3) in 2.5 benutzt werden können. K braucht dabei nicht endlich zu sein.

$v(\mathfrak{x}_0), v(\mathfrak{x}_1), \ldots, v(\mathfrak{x}_q)$ Ecken des Trägersimplexes von $f(\mathfrak{x})$. Damit ist insbesondere die Bedingung (S) von 2.4 Satz 2 erfüllt, und die Zuordnung $\mathfrak{x}_i \to v(\mathfrak{x}_i)$ setzt sich zu einer simplizialen Abbildung $v\colon K^{(r)} \to L$ fort. Das Trägersimplex von $\mathfrak{x}$ wird durch v auf eine Seite des Trägersimplexes von $f(\mathfrak{x})$ abgebildet, insbesondere liegt $v(\mathfrak{x})$ auf dem Trägersimplex von $f(\mathfrak{x})$. Für $\mathfrak{x} \in K$ und $t \in I = [0, 1]$ setzen wir nun

$$\Phi(\mathfrak{x}, t) = (1 - t) f(\mathfrak{x}) + t v(\mathfrak{x}). \tag{2.9}$$

Damit liegt eine stetige Abbildung $\Phi\colon K \times I \to \mathsf{R}^m$ vor (I.4.5 Anmerkung 3 und Beispiel 3). Für festes $\mathfrak{x}$ durchläuft $\Phi(\mathfrak{x}, t)$ die Verbindungsstrecke von $f(\mathfrak{x})$ und $v(\mathfrak{x})$. Sie liegt auf dem Trägersimplex von $f(\mathfrak{x})$ (2.3 Satz 2). Hieraus folgt noch $\Phi(K \times I) \subset L$ und damit die Behauptung.

Aufgaben. 1. Für eine konvexe Menge im R^n sind das Innere und die abgeschlossene Hülle ebenfalls konvex.

2. Es seien s_p ein affines Simplex und s_q, s_r $(q + r = p - 1)$ gegenüberliegende Seiten. Jeder Punkt von s_p ist von der Form $\mathfrak{x} = (1 - \lambda)\mathfrak{y}_1 + \lambda\mathfrak{y}_2$ mit $\mathfrak{y}_1 \in s_q$, $\mathfrak{y}_2 \in s_r$. Die Darstellung ist eindeutig, wenn $\mathfrak{x}$ nicht auf s_q oder s_r liegt. Vermöge $((1 - \lambda)\mathfrak{y}_1 + \lambda\mathfrak{y}_2, 1 - t) \to (1 - \lambda t)\mathfrak{y}_1 + \lambda t \mathfrak{y}_2$ erhält man eine Homotopie, die $s_p - s_r$ auf s_q retrahiert.

3. Es sei L Unterkomplex des simplizialen Komplexes K. Diejenigen Simplexe von K' (Normalunterteilung), die keine Ecke mit L' gemein haben, bilden einen Unterkomplex M' von K'. Das Komplement von M' (in K') ist eine Umgebung von L', die L' als Deformationsretrakt besitzt. (Anleitung: Man benutze Homotopien gemäß Aufgabe 2 und überzeuge sich, daß sie sich widerspruchsfrei zusammenfügen.) Die Simplexe von K'', die (mindestens) eine Ecke mit L'' gemein haben, bilden eine abgeschlossene Umgebung von L'', die L'' als Deformationsretrakt besitzt.

4. Jeder abzählbare, lokalendliche, n-dimensionale simpliziale Komplex läßt sich in den R^{2n+1} einbetten. (Anleitung: Im R^{2n+1} gibt es eine Folge verschiedener Punkte, die keinen Häufungspunkt besitzt, so daß je $2n + 2$ Punkte dieser Folge linear unabhängig sind, z. B. die Punkte $(k, k^2, \ldots, k^{2n+1})$ für $k = 1, 2, 3, \ldots$. (K 3) folgt aus I.8.5 Hilfssatz 2.)

5. Jede offene Menge im R^n ist durch einen abzählbaren, lokalendlichen simplizialen Komplex triangulierbar. (Anleitung: Man schöpfe die Menge zunächst durch Würfel mit achsenparallelen Kanten aus, so daß keine zwei Würfel innere Punkte gemein haben.)

6. Es sei $\mathfrak{S}$ ein simpliziales Schema und K der zugehörige simpliziale Komplex. Für je zwei Punkte $\lambda = \{\lambda_i\}$ und $\lambda' = \{\lambda_i'\}$ von K setze man $d(\lambda, \lambda') = \sqrt{\sum (\lambda_i - \lambda_i')^2}$. Damit ergibt sich eine Metrik auf K. Die zugehörige Topologie ist gröber als die Topologie von K. Beide Topologien stimmen überein, wenn K lokalendlich ist. (Fortsetzung § 3 Aufgabe 3.)

7. Jeder endliche simpliziale Komplex ist ein kompakter metrischer absoluter Umgebungsretrakt (1.6 Beispiel 2, 2.4 Satz 4, Aufgabe 3 und 1.7 Satz 2).

§ 3 Zellenkomplexe

3.1 Allgemeines. Wir wenden uns jetzt Räumen zu, die Verallgemeinerungen der simplizialen Komplexe sind. Die Verallgemeinerung besteht darin, daß erstens bei den Bausteinen von einer affinen Struktur abgesehen wird und daß zweitens das Aneinanderfügen der Bausteine wesentlich schwächeren Bedingungen unterliegt.

Für $p > 0$ verstehen wir unter E^p stets die durch $\sum_{i=1}^{p} x_i^2 \leqq 1$ definierte abgeschlossene Kugel des R^p, unter S^{p-1} die Sphäre $\sum_{i=1}^{p} x_i^2 = 1$. Es ist also $S^{p-1} \subset E^p$ und $E^p - S^{p-1}$ die offene Kugel $\sum_{i=1}^{p} x_i^2 < 1$. Um Ausnahmen zu vermeiden, wird noch ein einpunktiger topologischer Raum E^0 als 0-dimensionale Kugel und $S^{-1} = \emptyset$ festgesetzt. Eine (offene) p-dimensionale Zelle, kurz p-Zelle, ist ein topologischer Raum, der zu $E^p - S^{p-1}$ homöomorph ist.

Definition. Ein Zellenkomplex[1] K ist ein separierter topologischer Raum, der so in Zellen zerlegt ist, daß folgende Bedingungen erfüllt sind:

(Z 1) Jeder Punkt von K gehört genau einer Zelle an.

(Z 2) Zu jeder p-Zelle e_p von K gibt es eine stetige Abbildung $\varphi: E^p \to K$ derart, daß $E^p - S^{p-1}$ topologisch auf e_p abgebildet wird und daß $\varphi(S^{p-1})$ für $p > 0$ in der Vereinigung endlich vieler Zellen von K mit kleinerer Dimension als p enthalten ist ($p = 0, 1, 2, \ldots$).

(Z 3) Eine Teilmenge von K ist abgeschlossen, wenn ihr Durchschnitt mit der abgeschlossenen Hülle einer jeden Zelle jeweils abgeschlossen ist.

K heißt endlich bzw. abzählbar, nicht abzählbar, wenn die Menge der Zellen von K endlich bzw. abzählbar, nicht abzählbar ist.

Die Bedingung (Z 1) besagt lediglich, daß die Zellen von K eine Partition von K bilden, daß also K tatsächlich in Zellen „zerlegt" ist. Sie wurde nur der Deutlichkeit halber angeführt. 0- bzw. 1-Zellen bezeichnen wir auch als Ecken bzw. Kanten von K. Bei einem simplizialen Komplex K bilden die mittleren Punkte eines p-Simplexes s_p jeweils eine p-Zelle, die „zu s_p gehörige".

Eine zu der Zelle e_p gemäß (Z 2) gehörige Abbildung $\varphi: E^p \to K$ heißt charakteristische Abbildung für e_p. Für $p > 0$ ist sie durch e_p keineswegs bestimmt, auch nicht bis auf eine Homöomorphie, denn für $p > 1$ gibt es stetige Abbildungen von E^p auf sich, die $E^p - S^{p-1}$ topologisch auf sich und S^{p-1} stetig, aber nicht topologisch, auf sich abbilden. Ist K ein simplizialer Komplex und s_p ein p-Simplex von K, so kann die charakteristische Abbildung für die zu s_p gehörige p-Zelle topologisch gewählt werden (2.3 Anmerkung 1). Das q-dimensionale Gerüst K^q von K ist die Vereinigung aller Zellen, deren Dimension nicht größer als q ist. (Z 2) besagt, daß sich K gerüstweise aufbauen läßt. Man beginne mit K^0. Durch „Anheften" der 1-Zellen an K^0 entsteht K^1. Allgemein entsteht K^{q+1} aus K^q durch Anheften der $(q+1)$-Zellen, wobei jede $(q+1)$-Zelle an nur endlich viele Zellen von K^q angeheftet wird (vgl. Aufgabe 1).

Anmerkung. Ist $\psi: (X, A) \to (E^p, S^{p-1})$ eine topologische Abbildung, d. h. $\psi: X \to E^p$ ist topologisch und es ist $\psi(A) = S^{p-1}$, so kann eine charakteristische Abbildung $\varphi: E^p \to K$ durch $\varphi\psi: X \to K$ ersetzt werden. Wir nennen dann auch $\varphi\psi$ charakteristisch. Es wird also E^p durch einen homöomorphen Raum, eine „topologische Vollkugel", ersetzt.

---

[1]) Diese Komplexe wurden von J. H. C. Whitehead unter dem Namen CW-Komplexe eingeführt (Combinatorial homotopy I. Bull. AMS 55 (1949)). Dabei bezieht sich C (closure finite) auf die Bedingung (Z 2) und W (weak topology) auf (Z 3).

Sei weiterhin $\varphi\colon E^p \to K$ eine charakteristische Abbildung für die Zelle e_p. Weil E^p kompakt und K separiert ist, ist $\varphi(E^p)$ kompakt (I.7.2 Satz 1). Wegen I.7.2 Satz 2 ist die durch φ bewirkte Abbildung $\varphi'\colon E^p \to \varphi(E^p)$ abgeschlossen und damit identifizierend. $\varphi(E^p)$ ist als kompakte Menge abgeschlossen in K. Daher ist auch $\varphi\colon E^p \to K$ eine abgeschlossene Abbildung. Für die abgeschlossene Hülle $\overline{e_p}$ von e_p gilt

$$\varphi(E^p) = \overline{e_p}. \tag{3.1}$$

Aus $e_p \subset \varphi(E^p)$ und der Abgeschlossenheit von $\varphi(E^p)$ folgt nämlich $\overline{e_p} \subset \varphi(E^p)$. Wegen der Stetigkeit von φ ist andererseits $\varphi(E^p) = \varphi(\overline{E^p - S^{p-1}}) \subset \overline{e_p}$ (I.2.8 Satz 3). Also gilt (3.1), und es ist $\varphi(E^p)$ unabhängig davon, wie die charakteristische Abbildung φ für e_p gewählt ist. Weil $\overline{e_p}$ aus E^p vermöge φ durch Identifizieren entsteht, ist die Topologie von $\overline{e_p}$ durch φ völlig bestimmt. Man bezeichnet $\overline{e_p}$ als abgeschlossene p-Zelle von K.

Der Durchschnitt einer abgeschlossenen Menge von K mit einer abgeschlossenen Zelle muß jedenfalls abgeschlossen sein. Ist K endlich, so gilt von selbst die Umkehrung, also (Z 3). Zur Erläuterung der Bedingung (Z 3) im allgemeinen Falle nehmen wir zunächst nur an, daß der separierte topologische Raum K so in Zellen zerlegt ist, daß (Z 1) und (Z 2) erfüllt sind. Wir ordnen den Zellen von K Indizes aus einer Menge Λ zu. Für jede Zelle e^λ von K ($\lambda \in \Lambda$, auf Dimensionsbezeichnung ist verzichtet) werde eine charakteristische Abbildung $\varphi_\lambda\colon E_\lambda \to K$ fixiert. Dabei steht E_λ für $E^{p(\lambda)} \times \lambda$, was zu $E^{p(\lambda)}$ in natürlicher Weise homöomorph ist, und es ist $p(\lambda)$ die Dimension von e^λ. Wir bilden die topologische Summe $E = \sum E_\lambda$. Durch $\varphi\,|\,E_\lambda = \varphi_\lambda$ ist eine Abbildung $\varphi\colon E \to K$ erklärt, die wegen (Z 1) surjektiv und wegen I.4.8 Anmerkung 2 stetig ist. Ist A eine Teilmenge von K, so ist

$$\overset{-1}{\varphi}(A) \cap E_\lambda = \overset{-1}{\varphi_\lambda}(A \cap \bar{e}^\lambda). \tag{3.2}$$

Ist nun $A \cap \bar{e}^\lambda$ abgeschlossen für alle λ, so ist $\overset{-1}{\varphi_\lambda}(A \cap \bar{e}^\lambda)$ abgeschlossen in E_λ wegen der Stetigkeit von φ_λ, und aus (3.2) und der Definition der Summentopologie folgt, daß $\overset{-1}{\varphi}(A)$ abgeschlossen ist. Sei jetzt umgekehrt $\overset{-1}{\varphi}(A)$ abgeschlossen. Dann ist die Menge (3.2) abgeschlossen in E_λ. Wendet man φ_λ auf (3.2) an, so erhält man $A \cap \bar{e}^\lambda$ wegen $\varphi_\lambda(E_\lambda) = \bar{e}^\lambda$, und es ist $A \cap \bar{e}^\lambda$ abgeschlossen, weil φ_λ eine abgeschlossene Abbildung ist. $\overset{-1}{\varphi}(A)$ ist also genau dann abgeschlossen, wenn $A \cap \bar{e}^\lambda$ abgeschlossen ist für alle λ. Aus I.4.3 Satz 1 folgt damit

Satz 1. *Ist der separierte topologische Raum K so in Zellen zerlegt, daß* (Z 1) *und* (Z 2) *erfüllt sind, so gibt es eine stetige Abbildung $\varphi\colon E \twoheadrightarrow K$, wobei $E = \sum_{\lambda \in \Lambda} E_\lambda$ eine topologische Summe von Kugeln, Λ die Menge der Zellen von K und $\varphi\,|\,E_\lambda$ für jedes λ eine charakteristische Abbildung für die durch λ bezeichnete Zelle von K ist. φ ist genau dann identifizierend, wenn die Zellenzerlegung der Bedingung* (Z 3) *genügt.*

Durch Komplementbildung erhält man aus (Z 3), daß eine Teilmenge von K genau dann offen ist, wenn ihr Durchschnitt mit jeder abgeschlossenen Zelle $\bar{e}^\lambda$ offen relativ $\bar{e}^\lambda$ ist. Diese Durchschnitte sind im allgemeinen nicht offen in K. Insbesondere ist eine Zelle $e^\varkappa$ nur dann offen in K, wenn $e^\varkappa \cap \bar{e}^\lambda = \emptyset$ für jedes $\lambda \neq \varkappa$ ist.

Die Bedeutung von (Z 3) zeigt

Satz 2. *Es sei K ein Zellenkomplex, A eine abgeschlossene (bzw. offene) Menge in K und X ein topologischer Raum. Eine Abbildung $f: A \to X$ ist genau dann stetig, wenn ihre Einschränkungen auf die Durchschnitte von A mit den abgeschlossenen Zellen von K stetig sind.*

Man beachte den Spezialfall $A = K$.

Beweis. Sei B eine abgeschlossene (bzw. offene) Menge von X und $\bar{e}$ eine abgeschlossene Zelle von K. Setzen wir $h = f|(\bar{e} \cap A)$, so ist $\overset{-1}{f}(B) \cap \bar{e} = \overset{-1}{h}(B)$. Ist h stetig, so ist $\overset{-1}{h}(B)$ abgeschlossen (offen) relativ $\bar{e} \cap A$ und auch abgeschlossen (offen) relativ $\bar{e}$, weil $\bar{e} \cap A$ abgeschlossen (offen) relativ $\bar{e}$ ist. Vermöge (Z 3) folgt damit die Aussage in der einen Richtung, und die Umkehrung ist trivial.

Wie die Diskussion gezeigt hat, sind simpliziale Komplexe auch Zellenkomplexe, die Simplexe sind abgeschlossene Zellen. Ein Vorteil der Verallgemeinerung besteht darin, daß man Polyeder durch Zellenkomplexe häufig übersichtlicher darstellen kann.

Beispiel 1. Die n-Sphäre S^n läßt sich als Zellenkomplex mit zwei Zellen darstellen, nämlich für $n = 0$ mit zwei 0-Zellen, für $n > 0$ durch eine 0-Zelle e_0 und eine n-Zelle e_n. Die charakteristische Abbildung für e_n identifiziert die Randsphäre von E^n zu einem Punkt (vgl. I.7.6 Beispiele 1 und 3). E^{n+1} läßt sich als Zellenkomplex mit drei Zellen darstellen. Dagegen besitzt jede Triangulation von E^{n+1} mindestens $2^{n+2} - 1$ Simplexe.

Beispiel 2. Vermöge eines Würfelgitters läßt sich der R^n als Zellenkomplex darstellen. Weitere Beispiele finden sich in 5.8 und IV.3.5.

Die Dimension eines nicht-leeren Zellenkomplexes K ist die obere Grenze (in $[0, \infty]$) der Dimensionen der Zellen von K. Sie kann unendlich sein. Wie Beispiel 1 zeigt, braucht es nicht in allen Dimensionen, die kleiner als die Dimension von K sind, Zellen von K zu geben. Dagegen gibt es stets mindestens eine 0-Zelle ($K \neq \emptyset$). Wegen (Z 2) kann nämlich eine p-Zelle mit $p > 0$ nicht eine Zelle kleinster Dimension von K sein.

3.2 Unterkomplexe. Eine Vereinigung L von Zellen des Zellenkomplexes K heißt Unterkomplex von K, wenn für jede Zelle e von K gilt: Aus $e \subset L$ folgt $\bar{e} \subset L$. L darf leer sein. Hieraus folgt unmittelbar

Satz 1. *Durchschnitt und Vereinigung einer Familie von Unterkomplexen sind wieder Unterkomplexe.*

K und K^q sind Unterkomplexe von K. Wegen Satz 1 gibt es zu einer vorgegebenen Teilmenge A von K unter den A umfassenden Unterkomplexen von K stets einen kleinsten, nämlich ihren Durchschnitt.

Hilfssatz. Jede Zelle von K ist in einem endlichen Unterkomplex enthalten.

Beweis durch Induktion nach der Dimension der Zelle. Eine 0-Zelle bildet allein einen Unterkomplex. Sei nun $p > 0$, e_p eine p-Zelle und die Behauptung richtig für alle Zellen kleinerer Dimension. Wegen (3.1) und (Z 2) ist $\overline{e_p} - e_p$ in der Vereinigung endlich vieler Zellen kleinerer Dimension enthalten. Nach Annahme folgt damit aus Satz 1, daß $\overline{e_p} - e_p$ in einem endlichen Unterkomplex M von K enthalten ist. Nun ist $M \cup e_p$ ein endlicher Unterkomplex, womit die Behauptung folgt.

Satz 2. *Eine Vereinigung L von Zellen des Zellenkomplexes K ist genau dann ein Unterkomplex, wenn L abgeschlossen ist. Jeder Unterkomplex von K ist ein Zellenkomplex. K^0 besitzt die diskrete Topologie.*

Beweis. Ist L abgeschlossen, so ist L offenbar ein Unterkomplex. Sei nun L ein Unterkomplex. (Z 1) und (Z 2) gelten für L offenbar. Zum Nachweis von (Z 3) sei F eine Teilmenge von L, die mit jeder abgeschlossenen Zelle von L einen abgeschlossenen Durchschnitt besitzt. Sei $\bar{e}$ eine abgeschlossene Zelle von K. Wegen des Hilfssatzes und Satz 1 gibt es einen endlichen Unterkomplex A mit $\bar{e} \cap L \subset A \subset L$. Weil A die Vereinigung endlich vieler abgeschlossener Zellen von L ist, ist $A \cap F$ abgeschlossen (in K) nach Annahme über F. Wegen $\bar{e} \cap F = (\bar{e} \cap L) \cap F = \bar{e} \cap (A \cap F)$ ist $\bar{e} \cap F$ abgeschlossen. Weil (Z 3) für K gilt, ist F abgeschlossen in K und damit auch in L. Daher gilt (Z 3) für L. Setzt man insbesondere $F = L$, so ergibt sich, daß L abgeschlossen in K ist. Die letzte Aussage des Satzes folgt daraus, daß jede Teilmenge von K^0 Unterkomplex von K und somit abgeschlossen ist.

Satz 3. *Jeder endliche Unterkomplex des Zellenkomplexes K ist kompakt. Jede kompakte Teilmenge von K ist in einem endlichen Unterkomplex enthalten.*

Beweis. Die erste Aussage folgt daraus, daß ein endlicher Unterkomplex Vereinigung von endlich vielen kompakten Mengen ist, nämlich von abgeschlossenen Zellen. Sei nun $A \subset K$, und es sei A in keinem endlichen Unterkomplex enthalten. Wegen des Hilfssatzes und Satz 1 muß A unendlich viele Zellen treffen. Daher gibt es auf A eine Folge verschiedener Punkte $\{x_n\}$ derart, daß jede Zelle von K höchstens einen der Punkte x_n enthält. Aus (Z 2) folgt, daß jede abgeschlossene Zelle von K höchstens endlich viele dieser Punkte enthält. Die Punkte eines jeden Endstückes der Folge bilden daher eine abgeschlossene Menge, und ein Häufungspunkt der Folge müßte allen Endstücken angehören (I.5.5 Satz 2). Der Durchschnitt der Endstücke ist aber leer. Die Folge besitzt also keinen Häufungspunkt, und A ist nicht kompakt. Dies ergibt die zweite Aussage.

Ein Zellenkomplex K heißt lokalendlich, wenn jeder Punkt von K einen endlichen Unterkomplex als Umgebung besitzt. Aus Satz 3 folgt unmittelbar

Satz 4. *Ein Zellenkomplex ist genau dann lokalkompakt, wenn er lokalendlich ist.*

3.3 Produkte. Es seien K und L Zellenkomplexe. Das topologische Produkt $K \times L$ ist separiert. Es soll eine Zellenzerlegung von $K \times L$ hergestellt werden. Wir bemerken dazu, daß es eine topologische Abbildung von E^{p+q} auf $E^p \times E^q$ gibt, die S^{p+q-1} auf $S^{p-1} \times E^q \cup E^p \times S^{q-1}$ abbildet. Für $p = 0$ oder $q = 0$ ist dies trivial. Für $pq > 0$ erkennt man dies, wenn man E^n $(n = p, q, p + q)$ gemäß I.2.9 Beispiel 2 auf I^n abbildet, wobei S^{n-1} in die Vereinigung der „Seitenflächen“

von I^n übergeht, d. h. in die Menge $\dot{I}^n$ derjenigen Punkte von I^n, für die mindestens eine Koordinate 0 oder 1 ist. Offenbar ist

$$\dot{I}^{p+q} = \dot{I}^p \times I^q \cup I^p \times \dot{I}^q. \tag{3.3}$$

Wegen (3.3) und

$$(I^p - \dot{I}^p) \times (I^q - \dot{I}^q) = I^{p+q} - \dot{I}^{p+q} \tag{3.4}$$

wird $K \times L$ durch die Produkte $e^\lambda \times e^\mu$ in Zellen zerlegt, wenn e^λ die Zellen von K und e^μ die Zellen von L durchläuft. Diese Zerlegung ist stets gemeint, wenn von der Zellenzerlegung von $K \times L$ die Rede ist. Die Dimension von $e^\lambda \times e^\mu$ ist die Summe der Dimensionen von e^λ und e^μ. Sind $\varphi_\lambda \colon E_\lambda \to K$ und $\psi_\mu \colon E_\mu \to L$ charakteristische Abbildungen für e^λ und e^μ, so ist $\varphi_\lambda \times \psi_\mu$ stetig (I.4.7 Satz 2), und wegen 3.2 Satz 3 ist $(\varphi_\lambda \times \psi_\mu)(E_\lambda \times E_\mu) = \varphi_\lambda(E_\lambda) \times \psi_\mu(E_\mu)$ in dem Produkt zweier endlicher Komplexe enthalten. Hieraus und aus (3.3), (3.4) folgt, daß $\varphi_\lambda \times \psi_\mu$ eine charakteristische Abbildung für $e^\lambda \times e^\mu$ ist. Für die Zellenzerlegung von $K \times L$ sind also die Bedingungen (Z 1) und (Z 2) erfüllt. Sind K und L nicht endlich, so braucht (Z 3) nicht erfüllt zu sein. Dies beruht darauf, daß Identifizierungen mit der Produktbildung nicht vertauschbar zu sein brauchen. Es gilt aber der

Satz. *Es seien K und L Zellenkomplexe. Ist L lokalendlich, so ist $K \times L$ ein Zellenkomplex.*

Beweis. Wir bemerken zunächst: Sind $\sum E_\lambda$ und $\sum F_\mu$ topologische Summen, so ist

$$\sum_{\lambda \in \Lambda} E_\lambda \times \sum_{\mu \in M} F_\mu = \sum_{\lambda \in \Lambda} \Big(E_\lambda \times \sum_{\mu \in M} F_\mu\Big) = \sum_{(\lambda,\mu) \in \Lambda \times M} (E_\lambda \times F_\mu). \tag{3.5}$$

Dies folgt aus I.4.8 Satz, denn die zugrunde liegenden Mengen sind dieselben, und die Teilmengen $E_\lambda \times F_\mu$ sind in allen drei Fällen offen.

Es seien nun $\varphi \colon \sum E_\lambda \to K$ und $\psi \colon \sum E_\mu \to L$ identifizierende Abbildungen gemäß 3.1 Satz 1. $\sum E_\lambda$ ist lokalkompakt, weil alle E_λ kompakt sind. Wegen I.7.9 Satz 5 ist $id \times \psi \colon \sum E_\lambda \times \sum E_\mu \to \sum E_\lambda \times L$ identifizierend, wobei id die identische Abbildung von $\sum E_\lambda$ bezeichnet. Wegen 3.2 Satz 4 ist L lokalkompakt. Erneute Anwendung von I.7.9 Satz 5 ergibt, daß $\varphi \times id \colon \sum E_\lambda \times L \to K \times L$ identifizierend ist. Wegen I.4.3 Satz 3 ist $\varphi \times \psi = (\varphi \times id)(id \times \psi)$ identifizierend. Damit folgt aus (3.5) und 3.1 Satz 1, daß die Zellenzerlegung von $K \times L$ der Bedingung (Z 3) genügt, was zu zeigen war.

3.4 Homotopie-Erweiterung. Wir wenden den vorangehenden Satz auf den Spezialfall $L = I$ an, wobei I in die 0-Zellen 0, 1 und die 1-Zelle (0, 1) zerlegt sei. Ist A abgeschlossen bzw. offen in K, so ist $A \times I$ abgeschlossen bzw. offen in $K \times I$. Die abgeschlossenen Zellen von $K \times I$ sind von der Gestalt $\bar{e} \times 0$, $\bar{e} \times 1$ und $\bar{e} \times I$, wobei $\bar{e}$ eine abgeschlossene Zelle von K ist. Hieraus und aus 3.1 Satz 2 folgt der

Hilfssatz 1. Es sei A eine abgeschlossene oder offene Menge im Zellenkomplex K und X ein topologischer Raum. Eine Abbildung $\Phi \colon A \times I \to X$ ist genau dann stetig, wenn $\Phi \mid (A \cap \bar{e}) \times I$ für jede abgeschlossene Zelle $\bar{e}$ von K stetig ist.

Hilfssatz 2. Ist $\overline{e_p}$ eine abgeschlossene Zelle von K, so ist $\overline{e_p}\times 0 \cup (\overline{e_p} - e_p)\times I$ Retrakt von $\overline{e_p}\times I$.

Beweis. Wir betrachten folgendes Diagramm:

$$(3.6)\qquad \begin{array}{ccc} E^p\times I & \xrightarrow{\ r\ } & E^p\times 0\cup S^{p-1}\times I \\ \downarrow{\scriptstyle \varphi\times id} & & \downarrow{\scriptstyle \psi} \\ \overline{e_p}\times I & \overset{r'}{\dashrightarrow} & \overline{e_p}\times 0\cup(\overline{e_p}-e_p)\times I \end{array}$$

Dabei ist φ eine charakteristische Abbildung. ψ entsteht aus $\varphi\times id$ durch Einschränkung. r ist für $p > 0$ eine Retraktion gemäß 1.6 Beispiel 4. Für $p = 0$ ist r eine konstante Abbildung und ebenfalls eine Retraktion. Wegen I.7.2 Satz 2 sind $\varphi\times id$, r und ψ identifizierend. Haben zwei Punkte von $E^p\times I$ dasselbe Bild bei $\varphi\times id$, so stimmen ihre Bilder auch bei ψr überein. Daher gibt es eine Abbildung r', so daß $r'(\varphi\times id) = \psi r$ ist. Wegen I.4.3 Satz 2 ist r' stetig, und man sieht leicht, daß r' eine Retraktion ist.

Satz. *Es sei L ein Unterkomplex des Zellenkomplexes K. Das Raumpaar (K, L) besitzt die Homotopie-Erweiterungseigenschaft.*

Beweis. L ist abgeschlossen in K (3.2 Satz 2). Wegen 1.6 Satz 2 muß gezeigt werden, daß $K\times 0\cup L\times I$ Retrakt von $K\times I$ ist. Wir setzen $K^{-1} = \emptyset$ und $M^{(p)} = K\times 0\cup K^p\times I\cup L\times I$ für $p \geqq -1$. $M^{(p)}$ ist Unterkomplex von $K\times I$. Sei jetzt $p\geqq 0$ und $\{e_p^\lambda\}$ die Menge derjenigen p-Zellen von K, die nicht zu L gehören. Für jede solche Zelle e_p^λ werde eine Retraktion r_p^λ gemäß Hilfssatz 2 festgelegt. Durch $r_p|M^{(p-1)} = id$ (identische Abbildung) und $r_p|\bar{e}_p^\lambda\times I = r_p^\lambda$ ist widerspruchsfrei $r_p\colon M^{(p)}\to M^{(p-1)}$ definiert. r_p ist auf jeder abgeschlossenen Zelle von $M^{(p)}$ stetig. Wegen 3.1 Satz 2 ist r_p stetig und damit eine Retraktion. Sei nun r_p für alle ganzen $p\geqq 0$ festgelegt und $r^{(-1)}$ die identische Abbildung von $M^{(-1)}$. Durch $r^{(p)} = r^{(p-1)}r_p$ wird $r^{(p)}\colon M^{(p)}\to M^{(-1)}$ für $p = 0, 1, 2, \ldots$ rekursiv definiert. Weil r_p eine Retraktion ist, folgt durch Induktion, daß $r^{(p)}$ eine Retraktion ist und daß

$$(3.7)\qquad r^{(p)}|M^{(q)} = r^{(q)} \quad \text{für} \quad q\leqq p$$

gilt. Nun ist $K\times I$ die Vereinigung aller $M^{(p)}$. Außerdem ist $M^{(-1)} = K\times 0\cup L\times I$. Wegen (3.7) ist durch $r|M^{(p)} = r^{(p)}$ widerspruchsfrei eine Abbildung $r\colon K\times I \to K\times 0\cup L\times I$ definiert. Wegen 3.1 Satz 2 und der Stetigkeit aller $r^{(p)}$ ist r stetig. r ist die gesuchte Retraktion.

3.5 Zellenartige Approximation. Es soll für Zellenkomplexe ein Analogon zur simplizialen Approximation angegeben werden und zwar so, daß Unterteilungen vermieden werden. Von den Abbildungen zwischen Zellenkomplexen, die als Analogon zu den simplizialen Abbildungen auftreten, wird daher nicht verlangt, daß sie Zellen in Zellen abbilden, sondern lediglich, daß das Bild einer jeden p-Zelle ($p = 0, 1, 2, \ldots$) jeweils in einer Vereinigung von Zellen enthalten ist, deren Dimension p nicht übersteigt.

Definition. Es seien K und M Zellenkomplexe, K^p bzw. M^p ihre p-dimensionalen Gerüste. Eine stetige Abbildung $f\colon K \to M$ heißt zellenartig, wenn $f(K^p) \subset M^p$ für jedes ganze $p \geqq 0$ gilt.

Satz 1. *Es seien K und M Zellenkomplexe und L Unterkomplex von K. Ist $f\colon K \to M$ eine stetige Abbildung derart, daß $f|L$ zellenartig ist, so ist f homotop relativ L zu einer zellenartigen Abbildung.*

Ehe wir an den Beweis gehen, weisen wir auf einen wichtigen Spezialfall hin. Gemäß 3.1 Beispiel 1 besitzt die n-Sphäre S^n eine Darstellung als Zellenkomplex mit nur zwei Zellen. Nehmen wir diesen Komplex als M (und $L = \emptyset$), so ergibt sich

Satz 2. *Für $m < n$ ist jede stetige Abbildung eines m-dimensionalen Zellenkomplexes in die n-Sphäre nullhomotop.*

Wir wenden uns nun Hilfsbetrachtungen für den Beweis von Satz 1 zu. Besteht $K - L$ nur aus einer p-Zelle e_p, so handelt es sich darum, das Bild von e_p aus den Zellen von M mit größerer Dimension „auszufegen". Für $p > 0$ taucht dabei die Schwierigkeit auf, daß das Bild von e_p Zellen höherer Dimension überdecken kann. Hierauf gehen wir zunächst ein.

Hilfssatz 1 (Freimachen eines Punktes). Es sei M ein m-dimensionaler Zellenkomplex, e eine m-Zelle von M und s_p ein affines p-Simplex mit $0 < p < m$. Ist $f\colon s_p \to M$ eine stetige Abbildung derart, daß $f(\dot{s}_p) \subset M - e$ ist, so läßt sich f relativ $\overset{-1}{f}(M - e)$ so deformieren, daß das Bild von s_p die Zelle e nicht überdeckt.

Beweis. Wir werden einen Teil von e mit einer simplizialen Struktur versehen und die Einschränkung von f auf einen Unterkomplex einer genügend feinen Unterteilung von s_p simplizial approximieren. Diese Approximation lassen wir dann auf s_p von innen nach außen abklingen, so daß eine Deformation von f entsteht.

Es sei t_m ein affines m-Simplex. Wegen (Z 2) und Anmerkung 1 in 2.3 gibt es eine charakteristische Abbildung[1] $\varphi\colon (t_m, \dot{t}_m) \to (M, M - e)$. Der simpliziale Komplex T entstehe aus t_m durch 2-fache Normalunterteilung, a sei ein m-Simplex von T, das den Schwerpunkt von t_m zur Ecke hat. Dabei ist $a \cap \dot{t}_m = \emptyset$. Wir setzen $B = \overset{-1}{f}(M - e)$ und $A = \overset{-1}{f}(\varphi(a))$ (Fig. 11). A und B sind disjunkte abgeschlossene und damit kompakte Teilmengen von s_p. Wird s_p mit der Metrik des umgebenden euklidischen Raumes versehen, so haben A und B positiven Abstand, etwa δ. Durch wiederholte Normalunterteilung wird s_p so fein unterteilt, daß die Durchmesser der Teilsimplexe kleiner als $\delta/2$ sind (2.6 Satz 2). In dieser Unterteilung sei S die Vereinigung aller Simplexe, die

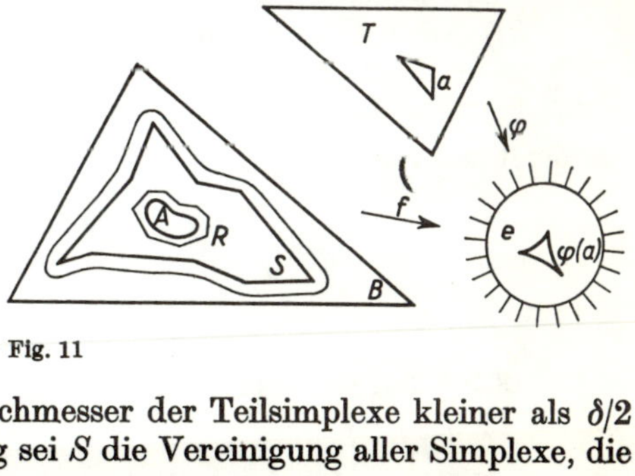

Fig. 11

[1]) Bezeichnung gemäß 1.5.

B nicht treffen. S ist ein simplizialer Komplex, und es gilt $A \subset S$. Für $x \in S$ ist durch $h(x) = \varphi^{-1}(f(x))$ eine stetige Abbildung $h\colon S \to T$ definiert. S werde so fein unterteilt, daß sich h gemäß 2.7 simplizial approximieren läßt. Der Einfachheit halber werde der so entstehende simpliziale Komplex wieder mit S bezeichnet. Es gibt also zu h eine Homotopie $\Psi\colon S \times I \to T$, so daß gilt:

(3.8) $$\begin{gathered}\Psi(x, 0) = \varphi^{-1}(f(x)),\ x \to \Psi(x, 1) \text{ simplizial und} \\ \Psi(x \times I) \text{ auf dem Trägersimplex von } \varphi^{-1}(f(x)) \text{ für } x \in S.\end{gathered}$$

Die Simplexe von S, die A treffen, bilden zusammen mit ihren Seiten einen Unterkomplex R von S. Dabei liegt R im Inneren von S bezüglich s_p. Da nämlich der Durchmesser der Simplexe von S kleiner als $\delta/2$ ist, liegt R in der offenen $\delta/2$-Umgebung von A bezüglich s_p, und diese wird von S überdeckt. Es gilt also

(3.9) $$A \subset R \subset \mathring{S} \subset S \subset s_p - B.$$

Hiernach sind R und $\overline{s_p - S}$ disjunkte abgeschlossene Teilmengen von s_p. Weil s_p normal ist (I.8.3 Satz 3), gibt es wegen I.8.4 Satz 1 eine stetige Funktion $\alpha\colon s_p \to I$ mit $\alpha | R = 1$ und $\alpha | \overline{s_p - S} = 0$. Wir definieren $\Phi\colon s_p \times I \to M$ durch

(3.10) $$\Phi(x, t) = \begin{cases} \varphi[\Psi(x, t\,\alpha(x))] & \text{für } x \in S \\ f(x) & \text{für } x \in \overline{s_p - S}. \end{cases}$$

Wegen (3.8) und der Wahl von α ist Φ durch (3.10) widerspruchsfrei definiert. Aus (3.10) entnimmt man, daß Φ auf den beiden abgeschlossenen Teilmengen $S \times I$ und $(\overline{s_p - S}) \times I$ von $s_p \times I$ stetig ist. Daher ist Φ stetig, und wegen (3.9), (3.10) ist Φ eine Homotopie relativ B mit $\Phi(x, 0) = f(x)$. Sei $g(x) = \Phi(x, 1)$ und $\mathring{a}$ das Innere von a bezüglich T. Wir zeigen, daß $g(s_p) \cap \varphi(\mathring{a}) = \emptyset$ ist, womit die Behauptung folgt. Wir zerlegen s_p in die drei Teilmengen $s_p - S$, $S - R$ und R. Wegen (3.10) ist $g(s_p - S) = f(s_p - S)$. Aus (3.9) und $A = \overset{-1}{f}(\varphi(a))$ folgt damit

(3.11) $$g(s_p - S) \cap \varphi(a) = \emptyset.$$

Für $x \in S$ ist $\varphi^{-1}(g(x))$ erklärt. Die Einschränkung dieser Abbildung auf R ist simplizial wegen (3.8), (3.10) und $\alpha | R = 1$. Wegen $m > p$ wird dabei kein Punkt von R auf einen mittleren Punkt des m-Simplexes a abgebildet. Also gilt $\varphi^{-1}(g(R)) \cap \mathring{a} = \emptyset$ und damit

(3.12) $$g(R) \cap \varphi(\mathring{a}) = \emptyset.$$

Sei jetzt $x \in S - R$. Wegen (3.8) und (3.10) liegt $\varphi^{-1}(g(x))$ auf dem Trägersimplex von $\varphi^{-1}(f(x))$. Nun ist aber $x \notin A = \overset{-1}{f}(\varphi(a))$. Daher ist a nicht das Trägersimplex von $\varphi^{-1}(g(x))$, und es folgt $\varphi^{-1}(g(S - R)) \cap \mathring{a} = \emptyset$ und damit

(3.13) $$g(S - R) \cap \varphi(\mathring{a}) = \emptyset.$$

(3.11), (3.12) und (3.13) ergeben zusammen $g(s_p) \cap \varphi(\mathring{a}) = \emptyset$, was noch zu zeigen war.

Hilfssatz 2. Es sei M' ein m-dimensionaler Zellenkomplex, e eine m-Zelle von M' und $y \in e$. Dann ist $M' - e$ Deformationsretrakt von $M' - y$.

Beweis. Für $m = 0$ ist $e = y$ und nichts zu beweisen. Sei nun $m > 0$, t_m ein affines m-Simplex und $\varphi\colon t_m \to M'$ eine charakteristische Abbildung für e. Dann ist $\overset{-1}{\varphi}(y) = z$ ein Punkt von $t_m - \dot{t}_m$. Die durch φ bewirkten Abbildungen von t_m auf $\bar{e}$, von $t_m - z$ auf $\bar{e} - y$ und damit von $t_m - z$ in M' bezeichnen wir ebenfalls mit φ. Wegen 1.6 Beispiel 3 und 2.3 Anmerkungen 1, 2 gibt es eine Homotopie $\Psi\colon (t_m - z)\times I \to (t_m - z)$, die $t_m - z$ auf $\dot{t}_m$ retrahiert. Wir betrachten folgendes Diagramm:

$$\begin{array}{ccc} (t_m - z)\times I & \xrightarrow{\Psi} & t_m - z \\ \big\downarrow{\scriptstyle \varphi\times id_I} & & \big\downarrow{\scriptstyle \varphi} \\ (\bar{e} - y)\times I & \overset{\Phi}{\dashrightarrow} & M' \end{array}$$

$\varphi \times id_I : t_m \times I \to \bar{e} \times I$ ist identifizierend (I.4.7 Satz 2 und I.7.2 Satz 2). $(\bar{e} - y)\times I$ ist offen in $\bar{e}\times I$. Wegen I.4.3 Satz 4 ist die Abbildung $\varphi \times id_I$ des Diagramms identifizierend. Haben zwei Punkte bei dieser Abbildung dasselbe Bild, so stimmen auch ihre Bilder bei $\varphi\Psi$ überein, weil Ψ eine Homotopie relativ $\dot{t}_m$ ist. Daher existiert eine Abbildung $\Phi\colon (\bar{e} - y)\times I \to M'$, so daß $\Phi(\varphi \times id_I) = \varphi\Psi$ ist. Wegen I.4.3 Satz 2 ist Φ stetig. Offenbar ist Φ eine Homotopie relativ $\bar{e} - e$. Weil M' m-dimensional und e eine m-Zelle ist, ist $M' - e$ abgeschlossen in M' und damit in $M' - y$. Wir erweitern Φ auf $(M' - y)\times I$, indem wir $\Phi(x, t) = x$ für $x \in M' - e$ setzen. Φ ist die gewünschte retrahierende Homotopie.

Hilfssatz 3. Es sei M ein Zellenkomplex und s_p ein affines p-Simplex mit $p > 0$. Ist $f\colon (s_p, \dot{s}_p) \to (M, M^{p-1})$ stetig, so ist f relativ $\dot{s}_p$ homotop zu einer Abbildung, die s_p in M^p abbildet.

Beweis. Wegen 3.2 Satz 1 gibt es einen kleinsten Unterkomplex M' von M, der $f(s_p)$ enthält. Wegen 3.2 Satz 3 ist M' endlich, weil s_p und $f(s_p)$ kompakt sind. Sei k die Anzahl derjenigen Zellen von M', deren Dimension größer als p ist. M' und k hängen davon ab, wie f gewählt ist. Wir führen den Beweis durch Induktion nach k. Für $k = 0$ ist die Behauptung trivial. Sei nun $h > 0$ und die Behauptung richtig für $k < h$. Wir nehmen jetzt an, daß die Abbildung f so beschaffen ist, daß $k = h$ ist[1]). Die Dimension des zugehörigen M' sei m. Wegen $h > 0$ ist $m > p$. Sei e eine m-Zelle von M'. Wegen Hilfssatz 1 ist $f\colon s_p \to M'$ relativ $\overset{-1}{f}(M' - e)$, also insbesondere relativ $\dot{s}_p$, homotop zu einer Abbildung f', so daß e von $f'(s_p)$ nicht überdeckt wird. Sei $y \in e \cap (M' - f'(s_p))$ und $\Phi\colon (M' - y)\times I \to (M' - y)$ eine retrahierende Homotopie gemäß Hilfssatz 2. Durch $(x, t) \to \Phi(f'(x), t)$ ist eine Homotopie von f' relativ $\overset{-1}{f}(M' - e)$ erklärt. Dabei werde f' in f'' deformiert. Nun ist $f''(s_p) \subset M' - e$. Nach Induktionsannahme ist f'' relativ $\dot{s}_p$ homotop zu einer Abbildung $f'''\colon s_p \to M'^p$. Hieraus ergibt sich die Behauptung.

Hilfssatz 4. Jede Bogenkomponente eines Zellenkomplexes ist ein Unterkomplex.

---

[1]) Tatsächlich gibt es solche Abbildungen. Wir gehen hierauf nicht ein. Andernfalls wäre die Behauptung für $k = h$ trivialerweise richtig.

Beweis. Wegen 1.2 Satz 2 ist jede Zelle und jede abgeschlossene Zelle bogenweise zusammenhängend. Damit folgt die Behauptung unmittelbar aus der Definition der Unterkomplexe.

Beweis von Satz 1. Es sei $\hat{K}^{-1} = L$ und $\hat{K}^p = K^p \cup L$ für $p = 0, 1, 2, \ldots$. $\hat{K}^p$ ist Unterkomplex von K. Wir geben eine Folge von Homotopien $\Psi^{(q)}$ an ($q = 0, 1, 2, \ldots$), so daß $f \mid \hat{K}^p$ durch Anwendung der Homotopien $\Psi^{(0)}$ bis $\Psi^{(p)}$ zellenartig wird. Sei zunächst $\{e_0^\lambda\}$ die Menge der Nullzellen von K, die nicht zu L gehören. Ist sie leer, so setzen wir $\Psi^{(0)}(x, t) = f(x)$ für $x \in K$. Sei sie nun nicht-leer. In der Bogenkomponente von $f(e_0^\lambda)$ gibt es wegen Hilfssatz 4 einen Weg, der $f(e_0^\lambda)$ mit einer 0-Zelle von M verbindet. Zu e_0^λ kann daher eine stetige Abbildung $\Psi^{(0)}\colon e_0^\lambda \times I \to M$ so gewählt werden, daß $\Psi^{(0)}(e_0^\lambda, 0) = f(e_0^\lambda)$ und $\Psi^{(0)}(e_0^\lambda, 1)$ eine 0-Zelle von M ist. Für $x \in L$ setzen wir $\Psi^{(0)}(x, t) = f(x)$. Wegen 3.4 Hilfssatz 1 ist damit eine Homotopie $\Psi^{(0)}\colon \hat{K}^0 \times I \to M$ relativ L definiert. Der Satz in 3.4 läßt sich auf das Paar $(K, \hat{K}^0)$ anwenden. Daher läßt sich $\Psi^{(0)}$ zu einer wieder mit $\Psi^{(0)}$ bezeichneten Homotopie von f relativ L fortsetzen. Es sei nun $p > 0$ und $\Psi^{(q)}\colon K \times I \to M$ für $0 \leqq q < p$ bereits so definiert, daß gilt:

$$x \to \Psi^{(q)}(x, 1) \quad \text{zellenartig auf } \hat{K}^q, \tag{3.14}$$

$$\Psi^{(q)}(x, t) = \Psi^{(q)}(x, 0) \quad \text{für } x \in \hat{K}^{q-1},\ q \geqq 0, \tag{3.15}$$

$$\Psi^{(q-1)}(x, 1) = \Psi^{(q)}(x, 0) \quad \text{für } x \in K,\ q > 0. \tag{3.16}$$

Wir setzen $f_p(x) = \Psi^{(p-1)}(x, 1)$. Sei jetzt $\{e_p^\lambda\}$ die Menge der p-Zellen von K, die nicht zu L gehören. Ist sie leer, so setzen wir $\Psi^{(p)}(x, t) = f_p(x)$ für $x \in K$. (3.14), (3.15) und (3.16) gelten dann auch für $q = p$. Sei nun $\{e_p^\lambda\}$ nicht-leer. Für e_p^λ gibt es wegen 2.3 Anmerkung 1 und wegen (Z 2) eine charakteristische Abbildung $\varphi_\lambda\colon s_p \to K$, die das Simplex s_p stetig auf $\bar{e}_p^\lambda$, $s_p - \dot{s}_p$ topologisch auf e_p^λ und $\dot{s}_p$ in K^{p-1} abbildet. $f_p \varphi_\lambda$ bildet $\dot{s}_p$ wegen (3.14) in M^{p-1} ab. Wegen Hilfssatz 3 gibt es eine Homotopie $X_\lambda\colon s_p \times I \to M$ relativ $\dot{s}_p$, die $f_p \varphi_\lambda$ in eine Abbildung von s_p in M^p deformiert. Haben zwei Punkte von $s_p \times I$ bei $\varphi_\lambda \times id_I\colon \dot{s}_p \times I \to \bar{e}_p^\lambda \times I$ dasselbe Bild, so stimmen ihre Bilder auch bei X_λ überein. Daher gibt es eine Abbildung $\Psi_\lambda^{(p)}\colon \bar{e}_p^\lambda \times I \to M$, so daß $\Psi_\lambda^{(p)}(\varphi_\lambda \times id_I) = X_\lambda$ ist. Weil $s_p \times I$ kompakt ist, ist $\varphi_\lambda \times id_I$ identifizierend. Daher ist $\Psi_\lambda^{(p)}$ eine Homotopie. Man bestätigt unmittelbar, daß sie $f_p \mid \bar{e}_p^\lambda$ relativ $\bar{e}_p^\lambda - e_p^\lambda$ in eine Abbildung von $\bar{e}_p^\lambda$ in M^p deformiert. Sei nun $\Psi_\lambda^{(p)}$ für alle $\bar{e}_p^\lambda$ definiert. Wir setzen $\Psi^{(p)} \mid \bar{e}_p^\lambda \times I = \Psi_\lambda^{(p)}$ und $\Psi^{(p)}(x, t) = f_p(x)$ für $x \in \hat{K}^{p-1}$. Damit ist $\Psi^{(p)}\colon \hat{K}^p \times I \to M$ widerspruchsfrei definiert, und wegen 3.4 Hilfssatz 1 liegt eine Homotopie von $f_p \mid \hat{K}^p$ relativ $\hat{K}^{p-1}$ vor. Wegen des Satzes in 3.4 läßt sich $\Psi^{(p)}$ zu einer wieder mit $\Psi^{(p)}$ bezeichneten Homotopie von $f_p\colon K \to M$ fortsetzen. Nach Konstruktion gelten jetzt (3.14), (3.15), (3.16) auch für $q = p$.

Es seien nun die Abbildungen $\Psi^{(q)}\colon K \times I \to M$ für alle ganzen $q \geqq 0$ so gewählt, daß $\Psi^{(0)}(x, 0) = f(x)$ ist und daß (3.14), (3.15), (3.16) gelten. Wir setzen

$$\Phi(x, t) = \Psi^{(q)}(x, (q+1)(q+2)t - q(q+2)) \tag{3.17}$$

$$\text{für } x \in K \text{ und } \frac{q}{q+1} \leqq t \leqq \frac{q+1}{q+2},\ q = 0, 1, 2, \ldots,$$

$$\Phi(x, 1) = \Psi^{(q)}(x, 1) \quad \text{für } x \in \hat{K}^q. \tag{3.18}$$

Faßt man den Deformationsparameter t als Zeit auf, so besagt (3.17), daß die Deformation $\Psi^{(q)}$ in einem kleineren Zeitintervall ausgeführt wird. Wegen (3.16) ist $\Phi(x, t)$ durch (3.17) für $t \in [0, 1)$ widerspruchsfrei erklärt. Aus (3.17) und (3.15) folgt: Für $x \in \hat{K}^q$ und $\frac{q+1}{q+2} \leqq t < 1$ ist $\Phi(x, t)$ unabhängig von t. (3.18) besagt, daß dies noch für $(q+1)/(q+2) \leqq t \leqq 1$ gelten soll. Damit ergibt sich, daß durch $x \to \Phi(x, 1)$ widerspruchsfrei eine Abbildung $g: K \to M$ und durch $(x, t) \to \Phi(x, t)$ eine Abbildung $\Phi: K \times I \to M$ definiert ist. Wegen (3.14) und (3.18) ist g zellenartig, und es ist $f(x) = \Phi(x, 0)$ nach Konstruktion. Ist $\overline{e_p}$ eine abgeschlossene p-Zelle von K, so ist $\overline{e_p} \subset \hat{K}^p$. Aus (3.17) und (3.18) folgt wegen (3.15), daß $\Phi \mid \overline{e_p} \times I$ stetig ist. Wegen 3.4 Hilfssatz 1 ist Φ eine Homotopie. Aus (3.15), (3.17) und $\hat{K}^{-1} = L$ folgt, daß Φ eine Homotopie relativ L ist. Damit ist Satz 1 bewiesen.

Satz 3. *Ein Zellenkomplex ist genau dann bogenweise zusammenhängend, wenn sein 1-dimensionales Gerüst es ist.*

Beweis. Nimmt man in Satz 1 für K einen Punkt und $L = \emptyset$, so ergibt sich, daß jeder Punkt von M durch einen Weg mit einer 0-Zelle verbindbar ist. Hieraus folgt: Ist M^1 bogenweise zusammenhängend, so ist es auch M. Sei nun umgekehrt M bogenweise zusammenhängend. Wir fassen I als Zellenkomplex mit den Zellen $\{0\}$, $\{1\}$ und $(0, 1)$ auf. $\dot{I} = \{0\} \cup \{1\}$ ist Unterkomplex. Nach Annahme sind je zwei Nullzellen von M durch einen Weg auf M verbindbar. Wegen Satz 1 mit $K = I$, $L = \dot{I}$ sind sie durch einen Weg auf M^1 verbindbar. Hieraus folgt, daß M^1 bogenweise zusammenhängt.

Satz 4. *Ein Zellenkomplex K ist genau dann zusammenhängend, wenn er bogenweise zusammenhängt.*

Beweis. Wegen Hilfssatz 4 und 3.2 Satz 1 ist jede Vereinigung von Bogenkomponenten von K ein Unterkomplex von K und wegen 3.2 Satz 2 abgeschlossen. Hieraus folgt, daß jede Bogenkomponente offen und abgeschlossen ist. Ist K zusammenhängend, so kann nur eine Bogenkomponente vorhanden sein. Die Umkehrung folgt aus 1.2 Satz 1.

3.6* Lokale Zusammenziehbarkeit. Zellenkomplexe sind lokal zusammenziehbar. Es gilt sogar der

Satz. *Es sei K ein Zellenkomplex. Ist $x_0 \in K$ und U eine Umgebung von x_0, so umfaßt U die abgeschlossene Hülle einer offenen Umgebung V von x_0, die sich auf x_0 (in sich) zusammenziehen läßt.*

Beweis. Es kann angenommen werden, daß U offen ist. x_0 gehört genau einer Zelle von K an, etwa $e_p{}^0$, wobei p die Dimension von $e_p{}^0$ ist. Wir werden V so bestimmen, daß für die Durchschnitte $V \cap K^q = V^q$ gilt:

(a) $V^q = \emptyset$ für $q < p$.

(b) Es gibt eine Homotopie $\Psi^p: V^p \times I \to V^p$, die V^p auf x_0 retrahiert.

(c) Für $q > p$ gibt es eine Homotopie $\Psi^q: V^q \times I \to V^q$, die V^q auf V^{q-1} retrahiert.

Nehmen wir an, daß V bereits vorliegt und die Homotopien Ψ^q für $q \geqq p$ fixiert sind. Wir definieren dann $\Phi^q\colon V^q \times I \to K$ rekursiv auf folgende Weise:

$$
(3.19)\quad \Phi^q(x,t) = \begin{cases} x & \text{für } 0 \leqq t \leqq \dfrac{1}{q+2} \\ \Psi^q(x, (q+2)(q+1)t - q - 1) & \text{für } \dfrac{1}{q+2} \leqq t \leqq \dfrac{1}{q+1} \\ \Phi^{q-1}(\Psi^q(x,1), t) & \text{für } q > p \text{ und } \dfrac{1}{q+1} \leqq t \leqq 1 \\ x_0 & \text{für } q = p \text{ und } \dfrac{1}{p+1} \leqq t \leqq 1. \end{cases}
$$

Wegen (b) ist zunächst Φ^p widerspruchsfrei definiert, und es ist Φ^p eine Homotopie, die V^p auf x_0 retrahiert. Sei nun $q > p$ und Φ^{q-1} bereits als Homotopie erkannt, die V^{q-1} auf x_0 retrahiert. Für $x \in V^q$ ist $\Psi^q(x, 0) = x$ und $\Psi^q(x, 1) \in V^{q-1}$. Hieraus folgt, daß Φ^q durch (3.19) widerspruchsfrei definiert und stetig ist. Dabei wird V^q zunächst auf V^{q-1} und dann auf x_0 retrahiert. Für jedes $q \geqq p$ wird daher V^q durch Φ^q auf x_0 retrahiert. Ferner ist Ψ^q für $q > p$ eine Homotopie relativ V^{q-1} wegen (c). Aus (3.19) folgt damit, daß $\Phi^q \,|\, V^{q-1} \times I = \Phi^{q-1}$ ist. Hieraus ergibt sich, daß durch $\Phi \,|\, V^q \times I = \Phi^q$ für $q \geqq p$ widerspruchsfrei eine Abbildung $\Phi\colon V \times I \to K$ definiert ist. Aus der Stetigkeit aller Φ^q und 3.4 Hilfssatz 1 folgt, daß Φ stetig ist, und es wird V durch Φ auf x_0 retrahiert.

Wir geben nun die Mengen V^q und die Homotopien Ψ^q für $q \geqq p$ rekursiv an. Für $p = 0$ ist x_0 eine 0-Zelle. In diesem Falle setzen wir $V^p = \{x_0\}$ und $\Psi^p(x_0, t) = x_0$. Sei nun $p > 0$. Wegen $x_0 \in e_p{}^0 \cap U$ gibt es eine offene „Kugelumgebung“ V^p von x_0 relativ $e_p{}^0$, so daß $\bar{V}_p \subset e_p{}^0 \cap U$ ist. Man erkennt dies vermöge einer charakteristischen Abbildung $\varphi\colon E^p \to K$ für $e_p{}^0$. Es ist nämlich $\overset{-1}{\varphi}(x_0)$ ein Punkt von $E^p - S^{p-1}$, der $\overset{-1}{\varphi}(U)$ als Umgebung und daher eine in $\overset{-1}{\varphi}(U) \cap (E^p - S^{p-1})$ enthaltene abgeschlossene Kugelumgebung $\bar{V}'$ mit dem Inneren V' besitzt. Man setze $V^p = \varphi(V')$. Dann ist V^p offen relativ $e_p{}^0$ und auch offen relativ K^p, weil $e_p{}^0$ offen relativ K^p ist. Weil φ abgeschlossen ist, ist $\varphi(\bar{V}')$ abgeschlossen und daher $\bar{V}^p \subset \varphi(\bar{V}') \subset U \cap e_p{}^0$. Nach Konstruktion existiert eine Homotopie Ψ^p, die V^p auf x_0 retrahiert.

Sei nun $q > p$ und V^{q-1} als relativ K^{q-1} offene Teilmenge von K^{q-1} bereits definiert, so daß $\bar{V}^{q-1} \subset U$ ist. Besitzt K keine q-Zelle e_q mit $\bar{e}_q \cap V^{q-1} \neq \emptyset$, so ist V^{q-1} auch offen relativ K^q, und wir setzen $V^q = V^{q-1}$ und $\Psi^q(x, t) = x$ für $x \in V^q$. Andernfalls sei $\{e^\mu\}$ die Menge derjenigen q-Zellen von K, für die jeweils $\bar{e}^\mu \cap V^{q-1} \neq \emptyset$ ist. Für jedes e^μ sei eine charakteristische Abbildung $\varphi_\mu\colon E^q \to K$ fixiert. Wir setzen $A_\mu = \overset{-1}{\varphi}_\mu(V^{q-1})$, $B_\mu = \overset{-1}{\varphi}_\mu(\bar{V}^{q-1})$ und $U_\mu = \overset{-1}{\varphi}_\mu(U)$. Dann ist $A_\mu \subset B_\mu \subset U_\mu$. A_μ ist eine relativ S^{q-1} offene Teilmenge von S^{q-1} und nicht leer. B_μ ist abgeschlossen und U_μ offen in E^q. E^q ist eine Kugel vom Radius 1. Ist $E^q - U_\mu \neq \emptyset$, so sei $2\varepsilon_\mu$ die Entfernung der beiden disjunkten kompakten Mengen B_μ und $E^q - U_\mu$. Ist $E^q - U_\mu$ leer, so sei $\varepsilon_\mu = 1/2$. Wir betrachten die Radien von E^q, die zu den Punkten von A_μ führen, und auf ihnen die Punkte, deren Entfernung von A_μ kleiner als ε_μ ist. Die Menge dieser Punkte sei V_μ'. Sie ist offen in E^q, und es gilt

$$
(3.20)\qquad V_\mu' \cap S^{q-1} = A_\mu; \quad \bar{V}_\mu' \subset U_\mu; \quad \bar{V}_\mu' \cap S^{q-1} \subset B_\mu.
$$

Wir setzen $V_\mu = \varphi_\mu(V_\mu')$. Dann ist $\varphi_\mu(E^q - V_\mu') = \bar{e}^\mu - V_\mu$. Weil φ_μ abgeschlossen ist, ist $\bar{e}^\mu - V_\mu$ abgeschlossen und V_μ offen relativ $\bar{e}^\mu$. Ferner ist $\bar{V}_\mu \subset \varphi_\mu(\bar{V}_\mu')$, und wegen (3.20) folgt

$$(3.21) \qquad V_\mu \cap K^{q-1} = V^{q-1} \cap \bar{e}^\mu; \quad \bar{V}_\mu \subset U \cap \bar{e}^\mu; \quad \bar{V}_\mu \cap K^{q-1} \subset \bar{V}^{q-1} \cap \bar{e}^\mu.$$

Aus der Konstruktion von V_μ folgt nun wie bei 3.5 Hilfssatz 2, daß es eine Homotopie Ψ_μ: $V_\mu \times I \to V_\mu$ gibt, die V_μ auf $V_\mu \cap K^{q-1}$ retrahiert. Sie fegt V_μ „radial" aus e^μ aus. Es seien nun V_μ und Ψ_μ für alle $\bar{e}^\mu$ definiert. Wir setzen $V^q = V^{q-1} \cup \bigcup V_\mu$ und definieren Ψ^q: $V^q \times I \to V^q$ durch $\Psi^q | V_\mu \times I = \Psi_\mu$ und $\Psi^q(x, t) = x$ für $x \in V^{q-1}$. Nun ist $V^q \cap K^{q-1} = V^{q-1}$, $V^q \cap \bar{e}^\mu = V_\mu$ und außerdem $V^q \cap \bar{e}_q = \emptyset$ für jede q-Zelle e_q, für die $V^{q-1} \cap \bar{e}_q = \emptyset$ ist. Wegen (Z 3) ist V^q offen relativ K^q. Entsprechend folgt aus (3.21), daß $\bar{V}^{q-1} \cup \bigcup \bar{V}_\mu$ abgeschlossen und in U enthalten ist. Daher ist

$$(3.22) \qquad \bar{V}^q = \bar{V}^{q-1} \cup \bigcup \bar{V}_\mu \subset U \cap K^q; \qquad \bar{V}^q \cap K^{q-1} = \bar{V}^{q-1}.$$

Schließlich ist Ψ^q widerspruchsfrei definiert, und wegen 3.4 Hilfssatz 1 (mit K^q statt K) ist Ψ^q eine Homotopie, die V^q auf V^{q-1} retrahiert.

Es seien nun V^q und Ψ^q auf diese Weise für alle $q \geqq p$ definiert. Wir setzen $V = \bigcup V^q$. Aus $V^{q+1} \cap K^q = V^q$ folgt $V^q = V \cap K^q$ für $q \geqq p$ und $V \cap K^q = \emptyset$ für $q < p$. Nach Konstruktion sind (a), (b), (c) erfüllt. Weil V^q relativ K^q offen ist, folgt aus (Z 3), daß V offen ist. Aus (3.22) folgt entsprechend, daß $\bigcup \bar{V}^q$ abgeschlossen und in U enthalten ist. Damit folgt $\bar{V} \subset U$, womit der Satz bewiesen ist.

Aufgaben. 1. (a) Es sei K^q ein q-dimensionaler Zellenkomplex und $E = \sum E_\lambda$ eine topologische Summe von $(q + 1)$-dimensionalen Kugeln. S_λ sei die Randsphäre von E_λ. Für jedes λ sei eine stetige Abbildung f_λ: $S_\lambda \to K^q$ gegeben. Auf der topologischen Summe von K^q und E werde jeweils x mit $f_\lambda(x)$ für alle $x \in S_\lambda$ und alle λ identifiziert, während keine zwei verschiedenen Punkte von $K^q \cup \sum(E_\lambda - S_\lambda)$ identifiziert werden. Der entstehende Raum ist ein $(q + 1)$-dimensionaler Zellenkomplex K^{q+1}. (Anleitung: Eine stetige Abbildung g: $K^q \to \mathsf{R}$ läßt sich auf K^{q+1} so fortsetzen, daß sie in zwei vorgegebenen verschiedenen Punkten von $K^{q+1} - K^q$ vorgegebene Werte annimmt. Damit folgt, daß K^{q+1} separiert ist.) (b) Es sei K^0 ein diskreter Raum. Gemäß (a) seien aus K^0 der Reihe nach Zellenkomplexe $K^1, K^2, K^3, \ldots$ gebildet, wobei auch $K^{q+1} = K^q$ sein darf. Dann gibt es einen Zellenkomplex L mit $L^q = K^q$ für alle $q \geqq 0$.

2. Jeder Zellenkomplex ist normal. (Man weise (O 5″) von I.8.4 Satz 2 nach.) Bemerkung: Zellenkomplexe sind sogar parakompakt[1]).

3. Ist der Zellenkomplex K nicht lokalendlich, so erfüllt K das 1. Abzählbarkeitsaxiom nicht. (Indirekt mit I.5.6 Satz 1, vgl. Beweis von 3.2 Satz 3.)

4. (a) Man fasse R^p als Teilraum von R^{p+q+1} auf $(q > 0)$. Eine stetige Abbildung f: $S^{q-1} \to \mathsf{R}^p$ läßt sich auf E^q so fortsetzen, daß $f(E^q) \cap \mathsf{R}^p = f(S^{q-1})$ ist und $E^q - S^{q-1}$ topologisch auf $f(E^q - S^{q-1})$ abgebildet wird. (b) Jeder endliche Zellenkomplex läßt sich in einen euklidischen Raum einbetten. Bemerkung: Jeder zusammenhängende lokalendliche Zellenkomplex ist abzählbar, besitzt eine abzählbare Basis und ist metrisierbar.

[1]) Ein Beweis in allgemeinerem Rahmen findet sich bei E. Michael, Continuous selections I., Ann. Math. **63** (1956) S. 361 bis 382.

§ 4 Gruppen

4.1 Grundbegriffe[1]. Sei G eine nicht-leere Menge, und es sei jedem geordneten Paar (g_1, g_2) von Elementen aus G ein Element aus G als Produkt zugeordnet. Das Produkt von g_1 und g_2 werde mit g_1g_2 bezeichnet. Für diese Multiplikation auf G gelte: (a) $(g_1g_2)g_3 = g_1(g_2g_3)$ für je drei Elemente g_1, g_2, g_3 aus G (Assoziativgesetz). (b) Es gibt ein Element e in G, so daß $eg = ge = g$ für jedes $g \in G$ gilt (neutrales Element). (c) Zu jedem $g \in G$ gibt es ein mit g^{-1} bezeichnetes Element, so daß $gg^{-1} = g^{-1}g = e$ ist (Inverses zu g). Ist dies der Fall, so wird die mit der Multiplikation $(g_1g_2) \to g_1g_2$ versehene Menge G als (multiplikative) Gruppe bezeichnet. Gilt noch allgemein $g_1g_2 = g_2g_1$ (Kommutativgesetz), so heißt G abelsch. Abelsche Gruppen werden häufig additiv geschrieben, d. h. je zwei Elementen g_1, g_2 ist eine Summe $g_1 + g_2$ zugeordnet, so daß gilt: (a) $(g_1 + g_2) + g_3 = g_1 + (g_2 + g_3)$; (b) $e + g = g + e = g$; (c) zu g gibt es ein Element $-g$, so daß $g + (-g) = -g + g = e$ ist; (d) $g_1 + g_2 = g_2 + g_1$. Man setzt $g_1 - g_2 = g_1 + (-g_2)$. In multiplikativen Gruppen bezeichnet man e häufig durch 1 (1-Element), in additiven Gruppen durch 0. Wir benutzen im Weiteren die multiplikative Schreibweise. Ist H eine nicht-leere Teilmenge von G, so daß die Elemente von H mit der von G herrührenden Multiplikation eine Gruppe bilden, so heißt H Untergruppe von G. Dies ist genau dann der Fall, wenn mit $h_1, h_2 \in H$ auch h_1h_2 und h_1^{-1} in H liegen. Der Durchschnitt einer Familie von Untergruppen von G ist eine Untergruppe von G. Hieraus folgt: Ist M eine Teilmenge von G, so gibt es unter den M umfassenden Untergruppen von G eine kleinste, nämlich den Durchschnitt aller dieser Gruppen. Sie heißt die von M erzeugte Untergruppe.

Für die Elemente einer multiplikativen Gruppe G lassen sich Potenzen mit ganzen Exponenten erklären. Für $g \in G$ setzt man $g^0 = 1$, $g^1 = g$. Für natürliche Zahlen n definiert man g^n rekursiv durch $g^n = gg^{n-1}$ und setzt $g^{-n} = (g^{-1})^n$. Für ganze Exponenten p, q gelten dann die Regeln $g^pg^q = g^{p+q}$ und $(g^p)^q = g^{pq}$. Dagegen kann $g_1{}^pg_2{}^p$ von $(g_1g_2)^p$ verschieden sein. Ist jedoch $g_1g_2 = g_2g_1$, so ist $g_1{}^pg_2{}^p = (g_1g_2)^p$. Insbesondere gilt dies für abelsche Gruppen. Für additive Gruppen erklärt man entsprechend ganze Vielfache von Gruppenelementen. Hierbei ist $0g = 0$, $ng = g + (n-1)g$, $(-n)g = -ng$, $pg + qg = (p+q)g$, $q(pg) = (qp)g$, $p(g_1 + g_2) = pg_1 + pg_2$.

Es seien G und F Gruppen. Eine Abbildung $\varphi\colon G \to F$ heißt homomorph, wenn $\varphi(g_1g_2) = \varphi(g_1)\varphi(g_2)$ allgemein gilt. Dann ist $\varphi(G)$ eine Untergruppe von F, die auch als Bild φ bezeichnet wird. Injektive Homomorphismen bezeichnet man als Monomorphismen, surjektive Homomorphismen als Epimorphismen. Ist φ monomorph und epimorph, so heißt φ isomorph[2]. Es existiert dann φ^{-1}, und es ist φ^{-1} ebenfalls isomorph. Ein Isomorphismus von G auf sich heißt Automorphismus von G. Das Kompositum zweier Homomorphismen (Isomorphismen) ist homomorph (isomorph). Wir schreiben $G \cong F$, wenn ein Isomorphismus $\varphi\colon G \rightarrowtail\!\!\!\twoheadrightarrow F$ existiert.

Eine Untergruppe H von G heißt Normalteiler von G, wenn aus $h \in H$ und $g \in G$ stets folgt $ghg^{-1} \in H$. Der Durchschnitt einer Familie von Normalteilern ist

---

[1]) Wir sehen die Grundbegriffe der Gruppentheorie als bekannt an. Die folgenden Betrachtungen sind daher teilweise referierend. Sie werden später an gegebener Stelle ergänzt.

[2]) In der älteren Terminologie werden auch Monomorphismen so bezeichnet.

Normalteiler. Zu einer Teilmenge M von G gibt es einen kleinsten M umfassenden Normalteiler. Er heißt der von M erzeugte Normalteiler. Er umfaßt die von M erzeugte Untergruppe, ist aber im allgemeinen von ihr verschieden. In einer abelschen Gruppe ist dagegen jede Untergruppe Normalteiler.

Sei $\varphi: G \to F$ homomorph. Die Elemente von G, die bei φ in das 1-Element von F übergehen, bilden einen Normalteiler von G. Er heißt der Kern von φ und wird mit Kern φ bezeichnet.

Sei H Untergruppe von G und $g \in G$. Die Menge $gH = \{gh \mid h \in H\}$ ist eine Linksrestklasse von G nach H. $g_1 \in g_2 H$ ist gleichwertig mit $g_2^{-1} g_1 \in H$ und $g_2 \in g_1 H$. Hiernach gehört jedes Element von G genau einer Linksrestklasse von G nach H an. Rechtsrestklassen Hg sind entsprechend erklärt. Ist H Normalteiler, so ist $gH = Hg$ für jedes $g \in G$ wegen $gh = (ghg^{-1})g$ für $h \in H$. Die Restklassen von G nach H bilden dann vermöge der Multiplikation $(g_1 H, g_2 H) \to (g_1 g_2)H$ eine Gruppe. Sie heißt die Faktorgruppe von G nach H und wird mit G/H bezeichnet. Durch $g \to gH$ entsteht ein Epimorphismus von G auf G/H. Er heißt die Projektion von G auf G/H, und er besitzt den Kern H. Ist $\varphi: G \to F$ ein Homomorphismus, so läßt sich φ zerlegen in $p: G \to G/\text{Kern}\,\varphi$, $\varphi': G/\text{Kern}\,\varphi \to \text{Bild}\,\varphi$, $i: \text{Bild}\,\varphi \to F$ mit $\varphi = i\varphi' p$, wobei p eine Projektion, φ' ein Isomorphismus und i die Inklusion von Bild φ in F ist. Der Vollständigkeit halber geben wir an

Satz 1. *Es sei H Untergruppe und N Normalteiler der Gruppe G. HN bezeichne die von H und N erzeugte Untergruppe von G. Dann ist $H \cap N$ Normalteiler von H. Die Inklusion $i: H \to HN$ und die Projektion $p: HN \to HN/N$ induzieren einen Isomorphismus $H/H \cap N \rightarrowtail\!\!\twoheadrightarrow HN/N$.*

Satz 2. *Es seien N und M Normalteiler der Gruppe G und $M \subset N$. Dann ist N/M Normalteiler von G/M, und die Projektionen $p: G \to G/M$, $q: G/M \to G/M\,|\,N/M$ induzieren einen Isomorphismus $G/N \rightarrowtail\!\!\twoheadrightarrow G/M\,|\,N/M$.*

Die Sätze beruhen darauf, daß bei Satz 1 pi epimorph ist und den Kern $H \cap N$ besitzt und daß bei Satz 2 qp ein Epimorphismus mit Kern N ist.

4.2 Direkte Produkte. Es sei $\{G_\lambda\}_{\lambda \in \Lambda}$ eine Familie von Gruppen. Die Produktmenge $G = \prod G_\lambda$ wird zur Gruppe, indem man für $g = \{g_\lambda\}$ und $g' = \{g_\lambda'\}$ setzt $gg' = \{g_\lambda g_\lambda'\}$. Dabei ist $1 = \{1_\lambda\}$, wenn 1 bzw. 1_λ das neutrale Element von G bzw. G_λ bezeichnet, und es ist $g^{-1} = \{g_\lambda^{-1}\}$. G heißt das direkte Produkt der Familie $\{G_\lambda\}$. Das direkte Produkt zweier Gruppen G_1, G_2 wird auch mit $G_1 \times G_2$ bezeichnet. Sei wieder $G = \prod G_\lambda$. Für jedes $\varkappa \in \Lambda$ besteht ein Epimorphismus $p_\varkappa: G \twoheadrightarrow G_\varkappa$, die Projektion zum Index $\varkappa$, die durch $\{g_\lambda\} \to g_\varkappa$ definiert ist.

Satz. *Es sei $G = \prod G_\lambda$ das direkte Produkt der Familie $\{G_\lambda\}_{\lambda \in \Lambda}$ von Gruppen, $p_\lambda: G \to G_\lambda$ die Projektion zum Index λ. Ist eine beliebige Gruppe H und für jedes $\lambda \in \Lambda$ ein Homomorphismus $\varphi_\lambda: H \to G_\lambda$ gegeben, so gibt es genau einen Homomorphismus $\varphi: H \to G$, so daß $\varphi_\lambda = p_\lambda \varphi$ für alle λ ist.*

Beweis. Für $g = \{g_\lambda\} \in G$ ist $g = \{p_\lambda(g)\}$. Falls φ existiert, muß daher für $h \in H$ gelten: $\varphi(h) = \{p_\lambda \varphi(h)\} = \{\varphi_\lambda(h)\}$. Hierdurch ist aber ein Homomorphismus $\varphi: H \to G$ mit $\varphi_\lambda = p_\lambda \varphi$ definiert. (Vgl. I.4.5 Anmerkung 3.)

Durch die Existenz von Homomorphismen $p_\lambda\colon G \to G_\lambda$ und die Aussage des Satzes ist G bis auf Isomorphie charakterisiert: Gilt Entsprechendes für eine Gruppe G' mit Homomorphismen $p_\lambda'\colon G' \to G_\lambda$, so bestehen Homomorphismen $p'\colon G' \to G$ und $p\colon G \to G'$ mit $p_\lambda' = p_\lambda p'$ und $p_\lambda = p_\lambda' p$ für alle λ. Hieraus folgt $p_\lambda = p_\lambda p' p$ und $p_\lambda' = p_\lambda' p p'$. Aus der Eindeutigkeitsaussage folgt, daß $p'p$ bzw. pp' die identische Abbildung von G bzw. G' ist. Daher sind p und p' inverse Isomorphismen.

Ist für jedes $\lambda \in \Lambda$ eine Untergruppe H_λ von G_λ gegeben, so ist $\prod H_\lambda$ in natürlicher Weise Untergruppe von $\prod G_\lambda$. Allgemeiner seien $\{H_\lambda\}$ und $\{G_\lambda\}$ Familien von Gruppen zur gleichen Indexmenge Λ. Sei $H = \prod H_\lambda$, $G = \prod G_\lambda$ und $q_\lambda\colon H \to H_\lambda$ bzw. $p_\lambda\colon G \to G_\lambda$ die Projektion zum Index $\lambda \in \Lambda$. Ist für jedes λ ein Homomorphismus $\psi_\lambda\colon H_\lambda \to G_\lambda$ gegeben, so existiert genau ein Homomorphismus $\varphi\colon H \to G$ mit $p_\lambda \varphi = \psi_\lambda q_\lambda$. Dies folgt aus dem Satz mit $\varphi_\lambda = \psi_\lambda q_\lambda$. Wir schreiben $\varphi = \prod \psi_\lambda$ und nennen φ das direkte Produkt der Homomorphismen ψ_λ (vgl. I.4.7 Satz 2). Man bestätigt unmittelbar $\varphi(\{h_\lambda\}) = \{\psi_\lambda(h_\lambda)\}$ und

$$\text{(4.1)} \qquad \operatorname{Kern} \prod \psi_\lambda = \prod \operatorname{Kern} \psi_\lambda; \quad \operatorname{Bild} \prod \psi_\lambda = \prod \operatorname{Bild} \psi_\lambda .$$

Anmerkung. Ist $\{G_\lambda\}$ eine Familie additiver Gruppen, so definiert man $\prod G_\lambda$ als additive Gruppe durch $g + g' = \{g_\lambda + g_\lambda'\}$ für $g = \{g_\lambda\}$, $g' = \{g_\lambda'\}$.

4.3 Erzeugende und Relationen. Wir wenden uns jetzt einer Konstruktion von Gruppen zu, die zugleich eine Möglichkeit ergibt, Gruppen mitzuteilen. Es sei zunächst $\mathfrak{g}$ eine gegebene Gruppe und $\{a_\lambda\}_{\lambda \in \Lambda}$ eine Familie von Elementen aus $\mathfrak{g}$. Jedes Produkt der Gestalt $a_{\lambda_1}^{\varepsilon_1} a_{\lambda_2}^{\varepsilon_2} \ldots a_{\lambda_n}^{\varepsilon_n}$ mit $\varepsilon_i = \pm 1$ für $i = 1, 2, \ldots, n$ stellt ein Element von $\mathfrak{g}$ dar. Verschiedene solche Produkte können dasselbe Element darstellen. Ist z. B. $\mathfrak{g}$ abelsch, so ist $a_{\lambda_1} a_{\lambda_2} = a_{\lambda_2} a_{\lambda_1}$. Wir haben also zwischen der Form eines Produktes und seinem Wert zu unterscheiden. Solange nur die Form zu betrachten ist, ist es unwesentlich, daß die a_λ und a_λ^{-1} einer Gruppe entnommen sind.

Sei $\{A_\varkappa\}_{\varkappa \in K}$ eine beliebige nicht-leere Familie. (Die Menge, der die $A_\varkappa$ angehören, ist zunächst unwesentlich.) Schreibt man endlich viele Glieder der Familie $\{A_\varkappa\}$ hintereinander, wobei Wiederholungen zugelassen sind, so sagt man, daß ein Wort in den $A_\varkappa$ vorliegt. Ein solches Wort ist also von der Gestalt $A_{\varkappa_1} A_{\varkappa_2} \ldots A_{\varkappa_n}$. Dabei heißt n die Länge des Wortes. Wir lassen das leere Wort zu. Es hat die Länge 0 und wird mit $\{\ \}$ bezeichnet. Es seien W_1, W_2, W_3 Wörter in den $A_\varkappa$. Unter dem Produkt $W_1 W_2$ von W_1 und W_2 verstehen wir das Wort, das durch Anfügen von W_2 an W_1 entsteht. Offenbar gilt $\{\,\} W_1 = W_1 \{\,\} = W_1$ und $(W_1 W_2) W_3 = W_1 (W_2 W_3)$. Die Produktbildung besitzt also $\{\,\}$ als neutrales Element, und sie ist assoziativ. In Produkten von mehreren Wörtern kann daher auf Klammerung verzichtet werden.

Es sei nun Λ eine nicht-leere Menge. Wir setzen $A_\lambda = A_\lambda^1 = A_\lambda^{+1} = (\lambda, 1)$ und $A_\lambda^{-1} = (\lambda, -1)$ für $\lambda \in \Lambda$[1]. Wir betrachten Wörter in den A_λ und A_λ^{-1}. Ein

[1]) Dies bedeutet, daß wir $K = \Lambda \times \{1, -1\}$ setzen und K als Familie auffassen.

nicht-leeres Wort hat die Gestalt

$$(4.2) \qquad A_{\lambda_1}^{\varepsilon_1} A_{\lambda_2}^{\varepsilon_2} \dots A_{\lambda_n}^{\varepsilon_n} \quad \text{mit} \quad \varepsilon_i = \pm 1 \text{ für } i = 1, 2, \dots, n.$$

Jedem Wort W werde auf folgende Weise ein Wort W^{-1} zugeordnet: Man schreibe die Glieder des Wortes in umgekehrter Reihenfolge und multipliziere die Exponenten mit -1. Ist W das Wort (4.2), so ist also $W^{-1} = A_{\lambda_n}^{-\varepsilon_n} \dots A_{\lambda_2}^{-\varepsilon_2} A_{\lambda_1}^{-\varepsilon_1}$, und es ist $\{\}^{-1} = \{\}$. Es soll nun vermöge der Wörter eine Gruppe $\mathfrak{G}$ konstruiert werden. Das kommt darauf hinaus, daß man Klassen von Wörtern gleichen Wertes in $\mathfrak{G}$ angibt. Dazu sei eine (als Familie aufgefaßte) Menge $\{R_\mu\}_{\mu \in M}$ von nicht-leeren Wörtern in den A_λ und A_λ^{-1} vorgegeben. Für beliebige Wörter betrachten wir folgende Operationen:

(I) In ein Wort wird $A_\lambda A_\lambda^{-1}$ oder $A_\lambda^{-1} A_\lambda$ eingeschoben.
(I′) Die umgekehrte Operation (Kürzen), falls möglich.
(II) In ein Wort wird R_μ oder R_μ^{-1} eingeschoben.
(II′) Die umgekehrte Operation (Streichen), falls möglich.

Unter dem Einschieben des Wortes R in das Wort W soll dabei Folgendes verstanden werden: Man stelle W in der Form $W_1 W_2$ dar und ersetze $W = W_1 W_2$ durch $W_1 R W_2$. Dabei dürfen W_1, W_2 auch leer sein. Einschieben von R in $\{\}$ bedeutet insbesondere, daß $\{\}$ durch R ersetzt wird. Wir wollen zwei Wörter W und W' äquivalent nennen, wenn W' aus W durch endlich viele Operationen (I), (I′), (II), (II′) entsteht. Man bestätigt ohne weiteres, daß damit eine Äquivalenzrelation vorliegt. Die Äquivalenzklasse des Wortes W bezeichnen wir durch $[W]$, und wir setzen $[\{\}] = 1$. Ist $[W_1] = [W_1']$ und $[W_2] = [W_2']$, so ist $[W_1^{-1}] = [W_1'^{-1}]$ und $[W_1 W_2] = [W_1' W_2']$. Durch

$$(4.3) \qquad [W_1][W_2] = [W_1 W_2]$$

ist also ein Produkt von Klassen definiert. Es ist assoziativ und besitzt 1 als neutrales Element. Vermöge (I′) folgt aus (4.3) noch $[W][W^{-1}] = 1$. Die Klassen bilden daher mit der Multiplikation (4.3) eine Gruppe $\mathfrak{G}$, wobei

$$(4.4) \qquad [W]^{-1} = [W^{-1}]$$

ist ($[W]^{-1}$ das Inverse von $[W]$ in $\mathfrak{G}$).

Es sei jetzt $\mathfrak{g}$ eine gegebene Gruppe. Wir betrachten eine Familie $\{a_\lambda\}_{\lambda \in \Lambda}$ von Elementen aus $\mathfrak{g}$, die zur Indexmenge Λ gehört. a_λ^{-1} bezeichne, wie üblich, das Inverse von a_λ. In $\mathfrak{g}$ gilt also

$$(4.5) \qquad a_\lambda a_\lambda^{-1} = 1 \quad \text{für } \lambda \in \Lambda.$$

Die zuvor betrachteten Wörter in den A_λ und A_λ^{-1} bezeichnen wir jetzt deutlicher durch $W(A)$, $R_\mu(A)$ usw. Durch die Substitution

$$(4.6) \qquad A_\lambda \to a_\lambda, \quad A_\lambda^{-1} \to a_\lambda^{-1} \quad \text{für} \quad \lambda \in \Lambda$$

geht das Wort $W(A)$ in $W(a)$ über. Wir vereinbaren, daß die Wörter in a_λ und a_λ^{-1} als Produkte in $\mathfrak{g}$ gelesen werden sollen, das leere Wort als 1 in $\mathfrak{g}$. Soll nun der Wert von $W(a)$ nur von $[W(A)]$ abhängen, so muß gelten

$$(4.7) \qquad R_\mu(a) = 1 \quad \text{für} \quad \mu \in \mathsf{M},$$

denn es ist $[R_\mu(A)] = [\{\ \}]$ wegen Operation (II'). Umgekehrt folgt aus (4.7), daß sich der Wert $W(a)$ nicht ändert, wenn auf $W(A)$ eine der Operationen (II), (II') angewandt wird. Wegen (4.5) gilt Entsprechendes für die Operationen (I), (I'). Die Substitution (4.6) induziert also genau dann eine Abbildung $\Theta\colon \mathfrak{G} \to \mathfrak{g}$, wenn (4.7) erfüllt ist. Wegen (4.3) ist dann Θ homomorph. Bild Θ besteht aus allen Elementen von $\mathfrak{g}$, die sich in der Form $W(a)$ darstellen lassen, und ist daher die von den a_λ erzeugte Untergruppe von $\mathfrak{g}$. Insbesondere ist Θ epimorph, wenn $\mathfrak{g}$ von den a_λ erzeugt wird.

Wir kehren jetzt den Vorgang um. Es sei $\mathfrak{g}$ eine gegebene Gruppe und $\{a_\lambda\}_{\lambda \in \Lambda}$ eine Familie von Elementen aus $\mathfrak{g}$, die $\mathfrak{g}$ erzeugen. Eine Gleichung der Gestalt $R(a) = 1$ in $\mathfrak{g}$, wobei $R(a)$ ein Wort in den a_λ und a_λ^{-1} ist, heißt Relation zwischen den Erzeugenden a_λ. Insbesondere bestehen die Relationen (4.5), sie heißen triviale Relationen. Es sei nun (4.7) ein (zunächst beliebiges) System von weiteren Relationen zwischen den a_λ. Durch die Indexmenge Λ von $\{a_\lambda\}$ sind die A_λ und A_λ^{-1} festgelegt. Vermöge der zu (4.6) inversen Substitution erhält man aus den linken Seiten von (4.7) die Wörter $R_\mu(A)$. Damit ist $\mathfrak{G}$ und vermöge (4.6) auch der Epimorphismus $\Theta\colon \mathfrak{G} \twoheadrightarrow \mathfrak{g}$ festgelegt. Diejenigen Relationen $R(a) = 1$ in $\mathfrak{g}$, für die $[R(A)] = 1$ in $\mathfrak{G}$ gilt, heißen Folgerelationen der Relationen (4.7). Aus dieser Definition folgt unmittelbar: Es ist Θ genau dann isomorph, wenn jede Relation zwischen den Erzeugenden a_λ von $\mathfrak{g}$ eine Folgerelation von (4.7) ist. Ist dies der Fall, so sagt man, daß $\mathfrak{g}$ durch die Erzeugenden $\{a_\lambda\}$ und die Relationen (4.7) gegeben ist, und man bezeichnet (4.7) auch als definierende Relationen (bezüglich der Erzeugenden a_λ). Die Erzeugenden $\{a_\lambda\}$ und definierenden Relationen (4.7) bilden ein Gruppendatum für $\mathfrak{g}$. Die trivialen Relationen werden hierbei nicht erwähnt. Vermöge (4.6) können die Operationen (I), (I'), (II), (II') als werterhaltende Umformungen in $\mathfrak{g}$ aufgefaßt werden. Aus ihnen lassen sich alle werterhaltenden Umformungen aufbauen. Man kann auch $\mathfrak{g}$ vermöge Θ^{-1} durch $\mathfrak{G}$ ersetzen. $\mathfrak{G}$ beschreibt nämlich das „Rechnen in $\mathfrak{g}$“, und mit $a_\lambda = [A_\lambda]$ ist insbesondere $\mathfrak{G}$ durch die Erzeugenden $\{a_\lambda\}$ und definierenden Relationen (4.7) gegeben. Aus dem bei (4.7) Gesagten folgt der

Satz. *Die Gruppe $\mathfrak{g}$ sei durch die Erzeugenden $\{a_\lambda\}_{\lambda \in \Lambda}$ und die definierenden Relationen* (4.7) *gegeben. $\{b_\lambda\}_{\lambda \in \Lambda}$ sei eine Familie von Elementen einer Gruppe $\mathfrak{h}$. Ein Homomorphismus $\varphi\colon \mathfrak{g} \to \mathfrak{h}$ mit $\varphi(a_\lambda) = b_\lambda$ für alle $\lambda \in \Lambda$ existiert genau dann, wenn in $\mathfrak{h}$ gilt $R_\mu(b) = 1$ für alle $\mu \in \mathsf{M}$.*

Die Konstruktion von $\mathfrak{G}$ zeigt, daß zu vorgegebenen Erzeugenden und definierenden Relationen stets eine Gruppe existiert und daß sie bis auf (eine evidente) Isomorphie eindeutig bestimmt ist. Eine beliebige Gruppe $\mathfrak{g}$ besitzt stets ein Erzeugendensystem $\{a_\lambda\}$, beispielsweise die Menge aller Elemente. Zu gegebenem Erzeugendensystem $\{a_\lambda\}$ gibt es stets (mindestens) ein definierendes Relationensystem der Gestalt (4.7), beispielsweise die Menge aller Relationen zwischen den a_λ.

$\mathfrak{g}$ heißt endlich erzeugt, wenn $\mathfrak{g}$ ein endliches Erzeugendensystem besitzt, $\mathfrak{g}$ heißt endlich gegeben, wenn $\mathfrak{g}$ durch endlich viele Erzeugende und endlich viele Relationen gegeben ist.

Bei den vorangehenden Betrachtungen ist zugelassen, daß die Familie $\{R_\mu\}_{\mu\in M}$ und damit die Relationenmenge (4.7) leer ist. Das Erzeugendensystem $\{a_\lambda\}$ heißt dann frei. Eine Gruppe heißt frei, wenn sie ein freies Erzeugendensystem besitzt.

Beispiel. Eine Gruppe $\mathfrak{g}$, die durch ein einziges Element a erzeugt wird, heißt zyklisch. Ist a frei, so ist $\mathfrak{g}$ isomorph zur additiven Gruppe der ganzen Zahlen vermöge der Zuordnung $a^n \to n$ ($n \in \mathsf{Z}$), und es sind $\{a\}$ und $\{a^{-1}\}$ die einzigen Erzeugendensysteme von $\mathfrak{g}$, die nur aus einem Element bestehen. Es mögen nun für a nicht-triviale Relationen bestehen. Durch Anwendung von trivialen Relationen (Kürzen) lassen sie sich auf die Gestalt $a^m = 1$ ($m \in \mathsf{Z}$) bringen. Unter diesen m gibt es eine kleinste positive Zahl q. Jede Relation ist Folgerelation von $a^q = 1$, und es ist $\mathfrak{g}$ isomorph zur additiven Gruppe der Restklassen von Z modulo q. $\mathfrak{g}$ heißt zyklisch von der Ordnung q (Ordnung = Anzahl der Elemente).

4.4 Hinzunahme von Relationen. Wir betrachten wieder die Gruppe $\mathfrak{G}$, die oben vermöge der Familien $\{A_\lambda\}$ und $\{R_\mu(A)\}$ konstruiert wurde. Sei $\{S_\varkappa(A)\}_{\varkappa\in K}$ eine weitere gegebene Familie von Wörtern in den A_λ und A_λ^{-1}. Außer den Operationen (I), (I′), (II), (II′) lassen wir für die Wörter in A_λ und A_λ^{-1} jetzt noch Operationen (III), (III′) zu. Sie sollen den Operationen (II), (II′) mit $S_\varkappa$ statt R_μ entsprechen. Es bezeichne $[[W]]$ die Klasse des Wortes W bezüglich aller dieser Operationen. Diese Klassen bilden eine Gruppe $\mathfrak{H}$ mit der Multiplikation $[[W_1]]\,[[W_2]] = [[W_1 W_2]]$. Aus $[W] = [W']$ folgt $[[W]] = [[W']]$. Daher wird durch $[W] \to [[W]]$ ein Epimorphismus $\varphi\colon \mathfrak{G} \twoheadrightarrow \mathfrak{H}$ definiert, wobei $\mathfrak{H}$ als Faktorgruppe von $\mathfrak{G}$ und φ als Projektion aufgefaßt werden kann.

Anmerkung. Der Kern von φ ist der Normalteiler von $\mathfrak{G}$, der von den Klassen $[W]$ mit $[[W]] = 1$ gebildet wird. Er wird (als Normalteiler) von den Elementen $[S_\varkappa(A)]$ erzeugt. Hieraus ersieht man, daß sich jede Faktorgruppe von $\mathfrak{G}$ auf die eben beschriebene Weise erhalten läßt.

φ ist genau dann isomorph, wenn für alle $\varkappa \in K$ gilt: $S_\varkappa(a) = 1$ mit $a_\lambda = [A_\lambda]$ ist Folgerelation der Relationen (4.7), und es ist φ dann der identische Automorphismus von $\mathfrak{G}$.

Das Vorangehende läßt sich auch so aussprechen: Die Gruppe $\mathfrak{g}$ sei durch die Erzeugenden $\{a_\lambda\}$ und die Relationen (4.7) gegeben. Hinzunahme weiterer Relationen bedeutet Übergang zu einer Faktorgruppe von $\mathfrak{g}$; werden nur Folgerelationen hinzugenommen, so bleibt $\mathfrak{g}$ ungeändert. Hieraus ergibt sich insbesondere, daß jede Gruppe Faktorgruppe einer (jeweils geeigneten) freien Gruppe ist.

Beispiel. Sei $\mathfrak{g}$ durch die Erzeugenden $\{a_\lambda\}$ und die Relationen (4.7) gegeben. $\bar{\mathfrak{g}}$ besitze die Erzeugenden $\{\overline{a_\lambda}\}$ und als definierende Relationen $R_\mu(\bar{a}) = 1$ und

$$\text{(4.8)} \qquad \overline{a_\lambda}\,\overline{a_\varkappa}\,\overline{a_\lambda}^{-1}\,\overline{a_\varkappa}^{-1} = 1 \quad \text{für jedes Paar } (\lambda, \varkappa) \in \Lambda \times \Lambda.$$

(4.8) besagt, daß stets $\overline{a_\lambda}\,\overline{a_\varkappa} = \overline{a_\varkappa}\,\overline{a_\lambda}$ ist. Hieraus folgt, daß $\bar{\mathfrak{g}}$ abelsch ist. $a_\lambda \to \overline{a_\lambda}$ definiert einen Epimorphismus $\varphi\colon \mathfrak{g} \twoheadrightarrow \bar{\mathfrak{g}}$. Ist $\mathfrak{h}$ irgendeine abelsche Gruppe und $\psi\colon \mathfrak{g} \to \mathfrak{h}$ homomorph, so ist $\psi(a_\lambda a_\varkappa \overset{-1}{a_\lambda} \overset{-1}{a_\varkappa}) = 1$. Setzt man $\overline{\psi}(\overline{a_\lambda}) = \psi(a_\lambda)$ für alle λ, so folgt aus dem Satz in 4.3: ψ läßt sich in der Form $\psi = \overline{\psi} \circ \varphi$ darstellen, wobei $\overline{\psi}\colon \bar{\mathfrak{g}} \to \mathfrak{h}$ homomorph ist. Durch diese Eigenschaft für beliebiges ψ und die Tatsache, daß φ epimorph ist, sind $\bar{\mathfrak{g}}$ und φ bis auf eine Isomorphie charakterisiert: Gilt Entsprechendes für $\varphi'\colon \mathfrak{g} \to \bar{\mathfrak{g}}'$, so gelten Beziehungen $\varphi' = \bar{\varphi}'\varphi$, $\varphi = \bar{\varphi}\varphi'$ und damit $\varphi = \bar{\varphi}\bar{\varphi}'\varphi$, $\varphi' = \bar{\varphi}'\bar{\varphi}\varphi'$. Weil φ und φ' epimorph sind, muß $\bar{\varphi}\bar{\varphi}'$ bzw. $\bar{\varphi}'\bar{\varphi}$ die identische Abbildung von $\bar{\mathfrak{g}}$ bzw. $\bar{\mathfrak{g}}'$ sein. Daher ist $\bar{\varphi}\colon \bar{\mathfrak{g}}' \to \bar{\mathfrak{g}}$ isomorph. Man sagt, daß $\bar{\mathfrak{g}}$ aus $\mathfrak{g}$ durch Abelschmachen entsteht. Der Kern von $\varphi\colon \mathfrak{g} \to \bar{\mathfrak{g}}$ heißt die Kommutatorgruppe von $\mathfrak{g}$. Die linke Seite von (4.8) heißt der Kommutator von $\overline{a_\lambda}$ und $\overline{a_\varkappa}$, die Relationen (4.8) heißen Kommutatorrelationen.

4.5 Änderung des Gruppendatums. Sei $\mathfrak{g}$ weiterhin durch die Erzeugenden $\{a_\lambda\}$ und definierenden Relationen (4.7) gegeben. Wir wenden uns Änderungen dieses Gruppendatums zu. Wir hatten bereits bemerkt, daß sich $\mathfrak{g}$ nicht ändert, wenn zu (4.7) Folgerelationen hinzugenommen werden. Entsprechend darf ein Teil der Relationen (4.7) weggelassen werden, wenn er aus Folgerelationen der verbleibenden Relationen besteht. Dafür wollen wir kurz sagen, daß Folgerelationen weggelassen werden. Sei nun $\{b_\varrho\}_{\varrho \in P}$ eine Familie von Elementen aus $\mathfrak{g}$, wobei die Indexmenge P zu Λ disjunkt sei. Dann bestehen Gleichungen

$$b_\varrho = T_\varrho(a) \quad \text{für } \varrho \in P, \tag{4.9}$$

wobei die T_ϱ geeignete Wörter sind. Nun bilden $\{a_\lambda\}$ und $\{b_\varrho\}$ zusammen auch ein Erzeugendensystem. Für dieses bilden die Relationen (4.7) und die mit (4.9) gleichwertigen Relationen

$$b_\varrho^{-1} T_\varrho(a) = 1 \tag{4.10}$$

ein definierendes Relationensystem. Aus einer Relation $R(a, b) = 1$ lassen sich nämlich die b_ϱ durch (4.9) eliminieren, was wegen (4.10) auf endlich viele Operationen der Art (II) und der Art (I′) hinauskommt. Es entsteht eine Relation der Gestalt $R'(a) = 1$, die Folgerelation von (4.7) sein muß. Daher ist $R(a, b) = 1$ Folgerelation von (4.7) und (4.10). Für den Übergang von $\{a_\lambda\}$ und (4.7) zu $\{a_\lambda\}$, $\{b_\varrho\}$ und (4.7), (4.10) sagt man, daß die Erzeugenden b_ϱ durch die erklärenden Relationen (4.10) eingeführt werden. Die Umkehrung hiervon besteht in der Elimination von Erzeugenden, die wir etwas allgemeiner fassen: Es sei $\mathfrak{g}$ durch Erzeugende $\{a_\lambda\}$, $\{b_\varrho\}$ und definierende Relationen $\{R_\mu'(a, b) = 1\}$ und (4.10) gegeben. Durch Einsetzen von (4.9) in $R_\mu'(a, b)$ für alle μ erhält man Folgerelationen, etwa (4.7). Nimmt man sie hinzu, so sind $\{R_\mu'(a, b) = 1\}$ Folgerelationen von (4.7) und (4.10) und können weggelassen werden. Danach können die Erzeugenden $\{b_\varrho\}$ und die Relationen (4.10) weggelassen werden. Durch die vorstehenden Umformungen läßt sich aus einem Gruppendatum von $\mathfrak{g}$ jedes andere erhalten.

4.6 Freie Produkte. Für multiplikative Gruppen sind die freien Produkte das Gegenstück zu den direkten Produkten. Wir beschränken uns dabei auf zwei

Faktoren. Es seien $\mathfrak{g}_1$ und $\mathfrak{g}_2$ multiplikative Gruppen. Die Gruppe $\mathfrak{f}$ heißt freies Produkt von $\mathfrak{g}_1$ und $\mathfrak{g}_2$, wenn es Homomorphismen $i_\varrho\colon \mathfrak{g}_\varrho \to \mathfrak{f}$ ($\varrho = 1, 2$) gibt, so daß gilt: Sind eine beliebige Gruppe $\mathfrak{h}$ und Homomorphismen $\varphi_\varrho\colon \mathfrak{g}_\varrho \to \mathfrak{h}$ gegeben, so gibt es genau einen Homomorphismus $\varphi\colon \mathfrak{f} \to \mathfrak{h}$, so daß $\varphi_\varrho = \varphi i_\varrho$ für $\varrho = 1, 2$ ist[1]).

Das freie Produkt, dessen Existenz wir anschließend nachweisen, ist bis auf Isomorphie eindeutig bestimmt. Hat außer $\mathfrak{f}$ auch $\mathfrak{f}'$ für $\mathfrak{g}_1, \mathfrak{g}_2$ die definierende Eigenschaft mit $i_\varrho'\colon \mathfrak{g}_\varrho \to \mathfrak{f}'$, so gibt es Homomorphismen $i'\colon \mathfrak{f} \to \mathfrak{f}'$, $i\colon \mathfrak{f}' \to \mathfrak{f}$ mit $i_\varrho' = i' i_\varrho$ und $i_\varrho = i i_\varrho'$, woraus $i_\varrho = i i' i_\varrho$ und $i_\varrho' = i' i i_\varrho'$ folgt. Wegen der Eindeutigkeitsforderung sind ii' bzw. $i'i$ die identische Abbildung von $\mathfrak{f}$ bzw. $\mathfrak{f}'$, also i und i' inverse Isomorphismen.

Es sei nun $\mathfrak{g}_1$ durch die Erzeugenden $\{a_\lambda\}_{\lambda \in \Lambda}$ und die definierenden Relationen (4.7) gegeben, $\mathfrak{g}_2$ durch die Erzeugenden $\{b_\sigma\}_{\sigma \in \Sigma}$ und die definierenden Relationen $\{S_\tau(b) = 1\}_{\tau \in T}$. Dabei kann angenommen werden, daß die Indexmengen Λ, M, Σ, T disjunkt sind. Wir definieren $\mathfrak{f}$ durch Erzeugende $\{a_\lambda'\}_{\lambda \in \Lambda}$ und $\{b_\sigma'\}_{\sigma \in \Sigma}$ und die definierenden Relationen $\{R_\mu(a') = 1\}$ und $\{S_\tau(b') = 1\}$. Wegen des Satzes in 4.3 werden durch $i_1(a_\lambda) = a_\lambda'$ für alle λ bzw. $i_2(b_\sigma) = b_\sigma'$ für alle σ Homomorphismen $i_\varrho\colon \mathfrak{g}_\varrho \to \mathfrak{f}$ definiert. Seien nun $\varphi_\varrho\colon \mathfrak{g}_\varrho \to \mathfrak{h}$ gegeben. Wir setzen $\varphi_1(a_\lambda) = \overline{a_\lambda} \in \mathfrak{h}$ und $\varphi_2(b_\sigma) = \overline{b_\sigma}$. Wegen des Satzes in 4.3 bestehen in $\mathfrak{h}$ die Relationen $\{R_\mu(\bar{a}) = 1\}$ und $\{S_\tau(\bar{b}) = 1\}$. Wiederum wegen dieses Satzes wird ein Homomorphismus $\varphi\colon \mathfrak{f} \to \mathfrak{h}$ durch $\varphi(a_\lambda') = \overline{a_\lambda}$ und $\varphi(b_\sigma') = \overline{b_\sigma}$ definiert. Nun ist $\varphi_\varrho = \varphi i_\varrho$ für $\varrho = 1, 2$, und diese Bedingung führt zwangsläufig auf die angegebene Definition von φ. Daher ist $\mathfrak{f}$ das freie Produkt von $\mathfrak{g}_1$ und $\mathfrak{g}_2$. Setzt man insbesondere $\mathfrak{h} = \mathfrak{g}_1$, $\varphi_1 = id$ und $\varphi_2(\mathfrak{g}_2) = \{1\}$, so erkennt man, daß i_1 monomorph ist. Entsprechendes gilt für i_2.

Aufgaben. 1. (a) Eine Gruppe F ist genau dann frei, wenn es Erzeugende $\{a_\lambda\}$ mit folgender Eigenschaft gibt: Jede Abbildung von $\{a_\lambda\}$ in eine beliebige Gruppe G setzt sich zu einem Homomorphismus von F in G fort. (b) Für eine freie Gruppe mit n freien Erzeugenden gibt es 2^n Homomorphismen in die zyklische Gruppe der Ordnung 2. Die Anzahl der freien Erzeugenden ist daher unabhängig von ihrer speziellen Wahl.

2. Für eine Familie von Elementen $\{A_\lambda\}$ betrachte man unkürzbare Wörter in den A_λ und A_λ^{-1}, d. h. solche Wörter, auf die Operation (I') in 4.3 nicht anwendbar ist. Für je zwei solche Wörter W_1 und W_2 erkläre man ein Produkt folgendermaßen: Man schreibe W_2 hinter W_1 und kürze so oft wie möglich. Mit dieser Multiplikation ergibt sich eine freie Gruppe mit freien Erzeugenden $\{A_\lambda\}$. (Anleitung: Das assoziative Gesetz läßt sich durch vollständige Induktion nach der Länge des mittleren Faktors beweisen. Man benutze ferner Aufgabe 1 (a).) Hieraus folgt: In einer freien Gruppe mit den freien Erzeugenden $\{a_\lambda\}$ läßt sich jedes Element durch genau ein unkürzbares Wort in den a_λ und a_λ^{-1} darstellen. Bemerkung: Es gibt kein Verfahren für beliebige Gruppen, nach dem für zwei Wörter in Erzeugenden und ihren Inversen entschieden werden könnte, ob sie dasselbe Element darstellen oder nicht (Unlösbarkeit des Wortproblems, Novikov).

---

[1]) In Lehrbüchern der Gruppentheorie ist bisher eine andere Definition üblich (siehe etwa Kurosch: Gruppentheorie). Aus dieser folgt die hier zur Definition benutzte Eigenschaft unmittelbar. Die Gleichwertigkeit beider Definitionen folgt aus der Eindeutigkeit.

§ 5 Fundamentalgruppe

5.1 Homotopie von Wegen. Sei $w\colon I \to X$ ein Weg in dem Raume X. Eine stetige Abbildung $\Phi\colon I \times I \to X$ läßt sich durch $\Phi(s, t) = w(s - st)$ definieren $(0 \leqq s, t \leqq 1)$. Dabei ist $\Phi_0(s) = w(s)$ und $\Phi_1(s) = w(0)$. Die Abbildung $w\colon I \to X$ ist also zur konstanten Abbildung $\langle w(0) \rangle$ homotop, was darauf beruht, daß I zusammenziehbar ist. Für die Abbildungen von I in X führt also der Begriff der gewöhnlichen Homotopie gegenüber 1.2 zu nichts Neuem. Aus diesem Grunde definiert man die Homotopie von Wegen als relative Homotopie. Dazu bezeichne $\dot{I}$ weiterhin die Teilmenge von I, die aus den beiden Punkten 0 und 1 besteht.

Definition 1. Zwei Wege u und v in X heißen homotop, in Zeichen $u \simeq v$, wenn die Abbildungen $u, v\colon I \to X$ homotop relativ $\dot{I}$ sind.

Es muß also $u(0) = v(0)$ und $u(1) = v(1)$ sein, d. h. die beiden Wege müssen im Anfangs- und Endpunkt übereinstimmen, und diese beiden Punkte bleiben bei der Deformation fest. Oder auch: Eine Homotopie zwischen den beiden Wegen u und v ist eine stetige Abbildung $\Phi\colon I \times I \to X$, für welche $\Phi(s, 0) = u(s)$, $\Phi(s, 1) = v(s)$, $\Phi(0, t) = u(0)$ und $\Phi(1, t) = u(1)$ ist $(0 \leqq s, t \leqq 1)$. Man nennt dabei $I \times I$ auch das Deformationsquadrat für die Homotopie Φ. Nach 1.4 ist die Homotopie von Wegen eine Äquivalenzrelation.

Schreibt man $w\colon I \to X$ in der Form $s \to w(s)$ mit $0 \leqq s \leqq 1$, so nennt man s den Parameter des Weges w. Ist $\alpha\colon I \to I$ eine stetige Abbildung von I auf sich, für welche $\alpha(0) = 0$ und $\alpha(1) = 1$ ist, so ist durch $w^*(s) = w(\alpha(s))$ ein Weg $w^* = w\alpha$ definiert, der mit w in Anfangs- und Endpunkt übereinstimmt. Ist insbesondere α topologisch, so nennt man α eine Parametertransformation und sagt, daß w^* aus w durch Umparametrisieren entsteht.

Satz 1. *Ist $\alpha\colon I \to I$ stetig und $\alpha(0) = 0$, $\alpha(1) = 1$, so ist der Weg w homotop zu $w^* = w\alpha$.*

Beweis. Durch $(s, t) \to s(1 - t) + t\alpha(s)$ ist eine stetige Abbildung γ von $I \times I$ auf I erklärt, und es ist $\Phi = w\gamma$, also $\Phi(s, t) = w(s(1 - t) + t\alpha(s))$, eine Homotopie zwischen w und w^*.

Eine andere Möglichkeit, aus einem Wege $s \to w(s)$ einen neuen zu erhalten, ergibt sich durch

$$w^-(s) = w(1 - s). \tag{5.1}$$

Dabei vertauschen sich Anfangs- und Endpunkt. Man sagt, daß w^- aus w durch Umorientieren entsteht, oder auch, daß w rückwärts durchlaufen wird. Offenbar ist

$$w^{--} = w. \tag{5.2}$$

Sind u und v Wege, so gilt:

$$\text{Aus } u \simeq v \text{ folgt } u^- \simeq v^-. \tag{5.3}$$

Ist nämlich Φ eine Homotopie zwischen u und v, so erhält man eine Homotopie Ψ zwischen u^- und v^- durch $\Psi(s, t) = \Phi(1 - s, t)$.

Definition 2. Ein Weg w heißt geschlossen, wenn $w(0) = w(1)$ ist. Ein geschlossener Weg w heißt nullhomotop, wenn er homotop zu dem Punktweg $\langle w(0) \rangle$ ist.

Ein geschlossener Weg kann auch als Bild einer Kreislinie aufgefaßt werden. Dazu wählen wir folgende Bezeichnungen: In der Ebene mit den cartesischen Koordinaten ξ, η sei E^2 die Kreisscheibe $\xi^2 + \eta^2 \leqq 1$ und S^1 die Kreislinie $\xi^2 + \eta^2 = 1$. Durch $k(s) = (\cos 2\pi s, \sin 2\pi s)$ wird I stetig auf S^1 abgebildet. Weil I kompakt ist, besitzt S^1 die zu k gehörige Identifizierungstopologie (I.7.2 Satz 2). Vermöge k entsteht S^1 aus I durch Identifizieren der Punkte 0 und 1 von I. Ein geschlossener Weg $w: I \to X$ kann daher in der Form $w = \bar{w} \circ k$ mit $\bar{w}: S^1 \to X$ dargestellt werden, wobei $\bar{w}$ stetig ist (I.4.3 Satz 2). Umgekehrt definiert jede stetige Abbildung $\bar{w}: S^1 \to X$ einen geschlossenen Weg $w = \bar{w} \circ k$. Mit diesen Bezeichnungen läßt sich die Nullhomotopie eines geschlossenen Weges auch anders charakterisieren.

Satz 2. *Ein geschlossener Weg $w = \bar{w} \circ k$ in X ist genau dann nullhomotop, wenn sich $\bar{w}$ zu einer stetigen Abbildung $\bar{\Phi}: E^2 \to X$ erweitern läßt.*

Beweis. Durch $\varkappa(s, t) = (t + (1 - t)\cos 2\pi s, (1 - t)\sin 2\pi s))$ wird eine stetige Abbildung $\varkappa: I \times I \to E^2$ definiert (Fig. 12). Dabei ist $\varkappa(s, 0) = k(s)$, $\varkappa(s, 1) = \varkappa(0, t) = \varkappa(1, t) = (1, 0)$. Für $0 \leqq t < 1$ wird I durch die partielle Abbildung $\varkappa_t: I \to \mathsf{R}^2$ auf einen Kreis mit Mittelpunkt $(t, 0)$ und Radius $1 - t$ abgebildet. Hieran erkennt man, daß das Innere $(0, 1) \times (0, 1)$ von $I \times I$ (Inneres bezüglich der Einbettung von $I \times I$ in R^2) durch $\varkappa$ umkehrbar eindeutig auf das Innere $\xi^2 + \eta^2 < 1$ von E^2 abgebildet wird. Da $I \times I$ kompakt ist, ist $\varkappa$ eine Identifizierungsabbildung (I.7.2 Satz 2).

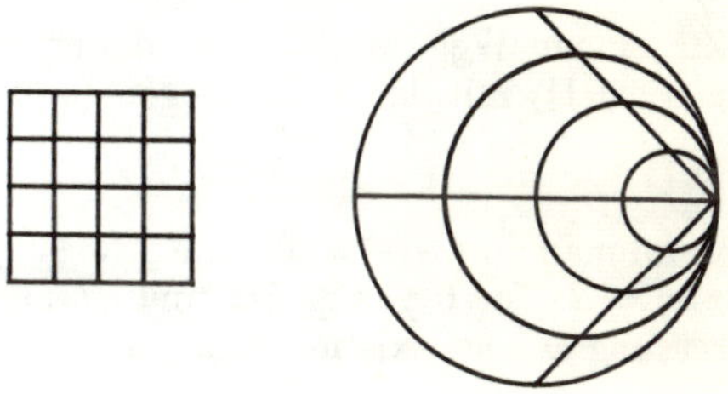

Fig. 12

Vermöge $\varkappa$ entsteht E^2 aus $I \times I$ dadurch, daß linke, obere und rechte Seite des Quadrates $I \times I$ zu einem Punkte identifiziert werden.

Läßt sich nun $\bar{w}: S^1 \to X$ zu einer stetigen Abbildung $\bar{\Phi}: E^2 \to X$ erweitern, so ist $\Phi = \bar{\Phi} \circ \varkappa$ eine Nullhomotopie für w. Ist umgekehrt $\Phi: I \times I \to X$ eine Nullhomotopie für w, so läßt sich Φ in der Form $\bar{\Phi} \circ \varkappa$ darstellen, und es ist $\bar{\Phi}$ stetig wegen I.4.3 Satz 2.

5.2 Komposition von Wegen. Sind w_1 und w_2 zwei Wege in X mit $w_1(1) = w_2(0)$, so läßt sich ein zusammengesetzter Weg $w_1 * w_2$ definieren durch

$$(5.4) \qquad (w_1 * w_2)(s) = \begin{cases} w_1(2s) & \text{für } 0 \leqq s \leqq \frac{1}{2} \\ w_2(2s - 1) & \text{für } \frac{1}{2} \leqq s \leqq 1. \end{cases}$$

Man durchläuft also erst w_1 und danach w_2 mit doppelter Geschwindigkeit (vgl. (1.4)). Offenbar ist

$$(5.5) \qquad (w_1 * w_2)^- = w_2^- * w_1^-.$$

Diese Komposition von Wegen ist nicht assoziativ. Ist w_3 ein dritter Weg mit $w_3(0) = w_2(1)$ so ist

$$((w_1 * w_2) * w_3)(s) = \begin{cases} w_1(4s) & \text{für } 0 \leqq s \leqq \frac{1}{4} \\ w_2(4s-1) & \text{für } \frac{1}{4} \leqq s \leqq \frac{1}{2} \\ w_3(2s-1) & \text{für } \frac{1}{2} \leqq s \leqq 1 \end{cases}$$

$$(w_1 * (w_2 * w_3))(s) = \begin{cases} w_1(2s) & \text{für } 0 \leqq s \leqq \frac{1}{2} \\ w_2(4s-2) & \text{für } \frac{1}{2} \leqq s \leqq \frac{3}{4} \\ w_3(4s-3) & \text{für } \frac{3}{4} \leqq s \leqq 1. \end{cases}$$

Diese beiden zusammengesetzten Wege entstehen aber auseinander durch Umparametrisieren. Wegen 5.1 Satz 1 gilt daher

(5.6) $$(w_1 * w_2) * w_3 \simeq w_1 * (w_2 * w_3).$$

Zu einem Weg w gibt es immer die Zusammensetzungen $\langle w(0)\rangle * w$ und $w * \langle w(1)\rangle$ mit den Punktwegen $\langle w(0)\rangle$ und $\langle w(1)\rangle$. Aus 5.1 Satz 1 folgt

(5.7) $$\langle w(0)\rangle * w \simeq w \simeq w * \langle w(1)\rangle,$$

wenn man dort $\alpha(s) = 0$ für $0 \leqq s \leqq 1/2$ und $\alpha(s) = 2s - 1$ für $1/2 \leqq s \leqq 1$ bzw. $\alpha(s) = 2s$ für $0 \leqq s \leqq 1/2$ und $\alpha(s) = 1$ für $1/2 \leqq s \leqq 1$ setzt. Die Zusammensetzung $w * w^-$ existiert stets, und sie ist ein geschlossener Weg.

$$\Phi(s,t) = \begin{cases} w(2s(1-t)) & \text{für } 0 \leqq s \leqq \frac{1}{2} \\ w(2(1-s)(1-t)) & \text{für } \frac{1}{2} \leqq s \leqq 1 \end{cases}$$

ist eine Nullhomotopie für $w * w^-$. Also gilt

(5.8) $$w * w^- \simeq \langle w(0)\rangle.$$

Das Zusammensetzen von Wegen ist schließlich mit Homotopie verträglich:

(5.9) Ist $w_1(1) = w_2(0)$ und $w_1 \simeq w_1'$, $w_2 \simeq w_2'$, so ist $w_1 * w_2 \simeq w_1' * w_2'$.

Ist nämlich Φ_1 eine Homotopie zwischen w_1 und w_1' und Φ_2 eine Homotopie zwischen w_2 und w_2', so ist

$$\Psi(s,t) = \begin{cases} \Phi_1(2s,t) & \text{für } 0 \leqq s \leqq \frac{1}{2} \\ \Phi_2(2s-1,t) & \text{für } \frac{1}{2} \leqq s \leqq 1 \end{cases}$$

eine Homotopie zwischen $w_1 * w_2$ und $w_1' * w_2'$.

Es bezeichne weiterhin $[w]$ die Homotopieklasse des Weges w. Ist $w_1 * w_2$ definiert, so läßt sich wegen (5.9) eine Zusammensetzung der Homotopieklassen $[w_1]$, $[w_2]$ erklären, die wir als Produkt schreiben wollen:

$$[w_1]\,[w_2] = [w_1 * w_2]. \tag{5.10}$$

Wegen (5.6) ist dieses Produkt assoziativ, soweit es definiert ist:

$$([w_1]\,[w_2])\,[w_3] = [w_1]([w_2]\,[w_3]). \tag{5.11}$$

Wir verzichten daher weiterhin auf die Klammerung in solchen Produkten. Wegen (5.7), (5.8) gelten

$$[\langle w(0)\rangle]\,[w] = [w] = [w]\,[\langle w(1)\rangle], \tag{5.12}$$

$$[w]\,[w^-] = [\langle w(0)\rangle]. \tag{5.13}$$

Dabei ist die Klasse $[w^-]$ wegen (5.3) durch die Klasse $[w]$ eindeutig bestimmt. Wegen (5.2) folgt aus (5.13) noch

$$[w^-]\,[w] = [\langle w(1)\rangle]. \tag{5.14}$$

Damit sind wir in der Lage, die Homotopie von Wegen auf die Homotopie geschlossener Wege zurückzuführen.

Satz 1. *Es bezeichne u einen festgewählten und v einen beliebigen Weg mit Anfangspunkt x_0 und Endpunkt x_1. Durch $[v] \to [v]\,[u^-]$ wird eine umkehrbar eindeutige Zuordnung U^- der Homotopieklassen der Wege von x_0 nach x_1 zu den Homotopieklassen geschlossener Wege mit Anfangspunkt x_0 hergestellt.*

Beweis. Es bezeichne w einen geschlossenen Weg mit Anfangspunkt x_0. Umgekehrt zu U^- existiert die Zuordnung $[w] \to [w]\,[u]$, die wir mit U bezeichnen wollen. Wegen (5.11), (5.12), (5.13) und (5.14) ist dann $U(U^-([v])) = [v]\,[u^-]\,[u] = [v]\,[\langle x_1\rangle] = [v]$ und $U^-(U([w])) = [w]\,[u]\,[u^-] = [w]\,[\langle x_0\rangle] = [w]$. U und U^- sind also zueinander inverse Abbildungen, womit sich die Behauptung ergibt.

Da hierbei der Weg u von x_0 nach x_1 willkürlich gewählt war, ergibt sich wegen (5.13) unmittelbar

Satz 2. *Zwei Wege u und v von x_0 nach x_1 sind genau dann homotop, wenn $v * u^-$ nullhomotop ist.*

5.3 Fundamentalgruppe. In einem topologischen Raum X betrachten wir nun die geschlossenen Wege mit Anfangspunkt x_0. Die Zusammensetzung zweier solcher Wege ist stets erklärt, und (5.11), (5.12), (5.13), (5.14) besagen, daß die Homotopieklassen dieser Wege mit dem Produkt (5.10) eine Gruppe bilden, für welche $[\langle x_0\rangle]$ das 1-Element und $[w^-] = [w]^{-1}$ ist. Diese Gruppe heißt die Fundamentalgruppe von X zum Anfangspunkt x_0 und wird mit $\pi_1(X, x_0)$ bezeichnet. Man beachte, daß die „nullhomotopen" Wege mit Anfangspunkt x_0 das „1-Element" der Gruppe darstellen.

Wir wollen untersuchen, wie die Fundamentalgruppe von der Wahl des Anfangspunktes abhängt. Sei dazu x_1 ein Punkt aus der Bogenkomponente von x_0 und u ein Weg von x_1 nach x_0. Bezeichnet w einen geschlossenen Weg mit Anfangspunkt x_0, so wird durch

$$[w] \to [u]\,[w]\,[u^-] \tag{5.15}$$

eine Abbildung $\varkappa_u\colon \pi_1(X, x_0) \to \pi_1(X, x_1)$ definiert. Diese Abbildung ist homomorph, denn wegen (5.11), (5.12), (5.13), (5.14) ist $([u]\,[w_1]\,[u^-])\,([u]\,[w_2]\,[u^-]) = [u]\,[w_1]\,([u^-]\,[u])\,[w_2]\,[u^-] = [u]\,[w_1]\,[\langle x_0\rangle]\,[w_2]\,[u^-] = [u]\,([w_1]\,[w_2])\,[u^-]$, also $\varkappa_u([w_1][w_2]) = \varkappa_u([w_1])\varkappa_u([w_2])$. Es ist $\varkappa_u$ sogar isomorph. Bezeichnet nämlich v einen geschlossenen Weg mit Anfangspunkt x_1, so wird durch $[v] \to [u^-][v][u]$ ein Homomorphismus $\varkappa_{u^-}\colon \pi_1(X, x_1) \to \pi_1(X, x_0)$ definiert. $\varkappa_{u^-}\varkappa_u$ bzw. $\varkappa_u\varkappa_{u^-}$ ist die identische Abbildung von $\pi_1(X, x_0)$ bzw. $\pi_1(X, x_1)$, wie wieder aus (5.11), (5.12), (5.13), (5.14) folgt. $\varkappa_u$ und $\varkappa_{u^-}$ sind also inverse Isomorphismen.

Die eben betrachtete Isomorphie hängt von u ab. Ist jetzt v ein weiterer Weg von x_1 nach x_0, so ist $\varkappa_v([w]) = [v][w][v^-] = [u][u^-][v][w][v^-][u][u^-] = [u][u^- * v][w][v^- * u][u^-]$. Nun stellt $[u^- * v]$ ein Element von $\pi_1(X, x_0)$ dar, und wegen 5.2 Satz 1 läßt sich durch geeignete Wahl von v jedes Element von $\pi_1(X, x_0)$ erhalten. Wegen (5.2), (5.5) und (5.13) gilt ferner $[v^- * u] = [(u^- * v)^-] = [u^- * v]^{-1}$. Damit ergibt sich $\varkappa_v([w]) = \varkappa_u([u^- * v][w][u^- * v]^{-1})$.

Ist α irgendein festes Element von $\pi_1(X, x_0)$, so ist die Zuordnung $[w] \to \alpha[w]\alpha^{-1}$, die jedes $[w] \in \pi_1(X, x_0)$ durch sein mit α konjugiertes ersetzt, ein innerer Automorphismus von $\pi_1(X, x_0)$. Wir haben erhalten

Satz 1. *Für einen bogenweise zusammenhängenden Raum sind die Fundamentalgruppen zu verschiedenen Anfangspunkten isomorph. Die Isomorphie ist bis auf einen inneren Automorphismus bestimmt. Genauer gilt: Ist u ein Weg in X von x_1 nach x_0, so definiert* (5.15) *einen Isomorphismus $\varkappa_u\colon \pi_1(X, x_0) \to \pi_1(X, x_1)$.*

Man vereinbart häufig, daß ein Raum bogenweise zusammenhängend sein soll, wenn man von seiner Fundamentalgruppe spricht. Ist nämlich X nicht bogenweise zusammenhängend, so lassen sich die Fundamentalgruppen zu Anfangspunkten in verschiedenen Bogenkomponenten nicht vergleichen, und ist X' die Bogenkomponente von x_0 in X, so ist offenbar $\pi_1(X, x_0) = \pi_1(X', x_0)$.

Zwei geschlossene Wege w und v mit Anfangspunkt x_0 bzw. x_1 heißen frei homotop, wenn es einen Weg u von x_1 nach x_0 gibt, so daß $[u][w][u^-] = [v]$ ist. Ist speziell $x_0 = x_1$, so ist $[u] \in \pi_1(X, x_0)$ und $[u^-] = [u]^{-1}$. $[v]$ und $[w]$ sind dann konjugierte Elemente von $\pi_1(X, x_0)$. Bezüglich der freien Homotopie wird also $\pi_1(X, x_0)$ in Klassen konjugierter Elemente zerlegt. Diese Klassen bilden im allgemeinen keine Gruppe. Wegen Satz 1 ist jeder frei nullhomotope Weg sogar nullhomotop.

Besonderes Interesse verdienen diejenigen Räume, die bogenweise zusammenhängend sind und deren Fundamentalgruppe nur aus dem 1-Element besteht. Solche Räume heißen einfach zusammenhängend. Aus Satz 1 und 5.2 Satz 1 folgt unmittelbar

Satz 2. *Für einen bogenweise zusammenhängenden Raum X sind folgende Aussagen gleichwertig:*

(a) *X ist einfach zusammenhängend.*

(b) *Jeder geschlossene Weg in X ist frei nullhomotop.*

(c) *Für einen beliebigen Weg in X ist die Homotopieklasse durch Anfangs- und Endpunkt völlig bestimmt.*

Satz 3. *Die n-Sphäre S^n ist für $n > 1$ einfach zusammenhängend.*

Beweis. Wir fassen S^n als Zellenkomplex mit einer 0-Zelle e_0 und einer n-Zelle e_n auf (3.1 Beispiel 1). Ein geschlossener Weg mit Anfangspunkt e_0 ist eine Abbildung $w\colon (I, \dot{I}) \to (S^n, e_0)$. Wegen $n > 1$ und 3.5 Satz 1 ist w nullhomotop.

5.4 Induzierte Homomorphismen. Ist $f\colon X \to Y$ eine stetige Abbildung, so ist jedem Weg w in X ein Weg $fw\colon I \to Y$ in Y zugeordnet. Dabei ist offenbar $f(w_1 * w_2) = (fw_1) * (fw_2)$. Sind ferner u und v homotope Wege in X, so ist $fu \simeq fv$. Ist nämlich $\Phi\colon I \times I \to X$ eine Homotopie zwischen u und v, so ist $f\Phi$ eine Homotopie zwischen fu und fv. Betrachten wir insbesondere geschlossene Wege w mit Anfangspunkt x_0 in X, so wird durch $[w] \to [fw]$ ein Homomorphismus von $\pi_1(X, x_0)$ in $\pi_1(Y, f(x_0))$ definiert (vgl. (5.10)). Er heißt der von f induzierte Homomorphismus (der Fundamentalgruppen) und wird mit $f_*\colon \pi_1(X, x_0) \to \pi_1(Y, f(x_0))$ bezeichnet.

Sei $g\colon Y \to Z$ eine weitere stetige Abbildung. Für jeden Weg w in X ist dann $(gf)w = g(fw)$. Für die induzierten Homomorphismen gilt daher

$$(gf)_* = g_* f_* . \tag{5.16}$$

Wir merken an, daß die identische Abbildung von X den identischen Automorphismus von $\pi_1(X, x_0)$ induziert.

Sei jetzt $\Psi\colon X \times I \to Y$ eine Homotopie zwischen den Abbildungen $\Psi_0 = f$ und $\Psi_1 = g$ von X in Y. $\Psi | x_0 \times I$ ist ein Weg u in Y, der von $f(x_0)$ nach $g(x_0)$ führt. Sei $w\colon I \to X$ ein geschlossener Weg mit Anfangspunkt x_0 in X. Die Abbildung $w \times id_I\colon I \times I \to X \times I$ (id_I die identische Abbildung von I) kann mit $\Psi\colon X \times I \to Y$ zusammengesetzt werden. Setzen wir $W = \Psi(w \times id_I)$, so ist $W(s, 0) = (fw)(s)$, $W(s, 1) = (gw)(s)$, $W(0, t) = W(1, t) = u(t)$. Durchläuft man also den Rand von $I \times I$ von der linken unteren Ecke aus im positiven Umlaufsinn, so erhält man vermöge W der Reihe nach die Wege fw, u, $(gw)^-$, u^-, die sich zu einem geschlossenen Wege $v = (fw * u) * ((gw)^- * u^-)$ zusammensetzen. Wir behaupten, daß v nullhomotop ist, wobei es wegen 5.1 Satz 1 auf die Parametrisierung von v nicht ankommt. Wegen I.2.9 Beispiel 2 gibt es eine Homöomorphie $h\colon E^2 \to I \times I$, wobei der Rand S^1 von E^2 in den Rand von $I \times I$ übergeht. h kann offenbar so gewählt werden, daß der Punkt $(1, 0)$ von E^2 in den Punkt $(0, 0)$ von $I \times I$ übergeht. Dann ist $Wh | S^1$ eine Abbildung $\bar{v}\colon S^1 \to Y$, und 5.1 Satz 2 besagt, daß v nullhomotop ist. $[fw][u][(gw)^-][u^-]$ stellt also das 1-Element von $\pi_1(Y, f(x_0))$ dar, woraus $[fw] = ([u][(gw)^-][u^-])^{-1} = [u][gw][u^-]$ folgt. Bezeichnet $\varkappa_u\colon \pi_1(Y, g(x_0)) \to \pi_1(Y, f(x_0))$ den durch den Weg u definierten

Isomorphismus (5.15), so erhalten wir $[fw] = \varkappa_u([gw])$ oder in anderer Schreibweise

$$(5.17) \qquad f_* = \varkappa_u g_*.$$

Ist $\chi: X \times I \to Y$ eine weitere Homotopie zwischen den Abbildungen $f, g: X \to Y$, bei der das Bild von x_0 den Weg v durchläuft, so ist wegen (5.17)

$$(5.18) \qquad f_* = \varkappa_u g_* = \varkappa_v g_*.$$

Weil $\varkappa_v$ und $\varkappa_{v^-}$ inverse Isomorphismen zwischen $\pi_1(Y, g(x_0))$ und $\pi_1(Y, f(x_0))$ sind, folgt $g_* = \varkappa_{v^-}\varkappa_u g_*$. Wegen der Definition (5.15) von $\varkappa_u$ ist $\varkappa_{v^-}\varkappa_u = \varkappa_{(v^- * u)}$ und damit

$$(5.19) \qquad \varkappa_{(v^- * u)} g_* = g_*.$$

$\varkappa_{(v^- * u)}$ hängt nur von der Klasse $[v^- * u] \in \pi_1(Y, g(x_0))$ ab. (5.19) besagt, daß der durch diese Klasse bestimmte innere Automorphismus von $\pi_1(Y, g(x_0))$ auf der Untergruppe $g_*(\pi_1(X, x_0))$ die identische Abbildung ist. In vereinfachter, ungenauer Ausdrucksweise lassen sich (5.18) und (5.19) so aussprechen:

Der von einer stetigen Abbildung $f: X \to Y$ induzierte Homomorphismus von $\pi_1(X, x_0)$ hängt nur von der Homotopieklasse von f ab.

Der eben betrachtete Sachverhalt vereinfacht sich für Abbildungen von X in Y, die homotop relativ x_0 sind. Ist $\Psi: X \times I \to Y$ eine Homotopie relativ x_0 zwischen $f, g: X \to Y$, so ist $\Psi | x_0 \times I = \langle f(x_0) \rangle$, und es geht (5.17) über in

$$(5.20) \qquad f_* = g_*: \pi_1(X, x_0) \to \pi_1(Y, f(x_0)), \text{ wenn } f \simeq g \text{ relativ } x_0.$$

Sei jetzt $f: X \to Y$ eine Homotopie-Äquivalenz mit dem Homotopie-Inversen $g: Y \to X$. $\Phi: X \times I \to X$ bzw. $\Psi: Y \times I \to Y$ seien Homotopien, die id_X in gf bzw. id_Y in fg deformieren. Das Bild von x_0 bzw. $y_0 = f(x_0)$ durchlaufe dabei den Weg u von x_0 nach $(gf)(x_0)$ bzw. den Weg v von y_0 nach $(fg)(y_0)$. Für den jetzt vorliegenden Sachverhalt besagt (5.17), daß $\varkappa_u(gf)_*$ bzw. $\varkappa_v(fg)_*$ der identische Automorphismus von $\pi_1(X, x_0)$ bzw. $\pi_1(Y, y_0)$ ist. Die Homomorphismen f_*, g_*, $\varkappa_u$, $\varkappa_v$ betrachten wir an folgendem Diagramm, wobei f_* in zwei verschiedenen Bedeutungen (je nach Anfangspunkt der Fundamentalgruppen) auftritt. In den im folgenden auftretenden Zusammensetzungen ist jedoch jeweils klar, welcher Homomorphismus unter f_* zu verstehen ist.

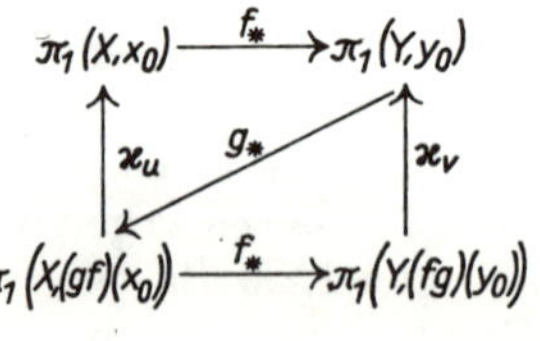

Wegen (5.16) ist $(gf)_* = g_* f_*$ und $(fg)_* = f_* g_*$. Nach 5.3 Satz 1 sind $\varkappa_u$ und $\varkappa_v$ Isomorphismen. Also ist $g_* f_* = \varkappa_u^{-1}$ und daher g_* surjektiv. Weil $\varkappa_v f_* g_*$ der identische Automorphismus von $\pi_1(Y, y_0)$ ist, ist g_* auch injektiv. Also ist g_* ein Isomorphismus. Hieraus folgt, daß auch f_* in beiden Bedeutungen ein Isomorphismus ist. Zusammen mit 5.3 Satz 1 erhalten wir den

Satz. *Für bogenweise zusammenhängende Räume ist die Fundamentalgruppe eine Invariante des Homotopietyps.*

Insbesondere ist jeder zusammenziehbare Raum einfach zusammenhängend. Die Umkehrung gilt nicht: Wir werden später zeigen, daß die Sphäre S^n nicht zusammenziehbar ist, sie ist aber für $n > 1$ einfach zusammenhängend (5.3 Satz 3).

5.5 Fundamentalgruppe topologischer Produkte. Sei $X \times Y$ ein topologisches Produkt mit den Projektionen $p_1\colon X \times Y \to X$ und $p_2\colon X \times Y \to Y$. Ist Z ein weiterer topologischer Raum, so entspricht jede stetige Abbildung $f\colon Z \to X \times Y$ umkehrbar eindeutig einem Paar (f_1, f_2) stetiger Abbildungen $f_1\colon Z \to X$, $f_2\colon Z \to Y$, wobei $f_i = p_i f$ für $i = 1, 2$ ist (I.4.5 Satz 3 und Anmerkung 3). Insbesondere ist ein Weg w in $X \times Y$ völlig bestimmt durch seine Projektionen w_1 in X und w_2 in Y $(w_i = p_i w)$, und zwei Wege in $X \times Y$ sind genau dann homotop, wenn es ihre Projektionen in X und in Y sind. Betrachten wir die Fundamentalgruppen von $X \times Y$ bzw. X, Y zu den Anfangspunkten (x_0, y_0) bzw. x_0, y_0, so wird durch $[w] \to ([p_1 w], [p_2 w]) = (p_{1*}[w], p_{2*}[w])$ eine bijektive Abbildung p_* von $\pi_1(X \times Y, (x_0, y_0))$ auf die Paarmenge $\pi_1(X, x_0) \times \pi_1(Y, y_0)$ hergestellt. Fassen wir diese Paarmenge als direktes Produkt von $\pi_1(X, x_0)$ und $\pi_1(Y, y_0)$ auf (vgl. 4.2), so ist p_* homomorph, weil p_{1*} und p_{2*} homomorph sind. Berücksichtigt man noch, daß p_* bijektiv ist, so ergibt sich der

Satz. *Die Projektionen des topologischen Produktes $X \times Y$ induzieren einen Isomorphismus von $\pi_1(X \times Y, (x_0, y_0))$ auf das direkte Produkt der Gruppen $\pi_1(X, x_0)$ und $\pi_1(Y, y_0)$.*

Satz und Beweis lassen sich auf Produkte von beliebig (auch unendlich) vielen Faktoren übertragen.

5.6 Verallgemeinerte Wege. Für manche Anwendungen ist es nützlich, einen verallgemeinerten Wegebegriff zur Verfügung zu haben, bei dem außer I auch andere Parameterintervalle zugelassen sind. Zu diesem Zwecke rechnen wir die einpunktigen Teilmengen von R zu den kompakten Intervallen. Ist $[a, b]$ ein kompaktes Intervall in R und $w'\colon [a, b] \to X$ eine stetige Abbildung, so bezeichnen wir w' als verallgemeinerten Weg in X. Zu w' gehört ein Weg $w\colon I \to X$ (im gewöhnlichen Sinne), der durch $w(s) = w'(a + (b - a)s)$ definiert ist. Zwei verallgemeinerte Wege in X heißen homotop, wenn es die zugehörigen Wege sind. Insbesondere ist ein verallgemeinerter Weg zu seinem zugehörigen Weg homotop. Sind $u'\colon [a, b] \to X$ und $v'\colon [c, d] \to X$ verallgemeinerte Wege und ist $u'(b) = v'(c)$, so wird durch

$$(5.21) \qquad (u' \vee v')(t) = \begin{cases} u'(t) & \text{für } a \leqq t \leqq b \\ v'(c + t - b) & \text{für } b \leqq t \leqq b + d - c \end{cases}$$

das Kompositum $u' \vee v'$ erklärt. Sind u, v, w die zu u', v', $u' \vee v'$ gehörigen Wege, so ist $u * v \simeq w$ wegen 5.1 Satz 1. Die Komposition der Homotopieklassen ist daher für verallgemeinerte Wege dieselbe wie für Wege. Die Vorteile der Verallgemeinerung bestehen darin, daß erstens die Komposition verallgemeinerter Wege assoziativ ist, also Klammerung dabei entbehrlich ist, und daß zweitens ein verallgemeinerter Weg w': $[a, b] \to X$ durch Unterteilung des Parameterintervalles als zusammengesetzt aufgefaßt werden kann: Ist $a \leqq t_0 \leqq b$, $u' = w' | [a, t_0]$ und $v' = w' | [t_0, b]$, so ist $w' = u' \vee v'$.

5.7 Fundamentalgruppe von Zellenkomplexen. Es ist unser Ziel, die Fundamentalgruppe für spezielle Zellenkomplexe durch Erzeugende und Relationen abzulesen und zwar für solche Komplexe, deren zweidimensionales Gerüst eine simpliziale Unterteilung besitzt. Für solche Komplexe definieren wir eine Kantenwegegruppe $\mathfrak{F}$ und stellen eine Isomorphie von $\mathfrak{F}$ zur Fundamentalgruppe her. Schließlich werden wir für $\mathfrak{F}$ Erzeugende und Relationen angeben. Zuvor stellen wir fest:

Satz 1. *Es sei K ein Zellenkomplex, x_0 eine Ecke und K^1 bzw. K^2 das ein- bzw. zweidimensionale Gerüst von K. Die Inklusionen $K^1 \subset K^2 \subset K$ induzieren einen Epimorphismus $i_{1*}: \pi_1(K^1, x_0) \to \pi_1(K^2, x_0)$ und einen Isomorphismus $i_{2*}: \pi_1(K^2, x_0) \to \pi_1(K, x_0)$.*

Beweis. Wir fassen I als Zellenkomplex wie in 3.4 auf. Jeder geschlossene Weg w: $(I, \dot{I}) \to (K, x_0)$ ist wegen 3.5 Satz 1 homotop zu einem Wege auf K^1. Hieraus und aus der Definition der induzierten Homomorphismen in 5.4 folgt, daß i_{1*} und i_{2*} epimorph sind. Zum Nachweis, daß i_{2*} auch monomorph ist, benutzen wir 5.1 Satz 2. Die Kreisscheibe E^2 sei gemäß 3.1 Beispiel 1 in drei Zellen e_0, e_1, e_2 zerlegt, wobei e_q $(q = 0, 1, 2)$ die Dimension q habe. $e_0 \cup e_1$ ist der Randkreis S^1. Ein geschlossener Weg w auf K^1 mit Anfangspunkt x_0 läßt sich gemäß 5.1 in der Form $\bar{w}$: $(S^1, e_0) \to (K^1, x_0)$ darstellen. Ist w nullhomotop auf K, so läßt sich $\bar{w}$ nach 5.1 Satz 2 zu einer Abbildung $\bar{\Phi}$: $E^2 \to K$ fortsetzen. Weil $\bar{\Phi} | S^1 = \bar{w}$ bereits zellenartig ist, erhält man durch zellenartige Approximation von $\bar{\Phi}$ gemäß 3.5 Satz 1, daß w auch auf K^2 nullhomotop ist. Hiernach haben $i_{2*} i_{1*}$ und i_{1*} denselben Kern. Weil i_{1*} epimorph ist, ist i_{2*} monomorph.

Wegen Satz 1 können wir nun annehmen, daß K ein 2-dimensionaler Zellenkomplex ist. Die Definition der Unterteilung in 2.6 überträgt sich unmittelbar auf Zellenkomplexe. K^1 besitzt stets eine simpliziale Unterteilung: Eine Kante verbindet entweder zwei verschiedene Ecken oder eine Ecke mit sich selbst. Wird jede Kante durch zwei als neue Ecken aufzufassende Teilpunkte in drei Kanten zerlegt, so läßt sich der dann vorliegende 1-dimensionale Komplex gemäß 2.5 als simplizialer Komplex auffassen, indem man für jede abgeschlossene Kante eine affine Struktur fixiert. Sei wieder K^1 beliebig. Für das Weitere genüge $K = K^2$ der folgenden Bedingung:

(P) Für jede 2-Zelle e_2^μ von K gibt es ein (zu E^2 homöomorphes) Polygon E_μ^2 und eine charakteristische Abbildung φ_μ: $E_\mu^2 \to \bar{e}_2^\mu$ derart, daß die Einschränkung von φ_μ auf eine jede Kante von E_μ^2 eine charakteristische Abbildung für eine 1-Zelle von K ist.

Als Polygone lassen wir dabei auch 1-Ecke[1]) und 2-Ecke zu: Ein 1-Eck ist eine Zellenzerlegung von E^2 gemäß 3.1 Beispiel 1, ein 2-Eck ist eine Zellenzerlegung von E^2, bei der S^1 in zwei Ecken und zwei Kanten zerlegt ist und $E^2 - S^1$ eine 2-Zelle ist. Für größere Eckenzahl kann man reguläre Polygone benutzen.

[1]) Für 1-Ecke ist (P) in naheliegender Weise zu modifizieren.

(P) besagt, daß man die 2-Zellen von K dadurch erhält, daß man Polygone kantenweise an K^1 anheftet. Dabei können verschiedene Kanten desselben Polygons an dieselbe Kante von K angeheftet sein. (P) ist sicher für simpliziale Komplexe erfüllt, alle Polygone sind dann Dreiecke, und die charakteristischen Abbildungen sind topologisch. Besitzt K eine simpliziale Unterteilung, so ist also (P) zu erreichen, wenn K nötigenfalls noch geeignet unterteilt wird. Ist umgekehrt (P) erfüllt, so besitzt K eine simpliziale Unterteilung: Alle Polygone mit mehr als 3 Ecken können durch Diagonalen in Dreiecke zerlegt werden. Dies bedeutet für K, daß 2-Zellen durch Einfügen neuer Kanten zerlegt werden. Anschließend erhält man durch ein Verfahren, das zweimaliger Normalunterteilung entspricht, eine Zellenzerlegung, die als simpliziale Zerlegung aufgefaßt werden kann.

Sei weiterhin (P) für $K = K^2$ erfüllt. Für jede Kante e_1^λ von K sei eine charakteristische Abbildung $\psi_\lambda: I \to \bar{e}_1^\lambda$ fixiert. ψ_λ ist ein Weg. Seine Homotopieklasse auf $\bar{e}_1^\lambda$ bezeichnen wir mit $k_\lambda = k_\lambda^{+1}$. k_λ^{-1} bezeichne die entsprechende Klasse des Weges ψ_λ^-. Ist $\varphi_\lambda: I \to \bar{e}_1^\lambda$ eine weitere charakteristische Abbildung für e_1^λ, so gibt es eine topologische Abbildung $\alpha: I \to I$ mit $\alpha(0) = 0$ derart, daß entweder $\varphi_\lambda = \psi_\lambda \alpha$ oder $\varphi_\lambda = \psi_\lambda^- \alpha$ ist. Wegen 5.1 Satz 1 ist also $[\varphi_\lambda] = k_\lambda^{\pm 1}$. Man kann k_λ als gerichtete Kante auffassen. k_λ^{-1} ist dieselbe Kante mit entgegengesetzter Richtung. Unter einem K a n t e n w e g auf K verstehen wir ein Wort

$$(5.22) \qquad W(k) = k_{\lambda_1}^{\varepsilon_1} k_{\lambda_2}^{\varepsilon_2} \ldots k_{\lambda_n}^{\varepsilon_n} \quad \text{mit} \quad \varepsilon_i = \pm 1 \quad \text{für} \quad i = 1, 2, \ldots, n$$

derart, daß der Endpunkt von $k_{\lambda_i}^{\varepsilon_i}$ mit dem Anfangspunkt von $k_{\lambda_{i+1}}^{\varepsilon_{i+1}}$ für $i = 1, 2, \ldots, n-1$ zusammenfällt. Der Anfangspunkt von $k_{\lambda_1}^{\varepsilon_1}$ bzw. der Endpunkt von $k_{\lambda_n}^{\varepsilon_n}$ heißt Anfangs- bzw. Endpunkt von $W(k)$. Fallen diese beiden Punkte zusammen, so heißt $W(k)$ geschlossen. Die Länge n des Wortes (5.22) bezeichnen wir auch als Länge dieses Kantenweges. Für zwei Kantenwege W_1, W_2 ist das Produkt $W_1 W_2$ definiert, wenn der Anfangspunkt von W_2 der Endpunkt von W_1 ist. Nach (5.10), (5.11) stellt jeder Kantenweg W eine Klasse homotoper Wege in K dar, die wir mit $\Theta(W)$ bezeichnen.

Wir ordnen nun jeder 2-Zelle e_2^μ einen geschlossenen Kantenweg $R_\mu(k)$ zu, der e_2^μ einmal umläuft. Dazu sei jeweils eine charakteristische Abbildung $\varphi_\mu: E_\mu^2 \to \bar{e}_2^\mu$ gemäß (P) fixiert. Für E_μ^2 werde eine Ecke ausgezeichnet und ein geschlossener Weg r_μ, der in dieser Ecke beginnt und den Rand von E_μ^2 einmal durchläuft, genauer: r_μ entstehe gemäß 5.1 durch eine Abbildung $\overline{r_\mu}$, die S^1 topologisch auf den Rand von E_μ^2 abbildet. Sei n die Eckenzahl von E_μ^2. $\varphi_\mu r_\mu$ läßt sich als Produkt von n verallgemeinerten Wegen auffassen (vgl. (5.21)), so daß jeder dieser verallgemeinerten Wege in einer Klasse k_λ oder k_λ^{-1} liegt. Auf diese Weise bestimmt $\varphi_\mu r_\mu$ einen geschlossenen Kantenweg $R_\mu(k)$. Wegen 5.1 Satz 2 ist r_μ nullhomotop auf E_μ^2. Daher stellt $R_\mu(k)$ eine Klasse von Wegen dar, die auf $\bar{e}_2^\mu$ nullhomotop sind.

Beispiel 1. K entstehe aus einem Rechteck dadurch, daß man jeweils die beiden Punkte identifiziert, die sich auf den Kanten gegenüberliegen (Fig. 13). K ist eine Ringfläche (Torus), die in eine 0-Zelle e_0, zwei 1-Zellen und eine 2-Zelle e_2 zerlegt ist. k_1, k_2 sind die gerichteten Kanten. Als Umlauf um e_2 kann $k_1 k_2 k_1^{-1} k_2^{-1}$ genommen werden.

Es sei x_0 eine Ecke von K. Wir betrachten nun geschlossene Kantenwege $W(k)$ mit Anfangspunkt x_0, wobei auch der leere Kantenweg zugelassen sei. Wir nehmen folgende Änderungen dieser Kantenwege vor:

(I) Zulässiges Einschieben eines Kantenweges $k_\lambda k_\lambda^{-1}$ oder $k_\lambda^{-1} k_\lambda$ oder Kürzen um einen solchen Weg, falls möglich.

(II) Zulässiges Einschieben eines Kantenweges $R_\mu(k)$ oder $R_\mu^{-1}(k)$ oder Streichen eines solchen Weges, falls möglich.

„Zulässig" soll hierbei besagen, daß das Einschieben nur so vorgenommen werden darf, daß wieder ein Kantenweg entsteht. Der Anfangspunkt des eingeschobenen Kantenweges muß also mit dem Endpunkt des vorangehenden Stückes zusammenfallen, wobei x_0 als Endpunkt des leeren Kantenweges aufzufassen ist. Analog zu 4.3 bilde man nun Äquivalenzklassen bezüglich (I), (II). Wie in 4.3 ergibt sich eine Multiplikation für die Klassen, vermöge deren die Klassen eine Gruppe $\mathfrak{F}$ bilden. Wir nennen $\mathfrak{F}$ die Kantenwegegruppe von K (zum Anfangspunkt x_0).

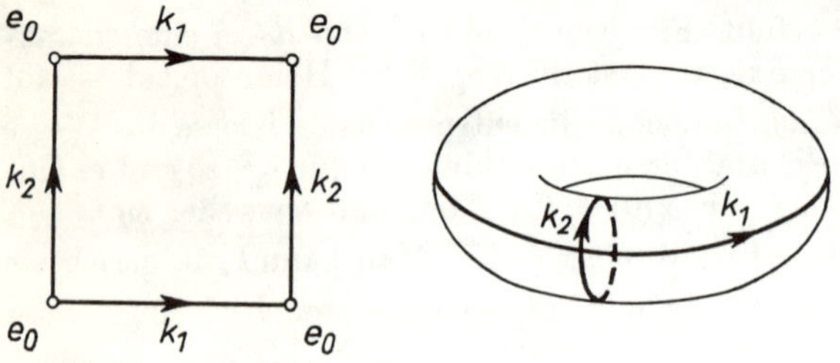

Fig. 13

Die durch einen Kantenweg $W(k)$ dargestellte Homotopieklasse $\Theta(W(k))$ ändert sich nicht, wenn auf $W(k)$ eine Operation (I) oder (II) ausgeübt wird. Dies folgt aus (5.13), (5.14) und (5.12), weil $R_\mu(k)$ auf $\bar{e}_2{}^\mu$ die Klasse eines Punktweges darstellt. $W(k) \to \Theta(W(k))$ induziert daher eine wieder mit Θ bezeichnete Abbildung $\Theta\colon \mathfrak{F} \to \pi_1(K, x_0)$. Θ ist homomorph, weil die Multiplikation in beiden Gruppen davon herrührt, daß Wege aneinandergesetzt werden. Es gilt sogar

Satz 2. *Ordnet man jedem geschlossenen Kantenweg mit Anfangspunkt x_0 die durch ihn dargestellte Homotopieklasse zu, so entsteht ein Isomorphismus $\Theta\colon \mathfrak{F} \to \pi_1(K, x_0)$.*

Wir stellen den Beweis bis 5.9 zurück, da er mehrere Schritte erfordert, und geben zunächst Erzeugende und Relationen für $\mathfrak{F}$ und damit für $\pi_1(K, x_0)$ an. Dies ist besonders einfach, wenn x_0 die einzige Ecke von K ist. Jedes k_λ ist dann geschlossen. Jedes Wort in den k_λ und k_λ^{-1} stellt einen Kantenweg dar, und bei den Operationen (I), (II) ist das Einschieben an jeder Stelle zulässig. Nach 4.3 ist $\mathfrak{F}$ in diesem Falle durch die Erzeugenden $a_\lambda = [k_\lambda]$ und die definierenden Relationen $R_\mu(a)$ entsprechend (II) gegeben.

Beispiel 2. S^1 besitzt eine Zerlegung in eine 0-Zelle und eine 1-Zelle. Die Fundamentalgruppe der Kreislinie S^1 ist daher eine freie zyklische Gruppe (vgl. 4.3 Beispiel). Für die Zerlegung der Ringfläche in Beispiel 1 erhält man zwei Erzeugende $a = [k_1]$, $b = [k_2]$ mit der definierenden Relation $aba^{-1}b^{-1} = 1$. Die Fundamentalgruppe ist daher abelsch, und zwar das direkte Produkt zweier freier zyklischer Gruppen. Dies folgt auch aus dem Satz in 5.5, weil die Ringfläche das topologische Produkt zweier Kreislinien ist.

Es sei nun K bogenweise zusammenhängend, und es seien außer x_0 noch weitere Ecken vorhanden. Die k_λ sollen durch Hilfswege zu geschlossenen Kantenwegen A_λ ergänzt werden. Damit dies in übersichtlicher Weise geschehen kann, konstruieren wir zunächst einen „Baum" L. Es sei $L_0 = \{x_0\}$. Für jede von x_0 verschiedene Ecke, die mit x_0 durch eine Kante verbunden ist, wählen wir je eine solche Kante aus. L_1 sei die Vereinigung dieser ausgewählten Kanten und ihrer Endpunkte. Es liege nun L_n bereits vor. Für jede Ecke, die nicht in L_n liegt, die aber mit (mindestens) einer Ecke von L_n durch eine Kante verbunden ist, wählen wir eine solche Kante aus und nehmen als L_{n+1} die Vereinigung dieser ausgewählten Kanten mit ihren Endpunkten und L_n. Sind Ecken der betrachteten Art nicht vorhanden, so setzen wir $L_{n+1} = L_n$. Sei nun L_n so für alle ganzen Zahlen $n \geqq 0$ der Reihe nach gewählt. Wir setzen $L = \bigcup L_n$. L ist Unterkomplex von K^1 und enthält alle Ecken von K. Ist nämlich e_0 eine Ecke von K, so gibt es wegen 3.5 Satz 3 einen Weg w auf K^1 von x_0 nach e_0. Sei t_0 der größte Parameterwert derart, daß $w(t_0)$ eine Ecke in L ist. $w(t_0)$ gehöre etwa zu L_n. Wäre $t_0 < 1$, so gäbe es eine kleinste Zahl $t_1 > t_0$, so daß $w(t_1)$ Ecke von K ist. Es folgte, daß $w(t_0)$ und $w(t_1)$ durch eine Kante verbunden wären. Nach Definition von L_{n+1} müßte $w(t_1)$ zu L_{n+1} und damit zu L gehören, was der Wahl von t_0 widerspricht. Also gehört $e_0 = w(1)$ zu L.

Es sei nun e_0^ϱ eine beliebige von x_0 verschiedene Ecke. Es gibt zu e_0^ϱ eine natürliche Zahl $n = n(\varrho)$ derart, daß e_0^ϱ auf L_n, nicht aber auf L_{n-1} liegt. Nach Konstruktion von L_n ist e_0^ϱ Endpunkt von genau einer Kante von L_n. Der andere Endpunkt dieser Kante liegt auf L_{n-1}. Hieraus erkennt man: Es gibt auf L genau einen Kantenweg der Länge n, der von x_0 nach e_0^ϱ führt. (Er enthält keine hin- und zurückdurchlaufene Kante.) Wir nennen ihn den zu e_0^ϱ gehörigen Hilfsweg und bezeichnen ihn mit h_ϱ. Der zu x_0 gehörige Hilfsweg sei leer.

Hinweis. Aus der Konstruktion von L und der Hilfswege folgt: Liegt k_λ auf L und führt k_λ von der Ecke e_0^ϱ zur Ecke e_0^σ, so ist entweder $h_\varrho k_\lambda = h_\sigma$ oder $h_\varrho = h_\sigma k_\lambda^{-1}$. Nur diese Eigenschaft werden wir weiterhin benutzen.

Nachdem die Hilfswege festgelegt sind, ordnen wir jedem k_λ einen Kantenweg A_λ folgendermaßen zu: Führt k_λ von der Ecke e_0^ϱ zur Ecke e_0^σ, so sei $A_\lambda = h_\varrho k_\lambda h_\sigma^{-1}$. A_λ ist ein geschlossener Kantenweg mit Anfangspunkt x_0. a_λ bezeichne das durch A_λ repräsentierte Element von $\mathfrak{F}$.

Satz 3. *Mit den vorangehenden Bezeichnungen gilt: $\mathfrak{F}$ besitzt die Erzeugenden $\{a_\lambda\}$. Zugehörige definierende Relationen sind $R_\mu(a) = 1$ gemäß* (II) *und $a_\lambda = 1$ für diejenigen λ, für welche die Kante e_1^λ in L liegt.*

Beweis. Sei $W(k)$ ein geschlossener Kantenweg mit Anfangspunkt x_0. Durch die Substitution $k_\lambda \to A_\lambda$ entsteht $W(A)$. Nach Definition der A_λ stellt $W(A)$ einen Kantenweg dar, der sich von $W(k)$ nur dadurch unterscheidet, daß Kantenwege der Form $h_\varrho^{-1} h_\varrho$ eingeschoben sind[1]). Vermöge (I) lassen sich diese Hilfswege wieder beseitigen. Daher repräsentieren $W(A)$ und $W(k)$ dasselbe Element von $\mathfrak{F}$. Damit folgt, daß $\{a_\lambda\}$ ein Erzeugendensystem von $\mathfrak{F}$ ist.

Sei nun etwa h_σ der Hilfsweg zum Anfangspunkt von $R_\mu(k)$. Der durch $R_\mu(A)$ beschriebene Kantenweg läßt sich durch Operationen (I) in $h_\sigma R_\mu(k) h_\sigma^{-1}$ über-

[1]) Man beachte, daß der Hilfsweg zur Ecke x_0 leer ist.

führen, indem wie soeben Stücke der Form $h_\varrho^{-1} h_\varrho$ beseitigt werden. Aus $h_\sigma R_\mu(k) h_\sigma^{-1}$ erhält man $h_\sigma h_\sigma^{-1}$ durch Operation (II) und daraus vermöge (I) das leere Wort. Daher repräsentiert $R_\mu(A)$ das 1-Element von $\mathfrak{F}$. Ist e_1^λ eine Kante von L und $A_\lambda = h_\varrho k_\lambda h_\sigma^{-1}$, so ist entweder $h_\varrho k_\lambda = h_\sigma$ oder $h_\varrho = h_\sigma k_\lambda^{-1}$, wie oben bemerkt wurde. Vermöge (I) folgt, daß jetzt A_λ das 1-Element repräsentiert. Die angegebenen Relationen sind also vorhanden.

Auf Grund dieser Relationen sind für Wörter in den A_λ und A_λ^{-1} folgende Operationen erlaubt: Operationen der Art (I) und (II) mit $A_\lambda A_\lambda^{-1}$ und $A_\lambda^{-1} A_\lambda$ bzw. $R_\mu(A)$ und $R_\mu^{-1}(A)$, wobei jedes Einschieben zulässig ist, und

(III) Für alle diejenigen λ, für welche e_1^λ zu L gehört, dürfen A_λ und A_λ^{-1} eingeschoben und gestrichen werden.

Sei etwa $A_\varkappa = h_\varrho k_\varkappa h_\sigma^{-1} = V_\varkappa(k)$. Bildet man $V_\varkappa(A)$, so läßt sich daraus vermöge (III) wieder $A_\varkappa$ gewinnen, weil die aus h_ϱ und h_σ^{-1} entstehenden Wörter in den A_λ und A_λ^{-1} wieder gliedweise gestrichen werden dürfen. Sei jetzt $W(A)$ ein Wort in den A_λ und A_λ^{-1}, welches das 1-Element von $\mathfrak{F}$ repräsentiert. Der Kantenweg $W(A)$ läßt sich als Wort $W'(k)$ in den k_λ und k_λ^{-1} darstellen. $W'(k)$ entsteht aus $W(A)$ dadurch, daß für jedes $A_\varkappa$ das entsprechende Wort $V_\varkappa(k)$ eingesetzt wird. Bilden wir nun $W'(A)$. Nach dem eben Gesagten läßt sich $W'(A)$ aus $W(A)$ durch Operationen (III) erhalten. Nun stellt $W'(k)$ das 1-Element von $\mathfrak{F}$ dar und läßt sich daher durch die Operationen (I), (II) (in der alten Fassung) in das leere Wort überführen. Durch die entsprechenden Operationen bei der Substitution $k_\lambda \to A_\lambda$ geht $W'(A)$ in das leere Wort über. Die angegebenen Relationen für die Erzeugenden $\{a_\lambda\}$ sind daher definierend, womit Satz 3 bewiesen ist.

Anmerkung 1. Die Relationen $a_\lambda = 1$ für e_1^λ in L besagen, daß diese Erzeugenden weggelassen werden dürfen, wenn sie gleichzeitig in den Relationen $R_\mu(a) = 1$ gestrichen werden.

Anmerkung 2. Der zuvor (hinter Satz 2) betrachtete Fall, daß K nur eine Ecke besitzt, ordnet sich Satz 3 mit $L = \{x_0\}$ unter.

5.8 Anwendungen. Wir erinnern daran, daß nach 3.5 Satz 4 jeder zusammenhängende Zellenkomplex auch bogenweise zusammenhängt.

Satz 1. *Die Fundamentalgruppe eines zusammenhängenden eindimensionalen Zellenkomplexes K ist frei. Ist insbesondere K endlich, so ist sie eine Gruppe mit $\alpha_1 - \alpha_0 + 1$ freien Erzeugenden, wenn α_0 bzw. α_1 die Anzahl der Ecken bzw. der Kanten von K bezeichnet.*

Beweis. Die Bedingung (P) ist gegenstandslos. Wegen 5.7 Satz 2 folgt die erste Behauptung unmittelbar aus 5.7 Satz 3 und Anmerkung 1. Ist K endlich, so ergibt die Konstruktion von L, daß $\alpha_0 - 1$ Kanten zu L gehören. Damit folgt die zweite Behauptung.

2. Anwendung. Geschlossene Flächen. Wir betrachten nun Zellenkomplexe, die aus einem Polygon Π jeweils dadurch entstehen, daß Kanten miteinander verheftet werden. Es kann angenommen werden, daß Π ein reguläres Polygon ist.

Daß zwei Kanten a' und a'' von Π zu verheften sind, soll folgendes heißen: Es ist eine topologische Abbildung φ von a' auf a'' gegeben, und es ist jeweils $x \in a'$ mit $\varphi(x) \in a''$ zu identifizieren. Hierbei kann angenommen werden, daß φ eine Kongruenzabbildung ist, denn dies ist durch eine topologische Abbildung ψ von a'' auf sich zu erreichen, welche die Endpunkte von a'' festläßt, und es kann ψ wegen 2.3 Anmerkungen 1, 2 zu einer topologischen Abbildung von Π auf sich so fortgesetzt werden, daß die von a'' verschiedenen Kanten von Π identisch abgebildet werden. Für a' und a'' gibt es hiernach nur zwei wesentlich verschiedene Verheftungsmöglichkeiten: Bezüglich eines Umlaufes um Π ist die Verheftungsvorschrift für a' und a'' entweder gegensinnig (wie in Fig. 13) oder gleichsinnig. Ist φ eine Kongruenzabbildung, so rührt sie im ersten Falle von einer Spiegelung her, die a' und a'' vertauscht, im zweiten Falle von einer Drehung (so daß jeweils Π in sich übergeht). Es seien nun gewisse Verheftungen für die Kanten von Π vorgeschrieben. Nimmt man die entsprechenden Identifizierungen vor, so entsteht ein Zellenkomplex K mit einer 2-Zelle. Man prüft leicht nach, daß K separiert ist. Die Bedingung (P) in 5.7 ist nach Konstruktion erfüllt. Wird für die 2-Zelle der umlaufende Kantenweg R gemäß 5.7 fixiert, so ist aus R die Konstruktionsvorschrift wieder abzulesen: Es kann R einfach gliedweise an die Kanten von Π angeschrieben werden, zu verheftende Kanten erhalten denselben Buchstaben, wobei die Exponenten gleich oder verschieden sind, je nachdem die Verheftung gleichsinnig oder gegensinnig ist (vgl. unten Fig. 14a). Durch Angabe von R ist also K völlig bestimmt. Dabei bleibt K offenbar ungeändert, wenn R durch eine zyklische Permutation oder durch R^{-1} ersetzt wird. Außerdem hängt K selbstverständlich nicht davon ab, wie die gerichteten Kanten im einzelnen benannt sind und welche Richtung auf ihnen jeweils ausgezeichnet ist. Das heißt: Substitutionen $k \to k'$ oder $k \to k'^{-1}$ in R lassen K ungeändert.

Wir wollen nun annehmen, daß Π gerade Eckenzahl hat und daß die Kanten paarweise verheftet werden. Für den umlaufenden Kantenweg R betrachten wir folgende Spezialfälle:

$$(\mathfrak{o}_0) \quad a a^{-1}$$

$$(5.23) \qquad (\mathfrak{o}_h) \quad a_1 b_1 a_1^{-1} b_1^{-1} a_2 b_2 a_2^{-1} b_2^{-1} \ldots a_h b_h a_h^{-1} b_h^{-1} \quad (h = 1, 2, 3, \ldots)$$

$$(\mathfrak{n}_h) \quad a_1 a_1 a_2 a_2 \ldots a_h a_h \quad (h = 1, 2, 3, \ldots),$$

wobei die gerichteten Kanten von K mit a, a_i, b_i bezeichnet sind. $\mathfrak{o}_0$ stellt eine 2-Sphäre dar: Π ist ein Zweieck, und die beiden Kanten von Π sind um die beiden Ecken als Scharniere zusammenzuklappen (wie bei einem Lampion). Im Falle $\mathfrak{n}_1$ ist dagegen Π eine Kreisscheibe, bei welcher Diametralpunkte des Randkreises zu identifizieren sind. aa stellt daher eine reelle projektive Ebene dar (1.7.6 Beispiel 2). $\mathfrak{o}_1$ ist Beispiel 1 von 5.7, also eine Ringfläche. Die Fälle $\mathfrak{o}_h$ lassen sich für $h > 0$ im R^3 dadurch realisieren, daß man in eine 2-Sphäre h Löcher bohrt, deren Ränder genau einen Punkt gemein haben, und dann jedes der Löcher mit einer gelochten Ringfläche verschließt. Fig. 14a, b, c, d zeigt den Fall $h = 3$. Für das auf Π angegebene Flächenstück $\mathfrak{k}$ sind nur die Ecken zu identifizieren, wobei die Sphäre mit Löchern entsteht. (Man stelle sich ein Tuch vor, dessen Zipfel zusammengenommen werden.) Nach Wegnahme von $\mathfrak{k}$ bleiben von Π 5-Ecke übrig, die gelochte Ringflächen ergeben (Fig. 14c, d). Die Fälle $\mathfrak{n}_h$ lassen sich nicht ohne Selbstdurchdringungen in den R^3 einbetten.

In den Fällen $\mathfrak{n}_h$ und $\mathfrak{o}_h$ für $h \geqq 1$ besitzt K jeweils nur eine Ecke, denn $\ldots a_i a_i \ldots$ besagt, daß die Endpunkte der Kante a_i zusammenfallen, und bei $\ldots a_i b_i a_i^{-1} b_i^{-1} \ldots$ müssen die Endpunkte beider Kanten in dieselbe Ecke fallen. In allen Fällen (5.23) besitzt jeder Punkt von K eine zu einer offenen Kreisscheibe homöomorphe Umgebung. Für die Punkte der 2-Zelle ist dies trivial, für die Punkte der 1-Zellen folgt es daraus, daß jeweils zwei Kanten von Π verheftet sind, und aus gleichem Grunde setzen sich für $h \geqq 1$ geeignete Umgebungen der Ecken von Π (bezüglich Π) sektorartig zu einer Umgebung der einzigen Ecke von K zusammen. Nach I.7.6 Beispiel 1 ist eine offene Kreisscheibe zu R^2 homöomorph. Nach I.7.5 Beispiel 1 stellen alle Fälle (5.23) Mannigfaltigkeiten dar, und zwar kompakte wegen 3.2 Satz 3. Zusammenhängende kompakte 2-dimensionale Mannigfaltigkeiten nennt man auch **geschlossene Flächen**. Man kann beweisen, daß jede geschlossene Fläche zu einer der in (5.23) dargestellten homöomorph ist. Man zeigt dabei zunächst, daß jede geschlossene Fläche triangulierbar ist (Radó, Szeged Acta, 1925). Dies kann mit Hilfe des Kurvensatzes von Jordan-Schönflies geschehen, der folgendes besagt: Ist C das topologische Bild einer Kreislinie in R^2, so gibt es eine topologische Abbildung von R^2 auf sich, die C in eine gewöhnliche Kreislinie überführt. Durch ein kombinatorisches Verfahren, das auf Zerschneiden und Zusammenheften beruht, läßt sich nun jede triangulierte kompakte Fläche in einen Zellenkomplex (5.23) überführen (Aufgaben 5, 6, 7). Die Zellenkomplexe (5.23) heißen **Normalformen**. Aus ihnen lassen sich die Fundamentalgruppen ablesen: $\mathfrak{o}_0$ ist durch 5.3 Satz 3 erledigt. Im Falle $\mathfrak{o}_h$ mit $h \geqq 1$ erhält man $2h$ Erzeugende a_i, b_i mit $i = 1, 2, \ldots, h$, im Falle $\mathfrak{n}_h$ h Erzeugende a_i, und jeweils eine Relation, welche besagt, daß das entsprechende Wort (5.23) das 1-Element darstellt. Insbesondere ist die Fundamentalgruppe der projektiven Ebene zyklisch von der Ordnung 2. Für verschiedene Normalformen sind die zugehörigen Fundamentalgruppen verschieden (Aufgabe 2). Die Normalformen (5.23) ergeben daher eine Klassifikation der geschlossenen Flächen. Die Fläche vom Typ $\mathfrak{o}_h$ bzw. $\mathfrak{n}_h$ heißt **orientierbare** bzw. **nichtorientierbare Fläche vom Geschlecht** h. Die Bedeutung dieser Bezeichnung behandeln wir in IV.3.3 und IV.3.5 (vgl. Aufgabe 4).

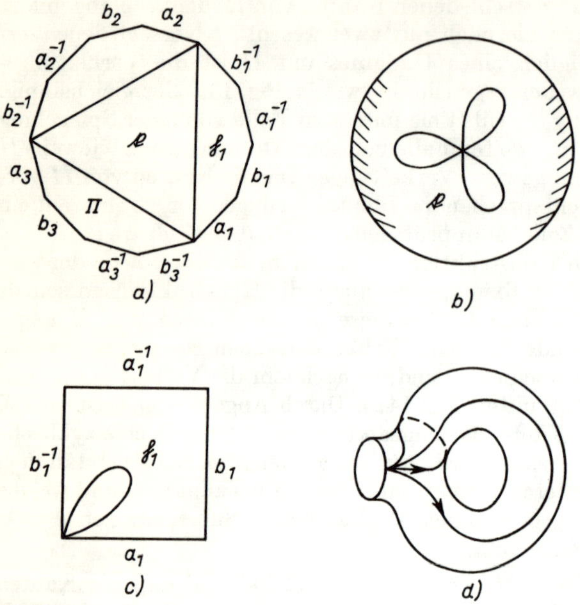

Fig. 14

Als dritte Anwendung beweisen wir

Satz 2 (Seifert)[1]. *Es sei K ein Zellenkomplex, dessen zweidimensionales Gerüst eine simpliziale Unterteilung besitzt. K_1 und K_2 seien zusammenhängende Unterkomplexe derart, daß $K_1 \cup K_2 = K$ ist und daß $K_0 = K_1 \cap K_2$ zusammenhängend ist. Ferner sei x_0 eine Ecke von K_0. $j_{r*}: \pi_1(K_0, x_0) \to \pi_1(K_r, x_0)$ für $r = 1, 2$ seien die von den Inklusionen induzierten Homomorphismen. $\mathfrak{H}$ sei das freie Produkt von $\pi_1(K_1, x_0)$ und $\pi_1(K_2, x_0)$, $i_r: \pi_1(K_r, x_0) \to \mathfrak{H}$ die zugehörigen Injektionen. Dann ist $\pi_1(K, x_0)$ die Faktorgruppe von $\mathfrak{H}$ nach dem Normalteiler, der von den Elementen $i_1 j_{1*}(\alpha^{-1}) i_2 j_{2*}(\alpha)$ für alle $\alpha \in \pi_1(K_0, x_0)$ erzeugt wird.*

Spezialfälle. Ist K_0 einfach zusammenhängend, so ist $\pi_1(K, x_0) = \mathfrak{H}$. Ist K_1 einfach zusammenhängend, so ist $\pi_1(K, x_0)$ die Faktorgruppe von $\pi_1(K_2, x_0)$ nach dem von Bild j_{2*} erzeugten Normalteiler.

Beweis. Wegen 3.2 Satz 1 ist K_0 Unterkomplex. Wegen 3.5 Satz 3 und 5.7 Satz 1 kann angenommen werden, daß K zweidimensional ist. Ferner kann angenommen werden, daß die Bedingung (P) erfüllt ist. Wegen 5.7 Satz 2 können statt der Fundamentalgruppen die Kantenwegegruppen betrachtet werden. Der Beweis beruht nun auf 5.7 Satz 3, nur ist der Baum L anders zu konstruieren. Man stelle zunächst einen Baum $L^{(0)}$ für K_0 her. Er läßt sich zu einem Baum $L^{(1)}$ für K_1 ergänzen: Für alle Ecken auf $K_1 - K_0$, die durch eine Kante mit $L^{(0)}$ verbunden sind, wähle man je eine solche Kante aus. Mit diesen Ecken und Kanten ergänze man $L^{(0)}$ zu $L_1^{(1)}$. Nun gewinnt man entsprechend der Reihe nach $L_n^{(1)}$ für $n = 2, 3, \ldots$ und setzt $L^{(1)} = \bigcup L_n^{(1)}$. Zu jeder Ecke e_0^ϱ von K_1 gibt es auf $L^{(1)}$ jetzt wieder genau einen Hilfsweg h_ϱ von x_0 nach e_0^ϱ, der keine hin- und zurückdurchlaufene Kante enthält. Liegt e_0^ϱ in K_0, so ist dies auch für h_ϱ der Fall. Sei nun Λ bzw. M die Menge der Kanten bzw. der 2-Zellen von K_1. Nach 5.7 Satz 3 läßt sich die Kantenwegegruppe von K_1 angeben durch

(5.24) Erzeugende $\{a_\lambda\}$, Relationen $R_\mu(a) = 1$ und $a_\lambda = 1$ für e_1^λ in $L^{(1)}$.

Entsprechend verfahre man für K_2. Dabei indiziere man die 1- und 2-Zellen von K_2 mit Mengen K bzw. N, die zu Λ und M disjunkt sind. Für die Kantenwegegruppe von K_2 erhält man nun

(5.25) Erzeugende $\{b_\varkappa\}$, Relationen $R_\nu(b) = 1$ und $b_\varkappa = 1$ für $e_1^\varkappa$ in $L^{(2)}$.

In (5.24) und (5.25) sind die Kanten von K_0 doppelt erfaßt. Dies korrigieren wir wieder durch Relationen

(5.26) $$a_\lambda^{-1} b_\varkappa = 1, \quad \text{wenn} \quad e_1^\lambda = e_1^\varkappa \text{ (auf } K_0).$$

Man beachte dabei, daß $L^{(0)} = K_0 \cap L^{(r)}$ für $r = 1, 2$ ist und daß die Hilfswege zu den Endpunkten von e_1^λ auf $L^{(0)}$ liegen. In (5.26) werden daher a_λ und $b_\varkappa$ durch denselben Kantenweg auf K_0 repräsentiert. In (5.24) und (5.25) sind auch die 2-Zellen von K_0 und die Kanten auf $L^{(0)}$ in den Relationen doppelt erfaßt. Durch (5.26) korrigiert sich dies ebenfalls: Eine zugehörige Relation in (5.24) ist Folgerelation von (5.25) und (5.26). Nun ist $L = L^{(1)} \cup L^{(2)}$ ein Baum für K. Eliminiert man die in (5.26) auftretenden a_λ aus (5.24), so gehen (5.24), (5.25) in ein System von Erzeugenden und definierenden Relationen gemäß 5.7 Satz 3 für die Kantenwegegruppe von K über. Wegen 4.5 ist diese Gruppe auch durch (5.24), (5.25), (5.26) gegeben. Nun ist $\mathfrak{H}$ gemäß 4.6 durch (5.24), (5.25) gegeben. Bild $i_1 j_{1*}$ wird durch die a_λ mit e_1^λ in K_0 und Bild $i_2 j_{2*}$ durch die $b_\varkappa$ mit $e_1^\varkappa$ in K_0 erzeugt. (5.26) ist daher gleichwertig mit $i_1 j_{1*}(\alpha) = i_2 j_{2*}(\alpha)$ für jedes α in $\pi_1(K_0, x_0)$. Damit ergibt sich die Behauptung gemäß 4.4.

Anmerkung. Satz 2 gilt entsprechend, wenn K_1 und K_2 offene Teilmengen eines Raumes $K = K_1 \cup K_2$ sind, derart daß K_1, K_2 und $K_0 = K_1 \cap K_2 \neq \emptyset$ bogenweise zusammenhängen (s. Crowell und Fox, Introduction to Knot Theory, Boston 1963). Daß besondere Voraussetzungen über K_1 und K_2 notwendig sind, zeigt folgendes

---

[1]) Dieser Satz wird in der englischen Literatur häufig nach van Kampen benannt. Er wurde jedoch zuerst (1931) von H. Seifert aufgestellt und bewiesen.

Gegenbeispiel: Im R^3 mit den Koordinaten x, y, z sei Y die Vereinigung der Kreise $\left(x-\frac{1}{n}\right)^2 + y^2 = \left(\frac{1}{n}\right)^2$, $z = 0$ für alle natürlichen Zahlen n und K_2 der Kegel mit der Basis Y und der Spitze $(1, 0, 1)$. K_1 entstehe aus K_2 durch Spiegelung an der Ebene $x = 0$. K_1 und K_2 sind einfach zusammenhängend. $K_1 \cap K_2$ ist ein Punkt. $K_1 \cup K_2$ ist bogenweise, aber nicht einfach zusammenhängend.

5.9 Isomorphiebeweis. Wir tragen nun den Beweis von 5.7 Satz 2 nach und verwenden die dortigen Bezeichnungen. Nach einer Vorbemerkung stellen wir eine zellenartige Approximation für eine simpliziale Unterteilung von $K = K^2$ bereit. Zusammen mit simplizialer Approximation für Wege und Nullhomotopien ergibt sie, daß Θ epimorph und monomorph ist.

Vorbemerkung. Wir betrachten Kantenwege auf dem Polygon E_μ^2. Wegen (P) gehen Kantenwege auf E_μ^2 vermöge φ_μ: $E_\mu^2 \to K$ in solche auf $\bar{e}_2^\mu$ über. In der Tat wurde $R_\mu(k)$ so bestimmt. Entsprechend (I), (II) betrachten wir allgemeiner Umformungen von beliebigen Kantenwegen auf E_μ^2 und K, wobei jeweils die Endpunkte ungeändert bleiben. Dann gilt: Sind S' und T' Kantenwege auf E_μ^2, die in Anfangs- und Endpunkt übereinstimmen, so läßt sich $S = \varphi_\mu(S')$ durch Operationen (I), (II) auf K in $T = \varphi_\mu(T')$ überführen.

Beweis. Es sei R_μ' der Kantenweg von E_μ^2, für den $R_\mu(k) = \varphi_\mu(R_\mu')$ ist. Es genügt, S' auf E_μ^2 durch Operationen der Art (I), (II) in T' überzuführen, wobei für (II) nur zulässiges Einschieben oder Streichen von R_μ' oder $R_\mu'^{-1}$ für den hier fixierten Index μ in Frage kommt. Vermöge φ_μ erhält man nämlich entsprechende Umformungen auf K. Durch Umformungen (I) kann nun zunächst S' in $S'T'^{-1}T'$ übergeführt werden, und es genügt zu zeigen, daß der geschlossene Kantenweg $U = S'T'^{-1}$ in den leeren übergeführt werden kann. Es sei W ein Kantenweg auf E_μ^2, der vom Anfangspunkt von R_μ' zum Anfangspunkt von U führt. Vermöge (I) geht U in $W^{-1}WUW^{-1}W$ über. Es genügt nun zu zeigen, daß $V = WUW^{-1}$ in den leeren Weg übergeführt werden kann, weil dabei $W^{-1}VW$ in $W^{-1}W$ übergeht. Dazu nehmen wir an V zunächst Kürzungen gemäß (I) so oft wie möglich vor. Der danach vorliegende Kantenweg ist entweder leer oder eine Potenz von R_μ', denn er ist geschlossen, hat denselben Anfangspunkt wie R_μ', und er kehrt nirgends um. Damit folgt die Behauptung.

Wir betrachten nun eine simpliziale Unterteilung L von K. Wegen (P) kann angenommen werden, daß L von einer simplizialen Unterteilung des Gerüstes K^1 und von simplizialen Unterteilungen F_μ der Polygone E_μ^2 herrührt, so daß F_μ durch φ_μ simplizial in L abgebildet wird. Wir stellen eine zellenartige Abbildung f: $L \to K$ her. Die Ecken von L, die zugleich Ecken von K sind, werden auf sich abgebildet. Für eine jede Kante $\bar{e}_1^\lambda$ von K bilden wir die auf $\bar{e}_1^\lambda$ liegenden Kanten von L so ab, daß jeweils eine in einem Endpunkt von $\bar{e}_1^\lambda$ beginnende Kante von L auf $\bar{e}_1^\lambda$ auseinandergezogen wird, während die übrigen in den zweiten Endpunkt von $\bar{e}_1^\lambda$ abgebildet werden. Damit ist f für die durch L bewirkte Unterteilung von K^1 erklärt. Aus der Konstruktion, 5.1 Satz 1 und 3.4 Hilfssatz 1 folgt, daß diese Abbildung zur identischen von K^1 homotop relativ K^0 ist. Zur weiteren Fortsetzung von f betrachten wir die unterteilten Polygone F_μ. Für den Rand von F_μ besteht eine stetige Abbildung f_μ auf sich, so daß $\varphi_\mu f_\mu = f \varphi_\mu$ ist: Man übertrage $f \,|\, |K^1|$ auf die Kanten von E_μ^2. Wir setzen f_μ auf F_μ folgendermaßen fort: Jeder noch nicht abgebildeten Ecke ordnen wir zunächst eine Ecke des Polygons E_μ^2 zu. Fallen nun für eine noch nicht abgebildete Kante von F_μ die Bilder der Endpunkte zusammen, so bilden wir sie in diesen Punkt ab. Andernfalls wird sie topologisch auf einen Randbogen von E_μ^2 abgebildet, welcher die Bilder der Endpunkte verbindet. Wegen 5.1 Satz 2 kann nun f_μ noch auf die 2-Simplexe von F_μ fortgesetzt werden, weil E_μ^2 zusammenziehbar ist. Dies wird jedoch nicht benötigt. Nun läßt sich $f: L^1 \to K^1$ so erklären, daß auf dem 1-dimensionalen Gerüst von F_μ jeweils $f\varphi_\mu = \varphi_\mu f_\mu$ ist, d.h. es wird jeweils f_μ vermöge φ_μ auf L^1 und K^1 übertragen.

Nach diesen Vorbereitungen wenden wir uns dem Beweise von 5.7 Satz 2 zu und zeigen zunächst, daß Θ: $\mathfrak{F} \to \pi_1(K, x_0)$ epimorph ist. $\alpha \in \pi_1(K, x_0)$ werde durch einen geschlossenen Weg w repräsentiert. Wegen 5.7 Satz 1 kann angenommen werden, daß w auf K^1 liegt. $w(I)$ ist kompakt und liegt wegen 3.2 Satz 3 auf einem endlichen Unterkomplex L^* von L. Daher kann w gemäß 2.7 simplizial bezüglich L^* approximiert werden. Weil x_0 Ecke von L ist, entsteht dabei aus w ein zu w homotoper Weg w' auf K^1. Nach Konstruktion von f ist nun $w'' = fw'$ homotop zu w' und damit zu w. w'' läßt sich als Produkt von verallgemeinerten Wegen auffassen, die zum Teil Punktwege sind, während die übrigen jeweils eine Kante von K durchlaufen, also in einer Klasse k_λ oder k_λ^{-1} liegen. Bildet man nur das Produkt der letzten, läßt man also die Punktwege aus, so bleibt die Homotopieklasse α von w'' ungeändert (vgl. (5.12)), und es ergibt sich, daß α Bild eines Kantenweges bei Θ ist.

Zum Nachweis, daß Θ monomorph ist, sei W ein Kantenweg auf K, so daß $\Theta(W)$ das 1-Element von $\pi_1(K, x_0)$ ist. Zu W gibt es eine Zerlegung von I in Teilintervalle t_i und einen Weg $w: I \to K$, so daß w ein Produkt verallgemeinerter Wege ist, dessen Glieder der Reihe nach die entsprechenden Glieder von W darstellen (vgl. (5.21)). w liegt in der Klasse $\Theta(W)$. Daher gibt es eine Homotopie $\Phi: I \times I \to K$, die den Weg $\Phi_0 = w$ auf x_0 zusammenzieht. $\Phi(I \times I)$ ist kompakt und liegt wegen 3.2 Satz 3 auf einem endlichen Unterkomplex L^* von L. Wir unterteilen $I \times I$ zunächst in Rechtecke und danach die Rechtecke durch Diagonalen von links oben nach rechts unten (Fig. 15), so daß erstens die Endpunkte der Teilintervalle t_i als Ecken auf $I \times 0$ bei dieser Triangulation auftreten und daß zweitens Φ bezüglich dieser Triangulation eine simpliziale Approximation $\bar{\Phi}: I \times I \to L^*$ besitzt. Die Triangulation von $I \times I$ soll also genügend fein sein. Die Existenz einer solchen Triangulation folgt wie im Beweise des Satzes in 2.7. Ihre Kanten unterteilen wir noch so, daß $f\bar{\Phi}$ auf jeder Teilkante entweder konstant oder eine charakteristische Abbildung für eine 1-Zelle von K ist. Nach Konstruktion von $f: L^1 \to K$ ist dies möglich.

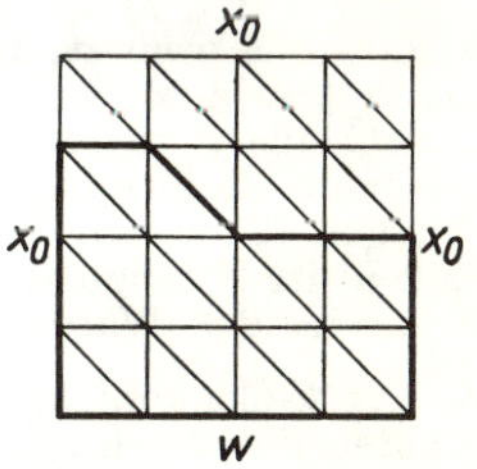

Fig. 15

Wir bauen nun $I \times I$ schrittweise ab, indem wir zeilenweise von oben nach unten und in jeder Zeile von rechts nach links jeweils ein Dreieck der Triangulation abbrechen. Ein Zwischenstadium ist in Fig. 15 stark umrandet. Dem jeweils noch vorhandenen Teil von $I \times I$ ordnen wir einen Kantenweg folgendermaßen zu: Wir umlaufen ihn im Gegenuhrzeigersinn, beginnend bei der linken unteren Ecke von $I \times I$, und lesen für die Bilder der Teilkanten bei $f\bar{\Phi}$, die nicht konstant sind, der Reihe nach die entsprechenden gerichteten Kanten von K ab. Unsere Behauptung folgt, wenn wir zeigen, daß diese Kantenwege dasselbe Element von $\mathfrak{F}$ darstellen wie W, denn nach Weglassen des letzten Dreiecks (links unten) liegt der leere Kantenweg vor.

Im Anfangsstadium liegt der Kantenweg W vor. Es werden nämlich rechte, linke und obere Seite des Quadrates $I \times I$ durch $f\bar{\Phi}$ ebenso wie bei Φ in x_0 abgebildet. Dies folgt aus dem Satz in 2.7 und der Konstruktion von f. Die untere Seite $I \times 0$ wird durch $\bar{\Phi}$ in K^1 abgebildet, und $f\bar{\Phi} | I \times 0$ entsteht aus w dadurch, daß die Bilder der Teilintervalle t_i bei festen Endpunkten verzerrt werden, wiederum wegen 2.7 und der Konstruktion von f.

Es ist noch zu untersuchen, was das Abbrechen eines Dreiecks Δ beim Abbau von $I \times I$ für den zur Kontur gehörigen Kantenweg bedeutet. $\bar{\Phi}(\Delta)$ liegt entweder auf einer abgeschlossenen 2-Zelle von K oder auf einer Kante von K, an die keine 2-Zelle anstößt. Im zweiten Falle ist $\bar{\Phi}(\Delta)$ eine Ecke oder Kante von L, woran man erkennt, daß der Kantenweg bei Abbrechen von Δ höchstens eine Operation (I) erfährt. Beim ersten Fall wird ein Stück S des vorliegenden Kantenweges durch ein anderes T nach Art der Vorbemerkung ersetzt, denn f wurde gerade so konstruiert, daß dieses eintreten muß. Damit folgt schließlich, daß Θ monomorph ist, womit der Beweis beendet ist.

Aufgaben. 1. Jede Gruppe ist Fundamentalgruppe eines Zellenkomplexes.

2. Für eine geschlossene Fläche vom Typ $\mathfrak{o}_h$ bzw. $\mathfrak{n}_h$ gibt es 2^{2h} bzw. 2^h Homomorphismen der Fundamentalgruppe in die zyklische Gruppe der Ordnung 2 und 3^{2h} bzw. 3^{h-1} Homomorphismen in die zyklische Gruppe der Ordnung 3.

3. Entfernt man aus einer geschlossenen Fläche einen oder mehrere Punkte, so entsteht ein Raum, der einen 1-dimensionalen Zellenkomplex als Deformationsretrakt besitzt, dessen Fundamentalgruppe also frei ist. (Warum kann angenommen werden, daß die entfernten Punkte in der 2-Zelle der Normalform liegen?)

4. Aus einem Viereck entsteht durch die Kantenverheftung $aba^{-1}c$ eine zu einem Kreisring homöomorphe berandete Fläche. Durch die Verheftung $abac$ entsteht eine Fläche mit einem Rand, die sich als verdrilltes Band im R^3 realisieren läßt (Möbius-Band). Im Gegensatz zum Kreisring lassen sich bei ihm nicht Ober- und Unterseite unterscheiden (Einseitigkeit der Einlagerung). In dem Möbius-Band läßt sich ein orientierter Kreis so verschieben, daß er mit entgegengesetzter Orientierung in die Ausgangslage zurückkommt (Nicht-Orientierbarkeit). Jede geschlossene nicht-orientierbare Fläche enthält einen zum Möbius-Band homöomorphen Teilraum (vgl. IV.3.3 Beispiel 3).

5. Es werde benutzt, daß bei einer triangulierten Fläche F an jeder Kante genau zwei 2-Simplexe anstoßen (anschaulich naheliegend, Nachweis in IV.3 Aufgabe 2). Man zerschneide F in seine 2-Simplexe. Mit einem beginnend hefte man die anderen in geeigneter Reihenfolge mit jeweils einer Kante an. Es entsteht schließlich ein einziges Polygon Π, dessen Kanten paarweise zu verheften sind. (Zwei Punkte, die nicht Ecken der Triangulation sind, können durch einen Weg verbunden werden, der die Ecken meidet. Warum kann erreicht werden, daß Π ein reguläres Polygon ist?)[1]

6. Der Zellenkomplex K sei durch ein Polygon Π mit Verheftungsvorschrift für Kanten dargestellt. (a) Folgende Änderung der Darstellung ist möglich: Man zerschneide Π längs einer Diagonalen und verhefte die beiden Polygone an einem zu

---

[1]) Anschauungsmaterial zur Flächentheorie findet sich u. a. in Seifert und Threlfall, Lehrbuch der Topologie, Leipzig und Berlin 1934, wo auch berandete Flächen klassifiziert werden, und in Cairns, Introductory Topology, New York 1961. Aufgaben 6, 7 beruhen auf der Darstellung in Lefschetz, Introduction to Topology, Princeton 1949.

identifizierenden Kantenpaar wieder zu einem. (Eines der beiden Polygone ist dabei möglicherweise umzuklappen.) (b) Hat der die 2-Zelle von K umlaufende Kantenweg R die Gestalt $aSTa^{-1}U$, so sind gemäß (a) folgende Umformungen möglich: $R \to aSb^{-1}$ und $bTa^{-1}U$ (zwei Polygone) $\to bTSb^{-1}U$. (c) Hat R die Gestalt $aSTaU$, so bestehen Umformungen $R \to$ (aSb^{-1} und $bTaU$) $\to bTbS^{-1}U$. (d) Hat R die Gestalt $aa^{-1}S$ mit $S \neq \emptyset$, so besteht auch eine Darstellung mit Kantenweg S, d. h. bei Identifizierung des Kantenpaares a, a^{-1} entsteht wieder ein Polygon (bis auf Homöomorphie).

7. Es sei Π ein Polygon, dessen Kanten paarweise zu verheften sind, R der umlaufende Kantenweg. Hat R (oder eine zyklische Permutation von R) die Gestalt $aSbTa^{-1}Ub^{-1}V$, so sagt man, daß die zu verheftenden Kantenpaare (a, a^{-1}), (b, b^{-1}) gekreuzt liegen. (a) Tritt dies nicht ein und ist kein Kantenpaar gleichsinnig zu verheften, so ist durch Aufgabe 6 (d) die Gestalt $\mathfrak{o}_0$ zu erreichen. (b) Falls kein Kantenpaar gleichsinnig zu verheften ist, so ist eine Gestalt $\mathfrak{o}_h$ durch Aufgabe 6 (b) und (d) zu erreichen ($aSbTa^{-1}Ub^{-1}V \to aSca^{-1}UTc^{-1}V \to dScd^{-1}c^{-1}VUT \to ed^{-1}e^{-1}dSVUT$, ferner $aba^{-1}b^{-1}ST \to cbc^{-1}Tb^{-1}S \to cdTc^{-1}d^{-1}S \to SeTc^{-1}e^{-1}c \to f^{-1}e^{-1}feTS$). (c) Ist ein Kantenpaar gleichsinnig zu verheften, so ist durch Aufgabe 6 eine Gestalt $\mathfrak{n}_h$ zu erreichen ($aUaV \to aaU^{-1}V$, ferner $aUbbVa \to cbVcb^{-1}U^{-1} \to cdcVd^{-1}U^{-1} \to eed^{-1}Vd^{-1}U^{-1} \to ffe^{-1}e^{-1}UV$. Damit zunächst eine Gestalt ST, wobei S von der Form $\mathfrak{n}_j$ und T von der Form $\mathfrak{o}_k$ ist. Danach: $ccaba^{-1}b^{-1}U \to da^{-1}b^{-1}Udb^{-1}a^{-1} \to da^{-1}eed^{-1}U^{-1}a^{-1} \to dffUde^{-1}e^{-1} \to ffUggee$).

§ 6 Überlagerungen

6.1 Plausibilitätsbetrachtung. Zur Vorbereitung der folgenden Begriffsbildung betrachten wir die durch $t \to (\cos 2\pi t, \sin 2\pi t)$ gegebene Parameterdarstellung des Kreises S^1. Dies ist eine stetige Abbildung p: $\mathsf{R} \to S^1$. Entfernt man aus S^1 einen Punkt oder einen abgeschlossenen Bogen, so entsteht eine offene Teilmenge U von S^1, deren Urbild bezüglich p aus disjunkten offenen Intervallen besteht, und jedes dieser Intervalle wird durch p topologisch auf U abgebildet. Dieser Sachverhalt ist das Muster für die Definition von Überlagerungen. Die Abbildung p: $\mathsf{R} \to S^1$ gewinnt an Anschaulichkeit, wenn man zunächst R vermöge $t \to (\cos 2\pi t, \sin 2\pi t, t)$ auf eine Schraubenlinie im R^3 abbildet und danach orthogonal auf die Ebene der beiden ersten Koordinaten projiziert.

Zu p: $\mathsf{R} \to S^1$ gehört eine Gruppe topologischer Abbildungen von R auf sich, nämlich die Gruppe der ganzzahligen Translationen: Zwei Punkte t_0, t_1 von R haben bei p genau dann dasselbe Bild, wenn t_0 durch eine solche Translation in t_1 übergeführt werden kann. Jede dieser „Deckbewegungen" von R ist durch eine ganze Zahl gekennzeichnet, nämlich das Bild des Punktes 0. Denkt man sich andererseits R gemäß p auf den Kreis S^1 aufgewickelt, so geht jedes Stück von 0 bis zu einer ganzen Zahl n in einen geschlossenen Weg über, und man erhält auf diese Weise gerade alle Elemente der Fundamentalgruppe von S^1 zum Anfangspunkt (1, 0) (5.7 Beispiel 2). Die Fundamentalgruppe des vermöge p von R überlagerten Raumes S^1 ist isomorph zur zugehörigen Gruppe der Deckbewegungen. Dies beruht darauf, daß R einfach zusammenhängend ist, und dieser Sachverhalt ist für „universelle" Überlagerungen charakteristisch. Wir werden zeigen, daß sich alle anderen Überlagerungen aus der universellen durch Identifizieren ergeben.

6.2 Überlagerungen. Es sei X ein bogenweise zusammenhängender Raum. Eine Überlagerung von X besteht aus einem bogenweise zusammenhängenden Raum $\tilde{X}$ und einer surjektiven Abbildung p: $\tilde{X} \twoheadrightarrow X$ derart, daß jeder Punkt x von X eine offene Umgebung $U(x)$ besitzt mit folgender Eigenschaft:

(Ü) Das Urbild $\overset{-1}{p}(U(x))$ ist Vereinigung einer Familie disjunkter offener Mengen $\{\tilde{U}_\lambda\}_{\lambda \in \Lambda}$ von $\tilde{X}$, so daß $p|\tilde{U}_\lambda$ für jedes $\lambda \in \Lambda$ eine topologische Abbildung von $\tilde{U}_\lambda$ auf $U(x)$ bewirkt.

p heißt die Projektion oder Spurabbildung der Überlagerung, $\tilde{X}$ der überlagernde und X der überlagerte Raum. Ist $\tilde{A}$ eine Teilmenge von $\tilde{X}$, so sagt man, daß $\tilde{A}$ über $p(\tilde{A})$ liegt. $p(\tilde{A})$ heißt die Spur von $\tilde{A}$. Ist (Ü) für $U(x)$ erfüllt, so heißt $U(x)$ zulässige Umgebung von x.

Beispiele. 1. Durch $p(t) = (\cos 2\pi t, \sin 2\pi t)$ erhält man eine Überlagerung $p: \mathsf{R} \to S^1$.

2. C^* entstehe aus der Gaußschen Ebene der komplexen Zahlen durch Wegnahme des Nullpunktes. Durch $z \to z^n$ ($z \in \mathsf{C}^*$, n eine natürliche Zahl) entsteht eine Überlagerung $p: \mathsf{C}^* \to \mathsf{C}^*$, wobei jeweils n Punkte des überlagernden Raumes denselben Spurpunkt haben. Für den Punkt z_0 des überlagerten Raumes ist $\{z \mid |z - z_0| < |z_0|\}$ eine zulässige Umgebung.

3. Im R^3 mit den Koordinaten x, y, z erhält man durch

$$\begin{aligned} x(s,t) &= (R + r\cos 2\pi t)\cos 2\pi s \\ y(s,t) &= (R + r\cos 2\pi t)\sin 2\pi s \qquad R > r > 0 \\ z(s,t) &= r \sin 2\pi t \end{aligned}$$

eine Parameterdarstellung einer Rotationsringfläche. Vermöge dieser wird die Ringfläche von der (s,t)-Ebene überlagert.

4. Für einen bogenweise zusammenhängenden Raum X ist jede topologische Abbildung von X auf sich eine Überlagerung.

Anmerkung 1. Für die Überlagerung ist die Angabe der Abbildung p wesentlich. Beispiel 2 zeigt, daß sich C^* auf unendlich viele verschiedene Weisen selbst überlagert.

Anmerkung 2. (Ü) besagt insbesondere, daß jeder Punkt $\tilde{x}$ von $\tilde{X}$ eine Umgebung besitzt, die durch p topologisch auf eine Umgebung von $p(\tilde{x})$ abgebildet wird. Man sagt dafür auch, daß p lokal topologisch ist. Diese Eigenschaft einer Überlagerung bezeichnet man auch als Unverzweigtheit. Sie geht in Beispiel 2 verloren, wenn man die Abbildung $z \to z^n$ für alle komplexen Zahlen betrachtet. Es entsteht dann eine sogenannte verzweigte Überlagerung. In der Funktionentheorie werden auch solche Überlagerungen benutzt. Sie entstehen aus den unverzweigten dadurch, daß man X und $\tilde{X}$ durch Hinzunahme weiterer Punkte ergänzt und p dort noch geeignet stetig definiert. Sie bleiben außerhalb unserer Betrachtungen.

Anmerkung 3. Für $x \in X$ ist $\overset{-1}{p}(x) = D_x$ eine diskrete Teilmenge von $\tilde{X}$, denn wegen (Ü) gehört jeder Punkt von D_x genau einer der offenen Mengen $\tilde{U}_\lambda$ an. Man bemerkt, daß D_x als Indexmenge Λ in (Ü) benutzt werden kann. Wir werden später zeigen, daß die Mächtigkeit von D_x nicht von x abhängt.

Anmerkung 4. Sei $U(x)$ zulässig. Die in (Ü) enthaltene Aussage, daß $p|\tilde{U}_\lambda$ für jedes λ eine surjektive Abbildung auf $U(x)$ ist, bezeichnet man auch als Unbegrenztheit der Überlagerung. Sie geht in Beispiel 1 verloren, wenn man R durch die Halbgerade $t > 0$ ersetzt. Keine Umgebung des Punktes $(1, 0)$ von S^1 ist dann noch zulässig. Entsprechendes gilt in Beispiel 3, wenn man die Parameter s, t auf die Halbebene $s > 0$ beschränkt.

Anmerkung 5. Ist $U(x)$ zulässige Umgebung von x, so ist jede in $U(x)$ enthaltene offene Umgebung $V(x)$ von x ebenfalls zulässig. Dies folgt unmittelbar aus (Ü) mit $\tilde{V}_\lambda = \tilde{U}_\lambda \cap \overset{-1}{p}(V(x))$. Hiervon werden wir wiederholt Gebrauch machen.

Satz. *Ist p: $\tilde{X} \twoheadrightarrow X$ eine Überlagerung, so ist p stetig und offen. X besitzt die Identifizierungstopologie bezüglich p. Ist X separiert, so ist es auch $\tilde{X}$.*

Beweis. Sei zunächst Q eine offene Menge in X. Ist $x \in Q$, so besitzt x wegen Anmerkung 5 eine zulässige offene Umgebung $V(x)$, die in Q liegt. $\overset{-1}{p}(V(x))$ ist offen, und es ist $\overset{-1}{p}(Q)$ Vereinigung solcher Mengen, also offen. Hiernach ist p stetig. Sei nun $\tilde{Q}$ eine offene Teilmenge von $\tilde{X}$ und x irgendein Punkt aus $p(\tilde{Q})$. Über x liegt ein Punkt $\tilde{x}$ aus $\tilde{Q}$. Sei $U(x)$ eine zulässige Umgebung von x. Wegen (Ü) liegt über $U(x)$ eine offene Menge $\tilde{U}_\lambda$, die den Punkt $\tilde{x}$ enthält und die durch p topologisch auf $U(x)$ abgebildet wird. $\tilde{V} = \tilde{Q} \cap \tilde{U}_\lambda$ ist eine offene Umgebung von $\tilde{x}$. $p(\tilde{V})$ ist offen relativ $U(x)$ und auch offen in X, weil $U(x)$ offen ist. Wegen $x = p(\tilde{x}) \in p(\tilde{V}) \subset p(\tilde{Q})$ ist $p(\tilde{Q})$ Umgebung von x. Damit folgt, daß $p(\tilde{Q})$ offen ist. Die zweite Behauptung des Satzes folgt aus I.4.4 Satz 2. Zwei verschiedene Punkte aus $\tilde{X}$ mit gleicher Spur haben disjunkte Umgebungen wegen (Ü). Ist X separiert, so haben je zwei verschiedene Punkte von X disjunkte zulässige Umgebungen wegen Anmerkung 5. Damit folgt die letzte Behauptung.

6.3 Hochheben von Homotopien. Ehe wir uns der Konstruktion von Überlagerungen zuwenden, wobei wir außer dem bogenweisen Zusammenhang noch zusätzliche Eigenschaften von X fordern werden, leiten wir wichtige Eigenschaften von Überlagerungen her. Sie werden uns den Ansatz zur Konstruktion liefern. In diesem Abschnitt werden wir nur die Bedingung (Ü) benutzen, nicht aber, daß $\tilde{X}$ bogenweise zusammenhängend ist.

Es sei $p: \tilde{X} \to X$ eine Überlagerung. Ist $\tilde{f}: Z \to \tilde{X}$ eine Abbildung und $f = p\tilde{f}: Z \to X$, so sagen wir, daß $\tilde{f}$ über f liegt. Ist $\tilde{f}$ stetig, so sagen wir, daß $\tilde{f}$ aus f durch Hochheben entsteht.

Satz 1. *Es sei $[a, b]$ ein kompaktes Intervall und v: $[a, b] \to X$ eine stetige Abbildung mit $v(a) = x_0$. Ferner liege $\tilde{x}_0 \in \tilde{X}$ über x_0. Dann liegt über v genau eine stetige Abbildung $\tilde{v}$: $[a, b] \to \tilde{X}$ mit $\tilde{v}(a) = \tilde{x}_0$.*

Der Satz besagt, daß über dem verallgemeinerten Weg v mit Anfangspunkt x_0 genau ein verallgemeinerter Weg $\tilde{v}$ mit Anfangspunkt $\tilde{x}_0$ liegt. Insbesondere gilt dies für Wege.

Beweis. Jeder Punkt t von $[a, b]$ besitzt relativ $[a, b]$ eine Umgebung, die durch v in eine zulässige Umgebung von $v(t)$ abgebildet wird. Wegen I.7.4 Satz 4 gibt es eine Zerlegung von $[a, b]$ in Teilintervalle $a = t_0 < t_1 < t_2 < \ldots < t_n = b$ derart, daß $[t_{i-1}, t_i]$ für $i = 1, 2, \ldots, n$ durch v jeweils in eine zulässige Umgebung in X abgebildet wird. $\tilde{v}(a) = \tilde{x}_0$ existiert und ist eindeutig bestimmt. Ist $\tilde{v}(t)$ für $a \leqq t \leqq t_{i-1}$ bereits erklärt und als eindeutig erkannt, so betrachten wir $v(t)$ für $t_{i-1} \leqq t \leqq t_i$. Dieses Wegstück liegt in einer zulässigen Umgebung, etwa in U. Wegen (Ü) gibt es eine offene Menge $\tilde{U}_\lambda$ in $\tilde{X}$, die sich vermöge p topologisch auf U abbildet und die $\tilde{v}(t_{i-1})$ enthält. Bezeichnet q das Inverse von $p\,|\,\tilde{U}_\lambda$, so ist $\tilde{v}(t) = (qv)(t)$ eine stetige Abbildung für $t_{i-1} \leqq t \leqq t_i$. Damit ist jetzt $\tilde{v}(t)$ für

$a \leqq t \leqq t_i$ definiert und stetig. Soll umgekehrt $\tilde{v}(t)$ für $t_{i-1} \leqq t \leqq t_i$ stetig sein, so kann $\tilde{v}(t)$ für diese t die Bogenkomponente von $\tilde{v}(t_{i-1})$ relativ $\overset{-1}{p}(U)$ nicht verlassen, also erst recht nicht $\tilde{U}_\lambda$, wie aus (Ü) und 1.2 Anmerkung 2 hervorgeht. Damit ergibt sich die Behauptung.

Folgerung 1. Es sei $w: I \to X$ ein Weg in X. Liegt $\tilde{w}$ über w und $\tilde{v}$ über w^-, so daß $\tilde{v}(0) = \tilde{w}(1)$ ist, so ist $\tilde{v} = (\tilde{w})^-$, denn $\tilde{v}$ und $(\tilde{w})^-$ liegen über w^- und haben denselben Anfangspunkt.

Folgerung 2. Sind x und y Punkte von X, so sind $\overset{-1}{p}(x) = D_x$ und $\overset{-1}{p}(y) = D_y$ gleichmächtig.

Weil nämlich X bogenweise zusammenhängend ist, gibt es einen Weg w in X von x nach y. Hebt man w gleichzeitig auf alle möglichen Weisen hoch, so erhält man alle Punkte von D_x als Anfangspunkte und jeden genau einmal. Man erhält jeden Punkt von D_y dabei genau einmal als Endpunkt, weil andernfalls Folgerung 1 einen Widerspruch ergäbe. Damit ist eine bijektive Beziehung zwischen D_x und D_y hergestellt. Diese Beziehung hängt übrigens von der Wahl des Weges w ab, worauf wir noch eingehen werden (6.4 Satz 3). Die Mächtigkeit von D_x ist nach 6.2 Anmerkung 3 die Anzahl der $\tilde{U}_\lambda$, die über der zulässigen Umgebung $U(x)$ liegen. Man nennt sie daher die Blätterzahl der Überlagerung. Die Blätterzahl ist von x unabhängig. Man beachte jedoch, daß sich „Blätter" von $\tilde{X}$ nur lokal unterscheiden lassen. Da $\tilde{X}$ bogenweise zusammenhängend ist, gibt es für je zwei Punkte über x einen Verbindungsweg. Man gelangt dabei von einem Blatt ins andere. Will man Blätter in $\tilde{X}$ nicht nur lokal festlegen, so muß man $\tilde{X}$ durch Angabe von Blattgrenzen zerschneiden. Man vergleiche die Beispiele in 6.2.

Satz 2 (Hochheben von Homotopien). *Es sei $\tilde{f}: Z \to \tilde{X}$ eine stetige Abbildung und $f = p\tilde{f}: Z \to X$. Ferner sei $\Phi: Z \times I \to X$ mit $\Phi_0 = f$ eine Deformation von f. Dann gibt es genau eine stetige Abbildung $\tilde{\Phi}: Z \times I \to \tilde{X}$, die über Φ liegt und für die $\tilde{\Phi}_0 = \tilde{f}$ ist. Ist $A \subset Z$ und Φ eine Homotopie relativ A, so ist auch $\tilde{\Phi}$ eine Homotopie relativ A.*

Beweis. Wegen Satz 1 muß die partielle Abbildung $\tilde{\Phi}_z$ für beliebiges $z \in Z$ derjenige Weg sein, der über Φ_z liegt und der den Anfangspunkt $\tilde{f}(z)$ besitzt. $\tilde{\Phi}$ ist somit eindeutig bestimmt. Gleichzeitig ergibt sich die letzte Behauptung des Satzes. Es bleibt nachzuweisen, daß $\tilde{\Phi}$ stetig ist, was indirekt geschieht. Sei etwa $\tilde{\Phi}$ unstetig in einem Punkte (z_0, t_1). t_0 sei die untere Grenze derjenigen $t \in I$, für welche $\tilde{\Phi}$ unstetig an der Stelle (z_0, t) ist. Ferner sei $\Phi(z_0, t_0) = x_0$ und U eine zulässige Umgebung von x_0. Wegen der Stetigkeit von Φ gibt es offene Umgebungen W von z_0 in Z und V von t_0 in I, so daß $\Phi(W \times V) \subset U$ ist. Wir unterscheiden zwei Fälle.

1. Fall: $t_0 = 0$. Über U liegt eine Umgebung $\tilde{U}$ von $\tilde{f}(z_0)$, die sich vermöge p topologisch auf U abbildet. Sei q das Inverse von $p \mid \tilde{U}$. Wegen der Stetigkeit von $\tilde{f}$ gibt es eine Umgebung W' von z_0, so daß $\tilde{f}(W') \subset \tilde{U}$ ist. Offenbar können W und W' so gewählt werden, daß $W = W'$ ist. Auf $W \times V$ stimmt $q\Phi$ mit $\tilde{\Phi}$ überein wegen $\tilde{\Phi}_0 = \tilde{f}$ und Satz 1. Es ist aber $q\Phi \mid W \times V$ stetig. Weil $W \times V$ offen ist, ist $\tilde{\Phi}$ stetig in allen Punkten von $W \times V$, womit sich ein Widerspruch gegen die Definition von t_0 ergibt.

2. Fall: $t_0 > 0$. Sei $t' < t_0$ und $t' \in V$. Über U liegt eine offene Menge $\tilde{U}$, die durch p topologisch auf U abgebildet wird und die den Punkt $\tilde{\Phi}(z_0, t')$ enthält. Sei q wieder das Inverse von $p \mid \tilde{U}$. Nach Definition von t_0 ist $\tilde{\Phi}$ im Punkte (z_0, t') stetig. Es gibt daher Umgebungen W' von z_0 und V' von t', so daß $\tilde{\Phi}(W' \times V') \subset \tilde{U}$ ist. Wieder können W und W' so gewählt werden, daß $W = W'$ ist, außerdem kann $V' \subset V$ angenommen werden. Auf $W \times V'$ stimmen $\tilde{\Phi}$ und $q\Phi = qp\tilde{\Phi}$ überein. Dies ist aber auch für $W \times V$ der Fall, weil wegen Satz 1 für jedes $z \in W$ und jedes $t \in V$ gelten muß $\tilde{\Phi}_z(t) = (q\Phi_z)(t)$. Also ist $\tilde{\Phi}$ stetig in einer offenen Umgebung von (z_0, t_0), was wiederum der Definition von t_0 widerspricht. Damit ergibt sich der Satz.

Satz 3. *Es seien $\tilde{w}_0$ und $\tilde{w}_1$ Wege in $\tilde{X}$ mit gleichem Anfangspunkt. $\tilde{w}_0$ bzw. $\tilde{w}_1$ liege über w_0 bzw. w_1. $\tilde{w}_0$ und $\tilde{w}_1$ sind dann und nur dann homotop, wenn w_0 und w_1 es sind.*

Beweis. Sei $w_0 \simeq w_1$ und $\Phi: I \times I \to X$ eine Homotopie zwischen w_0 und w_1. Wegen Satz 2 liegt über Φ eine Homotopie $\tilde{\Phi}$ der Wege $\tilde{\Phi}_0 = \tilde{w}_0$ und $\tilde{\Phi}_1$. $\tilde{\Phi}_1$ liegt über w_1. Wegen $\tilde{w}_1(0) = \tilde{w}_0(0)$ und Satz 1 ist $\tilde{\Phi}_1 = \tilde{w}_1$, also $\tilde{w}_0 \simeq \tilde{w}_1$. Die Umkehrung folgt aus der Stetigkeit von p.

6.4 Beziehung zwischen den Fundamentalgruppen. Wie in 5.2, 5.3 bezeichnen wir im Weiteren die Homotopieklasse eines Weges w durch $[w]$. Es liege $\tilde{x}_0 \in \tilde{X}$ über $x_0 \in X$. Wenden wir 6.3 Satz 3 auf die geschlossenen Wege in $\tilde{X}$ und X mit Anfangspunkt $\tilde{x}_0$ bzw. x_0 an, so ergibt sich, daß der Homomorphismus $p_*: \pi_1(\tilde{X}, \tilde{x}_0) \to \pi_1(X, x_0)$ injektiv ist. Also gilt

Satz 1. $p_*: \pi_1(\tilde{X}, \tilde{x}_0) \to \pi_1(X, x_0)$ *ist monomorph.*

Vermöge p_* ist also $\pi_1(\tilde{X}, \tilde{x}_0)$ isomorph zu einer Untergruppe $\mathfrak{G}$ von $\pi_1(X, x_0)$. Man sagt, daß die Überlagerung $p: \tilde{X} \to X$ zu dieser Untergruppe $\mathfrak{G}$ von $\pi_1(X, x_0)$ gehört. $\mathfrak{G}$ hängt noch davon ab, wie $\tilde{x}_0$ über x_0 gewählt ist. Hierüber gilt

Satz 2. *$\tilde{x}_0$ und $\tilde{x}_0'$ seien Punkte von $\tilde{X}$ über $x_0 \in X$. Ferner sei*

$$\mathfrak{G} = p_*(\pi_1(\tilde{X}, \tilde{x}_0)); \quad \mathfrak{G}' = p_*(\pi_1(\tilde{X}, \tilde{x}_0')). \tag{6.1}$$

Ist $\tilde{u}$ ein Weg von $\tilde{x}_0$ nach $\tilde{x}_0'$ und $p\tilde{u} = u$, so ist

$$\mathfrak{G}' = [u]^{-1} \mathfrak{G} [u]. \tag{6.2}$$

Ist ferner $\alpha \in \pi_1(X, x_0)$, so gibt es $\tilde{x}_0'$ über x_0 derart, daß $\mathfrak{G}' = \alpha \mathfrak{G} \alpha^{-1}$ ist. $p: \tilde{X} \to X$ gehört also zu einer Klasse konjugierter Untergruppen von $\pi_1(X, x_0)$.

Beweis. Es ist u geschlossen und $[u] \in \pi_1(X, x_0)$. $\tilde{u}$ stellt einen Isomorphismus $\varkappa_{\tilde{u}}: \pi_1(\tilde{X}, \tilde{x}_0') \to \pi_1(\tilde{X}, \tilde{x}_0)$ her gemäß (5.15): $\varkappa_{\tilde{u}}([\tilde{w}']) = [\tilde{u}][\tilde{w}'][\tilde{u}^-]$. Wendet man hierauf p an, so folgt $\mathfrak{G} = [u]\mathfrak{G}'[u]^{-1}$ und damit (6.2). Sei nun u ein geschlossener Weg in X mit $[u] = \alpha^{-1}$, dann liegt über u ein Weg $\tilde{u}$ mit $\tilde{u}(0) = \tilde{x}_0$. Setzt man $\tilde{x}_0' = \tilde{u}(1)$, so folgt die zweite Behauptung des Satzes aus (6.2).

Anmerkung. Durch eine entsprechende Schlußweise ergibt sich wegen 5.3 Satz 1 auch, daß die zu $p: \tilde{X} \to X$ gehörige Klasse konjugierter Untergruppen der Fundamentalgruppe von X nicht von der Wahl des Punktes $x_0 \in X$ abhängt.

Sei w ein Weg in X mit Anfangspunkt x_0. $\tilde{w}$ entstehe aus w dadurch, daß man w zu dem Anfangspunkt $\tilde{x}_0$ über x_0 hochhebt:

$$\tilde{w}(0) = \tilde{x}_0, \quad p\tilde{w} = w. \tag{6.3}$$

Nach 6.3 Satz 3 hängt $\tilde{w}(1)$ nur von $[w]$ ab. Darüber hinaus gilt

Satz 3. *Es seien $\tilde{w}_1$ und $\tilde{w}_2$ Wege in $\tilde{X}$ mit $\tilde{w}_1(0) = \tilde{w}_2(0) = \tilde{x}_0$. Ferner sei $w_1 = p\tilde{w}_1$ und $w_2 = p\tilde{w}_2$. Es ist $\tilde{w}_1(1) = \tilde{w}_2(1)$ dann und nur dann, wenn gilt: $w_1(1) = w_2(1)$ und außerdem*

$$[w_1 * w_2^-] \in \mathfrak{G} = p_*(\pi_1(\tilde{X}, \tilde{x}_0)). \tag{6.4}$$

Beweis. Ist $\tilde{w}_1(1) = \tilde{w}_2(1)$, so existiert $\tilde{w}_1 * \tilde{w}_2^-$, und dies ist ein geschlossener Weg, woraus $w_1(1) = w_2(1)$ und (6.4) unmittelbar folgen. Sei umgekehrt $w_1(1) = w_2(1)$, also $w_1 * w_2^-$ vorhanden, und (6.4) erfüllt. Über w_2^- liegt ein Weg $\tilde{v}$ mit $\tilde{v}(0) = \tilde{w}_1(1)$, und $\tilde{w}_1 * \tilde{v}$ liegt über $w_1 * w_2^-$. Außerdem gibt es wegen (6.4) in $\tilde{X}$ einen geschlossenen Weg $\tilde{u}$ mit $\tilde{u}(0) = \tilde{x}_0$ und $p_*([\tilde{u}]) = [w_1 * w_2^-]$. Wegen 6.3 Satz 3 ist $\tilde{u}$ homotop zu $\tilde{w}_1 * \tilde{v}$ und daher $\tilde{w}_1 * \tilde{v}$ geschlossen, also $\tilde{v}(1) = \tilde{x}_0$. Nun liegen $\tilde{v}^-$ und $\tilde{w}_2$ über w_2 mit gleichem Anfangspunkt $\tilde{x}_0$. Wegen 6.3 Satz 1 ist $\tilde{w}_2 = \tilde{v}^-$ und $\tilde{w}_2(1) = \tilde{v}(0) = \tilde{w}_1(1)$, was zu zeigen war.

Wir wollen Satz 3 noch eine andere Fassung geben. Dazu betrachten wir die Homotopieklassen für alle Wege in X mit Anfangspunkt x_0. Sei $\mathfrak{G}$ eine Untergruppe von $\pi_1(X, x_0)$. Wir setzen

$$\mathfrak{G}[w] = \{\gamma[w] \mid \gamma \in \mathfrak{G}\}. \tag{6.5}$$

$[w'] \in \mathfrak{G}[w]$ bedeutet, daß es einen geschlossenen Weg v mit $[w'] = [v][w]$ und $[v] \in \mathfrak{G}$ gibt. Hierbei ist $w'(1) = w(1)$, also $w' * w^-$ vorhanden, und es gilt $[w' * w^-] = [w'][w^-] = [v][w][w^-] = [v] \in \mathfrak{G}$. Ist umgekehrt $w'(1) = w(1)$ und $[w' * w^-] \in \mathfrak{G}$, so ist $[w'] = [w'][w^- * w] = [w' * w^-][w] \in \mathfrak{G}[w]$. Also gilt

$$[w'] \in \mathfrak{G}[w] \text{ ist gleichwertig mit } w'(1) = w(1) \text{ und } [w'][w^-] \in \mathfrak{G}. \tag{6.6}$$

Wegen $[w][w'^-] = [w * w'^-] = [(w' * w^-)^-] = [w' * w^-]^{-1}$ und (6.6) ist $[w'] \in \mathfrak{G}[w]$ gleichwertig mit $[w] \in \mathfrak{G}[w']$. Für je zwei Wege w_1, w_2 mit Anfangspunkt x_0 ist also entweder $\mathfrak{G}[w_1] = \mathfrak{G}[w_2]$ oder $\mathfrak{G}[w_1] \cap \mathfrak{G}[w_2] = \emptyset$.

$\mathfrak{G}[w]$ heißt die Rechtsrestklasse von $[w]$ nach $\mathfrak{G}$. Ist insbesondere w geschlossen, so ist $\mathfrak{G}[w]$ eine Rechtsrestklasse von $\pi_1(X, x_0)$ nach $\mathfrak{G}$ im üblichen Sinne der Gruppentheorie. Wegen (6.6) läßt sich nun Satz 3 so aussprechen:

Satz 3a. *Sei $\mathfrak{G} = p_*(\pi_1(\tilde{X}, \tilde{x}_0))$. Bezeichnet w einen Weg in X mit Anfangspunkt $x_0 = p(\tilde{x}_0)$ und $\tilde{w}$ den Weg über w mit Anfangspunkt $\tilde{x}_0$, so ergibt die Zuordnung*

$$\mathfrak{G}[w] \to \tilde{w}(1) \tag{6.7}$$

eine bijektive Abbildung der Menge der Rechtsrestklassen $\{\mathfrak{G}[w]\}$ auf $\tilde{X}$.

Dabei ist benutzt, daß $\tilde{X}$ bogenweise zusammenhängend ist, also jeder Punkt von $\tilde{X}$ als $\tilde{w}(1)$ für geeignetes w erhalten werden kann. Durch (6.7) ist die Überlagerung

$p: \tilde{X} \to X$ charakterisiert: Zunächst legt (6.7) die Menge der Punkte von $\tilde{X}$ fest, und wegen $p\tilde{w} = w$ läßt sich p durch die Zuordnungen

$$\tilde{w}(1) \to \mathfrak{G}[w] \to w(1) \tag{6.8}$$

erhalten.

6.5 Hochheben von Abbildungen. Es sei Z ein bogenweise zusammenhängender Raum und $f: Z \to X$ eine stetige Abbildung. Wir wollen versuchen, die Abbildung f nach $\tilde{X}$ hochzuheben. Sei dazu z_0 ein fest gewählter Punkt in Z, $x_0 = f(z_0)$ und $\tilde{x}_0$ ein Punkt von $\tilde{X}$ über x_0. $\tilde{f}: Z \to \tilde{X}$ soll so über f bestimmt werden, daß $\tilde{f}(z_0) = \tilde{x}_0$ ist. Sei v ein Weg in Z von z_0 nach z. $\widetilde{(fv)}$ bezeichne den über fv liegenden Weg mit Anfangspunkt $\tilde{x}_0$. Falls $\tilde{f}$ existiert, muß $\tilde{f}v = \widetilde{(fv)}$ sein. Insbesondere muß gelten

$$\tilde{f}(z) = \widetilde{(fv)}(1) \quad \text{für } v(1) = z \quad \text{und} \quad \widetilde{(fv)}(0) = \tilde{x}_0. \tag{6.9}$$

Hiernach kann höchstens eine Abbildung $\tilde{f}$ der gewünschten Art existieren.

Man wird versuchen, $\tilde{f}$ durch (6.9) zu definieren. Die rechte Seite von (6.9) hängt aber davon ab, wie v gewählt ist. Ist v' ein weiterer Weg von z_0 nach z, so gilt $\widetilde{(fv)}(1) = \widetilde{(fv')}(1)$ wegen 6.4 Satz 3 genau dann, wenn $[(fv) * (fv')^-] \in \mathfrak{G}$ ist. Wegen $(fv) * (fv')^- = f(v * v'^-)$ und $[v * v'^-] \in \pi_1(Z, z_0)$ muß also $f_*([v * v'^-]) \in \mathfrak{G}$ sein. Nach 5.2 Satz 1 läßt sich durch geeignete Wahl von v jedes Element von $\pi_1(Z, z_0)$ in der Form $[v * v'^-]$ erhalten. Hiernach definiert (6.9) eine Abbildung $\tilde{f}$ dann und nur dann, wenn

$$f_*(\pi_1(Z, z_0)) \subset p_*(\pi_1(\tilde{X}, \tilde{x}_0)) \tag{6.10}$$

ist. Ist (6.10) erfüllt und damit $\tilde{f}$ durch (6.9) definiert, so bleibt offen, ob $\tilde{f}$ stetig ist. Tatsächlich braucht dies nicht der Fall zu sein.

Beispiel. In der Ebene mit den cartesischen Koordinaten s, t sei Z die Vereinigung der folgenden drei Teilmengen A, B, C: A sei der Halbkreis $s^2 + t^2 = 1$, $t \geqq 0$. B sei die Strecke von -1 bis 0 auf der s-Achse, also $B = \{(s, t) \mid -1 \leqq s \leqq 0 \text{ und } t = 0\}$. C sei die Menge der Punkte (s, t) mit $0 < s \leqq 1$ und $t = (1/2) \sin \pi/s$. $z_0 \in Z$ sei der Punkt $(1, 0)$. $B \cup C$ ist nicht bogenweise zusammenhängend, woraus leicht folgt, daß Z einfach zusammenhängend ist. X sei der Kreis $s^2 + t^2 = 1$. $f: Z \to X$ sei so erklärt: Auf A sei f die identische Abbildung, auf $B \cup C$ diejenige, die dem Punkte (s, t) von Z denjenigen Punkt des unteren Halbkreises $s^2 + t^2 = 1$, $t \leqq 0$ zuordnet, der zum gleichen Werte von s gehört. f ist offenbar stetig. Sei $\tilde{X}$ die Gerade mit der Koordinate $\tilde{x}$ und $p: \tilde{X} \to X$ durch $p(\tilde{x}) = (\cos 2\pi\tilde{x}, \sin 2\pi\tilde{x})$ definiert. Ferner sei $\tilde{x}_0 = 0$. Wegen des einfachen Zusammenhanges von Z ist (6.10) erfüllt. Wird $\tilde{f}$ durch (6.9) erklärt, so ist $\tilde{f}(A) = [0, 1/2]$, $\tilde{f}(B) = [1/2, 3/4]$ und $\tilde{f}(C) = (-1/4, 0]$. Im Punkte $(0, 0)$ von Z ist $\tilde{f}$ nicht stetig. Die Bilder von B und C klaffen dort auseinander, man befindet sich in verschiedenen Blättern über einer Umgebung des Punktes $(0, -1)$ von X. Das Beispiel beruht darauf, daß $B \cup C$ nicht bogenweise, also Z nicht lokal bogenweise zusammenhängt.

Satz. *$p: \tilde{X} \to X$ sei eine Überlagerung mit $p(\tilde{x}_0) = x_0$. Es sei Z ein bogenweise und lokal bogenweise zusammenhängender Raum und $f: Z \to X$ eine stetige Abbildung mit $f(z_0) = x_0$. Eine stetige Abbildung $\tilde{f}: Z \to \tilde{X}$ mit $f = p\tilde{f}$ und $\tilde{f}(z_0) = \tilde{x}_0$ existiert genau dann, wenn (6.10) erfüllt ist. Ist dies der Fall, so ist $\tilde{f}$ eindeutig bestimmt und durch (6.9) definiert.*

Beweis. Es sei (6.10) erfüllt. Nur noch die Stetigkeit von $\tilde{f}$ ist zu beweisen. Sei dazu z_1 irgendein Punkt von Z und $\tilde{U}$ eine Umgebung von $\tilde{f}(z_1)$. Es muß gezeigt werden, daß $\tilde{f}$ eine Umgebung von z_1 in $\tilde{U}$ abbildet. Da es hierbei nur auf „kleine" $\tilde{U}$ ankommt, kann angenommen werden, daß $\tilde{U}$ über einer zulässigen Umgebung U von $f(z_1)$ liegt und daß $p|\tilde{U}$ topologisch ist. q sei das Inverse von $p|\tilde{U}$. Nach Voraussetzung gibt es eine bogenweise zusammenhängende Umgebung W von z_1, für welche $f(W) \subset U$ ist. Sei $z \in W$. In W gibt es einen Weg von z_1 nach z, etwa w. fw ist ein Weg in U und qfw ein Weg in $\tilde{U}$. Ist nun v ein Weg in Z von z_0 nach z_1, so ist $v * w$ ein Weg von z_0 nach z. Wegen (6.9) ist $(\widetilde{fv})(1) = \tilde{f}(z_1)$ und daher $(\widetilde{fv}) * qfw$ ein Weg über $fv * fw = f(v * w)$. Also ist $(\widetilde{f(v * w)}) = (\widetilde{fv}) * qfw$, und wegen (6.9) gilt $\tilde{f}(z) = (\widetilde{f(v * w)})(1) = qfw(1) \in \tilde{U}$. Es folgt $\tilde{f}(W) \subset \tilde{U}$ und damit die Behauptung.

6.6 Deckbewegungen. Wir wollen 6.5 auf den Fall anwenden, daß $f: Z \to X$ ebenfalls eine Überlagerung ist. Dazu beschränken wir uns von nun an auf Überlagerungen von lokal bogenweise zusammenhängenden Räumen. Dabei sind die überlagernden Räume ebenfalls lokal bogenweise zusammenhängend, weil die Spurabbildungen lokal topologisch sind.

Definition 1. Es seien $p: \tilde{X} \to X$ und $p': \tilde{X}' \to X$ Überlagerungen von X. Eine stetige Abbildung $f: \tilde{X}' \to \tilde{X}$ heißt spurtreu, wenn $p' = pf$ ist. Ist f außerdem topologisch, so wird f als Spurhomöomorphie bezeichnet. Ist insbesondere $\tilde{X}' = \tilde{X}$, $p' = p$ und f spurhomöomorph, so heißt f Deckbewegung.

Eine spurtreue Abbildung $f: \tilde{X}' \to \tilde{X}$ liegt also über p', und für eine Deckbewegung $f: \tilde{X} \to \tilde{X}$ ist $pf = p$. Setzt man spurtreue Abbildungen zusammen, so entsteht wieder eine spurtreue Abbildung. Das Inverse einer Spurhomöomorphie ist ebenfalls spurtreu, denn für eine topologische Abbildung $f: \tilde{X}' \to \tilde{X}$ folgt $p = p'f^{-1}$ aus $pf = p'$. Damit ist klar, daß die Deckbewegungen der Überlagerung $p: \tilde{X} \to X$ eine Gruppe bilden. Ehe wir uns ihr zuwenden, stellen wir fest, daß es zu vorgegebener Klasse konjugierter Untergruppen der Fundamentalgruppe von X im wesentlichen nur eine Überlagerung geben kann.

Satz 1. *Es sei X bogenweise und lokal bogenweise zusammenhängend. Die Überlagerungen $p: \tilde{X} \to X$ und $p': \tilde{X}' \to X$ sind genau dann spurhomöomorph, wenn sie zur gleichen Klasse konjugierter Untergruppen von $\pi_1(X, x_0)$ gehören.*

Beweis. Sei zunächst $\tilde{p}: \tilde{X} \to \tilde{X}'$ eine Spurhomöomorphie, also $p'\tilde{p} = p$ und $\tilde{p}$ topologisch. $\tilde{x}_0 \in \tilde{X}$ liege über x_0, und es sei $\tilde{x}_0' = \tilde{p}(\tilde{x}_0)$. Wegen (5.16) ist $p_*(\pi_1(\tilde{X}, \tilde{x}_0)) = p_*'\tilde{p}_*(\pi_1(\tilde{X}, \tilde{x}_0))$. Weil $\tilde{p}_*$ ein Isomorphismus ist, folgt $p_*(\pi_1(\tilde{X}, \tilde{x}_0)) = p_*'(\pi_1(\tilde{X}', \tilde{x}_0'))$ und damit die Behauptung in der einen Richtung. Es mögen nun umgekehrt beide Überlagerungen zur gleichen Klasse konjugierter Untergruppen von $\pi_1(X, x_0)$ gehören, und es sei $\mathfrak{G}$ eine Untergruppe aus dieser Klasse. Wegen 6.4 Satz 2 gibt es Punkte $\tilde{x}_0$ und $\tilde{x}_0'$ in $\tilde{X}$ bzw. $\tilde{X}'$ über x_0 derart, daß $p_*(\pi_1(\tilde{X}, \tilde{x}_0)) = p_*'(\pi_1(\tilde{X}', \tilde{x}_0')) = \mathfrak{G}$ ist. Da auch $\tilde{X}$ und $\tilde{X}'$ lokal bogenweise zusammenhängend sind, gibt es wegen 6.5 Satz eine stetige Abbildung $\tilde{p}: \tilde{X} \to \tilde{X}'$ mit $p = p'\tilde{p}$ und $\tilde{p}(\tilde{x}_0) = \tilde{x}_0'$ und eine stetige Abbildung $\tilde{p}': \tilde{X}' \to \tilde{X}$ mit $p' = p\tilde{p}'$ und $\tilde{p}'(\tilde{x}_0') = \tilde{x}_0$. $\tilde{p}$ und $\tilde{p}'$ sind spurtreu. $\tilde{p}'\tilde{p}$ ist eine spurtreue stetige Abbildung von $\tilde{X}$ in sich, die $\tilde{x}_0$ festläßt. Wegen 6.5 Satz muß $\tilde{p}'\tilde{p}$ mit der identischen Abbildung von $\tilde{X}$ übereinstimmen. Entsprechend folgt, daß $\tilde{p}\tilde{p}'$ die identische Abbildung von $\tilde{X}'$ ist. Daher ist $\tilde{p}$ eine Spurhomöomorphie mit dem Inversen $\tilde{p}'$, was die Behauptung ergibt.

Setzen wir insbesondere $\tilde{X} = \tilde{X}'$ und $p = p'$, so ergibt die vorangehende Schlußweise: Sind $\tilde{x}_0$ und $\tilde{x}_0'$ Punkte von $\tilde{X}$ über x_0, so gibt es eine Deckbewegung d von $\tilde{X}$, die $\tilde{x}_0$ in $\tilde{x}_0'$ überführt, wenn

$$p_*(\pi_1(\tilde{X}, \tilde{x}_0)) = p_*(\pi_1(\tilde{X}, \tilde{x}_0')) = \mathfrak{G} \tag{6.11}$$

ist. Wegen 6.5 Satz ist diese Bedingung auch notwendig, und durch

$$d(\tilde{x}_0) = \tilde{x}_0' \tag{6.12}$$

ist die Deckbewegung vollständig bestimmt. Sei nun $\tilde{x}_0$ fest gewählt. Aus 6.4 Satz 3a folgt: Läßt man $[u]$ die Elemente von $\pi_1(X, x_0)$ durchlaufen und bezeichnet $\tilde{u}$ den über u liegenden Weg mit Anfangspunkt $\tilde{x}_0$, so erhält man eine bijektive Beziehung zwischen der Menge der Rechtsrestklassen $\{\mathfrak{G}[u]\}$ von $\pi_1(X, x_0)$ nach $\mathfrak{G}$ und der Punktmenge $\overset{-1}{p}(x_0)$:

$$\mathfrak{G}[u] \to \tilde{u}(1). \tag{6.13}$$

Für $\tilde{x}_0' = \tilde{u}(1)$ ist (6.11) wegen 6.4 Satz 2 genau dann erfüllt, wenn

$$[u]^{-1}\,\mathfrak{G}[u] = \mathfrak{G} \tag{6.14}$$

ist. Die Elemente $[u]$ von $\pi_1(X, x_0)$, die (6.14) erfüllen, bilden eine Untergruppe $N(\mathfrak{G})$ von $\pi_1(X, x_0)$, den Normalisator von $\mathfrak{G}$ (in $\pi_1(X, x_0)$). (6.14) besagt, daß $\mathfrak{G}$ Normalteiler von $N(\mathfrak{G})$ ist. Vermöge (6.12) und (6.13) liegt nun eine bijektive Beziehung zwischen den Elementen der Faktorgruppe $N(\mathfrak{G})/\mathfrak{G}$ und den Elementen der Deckbewegungsgruppe vor. Sie ist ein Isomorphismus. Zum Nachweis seien d und d' Deckbewegungen, die $\tilde{x}_0$ in $\tilde{x}_0'$ bzw. $\tilde{x}_0''$ überführen (Fig. 16). Sei $\tilde{u}$ bzw. $\tilde{u}'$ ein Weg von $\tilde{x}_0$ nach $\tilde{x}_0'$ bzw. $\tilde{x}_0''$ und $p\tilde{u} = u$, $p\tilde{u}' = u'$. Schließlich sei $\tilde{x}_0''' = d'(\tilde{x}_0') = (d'd)(\tilde{x}_0)$. Bei d' geht $\tilde{u}$ in einen Weg $\tilde{u}''$ von $\tilde{x}_0''$ nach $\tilde{x}_0'''$ über, der ebenfalls über u liegt. $\tilde{x}_0$ und $\tilde{x}_0'''$ sind daher durch einen über $u' * u$ liegenden Weg verbindbar. Die Deckbewegungen $d, d', d'd$ entsprechen vermöge (6.12) den Punkten $\tilde{x}_0', \tilde{x}_0'', \tilde{x}_0'''$ und vermöge (6.13) den Restklassen $\mathfrak{G}[u]$, $\mathfrak{G}[u']$, $\mathfrak{G}[u'][u] = \mathfrak{G}[u']\,\mathfrak{G}[u]$, womit sich die Isomorphie ergibt. Also gilt

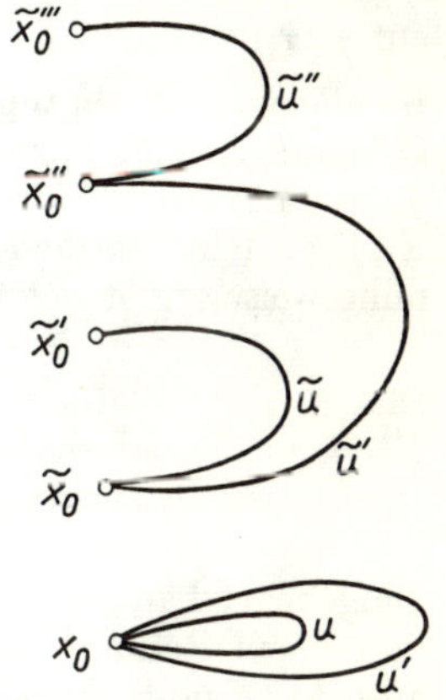

Fig. 16

Satz 2. *Es sei X bogenweise und lokal bogenweise zusammenhängend. Die Überlagerung $p\colon \tilde{X} \to X$ gehöre zu der Untergruppe $\mathfrak{G}$ von $\pi_1(X, x_0)$. Dann ist die Deckbewegungsgruppe dieser Überlagerung isomorph zu der Faktorgruppe $N(\mathfrak{G})/\mathfrak{G}$, wobei $N(\mathfrak{G})$ den Normalisator von $\mathfrak{G}$ in $\pi_1(X, x_0)$ bezeichnet.*

Der Sachverhalt vereinfacht sich, wenn $N(\mathfrak{G})$ mit $\pi_1(X, x_0)$ zusammenfällt, was wegen (6.14) besagt, daß $\mathfrak{G}$ Normalteiler von $\pi_1(X, x_0)$ ist.

Definition 2. Die Überlagerung $p\colon \tilde{X} \to X$ heißt regulär, wenn sie zu einem Normalteiler von $\pi_1(X, x_0)$ gehört.

Für eine reguläre Überlagerung (X weiterhin lokal bogenweise zusammenhängend) zur Gruppe $\mathfrak{G}$ ist also die Deckbewegungsgruppe isomorph zur Faktorgruppe $\pi_1(X, x_0)/\mathfrak{G}$.

Beispiel 1. Die Gerade R ist zusammenziehbar und daher einfach zusammenhängend. Die durch $t \to (\cos 2\pi t, \sin 2\pi t)$ definierte Überlagerung $p\colon \mathsf{R} \to S^1$ gehört daher zu der nur aus dem 1-Element bestehenden Untergruppe der Fundamentalgruppe von S^1. Die Überlagerung ist regulär. Die Deckbewegungsgruppe besteht aus den ganzzahligen Translationen. Damit ergibt sich erneut, daß die Fundamentalgruppe des Kreises S^1 zu der additiven Gruppe Z isomorph ist. Entsprechend erhält man aus 6.2 Beispiel 3, daß die Fundamentalgruppe der Ringfläche isomorph zum direkten Produkt $\mathsf{Z} \times \mathsf{Z}$ ist.

Wegen (6.12), (6.13) sind die regulären Überlagerungen dadurch charakterisiert, daß die Deckbewegungsgruppe auf $\overset{-1}{p}(x_0)$ transitiv operiert, d. h. daß es zu jedem $\tilde{x}_0'$ über x_0 eine Deckbewegung gibt, die $\tilde{x}_0$ in $\tilde{x}_0'$ überführt, oder, gleichwertig damit, daß es für je zwei über x_0 liegende Punkte $\tilde{x}_0'$, $\tilde{x}_0''$ eine Deckbewegung gibt, die $\tilde{x}_0'$ in $\tilde{x}_0''$ abbildet. Für eine Überlagerung mit nur endlich vielen Blättern folgt hieraus, daß sie genau dann regulär ist, wenn die Ordnung der Deckbewegungsgruppe (d. h. die Anzahl ihrer Elemente) mit der Blätterzahl übereinstimmt. Andernfalls ist die Ordnung der Deckbewegungsgruppe kleiner als die Blätterzahl.

Die Aussage, daß die Deckbewegungsgruppe auf $\overset{-1}{p}(x_0)$ transitiv operiert, hängt nicht von der Wahl des Punktes x_0 ab. Ist nämlich $x_1 \in X$, so gibt es einen Weg w von x_0 nach x_1, und aus 6.3 Satz 1 folgt, daß die Deckbewegungsgruppe auch transitiv auf der Menge der über w liegenden Wege operiert und damit insbesondere auf $\overset{-1}{p}(x_1)$.

Ist allgemein Y ein topologischer Raum und $\mathfrak{H}$ eine Gruppe topologischer Selbstabbildungen von Y, so heißen zwei Punkte y_1, y_2 von Y äquivalent bezüglich $\mathfrak{H}$, wenn es eine Abbildung aus $\mathfrak{H}$ gibt, die y_1 in y_2 überführt. Weil $\mathfrak{H}$ eine Gruppe ist, liegt damit tatsächlich eine Äquivalenzrelation auf Y vor. Mit dieser Bezeichnungsweise ergibt sich aus dem zuvor Gesagten und aus dem Satz in 6.2

Satz 3. *Ist X lokal bogenweise zusammenhängend und $p\colon \tilde{X} \to X$ eine reguläre Überlagerung, so werden durch p diejenigen Punkte identifiziert, die bezüglich der zugehörigen Deckbewegungsgruppe äquivalent sind.*

Umgekehrt kann man reguläre Überlagerungen dadurch konstruieren, daß man von einem Raum $\tilde{X}$ und einer Gruppe $\mathfrak{H}$ topologischer Selbstabbildungen von $\tilde{X}$ ausgeht. $\tilde{X}$ muß dabei bogenweise und lokal bogenweise zusammenhängen. Wegen (6.12) darf keine Abbildung aus $\mathfrak{H}$, die von der identischen (dem 1-Element von $\mathfrak{H}$) verschieden ist, einen Punkt von $\tilde{X}$ festlassen, wofür man sagt, daß $\mathfrak{H}$ auf $\tilde{X}$ fixpunktfrei operieren soll. Außerdem muß jeder Punkt $\tilde{x}$ von $\tilde{X}$ eine offene Umgebung $\tilde{U}(\tilde{x})$ besitzen derart, daß $\tilde{U}(\tilde{x})$ für je zwei verschiedene Abbildungen aus $\mathfrak{H}$ disjunkte Bilder besitzt ($\mathfrak{H}$ operiert eigentlich diskontinuierlich). Vermöge I.4.3 Satz 4 läßt sich dann schließen, daß durch Identifizieren der bezüglich $\mathfrak{H}$ äquivalenten Punkte eine Überlagerung entsteht.

Beispiel 2. Es sei $\tilde{X} = S^n$ die n-Sphäre. $\mathfrak{H}$ bestehe aus der identischen Abbildung von S^n und aus der Diametralpunktvertauschung. Durch Identifizieren der bezüglich $\mathfrak{H}$ äquivalenten Punkte entsteht aus S^n der n-dimensionale reelle projektive Raum P^n, der von S^n zweiblättrig überlagert wird. Wegen 5.3 Satz 3 folgt: Für $n > 1$ ist $\pi_1(P^n)$ zyklisch von der Ordnung 2.

6.7 Existenz. Wir betrachten zunächst die Untergruppe von $\pi_1(X, x_0)$, die nur aus dem 1-Element besteht. Wenn es zu ihr eine Überlagerung $p: \tilde{X} \to X$ gibt, so ist $\tilde{X}$ einfach zusammenhängend (6.4 Satz 1), also jeder geschlossene Weg in $\tilde{X}$ nullhomotop. In X ist jeder Weg nullhomotop, der Spur eines geschlossenen Weges in $\tilde{X}$ ist (6.3 Satz 3). Ist $U(x)$ zulässige Umgebung des Punktes $x \in X$, so ist $U(x)$ vermöge p topologisches Bild einer offenen Menge $\tilde{U}$ von $\tilde{X}$. Daher ist jeder in $U(x)$ liegende geschlossene Weg nullhomotop in X. Wir haben damit eine notwendige Bedingung für die Existenz der betrachteten Überlagerung erhalten.

Definition. Ein topologischer Raum X heißt s e m i - l o k a l e i n f a c h z u s a m m e n h ä n g e n d, wenn jeder Punkt x eine Umgebung $U(x)$ besitzt derart, daß jeder in $U(x)$ liegende geschlossene Weg nullhomotop in X ist.

Anmerkung. Jeder lokal zusammenziehbare Raum ist semi-lokal einfach zusammenhängend. Dies folgt unmittelbar aus den Definitionen.

Ist $V \subset U \subset X$ und jeder in U liegende geschlossene Weg nullhomotop in X, so ist es erst recht jeder in V liegende. Zur Vereinfachung der Sprechweise wollen wir eine Teilmenge U von X b o g e n e i n f a c h nennen, wenn sie offen und bogenweise zusammenhängend ist und wenn jeder geschlossene Weg in U nullhomotop in X ist. Aus dem zuvor Bemerkten folgt zusammen mit 1.2 Satz 3 der

Hilfssatz. Ist X lokal bogenweise zusammenhängend und semi-lokal einfach zusammenhängend, so bilden für jeden Punkt von X die bogeneinfachen Umgebungen eine Umgebungsbasis.

Satz 1. *Es sei X bogenweise, lokal bogenweise und semi-lokal einfach zusammenhängend. Zu vorgegebener Untergruppe $\mathfrak{G}$ von $\pi_1(X, x_0)$ gibt es eine Überlagerung p: $\tilde{X} \to X$, die zu $\mathfrak{G}$ gehört.*

B e w e i s. w bezeichne im Folgenden stets einen Weg in X mit Anfangspunkt x_0. Nach 6.4 Satz 3a müssen die Restklassen $\mathfrak{G}[w]$ umkehrbar eindeutig den Punkten von $\tilde{X}$ entsprechen. Wir definieren daher $\tilde{X}$ als die Menge dieser Restklassen:

$$\tilde{X} = \{\mathfrak{G}[w] \mid w \text{ Weg in } X \text{ mit } w(0) = x_0\}. \tag{6.15}$$

Ist $\mathfrak{G}[w'] = \mathfrak{G}[w]$, so ist $w'(1) = w(1)$. Hiernach hängt

$$p(\tilde{x}) = w(1) \quad \text{für} \quad \tilde{x} = \mathfrak{G}[w] \tag{6.16}$$

nicht von der Darstellung $\mathfrak{G}[w]$ vermöge w ab. Durch (6.16) wird also eine Abbildung $p: \tilde{X} \to X$ definiert (vgl. (6.8)). Dabei ist p surjektiv, weil X bogenweise zusammenhängt.

Wir müssen nun $\tilde{X}$ geeignet topologisieren. Dies geschieht so, daß wir zu $\tilde{x} \in \tilde{X}$ Umgebungen angeben, die sich durch p in vorgegebene Umgebungen von $p(\tilde{x})$ abbilden. Den Ansatz hierzu liefert der Beweis des Satzes in 6.5. Zunächst bemerken wir: Ist $\tilde{x} = \mathfrak{G}[w]$ und u ein Weg in X mit $u(0) = w(1) = p(\tilde{x})$, so bestimmen $\tilde{x}$ und u vermöge

$$\text{(6.17)} \qquad \tilde{x}[u] = \mathfrak{G}[w * u] = \mathfrak{G}[w][u] \quad \text{für} \quad \tilde{x} = \mathfrak{G}[w] \text{ und } u(0) = p(\tilde{x})$$

eindeutig einen Punkt $\tilde{x}[u]$ von $\tilde{X}$. Ist nämlich $\mathfrak{G}[w'] = \mathfrak{G}[w]$, so ist $[w' * w^-] \in \mathfrak{G}$ und daher $[(w' * u) * (w * u)^-] = [w'][u][u^-][w^-] = [w'][w^-] \in \mathfrak{G}$, also $\mathfrak{G}[w'][u] = \mathfrak{G}[w][u]$.

Ist U irgendeine Umgebung von $p(\tilde{x})$, so setzen wir

$$\text{(6.18)} \qquad V(\tilde{x}, U) = \{\tilde{x}[u] \mid u \text{ Weg in } U \text{ mit } u(0) = p(\tilde{x})\}.$$

Nimmt man für u insbesondere den Punktweg $\langle p(\tilde{x})\rangle$, so ist $\tilde{x}[u] = \tilde{x}$ wegen (6.17), und man erhält

$$\text{(6.19)} \qquad \tilde{x} \in V(\tilde{x}, U).$$

Ist U' eine weitere Umgebung von $p(\tilde{x})$, so ist

$$\text{(6.20)} \qquad V(\tilde{x}, U) \cap V(\tilde{x}, U') \supset V(\tilde{x}, U \cap U'),$$

denn jeder Weg in $U \cap U'$ liegt in U und in U'. Sei jetzt U offen und $\tilde{x}' \in V(\tilde{x}, U)$. In U gibt es einen Weg u, so daß $\tilde{x}' = \tilde{x}[u]$ ist, und U ist auch Umgebung von $u(1) = p(\tilde{x}')$. Ist v ein Weg in U mit $v(0) = u(1)$, so ist $\tilde{x}'[v] = \tilde{x}[u * v]$ wegen (6.17). Hieraus folgt wegen (6.18)

$$\text{(6.21)} \qquad V(\tilde{x}', U) \subset V(\tilde{x}, U) \quad \text{für} \quad \tilde{x}' \in V(\tilde{x}, U) \text{ und } U \text{ offen}.$$

Wegen (6.17) ist außerdem $\tilde{x} = \tilde{x}[u * u^-] = \tilde{x}'[u^-] \in V(\tilde{x}', U)$. In (6.21) lassen sich daher die Rollen von $\tilde{x}$ und $\tilde{x}'$ vertauschen, und man erhält

$$\text{(6.22)} \qquad V(\tilde{x}', U) = V(\tilde{x}, U) \quad \text{für } \tilde{x}' \in V(\tilde{x}, U) \text{ und } U \text{ offen}.$$

Nun folgt, daß die Mengen der Gestalt (6.18) und ihre Obermengen die Umgebungen von $\tilde{x}$ in einer Topologie von $\tilde{X}$ sind: Die Bedingung (V 1) von I.2.3 gilt trivialerweise, und wegen (6.19), (6.20), (6.22) sind (V 3), (V 2), (V 4) erfüllt. Sei weiterhin $\tilde{X}$ mit dieser Topologie versehen. Aus (6.16) und (6.18) folgt wegen (6.17): $p(V(\tilde{x}, U)) \subset U$. Daher ist p stetig. Aus (6.16), (6.17), (6.18) folgt ferner

(a) Ist U bogenweise zusammenhängend, so ist $p(V(\tilde{x}, U)) = U$.

Wegen des Hilfssatzes besitzt $p(\tilde{x})$ eine Umgebungsbasis, die aus bogeneinfachen Umgebungen besteht. Die zugehörigen $V(\tilde{x}, U)$ bilden wegen (6.20) eine Umgebungsbasis von $\tilde{x}$, die wegen (6.22) aus offenen Mengen besteht. Ist nun $\tilde{Q}$ eine offene Menge in $\tilde{X}$, so ist $\tilde{Q}$ Vereinigung von solchen offenen Umgebungen. Wegen (a) ist $p(\tilde{Q})$ Vereinigung von offenen Mengen, also offen. Wir erhalten

(b) p ist stetig und offen.

Sei weiterhin U eine bogeneinfache Umgebung von $p(\tilde{x})$. Sind u und v Wege in U mit Anfangspunkt $p(\tilde{x})$ und gleichem Endpunkt $u(1) = v(1)$, so ist $u * v^-$ vorhanden, geschlossen und nullhomotop in X. Wegen (6.17) ist $\tilde{x}[u] = \tilde{x}[u][v^- * v] = \tilde{x}[u * v^-][v] = \tilde{x}[v]$. Für u in U mit $u(0) = p(\tilde{x})$ hängt also $\tilde{x}[u]$ nur von $u(1)$ ab, und $u(1)$ hat nur ein Urbild in $V(\tilde{x}, U)$. Zusammen mit (6.22), (a) und (b) ergibt sich

(c) Ist U eine bogeneinfache Umgebung von $p(\tilde{x})$, so ist $V(\tilde{x}, U)$ offen, und $V(\tilde{x}, U)$ wird durch p topologisch auf U abgebildet.

Sei nun $p(\tilde{x}) = p(\tilde{x}')$, $\tilde{x} \neq \tilde{x}'$ und U wieder bogeneinfach. Dann ist $V(\tilde{x}, U) \cap V(\tilde{x}', U) = \emptyset$. Gäbe es nämlich einen Punkt $\tilde{y}$ in diesem Durchschnitt, so wäre $V(\tilde{y}, U) = V(\tilde{x}, U) = V(\tilde{x}', U)$ wegen (6.22), was wegen (c) und $\tilde{x} \neq \tilde{x}'$ nicht sein kann. Also gilt

(d) Ist $U \subset X$ bogeneinfach, so erfüllt U die Überlagerungsbedingung (Ü).

Es ist nun noch nachzuweisen, daß $\tilde{X}$ bogenweise zusammenhängend ist und daß $p: \tilde{X} \to X$ zu der Gruppe $\mathfrak{G}$ gehört. $\mathfrak{G}$ ist selbst Rechtsrestklasse, nämlich diejenige von $[\langle x_0 \rangle]$, und nach Definition der Restklassen ist

$$\text{(6.23)} \qquad \mathfrak{G}[w] = \mathfrak{G} \text{ genau dann, wenn } [w] \in \mathfrak{G} \text{ ist}.$$

Die Restklasse $\mathfrak{G}$ ist ein Punkt von $\tilde{X}$, der mit

$$\text{(6.24)} \qquad \tilde{x}_0 = \mathfrak{G}$$

bezeichnet werde. Dabei ist $p(\tilde{x}_0) = x_0$. Weil die Bedingung (Ü) erfüllt ist, gilt 6.3 Satz 1: Zu jedem Weg w in X mit $w(0) = x_0$ gibt es genau einen über w liegenden Weg $\tilde{w}$ in $\tilde{X}$ mit Anfangspunkt $\tilde{x}_0$. Wir behaupten zunächst

$$\text{(6.25)} \qquad \tilde{w}(1) = \mathfrak{G}[w] \quad \text{für } \tilde{w}(0) = \tilde{x}_0 \text{ und } p\tilde{w} = w.$$

Der Beweis hiervon ist zu demjenigen von 6.3 Satz 1 analog: (6.25) ist wegen (6.24) und (6.23) richtig für den Punktweg $w = \langle x_0 \rangle$. Nehmen wir nun an, daß (6.25) für einen gewissen Weg w als richtig erkannt ist. Sei U eine bogeneinfache Umgebung von $w(1)$, und sei u ein Weg in U mit $u(0) = w(1)$, so daß also $w * u$ existiert. Nach Annahme ist $\tilde{w}(1) = \mathfrak{G}[w] \in V(\mathfrak{G}[w], U)$. Wegen (c) liegt über u in $V(\mathfrak{G}[w], U)$ ein Weg $\tilde{u}$. Dabei ist $\tilde{u}(0) = \tilde{w}(1)$ und $p(\tilde{u}(1)) = u(1)$. Wegen (c) liegt über $u(1)$ genau ein Punkt von $V(\mathfrak{G}[w], U)$. Wegen (6.16), (6.17), (6.18) muß dies der Punkt $\mathfrak{G}[w * u]$ sein. Also ist $\tilde{u}(1) = \mathfrak{G}[w * u]$. Wegen $\tilde{w} * \tilde{u} = \widetilde{(w * u)}$ folgt schließlich $\widetilde{(w * u)}(1) = \mathfrak{G}[w * u]$. Gilt also (6.25) für w, so gilt (6.25) auch für $w * u$. Sei nun $w: I \to X$ ein beliebiger Weg in X mit $w(0) = x_0$. I ist kompakt und wird von endlich vielen Urbildern bogeneinfacher Umgebungen überdeckt. I kann daher durch $0 = t_0 < t_1 < t_2 < \ldots < t_n = 1$ so in Teilintervalle zerlegt werden, daß $w([t_{i-1}, t_i])$ für $i = 1, 2, \ldots, n$ jeweils in einer bogeneinfachen Umgebung liegt. Sei $u_i(s) = w(t_{i-1} + s(t_i - t_{i-1}))$ für $i = 1, 2, \ldots, n$. Außerdem sei $w_0 = \langle x_0 \rangle$ und $w_i = w_{i-1} * u_i$ für $i = 1, 2, \ldots, n$. Aus dem zuvor Gesagten folgt, daß (6.25) für die Wege w_i gilt, insbesondere für w_n. Nun ist aber w_n homotop zu w (5.1 Satz 1) und damit $\tilde{w}_n$ homotop zu $\tilde{w}$ (6.3 Satz 3), womit (6.25) allgemein folgt.

(6.25) besagt insbesondere, daß jeder Punkt von $\tilde{X}$ mit $\tilde{x}_0$ durch einen Weg verbindbar ist, daß also $\tilde{X}$ bogenweise zusammenhängt. Sei nun w geschlossen. Wegen (6.23), (6.24), (6.25) ist $\tilde{w}$ genau dann geschlossen, wenn $[w] \in \mathfrak{G}$ ist. Dies besagt aber, daß $\mathfrak{G} = p_*(\pi_1(\tilde{X}, \tilde{x}_0))$ ist, also $p: \tilde{X} \to X$ zu $\mathfrak{G}$ gehört, womit Satz 1 bewiesen ist.

Satz 2. *X erfülle die Voraussetzungen von Satz 1. Ist $p\colon \tilde{X} \to X$ eine Überlagerung, so erfüllt auch $\tilde{X}$ die Voraussetzungen. Ist auch $\tilde{p}\colon \tilde{\tilde{X}} \to \tilde{X}$ eine Überlagerung, so ist $p\tilde{p}\colon \tilde{\tilde{X}} \to X$ eine Überlagerung.*

Beweis. Bei der ersten Behauptung kann wegen 6.6 Satz 1 angenommen werden, daß $p\colon \tilde{X} \to X$ eine der soeben konstruierten Überlagerungen ist. Sei $\tilde{x} \in \tilde{X}$, $x = p(\tilde{x})$ und U eine bogeneinfache Umgebung von x. (d) im vorangehenden Beweis besagt, daß U zulässig ist. Wegen (c) ist $V(\tilde{x}, U)$ eine offene, bogenweise zusammenhängende Umgebung von $\tilde{x}$. Wegen 6.3 Satz 3 ist jeder geschlossene Weg in $V(\tilde{x}, U)$ nullhomotop in $\tilde{X}$. Aus dem Hilfssatz und (6.20) folgt, daß $\tilde{x}$ eine Umgebungsbasis von bogeneinfachen Umgebungen besitzt. Also ist $\tilde{X}$ lokal bogenweise zusammenhängend und semi-lokal einfach zusammenhängend, und es hängt $\tilde{X}$ bogenweise zusammen nach Definition der Überlagerungen. Zum Beweis der zweiten Behauptung sei U wieder eine bogeneinfache Umgebung von $x \in X$. Nach dem eben Gesagten besteht $\overset{-1}{p}(U)$ aus bogeneinfachen Umgebungen der Punkte von $\overset{-1}{p}(x)$, und diese Umgebungen sind zulässig für $\tilde{p}\colon \tilde{\tilde{X}} \to \tilde{X}$. Hieraus folgt, daß U die Bedingung (Ü) auch für $p\tilde{p}$ erfüllt. Außerdem hängt $\tilde{\tilde{X}}$ bogenweise zusammen.

6.8 Universelle Überlagerung. X erfülle weiterhin die Voraussetzungen von 6.7 Satz 1. Unter den dort konstruierten Überlagerungen ist diejenige ausgezeichnet, bei der die Gruppe $\mathfrak{G}$ nur aus dem 1-Element besteht. Sie heißt die universelle Überlagerung von X. Wir bezeichnen sie mit $\hat{p}\colon \hat{X} \to X$. Der Raum $\hat{X}$ ist einfach zusammenhängend (6.4 Satz 1), und die universelle Überlagerung ist hierdurch charakterisiert: Eine Überlagerung von X durch einen einfach zusammenhängenden Raum gehört notwendig zu der nur aus dem 1-Element bestehenden Untergruppe der Fundamentalgruppe von X, und wegen 6.6 Satz 1 ist sie zur universellen Überlagerung spurhomöomorph. Insbesondere ist durch Angabe von $\hat{X}$ die Spurabbildung bis auf eine topologische Selbstabbildung von $\hat{X}$ bestimmt (im Gegensatz zu 6.2 Beispiel 2). Die universelle Überlagerung ist regulär, und wegen 6.6 Satz 2 ist ihre Deckbewegungsgruppe $\mathfrak{D}$ isomorph zur Fundamentalgruppe von X.

Sei nun $\mathfrak{H}$ eine Untergruppe von $\mathfrak{D}$. Identifiziert man bezüglich $\mathfrak{H}$ äquivalente Punkte von $\hat{X}$, so entsteht ein Raum $\tilde{X}$ und eine Projektion $\tilde{p}\colon \hat{X} \to \tilde{X}$. Außerdem besteht eine Abbildung $p\colon \tilde{X} \to X$, so daß $\hat{p} = p\tilde{p}$ ist, weil bezüglich $\mathfrak{H}$ äquivalente Punkte dieselbe Spur bei $\hat{p}$ haben. $\hat{p}$ ist wegen 6.6 Satz 3 und p wegen I.4.3 Satz 3 identifizierend. Wir behaupten, daß $p\colon \tilde{X} \to X$ eine Überlagerung ist. Zunächst hängt $\tilde{X}$ bogenweise zusammen wegen 1.2 Satz 2. Sei $x \in X$ und U eine bogeneinfache Umgebung von x. U ist zulässig bezüglich $\hat{p}$, und die Bogenkomponenten des Urbildes werden durch $\hat{p}$ topologisch auf U abgebildet (vgl. Beweis von 6.7 Satz 2). Sei $\hat{U}$ eine solche Komponente und $\tilde{U} = \tilde{p}(\hat{U})$. Dann wird $\hat{U}$ durch $\tilde{p}$ topologisch auf $\tilde{U}$ und $\tilde{U}$ durch p topologisch auf U abgebildet: Diese Abbildungen sind jedenfalls stetig; wären sie nicht bijektiv oder ihre Umkehrungen nicht stetig, so würde $\hat{U}$ durch $\hat{p}$ nicht topologisch auf U abgebildet. Die Komponenten des Urbildes von U bezüglich $\hat{p}$ werden durch jede Deckbewegung bezüglich $\hat{p}$

permutiert. Zwei solche Komponenten haben daher bei $\tilde{p}$ entweder dasselbe Bild oder disjunkte Bilder. Das Urbild von $\tilde{U}$ bezüglich $\tilde{p}$ ist also eine Vereinigung solcher Komponenten. Da sie offen sind und $\tilde{p}$ identifizierend ist, ist $\tilde{U}$ offen in $\tilde{X}$. Wegen $\hat{p} = p\tilde{p}$ besteht $\overset{-1}{p}(U)$ aus Mengen der Gestalt $\tilde{U}$. Damit folgt die Bedingung (Ü) für p.

Es folgt gleichzeitig, daß auch $\tilde{p}$: $\hat{X} \to \tilde{X}$ eine Überlagerung ist, und zwar die universelle von $\tilde{X}$, weil $\hat{X}$ einfach zusammenhängend ist. Die zugehörige Deckbewegungsgruppe ist offenbar $\mathfrak{H}$.

Sei nun $x_0 \in X$, $\hat{x}_0$ ein Punkt in $\hat{X}$ über x_0 und $\tilde{x}_0 = \tilde{p}(\hat{x}_0)$. Es bezeichne u einen geschlossenen Weg in X mit Anfangspunkt x_0, $\hat{u}$ den über u liegenden Weg in $\hat{X}$ mit Anfangspunkt $\hat{x}_0$, und es sei $\tilde{u} = \tilde{p}\hat{u}$. Die Deckbewegung von $\hat{X}$ bezüglich $\hat{p}$, die $\hat{x}_0$ in $\hat{u}(1)$ überführt, hängt nur von $[u]$ ab und werde mit $d_{[u]}$ bezeichnet. Entsprechend (6.12), (6.13) wird durch $[u] \to d_{[u]}$ eine Isomorphie $\Theta: \pi_1(X, x_0) \to \mathfrak{D}$ definiert. Dabei ist $d_{[u]} \in \mathfrak{H}$ gleichwertig mit $\tilde{u}(1) = \tilde{x}_0$, und wegen $p\tilde{u} = u$ und 6.4 Satz 3a ist dies gleichwertig mit $[u] \in p_*(\pi_1(\tilde{X}, \tilde{x}_0)) = \mathfrak{G}$. Daher ist $\Theta^{-1}(\mathfrak{H}) = \mathfrak{G}$, was zu erwarten war. Hieraus und aus 6.6 Satz 1, 6.7 Satz 1 ergibt sich der

Hauptsatz für Überlagerungen. *Es sei X bogenweise, lokal bogenweise und semilokal einfach zusammenhängend. X besitzt eine Überlagerung $\hat{p}$: $\hat{X} \to X$ mit einfach zusammenhängendem $\hat{X}$. Die Deckbewegungsgruppe $\mathfrak{D}$ dieser universellen Überlagerung ist zur Fundamentalgruppe von X isomorph. Identifiziert man in $\hat{X}$ die Punkte, die bezüglich einer Untergruppe von $\mathfrak{D}$ äquivalent sind, so entsteht wieder eine Überlagerung von X. Bis auf Spurhomöomorphie lassen sich so alle Überlagerungen von X erhalten, wobei konjugierte Untergruppen von $\mathfrak{D}$, und nur solche, spurhomöomorphe Überlagerungen ergeben.*

6.9* Überlagerungen von Zellenkomplexen. Aus 3.5 Satz 4, 3.6 Satz, 1.8 Satz 1 und 6.7 Anmerkung folgt

Satz 1. *Jeder zusammenhängende Zellenkomplex hängt bogenweise, lokal bogenweise und semi-lokal einfach zusammen.*

Die Voraussetzungen des Hauptsatzes in 6.8 sind also erfüllt. Darüber hinaus gilt

Satz 2. *Es sei p: $\tilde{K} \to K$ eine Überlagerung des Zellenkomplexes K. Dann läßt sich $\tilde{K}$ so als Zellenkomplex darstellen, daß jede Zelle von $\tilde{K}$ durch p topologisch auf eine Zelle von K abgebildet wird. Ist dabei K simplizial, so sind auch $\tilde{K}$ und p simplizial.*

Beweis. Es werde eine identifizierende Abbildung φ: $E \to K$ gemäß 3.1 Satz 1 festgelegt. Dabei ist $E = \sum E_\lambda$ eine topologische Summe von Kugeln, λ durchläuft die Menge der Zellen von K, und es ist $\varphi | E_\lambda = \varphi_\lambda$ eine charakteristische Abbildung für die Zelle λ. Es sei z_λ der Mittelpunkt von E_λ und $x_\lambda = \varphi(z_\lambda)$. $\{\tilde{x}_{\lambda\mu}\}$ sei die als Familie dargestellte Menge der in $\tilde{K}$ über x_λ liegenden Punkte. Wegen 6.3 Folgerung 2 kann angenommen werden, daß dabei μ für jedes λ dieselbe Indexmenge M durchläuft. Wir versehen M mit der diskreten Topologie und bilden das topologische Produkt $\tilde{E} = E \times M$. Wegen I.4.8 Satz ist $\tilde{E}$ die topologische Summe von Kugeln $E_{\lambda\mu} = E_\lambda \times \{\mu\}$. χ sei die Projektion von $\tilde{E}$ auf E. Durch χ wird $E_{\lambda\mu}$

topologisch auf E_λ abgebildet, und es ist χ offen wegen I.4.5 Satz 2. $\chi_{\lambda\mu}$ sei die von χ herrührende Abbildung von $E_{\lambda\mu}$ auf E_λ und $z_{\lambda\mu}$ der Mittelpunkt von $E_{\lambda\mu}$.

$$\begin{array}{ccccccc} (E_{\lambda\mu}, z_{\lambda\mu}) & \xrightarrow{\varphi_{\lambda\mu}} & (\bar{e}^{\lambda\mu}, \tilde{x}_{\lambda\mu}) & \quad & \tilde{E} & \xrightarrow{\tilde{\varphi}} & \tilde{K} \\ \downarrow{\scriptstyle \chi_{\lambda\mu}} & & \downarrow{\scriptstyle p} & & \downarrow{\scriptstyle \chi} & & \downarrow{\scriptstyle p} \\ (E_\lambda, z_\lambda) & \xrightarrow{\varphi_\lambda} & (\bar{e}^\lambda, x_\lambda) & & E & \xrightarrow{\varphi} & K \end{array}$$

Nun ist $\varphi_\lambda \chi_{\lambda\mu}$ eine charakteristische Abbildung für die durch λ bezeichnete Zelle e^λ. Weil $E_{\lambda\mu}$ zusammenziehbar ist, liegt über dieser Abbildung genau eine Abbildung $\varphi_{\lambda\mu}: E_{\lambda\mu} \to \tilde{K}$ mit $\varphi_{\lambda\mu}(z_{\lambda\mu}) = \tilde{x}_{\lambda\mu}$ (6.5 Satz). Weil $\tilde{E}$ die topologische Summe der $E_{\lambda\mu}$ ist, wird durch $\tilde{\varphi} \,|\, E_{\lambda\mu} = \varphi_{\lambda\mu}$ eine stetige Abbildung $\tilde{\varphi}: \tilde{E} \to \tilde{K}$ definiert. Es soll gezeigt werden, daß hierdurch $\tilde{K}$ die gewünschte Darstellung als Zellenkomplex erhält.

Nach Konstruktion ist $\varphi_\lambda \chi_{\lambda\mu} = p\varphi_{\lambda\mu}$ und $\varphi\chi = p\tilde{\varphi}$. Es sei S_λ bzw. $S_{\lambda\mu}$ die Randsphäre von E_λ bzw. $E_{\lambda\mu}$. Nach Konstruktion wird $E_{\lambda\mu} - S_{\lambda\mu}$ durch χ topologisch auf $E_\lambda - S_\lambda$ und daher durch $\varphi\chi$ topologisch auf die Zelle e^λ von K abgebildet. Weil $\tilde{\varphi}$ und p stetig sind, folgt

(a) $E_{\lambda\mu} - S_{\lambda\mu}$ wird durch $\tilde{\varphi}$ topologisch auf $e^{\lambda\mu} = \tilde{\varphi}(E_{\lambda\mu} - S_{\lambda\mu})$ und $e^{\lambda\mu}$ durch p topologisch auf e^λ abgebildet.

Wir beweisen nun

(b) Die Zellen $e^{\lambda\mu}$ bilden eine Partition von $\tilde{K}$. Insbesondere ist $\tilde{\varphi}$ surjektiv.

Sei $\tilde{x} \in \tilde{K}$ und $x = p(\tilde{x})$. x gehört genau einer Zelle von K an, etwa e^λ. Sei w ein Weg auf e^λ von x nach x_λ und $\tilde{w}$ der über w liegende Weg mit Anfangspunkt $\tilde{x}$. Dann ist $\tilde{w}(1)$ ein wohlbestimmter Punkt $x_{\lambda\mu}$, und wegen (a) gehört $\tilde{w}$ und damit $\tilde{x}$ genau einer Zelle $e^{\lambda\mu}$ an.

(c) Ist $\tilde{A}$ eine Teilmenge von $\tilde{K}$, so wird $\tilde{B} = \overset{-1}{\tilde{\varphi}}(\tilde{A})$ durch χ auf $B = \overset{-1}{\varphi}(p(\tilde{A}))$ abgebildet.

Sei zunächst $y \in \tilde{B}$. Dann ist $\tilde{\varphi}(y) \in \tilde{A}$, und wegen $p\tilde{\varphi} = \varphi\chi$ ist $\chi(y) \in B$. Sei umgekehrt $z \in B$ und etwa $z \in E_\lambda$. v sei ein Weg auf E_λ von z nach z_λ. Dann ist φv ein Weg in K mit $\varphi v(0) \in p(\tilde{A})$ und $\varphi v(1) = x_\lambda$. Über φv gibt es in $\tilde{K}$ einen Weg $\tilde{w}$, dessen Anfangspunkt in $\tilde{A}$ liegt. $\tilde{w}(1)$ ist ein Punkt $\tilde{x}_{\lambda\mu}$. Für dieses μ ist $\tilde{\varphi}\overset{-1}{\chi}_{\lambda\mu} v$ ein Weg in $\tilde{K}$ über φv mit Endpunkt $\tilde{x}_{\lambda\mu}$. Daher ist $\tilde{\varphi}\overset{-1}{\chi}_{\lambda\mu} v = \tilde{w}$. Es folgt, daß der Anfangspunkt von $\overset{-1}{\chi}_{\lambda\mu} v$ in $\tilde{B}$ und damit z in $\chi(\tilde{B})$ liegt. Also gilt (c).

(d) $\tilde{\varphi}$ ist identifizierend.

Da $\tilde{\varphi}$ stetig und surjektiv ist, muß gezeigt werden: Ist $\tilde{Q} \subset \tilde{K}$ und $\overset{-1}{\tilde{\varphi}}(\tilde{Q})$ offen, so ist $\tilde{Q}$ offen. Sei $\tilde{x} \in \tilde{Q}$ und $\tilde{U}$ eine offene Umgebung von $\tilde{x}$, die durch p topologisch auf eine zulässige Umgebung von $p(\tilde{x})$ abgebildet wird. Wir setzen $\tilde{A} = \tilde{Q} \cap \tilde{U}$. Nun ist $\overset{-1}{\tilde{\varphi}}(\tilde{U})$ offen und daher auch $\overset{-1}{\tilde{\varphi}}(\tilde{A}) = \overset{-1}{\tilde{\varphi}}(\tilde{Q}) \cap \overset{-1}{\tilde{\varphi}}(\tilde{U})$. Weil χ offen ist, ist $\chi(\overset{-1}{\tilde{\varphi}}(\tilde{A}))$ offen. Weil φ identifizierend ist, folgt damit aus (c), daß $p(\tilde{A})$ offen ist. Weil $p \,|\, \tilde{U}$ topologisch und $\tilde{U}$ offen ist, ist $\tilde{A}$ offen. Daher ist $\tilde{Q} \supset \tilde{A}$ Umgebung von $\tilde{x}$, woraus (d) folgt.

Nach dem Satz in 6.2 ist $\tilde{K}$ separiert. Durch Induktion nach q folgt nun, daß die Gerüste $\tilde{K}^q$ Zellenkomplexe sind: Weil K^0 diskret ist, besitzt eine Ecke e_0 von K eine zulässige Umgebung, die keine weitere Ecke enthält. Damit folgt aus der Überlagerungsbedingung (Ü), daß $\tilde{K}^0$ diskret ist. Sei nun $q > 0$ und $\tilde{K}^{q-1}$ bereits als Zellenkomplex erkannt. Ist $e^{\lambda\mu}$ eine q-Zelle von $\tilde{K}$, so ist $\tilde{\varphi}(S_{\lambda\mu})$ eine kompakte Teilmenge von $\tilde{K}^{q-1}$. Wegen 3.2 Satz 3 liegt sie auf einem endlichen Unterkomplex von $\tilde{K}^{q-1}$. Daraus und aus (a) folgt (Z 2) für $\tilde{K}^q$. Wegen $q > 0$ und 3.5 Satz 3 ist $\tilde{K}^q$ eine Überlagerung von K^q. Für diese gilt (d) entsprechend, und wegen 3.1 Satz 1 ist $\tilde{K}^q$ ein Zellenkomplex. Damit ergibt sich nunmehr (Z 2) für $\tilde{K}$ und auch (Z 3) wiederum wegen (d) und 3.1 Satz 1.

Ist K simplizial, so können die E_λ als Simplexe und die Abbildungen φ_λ so gewählt werden, daß sie topologisch sind und die affine Struktur erhalten (vgl. 2.5). Dann folgt entsprechend (a) die Verschärfung, daß $\tilde{\varphi}(E_{\lambda\mu})$ durch p topologisch auf ein Simplex von K abgebildet wird und daß die affine Struktur dabei erhalten bleibt. Aus der Verschärfung von (a) folgt jetzt entsprechend (b), daß zwei Simplexe von $\tilde{K}$ mit gleicher Spur in K entweder keinen Punkt gemein haben oder zusammenfallen. Daher ist jedes Simplex von $\tilde{K}$ durch seine Ecken bestimmt, und es folgt die letzte Behauptung des Satzes.

Anmerkung. Im allgemeinen ist die (a) entsprechende Aussage für abgeschlossene Zellen falsch. Ist K der in zwei Zellen zerlegte Kreis (3.1 Beispiel 1), so ergibt sich ein Gegenbeispiel.

Aufgaben. 1. Man bestimme alle Überlagerungen des Kreises.

2. In der Ebene mit den Koordinaten s, t sei X die Vereinigung der Menge Z des Beispiels in 6.5 mit dem Kreis $(s-1)^2 + t^2 = 1$. Man zeige: Die Fundamentalgruppe von X ist diejenige des Kreises. X ist bogenweise und semi-lokal einfach zusammenhängend, aber nicht lokal bogenweise zusammenhängend. X wird von zwei nicht homöomorphen Räumen 2-blättrig überlagert. (Die zugehörige Untergruppe der Fundamentalgruppe von X ist dieselbe.) Es gibt unendlich viele nicht homöomorphe Räume, die einfach zusammenhangen und X überlagern.

3. In der Ebene mit den Koordinaten s, t sei S_n der Kreis $\left(s - \frac{1}{n}\right)^2 + t^2 = \frac{1}{n^2}$ und X die Vereinigung dieser Kreise für alle natürlichen Zahlen n. Durchläuft man einen dieser Kreise, etwa S_n, einmal, so erhält man einen geschlossenen Weg, der auf X nicht nullhomotop ist. (Anleitung: Gäbe es für diesen Weg eine Nullhomotopie $\Phi: I \times I \to X$, so erhielte man eine Nullhomotopie auf S_n, indem man für alle Punkte von $I \times I$, die sich bei Φ nicht in S_n abbilden, den Punkt $(0, 0)$ von X als Bildpunkt nimmt.) X besitzt nicht-triviale Überlagerungen, aber keine universelle. X ist bogenweise und lokal bogenweise zusammenhängend, aber nicht semi-lokal einfach zusammenhängend.

4. X bestehe aus der Vereinigung zweier Kreise, die genau einen Punkt gemein haben. X besitzt eine 3-blättrige Überlagerung, die außer der identischen Abbildung keine Deckbewegung gestattet.

5. Es sei $p: \tilde{X} \to X$ eine reguläre Überlagerung und w ein geschlossener Weg in X. Die über w liegenden Wege in $\tilde{X}$ sind entweder sämtlich geschlossen oder sämtlich nicht geschlossen. Die regulären Überlagerungen sind durch diese Eigenschaft charakterisiert.

6. Jeder Raum, der die Ringfläche überlagert, ist homöomorph zu einem der drei folgenden Räume: Ebene, offener Zylindermantel, Ringfläche.

7. Jede Untergruppe einer freien Gruppe ist frei. (5.8 Satz 1 und 5 Aufgabe 1.)

IV Singuläre Homologietheorie

§ 1 Homologiegruppen

1.1 Simpliziale Homologiegruppen. Die algebraische Topologie untersucht topologische Räume und stetige Abbildungen mit algebraischen Hilfsmitteln. Den Räumen werden Gruppen (oder andere algebraische Strukturen) zugeordnet, den stetigen Abbildungen Homomorphismen, womit ein algebraisches Abbild des topologischen Sachverhalts entsteht. Eine solche Zuordnung ergab sich bereits in III.5.3, 5.4 mit der Fundamentalgruppe. Die Grundlage der algebraischen Topologie ist jedoch die Homologietheorie. Sie hat von speziellen Zellenkomplexen ihren Ausgang genommen, und zwar von solchen, die endliche simpliziale Komplexe als Unterteilungen besitzen. Von den simplizialen Komplexen geht die weitere Entwicklung aus.

Wir stellen daher zunächst eine Plausibilitätsbetrachtung an simplizialen Komplexen an. Das topologische Produkt $S^2 \times S^1$ sei so trianguliert[1]), daß für geeignete Punkte $a \in S^2$ und $b \in S^1$ sowohl $\{a\} \times S^1$ als auch $S^2 \times \{b\}$ Unterkomplexe sind. Diese beiden Unterkomplexe sind „unberandet“ (zunächst im anschaulichen Sinne). $S^2 \times \{b\}$ zerlegt $S^2 \times S^1$ nicht: Zerschneidet man $S^2 \times S^1$ längs $S^2 \times \{b\}$, so entsteht das topologische Produkt $S^2 \times I$, also eine Kugelschale. Hieraus entnimmt man, daß $S^2 \times \{b\}$ keinen Unterkomplex von $S^2 \times S^1$ berandet. Ferner berandet $\{a\} \times S^1$ keine Fläche, die Unterkomplex von $S^2 \times S^1$ ist. Dies ließe sich etwa dadurch feststellen, daß man die endlich vielen 2-dimensionalen Unterkomplexe von $S^2 \times S^1$ der Reihe nach betrachtet. Auf $S^2 \times S^1$ ist $\{a\} \times S^1$ eine nicht-berandende 1-Sphäre, $S^2 \times \{b\}$ eine nicht-berandende 2-Sphäre. Die geometrischen Ränder der 3- und 2-Simplexe der Triangulation zeigen, daß es sehr wohl berandende Unterkomplexe gibt, die 2- bzw. 1-Sphären sind. Die letzte Bemerkung legt es zugleich nahe, berandende Unterkomplexe als unwesentlich zu betrachten. Wir müssen jedoch zunächst präzisieren, was unter „Beranden“ verstanden werden soll.

Es sei $\mathfrak{K}$ ein endlicher simplizialer Komplex. Für die Ecken von $\mathfrak{K}$ sei eine Reihenfolge festgelegt. Man sagt dann, daß $\mathfrak{K}$ g e o r d n e t ist. Vermöge der Ordnung von $\mathfrak{K}$ ist jeder Unterkomplex und insbesondere jedes Simplex geordnet. Es sei nun $\mathfrak{L}^q$ ein q-dimensionaler Unterkomplex von $\mathfrak{K}$ derart, daß jedes Simplex von $\mathfrak{L}^q$ Seite eines q-Simplexes von $\mathfrak{L}^q$ ist. Will man für einen solchen Unterkomplex einen Rand definieren, so ist zu untersuchen, wie die q-Simplexe an die $(q-1)$-Simplexe anstoßen, und zuzulassen, daß sich „innere“ $(q-1)$-Simplexe wegheben. Hierbei ist es zweckmäßig, die Ordnung zu berücksichtigen.

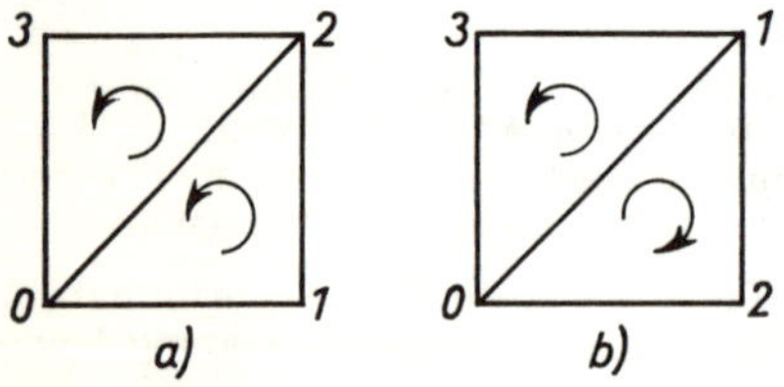

Fig. 17

Beispiel. Es sei $\mathfrak{L}^2$ ein durch eine Diagonale unterteiltes Viereck. (Der umfassende Komplex $\mathfrak{K}$ ist hier unerheblich.) Fig. 17a, b zeigt zwei verschiedene Ordnungen von $\mathfrak{L}^2$. Durch die Reihenfolge der Ecken ist für die beiden Dreiecke ein Umlaufsinn erklärt.

[1]) Unter Sphären verstehen wir hier topologische Bilder von Sphären im üblichen Sinne. Man kann hier für S^2 bzw. S^1 den geometrischen Rand eines affinen 3- bzw. 2-Simplexes nehmen. Dann ist $S^2 \times S^1$ ein Zellenkomplex, der leicht simplizial unterteilt werden kann.

In Fig. 17a heben sich diese Umlaufsinne längs der gemeinsamen Kante auf, in Fig. 17b nicht. Man ist daher geneigt (und man verfährt jedenfalls so bei Kurvenintegralen), die Kante $\langle 0, 2\rangle$ im Falle von Fig. 17a nicht zum Rande des geordneten Komplexes $\mathfrak{L}^2$ zu zählen, dagegen $\langle 0, 1\rangle$ im Falle von Fig. 17b doppelt.

Man wird dazu geführt, unter dem Rand von $\mathfrak{L}^q$ nicht einfach einen Unterkomplex von $\mathfrak{K}$ zu verstehen sondern ein System von geordneten $(q-1)$-Simplexen, die mit einer ganzzahligen Vielfachheit versehen sind. Entschließt man sich dazu, so wird man auch für solche Systeme einen Rand erklären. Wir wenden uns daher Systemen von Simplexen mit Vielfachheit zu.

Definition. Es sei $\mathfrak{K}$ ein geordneter endlicher simplizialer Komplex, $\mathfrak{s}_q^\lambda$ $(\lambda = 1, 2, \ldots, \alpha_q)$ seien die q-Simplexe von $\mathfrak{K}$. Eine q-Kette von $\mathfrak{K}$ ist eine formale Linearkombination der Gestalt $\sum_\lambda g_\lambda \mathfrak{s}_q^\lambda$ mit ganzen Koeffizienten g_λ. Sind $c_q = \sum_\lambda g_\lambda \mathfrak{s}_q^\lambda$ und $c_q' = \sum_\lambda g_\lambda' \mathfrak{s}_q^\lambda$ zwei q-Ketten, so setzt man

$$c_q + c_q' = \sum_\lambda (g_\lambda + g_\lambda')\, \mathfrak{s}_q^\lambda; \quad n c_q = \sum_\lambda n g_\lambda \mathfrak{s}_q^\lambda \quad \text{für} \quad n \in \mathbf{Z}.$$

Die q-Ketten von $\mathfrak{K}$ können als ganzzahlige Vektoren mit α_q Komponenten aufgefaßt werden, wenn α_q die Anzahl der q-Simplexe von $\mathfrak{K}$ ist. Die Addition ist dann einfach die Vektoraddition. Hieraus folgt unmittelbar, daß die q-Ketten von $\mathfrak{K}$ eine additive (also abelsche) Gruppe $\mathfrak{C}_q$ bilden. Wir wollen zwischen dem geordneten Simplex $\mathfrak{s}_q^\mu (1 \leqq \mu \leqq \alpha_q)$ und der Kette $\sum \delta_\lambda^\mu \mathfrak{s}_q^\lambda$ mit $\delta_\mu^\mu = 1$ und $\delta_\lambda^\mu = 0$ für $\lambda \neq \mu$ nicht unterscheiden. Jede q-Kette von $\mathfrak{K}$ ist dann auf genau eine Weise als ganzzahlige Linearkombination der Ketten $\mathfrak{s}_q^1, \mathfrak{s}_q^2, \ldots, \mathfrak{s}_q^{\alpha_q}$ darstellbar.

Wir wenden uns nun der Randbildung zu und betrachten zunächst ein q-Simplex $\mathfrak{s}_q^\mu$ für $q > 0$. Sei etwa

(1.1) $$\mathfrak{s}_q^\mu = \langle \mathfrak{x}_{\nu_0}, \mathfrak{x}_{\nu_1}, \ldots, \mathfrak{x}_{\nu_q} \rangle.$$

Unter $\partial_i \mathfrak{s}_q^\mu$ verstehen wir diejenige $(q-1)$-Seite von $\mathfrak{s}_q^\mu$, die der i-ten Ecke, also $\mathfrak{x}_{\nu_i}$, gegenüberliegt. Man schreibt

(1.2) $$\partial_i \mathfrak{s}_q^\mu = \langle \mathfrak{x}_{\nu_0}, \ldots, \widehat{\mathfrak{x}_{\nu_i}}, \ldots, \mathfrak{x}_{\nu_q} \rangle; \quad 0 \leqq i \leqq q,$$

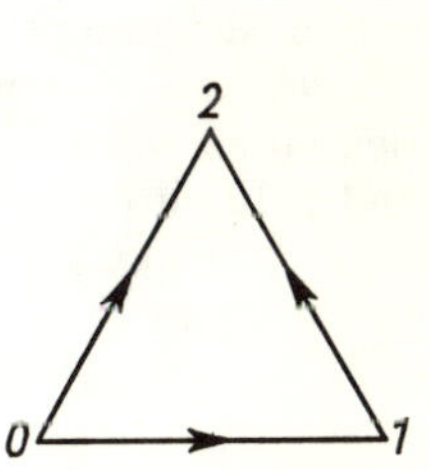

Fig. 18

was bedeuten soll, daß die Ecke $\mathfrak{x}_{\nu_i}$ zu unterdrücken ist. Der (algebraische) Rand der Kette $\mathfrak{s}_q^\mu$ soll nun eine Linearkombination der Ketten $\partial_i \mathfrak{s}_q^\mu (0 \leqq i \leqq q)$ sein. Als Koeffizienten liegen ± 1 nahe. Stets $+1$ als Koeffizienten zu nehmen, ist unzweckmäßig. So zeigt Fig. 18 für $q = 2$, daß die Eckenordnung keinen kohärenten Durchlaufungssinn für die Kanten ergibt. Allgemein gilt: Das geordnete Simplex (1.1) geht aus dem geordneten Simplex $\langle \mathfrak{x}_{\nu_i}, \mathfrak{x}_{\nu_0}, \ldots, \widehat{\mathfrak{x}_{\nu_i}}, \ldots, \mathfrak{x}_{\nu_q} \rangle$, also aus dem geordneten Kegel $C(\mathfrak{x}_{\nu_i}, \partial_i \mathfrak{s}_q^\mu)$, durch eine Permutation der Ecken hervor, die zugleich mit i gerade oder ungerade ist. Dies führt dazu, unter dem Rande $\partial \mathfrak{s}_q^\mu$ der Kette $\mathfrak{s}_q^\mu$ die $(q-1)$-Kette

(1.3) $$\partial \mathfrak{s}_q^\mu = \sum_{i=0}^{q} (-1)^i \partial_i \mathfrak{s}_q^\mu \quad (q > 0)$$

zu verstehen. Für beliebige q-Ketten setzen wir

$$\partial \sum_{\lambda} g_\lambda \mathfrak{s}_q^\lambda = \sum_{\lambda} g_\lambda \partial \mathfrak{s}_q^\lambda = \sum_{i=0}^{q} \sum_{\lambda} (-1)^i g_\lambda \partial_i \mathfrak{s}_q^\lambda. \tag{1.4}$$

Die Randbildung für q-Ketten ist ein Homomorphismus $\partial\colon \mathfrak{C}_q \to \mathfrak{C}_{q-1}$, wie ohne weiteres aus (1.4) folgt. Für jede 0-Kette c_0 setzen wir $\partial c_0 = 0$. Führt man also noch die triviale Gruppe $\mathfrak{C}_{-1} = \{0\}$ ein, so ist die Randbildung ∂ auch für $\mathfrak{C}_0$ ein Homomorphismus.

Anmerkung 1. Die triviale Gruppe $\{0\}$ bezeichnen wir im Weiteren einfach durch 0. Ein Homomorphismus $f\colon A \to B$, bei dem $f(A) = 0$ ist, wird ebenfalls mit 0 bezeichnet und Nullhomomorphismus genannt. Ist A oder B gleich 0, so ist f von selbst der Nullhomomorphismus.

Sei n die Dimension von $\mathfrak{K}$. Bisher wurde stillschweigend angenommen, daß $q \leqq n$ ist. Um Ausnahmen zu vermeiden, setzen wir für $q > n$ noch $\mathfrak{C}_q = 0$ und $\partial = 0\colon \mathfrak{C}_q \to \mathfrak{C}_{q-1}$.

Für die Randbildung gilt die grundlegende Formel

$$\partial\partial = 0, \tag{1.5}$$

also $\partial\partial c_q = 0$ für jede q-Kette, wobei für $q = 0$ noch formal $\mathfrak{C}_{-2} = 0$ einzuführen ist. Zum Beweise von (1.5) kann angenommen werden, daß $q \geqq 2$ und nicht größer als die Dimension von $\mathfrak{K}$ ist. Wir betrachten zunächst das Simplex (1.1). Aus (1.2) folgt

$$\partial_j \partial_i \mathfrak{s}_q^\mu = \begin{cases} \partial_{i-1} \partial_j \mathfrak{s}_q^\mu & \text{für} \quad j < i \\ \partial_i \partial_{j+1} \mathfrak{s}_q^\mu & \text{für} \quad j \geqq i. \end{cases} \tag{1.6}$$

Man hat nämlich bei $\partial_j \partial_i \mathfrak{s}_q^\mu$ zunächst die i-te Ecke von $\mathfrak{s}_q^\mu$ und danach die j-te Ecke von $\partial_i \mathfrak{s}_q^\mu$ zu unterdrücken. Ist $j < i$, so ist die j-te Ecke von $\partial_i \mathfrak{s}_q^\mu$ auch die j-te Ecke von $\mathfrak{s}_q^\mu$, und die i-te Ecke von $\mathfrak{s}_q^\mu$ ist die $(i-1)$-te von $\partial_j \mathfrak{s}_q^\mu$. In der ersten Gleichung (1.6) steht daher beiderseits dasjenige Simplex, das aus $\mathfrak{s}_q^\mu$ durch Weglassen der i-ten und der j-ten Ecke entsteht. Die zweite Gleichung (1.6) ergibt sich entsprechend und folgt auch aus der ersten, indem man dort $i - 1$ durch j und j durch i ersetzt. Bei der folgenden Rechnung unterdrücken wir $\mathfrak{s}_q^\mu$. Es ist

$$\begin{aligned} \partial\partial &= \sum_{j=0}^{q-1} \sum_{i=0}^{q} (-1)^{i+j} \partial_j \partial_i \\ &= \sum_{j=0}^{q-1} \sum_{i=0}^{j} (-1)^{i+j} \partial_j \partial_i + \sum_{j=0}^{q-1} \sum_{i=j+1}^{q} (-1)^{i+j} \partial_j \partial_i \\ &= \sum_{j=0}^{q-1} \sum_{i=0}^{j} (-1)^{i+j} \partial_i \partial_{j+1} + \sum_{i=1}^{q} \sum_{j=0}^{i-1} (-1)^{i+j} \partial_j \partial_i \\ &= \sum_{k=0}^{q-1} \sum_{h=0}^{k} (-1)^{h+k} \partial_h \partial_{k+1} + \sum_{k=0}^{q-1} \sum_{h=0}^{k} (-1)^{h+k+1} \partial_h \partial_{k+1} = 0. \end{aligned} \tag{1.7}$$

Vermöge (1.4) folgt hieraus (1.5).

Der Kern von $\partial: \mathfrak{C}_q \to \mathfrak{C}_{q-1}$ ist eine Untergruppe $\mathfrak{Z}_q$ von $\mathfrak{C}_q$. Er besteht aus den q-Ketten mit Rand 0. Man nennt diese Ketten q-Zyklen. Sie sind das algebraische Analogon der unberandeten Unterkomplexe von $\mathfrak{K}$. Nach Definition von ∂ ist $\mathfrak{C}_0 = \mathfrak{Z}_0$. Das Bild bei $\partial: \mathfrak{C}_{q+1} \to \mathfrak{C}_q$ ist eine Untergruppe $\mathfrak{B}_q$, deren Elemente q-dimensionale Ränder heißen. Wegen (1.5) ist jeder Rand ein Zyklus, also $\mathfrak{B}_q$ in $\mathfrak{Z}_q$ enthalten. Der ursprüngliche anschauliche Ansatz, nach dem unberandete Unterkomplexe von $\mathfrak{K}$ unter Vernachlässigung der berandenden zu betrachten sind, führt nun auf die Faktorgruppe $\mathfrak{H}_q = \mathfrak{Z}_q/\mathfrak{B}_q$. Sie heißt die q-te (oder q-dimensionale) Homologiegruppe des geordneten simplizialen Komplexes $\mathfrak{K}$. Sie ist trivial, wenn q größer als die Dimension von $\mathfrak{K}$ ist.

Anmerkung 2. Das Vorangehende bleibt vereinfacht bestehen, wenn man für die Ketten als Koeffizienten nicht die ganzen Zahlen sondern ihre Reste bei Division durch 2 nimmt (Koeffizienten modulo 2). Die Ketten können dann als Unterkomplexe aufgefaßt werden, und das Vorzeichen in (1.3) ist gegenstandslos.

Die eben betrachteten Gruppen sind genauer als simpliziale (Homologie-, Ketten- usw.) Gruppen zu bezeichnen. Für den geordneten simplizialen Komplex $\mathfrak{K}$ erweisen sich die Homologiegruppen als topologische Invarianten des zugrunde liegenden Raumes $|\mathfrak{K}|$. Dies wird sich im Rahmen einer allgemeinen Theorie für beliebige topologische Räume ergeben, der wir uns nun zuwenden.

1.2 Singuläre Homologiegruppen. Für das Folgende sei in jeder Dimension $q \geqq 0$ ein geordnetes affines Simplex Δ_q, das Standard-q-Simplex, fest gewählt. Die Ecken von Δ_q bezeichnen wir der Reihe nach mit $0_q, 1_q, \ldots, q_q$. Sei X ein topologischer Raum. Eine stetige Abbildung $\sigma_q: |\Delta_q| \to X$ heißt singuläres q-Simplex[1]) in (oder auf, von) X. Die Abbildung σ_q ist wohl zu unterscheiden von der Punktmenge $\sigma_q(|\Delta_q|)$, die Träger von σ_q heißt und mit $|\sigma_q|$ bezeichnet wird. Dagegen kann ein singuläres 0-Simplex in X einfach als Punkt von X aufgefaßt werden.

Wir fassen die Menge der singulären q-Simplexe in X als Familie $\{\sigma_q^\lambda\}$ auf. Sei nun G eine gegebene additive Gruppe[2]). Unter einer singulären q-Kette auf X mit Koeffizienten in G versteht man eine formale Summe $\sum_\lambda g_\lambda \sigma_q^\lambda$ mit $g_\lambda \in G$, bei der nur endlich viele Koeffizienten g_λ nicht null sind. Zwei solche Summen $\sum g_\lambda \sigma_q^\lambda$ und $\sum g_\lambda' \sigma_q^\lambda$ werden nur dann als gleich betrachtet, wenn $g_\lambda = g_\lambda'$ für alle λ ist. Die Forderung, daß nur endlich viele g_λ nicht null sind, wird später die Definition des Randes ermöglichen. Sind $c_q = \sum g_\lambda \sigma_q^\lambda$ und $c_q' = \sum g_\lambda' \sigma_q^\lambda$ singuläre q-Ketten, so setzen wir

$$(1.8) \qquad c_q + c_q' = \sum (g_\lambda + g_\lambda')\sigma_q^\lambda \quad \text{und} \quad n c_q = \sum (n g_\lambda)\sigma_q^\lambda \quad \text{für } n \in \mathbf{Z}$$

(bezüglich $n g_\lambda$ vgl. III.4.1). Insbesondere ist $(-1)c_q = \sum (-g_\lambda)\sigma_q^\lambda$. Man rechnet leicht nach, daß die q-Ketten vermöge der soeben erklärten Addition eine Gruppe

[1]) Die Bezeichnung singulär ist historisch bedingt. Sie ist eher irreführend als erläuternd.
[2]) G darf eine Gruppe mit Operatoren sein (vgl. 4.7). Sofern nichts anderes gesagt wird, besitzen dann die im Weiteren auftretenden Gruppen den gleichen Operatorenbereich wie G, und alle Homomorphismen sind Operatorhomomorphismen. Jedoch ist der Fall $G = \mathbf{Z}$ am wichtigsten.

bilden, die $\sum 0\sigma_q^\lambda$ als neutrales Element besitzt und in der $c_q + (-1)c_q = 0$, also $-c_q = (-1)c_q$, ist. Diese Gruppe heißt die Gruppe der singulären q-Ketten von X mit Koeffizienten in G. Sie wird mit $C_q(X; G)$ bezeichnet oder auch kurz mit C_q, wenn kein Irrtum möglich ist. Entsprechende abkürzende Schreibweisen benutzen wir auch für die weiter unten einzuführenden Gruppen. Ist $c_q = \sum g_\lambda \sigma_q^\lambda$, so sagen wir, daß das Simplex σ_q^μ in c_q vorkommt, wenn $g_\mu \neq 0$ ist. Unter dem Träger $|c_q|$ von c_q versteht man die Vereinigung der Träger derjenigen singulären Simplexe von X, die in c_q vorkommen. Der Träger der Kette 0 ist $\emptyset$. Es folgt unmittelbar

$$|c_q + c_q'| \subset |c_q| \cup |c_q'|; \quad |nc_q| \subset |c_q|. \tag{1.9}$$

Ist für die Kette $c_q = \sum g_\lambda \sigma_q^\lambda$ stets $g_\lambda = 0$ für $\lambda \neq \mu$, so schreiben wir für sie auch $g_\mu \sigma_q^\mu$. Hierbei ist zugelassen, daß auch $g_\mu = 0$ ist. Läßt man die leere Summe zu (d. h. es liegt kein Summand vor) und setzt man sie gleich 0, so ist offenbar jede Kette auf genau eine Weise als Summe von endlich vielen der Gestalt $g_\lambda \sigma_q^\lambda$ mit $g_\lambda \neq 0$ so darstellbar, daß keine zwei Summanden zum gleichen Index λ gehören. Die formalen Summen $\sum g_\lambda \sigma_q^\lambda$ können jetzt als gewöhnliche Summen über die endlich vielen von 0 verschiedenen Glieder gelesen werden, was wir von nun an tun wollen. Diese Vereinbarung ist mit (1.8) verträglich, weil die Addition assoziativ und kommutativ ist. Das singuläre Simplex σ_q^λ fassen wir häufig als die Kette $1\sigma_q^\lambda$ mit ganzzahligen Koeffizienten auf.

Sei $f\colon X \to Y$ eine stetige Abbildung. Ist $\sigma_q^\lambda\colon |\Delta_q| \to X$ ein singuläres q-Simplex von X, so ist $f\sigma_q^\lambda$ ein singuläres q-Simplex von Y. Für $\sigma_q^\lambda \neq \sigma_q^\mu$ kann $f\sigma_q^\lambda = f\sigma_q^\mu$ sein. Man sieht dies besonders leicht, wenn Y nur aus einem Punkt besteht. Einer jeden singulären q-Kette c_q von X ordnen wir eine q-Kette[1]) fc_q von Y auf folgende Weise zu: Ist $c_q = 0$, so sei $fc_q = 0$. Ist $c_q = g_{\lambda_1}\sigma_q^{\lambda_1} + g_{\lambda_2}\sigma_q^{\lambda_2} + \ldots + g_{\lambda_n}\sigma_q^{\lambda_n}$ mit $g_{\lambda_i} \neq 0$, also $c_q = \sum g_\lambda \sigma_q^\lambda$ mit $g_\lambda = 0$ für und nur für $\lambda \neq \lambda_1, \lambda_2, \ldots, \lambda_n$, so setzen wir $fc_q = g_{\lambda_1} f\sigma_q^{\lambda_1} + g_{\lambda_2} f\sigma_q^{\lambda_2} + \ldots + g_{\lambda_n} f\sigma_q^{\lambda_n}$. Man faßt also c_q als Summe von endlich vielen Ketten der Gestalt $g_{\lambda_i}\sigma_q^{\lambda_i}$ mit $g_{\lambda_i} \neq 0$ auf und definiert fc_q als Summe der endlich vielen Ketten $g_{\lambda_i} f\sigma_q^{\lambda_i}$. Mit der Vereinbarung, das Summenzeichen als Summation über die von 0 verschiedenen Glieder zu lesen, gilt also

$$f\sum g_\lambda \sigma_q^\lambda = \sum g_\lambda f\sigma_q^\lambda. \tag{1.10}$$

Aus (1.8) und (1.10) folgt $f(g_\lambda \sigma_q^\lambda + g_\lambda' \sigma_q^\lambda) = f(g_\lambda + g_\lambda')\sigma_q^\lambda = g_\lambda f\sigma_q^\lambda + g_\lambda' f\sigma_q^\lambda$. Hiermit folgt aus (1.10) weiter $f(c_q + c_q') = fc_q + fc_q'$; $f(nc_q) = nfc_q$. Vermöge (1.10) ist also ein Homomorphismus $f\colon C_q(X; G) \to C_q(Y; G)$ definiert. Man sagt, daß er von $f\colon X \to Y$ induziert wird.

Die doppelte Verwendung der Bezeichnung[2]) (hier Buchstabe f) ist widerspruchsfrei. Werden nämlich σ_q^λ und $f\sigma_q^\lambda$ als Ketten $1\sigma_q^\lambda$, $1f\sigma_q^\lambda$ aufgefaßt, so ist die

[1]) Zur Vereinfachung der Schreibweise schreiben wir hier und im Folgenden fc_q statt $f(c_q)$ und verfahren entsprechend bei anderen Homomorphismen, wie wir dies in 1.1 bereits für ∂ getan haben.

[2]) S. Fußnote 1, S. 237.

Bedeutung von $f\sigma_q{}^\lambda$ unabhängig davon, ob man f als stetige Abbildung oder als induzierten Homomorphismus liest. Dies ist der Grund für die gleiche Bezeichnungsweise. Sie ist auch mit der Komposition von Abbildungen verträglich. Sind $f\colon X \to Y$, $h\colon Y \to Z$ stetig, so ist wegen (1.10) der von $hf\colon X \to Z$ induzierte Homomorphismus $hf\colon C_q(X; G) \to C_q(Z; G)$ das Kompositum der von f und h induzierten Homomorphismen. Für eine Kette der Gestalt $g_\lambda \sigma_q{}^\lambda$ erhält man nämlich auf beide Weisen $g_\lambda h f \sigma_q{}^\lambda$ als Bild.

Ist $\mathfrak{s}_q$ ein geordnetes affines q-Simplex, so gibt es genau eine ordnungstreue affine Abbildung von Δ_q auf $\mathfrak{s}_q$. Wir bezeichnen diese Abbildung ebenfalls[1]) mit $\mathfrak{s}_q$. Dies bedeutet, daß jedes geordnete affine Simplex als singuläres aufgefaßt wird. Tritt $\mathfrak{s}_q$ in einer Zusammensetzung von Abbildungen auf, so ist $\mathfrak{s}_q$ als Abbildung zu lesen. Beide Bedeutungen von $\mathfrak{s}_q$ ergeben denselben Träger $|\mathfrak{s}_q|$. Nach dieser Vereinbarung ist unter Δ_q insbesondere auch die identische Abbildung von $|\Delta_q|$ zu verstehen. Hiernach gilt für singuläre Simplexe im Raume X

(1.11) $$\sigma_q{}^\lambda \Delta_q = \sigma_q{}^\lambda.$$

Nach der soeben getroffenen Vereinbarung kann für $q > 0$ auch die gemäß (1.2) gebildete Seite $\partial_i \mathfrak{s}_q$, insbesondere auch $\partial_i \Delta_q$, als singuläres $(q-1)$-Simplex aufgefaßt werden. Weil die Abbildung $\mathfrak{s}_q$ ordnungstreu ist, gilt

(1.12) $$\partial_i \mathfrak{s}_q = \mathfrak{s}_q \partial_i \Delta_q \quad \text{für} \quad q > 0;\ 0 \leqq i \leqq q.$$

Es steht nämlich auf beiden Seiten diejenige affine Abbildung von $|\Delta_{q-1}|$ in $|\mathfrak{s}_q|$, welche die j-te Ecke von Δ_{q-1} für $j < i$ in die j-te Ecke von $\mathfrak{s}_q$ und für $j \geqq i$ in die $(j+1)$-te Ecke von $\mathfrak{s}_q$ abbildet, während die i-te Ecke von $\mathfrak{s}_q$ nicht zum Bilde gehört.

Im Einklang mit (1.12) definieren wir $\partial_i \sigma_q$ bei beliebigem singulärem q-Simplex σ_q durch

(1.13) $$\partial_i \sigma_q = \sigma_q \partial_i \Delta_q \quad \text{für} \quad q > 0;\ 0 \leqq i \leqq q.$$

Man bildet also Δ_{q-1} zunächst ordnungstreu und affin gemäß $\partial_i \Delta_q$ in $|\Delta_q|$ ab und schließt dann die Abbildung σ_q an. Ist $f\colon X \to Y$ stetig und σ_q ein singuläres Simplex in X, so folgt aus (1.13)

(1.14) $$\partial_i f \sigma_q = \partial_i (f \sigma_q) = f \sigma_q \partial_i \Delta_q = f \partial_i \sigma_q \quad (q > 0).$$

Für singuläre Ketten definieren wir nun

(1.15) $$\partial_i \sum g_\lambda \sigma_q{}^\lambda = \sum g_\lambda \partial_i \sigma_q{}^\lambda \quad \text{für} \quad q > 0;\ 0 \leqq i \leqq q,$$

wobei die Bemerkungen zu (1.10) entsprechend gelten. Damit ergibt sich ein

---

[1]) Die Einführung neuer Bezeichnungen würde die Lesbarkeit der Formeln nur erschweren. Wo Unklarheiten zu befürchten sind, wird die Bedeutung der Bezeichnung angegeben.

Homomorphismus ∂_i: $C_q(X; G) \to C_{q-1}(X; G)$ für $q > 0$. Für $c_q \in C_q$ setzen wir nun $\partial c_q = \sum_{i=0}^{q} (-1)^i \partial_i c_q$. Die entstehende Abbildung

(1.16) $$\partial = \sum_{i=0}^{q} (-1)^i \partial_i \colon C_q(X; G) \to C_{q-1}(X; G) \quad \text{für } q > 0$$

ist ebenfalls homomorph. ∂ heißt Randbildung oder **Randoperator**. Für 0-Ketten c_0 setzen wir noch $\partial c_0 = 0$.

Anmerkung. Sind A und B additive Gruppen und f, g Homomorphismen von A in B, so versteht man unter $-g$ bzw. $f + g$ die durch $a \to -g(a)$ bzw. durch $a \to f(a) + g(a)$ definierten Abbildungen von A in B. Sie sind wieder homomorph. Man setzt $f - g = f + (-g)$. Summen von mehreren Homomorphismen werden entsprechend erklärt. In (1.16) ist also ∂ die Summe der Homomorphismen $(-1)^i \partial_i$ mit $0 \leqq i \leqq q$.

Ist f: $X \to Y$ stetig, so folgt für $q > 0$ aus (1.10), (1.14) und (1.15) $\partial_i f \sum g_\lambda \sigma_q^\lambda = \partial_i \sum g_\lambda f \sigma_q^\lambda = \sum g_\lambda \partial_i f \sigma_q^\lambda = \sum g_\lambda f \partial_i \sigma_q^\lambda = f \partial_i \sum g_\lambda \sigma_q^\lambda$, also

(1.17) $$\partial_i f = f \partial_i .$$

Aus (1.16) folgt damit

(1.18) $$\partial f = f \partial \colon C_q(X; G) \to C_{q-1}(Y; G),$$

was auch für $q = 0$ gilt. Wir merken noch an: Wegen (1.13) ist $|\partial_i \sigma_q| \subset |\sigma_q|$, und es ist $|f\sigma_q| = f(|\sigma_q|)$. Hiermit folgt

(1.19) $$|\partial c_q| \subset |c_q|; \quad |f c_q| \subset f(|c_q|).$$

Auch jetzt gilt $\partial\partial = 0$ für die Randbildung. Zum Beweise kann wieder $q \geqq 2$ angenommen werden. Sei zunächst $\mathfrak{s}_q$ ein geordnetes affines q-Simplex. (1.12) und (1.13) besagen, daß es gleichgültig ist, ob man zunächst zu der Seite $\partial_i \mathfrak{s}_q$ als geordnetem affinem Simplex übergeht und dieses dann als singuläres Simplex auffaßt oder ob man sofort $\mathfrak{s}_q$ als singuläres Simplex auffaßt und darauf ∂_i anwendet. Hieraus folgt durch doppelte Anwendung, daß (1.6) auch dann gilt, wenn man dort $\mathfrak{s}_q^\mu$ als singuläres Simplex auffaßt. Insbesondere gilt dies mit Δ_q an Stelle von $\mathfrak{s}_q^\mu$. Wegen (1.13) ist nun $\partial_i \partial_j \sigma_q = \partial_i \sigma_q \partial_j \Delta_q$, wegen (1.17) (mit σ_q statt f) ist dies $\sigma_q \partial_i \partial_j \Delta_q$. Hieraus und aus dem zuvor Gesagten folgt nun, daß (1.6) auch dann gilt, wenn man $\mathfrak{s}_q^\mu$ durch ein beliebiges singuläres q-Simplex σ_q ersetzt. Wegen (1.15) gilt (1.6) auch dann noch, wenn man an Stelle von $\mathfrak{s}_q^\mu$ eine singuläre q-Kette c_q setzt. Wegen (1.16) ergibt die auf (1.6) beruhende Rechnung (1.7) jetzt $\partial\partial c_q = 0$ für beliebiges c_q.

Der Kern von ∂: $C_q(X; G) \to C_{q-1}(X; G)$ heißt die Gruppe der singulären q-**Zyklen** von X mit Koeffizienten in G und wird mit Z_q (genauer $Z_q(X; G)$) bezeichnet. Das Bild bei ∂: $C_{q+1} \to C_q$ heißt die Gruppe B_q der q-dimensionalen **Ränder**. Wegen $\partial\partial = 0$ ist $B_q \subset Z_q$. Es existiert daher die Faktorgruppe $H_q(X; G) = Z_q/B_q$. Sie heißt die q-te **singuläre Homologiegruppe** von X mit Koeffizienten in G.

Beispiel. Es sei P ein topologischer Raum, der aus nur einem Punkte besteht. Offenbar gibt es für jedes $q \geqq 0$ genau ein singuläres Simplex σ_q in P. Ist q ungerade, so ist $\partial g\sigma_q = \sum_{i=0}^{q} (-1)^i g\partial_i \sigma_q = 0$, also jede q-Kette ein Zyklus. Ist q gerade und $q \geqq 2$, so ist $\partial g\sigma_q = g\sigma_{q-1}$, also 0 der einzige Zyklus. Gleichzeitig ergibt sich, daß für ungerades q jeder Zyklus ein Rand ist. Man erhält $H_q(P; G) = 0$ für $q > 0$. Jede 0-Kette ist ein Zyklus, und es ist 0 der einzige nulldimensionale Rand. Die 0-Ketten haben die Gestalt gp, wenn p der einzige Punkt von P ist. Durch $g \to gp$ ergibt sich also eine Isomorphie der Koeffizientengruppe G mit $H_0(P; G)$.

1.3 Kettenkomplexe. Wir wenden uns dem algebraischen Sachverhalt zu, der dem Vorangehenden zugrunde liegt. Für jede ganze Zahl q seien gegeben: (1) eine additive Gruppe C_q, (2) ein Homomorphismus $\partial^{(q)}: C_q \to C_{q-1}$. Ist $\partial^{(q-1)}\partial^{(q)} = 0$ für alle q, so sagt man, daß ein Kettenkomplex $\{C_q, \partial^{(q)}\}$ vorliegt[1]). Statt $\partial^{(q)}$ schreibt man meist einfach ∂, wenn Fehldeutungen nicht zu befürchten sind. Ist $K = \{C_q, \partial\}$ ein Kettenkomplex, so heißen die Elemente von C_q q-Ketten von K. ∂ heißt Randoperator, der Kern von $\partial: C_q \to C_{q-1}$ wird als Gruppe Z_q der q-Zyklen, das Bild bei $\partial: C_{q+1} \to C_q$ als Gruppe B_q der q-dimensionalen Ränder von K bezeichnet. Wegen $\partial\partial = 0$ ist $B_q \subset Z_q$. Die Faktorgruppe $H_q = Z_q/B_q$ heißt q-te Homologiegruppe von K. Wenn deutlich gemacht werden soll, daß es sich um Gruppen von Ketten, Zyklen usw. des Kettenkomplexes K handelt, schreiben wir $C_q(K)$, $Z_q(K)$ usw. Ist $C_q(K) = 0$ für alle q, so schreiben wir[2]) $K = 0$.

Beispiel 1. Die Gruppen der simplizialen Ketten eines geordneten endlichen simplizialen Komplexes bilden mit der durch (1.3) und (1.4) erklärten Randbildung einen Kettenkomplex, wenn man für $q < 0$ festsetzt $C_q = 0$, $\partial^{(q)} = 0$. Entsprechend ergibt sich ein Kettenkomplex für die singulären Ketten eines topologischen Raumes X mit Koeffizienten in G, den wir mit $S(X; G)$ bezeichnen. Ist insbesondere $G = \mathsf{Z}$, so spricht man einfach von dem singulären Kettenkomplex des topologischen Raumes X und schreibt $S(X)$ statt $S(X; \mathsf{Z})$. Statt $C_q(S(X; G))$ usw. schreiben wir wie bisher $C_q(X; G)$ usw.

Sei wieder $K = \{C_q, \partial\}$ ein beliebiger Kettenkomplex. Zwei q-Ketten c_q und c_q' heißen homolog, in Zeichen $c_q \sim c_q'$, wenn $c_q - c_q' \in B_q$ ist, wenn es also eine $(q+1)$-Kette c_{q+1} gibt, so daß $\partial c_{q+1} = c_q - c_q'$ ist. Wegen $\partial\partial = 0$ haben homologe Ketten den gleichen Rand. Insbesondere kann ein Zyklus nur zu einem Zyklus homolog sein. Die Homologie ist eine Äquivalenzrelation für Ketten. Unter einer Homologieklasse versteht man jedoch stets eine Klasse homologer Zyklen. Diese Klassen sind nichts anderes als die Elemente von $H_q = Z_q/B_q$. Das Nullelement von H_q ist die Klasse der Ränder. Die Zyklen dieser Klasse heißen nullhomolog.

Es seien $K = \{C_q(K), \partial\}$ und $K' = \{C_q(K'), \partial'\}$ Kettenkomplexe. Ist für jedes ganze q ein Homomorphismus $f_q: C_q(K) \to C_q(K')$ gegeben, so daß jeweils $\partial' f_q = f_{q-1}\partial$ gilt, so sagt man, daß ein Homomorphismus oder eine Kettenabbildung $f: K \to K'$ vorliegt. f heißt monomorph bzw. epimorph, wenn

[1]) Man kann allgemeiner zulassen, daß die C_q additive Gruppen mit einem festen Operatorenbereich sind. Die $\partial^{(q)}$ sind dann Operatorhomomorphismen (vgl. 4.7).

[2]) Die Verwendung von 0 in verschiedenen Bedeutungen läßt keine Verwechslung befürchten, da jeweils aus dem Zusammenhang klar ist, was gemeint ist.

jedes f_q monomorph bzw. epimorph ist. Ist $f_q = 0$ für alle q, so wird f als Nullhomomorphismus 0 bezeichnet.

Statt f_q schreibt man meistens ebenfalls f. Außerdem bezeichnet man häufig den Randoperator in beiden Komplexen gleich. Daß $f\colon K \to K'$ homomorph ist, drückt sich dann so aus: Es ist $f\colon C_q(K) \to C_q(K')$ homomorph für alle q, und es gilt

(1.20) $$\partial f = f \partial .$$

Aus (1.20) folgt: Ist z_q ein Zyklus von K, so ist $\partial f z_q = f \partial z_q = 0$, also $f z_q$ ein Zyklus von K'. Demnach gilt $f(Z_q(K)) \subset Z_q(K')$. Entsprechend folgt $f(B_q(K)) \subset B_q(K')$. Hieraus folgt, daß f Homomorphismen $f_*\colon H_q(K) \to H_q(K')$ induziert. Es gilt nämlich allgemein

Satz 1[1]). *Es seien A und A' abelsche Gruppen und $f\colon A \to A'$ homomorph. Sind B bzw. B' Untergruppen von A bzw. A' und ist $f(B) \subset B'$, so induziert f einen Homomorphismus $f_*\colon A/B \to A'/B'$.*

Beweis. Es sei $i\colon B \to A$ die Inklusion von B in A, $j\colon A \to A/B$ die Projektion von A auf A/B. i' und j' mögen die entsprechende Bedeutung für A' haben. Wegen $f(B) \subset B'$ induziert f eine Abbildung $\varphi\colon B \to B'$, so daß $i'\varphi = fi = f|B$ ist.

(1.21) 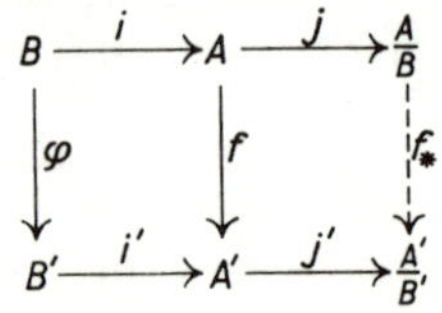

Nun ist $j'fi = j'i'\varphi = 0$. Sind a_1 und a_2 Elemente von A mit $a_1 - a_2 \in B$, so ist $j'f(a_1) - j'f(a_2) = j'f(a_1 - a_2) = j'fi(a_1 - a_2) = 0$. Alle Elemente einer Restklasse α von A nach B haben demnach dasselbe Bild bei $j'f$. Also induziert f eine Abbildung $f_*\colon A/B \to A'/B'$ mit $f_* j = j'f$. Sind α_1 und α_2 Restklassen von A nach B und a_1, a_2 Repräsentanten von α_1, α_2 (also $j a_i = \alpha_i$ für $i = 1, 2$), so ist $f_*(\alpha_1 + \alpha_2) = f_* j(a_1 + a_2) = j'f(a_1 + a_2) = j'f(a_1) + j'f(a_2) = f_*(\alpha_1) + f_*(\alpha_2)$. Also ist f_* homomorph.

Anmerkung 1. Wegen der häufigen Anwendungen geben wir die Beschreibung von f_* noch in anderer Form. Für $a \in A$ und $a' \in A'$ setzen wir $ja = [a]$ und $j'a' = [a']$. Wir drücken also den Übergang zu Restklassen durch eckige Klammern aus. Jedes Element von A/B hat dann die Gestalt $[a]$, und es ist

(1.22) $$f_*([a]) = [f(a)] .$$

Anmerkung 2. Das Diagramm (1.21) ist ein Beispiel eines kommutativen Diagrammes. $fi = i'\varphi$ besagt, daß das linke Teilrechteck kommutativ ist, wegen $f_* j = j'f$ ist es auch das rechte. Allgemein heißt ein Diagramm kommutativ, wenn folgendes gilt: Kann man von einer Stelle S zu einer anderen T dadurch übergehen, daß man jeweils den Pfeilrichtungen folgt, so ergeben alle solchen Wege von S nach T dieselbe zusammengesetzte Abbildung.

---

[1]) Satz 1 gilt für beliebige Gruppen, wenn man verlangt, daß B und B' Normalteiler sind.

Satz 2. *Es seien K, K', K'' Kettenkomplexe, $f\colon K \to K'$ und $g\colon K' \to K''$ Homomorphismen. Dann ist gf homomorph. Für die induzierten Homomorphismen der Homologiegruppen gilt $(gf)_* = g_* f_*$. Ist f der Nullhomomorphismus, so ist auch $f_* = 0$. Ist $K = K'$ und f die identische Abbildung von K, so ist f_* für jedes $H_q(K)$ die identische Abbildung.*

Beweis. Wird der Randoperator in K, K' und K'' stets mit ∂ bezeichnet, so gilt $\partial f = f\partial$ und $\partial g = g\partial$, woraus $\partial gf = g\partial f = gf\partial$ und damit die erste Behauptung folgt. Den Übergang von Zyklen zu Homologieklassen bezeichnen wir durch eckige Klammern. Sei nun $\alpha \in H_q(K)$ und z ein Zyklus aus der Klasse α, also $[z] = \alpha$. Wegen (1.22) ist $f_*(\alpha) = [f(z)]$ und $g_*([f(z)]) = [gf(z)]$. Also ist $g_* f_*(\alpha) = [gf(z)] = (gf)_*(\alpha)$. Die beiden restlichen Behauptungen sind trivial.

Beispiel 2. Ist $f\colon X \to Y$ eine stetige Abbildung, so induziert f wegen (1.18) einen Homomorphismus $f\colon S(X; G) \to S(Y; G)$ und damit Homomorphismen $f_*\colon H_q(X; G) \to H_q(Y; G)$. Sei $g\colon Y \to Z$ eine weitere stetige Abbildung. Wegen (1.10) ist der von $gf\colon X \to Z$ induzierte Homomorphismus $(gf)\colon S(X; G) \to S(Z; G)$ das Kompositum der von f und g induzierten Homomorphismen. Wegen Satz 2 gilt $(gf)_* = g_* f_*\colon H_q(X; G) \to H_q(Z; G)$. Ist insbesondere $X = Z$ und $gf = id_X$, $fg = id_Y$, so sind f_* und g_* inverse Isomorphismen wegen $g_* f_* = (gf)_* = id$, $f_* g_* = id$. Die singulären Homologiegruppen sind also topologische Invarianten.

1.4 Relative Homologie. Es sei $K = \{C_q(K), \partial\}$ ein Kettenkomplex. Ein Unterkomplex L von K liegt vor, wenn für jedes q eine Untergruppe $C_q(L)$ von $C_q(K)$ gegeben ist, so daß $\partial(C_q(L)) \subset C_{q-1}(L)$ ist. Der Randoperator von K bewirkt also Homomorphismen $\partial'\colon C_q(L) \to C_{q-1}(L)$, und es ist $L = \{C_q(L), \partial'\}$ ein Kettenkomplex, weil $\partial'\partial' = 0$ aus $\partial\partial = 0$ folgt. Die Inklusionen $i_q\colon C_q(L) \to C_q(K)$ bewirken eine Abbildung $i\colon L \to K$, die nach Definition von ∂' homomorph ist. Sie induziert nach 1.3 Homomorphismen $i_*\colon H_q(L) \to H_q(K)$. Im allgemeinen sind diese nicht injektiv, wie sich noch ergeben wird.

Beispiel 1. Es sei X ein topologischer Raum und A ein Teilraum von X. Die Inklusion $i\colon A \to X$ induziert einen Homomorphismus $i\colon S(A; G) \to S(X; G)$. Aus (1.10) folgt, daß auch er injektiv ist. Er stellt eine bijektive Beziehung zwischen den Ketten von A und denjenigen Ketten von X her, deren Träger in A liegt. Für $A \subset X$ faßt man daher $S(A; G)$ vermöge i stets als Unterkomplex von $S(X; G)$ auf. Ist $A = \emptyset$, so ist $C_q(A; G) = 0$ für alle q zu setzen.

Sei $L = \{C_q(L), \partial\}$ Unterkomplex von $K = \{C_q(K), \partial\}$. Für jedes q bilden wir die Faktorgruppe $C_q(K)/C_q(L)$. Es seien $j_q\colon C_q(K) \to C_q(K)/C_q(L)$ die zugehörigen Projektionen. Für $c_q \in C_q(K)$ setzen wir $\overline{c_q} = j_q c_q$. Wegen $\partial(C_q(L)) \subset C_{q-1}(L)$ und wegen 1.3 Satz 1 induziert der Randoperator von K Homomorphismen $\overline{\partial}\colon C_q(K)/C_q(L) \to C_{q-1}(K)/C_{q-1}(L)$. Nach (1.22) ist $\overline{\partial}$ durch

$$\overline{\partial}\,\overline{c_q} = \overline{\partial c_q}, \quad \text{also} \quad \overline{\partial} j_q = j_{q-1}\partial \tag{1.23}$$

definiert. Hieraus folgt $\overline{\partial}\,\overline{\partial}\,\overline{c_q} = \overline{\partial}\,\overline{\partial c_q} = \overline{\partial\partial c_q} = 0$. Daher ist $K/L = \{C_q(K)/C_q(L), \overline{\partial}\}$ ein Kettenkomplex. Er heißt der Quotient von K nach L. Nach Definition ist $C_q(K/L) = C_q(K)/C_q(L)$. Wegen (1.23) induzieren die Projektionen j_q einen Epimorphismus $j: K \to K/L$, die Projektion von K auf K/L. Die zugehörigen Homomorphismen $j_*: H_q(K) \to H_q(K/L)$ brauchen nicht epimorph zu sein.

Jedes Element von $C_q(K/L)$ ist von der Form $\overline{c_q}$ mit $c_q \in C_q(K)$, jede Kette von K/L läßt sich also durch eine Kette von K repräsentieren, wobei $\overline{c_q} = \overline{c_q'}$ gleichwertig mit $c_q - c_q' \in C_q(L)$ ist. Statt $\overline{c_q} = \overline{c_q'}$ schreibt man daher auch $c_q \equiv c_q'$ mod L (kongruent modulo L). Das eben Gesagte gilt insbesondere für die Untergruppen $Z_q(K/L)$ und $B_q(K/L)$ von $C_q(K/L)$. Es ist $\overline{c_q} \in Z_q(K/L)$ genau dann, wenn $\partial\overline{c_q} = \overline{\partial c_q} = 0$ ist, also genau dann, wenn $\partial c_q \in C_{q-1}(L)$ ist. c_q heißt dann relativer Zyklus von K mod L. Es ist $\overline{c_q} \in B_q(K/L)$ genau dann, wenn es eine $(q+1)$-Kette c_{q+1} von K gibt, so daß $\overline{\partial c_{q+1}} = \overline{c_q}$ ist. Dies ist gleichwertig mit $\overline{c_q} - \overline{\partial c_{q+1}} = \overline{(c_q - \partial c_{q+1})} = 0$, also mit $c_q - \partial c_{q+1} \in C_q(L)$, und es heißt dann c_q ein relativer Rand von K mod L. In der Dimension q bilden die relativen Zyklen bzw. Ränder von K mod L Untergruppen $Z_q(K, L)$ bzw. $B_q(K, L)$ von $C_q(K)$, und es ist $B_q(K, L) \subset Z_q(K, L)$, denn aus $c_q - \partial c_{q+1} \equiv 0$ mod L folgt $\partial c_q \equiv 0$ mod L. Nun induziert j einen Epimorphismus $j: Z_q(K, L) \twoheadrightarrow Z_q(K/L)$. Der Übergang zur Homologie in K/L ergibt einen Epimorphismus $\pi: Z_q(K, L) \twoheadrightarrow H_q(K/L)$, dessen Kern gerade $B_q(K, L)$ ist. Daher induziert π einen Isomorphismus $\pi_*: Z_q(K, L)/B_q(K, L) \rightarrowtail\!\!\!\twoheadrightarrow H_q(K/L)$. Man pflegt beide Gruppen vermöge π_* zu identifizieren. Daher schreibt man auch $H_q(K, L)$ statt $H_q(K/L)$, und man bezeichnet diese Gruppe als q-te relative Homologiegruppe von K mod L, ihre Elemente entsprechend als relative Homologieklassen. Zur Unterscheidung von den relativen Begriffen nennt man Zyklen, Ränder bzw. Homologieklassen von K gelegentlich auch absolute Zyklen, Ränder bzw. Homologieklassen von K.

Beispiel 2. Ist X ein topologischer Raum und $A \subset X$, so existiert der Quotient $S(X; G)/S(A; G)$. Seine Homologiegruppen bezeichnet man mit $H_q(X, A; G)$. Relative Zyklen, Ränder bzw. Homologieklassen von $S(X; G)$ mod $S(A; G)$ nennt man relative (singuläre) Zyklen, Ränder bzw. Homologieklassen von X mod A (mit Koeffizienten in G). Der Übergang von $S(X; G)$ zum Quotienten nach $S(A; G)$ bedeutet, daß man Ketten vernachlässigt, die auf A liegen (genauer: deren Träger in A liegt). Ein relativer Zyklus mod A ist eine Kette, deren Rand auf A liegt. Eine Kette von X ist ein relativer Rand mod A genau dann, wenn sie zu einer Kette auf A homolog ist oder, gleichwertig damit, wenn sie sich durch eine Kette auf A zu einem Rande in X ergänzen läßt. Entsprechendes gilt, wenn X ein geordneter endlicher simplizialer Komplex und A Unterkomplex von X ist. Wir merken noch an, daß $H_q(X, \emptyset; G) = H_q(X; G)$ ist. Wir werden dies ohne weiteren Hinweis benutzen.

Die relativen Zyklen von K mod L sind dadurch charakterisiert, daß ihr Rand in L liegt. Ein solcher Rand ist ein Zyklus von L wegen $\partial\partial = 0$. Hiernach induziert ∂ einen Homomorphismus $i^{-1}\partial: Z_q(K, L) \to Z_{q-1}(L)$. Hierbei ist ∂ die Randbildung in K, und es drückt i^{-1} aus, daß der Rand als Zyklus in L aufzufassen ist. Auf $Z_q(K, L)$ ist also $i(i^{-1}\partial) = \partial$. Ist nun $c_q \in B_q(K, L)$, so gibt es eine Kette c_{q+1} von K derart, daß $c_q - \partial c_{q+1}$ in $C_q(L)$ liegt, woraus $i^{-1}\partial c_q \in B_{q-1}(L)$ folgt. Vermöge $i^{-1}\partial$ wird also $B_q(K, L)$ in $B_{q-1}(L)$ abgebildet. Nach 1.3 Satz 1 induziert $i^{-1}\partial$ einen

Homomorphismus $\partial_*: H_q(K, L) \to H_{q-1}(L)$, der **Verbindungshomomorphismus** heißt. Er wird durch folgendes Diagramm veranschaulicht:

(1.24)

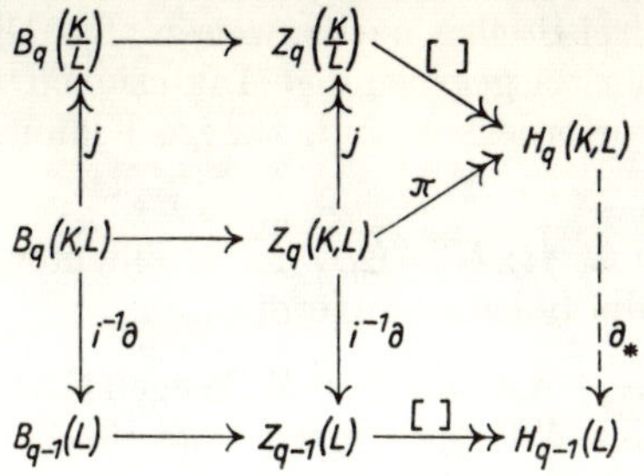

Ist $\alpha \in H_q(K, L)$, so läßt sich $\partial_*(\alpha)$ folgendermaßen erhalten: Man repräsentiere α zunächst durch einen Zyklus $\overline{c_q}$ von K/L und dann diesen durch eine Kette c_q von K. Dann ist $c_q \in Z_q(K, L)$. Wenn wieder eckige Klammern den Übergang zur Homologieklasse bedeuten, gilt

(1.25) $$\pi c_q = [j c_q] = [\overline{c_q}] = \alpha.$$

Nun bilde man ∂c_q und fasse ∂c_q als Zyklus $i^{-1}\partial c_q$ von L auf. Dann ist

(1.26) $$\partial_*(\alpha) = [i^{-1}\partial c_q].$$

Ist L Unterkomplex des Kettenkomplexes K, so sagt man, daß (K, L) ein **Paar von Kettenkomplexen** ist. Die Inklusion $i: L \to K$, die Projektion $j: K \to K/L$ und ∂ induzieren Homomorphismen für die Homologiegruppen, die sich zu der Folge

(1.27) $$\ldots \to H_{q+1}(K, L) \xrightarrow{\partial_*} H_q(L) \xrightarrow{i_*} H_q(K) \xrightarrow{j_*} H_q(K, L) \xrightarrow{\partial_*} H_{q-1}(L) \to \ldots,$$

der **Homologiefolge** des Paares (K, L), anordnen lassen. Insbesondere besteht eine solche Folge für ein Paar (X, A) topologischer Räume $(A \subset X)$ bei fest gewählter Koeffizientengruppe G. Sie ist für $q < 0$ trivial.

(1.28) $$\ldots \to H_q(A; G) \xrightarrow{i_*} H_q(X; G) \xrightarrow{j_*} H_q(X, A; G) \xrightarrow{\partial_*} H_{q-1}(A; G) \to \ldots$$
$$\ldots \to H_1(X, A; G) \xrightarrow{\partial_*} H_0(A; G) \xrightarrow{i_*} H_0(X; G) \xrightarrow{j_*} H_0(X, A; G) \to 0.$$

1.5 Exakte Homologiefolge. Eine (endliche oder unendliche) Folge von Homomorphismen $\ldots \to A_{i-1} \xrightarrow{f_{i-1}} A_i \xrightarrow{f_i} A_{i+1} \to \ldots$ heißt **exakt** an der Stelle A_i, wenn der Kern von f_i gleich dem Bild von f_{i-1} ist. Die Folge heißt exakt, wenn sie es an jeder (mittleren) Stelle ist. Hierbei können die A_i Gruppen oder auch Kettenkomplexe sein. Ist beispielsweise N eine Untergruppe der additiven Gruppe G und $i: N \to G$ die Inklusion, so ist $0 \to N \xrightarrow{i} G \xrightarrow{j} G/N \to 0$ exakt, wobei j die zugehörige Projektion ist. Ist (K, L) ein Paar von Kettenkomplexen, so ist entsprechend $0 \to L \xrightarrow{i} K \xrightarrow{j} K/L \to 0$ exakt, wenn 0 denjenigen Kettenkomplex bezeichnet, dessen Kettengruppen sämtlich 0 sind. Exakte Folgen der Gestalt $0 \to A \to B \to C \to 0$ bezeichnet man auch als **kurze exakte Folgen**. Es ist $0 \to A \xrightarrow{f} B \to 0$ genau dann exakt, wenn f isomorph ist.

Satz 1. *Die Homologiefolge* (1.27) *eines Paares* (K, L) *von Kettenkomplexen ist exakt.*

Beweis. Die Schlüsse werden unabhängig von der Dimension q geführt. Die Exaktheit ist daher an drei Stellen nachzuweisen. Die Gleichheit von Bild und Kern kann jeweils durch zwei gegensinnige Inklusionen ersetzt werden, so daß insgesamt sechs Schlüsse erforderlich sind. Eckige Klammern bezeichnen Homologieklassen.

(a) Bild $i_* \subset$ Kern j_*. Es ist $ji\colon L \to K/L$ der Nullhomomorphismus. Wegen 1.3 Satz 2 ist $j_* i_* = 0$, was die Behauptung ergibt.

(b) Bild $j_* \subset$ Kern ∂_*. Sei z_q ein Zyklus von K. Wegen (1.22) ist $\partial_* j_* [z_q] = \partial_* [j z_q]$, und aus (1.25), (1.26) folgt $\partial_* [j z_q] = \partial_* \pi z_q = [i^{-1} \partial z_q] = 0$. Also ist $\partial_* j_* = 0$.

(c) Bild $\partial_* \subset$ Kern i_*. Wegen (1.26) hat jedes Element von Bild ∂_* die Gestalt $[i^{-1} \partial c_q]$, und es ist $i_* [i^{-1} \partial c_q] = [i (i^{-1} \partial) c_q] = [\partial c_q] = 0$.

(d) Kern $j_* \subset$ Bild i_*. Sei $\alpha \in H_q(K)$ und $j_* \alpha = 0$. Es ist $\alpha = [z_q]$ für geeignetes $z_q \in Z_q(K)$. z_q ist ein relativer Rand wegen $j_* \alpha = 0$. Daher gibt es eine Kette c_{q+1} in K, so daß $z_q - \partial c_{q+1}$ in L liegt. $z_q - \partial c_{q+1}$ ist ein Zyklus. Faßt man ihn als Zyklus $i^{-1} (z_q - \partial c_{q+1})$ von L auf, so ist $i_* [i^{-1} (z_q - \partial c_{q+1})] = [z_q - \partial c_{q+1}] = [z_q] = \alpha$, was die Behauptung ergibt.

(e) Kern $\partial_* \subset$ Bild j_*. Sei $\alpha \in H_q(K, L)$ und $\partial_* \alpha = 0$. Wegen (1.24), (1.25), (1.26) gibt es $c_q \in Z_q(K, L)$, so daß $\pi c_q = \alpha$ und $i^{-1} \partial c_q$ nullhomolog in L ist. Es gibt daher $l_q \in C_q(L)$ mit $i^{-1} \partial c_q = \partial l_q$. Nun ist $c_q - i l_q$ ein Zyklus von K und $j(c_q - i l_q) = j c_q$. Es folgt $j_* [c_q - i l_q] = [j c_q] = \pi c_q = \alpha$.

(f) Kern $i_* \subset$ Bild ∂_*. Sei $\alpha \in H_q(L)$ und $i_* \alpha = 0$. Zu α gibt es einen Zyklus z_q von L, so daß $\alpha = [z_q]$ ist. Wegen $i_* (\alpha) = [i z_q]$ ist $i z_q$ nullhomolog in K. Es gibt daher c_{q+1} mit $i z_q = \partial c_{q+1}$ in K. Nun ist $c_{q+1} \in Z_{q+1}(K, L)$ und $i^{-1} \partial c_{q+1} = z_q$. Sei $\pi c_{q+1} = \beta$. Wegen (1.25), (1.26) ist $\partial_* \beta = [i^{-1} \partial c_{q+1}] = [z_q] = \alpha$.

Damit folgt die Behauptung des Satzes.

Anmerkung 1. Wegen Satz 1 spricht man genauer von der exakten Homologiefolge des Paares (K, L).

Es seien (K, L) und (K', L') Paare von Kettenkomplexen, $i\colon L \to K$, $i'\colon L' \to K'$ die zugehörigen Inklusionen und $j\colon K \to K/L$, $j'\colon K' \to K'/L'$ die zugehörigen Projektionen. Ein Homomorphismus $f\colon (K, L) \to (K', L')$ ist ein Homomorphismus $f\colon K \to K'$ derart, daß $f(L) \subset L'$ ist, also $f(L_q) \subset L_q'$ für alle q. Der Homomorphismus f induziert eine Abbildung $\varphi\colon L \to L'$ mit $i' \varphi = f i$, und wegen 1.3 Satz 1 induziert f Homomorphismen $\overline{f_q}\colon C_q(K/L) \to C_q'(K'/L')$ mit $\overline{f_q} j = j' f_q$. Die Abbildungen sind in dem kommutativen Diagramm

(1.29)
$$\begin{array}{ccccccccc}
0 & \longrightarrow & L & \xrightarrow{\;i\;} & K & \xrightarrow{\;j\;} & \frac{K}{L} & \longrightarrow & 0 \\
 & & \downarrow{\scriptstyle \varphi} & & \downarrow{\scriptstyle f} & & \downarrow{\scriptstyle \overline{f}} & & \\
0 & \longrightarrow & L' & \xrightarrow{\;i'\;} & K' & \xrightarrow{\;j'\;} & \frac{K'}{L'} & \longrightarrow & 0
\end{array}$$

zusammengefaßt. Weil die Randbildung in L bzw. L' von K bzw. K' herrührt ($i\partial = \partial i$ und $i'\partial = \partial i'$) und f homomorph ist ($\partial f = f\partial$), ist auch φ homomorph ($\partial\varphi = \varphi\partial$). Dies leuchtet unmittelbar ein und wird durch folgende Rechnung bestätigt: Auf $C_q(L)$ ist $i'(\partial\varphi - \varphi\partial) = \partial i'\varphi - i'\varphi\partial = \partial f i - f i \partial = \partial f i - f\partial i = 0$. Weil i' injektiv ist, folgt $\partial\varphi - \varphi\partial = 0$. Auch $\bar f$ ist homomorph: Wegen (1.23) und (1.29) gilt $\bar f \bar\partial j = \bar f j \partial = j' f \partial = j' \partial f = \bar\partial j' f = \bar\partial \bar f j$. Weil j epimorph ist, also jedes Element von K/L von der Form $j c_q$ ist, folgt $\bar f \bar\partial = \bar\partial \bar f$. $\varphi, f, \bar f$ induzieren daher Homomorphismen für die Homologiegruppen, die wir in dem Diagramm

$$
\begin{array}{ccccccccc}
\cdots \to & H_q(L) & \xrightarrow{i_*} & H_q(K) & \xrightarrow{j_*} & H_q(K,L) & \xrightarrow{\partial_*} & H_{q-1}(L) & \to \cdots \\
 & \downarrow{\scriptstyle \varphi_*} & & \downarrow{\scriptstyle f_*} & & \downarrow{\scriptstyle \bar f_*} & & \downarrow{\scriptstyle \varphi_*} & \\
\cdots \to & H_q(L') & \xrightarrow{i'_*} & H_q(K') & \xrightarrow{j'_*} & H_q(K',L') & \xrightarrow{\partial_*} & H_{q-1}(L') & \to \cdots
\end{array}
\tag{1.30}
$$

zusammenfassen. Dieses Diagramm ist kommutativ. Für die beiden ersten Rechtecke folgt dies unmittelbar aus (1.29) und 1.3 Satz 2. Zum Nachweis für das dritte Rechteck sei $c \in Z_q(K, L)$. Wegen $\partial c \equiv 0 \bmod L$ ist $\partial f c = f \partial c \equiv 0 \bmod L'$ und daher $f c \in Z_q(K', L')$. Wegen (1.25), (1.26) und (1.22) gilt nun einerseits $\varphi_* \partial_* \pi c = \varphi_*[i^{-1}\partial c] = [\varphi i^{-1} \partial c]$ und andererseits entsprechend $\partial_* \overline{f_*} \pi c = \partial_* \overline{f_*}[j c] = \partial_*[\bar f j c] = \partial_*[j' f c] = [i'^{-1} \partial f c] = [i'^{-1} f \partial c]$. Nach Definition von φ ist $\varphi i^{-1} \partial c$ so zu bilden: Man bilde ∂c vermöge f ab und fasse das Bild als Kette von L' auf. Also ist $\varphi i^{-1} \partial c = i'^{-1} f \partial c$. Hiermit folgt $\varphi_* \partial_* \pi c = \partial_* \overline{f_*} \pi c$ und damit $\varphi_* \partial_* = \partial_* \overline{f_*}$, weil π epimorph ist.

Wir bezeichnen die exakte Homologiefolge (1.27) des Paares (K, L) weiterhin kurz durch $H_{**}(K, L)$, entsprechend ist $H_{**}(K', L')$ zu verstehen. Für das Diagramm (1.30) wollen wir sagen, daß ein Homomorphismus $f_{**}\colon H_{**}(K, L) \to H_{**}(K', L')$ vorliegt. Hierin ist enthalten, daß (1.30) kommutativ ist. Sind φ_*, f_*, $\overline{f_*}$ in (1.30) isomorph für alle q, so wird $f_{**}\colon H_{**}(K, L) \to H_{**}(K', L')$ als Isomorphismus bezeichnet. Wenn kein Irrtum zu befürchten ist, schreiben wir statt φ und $\bar f$ ebenfalls f, statt φ_*, $\overline{f_*}$ entsprechend f_*.

Sei nun $g\colon (K', L') \to (K'', L'')$ ein weiterer Homomorphismus für Paare von Kettenkomplexen. Dann ist $gf\colon (K, L) \to (K'', L'')$ ein Homomorphismus. Man kann das zugehörige Diagramm (1.29) dadurch erhalten, daß man die Diagramme (1.29) für f und g untereinandersetzt. Wegen 1.3 Satz 2 läßt sich entsprechend $(gf)_{**}\colon H_{**}(K, L) \to H_{**}(K'', L'')$ dadurch erhalten, daß man die zu f und g gehörigen Diagramme (1.30) untereinandersetzt. 1.3 Satz 2 verallgemeinert sich daher zu

Satz 2. *Es seien (K, L), (K', L'), (K'', L'') Paare von Kettenkomplexen. Ein Homomorphismus $f\colon (K, L) \to (K', L')$ induziert einen Homomorphismus $f_{**}\colon H_{**}(K, L) \to H_{**}(K', L')$ der zugehörigen exakten Homologiefolgen. Die identische Abbildung von (K, L) induziert den identischen Isomorphismus von $H_{**}(K, L)$. Ist auch $g\colon (K', L') \to (K'', L'')$ ein Homomorphismus, so ist $gf\colon (K, L) \to (K'', L'')$ homomorph und $g_{**} f_{**} = (gf)_{**}\colon H_{**}(K, L) \to H_{**}(K'', L'')$.*

Anmerkung 2. Der von der Inklusion $j\colon (K, 0) \to (K, L)$ induzierte Homomorphismus $j_{**}\colon H_{**}(K, 0) \to H_{**}(K, L)$ liefert als Homomorphismen $j_*\colon H_q(K) \to H_q(K, L)$ die Homomorphismen j_* der exakten Folge (1.27). Entsprechend (1.30) erhält man nämlich

$$\begin{array}{ccccccccc}
\longrightarrow & 0 & \longrightarrow & H_q(K) & \xrightarrow{=} & H_q(K,0) & \longrightarrow & 0 & \\
 & \downarrow & & \downarrow{=} & & \downarrow{j_*} & & & \\
\longrightarrow & H_q(L) & \longrightarrow & H_q(K) & \xrightarrow{j_*} & H_q(K,L) & \longrightarrow & &
\end{array}$$

Anmerkung 3. Vermöge 1.4 Beispiele 1 und 2 und 1.3 Beispiel 2 überträgt sich Satz 2 ohne weiteres auf stetige Abbildungen von Raumpaaren. Ist G die Koeffizientengruppe, so bezeichnen wir die exakte Homologiefolge des Raumpaares (X, A) mit $H_{**}(X, A; G)$.

1.6 Fünferlemma. Wir stellen ein Hilfsmittel bereit, das es gestattet, auf die Isomorphie von exakten Homologiefolgen zu schließen.

Satz 1 (Fünferlemma). *Es sei*

$$\begin{array}{ccccccccc}
A_1 & \xrightarrow{\alpha_1} & A_2 & \xrightarrow{\alpha_2} & A_3 & \xrightarrow{\alpha_3} & A_4 & \xrightarrow{\alpha_4} & A_5 \\
\downarrow{f_1} & & \downarrow{f_2} & & \downarrow{f_3} & & \downarrow{f_4} & & \downarrow{f_5} \\
B_1 & \xrightarrow{\beta_1} & B_2 & \xrightarrow{\beta_2} & B_3 & \xrightarrow{\beta_3} & B_4 & \xrightarrow{\beta_4} & B_5
\end{array}$$

ein kommutatives Diagramm von additiven Gruppen und Homomorphismen. Die Zeilen seien exakt, und es seien f_1, f_2, f_4, f_5 Isomorphismen. Dann ist auch f_3 ein Isomorphismus.

Beweis. Es muß gezeigt werden, daß f_3 monomorph und epimorph ist.

(a) Sei $a_3 \in \operatorname{Kern} f_3$. Dann ist $0 = \beta_3 f_3(a_3) = f_4 \alpha_3(a_3)$. Weil f_4 monomorph ist, ist $\alpha_3(a_3) = 0$. Wegen der Exaktheit der oberen Zeile gibt es $a_2 \in A_2$ mit $\alpha_2(a_2) = a_3$. Es folgt $0 = f_3 \alpha_2(a_2) = \beta_2 f_2(a_2)$. Wegen der Exaktheit der unteren Zeile gibt es $b_1 \in B_1$ mit $\beta_1(b_1) = f_2(a_2)$. Weil f_1 epimorph ist, gibt es $a_1 \in A_1$ mit $f_1(a_1) = b_1$. Es folgt $f_2 \alpha_1(a_1) = \beta_1 f_1(a_1) = \beta_1(b_1) = f_2(a_2)$. Weil f_2 monomorph ist, ist $\alpha_1(a_1) = a_2$, woraus $a_3 = \alpha_2(a_2) = \alpha_2 \alpha_1(a_1) = 0$ folgt. Daher ist $\operatorname{Kern} f_3 = 0$, also f_3 monomorph.

(b) Sei $b_3 \in B_3$. Weil f_4 epimorph ist, gibt es $a_4 \in A_4$ mit $f_4(a_4) = \beta_3(b_3)$. Nun ist $0 = \beta_4 \beta_3(b_3) = \beta_4 f_4(a_4) = f_5 \alpha_4(a_4)$. Weil f_5 monomorph ist, ist $\alpha_4(a_4) = 0$. Weil die obere Zeile exakt ist, gibt es a_3 mit $\alpha_3(a_3) = a_4$. Nun ist $\beta_3(b_3) = f_4(a_4) = f_4 \alpha_3(a_3) = \beta_3 f_3(a_3)$ und daher $\beta_3(b_3 - f_3(a_3)) = 0$. Weil die untere Zeile exakt ist, gibt es $b_2 \in B_2$ mit $\beta_2(b_2) = b_3 - f_3(a_3)$. Weil f_2 epimorph ist, gibt es $a_2 \in A_2$ mit $f_2(a_2) = b_2$. Nun ist $b_3 = \beta_2(b_2) + f_3(a_3) = \beta_2 f_2(a_2) + f_3(a_3) = f_3(\alpha_2(a_2) + a_3)$. Also ist $b_3 \in \operatorname{Bild} f_3$ und f_3 epimorph.

Anmerkung. Wir haben genauer bewiesen: Sind f_2 und f_4 monomorph und f_1 epimorph, so ist f_3 monomorph. Sind f_2 und f_4 epimorph und f_5 monomorph, so ist f_3 epimorph.

Satz 2. *Es sei $f: (K, L) \to (K', L')$ ein Homomorphismus für Paare von Kettenkomplexen. Induziert f Isomorphismen $f_*: H_q(K) \to H_q(K')$ und $f_*: H_q(L) \to H_q(L')$ für alle q, so induziert f einen Isomorphismus $f_{**}: H_{**}(K, L) \to H_{**}(K', L')$ für die exakten Homologiefolgen.*

Dies folgt unmittelbar aus Satz 1 und (1.30), weil in (1.30) links und rechts neben $\bar{f}_*: H_q(K, L) \to H_q(K', L')$ jeweils zwei Isomorphismen stehen.

1.7 Direkte Summen. Es sollen die Homologiegruppen eines topologischen Raumes auf die seiner Bogenkomponenten zurückgeführt werden. Dazu entwickeln wir zunächst die algebraischen Hilfsmittel.

Vereinbarung. Ist B eine additive Gruppe und $\{b_\lambda\}$ eine Familie von Elementen aus B derart, daß höchstens endlich viele b_λ nicht 0 sind, so verstehen wir wie bisher unter $\sum b_\lambda$ die Summe der von 0 verschiedenen Glieder b_λ bzw. 0, wenn $b_\lambda = 0$ für alle λ ist. (Vgl. (1.10), (1.15).)

Sei $\{A_\lambda\}_{\lambda \in \Lambda}$ eine nicht-leere Familie additiver Gruppen[1]). In dem direkten Produkt $\prod A_\lambda$ (vgl. III.4.2) betrachten wir diejenigen Elemente $a = \{a_\lambda\}$, für die nur endlich viele Komponenten a_λ von 0 verschieden sind (jeweils $0 \in A_\lambda$). Diese Elemente bilden eine Untergruppe von $\prod A_\lambda$. Sie heißt die direkte Summe der Familie $\{A_\lambda\}$ und wird mit $\sum A_\lambda$ bezeichnet. Entsprechend III.4.2 Anmerkung gilt

(1.31) $$\{a_\lambda\} + \{a_\lambda'\} = \{a_\lambda + a_\lambda'\}, \quad n\{a_\lambda\} = \{n a_\lambda\} \quad \text{für} \quad n \in \mathbf{Z}, \{a_\lambda\}, \{a_\lambda'\} \in \sum A_\lambda.$$

Ist Λ endlich, so fallen $\prod A_\lambda$ und $\sum A_\lambda$ zusammen. Die direkte Summe zweier Gruppen A und B bezeichnen wir auch mit $A \oplus B$. Sei $\Lambda \neq \emptyset$ wieder beliebig. Für $\varkappa \in \Lambda$ besteht ein Monomorphismus $\iota_\varkappa: A_\varkappa \to \sum A_\lambda$, er ordnet $b_\varkappa \in A_\varkappa$ das Element $\{a_\lambda\}$ mit $a_\varkappa = b_\varkappa$ und $a_\lambda = 0$ für $\lambda \neq \varkappa$ zu. $\iota_\varkappa$ heißt die Injektion zum Index $\varkappa$. Offenbar gilt

(1.32) $$\{a_\lambda\} = \sum \iota_\lambda(a_\lambda) \quad \text{für} \quad \{a_\lambda\} \in \sum A_\lambda.$$

Neben den Injektionen bestehen Epimorphismen $\pi_\varkappa: \sum A_\lambda \to A_\varkappa$, die aus den Projektionen $\{a_\lambda\} \to a_\varkappa$ von $\prod A_\lambda$ durch Einschränkung entstehen und auch hier als Projektionen bezeichnet werden.

Die singulären Kettengruppen topologischer Räume sind direkte Summen, wobei alle Summanden zueinander isomorph sind: Es ist $C_q(X; G) = \sum A_\lambda$, wobei A_λ aus den Vielfachen $g\sigma_q^\lambda$ des singulären Simplexes σ_q^λ mit $g \in G$ besteht.

Satz 1. *Es sei $A = \sum A_\lambda$, $\iota_\lambda: A_\lambda \to A$ die Injektion zum Index λ und B eine additive Gruppe. Ist für jedes λ ein Homomorphismus $\alpha_\lambda: A_\lambda \to B$ gegeben, so gibt es genau einen Homomorphismus $\alpha: A \to B$ derart, daß $\alpha_\lambda = \alpha \iota_\lambda$ ist.*

Dieser Satz wurde implizit bei (1.4), (1.10) und (1.15) benutzt.

---

[1]) Es dürfen Gruppen mit gleichem Operatorenbereich sein. Die Operatoren wirken dann auf die direkte Summe entsprechend der zweiten Formel in (1.31), vgl. 4.7.

Beweis. Wegen (1.32) muß gelten

$$\alpha(\{a_\lambda\}) = \sum \alpha_\lambda(a_\lambda). \tag{1.33}$$

Hierdurch wird aber wegen (1.31), (1.32) ein Homomorphismus α mit $\alpha_\lambda = \alpha \iota_\lambda$ definiert.

Durch das Bestehen von Homomorphismen ι_λ: $A_\lambda \to A$ und die Aussage von Satz 1 ist die direkte Summe $A = \sum A_\lambda$ bis auf Isomorphie charakterisiert. Sie ist das Analogon zum freien Produkt multiplikativer Gruppen und das Gegenstück zum direkten Produkt.

Ist für jedes A_λ eine Untergruppe A_λ' gegeben, so kann $\{a_\lambda'\} \in \sum A_\lambda'$ auch als Element von $\sum A_\lambda$ aufgefaßt werden. Wir vereinbaren, daß wir auf diese Weise $\sum A_\lambda'$ als Untergruppe von $\sum A_\lambda$ auffassen.

Es seien nun $\{A_\lambda\}$ und $\{B_\lambda\}$ zwei Familien additiver Gruppen zur gleichen Indexmenge. Für $A = \sum A_\lambda$ und $B = \sum B_\lambda$ seien ι_λ: $A_\lambda \to A$ bzw. ι_λ': $B_\lambda \to B$ die Injektionen. Liegt für jedes λ ein Homomorphismus β_λ: $A_\lambda \to B_\lambda$ vor, so gibt es genau einen Homomorphismus β: $A \to B$ mit $\beta \iota_\lambda = \iota_\lambda' \beta_\lambda$. Dies folgt aus Satz 1 mit $\iota_\lambda' \beta_\lambda = \alpha_\lambda$. Wir schreiben $\beta = \sum \beta_\lambda$ und nennen β die direkte Summe der Homomorphismen β_λ. Dabei gilt

$$(\textstyle\sum \beta_\lambda)(\{a_\lambda\}) = \sum \iota_\lambda' \beta_\lambda(a_\lambda) = \{\beta_\lambda(a_\lambda)\}, \tag{1.34}$$

$$\text{Kern} \textstyle\sum \beta_\lambda = \sum \text{Kern}\, \beta_\lambda; \quad \text{Bild} \sum \beta_\lambda = \sum \text{Bild}\, \beta_\lambda. \tag{1.35}$$

Aus (1.32), (1.33) folgt (1.34) unmittelbar. Hieraus folgt weiter die erste Beziehung in (1.35) und Bild $\sum \beta_\lambda \subset \sum$ Bild β_λ. Ist umgekehrt $\{b_\lambda\} \in \sum$ Bild β_λ, so kann zu jedem b_λ ein $a_\lambda' \in A_\lambda$ mit $\beta_\lambda(a_\lambda') = b_\lambda$ gewählt werden. Für $b_\lambda = 0$ werde $a_\lambda' = 0$ gewählt. Dann ist $\{a_\lambda'\} \in \sum A_\lambda$ und $\{b_\lambda\} = (\sum \beta_\lambda)(a_\lambda')$ wegen (1.34), womit die zweite Beziehung in (1.35) folgt. Liegen außer β_λ: $A_\lambda \to B_\lambda$ noch Homomorphismen γ_λ: $B_\lambda \to C_\lambda$ vor, so folgt aus (1.34)

$$(\textstyle\sum \gamma_\lambda)(\sum \beta_\lambda) = \sum \gamma_\lambda \beta_\lambda. \tag{1.36}$$

Satz 2. *Für jedes $\lambda \in \Lambda$ liege eine exakte Folge*

$$A_\lambda' \xrightarrow{\alpha_\lambda} A_\lambda \xrightarrow{\beta_\lambda} A_\lambda'' \tag{1.37}$$

vor. Dann ist

$$\textstyle\sum A_\lambda' \xrightarrow{\sum \alpha_\lambda} \sum A_\lambda \xrightarrow{\sum \beta_\lambda} \sum A_\lambda'' \tag{1.38}$$

exakt.

Dies folgt unmittelbar aus (1.35). Wir nennen (1.38) die direkte Summe der exakten Folgen (1.37). Liegt insbesondere für jedes λ eine Untergruppe B_λ von A_λ vor, so ist $0 \to B_\lambda \xrightarrow{i_\lambda} A_\lambda \xrightarrow{j_\lambda} A_\lambda/B_\lambda \to 0$ exakt, wenn i_λ die Inklusion und j_λ die Projektion bezeichnet. Wegen Satz 2 ist

$$0 \to \textstyle\sum B_\lambda \xrightarrow{\sum i_\lambda} \sum A_\lambda \xrightarrow{\sum j_\lambda} \sum A_\lambda/B_\lambda \to 0 \tag{1.39}$$

exakt. Daher kann $\sum A_\lambda/B_\lambda$ als Faktorgruppe von $\sum A_\lambda$ nach der Untergruppe $\sum B_\lambda$ aufgefaßt werden.

Sei nun $\{K_\lambda\}$ eine Familie von Kettenkomplexen und ∂_λ der Randoperator von K_λ. Wir setzen $C_q(K) = \sum C_q(K_\lambda)$ und $\partial = \sum \partial_\lambda$. Wegen (1.36) ist $\partial\partial = 0$ und $K = \{C_q(K), \partial\}$ ein Kettenkomplex, die **direkte Summe** $\sum K_\lambda$ **der Kettenkomplexe** K_λ. Wegen (1.35) ist $Z_q(K) = \sum Z_q(K_\lambda)$, $B_q(K) = \sum B_q(K_\lambda)$, und wegen (1.39) gilt $H_q(K) = \sum H_q(K_\lambda)$. Sind $\{K_\lambda\}$ und $\{M_\lambda\}$ Familien von Kettenkomplexen zur gleichen Indexmenge und sind $f_\lambda\colon K_\lambda \to M_\lambda$ Homomorphismen, so ist für $K = \sum K_\lambda$, $M = \sum M_\lambda$, $f = \sum f_\lambda$ auch $f\colon K \to M$ homomorph wegen (1.36) und $\partial_\lambda f_\lambda = f_\lambda \partial_\lambda$. Für $f_*\colon H_q(K) \to H_q(M)$ gilt $f_* = \sum f_{\lambda *}$. Für $z = \{z_\lambda\} \in Z_q(K)$ folgt nämlich aus (1.22), (1.34), (1.39)

$$f_*([z]) = [f(z)] = [\{f_\lambda z_\lambda\}] = \{[f_\lambda z_\lambda]\} = \{f_{\lambda *}([z_\lambda])\}.$$

Sei insbesondere L_λ Unterkomplex von K_λ und $i_\lambda\colon L_\lambda \to K_\lambda$ bzw. $j_\lambda\colon K_\lambda \to K_\lambda/L_\lambda$ die zugehörige Inklusion bzw. Projektion. Dann ist $L = \sum L_\lambda$ Unterkomplex von $K = \sum K_\lambda$ mit der Inklusion $i = \sum i_\lambda$, und wegen (1.39) ist $K/L = \sum K_\lambda/L_\lambda$ mit der Projektion $j = \sum j_\lambda$. Für die Homomorphismen der zugehörigen exakten Homologiefolgen ist $i_* = \sum i_{\lambda *}$, $j_* = \sum j_{\lambda *}$. Ferner ist $Z_q(K, L) = \sum Z_q(K_\lambda, L_\lambda)$. Für $c_q = \{c_{q\lambda}\} \in C_q(K)$ gilt nämlich $\partial c_q \equiv 0 \bmod L$ wegen (1.34) genau dann, wenn $\partial c_{q\lambda} \equiv 0 \bmod L_\lambda$ für alle λ ist. Vermöge (1.25), (1.26) folgt hieraus $\partial_* = \sum \partial_{\lambda *}\colon H_q(K, L) \to H_{q-1}(L)$. Aus Satz 2 folgt damit

Satz 3. *Es sei (K_λ, L_λ) eine Familie von Paaren von Kettenkomplexen. Die exakte Homologiefolge des Paares $(\sum K_\lambda, \sum L_\lambda)$ ist die direkte Summe der Homologiefolgen der Paare (K_λ, L_λ).*

Sei nun X ein topologischer Raum und $\{X_\varrho\}$ die als Familie aufgefaßte Menge seiner Bogenkomponenten. Da jedes affine Simplex bogenweise zusammenhängend ist, ist es auch der Träger eines jeden singulären Simplexes (III.1.2 Satz 2). Jeder solche Träger gehört also genau einem X_ϱ an. Sei $c_q = \sum g_\lambda \sigma_q{}^\lambda$ eine q-Kette von X. Die formale Teilsumme, bei der die Summation nur über die Simplexe $\sigma_q{}^\lambda$ mit $|\sigma_q{}^\lambda| \subset X_\varrho$ erstreckt wird, werde mit $c_{q\varrho}$ bezeichnet. $c_{q\varrho}$ ist eine Kette auf X_ϱ, und es kann c_q als formale Summe $c_q = \sum_\varrho c_{q\varrho}$ aufgefaßt werden, womit man $C_q(X; G) = \sum C_q(X_\varrho; G)$ erhält. Vermöge (1.19) ergibt sich $S(X; G) = \sum S(X_\varrho; G)$ für die singulären Komplexe. Sei nun $A \subset X$. Wir setzen $A_\varrho = A \cap X_\varrho$. Für $A_\varrho = \emptyset$ ist $C_q(A_\varrho; G) = 0$ zu setzen. Wie im Vorangehenden ergibt sich in natürlicher Weise eine Isomorphie von $S(A; G)$ mit $\sum S(A_\varrho; G)$, wobei sich diese direkte Summe von $S(A; G)$ nur um triviale Summanden (0-Komplexe) unterscheidet, was für die Homologiegruppen und ihre durch die Inklusion $i\colon A \to X$ induzierten Homomorphismen unwesentlich ist. Vermöge Satz 3 erhalten wir

Satz 4. *Es sei (X, A) ein Paar topologischer Räume, $\{X_\varrho\}$ die Menge der Bogenkomponenten von X und $A_\varrho = X_\varrho \cap A$. Die exakte Homologiefolge des Paares (X, A) ist die direkte Summe der Homologiefolgen für die Paare (X_ϱ, A_ϱ). Insbesondere ist $H_q(X; G) = \sum H_q(X_\varrho; G)$.*

Anmerkung 1. Durch Satz 4 und das Beispiel am Ende von 1.2 sind insbesondere die Homologiegruppen diskreter Räume bestimmt.

Die oben definierte direkte Summe wird genauer als äußere direkte Summe bezeichnet. Sei jetzt A' eine gegebene Gruppe und $\{A_\lambda\}$ eine Familie von Untergruppen von A'. Es seien $\alpha_\lambda\colon A_\lambda \to A'$ die Inklusionen. Nach Satz 1 gibt es genau einen Homomorphismus $\alpha\colon \sum A_\lambda \to A'$ mit $\alpha\iota_\lambda = \alpha_\lambda$. Ist α isomorph, so heißt A' die innere direkte Summe der Untergruppen A_λ. Sie unterscheidet sich von $\sum A_\lambda$ nur dadurch, daß man $\sum \iota_\lambda a_\lambda$ durch $\sum a_\lambda$ ersetzt. Vermöge der Injektionen $\iota_\varkappa\colon A_\varkappa \to \sum A_\lambda$ erhält man $\sum A_\lambda$ als die innere direkte Summe der Untergruppen $\iota_\lambda A_\lambda$. Diesen Übergang von der äußeren zur inneren direkten Summe haben wir bei den Gruppen der singulären Ketten durch Einführung der Ketten $g_\lambda \sigma_q{}^\lambda$ vollzogen. Aus (1.32), (1.33) folgt unmittelbar

Satz 5. *Es sei $\{A_\lambda\}$ eine Menge von Untergruppen der additiven Gruppe A'. A' ist genau dann die innere direkte Summe der Untergruppen A_λ, wenn sich jedes $a \in A'$ auf genau eine Weise in der Form $a = \sum a_\lambda$ mit $a_\lambda \in A_\lambda$ darstellen läßt. (Nur endlich viele a_λ nicht* 0.)

Satz 6. *Es seien A und B additive Gruppen oder Kettenkomplexe. Wenn es Homomorphismen $j\colon A \to B$ und $i\colon B \to A$ mit $ji = id_B$ gibt, so ist A die innere direkte Summe von* Bild i *und* Kern j.

Beweis. Seien zunächst A und B additive Gruppen und $a \in A$. Wegen $ji = id_B$ liegt $a - ija$ in Kern j. Setzen wir $ij(a) = b(a)$ und $a - b(a) = c(a)$, so ist $a = b(a) + c(a)$ mit $b(a) \in$ Bild i und $c(a) \in$ Kern j. Ist $a = b'(a) + c'(a)$ eine zweite solche Darstellung, so ist $b(a) - b'(a) = c'(a) - c(a) \in$ Kern $j \cap$ Bild i. Wegen $ji = id_B$ ist aber Kern $j \cap$ Bild $i = 0$. Die Darstellung der Gestalt $a = b(a) + c(a)$ ist also eindeutig. Wegen Satz 5 folgt die Behauptung für additive Gruppen. Sind A und B Kettenkomplexe, so ist zu $a = b(a) + c(a)$ noch $\partial a = \partial b(a) + \partial c(a)$ zu betrachten. Weil i und j mit ∂ vertauschbar sind, folgt $\partial b(a) = ij\partial a \in$ Bild i und $\partial c(a) \in$ Kern j, womit sich die Behauptung auch für Kettenkomplexe ergibt.

Anmerkung 2. In Satz 6 bewirkt i einen Isomorphismus von B auf Bild i wegen $ji = id_B$.

1.8 Reduzierte 0-te Homologiegruppe. Es sei X ein nicht-leerer topologischer Raum. Für $x \in X$ gibt es genau ein singuläres 0-Simplex, dessen Träger die einpunktige Menge $\{x\}$ ist. Wir bezeichnen dieses 0-Simplex ebenfalls mit x. Eine 0-Kette in X ist also eine Summe von endlich vielen Ketten der Gestalt $g_\lambda x_\lambda$, und es besteht ein Homomorphismus $\varepsilon\colon C_0(X; G) \to G$, der durch $\sum g_\lambda x_\lambda \to \sum g_\lambda$ definiert ist. Kern ε besteht aus allen 0-Ketten mit Koeffizientensumme 0. Für eine 1-Kette der Gestalt $g\sigma_1$ ist $\partial g\sigma_1 = g\partial_0\sigma_1 - g\partial_1\sigma_1$ eine 0-Kette mit Koeffizientensumme 0. Hieraus folgt $B_0(X; G) \subset$ Kern ε. Man erhält daher aus $S(X; G)$ einen Kettenkomplex $S_\varepsilon(X; G)$, wenn man setzt $C_{-1}(S_\varepsilon) = G$, $C_q(S_\varepsilon) = C_q(S)$ für $q \neq -1$, $\partial|C_0(S_\varepsilon) = \varepsilon$, $\partial|C_{-1}(S_\varepsilon) = 0$ und $\partial|C_q(S_\varepsilon) = \partial|C_q(S)$ für $q \neq 0, -1$. Die Homologiegruppen von S und S_ε unterscheiden sich nur in der Dimension 0. Wir setzen $H_{\varepsilon 0}(X; G) = H_0(S_\varepsilon)$ und nennen $H_{\varepsilon 0}(X; G)$ die reduzierte 0-te Homologiegruppe von X (mit Koeffizienten in G). Eine stetige Abbildung $f\colon X \to Y$ induziert einen Homomorphismus $f\colon S_\varepsilon(X; G) \to S_\varepsilon(Y; G)$ und damit insbesondere $f_*\colon H_{\varepsilon 0}(X; G) \to H_{\varepsilon 0}(Y; G)$. Für $A \subset X$ und $A \neq \emptyset$ besteht daher die **reduzierte exakte Homologiefolge**, die in den von 0 verschiedenen Dimensionen mit der gewöhnlichen übereinstimmt und folgendermaßen abbricht:

$$(1.40) \qquad \ldots \to H_1(X, A; G) \xrightarrow{\partial_*} H_{\varepsilon 0}(A; G) \xrightarrow{i_*} H_{\varepsilon 0}(X; G) \xrightarrow{j_*} H_{\varepsilon 0}(X, A; G) \to 0.$$

Es sei jetzt X bogenweise zusammenhängend und $x_0 \in X$. Zu $x \in X$ gibt es einen Weg w_x von x_0 nach x. w_x kann als singuläres 1-Simplex aufgefaßt werden. Dann ist $\partial g w_x = gx - gx_0$. Hieraus folgt: Jede 0-Kette ist homolog zu einer Kette der Gestalt gx_0. Für die gewöhnliche Homologie ist gx_0 ein Zyklus und daher $H_0(X; G) \cong G$, während $H_{\varepsilon 0}(X; G) = 0$ ist. Für beliebiges $X \neq \emptyset$ sei $\{X_\varrho\}$ die Menge der Bogenkomponenten und x_ϱ jeweils ein in X_ϱ fest gewählter Punkt. x_σ sei einer dieser Punkte. Aus dem soeben Bemerkten folgt: Jede 0-Kette ist homolog zu genau einer Summe von endlich vielen Ketten der Gestalt $g_\varrho x_\varrho$ und damit auch zu genau einer Summe von endlich vielen Ketten der Gestalt $g_\varrho x_\varrho - g_\varrho x_\sigma$ und einer Kette $g_\sigma' x_\sigma$. Damit folgt

Satz 1. *Es sei X ein nicht-leerer topologischer Raum, $\{X_\varrho\}$ die Menge seiner Bogenkomponenten und $x_\varrho \in X_\varrho$. Jedes Element von $H_0(X; G)$ wird durch genau einen Zyklus der Gestalt $\sum g_\varrho x_\varrho$ (nur endlich viele g_ϱ nicht 0) dargestellt. Ist X bogenweise zusammenhängend, so ist $H_{\varepsilon 0}(X; G) = 0$. Besitzt X mindestens zwei Bogenkomponenten, so wird jedes Element von $H_{\varepsilon 0}(X; G)$ durch genau einen Zyklus der Gestalt $\sum_{\varrho \neq \sigma} (g_\varrho x_\varrho - g_\varrho x_\sigma)$ repräsentiert.*

Anmerkung. Wegen Satz 1 ist $H_{\varepsilon 0}(X; G)$ Untergruppe von $H_0(X; G)$. $f_*\colon H_{\varepsilon 0}(X; G) \to H_{\varepsilon 0}(Y; G)$ entsteht aus $f_*\colon H_0(X; G) \to H_0(Y; G)$ durch Einschränkung.

Man bemerkt, daß 1.7 Satz 4 nicht für die reduzierten Homologiefolgen gilt. Wegen (1.10) und (1.22) folgt aus Satz 1 unmittelbar

Satz 2. *Es sei $f\colon X \to Y$ stetig und $X \neq \emptyset$. Es ist $f_*\colon H_0(X; G) \to H_0(Y; G)$ monomorph bzw. epimorph, wenn X bzw. Y bogenweise zusammenhängend ist.*

Aufgaben. 1. Zu einer kurzen exakten Folge $0 \to K \to L \to M \to 0$ von Kettenkomplexen gehört eine exakte Homologiefolge $\ldots \to H_q(K) \to H_q(L) \to H_q(M) \to H_{q-1}(K) \to \ldots$

2. Es sei X ein topologischer Raum und $B \subset A \subset X$. Die Inklusion $(A, B) \to (X, B)$ ergibt eine exakte Folge $0 \to S(A, B; G) \to S(X, B; G) \to S(X, A; G) \to 0$ und eine zugehörige exakte Homologiefolge des Raumtripels (X, A, B). (III.4.1 Satz 2.)

3. Es sei X ein topologischer Raum, $0 \to F \to G \to H \to 0$ eine exakte Folge additiver Gruppen. Dann besteht eine exakte Folge $0 \to S(X; F) \to S(X; G) \to S(X; H) \to 0$ und eine zugehörige exakte Homologiefolge. Ihr Verbindungshomomorphismus heißt **Bockstein-Homomorphismus**.

4. Ist A Retrakt von X, so ist $H_q(X; G)$ isomorph zur direkten Summe von $H_q(A; G)$ und $H_q(X, A; G)$. Die exakte Homologiefolge des Paares (X, A) zerfällt in kurze exakte Folgen.

5. Ist $G = \sum G_\mu$ und (X, A) ein Raumpaar, so ist die exakte Homologiefolge $H_{**}(X, A; G)$ die direkte Summe der Folgen $H_{**}(X, A; G_\mu)$.

6. Ist X ein topologischer Raum und $x_0 \in X$, so ist $H_q(X; G) \cong H_q(X, x_0; G)$ für $q \geqq 1$ und $H_{\varepsilon 0}(X; G) \cong H_{\varepsilon 0}(X, x_0; G)$.

§ 2 Homotopie-Eigenschaften

2.1 Kettenhomotopie. Der Homotopiebegriff für stetige Abbildungen führt auf ein algebraisches Analogon für Homomorphismen von Kettenkomplexen. Wir stellen dieses voran, um Wiederholungen zu vermeiden.

Es seien $K = \{C_q(K), \partial\}$ und $K' = \{C_q(K'), \partial\}$ Kettenkomplexe. Wir merken an, daß für Homomorphismen $f, g: K \to K'$ auch $f - g$ ein Homomorphismus ist, denn es ist $\partial(f - g)(c_q) = \partial f(c_q) - \partial g(c_q) = f(\partial c_q) - g(\partial c_q) = (f - g)(\partial c_q)$. Eine Homotopie $D: K \to K'$ besteht aus je einem gewöhnlichen Homomorphismus $D_q: C_q(K) \to C_{q+1}(K')$ für jedes q. Statt D_q schreiben wir meistens ebenfalls D. Eine solche Homotopie wird auch als Kettenhomotopie bezeichnet, wenn der Unterschied zur Homotopie stetiger Abbildungen herausgestellt werden soll. Eine Homotopie $D: (K, L) \to (K', L')$ für Paare von Kettenkomplexen ist eine Homotopie $D: K \to K'$ derart, daß $D(C_q(L)) \subset C_{q+1}(L')$ ist für alle q.

Zwei Homomorphismen $f, g: K \to L$ bzw. $f, g: (K, L) \to (K', L')$ heißen homotop, in Zeichen $f \simeq g$, wenn es eine Homotopie $D: K \to L$ bzw. $D: (K, L) \to (K', L')$ gibt, so daß gilt

$$\partial D + D\partial = f - g. \tag{2.1}$$

Hilfssatz. Ist $f \simeq g: K \to K'$, so ist $f_* = g_*: H_q(K) \to H_q(K')$ für alle q.

Beweis. Es gelte (2.1). Ist $z_q \in Z_q(K)$, so ist $\partial z_q = 0$ und daher $\partial D(z_q) = f(z_q) - g(z_q)$. Also ist $f(z_q) \sim g(z_q)$, womit die Behauptung aus (1.22) folgt.

Satz 1. *Es seien (K, L) und (K', L') Paare von Kettenkomplexen und $f, g: (K, L) \to (K', L')$ homotope Homomorphismen. Dann gilt $f_{**} = g_{**}: H_{**}(K, L) \to H_{**}(K', L')$ für die induzierten Homomorphismen der exakten Homologiefolgen.*

Beweis. Es gelte (2.1) mit $D: (K, L) \to (K', L')$. Dann gilt die Aussage des Hilfssatzes. Für die von f, g, D herrührenden Abbildungen von L in L' folgt entsprechend $f_* = g_*: H_q(L) \to H_q(L')$ für alle q. Seien $j: K \to K/L$ und $j': K' \to K'/L'$ die Projektionen. Mit der Bezeichnungsweise in 1.4 und 1.5 gilt dann $\bar\partial j = j\partial$, $\bar\partial j' = j'\partial$, $\bar f j = j' f$, $\bar g j = j' g$. Wegen $D(C_q(L)) \subset C_{q+1}(L')$ und 1.3 Satz 1 induziert D eine Homotopie $\bar D: K/L \to K'/L'$. Dabei gilt $\bar D j = j' D$. Wendet man j' von links auf (2.1) an, so folgt $\bar\partial \bar D j + \bar D \bar\partial j = \bar f j - \bar g j$. Weil j epimorph ist, also jedes Element aus $C_q(K/L)$ von der Form $j c_q$ ist, ergibt sich

$$\bar\partial \bar D + \bar D \bar\partial = \bar f - \bar g. \tag{2.2}$$

Aus dem Hilfssatz folgt damit noch $\bar f_* = \bar g_*: H_q(K/L) \to H_q(K'/L')$.

Satz 2. *Für die Homomorphismen des Paares (K, L) in (K', L') ist der Homotopiebegriff eine Äquivalenzrelation.*

Beweis. Es seien $f, g, h\colon (K, L) \to (K', L')$ Homomorphismen. Es ist $f \simeq f$ mit $D = 0$. Gilt (2.1), so ist $\partial(-D) + (-D)\partial = g - f$. Es gelte schließlich (2.1) und $\partial D' + D'\partial = g - h$. Dann ist $\partial(D + D') + (D + D')\partial = f - h$, womit die Behauptung folgt.

Satz 3. *Ist $f \simeq g\colon (K, L) \to (K', L')$ und $f' \simeq g'\colon (K', L') \to (K'', L'')$, so ist $f'f \simeq g'g\colon (K, L) \to (K'', L'')$.*

Beweis. Es gelte (2.1), und es sei $D'\colon (K', L') \to (K'', L'')$ eine Homotopie zwischen f' und g', also $\partial D' + D'\partial = f' - g'$. Wir setzen $D'' = g'D + D'f$. Ist $c_q \in C_q(L)$, so ist $f(c_q) \in C_q(L')$ und $D'f(c_q) \in C_{q+1}(L'')$; außerdem ist $g'D(c_q) \in C_{q+1}(L'')$, womit $D''(C_q(L)) \subset C_{q+1}(L'')$ folgt. Ferner gilt $\partial D'' + D''\partial = \partial g'D + \partial D'f + g'D\partial + D'f\partial = g'(\partial D + D\partial) + (\partial D' + D'\partial)f = g'f - g'g + f'f - g'f = f'f - g'g$. Damit folgt die Behauptung.

Zwei Paare (K, L) und (K', L') von Kettenkomplexen heißen **homotopieäquivalent** oder vom gleichen **Homotopietyp**, wenn es Homomorphismen $f\colon (K, L) \to (K', L')$ und $f'\colon (K', L') \to (K, L)$ gibt, so daß $f'f$ und ff' homotop zur identischen Abbildung von (K, L) bzw. (K', L') sind. Sind solche Homomorphismen vorhanden, so wird f als Homotopie-Äquivalenz und f' als Homotopie-Inverses von f bezeichnet. Entsprechend III.1.3 schließt man, daß damit eine Äquivalenzrelation für Paare von Kettenkomplexen vorliegt.

Satz 4. *Ist $f\colon (K, L) \to (K', L')$ eine Homotopie-Äquivalenz für Paare von Kettenkomplexen, so induziert f einen Isomorphismus für die zugehörigen exakten Homologiefolgen.*

Beweis. Sei f' ein Homotopie-Inverses von f. Wegen Satz 1 ist $(f'f)_{**}$ bzw. $(ff')_{**}$ die identische Abbildung von $H_{**}(K, L)$ bzw. $H_{**}(K', L')$. Wegen 1.5 Satz 2 sind f_{**} und f'_{**} inverse Isomorphismen.

2.2 Kegelkonstruktion. Um eine Beziehung zwischen den Homotopiebegriffen für stetige Abbildungen und für Kettenabbildungen herstellen zu können, benötigen wir die singulären Homologiegruppen konvexer Mengen. Wir bestimmen sie mit einer Konstruktion, die auch für andere Zwecke nützlich ist.

Es sei T eine konvexe Teilmenge eines euklidischen Raumes R^n und $\mathfrak{p} \in T$. Ferner sei $\sigma_q\colon \Delta_q \to T$ ein singuläres q-Simplex in T. Wir bilden den Kegel $C(\mathfrak{p}, |\sigma_q|)$ (vgl. III.2.2). Weil T konvex ist, liegt er in T. Wegen III.2.3 Satz 1 ist $|\Delta_{q+1}| = C(0_{q+1}, \partial_0\Delta_{q+1})$. Wir bilden $|\Delta_{q+1}|$ auf $C(\mathfrak{p}, |\sigma_q|)$ folgendermaßen ab: Die Seite $\partial_0\Delta_{q+1}$ werde affin und ordnungstreu auf Δ_q und dann weiter vermöge σ_q auf $|\sigma_q|$ abgebildet. Diese Abbildung kann durch $\sigma_q(\partial_0\Delta_{q+1})^{-1}$ beschrieben werden, wobei $\partial_0\Delta_{q+1}$ gemäß 1.2 als Abbildung (singuläres Simplex) aufzufassen ist. Für $\mathfrak{x} \in |\partial_0\Delta_{q+1}|$ bilden wir nun die Verbindungsstrecke von 0_{q+1} nach $\mathfrak{x}$ affin auf die Verbindungsstrecke von $\mathfrak{p}$ nach $\sigma_q(\partial_0\Delta_{q+1})^{-1}(\mathfrak{x})$ ab:

$$(2.3)\qquad (1-t)\,0_{q+1} + t\mathfrak{x} \to (1-t)\,\mathfrak{p} + t\sigma_q(\partial_0\Delta_{q+1})^{-1}(\mathfrak{x}) \quad \text{für } t \in I,\ \mathfrak{x} \in |\partial_0\Delta_{q+1}|.$$

Wir erhalten damit ein singuläres $(q+1)$-Simplex, das wir mit $\mathfrak{p}\sigma_q$ bezeichnen und den Kegel über σ_q mit der Spitze $\mathfrak{p}$ nennen. Ist σ_q eine affine Abbildung, so ist auch $\mathfrak{p}\sigma_q$ affin (vgl. III.(2.3)). Insbesondere gilt dies, wenn $\sigma_q = \langle \mathfrak{y}_0, \mathfrak{y}_1, \ldots, \mathfrak{y}_q \rangle$ ein geordnetes affines q-Simplex in T ist, und es ist

(2.4) $\mathfrak{p}\langle \mathfrak{y}_0, \mathfrak{y}_1, \ldots, \mathfrak{y}_q \rangle = \langle \mathfrak{p}, \mathfrak{y}_0, \mathfrak{y}_1, \ldots, \mathfrak{y}_q \rangle$, wenn $\mathfrak{p}, \mathfrak{y}_0, \ldots, \mathfrak{y}_q$ linear unabhängig

sind. Dabei sind geordnete affine Simplexe als singuläre aufgefaßt. Für die Seitenbildung gemäß (1.13) gilt

(2.5) $$\partial_0 \mathfrak{p}\sigma_q = \sigma_q; \qquad \begin{array}{l} \partial_1 \mathfrak{p}\sigma_0 = \mathfrak{p}, \\ \partial_i \mathfrak{p}\sigma_q = \mathfrak{p}\,\partial_{i-1}\sigma_q \text{ für } 1 \leqq i \leqq q+1 \text{ und } q > 0, \end{array}$$

wobei der Punkt $\mathfrak{p}$ als singuläres 0-Simplex aufzufassen ist. Im Falle (2.4) ist (2.5) unmittelbar klar. Allgemein folgt zunächst $\partial_0 \mathfrak{p}\sigma_q = \mathfrak{p}\sigma_q \partial_0 \Delta_{q+1} = \sigma_q$ aus (1.13) und (2.3), wobei in (2.3) $t = 1$ gesetzt werden kann. Für $q = 0$ ist entweder $\sigma_0 = \mathfrak{p}$ und dann $|\mathfrak{p}\sigma_0| = \{\mathfrak{p}\}$, $\partial_1 \mathfrak{p}\sigma_0 = \mathfrak{p}$, oder es liegt der Fall (2.4) vor. Sei nun $q > 0$ und $i > 0$. Wegen (2.3) ist $\partial_i \mathfrak{p}\sigma_q$ jedenfalls von der Form $\mathfrak{p}\tau_{q-1}$ für ein geeignetes singuläres $(q-1)$-Simplex τ_{q-1}. Wegen (1.6) und (1.13) ist nun $\partial_0 \partial_i \mathfrak{p}\sigma_q = \partial_{i-1}\partial_0 \mathfrak{p}\sigma_q$. Hieraus und aus dem bereits Bewiesenen folgt $\partial_{i-1}\sigma_q = \partial_0\partial_i \mathfrak{p}\sigma_q = \partial_0 \mathfrak{p}\tau_{q-1} = \tau_{q-1}$. Also gilt (2.5).

Wir erweitern die Konstruktion (2.3) auf singuläre Ketten von T vermöge

(2.6) $$\mathfrak{p}\sum g_\lambda \sigma_q^\lambda = \sum g_\lambda \mathfrak{p}\sigma_q^\lambda .$$

Insbesondere ist $\mathfrak{p}c_q = 0$ für $c_q = 0$ zu setzen. Aus (2.5) und der Definition (1.15), (1.16) von ∂ folgt

(2.7) $$\begin{array}{l} \partial\, \mathfrak{p}\sum g_\lambda \sigma_0^\lambda = \sum g_\lambda \sigma_0^\lambda - (\sum g_\lambda)\mathfrak{p} \\ \partial\, \mathfrak{p}c_q = c_q - \mathfrak{p}\,\partial c_q \quad \text{für} \quad q > 0. \end{array}$$

Hieraus folgt der

Satz. *Es sei T eine nicht-leere konvexe Menge in einem euklidischen Raum. Eine 0-Kette $\sum g_\lambda \sigma_0^\lambda$ auf T ist nullhomolog, wenn $\sum g_\lambda = 0$ ist. Für $q > 0$ ist auf T jeder singuläre q-Zyklus nullhomolog.*

2.3 Induzierte Kettenhomotopie. Wir beschränken uns zunächst auf singuläre Ketten mit ganzzahligen Koeffizienten und beweisen hierfür folgenden

Satz 1. *Sind $f, g\colon X \to X'$ homotope stetige Abbildungen, so sind die induzierten Homomorphismen $f, g\colon S(X) \to S(X')$ homotop.*

Beweis. Sei $\Phi\colon X \times I \to X'$ eine Homotopie zwischen f und g, also $\Phi_0 = f, \Phi_1 = g$ (vgl. III.1.1). Sei σ_q^λ ein singuläres q-Simplex von X. Vermöge der Einbettungen $x \to (x, 0)$ und $x \to (x, 1)$ von X in $X \times I$ geht σ_q^λ in zwei singuläre q-Simplexe von $X \times I$ über, die wir mit $\underline{\sigma}_q^\lambda$ und $\bar{\sigma}_q^\lambda$ bezeichnen wollen. Entsprechend geht eine q-Kette c_q auf X in Ketten $\underline{c}_q$ bzw. $\overline{c}_q$ über. Wegen (1.10) und (1.18) gilt

(2.8) $$\underline{c}_q = \sum g_\lambda \underline{\sigma}_q^\lambda; \quad \overline{c}_q = \sum g_\lambda \bar{\sigma}_q^\lambda \quad \text{für } c_q = \sum g_\lambda \sigma_q^\lambda;$$

(2.9) $$\partial \underline{c}_q = \underline{\partial c_q}; \quad \partial \overline{c}_q = \overline{\partial c_q}.$$

Nach Definition von $\Phi_0, \Phi_1: X \to X'$ und von $\underline{c_q}$, $\overline{c_q}$ gilt

(2.10) $$\Phi \underline{c_q} = \Phi_0 c_q; \quad \Phi \overline{c_q} = \Phi_1 c_q.$$

Wir werden für alle $q \geqq 0$ einen Homomorphismus $H: C_q(X) \to C_{q+1}(X \times I)$ so konstruieren, daß gilt

(2.11) $$(\partial H + H \partial) c_q = \overline{c_q} - \underline{c_q},$$

wobei $H \partial c_0 = 0$ zu setzen ist. Liegt H vor, so folgt durch Anwendung von $\Phi: S(X \times I) \to S(X')$ wegen (2.10) und $\partial \Phi = \Phi \partial$

(2.12) $$\partial \Phi H + \Phi H \partial = \Phi_1 - \Phi_0$$

und damit die Behauptung des Satzes[1]).

Es ist nun H zu konstruieren. Dies geschieht, grob gesagt, „gleichmäßig" für beliebige topologische Räume. Wir stellen einige Bemerkungen voran. Sei wieder $\sigma_q{}^\lambda$ ein singuläres q-Simplex von X und $f: X \to Y$ eine stetige Abbildung. Dann ist $f \times id: X \times I \to Y \times I$ stetig ($id = id_I$), und es gilt

(2.13) $$(f \times id) \overline{\sigma_q{}^\lambda} = \overline{f \sigma_q{}^\lambda}; \quad (f \times id) \underline{\sigma_q{}^\lambda} = \underline{f \sigma_q{}^\lambda}$$

nach Definition von $\bar{\sigma}_q{}^\lambda$ und $\underline{\sigma_q}{}^\lambda$. Ferner bewirkt $\sigma_q: |\Delta_q| \to X$ eine stetige Abbildung $\sigma_q \times id: |\Delta_q| \times I \to X \times I$, und es gilt

(2.14) $$(f \times id)(\sigma_q \times id) = f \sigma_q \times id.$$

Ersetzt man in (2.13) $\sigma_q{}^\lambda$ durch Δ_q und f durch $\sigma_q{}^\lambda$ (und damit X durch $|\Delta_q|$ und Y durch X), so erhält man

(2.15) $$(\sigma_q{}^\lambda \times id) \overline{\Delta_q} = \bar{\sigma}_q{}^\lambda; \quad (\sigma_q{}^\lambda \times id) \underline{\Delta_q} = \underline{\sigma_q}{}^\lambda.$$

Ist bereits $H \Delta_q$ als ganzzahlige singuläre $(q+1)$-Kette auf $|\Delta_q| \times I$ definiert, so setzen wir

(2.16) $$H \sigma_q{}^\lambda = (\sigma_q{}^\lambda \times id) H \Delta_q,$$

(2.17) $$H \sum g_\lambda \sigma_q{}^\lambda = \sum g_\lambda H \sigma_q{}^\lambda.$$

Im Spezialfall $\sigma_q{}^\lambda = \Delta_q$ ist (2.16) eine Identität, es ist also $X = |\Delta_q|$ zugelassen. In (2.17) ist die rechte Seite erklärt, weil jedes g_λ nach Voraussetzung eine ganze Zahl ist. Vermöge (2.16), (2.17) bewirkt $H \Delta_q$ einen Homomorphismus $H: C_q(X) \to C_{q+1}(X \times I)$ für jeden beliebigen topologischen Raum X. Aus (2.14), (2.16) folgt $(f \times id) H \sigma_q{}^\lambda = (f \sigma_q{}^\lambda \times id) H \Delta_q = H f \sigma_q{}^\lambda$. Wegen (2.17) und (1.10) folgt hieraus allgemein

(2.18) $$(f \times id) H = H f: C_q(X) \to C_{q+1}(Y \times I) \quad \text{für stetiges } f: X \to Y.$$

Es bleibt $H \Delta_q$ zu definieren. Dies geschieht rekursiv nach q. Wir fassen $|\Delta_q| \times I$ als konvexe Menge eines euklidischen Raumes auf, was wegen III.2.2 Satz 4 und III.2.3 Satz 2 möglich ist. Auf $|\Delta_0| \times I$ ist $\overline{\Delta_0} - \underline{\Delta_0}$ eine 0-Kette mit Koeffizienten-

---

[1]) Für $q < 0$ sind alle Kettengruppen und damit alle Homomorphismen trivial.

summe 0. Wegen 2.2 Satz kann auf $|\Delta_0| \times I$ eine 1-Kette $H\Delta_0$, etwa $\mathfrak{p}(\overline{\Delta}_0 - \underline{\Delta}_0)$ mit $\mathfrak{p} \in |\Delta_0| \times I$, so gewählt werden, daß gilt

$$\partial H \Delta_0 = \overline{\Delta}_0 - \underline{\Delta}_0. \tag{2.19}$$

Durch (2.16), (2.17) ist nun H allgemein für 0-Ketten definiert. Wegen $\partial(\sigma_q \times id) = (\sigma_q \times id)\partial$ (vgl. (1.18)) folgt aus (2.19) vermöge (2.16) und (2.15)

$$\partial H \sigma_0{}^\lambda = \overline{\sigma}_0{}^\lambda - \underline{\sigma}_0{}^\lambda. \tag{2.20}$$

Hieraus, aus (2.8) und (2.17) folgt (2.11) im Falle $q = 0$. Sei nun $p > 0$ und $H: C_q(X) \to C_{q+1}(X \times I)$ für $q < p$ und jeden beliebigen topologischen Raum X so erklärt, daß (2.11), (2.16), (2.17) und damit (2.18) gelten. $\partial \Delta_p$ ist eine $(p-1)$-Kette auf $|\Delta_p|$, und es ist $d_{p-1} = \overline{\Delta}_p - \underline{\Delta}_p - H\partial\Delta_p$ als p-Kette auf $|\Delta_p| \times I$ erklärt. Wegen (2.9) ist $\partial\overline{\Delta}_p = \overline{\partial\Delta_p}$ und $\partial\underline{\Delta}_p = \underline{\partial\Delta_p}$. Nach Annahme gilt (2.11) insbesondere mit $q = p - 1$ für $c_q = \partial\Delta_p$. Damit folgt $\partial d_{p-1} = \overline{\partial\Delta_p} - \underline{\partial\Delta_p} - \partial H \partial \Delta_p = H\partial\partial\Delta_p = 0$. Wegen 2.2 Satz kann auf $|\Delta_p| \times I$ eine $(p+1)$-Kette $H\Delta_p$, etwa $\mathfrak{p}d_{p-1}$ mit $\mathfrak{p} \in |\Delta_p| \times I$, so gewählt werden, daß gilt

$$\partial H \Delta_p = \overline{\Delta}_p - \underline{\Delta}_p - H\partial\Delta_p. \tag{2.21}$$

Durch (2.16), (2.17) wird nun H allgemein für p-Ketten erklärt, und es gilt (2.18) für $q = p$. Wegen (2.18) und (1.18) mit $\sigma_q{}^\lambda$ statt f folgt $(\sigma_q{}^\lambda \times id)H\partial\Delta_q = H\sigma_q{}^\lambda\partial\Delta_q = H\partial\sigma_q{}^\lambda\Delta_q = H\partial\sigma_q{}^\lambda$, das letzte wegen (1.11). Aus (2.21) folgt damit vermöge (2.15), (2.16):

$$\partial H \sigma_p{}^\lambda = \overline{\sigma}_p{}^\lambda - \underline{\sigma}_p{}^\lambda - H\partial\sigma_p{}^\lambda. \tag{2.22}$$

Wegen (2.8), (2.17) folgt hieraus (2.11) für $q = p$, wobei (2.16), (2.17), (2.18) gelten. Damit ist die Rekursion vollendet und Satz 1 bewiesen.

Anmerkung 1. Im Vorangehenden war die Beschränkung auf ganzzahlige Koeffizienten lediglich wegen (2.17) erforderlich. Wir vereinbaren: Ist $c_p{}^\lambda = \sum_\mu n_\mu{}^\lambda \sigma_p{}^\mu$ eine ganzzahlige singuläre Kette des Raumes X und g_λ ein Element der additiven Gruppe G, so setzen[1]) wir

$$g_\lambda \sum_\mu n_\mu{}^\lambda \sigma_p{}^\mu = \sum_\mu (n_\mu{}^\lambda g_\lambda)\sigma_p{}^\mu. \tag{2.23}$$

Dies ist eine singuläre Kette von X mit Koeffizienten in G. Ist speziell $G = \mathsf{Z}$, so geht (2.23) in die zweite Formel von (1.8) über. Sei wieder G eine beliebige additive Gruppe. Mit der Vereinbarung (2.23) drückt sich die Randbildung für singuläre Ketten mit Koeffizienten in G durch

$$\partial \sum g_\lambda \sigma_p{}^\lambda = \sum g_\lambda \partial \sigma_p{}^\lambda \tag{2.24}$$

aus (vgl. (1.15), (1.16)). Aus (2.23), (2.24) folgt

$$\partial g_\lambda c_p{}^\lambda = g_\lambda \partial c_p{}^\lambda \quad (c_p{}^\lambda \text{ ganzzahlig}). \tag{2.25}$$

[1]) Es liegt ein einfacher Spezialfall des Tensorproduktes abelscher Gruppen vor.

Für stetiges $f\colon X \to Y$ folgt aus (2.23) und (1.10)

(2.26) $$f(g_\lambda c_p{}^\lambda) = g_\lambda f c_p{}^\lambda \quad (c_p{}^\lambda \text{ ganzzahlig}).$$

Hierbei steht links der von f induzierte Homomorphismus $f\colon S(X; G) \to S(Y; G)$, rechts dagegen $f\colon S(X; \mathsf{Z}) \to S(Y; \mathsf{Z})$.

Vermöge (2.23) läßt sich nun (2.17) auch für $g_\lambda \in G$ erklären. Dann ist $H\colon C_q(X; G) \to C_{q+1}(X \times I; G)$ homomorph. Wegen (2.26) folgt nun (2.18) auch für singuläre Ketten mit Koeffizienten in G; und vermöge (2.25) folgt (2.11) wieder wie oben aus (2.20), (2.22), (2.17) und (2.8). Dann gelten (2.12) und Satz 1 auch für singuläre Ketten mit Koeffizienten in G. Allgemeiner gilt

Satz 2. *Sind $f, g\colon (X, A) \to (X', A')$ homotope stetige Abbildungen, so sind die induzierten Homomorphismen $f, g\colon (S(X; G), S(A; G)) \to (S(X'; G), S(A'; G))$ homotop.*

Beweis. Die Inklusion $i\colon A \to X$ induziert $i \times id\colon A \times I \to X \times I$ und $i\colon S(A; G) \to S(X; G)$. Wegen (2.18) ist

(2.27) $$\begin{array}{ccc} C_q(A; G) & \xrightarrow{\ i\ } & C_q(X; G) \\ \downarrow H & & \downarrow H \\ C_{q+1}(A \times I; G) & \xrightarrow{\ i \times id\ } & C_{q+1}(X \times I; G) \end{array}$$

kommutativ. Sei nun $\Phi\colon (X \times I, A \times I) \to (X', A')$ eine Homotopie (vgl. III.1.5) zwischen $f = \Phi_0$ und $g = \Phi_1$. Φ induziert den Homomorphismus $\Phi\colon (S(X \times I; G), S(A \times I; G)) \to (S(X'; G), S(A'; G))$. Hieraus und aus (2.27) folgt die Behauptung vermöge (2.12).

Satz 3. *Sind $f, g\colon (X, A) \to (X', A')$ homotope stetige Abbildungen, so gilt $f_{**} = g_{**}\colon H_{**}(X, A; G) \to H_{**}(X', A'; G)$ für die induzierten Homomorphismen der exakten Homologiefolgen. Sind für $h\colon (X, A) \to (X', A')$ sowohl $h\colon X \to X'$ als auch $h\colon A \to A'$ Homotopie-Äquivalenzen, so ist $h_{**}\colon H_{**}(X, A; G) \to H_{**}(X', A'; G)$ isomorph.*

Beweis. Die erste Behauptung folgt unmittelbar aus Satz 2 und 2.1 Satz 1. Wegen Satz 2 ist mit $h\colon X \to X'$ auch $h\colon S(X; G) \to S(X'; G)$ eine Homotopie-Äquivalenz. Wegen 2.1 Satz 4 (mit $L = L' = 0$) ist $h_*\colon H_q(X; G) \to H_q(X'; G)$ isomorph für alle q. Entsprechend ist $h_*\colon H_q(A; G) \to H_q(A'; G)$ isomorph. Damit folgt die zweite Behauptung aus 1.6 Satz 2.

Anmerkung 2. Wegen Satz 3 sind die singulären Homologiegruppen eines topologischen Raumes Invarianten seines Homotopietyps, und die exakten Homologiefolgen sind Invarianten der Homotopietypen von Raumpaaren. Aus dem Beispiel am Ende von 1.2 entnimmt man: Ist X ein zusammenziehbarer topologischer Raum, so ist $H_0(X; G) \cong G$ und $H_q(X; G) = 0$ für $q \neq 0$. Der Satz in 2.2 ist ein Spezialfall.

Satz 4. *Es sei X ein topologischer Raum, $A \subset B \subset X$ und A Deformationsretrakt von B. Die Inklusion $i\colon (X, A) \to (X, B)$ induziert Isomorphismen der exakten Homologiefolgen.*

Beweis. Gemäß III.1.6 ist $i: A \to B$ eine Homotopie-Äquivalenz, und es ist $i: X \to X$ die identische Abbildung. Die Behauptung folgt damit aus Satz 3.

2.4 Baryzentrische Unterteilung. Es ist später erforderlich, singuläre Ketten eines Raumes X durch solche zu ersetzen, in denen nur Simplexe mit „kleinen" Trägern vorkommen. Dazu konstruieren wir einen Homomorphismus des singulären Kettenkomplexes in sich, der zur identischen Abbildung homotop ist. Die Konstruktion ist wie in 2.3 unabhängig von der speziellen Wahl von X und beruht auf der Normalunterteilung der Standardsimplexe. Hierauf gehen wir ein, nachdem die Konstruktion vorliegt. Wir stellen zwei Hilfssätze voran, die das Konstruktionsprinzip aufdecken und die Wiederholung gleichartiger Rechnungen, auch später, ersparen.

Hilfssatz 1. Für das Standard-p-Simplex Δ_p sei eine Kette $\alpha\Delta_p \in C_q(|\Delta_p|; \mathsf{Z})$ gegeben. Zu beliebigem topologischem Raum X und beliebiger additiver Gruppe G gibt es genau einen Homomorphismus $\alpha: C_p(X; G) \to C_q(X; G)$ derart, daß für jedes singuläre p-Simplex $\sigma_p{}^\lambda: |\Delta_p| \to X$ gilt

(2.28) $$\alpha(g_\lambda \sigma_p{}^\lambda) = g_\lambda \sigma_p{}^\lambda \alpha\Delta_p \quad \text{mit} \quad g_\lambda \in G.$$

Ist $f: X \to Y$ stetig, so besteht das kommutative Diagramm

(2.29) $$\begin{array}{ccc} C_p(X; G) & \xrightarrow{\ f\ } & C_p(Y; G) \\ \downarrow{\scriptstyle\alpha} & & \downarrow{\scriptstyle\alpha} \\ C_q(X; G) & \xrightarrow{\ f\ } & C_q(Y; G) \end{array}$$

Erläuterung. In (2.28) steht $\sigma_p{}^\lambda$ rechts als induzierter Homomorphismus $C_q(|\Delta_p|; \mathsf{Z}) \to C_q(X; \mathsf{Z})$, und die rechte Seite ist durch (2.23) erklärt. Dagegen ist $\sigma_p{}^\lambda$ auf der linken Seite von (2.28) die Kette $1\,\sigma_p{}^\lambda$. α ist als von X und G unabhängiger Operator aufzufassen (vgl. unten Beispiele 1, 2, 3, 5). (2.28) ist widerspruchsfrei, denn für $g_\lambda = 1 \in \mathsf{Z}$ und $\sigma_p{}^\lambda = \Delta_p$ ist (2.28) eine Identität.

Beweis. Soll $\alpha: C_p(X; G) \to C_q(X; G)$ homomorph sein, so muß für $\sum g_\lambda \sigma_p{}^\lambda \in C_p(X; G)$ wegen (2.28) gelten

(2.30) $$\alpha \sum g_\lambda \sigma_p{}^\lambda = \sum \alpha(g_\lambda \sigma_p{}^\lambda) = \sum g_\lambda \sigma_p{}^\lambda \alpha\Delta_p.$$

Wegen (2.23) wird aber hierdurch ein Homomorphismus α definiert. Also gilt die erste Behauptung. Aus (1.10), (2.28), (2.26) folgt $\alpha f g_\lambda \sigma_p{}^\lambda \overset{(1.10)}{=} \alpha g_\lambda (f\sigma_p{}^\lambda) \overset{(2.28)}{=} g_\lambda f \sigma_p{}^\lambda \alpha\Delta_p \overset{(2.26)}{=} f g_\lambda \sigma_p{}^\lambda \alpha\Delta_p \overset{(2.28)}{=} f\alpha g_\lambda \sigma_p{}^\lambda$ und damit (2.29).

Für die durch $\alpha\Delta_p$ gemäß Hilfssatz 1 definierten Homomorphismen sagen wir, daß sie aus $\alpha\Delta_p$ durch natürliche Fortsetzung entstehen. Hierbei gilt

(2.31) $$\alpha\, g_\lambda c_p = g_\lambda \alpha c_p \quad \text{für} \quad g_\lambda \in G, \quad c_p \in C_p(X; \mathsf{Z}).$$

Wegen (2.23), (2.30) ist nämlich $\alpha g_\lambda \sum_\mu n_\mu{}^\lambda \sigma_p{}^\mu \overset{(2.23)}{=} \alpha \sum_\mu (n_\mu{}^\lambda g_\lambda) \sigma_p{}^\mu \overset{(2.30)}{=} \sum_\mu (n_\mu{}^\lambda g_\lambda) \sigma_p{}^\mu \alpha \Delta_p$ $\overset{(2.23)}{=} g_\lambda \sum_\mu n_\mu{}^\lambda \sigma_p{}^\mu \alpha \Delta_p \overset{(2.30)}{=} g_\lambda \alpha \sum_\mu n_\mu{}^\lambda \sigma_p{}^\mu$.

Beispiele. 1. Ist $\alpha \Delta_p = 0$, so ist $\alpha = 0$.

2. Ist $\alpha \Delta_p = \Delta_p$, so ist α jeweils die identische Abbildung von $C_p(X; G)$ wegen (2.30) und (1.11).

3. Ist $\alpha \Delta_p = \partial_i \Delta_p$, so ist $\alpha = \partial_i$ wegen (1.13), (1.15). Also ist (1.17) ein Spezialfall von (2.29).

4. Sei auch $\beta \Delta_p \in C_q(|\Delta_p|; \mathsf{Z})$. Für $\gamma \Delta_p = \alpha \Delta_p + \beta \Delta_p$ gilt jeweils $\gamma = \alpha + \beta$. Ist $\beta \Delta_p = -\alpha \Delta_p$, so ist $\beta = -\alpha$. Wegen (2.28), (2.23) und 1.2 Anmerkung ist nämlich $\gamma(g_\lambda \sigma_p{}^\lambda) = g_\lambda \sigma_p{}^\lambda (\alpha \Delta_p + \beta \Delta_p) = g_\lambda \sigma_p{}^\lambda \alpha \Delta_p + g_\lambda \sigma_p{}^\lambda \beta \Delta_p = \alpha(g_\lambda \sigma_p{}^\lambda) + \beta(g_\lambda \sigma_p{}^\lambda) = (\alpha + \beta) g_\lambda \sigma_p{}^\lambda$, womit die erste Behauptung folgt. Aus ihr ergibt sich die zweite wegen Beispiel 1.

5. Ist $\alpha \Delta_p = \partial \Delta_p$, so ist $\alpha = \partial$. Dies folgt unmittelbar aus Beispiel 4 und der Definition (1.16) von ∂. (1.18) bzw. (2.25) ist ein Spezialfall von (2.29) bzw. (2.31).

Anmerkung 1. Jeder auf singuläre p-Ketten wirkende Operator α, der (2.29) und (2.31) erfüllt, ist natürliche Fortsetzung von $\alpha \Delta_p$. Man erkennt dies, wenn man $\sigma_p{}^\lambda : |\Delta_p| \to X$ an Stelle von $f: X \to Y$ nimmt.

Anmerkung 2. Aus (2.28), (2.30) folgt unmittelbar für die Träger

$$|\alpha g_\lambda \sigma_p{}^\lambda| \subset |\sigma_p{}^\lambda|; \quad |\alpha c_p| \subset |c_p|. \tag{2.32}$$

Hilfssatz 2. Sei $\alpha \Delta_p \in C_q(|\Delta_p|; \mathsf{Z})$ und $\beta \Delta_m \in C_p(|\Delta_m|; \mathsf{Z})$. Vermöge natürlicher Fortsetzung von $\alpha \Delta_p$ existiert $\gamma \Delta_m = \alpha(\beta \Delta_m) \in C_q(|\Delta_m|; \mathsf{Z})$. Für die natürlichen Fortsetzungen gilt dann jeweils $\gamma = \alpha\beta : C_m(X; G) \to C_q(X; G)$.

Beweis. Für $\sigma_m{}^\varkappa : |\Delta_m| \to X$ an Stelle von f und für $G = \mathsf{Z}$ ergibt (2.29) $\alpha \sigma_m{}^\varkappa = \sigma_m{}^\varkappa \alpha : C_p(|\Delta_m|; \mathsf{Z}) \to C_q(X; \mathsf{Z})$. Zusammen mit der entsprechenden Formel (2.31) folgt aus (2.28)

$$\alpha\beta(g_\varkappa \sigma_m{}^\varkappa) \overset{(2.28)}{=} \alpha(g_\varkappa \sigma_m{}^\varkappa \beta \Delta_m) \overset{(2.31)}{=} g_\varkappa \alpha(\sigma_m{}^\varkappa \beta \Delta_m) \overset{(2.29)}{=} g_\varkappa \sigma_m{}^\varkappa \alpha(\beta \Delta_m) \overset{(2.28)}{=} \gamma(g_\varkappa \sigma_m{}^\varkappa)$$

und damit $\alpha\beta = \gamma$.

Beispiel 6. Die Allgemeingültigkeit der Vertauschungsregeln (1.6) für die Seitenoperatoren ∂_i und $\partial\partial = 0$ sind Spezialfälle von Hilfssatz 2.

Es sei nun $\mathfrak{m}_p$ der Schwerpunkt von $|\Delta_p|$. Wir benutzen die Kegelkonstruktion 2.2. Wegen Hilfssatz 1 werden durch

$$b_0 \Delta_0 = \Delta_0; \quad b_p \Delta_p = \mathfrak{m}_p b_{p-1} \partial \Delta_p \quad \text{für } p > 0 \tag{2.33}$$

rekursiv Homomorphismen $b_p : C_p(X; G) \to C_p(X; G)$ für $p \geqq 0$ und beliebiges X und G definiert. Zunächst ist b_0 allgemein durch natürliche Fortsetzung erklärt. Ist $p > 0$ und b_{p-1} bereits vorhanden, so liegt $b_{p-1} \partial \Delta_p$ ebenso wie $\partial \Delta_p$ in $C_{p-1}(|\Delta_p|; \mathsf{Z})$. Damit ist $b_p \Delta_p \in C_p(|\Delta_p|; \mathsf{Z})$ durch (2.33) gemäß 2.2 definiert, und es wird b_p natürlich fortgesetzt. Setzt man noch $b_p = 0$ für $p < 0$, so folgt durch Induktion

$$\partial b_p = b_{p-1}\partial. \tag{2.34}$$

Für $p \leqq 0$ ist dies trivial. Sei jetzt $q > 0$, und es gelte (2.34) für $p = q - 1$. Dann ist $\partial b_{q-1}\partial = b_{q-2}\partial\partial = 0$. Wegen (2.7) folgt damit aus (2.33) $\partial b_q \Delta_q = b_{q-1}\partial\Delta_q - \mathfrak{m}_q \partial b_{q-1}\partial\Delta_q = b_{q-1}\partial\Delta_q$. Wegen Beispiel 5 und Hilfssatz 2 folgt (2.34) für $p = q$ und damit für alle p.

Ist für jede ganze Zahl $p \geqq 0$ ein Operator α_p durch natürliche Fortsetzung von $\alpha_p \Delta_p \in C_p(|\Delta_p|; \mathsf{Z})$ definiert und gilt dabei $\partial \alpha_p = \alpha_{p-1}\partial$ für $p > 0$, so sagt man, daß eine natürliche Kettentransformation α vorliegt. Für beliebiges X und G ist dann $\alpha: S(X; G) \to S(X; G)$ homomorph, und wegen (2.29) gilt $f\alpha = \alpha f$ für Homomorphismen f, die von stetigen Abbildungen induziert werden. (2.33) definiert wegen (2.34) eine natürliche Kettentransformation b, die baryzentrische Unterteilung genannt wird. Die identische Abbildung (Beispiel 2) ist ebenfalls eine natürliche Transformation, wir bezeichnen sie mit 1, da $1c = c$ für jede beliebige singuläre Kette c gilt. Es gibt nun eine natürliche Homotopie, vermöge deren b und 1 homotop sind. Wegen (2.33) folgt dies unmittelbar aus

Satz 1. *Es seien α und β natürliche Kettentransformationen. Ist $\alpha_0\Delta_0 = \beta_0\Delta_0$, so gibt es eine natürliche Homotopie D, so daß gilt*

$$\partial D_q + D_{q-1}\partial = \alpha_q - \beta_q. \tag{2.35}$$

Beweis. Für $q < 0$ sind alle Operatoren 0. Es sei $D_0\Delta_0 = 0$. Wegen $\alpha_0\Delta_0 - \beta_0\Delta_0 = 0$, Beispiele 1 und 4 gilt (2.35) für $q = 0$ mit $D_0 = 0$. Sei jetzt $p > 0$ und D_q für $q < p$ bereits vorhanden, so daß (2.35) gilt. Wegen der Beispiele 4 und 5 und wegen Hilfssatz 2 ist $\alpha_p - \beta_p - D_{p-1}\partial$ erklärt. Weil (2.35) für $q = p - 1$ gilt, ist $\partial D_{p-1}\partial = (\alpha_{p-1} - \beta_{p-1})\partial$, wieder wegen Hilfssatz 2 und Beispiel 4. Weil α und β Kettentransformationen sind, folgt damit $\partial(\alpha_p - \beta_p - D_{p-1}\partial) = 0$. Wegen 2.2 Satz kann in $C_{p+1}(|\Delta_p|; \mathsf{Z})$ eine Kette $D_p\Delta_p$ gewählt werden, so daß

$$\partial D_p \Delta_p = (\alpha_p - \beta_p - D_{p-1}\partial)\Delta_p \tag{2.36}$$

ist (etwa der Kegel über der rechten Seite von (2.36) mit der Spitze $\mathfrak{m}_p$). Durch natürliche Fortsetzung von $D_p\Delta_p$ entsteht D_p, und aus (2.36) und Hilfssatz 2 ergibt sich (2.35) für $q = p$. Damit folgt die Behauptung.

Die baryzentrische Unterteilung b kann iteriert werden. Wir setzen $b^0 = 1$ und $b^r = b^{r-1}b$ für $r \in \mathsf{N}$, also insbesondere $b^1 = b$. Aus Hilfssatz 2 und (2.34) folgt durch Induktion nach r, daß b^r eine natürliche Kettentransformation ist. Aus (2.33) folgt $b_0{}^r\Delta_0 = \Delta_0$. Wegen Satz 1 existiert eine natürliche Homotopie $B^{(r)}$ mit

$$\partial B^{(r)} + B^{(r)}\partial = b^r - 1; \tag{2.37}$$

wegen der Natürlichkeit von b^r und $B^{(r)}$ gilt dabei

$$b^r g_\lambda \sigma_q{}^\lambda = g_\lambda \sigma_q{}^\lambda b^r \Delta_q; \quad B^{(r)} g_\lambda \sigma_q{}^\lambda = g_\lambda \sigma_q{}^\lambda B^{(r)}\Delta_q. \tag{2.38}$$

Wir gehen jetzt auf den Zusammenhang zwischen b und der Normalunterteilung simplizialer Komplexe ein (vgl. III.2.6). Ist K ein simplizialer Komplex, so sind die Simplexe der Normalunterteilung K' von K nach III.2.6 Hilfssatz in natürlicher Weise geordnete Simplexe: Die Reihenfolge der Ecken eines Simplexes von K' wird durch eine absteigende Folge von Simplexen aus K beschrieben. Wir nennen einen simplizialen Komplex $\mathfrak{K}$ **lokal geordnet**, wenn für jedes seiner Simplexe eine Ordnung festgelegt ist, derart daß jeweils alle Seiten eines Simplexes $\mathfrak{s}$ die von $\mathfrak{s}$ herrührende Ordnung besitzen. Mit der zuvor erwähnten Ordnung der Simplexe ist auch $\mathfrak{K}'$ lokal geordnet.

Satz 2. *Es sei $\mathfrak{K}$ ein lokal geordneter simplizialer Komplex. Ist c_q eine singuläre q-Kette auf $|\mathfrak{K}|$, in der nur Simplexe von $\mathfrak{K}$ vorkommen, so kommen in $b^r c_q$ nur Simplexe der r-fachen Normalunterteilung $\mathfrak{K}^{(r)}$ von $\mathfrak{K}$ vor. Hierbei sind die (geordneten affinen) Simplexe von $\mathfrak{K}$ bzw. $\mathfrak{K}^{(r)}$ als singuläre aufzufassen.*

Beweis. Es genügt, den Satz für $r = 1$ zu beweisen. Er folgt dann für beliebiges r durch vollständige Induktion. Für $r = 1$ nehmen wir vollständige Induktion nach q vor. Für $q = 0$ ist die Behauptung wegen (2.33) und Beispiel 2 trivial. Sei nun $p > 0$ und die Behauptung für $q = p - 1$ richtig. Sie gilt dann insbesondere für den geordneten simplizialen Komplex Δ_p. In $\partial \Delta_p$ kommen nur $(p-1)$-Seiten von Δ_p vor, also in $b\partial\Delta_p$ nur Simplexe von Δ_p' und wegen (2.32) nur solche, die auf dem geometrischen Rande von Δ_p liegen. Nach Definition (2.33) von $b_p\Delta_p$ [vgl. (2.4)] und von Δ_p' in III.2.6 kommen in $b_p\Delta_p$ nur Simplexe von Δ_p' vor. Sei jetzt $\mathfrak{K}$ beliebig und $\mathfrak{s}_p^\lambda$ ein Simplex von $\mathfrak{K}$. Bei der affinen Abbildung $\mathfrak{s}_p^\lambda\colon |\Delta_p| \to \mathfrak{K}$ gehen die Schwerpunkte der Seiten von Δ_p in die Schwerpunkte der Seiten von $\mathfrak{s}_p^\lambda$ und affine Simplexe auf $|\Delta_p|$ in solche auf $\mathfrak{K}$ über. Wegen III.2.6 Hilfssatz und der Definition der lokalen Ordnungen von Δ_p' und $\mathfrak{K}'$ folgt die Behauptung für Ketten $g_\lambda\sigma_p^\lambda$ aus (2.29) und damit für beliebige simpliziale p-Ketten wegen (2.30).

2.5 Kleine Ketten. Es sei X ein topologischer Raum und $\mathfrak{U} = \{U_\varrho\}$ eine Familie von Teilmengen von X derart, daß $\mathring{\mathfrak{U}} = \{\mathring{U}_\varrho\}$ eine Überdeckung von X ist, wobei $\mathring{U}_\varrho$ das Innere von U_ϱ bezeichnet. Eine singuläre Kette c_q auf X heiße klein für $\mathfrak{U}$, wenn für jedes in c_q vorkommende Simplex der Träger in (mindestens) einem U_ϱ enthalten ist. Die Koeffizientengruppe G sei fest gewählt und wird im Folgenden nicht mitgeschrieben. Wegen (2.24) und $\partial\sigma_q^\lambda = \sigma_q^\lambda\partial\Delta_q$ bilden die für $\mathfrak{U}$ kleinen Ketten einen Unterkomplex $S(X;\mathfrak{U})$ von $S(X)$.

Satz 1. *Die Inklusion $u\colon S(X;\mathfrak{U}) \to S(X)$ induziert Isomorphismen für die Homologiegruppen.*

Beweis. Wir beweisen zuerst:

(a) Ist $c_p \in S(X)$, so gibt es ein $r \in \mathbb{N}$ derart, daß $b^r c_p$ klein für $\mathfrak{U}$ ist.

Sei zunächst $\sigma_p\colon |\Delta_p| \to X$ ein singuläres Simplex. Die Mengen $\overset{-1}{\sigma_p}(\mathring{U}_\varrho) = Q_\varrho$ bilden eine offene Überdeckung der kompakten Menge $|\Delta_p|$. Aus I.7.4 Satz 4 (a) und III.2.6 Satz 2 folgt: Ist $r \in \mathbb{N}$ genügend groß, so ist jedes Simplex der r-fachen Normalunterteilung von Δ_p in einer der Mengen Q_ϱ enthalten. Vermöge 2.4 Satz 2 (mit $\mathfrak{K} = \Delta_p$) folgt hieraus, daß $b^r\Delta_p$ bei genügend großem r klein für $\{Q_\varrho\}$ ist. Wegen $\sigma_p(Q_\varrho) \subset \mathring{U}_\varrho$ und (2.38) ist dann $b^r\sigma_p = \sigma_p b^r\Delta_p$ klein für $\mathfrak{U}$. In einer beliebigen p-Kette c_p von X kommen nur endlich viele Simplexe vor. Für diese kann r gleichmäßig gewählt werden. Damit folgt (a) aus (2.30) mit $\alpha = b_p{}^r$.

(b) Ist $c_p \in S(X; \mathfrak{U})$, so sind $B^{(r)} c_p$ und $b^r c_p$ ebenfalls klein für $\mathfrak{U}$.

Wegen (2.30) folgt dies unmittelbar aus (2.32).

Nach diesen Vorbemerkungen zeigen wir, daß $u_*: H_q(X; \mathfrak{U}) \to H_q(X)$ monomorph und epimorph ist. Sei $z_q \in Z_q(X; \mathfrak{U})$ und $z_q \sim 0$ in $S(X)$. Dann gibt es eine Kette c_{q+1} in $S(X)$, so daß $z_q = \partial c_{q+1}$ ist. Für genügend großes r ist $b^r c_{q+1}$ klein für $\mathfrak{U}$ wegen (a). Dann ist $b^r z_q = b^r \partial c_{q+1} = \partial b^r c_{q+1}$ und daher $b^r z_q \sim 0$ in $S(X; \mathfrak{U})$. Wegen $\partial z_q = 0$ und (b) folgt aus (2.37), daß $b^r z_q - z_q$ Rand einer kleinen Kette ist. Also ist $z_q \sim 0$ in $S(X; \mathfrak{U})$. Damit folgt, daß u_* monomorph ist.

Sei jetzt $z_q \in Z_q(X)$. Wegen (a) ist $b^r z_q$ klein bei geeignetem r, und wegen (2.37) ist $z_q \sim b^r z_q$ in $S(X)$. Hieraus folgt, daß u_* epimorph ist, und damit die Behauptung des Satzes.

Unter den bisherigen Annahmen sei A ein Teilraum von X. $\mathring{\mathfrak{U}}$ ist auch eine Überdeckung von A. Die Ketten von A, die für $\mathfrak{U}$ klein sind, bilden einen Unterkomplex $S(A; \mathfrak{U})$ von $S(A)$ und auch von $S(X; \mathfrak{U})$. Daher besteht die Inklusion $u: (S(X; \mathfrak{U}), S(A; \mathfrak{U})) \to (S(X), S(A))$ für Paare von Kettenkomplexen. Der von u induzierte Homomorphismus für die zugehörigen exakten Homologiefolgen ergibt wegen Satz 1 Isomorphismen für die zu A und für die zu X gehörigen Homologiegruppen. Aus 1.6 Satz 2 folgt damit

Satz 2. *Es sei (X, A) ein Raumpaar und $\mathfrak{U} = \{U_\varrho\}$ eine Familie von Teilmengen von X, so daß $\{\mathring{U}_\varrho\}$ eine Überdeckung von X ist. Die Inklusion $u: S(X; \mathfrak{U}) \to S(X)$ des Komplexes $S(X; \mathfrak{U})$ der für $\mathfrak{U}$ kleinen Ketten in $S(X)$ induziert einen Isomorphismus $u_{**}: H_{**}(S(X; \mathfrak{U}), S(A; \mathfrak{U})) \to H_{**}(X, A)$ für die zugehörigen exakten Homologiefolgen bei beliebiger fest gewählter Koeffizientengruppe.*

2.6 Ausschneidungssatz. *Es sei (X, A) ein Raumpaar und B eine Teilmenge von X derart, daß die abgeschlossene Hülle $\bar{B}$ von B im Inneren $\mathring{A}$ von A liegt. Dann induziert die Inklusion $\eta: (X - B, A - B) \to (X, A)$ Isomorphismen $\eta_*: H_q(X - B, A - B; G) \to H_q(X, A; G)$ für die relativen Homologiegruppen.*

Beweis. G wird im Folgenden nicht mitgeschrieben. Nach Voraussetzung über A und B bilden $X - \bar{B}$ und $\mathring{A}$ eine offene Überdeckung von X. Daher sind die Voraussetzungen des vorausgehenden Satzes 2 von 2.5 für $\mathfrak{U} = \{X - B, A\}$ erfüllt. Für dieses $\mathfrak{U}$ läßt sich die Inklusion $\eta: S(X - B) \to S(X)$ in Monomorphismen $h: S(X - B) \to S(X; \mathfrak{U})$ und $u: S(X; \mathfrak{U}) \to S(X)$ mit $\eta = uh$ zerlegen, denn jede Kette des Teilraumes $X - B$ von X ist in X klein für $\mathfrak{U}$. Entsprechend zerlegt sich $\eta: S(A - B) \to S(A)$, wobei sogar $S(A; \mathfrak{U}) = S(A)$ ist. Damit ergibt sich $\eta = uh: (S(X - B), S(A - B)) \to (S(X), S(A))$. Wegen 1.5 Satz 2 gilt $\eta_{**} = u_{**} h_{**}$, und wegen 2.5 Satz 2 ist u_{**} isomorph für die zugehörigen exakten Homologiefolgen. Es genügt daher zu zeigen, daß h Isomorphismen für die relativen Homologiegruppen induziert. Tatsächlich ist h sogar für die Quotienten isomorph: Es sei K'' der Quotient von $S(X; \mathfrak{U})$ nach $S(A; \mathfrak{U}) = S(A)$ und $j: S(X; \mathfrak{U}) \to K''$ die zugehörige Projektion. Ist c_q eine Kette aus $S(X; \mathfrak{U})$, so ist für jedes in c_q vorkommende Simplex der Träger in

$X - B$ oder in A enthalten. Daher ist c_q die Summe von einer Kette auf $X - B$ und einer Kette auf A. Damit folgt, daß $jh: S(X - B) \to K''$ epimorph ist. Dabei besteht der Kern aus denjenigen Ketten von $X - B$, die auf A, also auf $A - B$ liegen. Daher induziert h einen Isomorphismus $\overline{h}: S(X-B)/S(A-B) \to K''$, womit die Behauptung folgt.

Anmerkung. Die relativen Homologiegruppen von X mod A entstehen dadurch, daß man auf A liegende Ketten vernachlässigt. Man erhält damit im allgemeinen nicht die Homologiegruppen von $X - A$, weil es in X singuläre Simplexe gibt, deren Träger sowohl $X - A$ als auch A treffen. Der Ausschneidungssatz bleibt nicht bestehen, wenn lediglich $B \subset A$ gefordert wird, womit $B = A$ zugelassen wäre. Er gestattet nur, in A ein Loch B so zu schneiden, daß der Lochrand den Rand von A nicht trifft.

2.7 Freie Kettenkomplexe. Wir werden im Folgenden (unten Satz 3) eine teilweise Umkehrung von 2.1 Satz 4 beweisen. Zugleich stellen wir Hilfsmittel für spätere Betrachtungen bereit.

Es sei $\{b_\lambda\}$ eine Familie von Elementen der additiven Gruppe F. Dann ist

$$\sum n_\lambda b_\lambda \quad \text{mit } n_\lambda \in \mathbf{Z}, \quad \text{nur endlich viele } n_\lambda \text{ nicht } 0, \tag{2.39}$$

erklärt. (2.39) heißt Linearkombination der Elemente b_λ. Diese Linearkombinationen bilden offenbar eine Untergruppe von F. $\{b_\lambda\}$ ist ein Erzeugendensystem von F, wenn sich jedes Element von F in der Form (2.39) darstellen läßt. Die Familie $\{b_\lambda\}$ heißt linear unabhängig, wenn aus $\sum n_\lambda b_\lambda = 0$ folgt $n_\lambda = 0$ für alle λ, andernfalls linear abhängig. Die additive Gruppe F heißt frei, wenn sie ein linear unabhängiges Erzeugendensystem besitzt. Ein solches Erzeugendensystem heißt Basis von F. $\{b_\lambda\}$ ist dann und nur dann Basis der freien Gruppe F, wenn sich jedes Element von F auf genau eine Weise in der Form (2.39) darstellen läßt. Die Gruppe 0 werde zu den freien Gruppen gerechnet. Ihre Basis ist leer. Eine von 0 verschiedene freie Gruppe besitzt verschiedene Basen, z. B. ist $\mathbf{Z}$ frei, und es bilden 1 und -1 allein je eine Basis von $\mathbf{Z}$.

Nach dem eben Gesagten und (1.32) ist die additive Gruppe F genau dann frei, wenn entweder $F = 0$ oder F direkte Summe einer Familie zu $\mathbf{Z}$ isomorpher Gruppen ist. Hieraus folgt, daß eine direkte Summe freier Gruppen wieder frei ist. Entsprechend 1.7 Satz 1 gilt

Satz 1. *Ist $\{b_\lambda\}$ eine Basis der freien additiven Gruppe F und G eine additive Gruppe, so setzt sich jede Abbildung von $\{b_\lambda\}$ in G auf genau eine Weise zu einem Homomorphismus von F in G fort.*

Beweis. Ist $f(b_\lambda) \in G$ für jedes b_λ vorgegeben, so setze man $f\left(\sum n_\lambda b_\lambda\right) = \sum n_\lambda f(b_\lambda)$. Dann ist f ein Homomorphismus, und er ist der einzige, bei dem jedes b_λ das vorgegebene Bild $f(b_\lambda)$ besitzt.

Anmerkung 1. Für den Sachverhalt von Satz 1 sagt man häufig, daß man die Abbildung der Basis linear fortsetzt.

Es sei nun $\{b_\lambda\}$ eine Familie von Elementen irgendeiner Menge. Dann können formale Linearkombinationen der Gestalt (2.39) betrachtet werden. Mit der

Addition $\sum n_\lambda b_\lambda + \sum m_\lambda b_\lambda = \sum (n_\lambda + m_\lambda) b_\lambda$ bilden sie eine additive Gruppe F. Schreibt man für die formale Summe $\sum \delta_{\lambda\varkappa} b_\lambda$ mit $\delta_{\varkappa\varkappa} = 1$ und $\delta_{\lambda\varkappa} = 0$ für $\lambda \neq \varkappa$ wieder $b_\varkappa$, so gehen die formalen Linearkombinationen in gewöhnliche über. Damit folgt, daß F frei und $\{b_\lambda\}$ eine Basis ist. Die ganzzahligen singulären q-Ketten eines topologischen Raumes bilden ein Beispiel mit $b_\lambda = \sigma_q{}^\lambda$. Für die eben beschriebene Konstruktion sagt man, daß eine freie additive Gruppe zur Basis $\{b_\lambda\}$ konstruiert wird.

Satz 2. *Jede additive Gruppe A ist zu einer Faktorgruppe einer freien additiven Gruppe isomorph.*

Beweis. Sei $\{a_\lambda\}$ ein Erzeugendensystem für A. Nach dem Vorangehenden gibt es eine freie Gruppe F mit Basis $\{b_\lambda\}$ zu gleicher Indexmenge. Wegen Satz 1 existiert ein Homomorphismus $\pi\colon F \to A$ mit $\pi(b_\lambda) = a_\lambda$ für alle λ. Es ist π epimorph, weil A von $\{a_\lambda\}$ erzeugt wird. Damit folgt die Behauptung.

Hilfssatz 1. Es sei $\beta\colon A \twoheadrightarrow B$ ein Epimorphismus, $\gamma\colon F \to B$ homomorph und F frei. Dann gibt es (mindestens) einen Homomorphismus $\alpha\colon F \to A$, so daß $\beta\alpha = \gamma$ ist.

Beweis. Ist $F = 0$, so ist $\alpha = 0$. Sei nun $F \neq 0$ und $\{b_\lambda\}$ eine Basis von F. Weil β epimorph ist, kann zu jedem b_λ ein $a_\lambda \in A$ gewählt werden, so daß $\beta(a_\lambda) = \gamma(b_\lambda)$ ist. Wegen Satz 1 setzt sich $b_\lambda \to a_\lambda$ zu einem Homomorphismus $\alpha\colon F \to A$ fort. Wegen $\beta\alpha(b_\lambda) = \gamma(b_\lambda)$ und Satz 1 ist $\beta\alpha = \gamma$.

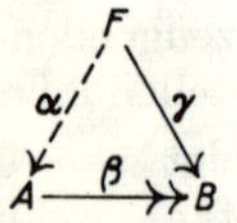

Hilfssatz 2. Es seien G, F additive Gruppen, und es sei $j\colon G \twoheadrightarrow F$ epimorph. Ist F frei, so gibt es einen Monomorphismus $i\colon F \to G$, so daß $G = \text{Kern}\, j \oplus \text{Bild}\, i$ ist.

Beweis. Wegen Hilfssatz 1 mit $\gamma = id_F$ gibt es einen Homomorphismus $i\colon F \to G$ mit $ji = id_F$. Damit folgt die Behauptung aus 1.7 Anmerkung 2 und Satz 6.

Anmerkung 2. In Hilfssatz 1 ist α, in Hilfssatz 2 ist i und damit Bild i nicht eindeutig bestimmt. Die Elemente a_λ im Beweis von Hilfssatz 1 können durch Addition von Elementen aus Kern β geändert werden.

Ein Kettenkomplex $\{C_q, \partial\}$ heißt frei, wenn jedes C_q frei ist. Im Folgenden gelte die

Voraussetzung. Es sei (K, L) ein Paar von Kettenkomplexen. L und K/L seien frei, und es sei $C_q(K) = 0$ für $q < 0$.

Anmerkung 3. Ist (X, A) ein Raumpaar, so ist die Voraussetzung für $(S(X), S(A))$ (ganze Koeffizienten) erfüllt. Dies folgt aus 1.2 und 1.4 Beispiele 1, 2. Die als Ketten aufgefaßten singulären q-Simplexe von X, deren Träger in A bzw. nicht (vollständig) in A enthalten sind, bilden eine Basis von $C_q(A)$ bzw. $C_q(X, A)$.

Hilfssatz 3. Das Paar $(\hat{K}, \hat{L})$ erfülle die obige Voraussetzung. Ferner sei $H_q(\hat{L}) = H_q(\hat{K}) = 0$ für alle q. Dann ist die identische Abbildung zur 0-Abbildung von $(\hat{K}, \hat{L})$ in sich homotop.

Beweis. Es ist $\hat{D}\colon C_q(\hat{K}) \to C_{q+1}(\hat{K})$ anzugeben, so daß gilt

$$\partial\hat{D} + \hat{D}\partial = 1 \quad \text{und} \quad \hat{D}(C_q(\hat{L})) \subset C_{q+1}(\hat{L}). \tag{2.40}$$

Für $q < 0$ muß $\hat{D} = 0$ sein. Es liege $\hat{D}$ bereits für $q < p$ vor, so daß (2.40) gilt. Für $c_p \in C_p(\hat{K})$ ist dann $\hat{D}\partial c_p$ definiert und $\partial\hat{D}\partial c_p = \partial\hat{D}\partial c_p + \hat{D}\partial\partial c_p = \partial c_p$ wegen (2.40) für $q = p - 1$. Hieraus folgt: $1 - \hat{D}\partial$ bildet $C_p(\hat{K})$ in $Z_p(\hat{K})$ ab und dabei $C_p(\hat{L})$ in $Z_p(\hat{L})$. Nun ist $\partial: C_{p+1}(\hat{L}) \to Z_p(\hat{L})$ epimorph wegen $H_p(\hat{L}) = 0$. Wegen Hilfssatz 1 existiert $\hat{D}: C_p(\hat{L}) \to C_{p+1}(\hat{L})$ mit $\partial\hat{D} = 1 - \hat{D}\partial$. Sei $i: C_p(\hat{K}/\hat{L}) \to C_p(\hat{K})$ ein Monomorphismus gemäß Hilfssatz 2. Wegen $H_p(\hat{K}) = 0$ ist $\partial: C_{p+1}(\hat{K}) \to Z_p(\hat{K})$ epimorph. Bild i ist frei, und wegen Hilfssatz 1 läßt sich $\hat{D}$ auf Bild i so definieren, daß auf Bild i gilt: $\partial\hat{D} = 1 - \hat{D}\partial$. Wegen 1.7 Satz 1 ist dann $\hat{D}$ auf $C_p(\hat{K})$ definiert, und es gilt (2.40) auf $C_p(\hat{K})$. Damit folgt die Behauptung.

Satz 3. *Die Paare (K, L) und (K', L') mögen die obige Voraussetzung erfüllen. Ist $f: (K, L) \to (K', L')$ homomorph und sind $f_*: H_q(K) \to H_q(K')$, $f_*: H_q(L) \to H_q(L')$ isomorph für alle q, so ist f eine Homotopie-Äquivalenz.*

Beweis. Wir setzen $C_q(\hat{K}) = C_q(K) \oplus C_{q+1}(K')$. Die Elemente von $C_q(\hat{K})$ sind also Paare (x, x') mit $x \in C_q(K)$ und $x' \in C_{q+1}(K')$. Wir definieren $\partial: C_q(\hat{K}) \to C_{q-1}(\hat{K})$ durch $\partial(x, x') = (-\partial x, \partial x' + fx)$. Wegen $\partial f = f\partial$ ist $\partial\partial = 0$, und es entsteht damit ein Kettenkomplex $\hat{K}$. Entsprechend setzen wir $C_q(\hat{L}) = C_q(L) \oplus C_{q+1}(L')$. Es ist $C_q(\hat{L})$ Untergruppe von $C_q(\hat{K})$ und $\partial(C_q(\hat{L})) \subset C_{q-1}(\hat{L})$ wegen $f(L) \subset L'$. Daher ist $\hat{L}$ Unterkomplex von $\hat{K}$. Für das Paar $(\hat{K}, \hat{L})$ ist die obige Voraussetzung wegen $C_q(\hat{K}/\hat{L}) = C_q(K/L) \oplus C_{q+1}(K'/L')$ wieder erfüllt (vgl. (1.39)). Ferner ist $H_q(\hat{K}) = H_q(\hat{L}) = 0$ für alle q. Zum Nachweis sei $(x, x') \in Z_q(\hat{K})$. Dann ist $\partial x = 0$ und $\partial x' + fx = 0$, also x ein Zyklus von K und fx nullhomolog in K'. Weil f_* isomorph ist, ist x nullhomolog. Sei etwa $x = \partial u$. Es folgt $\partial(x' + fu) = 0$. Wieder weil f_* isomorph ist, gibt es einen Zyklus z von K, so daß fz und $x' + fu$ homolog sind. $x' + f(u - z)$ ist dann nullhomolog, sei etwa $\partial y' = x' + f(u - z)$. Nun ist $\partial(z - u, y') = (\partial u, \partial y' + f(z - u)) = (x, x')$, womit $Z_q(\hat{K}) = B_q(\hat{K})$ und damit $H_q(\hat{K}) = 0$ folgt. Der gleiche Schluß ergibt $H_q(\hat{L}) = 0$. Das Paar $(\hat{K}, \hat{L})$ erfüllt also die Voraussetzungen von Hilfssatz 3, und es gibt eine Homotopie $\hat{D}: (\hat{K}, \hat{L}) \to (\hat{K}, \hat{L})$, so daß (2.40) gilt. Für $(x, x') \in C_q(\hat{K})$ ist $(x, x') = (x, 0) + (0, x')$ und daher $\hat{D}(x, x')$ von der Form

$$\hat{D}(x, x') = (Dx + hx', \; gx + D'x'). \tag{2.41}$$

Weil $\hat{D}: C_q(\hat{K}) \to C_{q+1}(\hat{K})$ homomorph ist, sind auch $D: C_q(K) \to C_{q+1}(K)$, $h: C_{q+1}(K') \to C_{q+1}(K)$, $g: C_q(K) \to C_{q+2}(K')$, $D': C_{q+1}(K') \to C_{q+2}(K')$ homomorph. Setzt man in (2.41) $x \in C_q(L)$ und $x' = 0$, bzw. $x = 0$ und $x' \in C_{q+1}(L')$, so erhält man $D(C_q(L)) \subset C_{q+1}(L)$ bzw. $h(C_{q+1}(L')) \subset C_{q+1}(L)$, $D'(C_{q+1}(L')) \subset C_{q+2}(L')$, weil $\hat{L}$ durch $\hat{D}$ in sich abgebildet wird. Aus (2.40) und (2.41) folgt

$$(x, 0) = (-\partial Dx - D\partial x + hfx, \ldots), \tag{2.42}$$

$$(0, x') = (h\partial x' - \partial hx', \; \partial D'x' + D'\partial x' + fhx'). \tag{2.43}$$

Vergleich der ersten Komponenten in (2.43) zeigt, daß $h\partial = \partial h$ und daher $h: (K', L') \to (K, L)$ homomorph ist. Wegen (2.42) ist $hf \simeq 1$ für (K, L), und wegen (2.43) ist $fh \simeq 1$ für (K', L'). Also ist h ein Homotopie-Inverses von f, womit die Behauptung folgt.

Satz 4. *Ist H Untergruppe der freien additiven Gruppe F, so ist H frei*[1]).

Beweis. Es sei $\{b_\lambda\}$ eine Basis von F. Die Indexmenge Λ werde mit einer Wohlordnung (I.8.8) versehen. Für $\varkappa \in \Lambda$ sei $U_\varkappa$ die Menge derjenigen Elemente von H, die sich in der Form $\sum_{\lambda \leqq \varkappa} n_\lambda b_\lambda$ darstellen lassen. Offenbar ist $U_\varkappa$ Untergruppe von H. Bei dem durch $\sum n_\lambda b_\lambda \to n_\varkappa$ definierten Homomorphismus $p_\varkappa\colon F \to \mathsf{Z}$ geht $U_\varkappa$ in eine Untergruppe G von Z über. Ist diese 0, so sagen wir, daß $\varkappa$ nicht zu H beiträgt. Andernfalls besteht G aus allen Vielfachen einer Zahl $a_\varkappa \neq 0$. $w_\varkappa$ sei ein Element von $U_\varkappa$, so daß $p_\varkappa(w_\varkappa) = a_\varkappa$ ist. Ist so für alle $\varkappa$, die zu H beitragen, je ein $w_\varkappa \in U_\varkappa \subset H$ ausgewählt, so liegt eine Basis von H vor: Sei $h^{(0)} = \sum n_\lambda^{(0)} b_\lambda \in H$ und $h^{(0)} \neq 0$. Da nur endlich viele $n_\lambda^{(0)}$ nicht null sind, gibt es einen größten Index $\varkappa_1$, so daß $n_{\varkappa_1}^{(0)} \neq 0$ ist. Dann ist $h \in U_{\varkappa_1}$, $\varkappa_1$ trägt zu H bei, und nach Wahl von $w_{\varkappa_1}$ gibt es $m_1 \in \mathsf{Z}$, so daß für $h^{(1)} = h^{(0)} - m_1 w_{\varkappa_1} = \sum n_\lambda^{(1)} b_\lambda$ alle Koeffizienten mit $\lambda \geqq \varkappa_1$ null sind. Entweder ist nun $h^{(1)} = 0$, oder es kann entsprechend für $h^{(1)}$ verfahren werden: Man erhält dann $h^{(2)} = h^{(1)} - m_2 w_{\varkappa_2} = \sum n_\lambda^{(2)} b_\lambda$ mit $n_\lambda^{(2)} = 0$ für $\lambda \geqq \varkappa_2$, $m_2 \neq 0$ und $\varkappa_2 < \varkappa_1$. So kann man fortfahren: Entweder ist $h^{(i)} = 0$, oder man findet $h^{(i+1)} = h^{(i)} - m_{i+1} w_{\varkappa_{i+1}} = \sum n_\lambda^{(i+1)} b_\lambda$, so daß $n_\lambda^{(i+1)} = 0$ für $\lambda \geqq \varkappa_{i+1}$, $m_{i+1} \neq 0$ und $\varkappa_{i+1} < \varkappa_i$ ist. Weil Λ wohlgeordnet ist, muß das Verfahren nach endlich vielen Schritten abbrechen (I.8.8 Anmerkung). Es folgt zunächst, daß H jedenfalls von den $w_\varkappa$ erzeugt wird. 0 läßt sich nicht in der Form $h = m_{\varkappa_1} w_{\varkappa_1} + \ldots + m_{\varkappa_r} w_{\varkappa_r}$ mit $m_{\varkappa_1} \neq 0$, $\varkappa_1 > \varkappa_2 > \ldots > \varkappa_r$ und $r \geqq 1$ darstellen: Ersetzt man alle $w_{\varkappa_i}$ durch ihre Darstellung als Linearkombinationen der b_λ, so ist der Koeffizient von $b_{\varkappa_1}$ nicht null, also $h \neq 0$. Hieraus folgt, daß jedes Element von H nur auf eine Weise als Linearkombination der $w_\varkappa$ dargestellt werden kann, daß also $\{w_\varkappa\}$ eine Basis von H ist.

Hilfssatz 4. Es sei F eine freie additive Gruppe, F_0 und H seien Untergruppen von F. Ist F_0 direkter Summand von F, so ist $H_0 = H \cap F_0$ direkter Summand von H.

Beweis. Es sei $F = F_0 \oplus G$. Wegen Satz 4 ist G frei. Es besteht die Projektion $p\colon F \twoheadrightarrow G$, deren Kern F_0 ist. $p(H)$ ist eine Untergruppe von G. Wegen Satz 4 ist $p(H)$ frei. Die Einschränkung $p\colon H \to p(H)$ besitzt den Kern $H \cap F_0$. Damit folgt die Behauptung aus Hilfssatz 2.

Beispiel. Ist K ein freier Kettenkomplex, so sind wegen Satz 4 mit $C_q(K)$ auch $Z_q(K)$ und $B_q(K)$ frei. Wegen $\partial(C_q) = B_{q-1}$ und Hilfssatz 2 gibt es Monomorphismen $\vartheta\colon B_{q-1} \to C_q$, so daß gilt

$$C_q(K) = Z_q(K) \oplus \vartheta(B_{q-1}(K)), \ \vartheta \text{ monomorph}. \tag{2.44}$$

Ist L Unterkomplex von K und $C_q(L)$ direkter Summand von $C_q(K)$ für jedes q, so ist $C_q(K) = C_q(L) \oplus C_q'$, wobei C_q' isomorph zu $C_q(K/L)$ ist. Wegen Satz 4

[1]) Während sich das Vorangehende wörtlich auf freie Moduln (und außer Satz 1 auch auf projektive Moduln) über beliebigen Ringen mit 1-Element überträgt, gilt das Weitere entsprechend nur für Moduln über Hauptidealringen.

sind L und K/L frei. Ferner ist $Z_q(L) = Z_q(K) \cap C_q(L)$. Wegen Hilfssatz 4 existiert eine Darstellung

$$Z_q(K) = Z_q(L) \oplus Z_q', \tag{2.45}$$

wobei wegen Satz 4 auch Z_q' frei ist. Ist (X, A) ein Raumpaar, so gelten (2.44), (2.45) insbesondere für $K = S(X)$ und $L = S(A)$ (vgl. Anmerkung 3).

Aufgaben. 1. Es sei $f: X \to Y$ stetig ($X \neq \emptyset$). Man bilde die topologische Summe von $X \times I$ und Y und identifiziere jeweils $(x, 1) \in X \times I$ mit $f(x)$ für alle $x \in X$. Der so entstehende Raum ist der Abbildungszylinder Zf. Y kann als Teilraum aufgefaßt werden (zu beweisen). Die von $X \times 0$ bzw. $X \times [0, a]$ für $0 < a < 1$ herrührenden Teilräume von Zf werden wieder mit X bzw. $X \times [0, a]$ bezeichnet. Wird X in Zf zu einem Punkt x' identifiziert, so entsteht der Abbildungskegel Cf. Man zeige: (a) Y ist Deformationsretrakt von Zf. (b) $H_q(Zf, X; G) \cong H_q(Cf, x'; G)$. (Anleitung: Man setze $A = X \times [0, 1/2]$. A' sei das Bild von A in Cf. X bzw. $\{x'\}$ ist Deformationsretrakt von A bzw. A'. Für $H_q(Zf, A; G)$ und $H_q(Cf, A'; G)$ wende man den Ausschneidungssatz an.) (c) Es gibt eine reduzierte exakte Folge

$$\ldots \to H_q(X; G) \xrightarrow{f_*} H_q(Y; G) \to H_q(Cf; G) \to H_{q-1}(X; G) \to \ldots$$

(vgl. 1 Aufgabe 6. Die Inklusion von X in Zf ist zu $f: X \to Y$ homotop).

2. Besteht Y nur aus einem Punkt, so heißt der oben definierte Abbildungskegel für $f: X \to Y$ die Einhängung $E(X)$ von X. Man zeige: (a) $H_{q+1}(E(X); G) \cong H_q(X; G)$ für $q \geqq 1$, $H_1(E(X); G) \cong H_{\varepsilon 0}(X; G)$, $H_{\varepsilon 0}(E(X); G) = 0$. (b) $E(S^n)$ ist homöomorph zu S^{n+1} für $n \geqq 0$. Man berechne damit $H_q(S^n; G)$ rekursiv (vgl. 3.1 im Folgenden).

§ 3 Berechnung von Homologiegruppen

3.1 Homologiegruppen der Sphären. Wir erinnern daran, daß für einen Homomorphismus $f: A \to B$ die Folge $0 \to A \xrightarrow{f} B \to 0$ genau dann exakt ist, wenn f isomorph ist.

Es bezeichne $\mathfrak{s}_n$ ein geordnetes affines n-Simplex, $\dot{\mathfrak{s}}_n$ seinen geometrischen Rand. Wir werden die exakten Homologiefolgen $H_{**}(|\mathfrak{s}_n|, \dot{\mathfrak{s}}_n; G)$ vermöge der bisherigen Resultate rekursiv nach n bestimmen. $|\mathfrak{s}_n|$ ist zusammenziehbar. Wegen 2.3 Anmerkung 2 und 1.8 Satz 1 gilt

$$\begin{aligned} H_q(|\mathfrak{s}_n|; G) &= 0 \quad \text{für} \quad q \neq 0, \quad n \geqq 0; \\ H_0(|\mathfrak{s}_n|; G) &\cong G; \quad H_{\varepsilon 0}(|\mathfrak{s}_n|; G) = 0 \quad \text{für} \quad n \geqq 0. \end{aligned} \tag{3.1}$$

$\dot{\mathfrak{s}}_1$ besteht nur aus den beiden Punkten $\partial_0 \mathfrak{s}_1$ und $\partial_1 \mathfrak{s}_1$. Wegen 1.2 Beispiel, 1.7 Anmerkung 1 und 1.8 Satz 1 gilt

$$\begin{aligned} H_q(\dot{\mathfrak{s}}_1; G) &= 0 \quad \text{für } q \neq 0; \\ H_0(\dot{\mathfrak{s}}_1; G) \cong G \oplus G;\ H_{\varepsilon 0}(\dot{\mathfrak{s}}_1; G) &\cong G \quad \text{vermöge} \quad g(\partial_0 \mathfrak{s}_1 - \partial_1 \mathfrak{s}_1) \to g. \end{aligned} \tag{3.2}$$

Wegen 1.8 Satz 1 ist ferner $H_{\varepsilon 0}(\dot{\mathfrak{s}}_n; G) = 0$ für $n > 1$. Aus der reduzierten exakten Homologiefolge des Paares $(|\mathfrak{s}_n|, \dot{\mathfrak{s}}_n)$ [vgl. (1.40), (1.28)] erhält man wegen (3.1) und dem eingangs Gesagten Isomorphismen

$$\begin{aligned} \partial_*&: H_q(|\mathfrak{s}_n|, \dot{\mathfrak{s}}_n; G) \rightarrowtail\!\!\!\twoheadrightarrow H_{q-1}(\dot{\mathfrak{s}}_n; G) \quad \text{für} \quad q \geqq 2; \\ \partial_*&: H_1(|\mathfrak{s}_n|, \dot{\mathfrak{s}}_n; G) \rightarrowtail\!\!\!\twoheadrightarrow H_{\varepsilon 0}(\dot{\mathfrak{s}}_n; G) \cong \begin{cases} 0 \text{ für } n > 1 \\ G \text{ für } n = 1. \end{cases} \end{aligned} \tag{3.3}$$

Es sei jetzt $n \geqq 2$ und $\mathfrak{p}_{n-1} \in \dot{\mathfrak{s}}_n$. Da $\dot{\mathfrak{s}}_n$ zu S^{n-1} homöomorph ist, ist $\dot{\mathfrak{s}}_n - \mathfrak{p}_{n-1}$ homöomorph zum R^{n-1} gemäß I.7.6 Beispiel 3 und somit zusammenziehbar (III.1.3 Beispiel). In (3.1) kann daher $|\mathfrak{s}_n|$ durch $\dot{\mathfrak{s}}_n - \mathfrak{p}_{n-1}$ mit $n \geqq 2$ ersetzt werden. Aus der reduzierten exakten Homologiefolge des Paares $(\dot{\mathfrak{s}}_n, \dot{\mathfrak{s}}_n - \mathfrak{p}_{n-1})$ erhält man damit Isomorphismen

(3.4) $$j_*: H_q(\dot{\mathfrak{s}}_n; G) \rightarrowtail\!\!\twoheadrightarrow H_q(\dot{\mathfrak{s}}_n, \dot{\mathfrak{s}}_n - \mathfrak{p}_{n-1}; G) \quad \text{für} \quad q \geqq 1, n \geqq 2.$$

Es kann $\mathfrak{p}_{n-1}$ als mittlerer Punkt von $\partial_i \mathfrak{s}_n$ gewählt werden. Dann setzen wir $\mathfrak{s}_{n-1} = \partial_i \mathfrak{s}_n$ und $B = \dot{\mathfrak{s}}_n - |\mathfrak{s}_{n-1}|$. Nun ist $\dot{\mathfrak{s}}_n - \mathfrak{p}_{n-1}$ offen in $\dot{\mathfrak{s}}_n$ und Obermenge von $\bar{B}$. Daher kann der Ausschneidungssatz 2.6 angewandt werden. Er ergibt Isomorphismen

(3.5) $$\eta_*: H_q(|\mathfrak{s}_{n-1}|, |\mathfrak{s}_{n-1}| - \mathfrak{p}_{n-1}; G) \rightarrowtail\!\!\twoheadrightarrow H_q(\dot{\mathfrak{s}}_n, \dot{\mathfrak{s}}_n - \mathfrak{p}_{n-1}; G) \quad \text{für} \quad n \geqq 2, q \geqq 0.$$

Wegen III.1.6 Beispiel und III.2.3 Anmerkungen 1 und 2 ist $\dot{\mathfrak{s}}_{n-1}$ Deformationsretrakt von $|\mathfrak{s}_{n-1}| - \mathfrak{p}_{n-1}$. Die Inklusion $i: (|\mathfrak{s}_{n-1}|, \dot{\mathfrak{s}}_{n-1}) \to (|\mathfrak{s}_{n-1}|, |\mathfrak{s}_{n-1}| - \mathfrak{p}_{n-1})$ induziert wegen 2.3 Satz 4 Isomorphismen

(3.6) $$i_*: H_q(|\mathfrak{s}_{n-1}|, \dot{\mathfrak{s}}_{n-1}; G) \rightarrowtail\!\!\twoheadrightarrow H_q(|\mathfrak{s}_{n-1}|, |\mathfrak{s}_{n-1}| - \mathfrak{p}_{n-1}; G) \quad \text{für} \quad n \geqq 2, q \geqq 0.$$

Nun ergeben (3.3), (3.4), (3.5), (3.6) zusammen Isomorphismen

(3.7) $$\varrho_* = \overset{-1}{i_*}\,\overset{-1}{\eta_*}\,j_*\,\partial_*: H_q(|\mathfrak{s}_n|, \dot{\mathfrak{s}}_n; G) \rightarrowtail\!\!\twoheadrightarrow H_{q-1}(|\mathfrak{s}_{n-1}|, \dot{\mathfrak{s}}_{n-1}; G) \text{ für } n \geqq 2, q \geqq 2.$$

Damit ist die Rekursion vollendet. Wegen 2.3 Satz 3 kann $(|\mathfrak{s}_n|, \dot{\mathfrak{s}}_n)$ durch das homöomorphe Paar (E^n, S^{n-1}) ersetzt werden (vgl. III.2.3 Anmerkung 1). Wir können nun beweisen

(3.8) $$\begin{aligned} H_n(|\mathfrak{s}_n|, \dot{\mathfrak{s}}_n; G) &\cong H_n(E^n, S^{n-1}; G) \cong G \quad \text{für} \quad n \geqq 0, \\ H_q(|\mathfrak{s}_n|, \dot{\mathfrak{s}}_n; G) &\cong H_q(E^n, S^{n-1}; G) = 0 \quad \text{für} \quad q \neq n \geqq 0. \end{aligned}$$

(3.9) $$\begin{aligned} &\left.\begin{aligned} H_n(\dot{\mathfrak{s}}_{n+1}; G) &\cong H_n(S^n; G) \cong G \\ H_0(\dot{\mathfrak{s}}_{n+1}; G) &\cong H_0(S^n; G) \cong G \end{aligned}\right\} \quad \text{für} \quad n \geqq 1, \\ &H_0(\dot{\mathfrak{s}}_1; G) \quad \cong H_0(S^0; G) = G \oplus G, \\ &H_q(\dot{\mathfrak{s}}_{n+1}; G) \cong H_q(S^n; G) = 0 \quad \text{für} \quad q \neq 0, n \quad \text{und} \quad n \geqq 0. \end{aligned}$$

Wir beweisen zunächst (3.8). Für $n = 0$ ist $\dot{\mathfrak{s}}_n = S^{n-1} = \emptyset$, und man erhält (3.8) aus 1.2 Beispiel. Weil E^n bogenweise zusammenhängend ist, ergibt sich der Fall $n > 0$, $q = 0$ aus 1.8 Satz 2 und dem Ende der exakten Homologiefolge (1.28). Der Fall $n > 0$, $q = 1$ ist unter (3.3) bereits aufgeführt. Sei nun $q \geqq 2$. Für $q \leqq n$ wird dann (3.8) durch wiederholte Anwendung von (3.7) auf den bereits erledigten Fall $q = 1$ zurückgeführt. Für $q > n$ gelangt man vermöge (3.7) auf den Fall $H_p(|\mathfrak{s}_1|, \dot{\mathfrak{s}}_1; G)$ mit $p > 1$. (3.3) ergibt eine Isomorphie mit $H_{p-1}(\dot{\mathfrak{s}}_1; G)$, und das ist 0 wegen (3.2).

Bei (3.9) genügt es, wegen (3.2) die Fälle mit $n > 0$ zu betrachten. Der Fall $n > 0$, $q = 0$ ergibt sich aus 1.8 Satz 1, weil dann S^n bogenweise zusammenhängt. Die restlichen Fälle $n \geqq 1$, $q \geqq 1$ von (3.9) folgen aus (3.8) vermöge (3.3).

Durch (3.1), (3.8), (3.9) sind die Gruppen der Folge $H_{**}(E^n, S^{n-1}; G)$ bestimmt, durch (3.3) die Homomorphismen der reduzierten Folge. Aus (3.9) folgt wegen 2.3 Anmerkung 2

Satz 1. *Keine Sphäre ist (in sich) zusammenziehbar. Sphären verschiedener Dimension sind nicht homöomorph.*

Wir wollen die vorangehenden Isomorphismen im Fall $G = \mathbf{Z}$ noch genauer verfolgen. Für das geordnete affine n-Simplex $\mathfrak{s}_n$ ist die Kette $\mathfrak{s}_n$ ein Zyklus von $|\mathfrak{s}_n|$ mod $\dot{\mathfrak{s}}_n$. Für $n \geqq 1$ ist $z_{n-1} = \sum_{i=0}^{n} (-1)^i \partial_i \mathfrak{s}_n$ ein Zyklus von $\dot{\mathfrak{s}}_n$. Nach Definition von ∂_* (vgl. (1.24)) gilt für die zugehörigen Homologieklassen

$$\partial_*[\mathfrak{s}_n] = \left[\sum_{i=0}^{n} (-1)^i \partial_i \mathfrak{s}_n\right] \quad \text{für} \quad n \geqq 1 \tag{3.10}$$

und ∂_* in der Bedeutung von (3.3). z_{n-1} ist zugleich ein relativer Zyklus mod $\dot{\mathfrak{s}}_n - \mathfrak{p}_{n-1}$. Mit j_* in der Bedeutung von (3.4) gilt für die entsprechenden Homologieklassen (vgl. (1.22))

$$j_*\left[\sum_{i=0}^{n} (-1)^i \partial_i \mathfrak{s}_n\right] = \left[\sum_{i=0}^{n} (-1)^i \partial_i \mathfrak{s}_n\right] \quad \text{für} \quad n \geqq 2. \tag{3.11}$$

Ist $\mathfrak{p}_{n-1}$ mittlerer Punkt von $\mathfrak{s}_{n-1} = \partial_i \mathfrak{s}_n$, so ist $\mathfrak{s}_{n-1}$ ein relativer Zyklus von $|\mathfrak{s}_{n-1}|$ mod $|\mathfrak{s}_{n-1}| - \mathfrak{p}_{n-1}$ und auch von $\dot{\mathfrak{s}}_n$ mod $\dot{\mathfrak{s}}_n - \mathfrak{p}_{n-1}$. Mit η_* bzw. i_* in der Bedeutung (3.5) bzw. (3.6) gilt für die Klassen

$$\left.\begin{aligned} \eta_*[\mathfrak{s}_{n-1}] &= [\mathfrak{s}_{n-1}] \\ i_*[\mathfrak{s}_{n-1}] &= [\mathfrak{s}_{n-1}] \end{aligned}\right\} \quad \text{für} \quad n \geqq 2,\ \mathfrak{s}_{n-1} = \partial_i \mathfrak{s}_n. \tag{3.12}$$

Nun unterscheiden sich $(-1)^i \mathfrak{s}_{n-1}$ und z_{n-1} nur um eine Kette auf $\dot{\mathfrak{s}}_n - \mathfrak{p}_{n-1}$. Wegen (1.24) ergeben sie dieselbe relative Homologieklasse von $\dot{\mathfrak{s}}_n$ mod $\dot{\mathfrak{s}}_n - \mathfrak{p}_{n-1}$. Für den Isomorphismus (3.7) folgt damit aus (3.10), (3.11) und (3.12):

$$\varrho_*[\mathfrak{s}_n] = (-1)^i[\mathfrak{s}_{n-1}] \quad \text{für} \quad \mathfrak{s}_{n-1} = \partial_i \mathfrak{s}_n,\ n \geqq 2. \tag{3.13}$$

Satz 2. *Es sei $\mathfrak{s}_n$ ein geordnetes affines n-Simplex. Die Klasse des relativen Zyklus $\mathfrak{s}_n$ erzeugt $H_n(|\mathfrak{s}_n|, \dot{\mathfrak{s}}_n)$. Für $n \geqq 1$ wird $H_n(\dot{\mathfrak{s}}_{n+1})$ durch die Klasse des Zyklus $\sum_{i=0}^{n+1} (-1)^i \partial_i \mathfrak{s}_{n+1}$ erzeugt (ganzzahlige Koeffizienten).*

Beweis. Die erste Behauptung ist für $n = 0$ in 1.2 Beispiel enthalten. Für $n = 1$ folgt sie aus (3.10) wegen (3.3) und (3.2). Für $n > 1$ folgt sie damit wegen (3.7) und (3.13) durch Induktion, wobei $\mathfrak{s}_{n-1} = \partial_0 \mathfrak{s}_n$ angenommen werden kann. Die zweite Behauptung folgt aus der ersten vermöge (3.10) und (3.3).

Anmerkung. Für den Fall einer beliebigen Koeffizientengruppe G lassen sich die Isomorphismen entsprechend verfolgen, indem man für $g \in G$ jeweils $\mathfrak{s}_n$ durch $g\mathfrak{s}_n$ und $\partial_i \mathfrak{s}_n$ durch $g \partial_i \mathfrak{s}_n$ ersetzt. Wir weisen auf solche Möglichkeiten nicht mehr hin und beschränken uns von nun an auf ganzzahlige Koeffizienten. Aus den Homologiegruppen mit Koeffizienten in Z lassen sich ohnehin diejenigen mit beliebiger Koeffizientengruppe berechnen, worauf wir jedoch nicht eingehen werden.

3.2 Orientierte Sphären und Kugeln. Die additive Gruppe Z wird von dem Element 1 erzeugt und auch von -1, aber von keinem anderen Element allein. Ein Automorphismus von Z ist daher entweder der identische oder derjenige, der alle Elemente mit (-1) multipliziert. Beim letzten vertauschen sich die beiden (einzeln) erzeugenden Elemente. Ist (X, A) ein Raumpaar mit $H_q(X, A) \cong \mathsf{Z}$, so induziert eine topologische Selbstabbildung von (X, A) einen Automorphismus von $H_q(X, A)$, und es gelten die vorangehenden Bemerkungen. Entsprechendes gilt bei topologischen Selbstabbildungen eines Raumes X mit $H_q(X) \cong \mathsf{Z}$.

Eine Orientierung von E^n bzw. S^n ist für $n \geqq 1$ eine erzeugende Homologieklasse von $H_n(E^n, S^{n-1})$ bzw. $H_n(S^n)$. Eine Orientierung von E^0 bzw. S^0 ist ein erzeugendes Element von $H_0(E^0)$ bzw. $H_{\varepsilon 0}(S^0)$. Diese Definition ist wegen (3.8), (3.9), (3.2) möglich, und es gibt jeweils zwei Orientierungen. E^n bzw. S^n heißen orientiert, wenn eine der beiden Orientierungen ausgezeichnet ist. Eine topologische Selbstabbildung von (E^n, S^{n-1}) bzw. S^n heißt orientierungsumkehrend, wenn der induzierte Automorphismus der Homologiegruppen die Orientierungen vertauscht. Andernfalls heißt sie orientierungserhaltend. Das eben Gesagte überträgt sich auf zu (E^n, S^{n-1}) bzw. S^n homöomorphe Raumpaare bzw. Räume, insbesondere auf $(\mathfrak{s}_n, \dot{\mathfrak{s}}_n)$ bzw. $\dot{\mathfrak{s}}_{n+1}$.

Hilfssatz. Es sei $\mathfrak{s}_n$ ein geordnetes affines n-Simplex mit $n \geqq 1$. τ sei eine affine Abbildung von $|\mathfrak{s}_n|$ auf sich, welche zwei Ecken vertauscht und die übrigen festläßt[1]). τ ist orientierungsumkehrend für $\mathfrak{s}_n$ und $\dot{\mathfrak{s}}_n$.

Beweis. Für $n = 1$ folgt die Behauptung für $H_{\varepsilon 0}(\dot{\mathfrak{s}}_1)$ unmittelbar aus (3.2). Wegen (3.3) folgt daraus die Behauptung für $H_1(|\mathfrak{s}_1|, \dot{\mathfrak{s}}_1)$. Für $n > 1$ sei $\mathfrak{s}_{n-1}$ eine Seite von $\mathfrak{s}_n$, die einer festgelassenen Ecke von $\mathfrak{s}_n$ gegenüberliegt. $\mathfrak{p}_{n-1}$ sei der Schwerpunkt von $\mathfrak{s}_{n-1}$. $\mathfrak{s}_{n-1}$ geht bei τ in sich über, $\mathfrak{p}_{n-1}$ bleibt fest. τ induziert Automorphismen τ_* der Homologiegruppen in (3.3), (3.4), (3.5), (3.6). τ_* ist mit den dort angegebenen Isomorphismen vertauschbar. Für (3.3), (3.4), (3.6) folgt dies aus 1.5 Anmerkung 3 und für (3.5) daraus, daß η_* von einer Inklusion von Kettenkomplexen herrührt, die bei τ auf sich abgebildet werden. Damit ergibt sich die Behauptung für $\mathfrak{s}_n$ aus (3.7) durch Induktion nach n. Vermöge (3.3) folgt die Behauptung für $\dot{\mathfrak{s}}_n$.

Satz. *Es sei* $n \geqq 1$.

(a) *Eine Drehung um den Mittelpunkt von* E^{n+1} *ist orientierungserhaltend für* E^{n+1} *und* S^n.

(b) *Eine Spiegelung an einer Hyperebene durch den Mittelpunkt von* E^n *ist orientierungsumkehrend für* E^n *und* S^{n-1}.

(c) *Die Diametralpunktvertauschung von* S^n *ist orientierungserhaltend für ungerades* n, *orientierungsumkehrend für gerades* n.

---

[1]) Vgl. III.2.3 Satz 3.

(d) *Eine affine Abbildung φ des affinen n-Simplexes $\mathfrak{s}_n$ auf sich ist orientierungserhaltend für $\mathfrak{s}_n$ und auch für $\dot{\mathfrak{s}}_n$ genau dann, wenn die durch φ bewirkte Permutation der Ecken*[1]) *von $\mathfrak{s}_n$ gerade ist.*

Beweis. (a) folgt wegen 2.3 Satz 3 daraus, daß eine Drehung zur identischen Abbildung homotop ist. Zum Beweise von (b) betrachten wir zunächst im R^{n+1} das affine Simplex $\mathfrak{s}_n$, dessen Ecken die Einheitspunkte der Koordinatenachsen sind. Im vorangehenden Hilfssatz ist dann τ eine Spiegelung von $\mathfrak{s}_n$. Gemäß III.2.3 Satz 5 und Anmerkung 1 kann $\mathfrak{s}_n$ topologisch so auf E^n abgebildet werden, daß τ in eine vorgegebene Spiegelung von E^n an einer Hyperebene übergeht. Aus (b) folgt (c), weil die Diametralpunktvertauschung von S^n durch $n + 1$ Spiegelungen an Hyperebenen erhalten werden kann. (d) folgt aus dem Hilfssatz, weil eine Permutation der Ecken von $\mathfrak{s}_n$ genau dann gerade ist, wenn sie durch eine gerade Anzahl von Vertauschungen je zweier Ecken entsteht.

3.3 Lokale Homologie. Ist X ein topologischer Raum und x_0 ein Punkt von X, so heißt die Gruppe $H_q(X, X - x_0)$ die q-te lokale Homologiegruppe (von X) im Punkte x_0. Die Berechtigung dieser Bezeichnung ergibt sich aus

Hilfssatz 1. Es sei $\{x_0\}$ eine abgeschlossene Teilmenge von X. (Dies ist z. B. der Fall, wenn X separiert ist.) Ist V eine Umgebung von x_0, so induziert die Inklusion $\eta: (V, V - x_0) \to (X, X - x_0)$ Isomorphismen $\eta_*: H_q(V, V - x_0) \to H_q(X, X - x_0)$ für alle q.

Beweis. Nach Voraussetzung ist $X - \{x_0\} = A$ offen. V umfaßt eine offene Umgebung Q von x_0. Es sei $B = X - V$. Dann ist $\bar{B} \subset X - Q \subset A$. Damit folgt die Behauptung aus dem Ausschneidungssatz 2.6. (3.5) ist übrigens ein Spezialfall.

Satz 1. *Ist $\mathfrak{x}$ ein innerer Punkt von E^n, so ist $H_n(E^n, E^n - \mathfrak{x}) \cong \mathsf{Z}$ und $H_q(E^n, E^n - \mathfrak{x}) = 0$ für $q \neq n$. Gehört $\mathfrak{x}$ zur Randsphäre S^{n-1} von E^n, so ist $H_q(E^n, E^n - \mathfrak{x}) = 0$ für alle q. Bei jeder topologischen Selbstabbildung von E^n geht S^{n-1} in sich über.*

Beweis. Die erste Behauptung folgt aus (3.6) und (3.8). Ist $\mathfrak{x} \in S^{n-1}$, so ist $E^n - \mathfrak{x}$ ebenso wie E^n sternförmig (III.1.3 Beispiel) und daher zusammenziehbar. Aus der exakten Homologiefolge für $(E^n, E^n - \mathfrak{x})$ folgt damit die zweite Behauptung wegen 2.3 Anmerkung 2 und 1.8 Satz 2. Die letzte Behauptung folgt aus den ersten beiden.

Satz 2. *Es sei M eine n-dimensionale Mannigfaltigkeit*[2]). *Für $x \in M$ ist $H_n(M, M - x) \cong \mathsf{Z}$, $H_q(M, M - x) = 0$ für $q \neq n$.*

Beweis. x besitzt eine zum R^n homöomorphe Umgebung. In ihr gibt es eine Umgebung V, so daß $(V, V - x)$ homöomorph zu $(E^n, E^n - \mathfrak{x})$ ist, wobei $\mathfrak{x}$ innerer Punkt von E^n ist. Weil M separiert ist, folgt die Behauptung aus Hilfssatz 1 und Satz 1.

---

[1]) Vgl. III.2.3 Satz 3.

[2]) Definition in I.7.5 Beispiel 1. Man beachte dabei, daß R^n und $E^n - S^{n-1}$ homöomorph sind (I.7.6 Beispiel 1).

Folgerung. Mannigfaltigkeiten verschiedener Dimension sind nicht homöomorph. Für $n \neq m$ sind insbesondere nicht homöomorph: Eine offene Menge des R^n und eine offene Menge des R^m, also auch R^n und R^m. (Invarianz der Dimension, Brouwer 1911.)

Wir betrachten nun etwas allgemeiner relative Mannigfaltigkeiten. Es sei X ein separierter topologischer Raum und A eine abgeschlossene Menge von X, so daß $X - A = M$ eine n-dimensionale Mannigfaltigkeit ist. Dabei ist $A = \emptyset$, also $X = M$, zugelassen. Wegen Hilfssatz 1 und Satz 2 ist $H_n(X, X - x) \cong H_n(M, M - x) \cong \mathsf{Z}$ für $x \in M$. Unter einer lokalen Orientierung von M im Punkte $x \in M$ versteht man ein erzeugendes Element von $H_n(X, X - x)$. Wir wollen lokale Orientierungen „stetig" festlegen. Dazu stellen wir bereit:

Hilfssatz 2. Es sei A eine abgeschlossene Menge des topologischen Raumes X, $X - A$ eine n-dimensionale Mannigfaltigkeit und $x \in X - A$. Ist U Umgebung von x, so umfaßt U eine zu R^n homöomorphe Umgebung V von x derart, daß für jedes $y \in V$ gilt: Die Inklusion i: $(X, X - V) \to (X, X - y)$ induziert Isomorphismen $i_*: H_q(X, X - V) \to H_q(X, X - y)$ für alle q.

Beweis. Es ist $X - A$ offen. Daher besitzt x eine in $X - A$ enthaltene Umgebung W, die zum R^n homöomorph ist. Es kann angenommen werden, daß U offen ist. $U \cap W$ ist dann zu einer offenen Menge des R^n homöomorph und Umgebung von x. Es gibt daher eine injektive stetige Abbildung $\alpha: E^n \to X$, so daß $\alpha(E^n) \subset U \cap W$ und $\alpha(E^n - S^{n-1}) = V$ offene Umgebung von x ist. Weil E^n kompakt und X separiert ist, ist $\alpha(E^n) = \bar{V}$ (vgl. Beweis von III. (3.1)), und es wird E^n topologisch auf $\bar{V}$ abgebildet. V ist homöomorph zu $E^n - S^{n-1}$ und damit zu R^n. Ist $y \in V$, so gibt es wegen III.1.6 Beispiel 3 und III.2.3 Anmerkungen 1 und 2 eine retrahierende Homotopie $\Phi: (\bar{V} - y) \times I \to \bar{V} - y$, die $\bar{V} - y$ auf $\bar{V} - V$ retrahiert. Weil $\bar{V}$ und $X - V$ abgeschlossen sind und Φ eine Homotopie relativ $\bar{V} - V$ ist, läßt sich Φ auf $(X - y) \times I$ durch $\Phi(z, t) = z$ für $z \in X - V$ fortsetzen. Es ist also $X - V$ Deformationsretrakt von $X - y$. Damit folgt die Behauptung aus 2.3 Satz 4.

Sei nun für jeden Punkt x der Mannigfaltigkeit $M = X - A$ eine lokale Orientierung $\mathfrak{o}(x)$ festgelegt. Wenn es zu jedem Punkt $x \in M$ eine Umgebung V gemäß Hilfssatz 2 und ein erzeugendes Element ω von $H_n(X, X - V)$ gibt derart, daß $i_*(\omega) = \mathfrak{o}(y)$ für alle $y \in V$ ist, so sagen wir, daß $\{\mathfrak{o}(x)\}$ eine Orientierung von M ist. Diese Definition besagt anschaulich, daß eine Orientierung $\{\mathfrak{o}(x)\}$ stetig von x abhängt, oder auch, daß sie „lokal kohärent" ist. M heißt orientierbar, wenn es eine Orientierung von M gibt, bzw. orientiert, wenn eine Orientierung ausgezeichnet ist. Für $M = S^n$ mit $n > 0$ und $M = E^n - S^{n-1}$ decken sich diese Definitionen mit denen von 3.2. Dies folgt unmittelbar aus (3.4) bzw. (3.6) und dem anschließenden Hilfssatz 3, der unter geeigneten Bedingungen die Orientierungen von $X - A$ auf $H_n(X, A)$ zurückführt.

Hilfssatz 3. Es sei A eine abgeschlossene Menge des topologischen Raumes X und $X - A$ eine zusammenhängende n-dimensionale Mannigfaltigkeit. Für $x \in X - A$ sei $i_*^x: H_n(X, A) \to H_n(X, X - x)$ der von der Inklusion $(X, A) \subset (X, X - x)$ induzierte Homomorphismus. Gibt es in $H_n(X, A)$ ein Element γ, so daß für ein

$x_0 \in X - A$ gilt $i_*^{x_0}(\gamma) \neq 0$, so gibt es eine Orientierung $\{\mathfrak{o}(x)\}$ von $X - A$ derart, daß für alle $x \in X - A$ gilt: $i_*^x(\gamma) = p\,\mathfrak{o}(x)$ mit festem $p \neq 0$.

Beweis. Es sei $\mathfrak{o}(x_0)$ eine lokale Orientierung in x_0 und $i_*^{x_0}(\gamma) = p\,\mathfrak{o}(x_0)$. Nach Voraussetzung ist $p \neq 0$. Für $x \in X - A$ gibt es eine Umgebung V von x gemäß Hilfssatz 2. Wegen $(X, A) \subset (X, X - V) \subset (X, X - x)$ und Hilfssatz 2 läßt sich i_*^x zerlegen in einen Homomorphismus $i'_*: H_n(X, A) \to H_n(X, X - V)$ und einen Isomorphismus $i''_*: H_n(X, X - V) \to H_n(X, X - x)$, so daß $i_*^x = i''_* i'_*$ ist. Hieraus folgt, daß die Menge Q derjenigen Punkte x, für welche es eine lokale Orientierung $\mathfrak{o}(x)$ mit $i_*^x(\gamma) = p\,\mathfrak{o}(x)$ gibt, offen ist. Ist nämlich $x \in Q$, so ist $V \subset Q$. Wäre $X - A - Q \neq \emptyset$, so folgte ebenso, daß auch $X - A - Q$ offen wäre. Nun ist aber $X - A$ zusammenhängend und $Q \neq \emptyset$. Daher ist $X - A - Q = \emptyset$. Wegen $p \neq 0$ ist $\mathfrak{o}(x)$ für alle x eindeutig bestimmt. Der Nachweis, daß Q offen ist, zeigt zugleich, daß $\{\mathfrak{o}(x)\}$ eine Orientierung ist.

Satz 3. *Eine zusammenhängende orientierbare Mannigfaltigkeit M besitzt genau zwei Orientierungen.*

Beweis. Es seien $\{\mathfrak{o}_1(x)\}$ und $\{\mathfrak{o}_2(x)\}$ zwei Orientierungen von M, und es sei Q die Menge derjenigen Punkte x, in denen $\mathfrak{o}_1(x) = \mathfrak{o}_2(x)$ ist. Q ist offen: Ist $Q \neq \emptyset$, so gibt es nach Definition der Orientierungen zu $x \in Q$ Umgebungen V_1 und V_2, so daß $\mathfrak{o}_i(y)$ für $y \in V_i$ von einer Erzeugenden ω_i von $H_n(M, M - V_i)$ für $i = 1, 2$ herrührt. In $V_1 \cap V_2$ gibt es eine Umgebung V von x gemäß Hilfssatz 2. Aus den Inklusionen $M - V_i \subset M - V \subset M - y$ für $y \in V$ folgt zunächst, daß $\mathfrak{o}_i(y)$ von einer Erzeugenden $\overline{\omega}_i$ von $H_n(M, M - V)$ herrührt (vgl. den Schluß im Beweise von Hilfssatz 3). Wegen $x \in V$ ist $\overline{\omega}_1 = \overline{\omega}_2$ und daher $\mathfrak{o}_1(y) = \mathfrak{o}_2(y)$ für $y \in V$. Also ist Q offen. Ebenso folgt, daß die Menge $P = \{x \mid \mathfrak{o}_1(x) = -\mathfrak{o}_2(x)\}$ offen ist. Nun ist $P \cup Q = M$, $P \cap Q = \emptyset$ und M zusammenhängend. Daher ist $P = M$ oder $Q = M$. Da mit $\{\mathfrak{o}(x)\}$ auch $\{-\mathfrak{o}(x)\}$ eine Orientierung ist, folgt die Behauptung.

Eine topologische Selbstabbildung φ einer orientierbaren Mannigfaltigkeit M induziert Isomorphismen der lokalen Homologiegruppen und führt dabei Orientierungen in Orientierungen über. Ist M zusammenhängend, so ist φ wegen Satz 3 entweder orientierungserhaltend oder orientierungsumkehrend, je nachdem die beiden Orientierungen in sich übergehen oder vertauscht werden. Diese Begriffe fallen für $M = S^n$ mit $n > 0$ und $M = E^n - S^{n-1}$ wegen Hilfssatz 3 mit denen in 3.2 zusammen.

Beispiele. 1. Der R^n ist homöomorph zu $E^n - S^{n-1}$ und zusammenhängend. Wegen Hilfssatz 3 und (3.6) ist der R^n orientierbar. Dies ergibt sich auch, wenn man den R^n gemäß I.7.6 Beispiel 3 durch einen Punkt „∞" zu S^n kompaktifiziert. Nicht ausgeartete affine Abbildungen des R^n auf sich sind eigentlich (I.7.8) und setzen sich daher zu topologischen Abbildungen von S^n fort. Nach einem Satz der analytischen Geometrie läßt sich eine nicht-ausgeartete affine Abbildung φ des R^n auf sich, je nachdem die Determinante von φ positiv oder negativ ist, entweder in die identische Abbildung oder in eine Spiegelung so deformieren, daß für jeden Wert des Deformationsparameters eine nicht-ausgeartete affine Abbildung vorliegt. Eine solche Deformation kann als Deformation einer Selbstabbildung von S^n relativ ∞ angesehen werden. Damit folgt aus (b) des Satzes in 3.2, daß sich für den R^n der affine Orientierungsbegriff dem homologischen unterordnet.

2. Der reelle n-dimensionale projektive Raum P^n ist für $n = 0$ und für ungerades n orientierbar, für gerades $n \geqq 2$ nicht-orientierbar. P^0 besteht nur aus einem Punkt, und die Behauptung ist trivial. Für $n > 0$ entsteht P^n durch Identifizieren von Diametralpunkten von S^n. Die zugehörige Überlagerungsabbildung $p\colon S^n \to P^n$

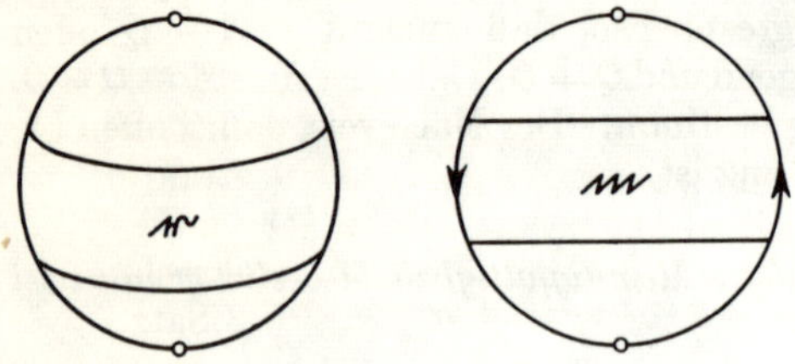

Fig. 19

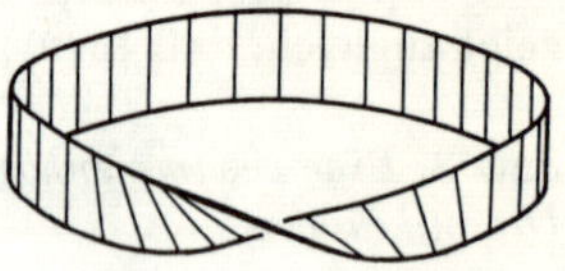

Fig. 20

ist lokal topologisch. Hieraus und aus Hilfssatz 1 entnimmt man, daß jede lokale Orientierung in einem Punkte von P^n von je einer lokalen Orientierung in zwei Diametralpunkten von S^n herrührt. Da die Diametralpunktvertauschung von S^n Deckbewegung der Überlagerung $p\colon S^n \to P^n$ ist, folgt aus (c) des Satzes von 3.2, daß P^n für gerades $n \geqq 2$ nicht orientierbar sein kann, während für ungerades n beide Orientierungen von S^n vermöge p in Orientierungen von P^n übergehen.

3. Die geschlossenen Flächen mit Normalform $\mathfrak{n}_h$ sind nicht orientierbar [vgl. III. (5.23)]. Zum Nachweis betrachten wir zunächst wieder die Überlagerung $p\colon S^2 \to P^2$. Dabei liege P^2 in der Normalform $\mathfrak{n}_1$ vor. p sei so gewählt, daß „Nord- und Südpol" von S^2 in die einzige Ecke von P^2 übergehen (Fig. 19, vgl. I.4.3 Beispiel 2). Aus S^2 entfernen wir zwei abgeschlossene Kugelkappen, so daß ein offener „äquatorialer" Streifen $\mathfrak{r}$ verbleibt, der bei Diametralpunktvertauschung in sich übergeht. $p(\mathfrak{r}) = \mathfrak{m}$ läßt sich in den R^3 als ein einmal verdrilltes Band einbetten (Fig. 20, Möbius-Band), wobei die Randkurve nicht zum Band gehört. Die Schlußweise von Beispiel 2 ergibt, daß $\mathfrak{m}$ nicht-orientierbar ist. Ist nun die Normalform $\mathfrak{n}_h$ durch ein Polygon Π mit Kantenverheftung (Fig. 21) dargestellt, so lassen sich die Mittelpunkte zweier zu verheftender Kanten von Π geradlinig auf Π verbinden, und es gibt eine offene Umgebung dieser Strecke, die bei Identifizieren des Kantenpaares zu $\mathfrak{m}$ homöomorph wird. Eine Orientierung der Fläche vom Typ $\mathfrak{n}_h$ würde wegen Hilfssatz 2 eine Orientierung von $\mathfrak{m}$ bewirken, was nicht sein kann. Fig. 20 und 21 machen plausibel, daß die Flächen $\mathfrak{n}_h$ nicht in den R^3 eingebettet werden können. Die Orientierbarkeit der Typen $\mathfrak{o}_h$ wird sich in 3.5 ergeben.

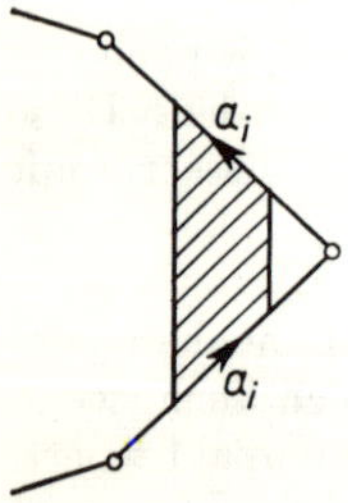

Fig. 21

3.4 Zellenketten. Es sei $\mathfrak{K}$ ein Zellenkomplex und $\mathfrak{H}$ irgendein Unterkomplex von $\mathfrak{K}$. $\mathfrak{K}^q$ bzw. $\mathfrak{H}^q$ bezeichne das q-dimensionale Gerüst von $\mathfrak{K}$ bzw. $\mathfrak{H}$. Wir setzen $\mathfrak{K}^{-1} = \emptyset$. e_q^λ sei eine q-Zelle von $\mathfrak{H}$ und $x_\lambda \in e_q^\lambda$. Dann bestehen folgende von Inklusionen herrührende Isomorphismen

$$(3.14)\qquad \begin{array}{ccccccc} & & H_n(\bar e_q^\lambda, \bar e_q^\lambda - e_q^\lambda) & \rightarrowtail\!\!\!\twoheadrightarrow & H_n(\mathfrak{H}^q, \mathfrak{H}^q - e_q^\lambda) & \rightarrowtail\!\!\!\twoheadrightarrow & H_n(\mathfrak{K}^q, \mathfrak{K}^q - e_q^\lambda) \\ & & \downarrow & & \downarrow & & \downarrow \\ H_n(e_q^\lambda, e_q^\lambda - x_\lambda) & \rightarrowtail\!\!\!\twoheadrightarrow & H_n(\bar e_q^\lambda, \bar e_q^\lambda - x_\lambda) & \rightarrowtail\!\!\!\twoheadrightarrow & H_n(\mathfrak{H}^q, \mathfrak{H}^q - x_\lambda) & \rightarrowtail\!\!\!\twoheadrightarrow & H_n(\mathfrak{K}^q, \mathfrak{K}^q - x_\lambda) \end{array}$$

Die zweite Zeile besteht wegen 3.3 Hilfssatz 1, auch für $q = 0$, weil $\mathfrak{K}^0$ diskret ist. Die erste Zeile fällt für $q = 0$ mit dem entsprechenden Teil der zweiten zusammen. Für $q > 0$ gibt es nach III.3.5 Hilfssatz 2 eine Deformationsretraktion, die $\mathfrak{K}^q - x_\lambda$ auf $\mathfrak{K}^q - e_q^\lambda$ und damit $\mathfrak{H}^q - x_\lambda$ auf $\mathfrak{H}^q - e_q^\lambda$ und $\bar e_q^\lambda - x_\lambda$ auf $\bar e_q^\lambda - e_q^\lambda$ retrahiert. Wegen 2.3 Satz 4 bestehen die Isomorphismen in der Senkrechten von (3.14), womit die Isomorphismen der ersten Zeile folgen. Wegen 3.3 Satz 2 bzw. 1.2 Beispiel sind alle Gruppen 0 für $q \neq n$ und isomorph zu Z für $q = n$. Für jede q-Zelle e_q^λ von $\mathfrak{K}$ sei von nun an eine Erzeugende $\mathfrak{e}_q^\lambda$ von $H_q(\bar e_q^\lambda, \bar e_q^\lambda - e_q^\lambda)$ fixiert. $\mathfrak{e}_q^\lambda$ legt je eine Erzeugende der anderen Gruppen in (3.14) für $n = q$ fest, wobei $\mathfrak{H}$ irgendein Unterkomplex ist, der e_q^λ enthält. Wir bezeichnen $\mathfrak{e}_q^\lambda$ als o r i e n t i e r t e q-Z e l l e von $\mathfrak{K}$. In der Tat ist e_q^λ wegen (3.14) und 3.3 Hilfssatz 3 durch $\mathfrak{e}_q^\lambda$ orientiert.

Eine singuläre q-K e t t e c_q von $\mathfrak{K}$ heiße n o r m a l, wenn $|c_q| \subset \mathfrak{K}^q$ und $|\partial c_q| \subset \mathfrak{K}^{q-1}$ ist. Mit c_q ist auch ∂c_q normal, und wegen (1.9) bilden die normalen Ketten einen Unterkomplex $N(\mathfrak{K})$ des singulären Kettenkomplexes $S(\mathfrak{K})$. Ist c_q normal, so ist c_q ein Zyklus von $\mathfrak{K}^q$ mod $\mathfrak{K}^q - e_q^\lambda$ und daher mod $\mathfrak{K}^q - e_q^\lambda$ zu einem Vielfachen $\gamma_\lambda(c_q)$ der ausgezeichneten Erzeugenden von $H_q(\mathfrak{K}^q, \mathfrak{K}^q - e_q^\lambda)$ homolog. Wir bezeichnen $\gamma_\lambda(c_q)$ als G r a d von c_q über $\mathfrak{e}_q^\lambda$. Weil in c_q nur endlich viele Simplexe vorkommen, ist $|c_q|$ kompakt. Wegen III.3.2 Satz 3 liegt $|c_q|$ auf einem endlichen Unterkomplex von $\mathfrak{K}$. Daher ist $\gamma_\lambda(c_q)$ nur für endlich viele λ nicht null. Liegt c_q auf dem Unterkomplex $\mathfrak{H}$, so ist $\gamma_\lambda(c_q)$ für $e_q^\lambda \in \mathfrak{H}$ wegen (3.14) unabhängig davon, ob man e_q^λ als Zelle von $\mathfrak{H}$ oder als Zelle von $\mathfrak{K}$ und c_q als Kette auf $\mathfrak{H}$ oder als Kette auf $\mathfrak{K}$ auffaßt. Dies werden wir ohne weiteren Hinweis benutzen. Die Aussage $\gamma_\lambda(c_q) = 0$ hängt übrigens nicht von der Wahl von $\mathfrak{e}_q^\lambda$ ab und ist auch bei beliebiger Koeffizientengruppe sinnvoll. Eine normale q-Kette heiße u n w e s e n t l i c h, wenn ihr Grad über jeder q-Zelle null ist. Weil $\mathfrak{K}^0$ diskret ist, ist unter den normalen 0-Ketten nur die Kette 0 unwesentlich (1.8 Satz 1).

Hilfssatz 1 (Ausfegungssatz). Es sei $\mathfrak{K}^q$ ein q-dimensionaler Zellenkomplex und e_q eine seiner q-Zellen. Ferner sei c_p eine singuläre p-Kette auf $\mathfrak{K}^q$ mit $|\partial c_p| \subset \mathfrak{K}^q - e_q$. Ist $p \neq q$, so gibt es eine zu c_p homologe Kette c_p' mit $|c_p'| \subset \mathfrak{K}^q - e_q$. Für $p = q$ gibt es eine solche Kette c_q', wenn der Grad von c_q über $\mathfrak{e}_q$ null ist.

B e w e i s. c_p ist wegen $|\partial c_p| \subset \mathfrak{K}^q - e_q$ ein Zyklus mod $\mathfrak{K}^q - e_q$. Ist $p \neq q$ oder $p = q$ und der Grad von c_p über $\mathfrak{e}_q$ null, so ist c_p mod $\mathfrak{K}^q - e_q$ nullhomolog, also $c_p \in B_p(\mathfrak{K}^q, \mathfrak{K}^q - e_q)$, woraus die Behauptung nach Definition der relativen Ränder folgt (1.4 Beispiel 2).

Hilfssatz 2. Die Inklusion α: $N(\mathfrak{K}) \to S(\mathfrak{K})$ induziert Isomorphismen der Homologiegruppen.

Beweis. (a) Jeder singuläre p-Zyklus z_p von $\mathfrak{K}$ ist homolog zu einem normalen. $|z_p|$ ist kompakt und liegt daher auf einem endlichen Unterkomplex $\mathfrak{H}$ von $\mathfrak{K}$. Ist die Dimension von $\mathfrak{H}$ nicht größer als p, so ist z_p normal. Andernfalls sei e_q eine Zelle größter Dimension von $\mathfrak{H}$. Nach Hilfssatz 1 ist z_p homolog zu einem Zyklus z_p' auf $\mathfrak{H}' = \mathfrak{H} - e_q$. $\mathfrak{H}'$ ist Unterkomplex von $\mathfrak{H}$. Ist z_p' noch nicht normal, so kann der Ausfegungssatz erneut auf eine Zelle maximaler Dimension von $\mathfrak{H}'$ angewandt werden. Nach endlich vielen solchen Schritten erhält man einen zu z_p homologen normalen Zyklus.

(b) Ist ein normaler Zyklus z_p nullhomolog auf $\mathfrak{K}$, so ist er Rand einer normalen Kette. Sei etwa $z_p = \partial c_{p+1}$. $|c_{p+1}|$ liegt auf einem endlichen Unterkomplex $\mathfrak{H}$. Nach dem soeben beschriebenen Verfahren kann c_{p+1} der Reihe nach aus allen Zellen von $\mathfrak{H}$ ausgefegt werden, deren Dimension größer als $p + 1$ ist. Dabei bleibt ∂c_{p+1} ungeändert, weil zu c_{p+1} nur Ränder von $(p + 2)$-Ketten addiert werden.

Wegen (a) und (b) sind die von der Inklusion $N(\mathfrak{K}) \to S(\mathfrak{K})$ induzierten Homomorphismen der Homologiegruppen epimorph und monomorph, also isomorph.

Hilfssatz 3. Eine normale q-Kette c_q ist genau dann unwesentlich, wenn sie auf $\mathfrak{K}^q$ homolog zu einer Kette auf $\mathfrak{K}^{q-1}$ ist. Die unwesentlichen Ketten bilden einen Unterkomplex $N_0(\mathfrak{K})$ von $N(\mathfrak{K})$.

Beweis. Wir hatten oben bemerkt, daß unter den 0-Ketten nur die Kette 0 unwesentlich ist. Zum Beweise der ersten Behauptung kann daher $q > 0$ angenommen werden. Wird c_q um den Rand ∂c_{q+1} einer $(q + 1)$-Kette auf $\mathfrak{K}^q$ geändert, so ändern sich die Grade von c_q über den q-Zellen nicht, nach Definition der Grade. Ist nun c_q auf $\mathfrak{K}^q$ homolog zu einer Kette c_q' auf $\mathfrak{K}^{q-1}$, so ist c_q' offenbar unwesentlich und damit auch c_q. Sei umgekehrt c_q unwesentlich. $|c_q|$ liegt auf einem endlichen Unterkomplex $\mathfrak{H}$ von $\mathfrak{K}^q$. Gemäß Hilfssatz 1 kann c_q der Reihe nach aus allen q-Zellen von $\mathfrak{H}$ ausgefegt werden, weil dabei die Grade über den q-Zellen ungeändert bleiben. Damit folgt die erste Behauptung. Aus ihr ergibt sich, daß die unwesentlichen q-Ketten eine Untergruppe der normalen q-Ketten bilden. Weil homologe Ketten den gleichen Rand haben, folgt weiter, daß der Rand einer unwesentlichen q-Kette nullhomolog auf $\mathfrak{K}^{q-1}$ und daher unwesentlich ist. Damit ergibt sich die zweite Behauptung.

Hilfssatz 4. Die Projektion β': $N(\mathfrak{K}) \to N(\mathfrak{K})/N_0(\mathfrak{K})$ induziert Isomorphismen der Homologiegruppen.

Beweis. Wir zeigen, daß $H_q(N_0(\mathfrak{K})) = 0$ ist für alle q, womit die Behauptung aus der exakten Homologiefolge des Paares $(N(\mathfrak{K}), N_0(\mathfrak{K}))$ folgt. Sei z_q ein unwesentlicher q-Zyklus. Ist $q = 0$, so ist $z_0 = 0$, wie bereits oben bemerkt wurde. Sei nun $q > 0$. Wegen Hilfssatz 3 ist z_q auf $\mathfrak{K}^q$ homolog zu einem Zyklus z_q' auf $\mathfrak{K}^{q-1}$. $|z_q'|$ liegt auf einem endlichen, höchstens $(q - 1)$-dimensionalen Unterkomplex $\mathfrak{H}$. Wegen Hilfssatz 1 kann z_q' der Reihe nach aus allen denjenigen Zellen von $\mathfrak{H}$ ausgefegt werden, deren Dimension größer als 0 ist. Es ergibt sich, daß z_q auf $\mathfrak{K}^q$ homolog zu einem Zyklus z_q^0 auf $\mathfrak{K}^0$ ist. Wegen 1.7 Satz 4 und $q > 0$ ist z_q^0 nullhomolog auf $\mathfrak{K}^0$. Daher gibt es eine Kette c_{q+1} auf $\mathfrak{K}^q$, so daß $z_q = \partial c_{q+1}$ ist. c_{q+1} ist offenbar unwesentlich. Es folgt $H_q(N_0(\mathfrak{K})) = 0$ für alle q.

Bisher hat nur der Grad 0 eine Rolle gespielt. Wir nutzen nun aus, daß die Zellen von $\mathfrak{K}$ orientiert wurden, und betrachten formale Linearkombinationen $\sum \gamma_\lambda \mathfrak{e}_q^\lambda$. Gemäß 2.7 bilden sie eine freie Gruppe $E_q(\mathfrak{K})$ mit der Basis $\{\mathfrak{e}_q^\lambda\}$. Besitzt $\mathfrak{K}$ keine q-Zellen, so setzen wir $E_q(\mathfrak{K}) = 0$. Durch

$$c_q \to \sum \gamma_\lambda(c_q)\, \mathfrak{e}_q^\lambda \quad \text{bzw.} \quad c_q \to 0 \quad \text{für } E_q(\mathfrak{K}) = 0 \tag{3.15}$$

wird nun ein Homomorphismus β_q: $C_q(N(\mathfrak{K})) \to E_q(\mathfrak{K})$ definiert, wie aus der Definition der Grade folgt. β_q ist epimorph. Zum Nachweis genügt es zu zeigen, daß jedes $\mathfrak{e}_q^\lambda$ als Bild auftritt. Nun gibt es aber auf $\bar{e}_q^\lambda$ einen relativen Zyklus b_q^λ mod $\bar{e}_q^\lambda - e_q^\lambda$, der $\mathfrak{e}_q^\lambda$ repräsentiert. b_q^λ ist eine normale Kette von $\mathfrak{K}$, die über $\mathfrak{e}_q^\lambda$ den Grad 1 und über den anderen q-Zellen von $\mathfrak{K}$ den Grad 0 hat.

Bei (3.15) besteht der Kern gerade aus den unwesentlichen q-Ketten. (3.15) induziert also einen Isomorphismus β_q'': $C_q(N(\mathfrak{K})/N_0(\mathfrak{K})) \to E_q(\mathfrak{K})$. Vermöge der Isomorphismen β_q'' für alle q läßt sich der Randoperator von $N(\mathfrak{K})/N_0(\mathfrak{K})$ übertragen. Damit entstehen ein Kettenkomplex $E(\mathfrak{K})$, ein Isomorphismus β'': $N(\mathfrak{K})/N_0(\mathfrak{K}) \to E(\mathfrak{K})$ und ein Epimorphismus $\beta = \beta''\beta'$: $N(\mathfrak{K}) \to E(\mathfrak{K})$. Weil β'' isomorph ist, bezeichnen wir auch β als Projektion. Wir nennen $E(\mathfrak{K})$ den **Komplex der Zellenketten** von $\mathfrak{K}$ (genauer: von $\mathfrak{K}$ mit Zellenorientierung). Wegen 2.7 Satz 1 ist der Randoperator ∂ auf $E_q(\mathfrak{K})$ bereits bestimmt, wenn er für die Basis $\{\mathfrak{e}_q^\lambda\}$ bekannt ist. Für $E_{q-1}(\mathfrak{K}) = 0$ ist ∂ trivial, andernfalls bestehen Beziehungen

$$\partial \mathfrak{e}_q^\lambda = \sum_\mu \varepsilon_\mu{}^\lambda(q)\, \mathfrak{e}_{q-1}^\mu, \tag{3.16}$$

wobei $\mathfrak{e}_{q-1}^\mu$ die orientierten $(q-1)$-Zellen von $\mathfrak{K}$ durchläuft. Da diese Randbildung vermöge β von $N(\mathfrak{K})$ herrührt, erhält man die Koeffizienten der rechten Seite dadurch, daß man $\mathfrak{e}_q^\lambda$ wie oben durch einen relativen Zyklus b_q^λ repräsentiert und die Grade von ∂b_q^λ über den $(q-1)$-Zellen von $\mathfrak{K}$ bestimmt. Hieraus folgt, daß $\varepsilon_\mu{}^\lambda(q)$ höchstens dann nicht null ist, wenn $\bar{e}_q^\lambda \cap e_{q-1}^\mu \neq \emptyset$ ist. Ist dieser Durchschnitt nicht leer, so ist $\varepsilon_\mu{}^\lambda(q)$ unabhängig davon, ob e_q^λ, e_{q-1}^μ als Zellen von $\mathfrak{K}$ oder als Zellen eines Unterkomplexes von $\mathfrak{K}$ aufgefaßt werden. Man nennt $\varepsilon_\mu{}^\lambda(q)$ die **Inzidenzzahl** der orientierten Zellen $\mathfrak{e}_q^\lambda$ und $\mathfrak{e}_{q-1}^\mu$. Durch die Inzidenzzahlen ist $E(\mathfrak{K})$ völlig bestimmt. Sie können zu **Inzidenzmatrizen** angeordnet werden, wenn $\mathfrak{K}$ endlich ist.

Beispiel 1. Es sei $\mathfrak{K}$ ein lokal geordneter simplizialer Komplex (vgl. 2.4). $\mathfrak{K}$ darf unendlich sein. In Verallgemeinerung von 1.1 können simpliziale Ketten auf $\mathfrak{K}$ erklärt werden, in denen nur je endlich viele Simplexe vorkommen. Ist $\mathfrak{s}_q^\lambda$ ein q-Simplex von $\mathfrak{K}$, so ist $\mathfrak{s}_q^\lambda$ ein relativer Zyklus von $|\mathfrak{s}_q^\lambda|$ mod $\dot{\mathfrak{s}}_q^\lambda$. Seine Homologieklasse $[\mathfrak{s}_q^\lambda]$ ist wegen 3.1 Satz 2 eine Orientierung für $\mathfrak{s}_q^\lambda$. Man setzt $\mathfrak{e}_q^\lambda = [\mathfrak{s}_q^\lambda]$. Die Inzidenzzahl von $[\mathfrak{s}_q^\lambda]$ und $[\mathfrak{s}_{q-1}^\mu]$ ist nur dann nicht null, wenn $\mathfrak{s}_{q-1}^\mu$ Seite von $\mathfrak{s}_q^\lambda$ ist, und die Inzidenzzahl von $[\mathfrak{s}_q^\lambda]$ und $[\partial_i \mathfrak{s}_q^\lambda]$ ist $(-1)^i$ wegen (1.16). Vermöge $\mathfrak{s}_q^\lambda \to [\mathfrak{s}_q^\lambda]$ ist also der Komplex der simplizialen Ketten von $\mathfrak{K}$ zu $E(\mathfrak{K})$ isomorph.

Sei nun $(\mathfrak{K}, \mathfrak{L})$ ein Paar von Zellenkomplexen. Offenbar ist $N(\mathfrak{L}) = S(\mathfrak{L}) \cap N(\mathfrak{K})$ und daher $N(\mathfrak{L})$ Unterkomplex von $N(\mathfrak{K})$. Wegen (3.14) und (3.15) bilden diejenigen $\mathfrak{e}_q^\lambda$, für welche $e_q^\lambda \subset \mathfrak{L}$ ist, eine Basis von $E_q(\mathfrak{L})$. Daher ist $E_q(\mathfrak{L})$ in natürlicher Weise als Untergruppe von $E_q(\mathfrak{K})$ aufzufassen. Wegen (3.16) und dem dabei über Inzidenzzahlen Gesagten ist $E(\mathfrak{L})$ Unterkomplex von $E(\mathfrak{K})$. Bei $\beta\colon N(\mathfrak{K}) \to E(\mathfrak{K})$ wird $N(\mathfrak{L})$ auf $E(\mathfrak{L})$ abgebildet, und es ist $N_0(\mathfrak{L}) = N(\mathfrak{L}) \cap N_0(\mathfrak{K})$ der Kern von $\beta\colon N(\mathfrak{L}) \to E(\mathfrak{L})$.

Satz. *Es sei $(\mathfrak{K}, \mathfrak{L})$ ein Paar von Zellenkomplexen. Die Zellen von $\mathfrak{K}$ seien orientiert. Die Inklusion $\alpha\colon (N(\mathfrak{K}), N(\mathfrak{L})) \to (S(\mathfrak{K}), S(\mathfrak{L}))$ des Paares der normalen Kettenkomplexe in das Paar der singulären und die Projektion $\beta\colon (N(\mathfrak{K}), N(\mathfrak{L})) \to (E(\mathfrak{K}), E(\mathfrak{L}))$ auf das Paar der Zellenkettenkomplexe sind Homotopie-Äquivalenzen. $\beta_{**}\alpha_{**}^{-1}\colon H_{**}(\mathfrak{K}, \mathfrak{L}) \to H_{**}(E(\mathfrak{K}), E(\mathfrak{L}))$ ist ein Isomorphismus für die exakten Homologiefolgen. Hat $\mathfrak{K}$ die Dimension n, so ist $H_q(\mathfrak{K}) = H_q(\mathfrak{K}, \mathfrak{L}) = 0$ für $q > n$, und es sind $H_n(\mathfrak{K})$ und $H_n(\mathfrak{K}, \mathfrak{L})$ frei.*

Beweis. Weil $(\mathfrak{K}, \mathfrak{L})$ insbesondere ein Paar topologischer Räume ist, ist die Voraussetzung in 2.7 für $(S(\mathfrak{K}), S(\mathfrak{L}))$ erfüllt. $N(\mathfrak{K})$ und $N(\mathfrak{L})$ sind frei wegen 2.7 Satz 4. Wegen $N(\mathfrak{L}) = S(\mathfrak{L}) \cap N(\mathfrak{K})$ und 2.7 Hilfssatz 4 ist $C_q(N(\mathfrak{L}))$ direkter Summand von $C_q(N(\mathfrak{K}))$ für alle q. Wegen 2.7 Beispiel erfüllt auch $(N(\mathfrak{K}), N(\mathfrak{L}))$ die Voraussetzung in 2.7. Wegen Hilfssatz 2 für $\mathfrak{K}$ und $\mathfrak{L}$ und wegen 2.7 Satz 3 ist α eine Homotopie-Äquivalenz. Aus (3.15) entnimmt man, daß die Voraussetzung in 2.7 auch für $(E(\mathfrak{K}), E(\mathfrak{L}))$ erfüllt ist. Wegen Hilfssatz 4 für $\mathfrak{K}$ und $\mathfrak{L}$ und 2.7 Satz 3 ist β eine Homotopie-Äquivalenz. Wegen 2.1 Satz 4 sind α_{**} und β_{**} isomorph und damit auch $\beta_{**}\alpha_{**}^{-1}$. Ist $\mathfrak{K}$ n-dimensional, so ist $E_q(\mathfrak{K}) = E_q(\mathfrak{K}, \mathfrak{L}) = 0$ für $q > n$. $H_n(\mathfrak{K})$ bzw. $H_n(\mathfrak{K}, \mathfrak{L})$ ist daher isomorph zur Gruppe der n-Zyklen von $E(\mathfrak{K})$ bzw. $E(\mathfrak{K}, \mathfrak{L})$. Die letzte Behauptung folgt damit aus 2.7 Satz 4.

Für endliches $\mathfrak{K}$ ist die exakte Homologiefolge des Paares $(\mathfrak{K}, \mathfrak{L})$ berechenbar, sobald die Inzidenzzahlen bekannt sind, was bei simplizialen Komplexen nach Beispiel 1 ohne weiteres der Fall ist. Beispiele für andere Fälle geben wir in 3.5.

Es sei nun $f\colon (\mathfrak{K}, \mathfrak{L}) \to (\mathfrak{K}', \mathfrak{L}')$ eine zellenartige Abbildung (III.3.5) für Paare von Zellenkomplexen. Die Zellen von $\mathfrak{K}$ und $\mathfrak{K}'$ seien gemäß (3.14) orientiert. Bei dem induzierten Homomorphismus $f\colon S(\mathfrak{K}) \to S(\mathfrak{K}')$ wird $N(\mathfrak{K})$ in $N(\mathfrak{K}')$ abgebildet: Wegen $f(\mathfrak{K}^q) \subset \mathfrak{K}'^q$ für alle q, (1.18) und (1.19) folgt $|f c_q| \subset \mathfrak{K}'^q$ aus $|c_q| \subset \mathfrak{K}^q$ und $|\partial f c_q| \subset f(|\partial c_q|) \subset \mathfrak{K}'^{q-1}$ aus $|\partial c_q| \subset \mathfrak{K}^{q-1}$. Entsprechend ist $f(N(\mathfrak{L})) \subset N(\mathfrak{L}')$. Wegen Hilfssatz 3 ist $f(N_0(\mathfrak{K})) \subset N_0(\mathfrak{K}')$ und $f(N_0(\mathfrak{L})) \subset N_0(\mathfrak{L}')$. Nach (1.29) induziert f einen Homomorphismus $f_E\colon E(\mathfrak{K}) \to E(\mathfrak{K}')$. Aus ihm entsteht $f_E\colon E(\mathfrak{L}) \to E(\mathfrak{L}')$ durch Einschränkung. Das folgende Diagramm ist also kommutativ:

(3.17)
$$\begin{array}{ccccc} (S(\mathfrak{K}), S(\mathfrak{L})) & \xleftarrow{\ \alpha\ } & (N(\mathfrak{K}), N(\mathfrak{L})) & \xrightarrow{\ \beta\ } & (E(\mathfrak{K}), E(\mathfrak{L})) \\ \downarrow f & & \downarrow f & & \downarrow f_E \\ (S(\mathfrak{K}'), S(\mathfrak{L}')) & \xleftarrow{\ \alpha\ } & (N(\mathfrak{K}'), N(\mathfrak{L}')) & \xrightarrow{\ \beta\ } & (E(\mathfrak{K}'), E(\mathfrak{L}')) \end{array}$$

wobei α Inklusionen und β Projektionen bezeichnen. Durch Übergang zu den Homologiefolgen entsteht wieder ein kommutatives Diagramm (1.5 Satz 2). Weil α_{**} und β_{**} isomorph sind, folgt

(3.18)
$$\beta_{**}\alpha_{**}^{-1} f_{**} = f_{E**}\beta_{**}\alpha_{**}^{-1}.$$

Der Übergang $\beta_{**}\alpha_{**}^{-1}$ von den exakten Homologiefolgen der singulären Kettenkomplexe zu denjenigen der Zellenkettenkomplexe ist also verträglich mit den Homomorphismen, die durch zellenartige Abbildungen induziert werden, und durch (3.18) ist f_{**} auf f_{E**} zurückgeführt. f_E läßt sich einfach beschreiben. Sind $\{\mathfrak{e}_q^\lambda\}$ bzw. $\{\mathfrak{e}_q'^\nu\}$ die orientierten q-Zellen von $\mathfrak{K}$ bzw. $\mathfrak{K}'$, so gelten Gleichungen

$$f_E\mathfrak{e}_q^\lambda = \sum_\nu \varphi_\nu^\lambda(q)\,\mathfrak{e}_q'^\nu \quad \text{mit} \quad \varphi_\nu^\lambda(q) \in \mathsf{Z}, \tag{3.19}$$

und wegen 2.7 Satz 1 ist hierdurch f_E völlig bestimmt. Man erhält $\varphi_\nu^\lambda(q)$ dadurch, daß man $\mathfrak{e}_q^\lambda$ durch einen relativen Zyklus b_q^λ von $\bar{e}_q^\lambda$ mod $\bar{e}_q^\lambda - e_q^\lambda$ repräsentiert und die Grade von $f b_q^\lambda$ über den q-Zellen von $\mathfrak{K}'$ bestimmt.

Beispiel 2. Es seien $\mathfrak{K}$ und $\mathfrak{K}'$ lokal geordnete simpliziale Komplexe und $f\colon \mathfrak{K} \to \mathfrak{K}'$ eine simpliziale Abbildung. $\mathfrak{s}_q^\lambda$ sei ein q-Simplex von $\mathfrak{K}$. Wird $\mathfrak{s}_q^\lambda$ durch f nichtausgeartet abgebildet, so gibt es ein q-Simplex $\mathfrak{s}_q'^\mu$ von $\mathfrak{K}'$ mit $|\mathfrak{s}_q'^\mu| = f(|\mathfrak{s}_q^\lambda|)$. Wegen Beispiel 1 ist $f_E[\mathfrak{s}_q^\lambda] = \pm[\mathfrak{s}_q'^\mu]$, wobei wegen 3.2 Satz (d) das Vorzeichen $+$ bzw. $-$ gilt, wenn $f|\mathfrak{s}_q^\lambda$ durch eine gerade bzw. ungerade Permutation der Ecken von $\mathfrak{s}_q^\lambda$ in eine ordnungstreue affine Abbildung übergeht. Wird dagegen $\mathfrak{s}_q^\lambda$ ausgeartet abgebildet, so ist $f_E[\mathfrak{s}_q^\lambda] = 0$. Man bemerkt, daß f_E im allgemeinen nicht die Einschränkung von $f\colon S(\mathfrak{K}) \to S(\mathfrak{K}')$ auf die Unterkomplexe der simplizialen Ketten ist, denn die singuläre Kette $f\mathfrak{s}_q^\lambda$ ist keinesfalls 0.

3.5 Bestimmung von Inzidenzzahlen. Es sei $\mathfrak{K}$ weiterhin ein Zellenkomplex, dessen Zellen orientiert sind. Für eine 0-Zelle e_0^μ kann e_0^μ als erzeugendes Element $\mathfrak{e}_0^\mu$ von $H_0(e_0^\mu)$ aufgefaßt werden (1.2 Beispiel). Wir vereinbaren, daß die Orientierung für alle 0-Zellen so festgelegt sei. Sei jetzt $\mathfrak{e}_1^\lambda$ eine orientierte 1-Zelle. Zur Bestimmung der Inzidenzzahlen mit 0-Zellen genügt es, den kleinsten Unterkomplex zu betrachten, der die zugehörige Kante e_1^λ enthält. Sind nun die beiden Endpunkte von e_1^λ verschieden, so liegt derselbe Sachverhalt wie bei einem simplizialen Komplex vor, und eine der beiden Inzidenzzahlen ist $+1$, die andere -1. Fallen beide Endpunkte von e_1^λ in dieselbe Ecke e_0^μ, so bilden e_1^λ und e_0^μ eine 1-Sphäre S^1. Nun besteht $E_0(S^1)$ aus den Vielfachen von e_0^μ. Wegen $H_0(S^1) \cong \mathsf{Z}$ kann kein von 0 verschiedenes Vielfache von e_0^μ ein Rand sein. Die Inzidenzzahl $\varepsilon_\mu^\lambda(1)$ ist daher 0. Hiermit lassen sich die Homologiegruppen endlicher eindimensionaler Zellenkomplexe bestimmen. Sie ergeben sich jedoch in 3.7 durch eine einfache Abzählung.

Sei jetzt $q > 1$. Zur Bestimmung der Inzidenzzahl $\varepsilon_\mu^\lambda(q)$ für zwei orientierte Zellen $\mathfrak{e}_q^\lambda$ und $\mathfrak{e}_{q-1}^\mu$ betrachten wir eine charakteristische Abbildung φ für e_q^λ. Dann gilt:

$$\varphi_*\colon H_q(E^q, S^{q-1}) \to H_q(\bar{e}_q^\lambda, \bar{e}_q^\lambda - e_q^\lambda) \text{ ist isomorph.} \tag{3.20}$$

Zum Nachweis sei $\mathfrak{x} \in E^q - S^{q-1}$ und $x = \varphi(\mathfrak{x})$. Dann bestehen folgende Inklusionen und durch φ bewirkte Abbildungen:

$$\begin{array}{ccccc} (E^q - S^{q-1}, E^q - S^{q-1} - \mathfrak{x}) & \subset & (E^q, E^q - \mathfrak{x}) & \supset & (E^q, S^{q-1}) \\ \downarrow & & \downarrow & & \downarrow \\ (e_q^\lambda, e_q^\lambda - x) & \subset & (\bar{e}_q^\lambda, \bar{e}_q^\lambda - x) & \supset & (\bar{e}_q^\lambda, \bar{e}_q^\lambda - e_q^\lambda) \end{array} \tag{3.21}$$

Die Inklusionen induzieren Isomorphismen der Homologiegruppen wie in (3.14), außerdem ist die Abbildung in der ersten Spalte topologisch. Damit folgt (3.20).

Sei nun $x_\mu \in e_{q-1}^\mu$. Dann bestehen folgende Homomorphismen:

(3.22)

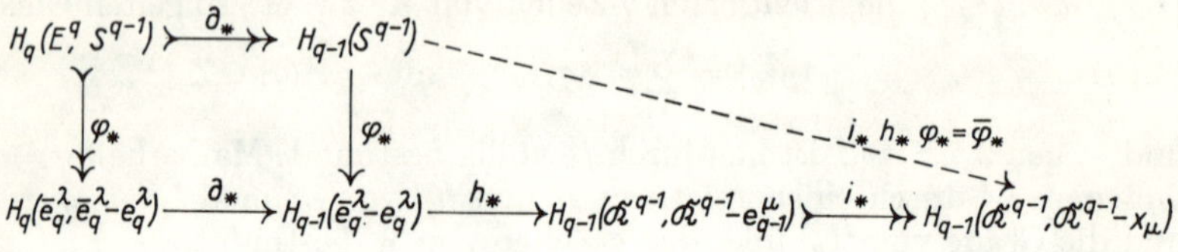

Das Rechteck des Diagramms rührt von dem von φ induzierten Homomorphismus der Homologiefolgen her, h_* von der Inklusion $(\bar{e}_q{}^\lambda - e_q{}^\lambda, \emptyset) \subset (\mathfrak{K}^{q-1}, \mathfrak{K}^{q-1} - e_{q-1}^\mu)$ und i_* ebenfalls von einer Inklusion. Die angegebenen Isomorphismen bestehen wegen (3.3), (3.14) und (3.20). Nach dem, was bei (3.16) über die Bestimmung der Koeffizienten gesagt wurde, folgt nun aus (1.24) und (1.22) (Definition von ∂_* bzw. h_*)

$$h_* \partial_* \mathfrak{e}_q{}^\lambda = \varepsilon_\mu{}^\lambda(q)\, \mathfrak{e}_{q-1}^\mu . \tag{3.23}$$

Hieraus und aus (3.22) folgt: Wird e_{q-1}^μ nicht von $\bar{e}_q{}^\lambda$ überdeckt, so ist $\varepsilon_\mu{}^\lambda(q) = 0$. In diesem Falle kann nämlich x_μ so gewählt werden, daß $x_\mu \notin \bar{e}_q{}^\lambda$ ist. Dann folgt $i_* h_* \partial_* \mathfrak{e}_q{}^\lambda = 0$. Weil i_* isomorph ist, steht 0 auf beiden Seiten von (3.23). Sei nun $e_{q-1}^\mu \subset \bar{e}_q{}^\lambda$. Wir machen dann folgende

Annahme[1]). Die charakteristische Abbildung $\varphi\colon E^q \to \bar{e}_q{}^\lambda$ läßt sich so wählen, daß gilt: Es gibt eine relativ e_{q-1}^μ offene Teilmenge $V \neq \emptyset$ von e_{q-1}^μ derart, daß $\overset{-1}{\varphi}(V)$ aus endlich vielen disjunkten Mengen $U_1, U_2, \ldots, U_n$ besteht, wobei jede durch φ topologisch auf V abgebildet wird.

Wir wählen $x_\mu \in V$. Dann ist V Umgebung von x_μ relativ $\mathfrak{K}^{q-1}$. $\overset{-1}{\varphi}(x_\mu)$ besteht aus n Punkten $\mathfrak{x}_\nu\ (\nu = 1, 2, \ldots, n)$, wobei $\mathfrak{x}_\nu$ in U_ν liege, und es ist U_ν eine relativ S^{q-1} offene Teilmenge von S^{q-1}. Nun bestehen folgende Homomorphismen:

(3.24)

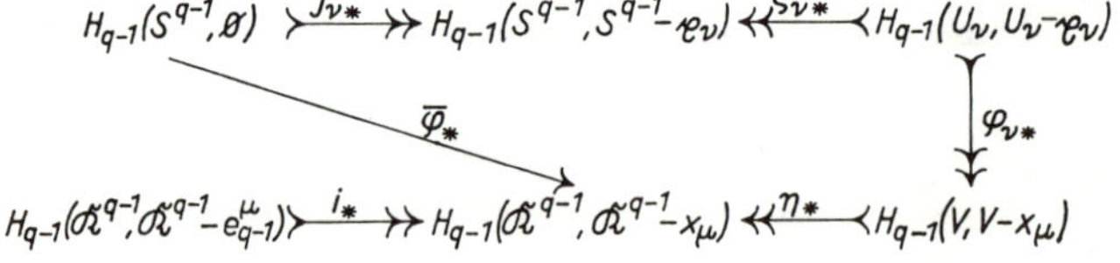

Dabei rühren $j_{\nu*}, \xi_{\nu*}, i_*, \eta_*$ von Inklusionen her und $\bar{\varphi}_*, \varphi_{\nu*}$ von φ. $j_{\nu*}$ ist isomorph wegen (3.4), $\xi_{\nu*}$ und η_* sind es wegen 3.3 Hilfssatz 1, $\varphi_{\nu*}$ ist es offenbar und i_* nach (3.22). Wegen (3.22) und (3.24) gibt es Erzeugende ω bzw. $\mathfrak{o}(\mathfrak{x}_\nu)$, $\mathfrak{o}(x_\mu)$ von $H_{q-1}(S^{q-1})$ bzw. $H_{q-1}(U_\nu, U_\nu - \mathfrak{x}_\nu)$, $H_{q-1}(V, V - x_\mu)$, so daß gilt

$$\varphi_* \overset{-1}{\partial_*} \omega = \mathfrak{e}_q^\lambda; \quad \overset{-1}{j_{\nu*}} \xi_{\nu*} \mathfrak{o}(\mathfrak{x}_\nu) = \omega; \quad \overset{-1}{i_*} \eta_* \mathfrak{o}(x_\mu) = \mathfrak{e}_{q-1}^\mu . \tag{3.25}$$

---

[1]) Durch eine Deformation der durch φ bewirkten Abbildung $\bar{\varphi}\colon S^{q-1} \to \mathfrak{K}^{q-1}$ läßt sich ähnlich wie bei III.3.5 Hilfssatz 1 stets erreichen, daß die Annahme für die deformierte Abbildung gilt. $\bar{\varphi}_*$ wird dabei nicht geändert.

Die erste Formel besagt: Die Orientierung ω von S^{q-1} wird induziert von einer Orientierung ω' von E^q, wobei ω' durch φ_* in die Orientierung $\mathfrak{e}_q{}^\lambda$ von $e_q{}^\lambda$ übergeht. Die $\mathfrak{o}(\mathfrak{x}_\nu)$ sind lokale Orientierungen, die nach 3.3 Hilfssätze 3 und 1 von ω induziert werden. Entsprechend wird $\mathfrak{o}(x_\mu)$ von $\mathfrak{e}_{q-1}^\mu$ induziert. Weil φ_ν: $(U_\nu, U_\nu - \mathfrak{x}_\nu) \to (V, V - x_\mu)$ topologisch ist, gilt

$$(3.26) \qquad \varphi_{\nu *}\, \mathfrak{o}(\mathfrak{x}_\nu) = \varepsilon_\nu\, \mathfrak{o}(x_\mu) \quad \text{mit} \quad \varepsilon_\nu = \pm 1 .$$

Das drückt aus, wie die lokalen Orientierungen $\mathfrak{o}(\mathfrak{x}_\nu)$ durch φ nach x_μ transportiert werden. Nun gilt

$$(3.27) \qquad \varepsilon_\mu{}^\lambda(q) = \sum_{\nu=1}^{n} \varepsilon_\nu .$$

Zum Nachweis bemerken wir, daß $U_1, \ldots, U_n$ zusammen mit $U_0 = S^{q-1} - \bigcup\{\mathfrak{x}_\nu\}$ eine offene Überdeckung von S^{q-1} bilden. Wegen 2.5 Satz 1 kann ω durch einen Zyklus z repräsentiert werden, der klein bezüglich dieser Überdeckung ist. Nun läßt sich z in der Form $z = z_0 + z_1 + \ldots + z_n$ darstellen, wobei z_i eine Kette auf U_i für $i = 0, 1, \ldots, n$ ist. Aus der ersten Zeile von (3.24) folgt, daß $\mathfrak{o}(\mathfrak{x}_\nu)$ für $\nu = 1, 2, \ldots, n$ durch z_ν repräsentiert wird. z_0 geht durch φ in eine Kette auf $\mathfrak{K}^{q-1} - x_\mu$ über. Aus (3.24), (3.25) und (3.26) folgt damit

$$(3.28) \qquad \bar{\varphi}_*\, \omega = \eta_* \sum_\nu \varphi_{\nu *}\, \mathfrak{o}(\mathfrak{x}_\nu) = \sum_\nu \varepsilon_\nu\, \eta_*\, \mathfrak{o}(x_\mu) .$$

Wegen (3.22), (3.25) und (3.23) gilt nun

$$i_*^{-1}\, \bar{\varphi}_*\, \omega = h_* \varphi_*\, \omega = h_* \partial_*\, \varphi_* \partial_*^{-1} \omega = h_* \partial_*\, \mathfrak{e}_q{}^\lambda = \varepsilon_\mu{}^\lambda(q)\, \mathfrak{e}_{q-1}^\mu ;$$

$$i_*^{-1} \sum_\nu \varepsilon_\nu\, \eta_*\, \mathfrak{o}(x_\mu) = \sum_\nu \varepsilon_\nu\, \mathfrak{e}_{q-1}^\mu .$$

Hieraus und aus (3.28) folgt (3.27).

(3.25), (3.26), (3.27) ergeben zusammen eine Möglichkeit, Inzidenzzahlen zu bestimmen. Die Bestimmung der Koeffizienten in (3.19) kann ähnlich erfolgen.

Beispiele. 1. Der komplexe projektive Raum $P^n(\mathsf{C})$ der komplexen Dimension n. Die $(n+1)$-tupel $\mathfrak{z} = (z_1, z_2, \ldots, z_{n+1})$ komplexer Zahlen bilden den komplexen $(n+1)$-dimensionalen affinen Raum C^{n+1}, der als R^{2n+2} aufgefaßt werden kann, indem man alle z_ν in Real- und Imaginärteil zerlegt. In ihm wird durch

$$(3.29) \qquad |\mathfrak{z}|^2 = \sum_{\nu-1}^{n+1} |z_\nu|^2 = 1$$

eine $(2n+1)$-dimensionale Sphäre S^{2n+1} beschrieben. Identifiziert man jeweils diejenigen Punkte dieser Sphäre, die sich um einen komplexen Faktor ϱ unterscheiden (dabei ist $|\varrho| = 1$), so entsteht $P^n(\mathsf{C})$ mit der Projektion π: $S^{2n+1} \twoheadrightarrow P^n(\mathsf{C})$. Es ist also $\pi(\mathfrak{z}) = \pi(\mathfrak{z}')$ genau dann, wenn für geeignetes ϱ gilt $\mathfrak{z} = \varrho\,\mathfrak{z}'$ (vgl. I.4.3 Beispiel 2 für den reellen Fall). Wir zeigen zunächst, daß $P^n(\mathsf{C})$ separiert und π abgeschlossen ist. Für $1 \leqq \nu \leqq n+1$ ist $|z_\nu|^2$ eine stetige Funktion auf S^{2n+1}. Ihr Wert hängt nur von $\pi(\mathfrak{z})$ ab. Sie induziert daher eine Funktion k_ν auf $P^n(\mathsf{C})$, die wegen I.4.3 Satz 2 stetig ist. Hieraus folgt: Sind x' und x'' Punkte von $P^n(\mathsf{C})$ mit $k_\nu(x') \neq k_\nu(x'')$, so haben x' und x'' disjunkte Umgebungen. Seien nun x' und x'' verschiedene Punkte von $P^n(\mathsf{C})$ mit $k_\nu(x') = k_\nu(x'')$ für alle ν. Sei etwa $x' = \pi(\mathfrak{z}')$, $x'' = \pi(\mathfrak{z}'')$. Dann gibt es zwei Indizes, etwa ν und μ, so daß $z_\nu' \neq 0$,

$z_\nu'' \neq 0$ und $z_\nu'^{-1} z_\mu' \neq z_\nu''^{-1} z_\mu''$ ist. Die Menge $B = \{x \mid k_\nu(x) > 0\}$ ist offen. Wegen I.4.3 Satz 4 entsteht sie aus der Menge $A = \{\mathfrak{z} \mid |z_\nu|^2 > 0 \text{ und } |\mathfrak{z}|^2 = 1\}$ durch Identifizieren. Auf A ist $\mathfrak{z} \to z_\nu^{-1} z_\mu$ stetig. Diese Funktion induziert eine stetige Funktion $k_{\nu\mu}$ auf B. Nun ist $k_{\nu\mu}(x') \neq k_{\nu\mu}(x'')$. Weil B offen ist, haben x' und x'' disjunkte Umgebungen. Also ist $P^n(\mathsf{C})$ separiert. Damit folgt aus I.7.2 Satz 2, daß π abgeschlossen ist.

Sei $1 \leqq q \leqq n$. Durch $z_\nu = 0$ für $\nu \geqq q + 1$ wird eine Sphäre S^{2q-1} aus S^{2n+1} ausgeschnitten. Weil S^{2q-1} kompakt ist, wird S^{2q-1} durch π identifizierend auf $\pi(S^{2q-1})$ abgebildet. Das Bild ist daher ein komplexer projektiver Raum, und wir fassen auf diese Weise $P^{q-1}(\mathsf{C})$ für $1 \leqq q \leqq n$ als Teilraum von $P^n(\mathsf{C})$ auf. Wir geben nun eine Zellenzerlegung von $P^n(\mathsf{C})$ rekursiv nach n an. $P^0(\mathsf{C})$ ist ein Punkt. Sei nun $n > 0$, und es liege $P^{n-1}(\mathsf{C})$ bereits als $(2n-2)$-dimensionaler Zellenkomplex vor. Wir betrachten für S^{2n+1} die Teilmenge E, die durch Imaginärteil $z_{n+1} = 0$, Realteil $z_{n+1} \geqq 0$ definiert wird. E ist kompakt und wird durch $\mathfrak{z} \to (z_1, z_2, \ldots, z_n)$ stetig und bijektiv auf die Kugel $\sum\limits_{\nu=1}^{n} |z_\nu|^2 \leqq 1$ in C^n abgebildet, wobei S^{2n-1} in die Randsphäre der Kugel übergeht. Wegen I.7.2 Satz 3 ist diese Abbildung topologisch. Andererseits wird E durch π auf $P^n(\mathsf{C})$ abgebildet. Weil E kompakt ist, ist diese Abbildung identifizierend. Sie bildet $E - S^{2n-1}$ bijektiv auf die offene Menge $P^n(\mathsf{C}) - P^{n-1}(\mathsf{C})$ ab, und zwar topologisch wegen I.4.3 Satz 4. Es ergibt sich, daß $P^n(\mathsf{C})$ aus $P^{n-1}(\mathsf{C})$ durch Anheften einer $2n$-Zelle e_{2n} entsteht mit der charakteristischen Abbildung $\pi | E$. $P^n(\mathsf{C})$ besitzt daher eine Zellenzerlegung in n Zellen $e_0, e_2, \ldots, e_{2n}$. Die Bestimmung von Inzidenzzahlen ist gegenstandslos, und vermöge der Zellenketten folgt

$$H_q(P^n(\mathsf{C})) \cong \begin{cases} \mathsf{Z} & \text{für } q = 0, 2, \ldots, 2n, \\ 0 & \text{sonst.} \end{cases}$$

2. Der reelle n-dimensionale projektive Raum $P^n(\mathsf{R})$. Ersetzt man in Beispiel 1 die komplexen $(n+1)$-tupel durch reelle, so erhält man entsprechend eine Zerlegung von $P^n(\mathsf{R})$ in n Zellen $e_0, e_1, \ldots, e_n$, wobei e_q die Dimension q besitzt. Die charakteristische Abbildung $\varphi_q\colon (E^q, S^{q-1}) \to (\bar{e}_q, P^{q-1}(\mathsf{R}))$ kann für $q > 0$ so gewählt werden, daß $P^{q-1}(\mathsf{R})$ aus S^{q-1} durch Identifizieren von Diametralpunkten entsteht (vgl. I.7.6 Beispiel 2). Insbesondere besitzt $x \in e_{q-1}$ ein Diametralpunktpaar von S^{q-1} als Urbild bei φ_q. Es sei nun e_q mit der Orientierung $\mathfrak{e}_q$ für $0 \leqq q \leqq n$ versehen. Ist $q > 1$ und ungerade, so ist die Diametralpunktvertauschung von S^{q-1} orientierungsumkehrend wegen 3.2 Satz. (3.25), (3.26) und (3.27) ergeben daher für $\mathfrak{e}_q$ und $\mathfrak{e}_{q-1}$ die Inzidenzzahl 0 (vgl. 3.3 Beispiel 2), was auch für $q = 1$ gilt. Ist $q \geqq 2$ und gerade, so ergibt sich ± 2 als Inzidenzzahl von $\mathfrak{e}_q$ und $\mathfrak{e}_{q-1}$. Man kann annehmen, daß sie stets $+2$ ist, da man $\mathfrak{e}_q$ durch $-\mathfrak{e}_q$ ersetzen kann. Es folgt, daß für $0 < 2i \leqq n$ die Zellenkette $0 \cdot \mathfrak{e}_{2i}$ der einzige Zyklus ist. $\mathfrak{e}_0$ und $\mathfrak{e}_{2i-1}$ sind Zyklen für $0 < 2i - 1 \leqq n$. Ist $2i - 1 < n$, so ist $2\,\mathfrak{e}_{2i-1}$ ein Rand. Es bezeichne Z_2 die zyklische Gruppe der Ordnung 2. Damit folgt

$$H_0(P^n(\mathsf{R})) \cong \mathsf{Z}; \qquad H_n(P^n(\mathsf{R})) \cong \begin{cases} \mathsf{Z} & \text{wenn } n \text{ ungerade,} \\ 0 & \text{wenn } n \text{ gerade.} \end{cases}$$
$$H_{2i-1}(P^n(\mathsf{R})) \cong \mathsf{Z}_2 \quad \text{für } 0 < 2i - 1 < n;$$

Die (ganzzahligen) Homologiegruppen für alle anderen Dimensionen sind 0.

3. Geschlossene Flächen. Die geschlossene Fläche $\mathfrak{F}$ liege in einer Normalform III.(5.23) vor. Wegen (3.9) kann der Fall $\mathfrak{o}_0$ ausgeschlossen werden. Dann liegen im Falle $\mathfrak{o}_h$ bzw. $\mathfrak{n}_h$ eine 0-Zelle e_0, eine 2-Zelle e_2 und $2h$ bzw. h 1-Zellen $e_1{}^\lambda$ vor. Sie seien mit Orientierungen $\mathfrak{e}_0$, $\mathfrak{e}_2$ bzw. $\mathfrak{e}_1{}^\lambda$ versehen. Die Inzidenzzahl von $\mathfrak{e}_1{}^\lambda$ mit $\mathfrak{e}_0$ ist 0. $\mathfrak{F}$ entsteht aus einem Polygon Π dadurch, daß Kanten von Π paarweise verheftet werden. Die zugehörige identifizierende Abbildung $\varphi\colon \Pi \to \mathfrak{F}$ ist charakteristisch für e_2. Bei $\mathfrak{o}_h$ erfolgt die Verheftung der Kantenpaare stets gegensinnig, bei $\mathfrak{n}_h$ gleichsinnig. Wegen 3.2 Satz folgt damit aus (3.25), (3.26), (3.27), daß bei $\mathfrak{o}_h$ alle Inzidenzzahlen 0 sind. Im Falle $\mathfrak{n}_h$ ist die Inzidenzzahl von $\mathfrak{e}_2$ mit $\mathfrak{e}_1{}^\lambda$ dagegen 2, wenn $\mathfrak{e}_1{}^\lambda$ geeignet gewählt ist (sonst -2). Bei $\mathfrak{o}_h$ sind alle Zellenketten Zyklen und zugleich Homologieklassen. Für die orientierbare Fläche $\mathfrak{o}_h$ vom Geschlecht h gilt also

(3.30) $$H_0(\mathfrak{o}_h) \cong H_2(\mathfrak{o}_h) \cong \mathsf{Z}; \quad H_1(\mathfrak{o}_h) \text{ ist frei vom Range } 2h$$

(Rang = Anzahl der Basiselemente), was wegen (3.9) auch für $h = 0$ gilt. Im Falle $\mathfrak{n}_h$ bilden die Zellenketten $\mathfrak{e}_1{}^1, \mathfrak{e}_1{}^2, \ldots, \mathfrak{e}_1{}^{h-1}$ und $\mathfrak{e}_1{}^1 + \mathfrak{e}_1{}^2 + \ldots + \mathfrak{e}_1{}^h$ eine Basis für $E_1(\mathfrak{n}_h)$, und es ist $\partial \mathfrak{e}_2 = 2 \sum_\lambda \mathfrak{e}_1{}^\lambda$. Damit folgt für die nichtorientierbare Fläche $\mathfrak{n}_h$ vom Geschlecht h

(3.31) $$H_0(\mathfrak{n}_h) \cong \mathsf{Z},\; H_2(\mathfrak{n}_h) = 0,\; H_1(\mathfrak{n}_h) \text{ ist direkte Summe von } \mathsf{Z}_2 \text{ mit einer freien Gruppe vom Range } h-1.$$

Es ergibt sich erneut die Verschiedenheit der Normalformen.

In den Beispielen 1, 2 und 3 liegen durchweg Mannigfaltigkeiten vor. Dabei sind die nicht-orientierbaren Fälle durch 3.3 Beispiele 2 und 3 erfaßt. Die Orientierbarkeit der komplexen projektiven Räume, der reellen von ungerader Dimension und der Flächen $\mathfrak{o}_h$ folgt aus dem

Satz. *Es sei* $(\mathfrak{K}, \mathfrak{L})$ *ein Paar von Zellenkomplexen derart, daß* $\mathfrak{K} - \mathfrak{L}$ *eine zusammenhängende n-dimensionale Mannigfaltigkeit ist* ($\mathfrak{L}$ *darf leer sein*). *Ist* $H_n(\mathfrak{K}, \mathfrak{L}) \neq 0$, *so ist* $\mathfrak{K} - \mathfrak{L}$ *orientierbar und* $H_n(\mathfrak{K}, \mathfrak{L}) \cong \mathsf{Z}$.

Beweis. Sei c_n eine Zellenkette, die ein von 0 verschiedenes Element $[c_n]$ von $H_n(\mathfrak{K}, \mathfrak{L})$ repräsentiert. In ihr kommt eine nicht zu $\mathfrak{L}$ gehörige orientierte Zelle, etwa $\mathfrak{e}_n{}^\lambda$, vor. Sei $i^\lambda\colon (\mathfrak{K}, \mathfrak{L}) \to (\mathfrak{K}, \mathfrak{K} - e_n{}^\lambda)$ die Inklusion. Nach Wahl von $\mathfrak{e}_n{}^\lambda$ ist $i_*{}^\lambda[c_n] \neq 0$. Wegen (3.14) und 3.3 Hilfssatz 3 ist $\mathfrak{K} - \mathfrak{L}$ orientierbar. Gleichzeitig folgt, daß $i_*{}^\mu[c_n] \neq 0$ auch dann gilt, wenn statt $\mathfrak{e}_n{}^\lambda$ irgendeine orientierte n-Zelle $\mathfrak{e}_n{}^\mu$ von $\mathfrak{K} - \mathfrak{L}$ genommen wird. Damit folgt weiter, daß $i_*{}^\lambda$ injektiv ist, womit sich die Behauptung ergibt.

3.6 Endlich erzeugte abelsche Gruppen. Unter Gruppen sind in diesem Abschnitt stets additive Gruppen zu verstehen. Ohne Beweis[1]) teilen wir mit den

Hauptsatz. *Ist G eine endlich erzeugte abelsche Gruppe, so ist G frei oder isomorph zu einer direkten Summe der Gestalt* $F \oplus T_1 \oplus T_2 \oplus \ldots \oplus T_r$, *wobei F frei ist und die* T_i *endliche zyklische Gruppen sind derart, daß* $T_1 \neq 0$ *und für* $i = 1, 2, \ldots, r-1$

[1]) Ein Beweis findet sich z. B. bei Sperner, Einführung in die Analytische Geometrie und Lineare Algebra, Bd. II, Göttingen 1964.

die Ordnung von T_i ein Teiler der Ordnung von T_{i+1} ist. Durch diese Teilbarkeitsbedingung sind die Ordnungen der Gruppen T_i eindeutig bestimmt. Sie heißen die Torsionskoeffizienten von G.

Sei jetzt G eine beliebige Gruppe[1]). $g \in G$ heißt Torsionselement, wenn es eine von null verschiedene ganze Zahl n gibt, so daß $ng = 0$ ist. Torsionselemente sind also solche, die einzeln linear abhängig sind (vgl. 2.7). Die Torsionselemente von G bilden eine Untergruppe T von G, die Torsionsgruppe von G. Ist $T = 0$, so heißt G torsionsfrei. Aus dem Hauptsatz folgt

Satz 1. *Die Faktorgruppe einer endlich erzeugten Gruppe nach ihrer Torsionsgruppe ist frei.*

Von dem Hauptsatz werden wir nur diese Folgerung benutzen. Dabei ist wesentlich, daß die Gruppe endlich erzeugt ist. Dies zeigt die additive Gruppe der rationalen Zahlen, die torsionsfrei, aber nicht frei ist.

Satz 2. *Untergruppen und Faktorgruppen endlich erzeugter Gruppen sind endlich erzeugt.*

Beweis. Es sei $a_1, a_2, \ldots, a_s$ ein Erzeugendensystem und H eine Untergruppe der Gruppe G. Ist $\bar{a}_i$ die Restklasse von a_i nach H, so ist $\bar{a}_1, \bar{a}_2, \ldots, \bar{a}_s$ offenbar ein Erzeugendensystem von G/H. Also gilt die Behauptung für Faktorgruppen. Nach 2.7 Satz 2 gibt es eine freie Gruppe F mit Basis $b_1, b_2, \ldots, b_s$ und einen Epimorphismus $\pi\colon F \twoheadrightarrow G$. Nun ist $\overset{-1}{\pi}(H) = J$ eine Untergruppe von F. Der Beweis von 2.7 Satz 4 zeigt, daß J eine Basis besitzt, die aus höchstens s Elementen besteht. Weil π epimorph ist, ist $H = \pi(J)$. H ist also zu einer Faktorgruppe von J isomorph und daher endlich erzeugt.

Eine Gruppe G heißt von endlichem Rang, wenn es in G ein endliches maximales System linear unabhängiger Elemente gibt. Die Torsionsgruppen sind dadurch charakterisiert, daß jedes nicht-leere Elementsystem linear abhängig ist. Ihnen wird der Rang null zugelegt. Bilden die Elemente $a_1, a_2, \ldots, a_r$ von G ein maximales linear unabhängiges System, so besteht wegen der Maximalität für jedes $g \in G$ eine Relation der Gestalt

$$ng = \sum_{i=1}^{r} n_i a_i \quad \text{mit} \quad n \neq 0. \tag{3.32}$$

Hierbei sind die Quotienten $n_i n^{-1}$ eindeutig bestimmt. Ist nämlich außerdem $mg = \sum m_i a_i$ mit $m \neq 0$, so folgt $nm(g - g) = \sum (mn_i - nm_i) a_i$ und daraus $n_i n^{-1} = m_i m^{-1}$ wegen der linearen Unabhängigkeit der a_i.

Hilfssatz 1. Es sei G eine Gruppe von endlichem Rang und $a_1, a_2, \ldots, a_r$ ein maximales System linear unabhängiger Elemente. $\mathfrak{x}_1, \mathfrak{x}_2, \ldots, \mathfrak{x}_r$ sei eine Basis eines r-dimensionalen rationalen Vektorraumes V. Es gibt genau einen Homomorphismus $\varphi\colon G \to V$ mit $\varphi(a_i) = \mathfrak{x}_i$ für $i = 1, 2, \ldots, r$. Der Kern von φ ist die Torsionsgruppe T von G. Linear unabhängige Elemente von G gehen bei φ in linear unabhängige Vektoren über.

---

[1]) Das Folgende überträgt sich auf Moduln über einem Hauptidealring Λ, wenn $\mathbf{Z}$ durch Λ und die rationalen Zahlen durch den Quotientenkörper von Λ ersetzt werden.

Beweis. Zu $g \in G$ gibt es eine Relation (3.32). Soll φ homomorph sein, so muß gelten

(3.33) $$\varphi(g) = \sum n^{-1} n_i \mathfrak{x}_i \quad \text{für} \quad ng = \sum n_i a_i \quad \text{mit } n \neq 0.$$

Da die Quotienten $n^{-1}n_i$ durch g eindeutig bestimmt sind, wird durch (3.33) eine Abbildung $\varphi\colon G \to V$ definiert. Ist weiter $n'g' = \sum n_i' a_i$ mit $n' \neq 0$, so ist $nn'(g + g') = \sum (n'n_i + nn_i')a_i$. Daher ist φ homomorph. Ist $g \in T$, so gilt $ng = 0$ für geeignetes $n \neq 0$, woraus $\varphi(g) = 0$ folgt. Sei umgekehrt $\varphi(g) = 0$. Wegen der linearen Unabhängigkeit der $\mathfrak{x}_i$ folgt aus (3.33) $ng = 0$ und damit $g \in T$. Seien schließlich $g_1, g_2, \ldots, g_s$ Elemente aus G derart, daß $\varphi(g_1), \varphi(g_2), \ldots, \varphi(g_s)$ linear abhängig sind. Es gelte etwa $\sum m_j \varphi(g_j) = 0$, wobei nicht alle m_j null sind. Es kann angenommen werden, daß die m_j ganze Zahlen sind. Dann folgt $\sum m_j g_j \in T$ und daraus, daß $g_1, g_2, \ldots, g_s$ linear abhängig sind. Damit ergibt sich die letzte Behauptung.

G erfülle weiterhin die Voraussetzungen von Hilfssatz 1. Dann folgt, daß jedes System linear unabhängiger Elemente von G höchstens r Elemente besitzt, insbesondere jedes maximale. Ersetzt man $a_1, a_2, \ldots, a_r$ durch ein anderes maximales System, so folgt weiter, daß jedes maximale System genau r Elemente besitzt. Daher kann definiert werden: Eine Gruppe hat den Rang $r \geqq 0$, wenn es in ihr r Elemente gibt, die ein maximales linear unabhängiges System bilden. Hat eine Gruppe G keinen endlichen Rang, so wird ihr der Rang unendlich zugelegt. Für eine freie Gruppe ist eine Basis offenbar ein maximales linear unabhängiges System, und der Rang ist die Anzahl der Basiselemente.

Homomorphismen einer Gruppe in sich nennt man Endomorphismen. Sei G eine Gruppe von endlichem Rang $r > 0$ und $\gamma\colon G \to G$ ein Endomorphismus. Wir betrachten den Sachverhalt von Hilfssatz 1. Dabei gibt es genau eine lineare Abbildung $\beta\colon V \to V$ derart, daß $\beta\varphi = \varphi\gamma$ ist. Jedenfalls muß gelten

(3.34) $$\beta(\mathfrak{x}_i) = \varphi\gamma(a_i),$$

und hierdurch ist die lineare Abbildung β völlig bestimmt. Aus (3.32) und (3.33) folgt nun vermöge (3.34) $\varphi\gamma(g) = \beta\varphi(g)$ für jedes $g \in G$. Wegen (3.32) bestehen Relationen

(3.35) $$t_i \gamma(a_i) = \sum_{k=1}^{r} t_{ik} a_k \quad \text{mit} \quad t_i \neq 0.$$

Wegen (3.34) folgt hieraus durch Anwendung von φ

(3.36) $$\beta(\mathfrak{x}_i) = \sum_{k=1}^{r} t_i^{-1} t_{ik} \mathfrak{x}_k.$$

Damit ist β bezüglich der Basis $\mathfrak{x}_1, \mathfrak{x}_2, \ldots, \mathfrak{x}_r$ durch die Matrix $(t_i^{-1} t_{ik})$ dargestellt. Wir definieren

(3.37) $$\operatorname{Spur} \gamma = \operatorname{Spur} \beta = \sum_{i=1}^{r} t_i^{-1} t_{ii}.$$

Wegen (3.35) hängt Spur γ nicht von φ ab. Spur γ hängt auch nicht von der Wahl des maximalen linear unabhängigen Systems $a_1, a_2, \ldots, a_r$ ab. Irgendein solches

System geht nämlich bei φ in eine Basis von V über, und Spur β hängt bekanntlich nicht davon ab, auf welche Basis die Abbildungsmatrix bezogen ist. Spur γ ist also eindeutig festgelegt. Ist γ Endomorphismus einer Torsionsgruppe, so setzen wir Spur $\gamma = 0$. Ist Rang $G > 0$ und $\gamma = id_G$, so kann in (3.35) $t_i = t_{ii} = 1$ und $t_{ik} = 0$ für $i \neq k$ genommen werden. Es folgt

$$\text{Rang } G = \text{Spur } id_G, \tag{3.38}$$

was auch für Rang $G = 0$ gilt.

Hilfssatz 2. Es sei H Untergruppe der Gruppe G. $\mathfrak{S} = \{b_1, b_2, \ldots, b_s\}$ und $\overline{\mathfrak{T}} = \{\bar{c}_1, \bar{c}_2, \ldots, \bar{c}_t\}$ seien Systeme linear unabhängiger Elemente von H bzw. G/H. Ferner sei $\mathfrak{T} = \{c_1, c_2, \ldots, c_t\}$, wobei $c_i \in G$ Repräsentant der Restklasse $\bar{c}_i$ für $i = 1, 2, \ldots, t$ sei. Dann ist $\mathfrak{S} \cup \mathfrak{T}$ ein System linear unabhängiger Elemente von G. Sind $\mathfrak{S}$ und $\overline{\mathfrak{T}}$ maximal, so ist auch $\mathfrak{S} \cup \mathfrak{T}$ maximal.

Beweis. Aus $\sum n_i b_i + \sum m_j c_j = 0$ folgt durch Projektion in G/H, daß $\sum m_j \bar{c}_j = 0$ und daher $m_j = 0$ ist für alle j. Damit folgt weiter $n_i = 0$ für alle i, womit sich die erste Behauptung ergibt. Seien jetzt $\mathfrak{S}$ und $\overline{\mathfrak{T}}$ maximal, $g \in G$ und $\bar{g}$ seine Restklasse nach H. Dann besteht eine Relation $m\bar{g} + \sum m_j \bar{c}_j = 0$ mit $m \neq 0$. Hieraus folgt $mg + \sum m_j c_j \in H$. Nun muß eine Relation $n(mg + \sum m_j c_j) + \sum n_i b_i = 0$ mit $n \neq 0$ bestehen. Wegen $nm \neq 0$ folgt, daß $\mathfrak{S} \cup \mathfrak{T}$ maximal ist.

Anmerkung. Hilfssatz 2 bleibt bestehen, wenn $\mathfrak{S}$ oder $\overline{\mathfrak{T}}$ leer sind.

Satz 3. *Untergruppen und Faktorgruppen von Gruppen endlichen Ranges haben endlichen Rang. Jede endlich erzeugte Gruppe hat endlichen Rang.*

Beweis. Die erste Behauptung folgt unmittelbar aus Hilfssatz 2 und Anmerkung. Die zweite Behauptung folgt nun daraus, daß jede endlich erzeugte Gruppe Faktorgruppe einer freien Gruppe endlichen Ranges ist (vgl. Beweis von Satz 2).

Satz 4. *Es sei G eine Gruppe endlichen Ranges und H eine Untergruppe von G. Ferner sei γ ein Endomorphismus von G, der H in sich abbildet, und $\bar{\gamma}$ der von γ induzierte Endomorphismus von G/H. Dann gilt*

$$\text{Spur } \gamma | H + \text{Spur } \bar{\gamma} = \text{Spur } \gamma . \tag{3.39}$$

Ist G endlich erzeugt, so sind diese Spuren ganze Zahlen.

Beweis. Wir benutzen die Bezeichnungen von Hilfssatz 2, wobei $\mathfrak{S}$ und $\overline{\mathfrak{T}}$, also auch $\mathfrak{S} \cup \mathfrak{T}$, maximal seien. Wegen $\gamma(H) \subset H$ gelten Relationen

$$t_i \gamma(b_i) = \sum_{k=1}^{s} t_{ik} b_k \text{ mit } t_i \neq 0; \quad s_j \gamma(c_j) = \sum_{k=1}^{s} r_{jk} b_k + \sum_{l=1}^{t} s_{jl} c_l \text{ mit } s_j \neq 0 . \tag{3.40}$$

Geht man zu den Restklassen nach H über, so folgt Spur $\bar{\gamma} = \sum s_j^{-1} s_{jj}$. Hieraus und aus (3.40) folgt (3.39) nach Definition (3.35), (3.37) der Spuren. Die Schlußweise bleibt vereinfacht bestehen, wenn $\mathfrak{S}$ oder $\overline{\mathfrak{T}}$ leer ist. Zum Beweis der letzten Behauptung sei zunächst G eine freie Gruppe mit der Basis $a_1, a_2, \ldots, a_r$. Dann gibt es Relationen (3.35) mit $t_i = 1$ für $i = 1, 2, \ldots, r$, und es ist Spur γ eine ganze Zahl. Sei jetzt G endlich erzeugt und T die Torsionsuntergruppe von G. Dann ist $\gamma(T) \subset T$, weil $n\gamma(g) = 0$ aus $ng = 0$ folgt. Wegen Satz 1 ist G/T frei. Mit $H = T$ folgt aus (3.39), daß jetzt $\text{Spur}\,\gamma = \text{Spur}\,\bar{\gamma}$ ganz ist. Wegen Satz 2 folgt schließlich die letzte Behauptung allgemein.

3.7 Spurformel. Ein Kettenkomplex K heißt endlich erzeugt, wenn alle Kettengruppen $C_q(K)$ endlich erzeugt sind und $C_q(K) \neq 0$ nur für endlich viele q gilt. Wegen 3.6 Satz 2 sind Unterkomplexe und Quotienten endlich erzeugter Kettenkomplexe wieder endlich erzeugt. Außerdem sind die Gruppen der Zyklen und der Ränder und die Homologiegruppen endlich erzeugt, wobei jeweils nur endlich viele nicht 0 sind.

Satz 1 (Spurformel von Lefschetz und Hopf). *Es sei K ein endlich erzeugter Kettenkomplex und $f\colon K \to K$ ein Homomorphismus von K in sich. Dann gilt*

$$\sum_q (-1)^q \,\text{Spur}\, f\,|\,C_q(K) = \sum_q (-1)^q \,\text{Spur}\, f_*\,|\,H_q(K). \tag{3.41}$$

Beweis. Wegen $f\partial = \partial f$ induziert f wieder mit f bezeichnete Endomorphismen für alle Z_q und B_q. Ferner induziert ∂ einen Isomorphismus von C_q/Z_q mit B_{q-1}, der mit f vertauschbar ist. Aus (3.39) folgt damit

$$\text{Spur}\, f\,|\,C_q = \text{Spur}\, f\,|\,B_{q-1} + \text{Spur}\, f\,|\,Z_q. \tag{3.42}$$

Wegen $H_q = Z_q/B_q$ und (3.39) gilt ferner $\text{Spur}\, f\,|\,Z_q = \text{Spur}\, f_*\,|\,H_q + \text{Spur}\, f\,|\,B_q$. Setzt man dies in (3.42) ein, so entsteht

$$\text{Spur}\, f\,|\,C_q = \text{Spur}\, f\,|\,B_{q-1} + \text{Spur}\, f\,|\,B_q + \text{Spur}\, f_*\,|\,H_q.$$

Durch Multiplikation mit $(-1)^q$ und Addition entsteht (3.41).

Satz 2. *Es sei $\mathfrak{K}$ ein endlicher Zellenkomplex. Die Homologiegruppen von $\mathfrak{K}$ mit ganzen Koeffizienten sind endlich erzeugt. Ist $\mathfrak{K}$ n-dimensional und α_q die Anzahl der q-Zellen von $\mathfrak{K}$, so gilt*

$$\sum_{q=0}^{n} (-1)^q \alpha_q = \sum_{q=0}^{n} (-1)^q \,\text{Rang}\, H_q(\mathfrak{K}). \tag{3.43}$$

Beweis. Die erste Behauptung folgt aus 3.4 Satz, denn der Komplex der Zellenketten $E(\mathfrak{K})$ ist endlich erzeugt. $E_q(\mathfrak{K})$ ist frei vom Range α_q. Nimmt man in Satz 1 $E(\mathfrak{K})$ für K und die identische Abbildung von $E(\mathfrak{K})$ für f, so folgt (3.43) aus (3.41) und (3.38).

Beispiel. Ist $\mathfrak{K}$ ein zusammenhängender, endlicher, 1-dimensionaler Zellenkomplex mit α_0 0-Zellen und α_1 1-Zellen, so ist $H_1(\mathfrak{K})$ frei vom Range $\alpha_1 - \alpha_0 + 1$. Es ist nämlich $H_1(\mathfrak{K})$ frei wegen 3.4 Satz und $H_0(\mathfrak{K})$ frei zyklisch wegen 1.8 Satz 1 und III.3.5 Satz 4.

Für einen topologischen Raum X bezeichnet man den Rang von $H_q(X)$ auch als q-te Bettische Zahl. Sei $\mathfrak{K}$ ein endlicher n-dimensionaler Zellenkomplex und f eine stetige Abbildung von $\mathfrak{K}$ in sich. Die durch (3.43) bezeichnete Zahl heißt Euler-Poincarésche Charakteristik von $\mathfrak{K}$. Sie wird mit $\chi(\mathfrak{K})$ bezeichnet.

Die Zahl $\Lambda(f) = \sum(-1)^q \operatorname{Spur} f_* | H_q(\mathfrak{K})$ heißt die Lefschetzsche Zahl von f. Sie ist eine Invariante der Homotopieklasse von f (2.3 Satz 3). Wegen (3.38) gilt

$$\chi(\mathfrak{K}) = \Lambda(id_{\mathfrak{K}}). \tag{3.44}$$

Satz 3 (Fixpunktsatz). *Es sei $\mathfrak{K}$ ein kompaktes Polyeder. Die Lefschetzsche Zahl $\Lambda(f)$ einer fixpunktfreien stetigen Abbildung von $\mathfrak{K}$ in sich ist null.*

Beweis. Wegen III.3.2 Satz 3 und III.2.4 kann angenommen werden, daß $\mathfrak{K}$ ein endlicher, geometrischer, simplizialer Komplex in einem R^n ist. $d(x, y)$ sei die Entfernung der Punkte x, y im R^n. Auf $\mathfrak{K}$ ist die Funktion $d(x, f(x)) = h(x)$ stetig und nirgends null wegen $f(x) \neq x$. Weil $\mathfrak{K}$ kompakt ist, ist $h(\mathfrak{K})$ kompakt, und es besitzt $h(\mathfrak{K})$ eine positive untere Schranke ε (I.7.2 Satz 1 und Hilfssatz). Wegen III.2.6 Satz 2 kann $\mathfrak{K}$ so fein unterteilt werden, daß für alle Simplexe der Unterteilung der Durchmesser kleiner als $\varepsilon/3$ ist. Es bezeichne jetzt $\mathfrak{K}$ den so unterteilten Komplex. $\mathfrak{K}$ werde lokal geordnet. Gemäß III.2.7 ist f homotop zu einer simplizialen Abbildung $g\colon \mathfrak{K}^{(r)} \to \mathfrak{K}$, wobei $\mathfrak{K}^{(r)}$ die r-fache Normalunterteilung von $\mathfrak{K}$ für ein geeignetes r ist. Für $x \in \mathfrak{K}$ liegt $g(x)$ auf dem Trägersimplex von $f(x)$. Nach Annahme über $\mathfrak{K}$ ist $d(x, g(x)) > 2\,\varepsilon/3$. Damit folgt: Ist $\mathfrak{s}$ ein Simplex von $\mathfrak{K}$, so sind $|\mathfrak{s}|$ und $g(|\mathfrak{s}|)$ disjunkt. Nun kann g als zellenartige Abbildung $g\colon \mathfrak{K} \to \mathfrak{K}$ aufgefaßt werden. Der Komplex $E(\mathfrak{K})$ der Zellenketten von $\mathfrak{K}$ ist gemäß 3.4 Beispiel 1 zum Komplex der simplizialen Ketten von $\mathfrak{K}$ isomorph, und er ist endlich erzeugt, weil $\mathfrak{K}$ endlich ist. Nach (3.17) induziert g einen Homomorphismus $g_E\colon E(\mathfrak{K}) \to E(\mathfrak{K})$. g_E hat auf allen Gruppen $E_q(\mathfrak{K})$ die Spur 0. Wegen (3.19) und dem dabei Gesagten folgt dies daraus, daß $|\mathfrak{s}| \cap g(|\mathfrak{s}|) = \emptyset$ für jedes Simplex $\mathfrak{s}$ von $\mathfrak{K}$ gilt. Wegen (3.41) für g_E ist nun $\sum(-1)^q \operatorname{Spur} g_{E*} | H_q(E(\mathfrak{K})) = 0$. Aus (3.18) und der Definition (3.35), (3.37) der Spuren folgt $\operatorname{Spur} g_{E*} | H_q(E(\mathfrak{K})) = \operatorname{Spur} g_* | H_q(\mathfrak{K})$. Damit ergibt sich $\Lambda(g) = 0$ und auch $\Lambda(f) = 0$, weil f und g homotop sind.

Anmerkung. Ist X ein bogenweise zusammenhängender Raum und $f\colon X \to X$ stetig, so ist $\operatorname{Spur} f_* | H_0(X) = 1$. Wegen 1.8 Satz 1 ist nämlich $H_0(X) \cong \mathsf{Z}$ und f_* auf $H_0(X)$ die identische Abbildung.

Anwendungen. 1. Jede stetige Abbildung f der Kugel E^n in sich hat mindestens einen Fixpunkt (Brouwer). Wegen der Anmerkung und 2.3 Anmerkung 2 ist nämlich $\Lambda(f) = 1$.

2. Läßt sich die identische Abbildung des kompakten Polyeders $\mathfrak{K}$ in eine fixpunktfreie Abbildung deformieren, so ist $\chi(\mathfrak{K}) = 0$. Dies folgt aus Satz 3 und (3.44).

3. Für geschlossene Flächen [vgl. (3.30), (3.31)] ist $\chi(\mathfrak{o}_h) = 2 - 2h$; $\chi(\mathfrak{n}_h) = 2 - h$. Man bemerkt, daß diese Flächen auch durch Charakteristik und Orientierbarkeitscharakter klassifiziert werden. Eine Deformation der identischen Abbildung in eine fixpunktfreie kommt höchstens für die Ringfläche $\mathfrak{o}_1$ und die Fläche $\mathfrak{n}_2$ (sog. Kleinscher Schlauch) in Frage. In diesen Fällen existieren solche Deformationen tatsächlich. Für eine Rotationsringfläche ist dies unmittelbar zu erkennen. $\mathfrak{o}_1$ und $\mathfrak{n}_2$ lassen sich durch Rechtecke mit Kantenverheftung $aba^{-1}b^{-1}$ bzw. $aba^{-1}b$ darstellen (für den zweiten Fall vgl. III.5 Aufgabe 7). Hieraus lassen sich gewünschte Deformationen als „Translationen" in Richtung von a ablesen.

4. Wird ein reeller projektiver Raum gerader Dimension stetig in sich abgebildet, so existiert ein Fixpunkt. Dies folgt aus 3.5 Beispiel 2, wenn noch die Triangulierbarkeit gezeigt wird. Durch Induktion nach n erhält man: Es gibt eine Triangulation von S^n, die bei Diametralpunktvertauschung in sich und bei Diametralpunktidentifizierung in eine Triangulation von $P^n(\mathsf{R})$ übergeht. Für $n = 0$ ist dies trivial. Sei $n > 0$ und eine entsprechende Triangulation für den ,,Äquator" S^{n-1} von S^n vorhanden. Man projiziere diese von ,,Nord- und Südpol" (mit Großkreisbögen) und unterteile normal.

B e m e r k u n g: Für reelle projektive Räume ungerader Dimension gibt es fixpunktfreie Kollineationen, die sich in die identische Abbildung deformieren lassen.

5. Es ist $\chi(S^{2n}) = 2$, $\chi(S^{2n+1}) = 0$ für $n \geqq 0$ wegen (3.9). Die identische Abbildung von S^{2n+1} läßt sich in eine fixpunktfreie deformieren. Man erkennt dies aus der Darstellung (3.29). Durchläuft ϱ die komplexen Zahlen vom Betrage 1 (also S^1), so ist $\varrho_{\mathfrak{Z}}$ eine derartige Deformation. Darüber hinaus bilden die tangentiellen Einheitsvektoren an die Bahnkurven (mit einer von S^1 herrührenden Parametrisierung) ein stetiges tangentiales Vektorfeld an S^{2n+1}, das frei von Nullstellen (0-Vektoren) ist. Stellt man S^{2n+1} reell durch $\sum_{i=1}^{2n+2} x_i^2 = 1$ dar, so erhält man ein solches tangentiales Vektorfeld auch dadurch, daß man im Punkte $(x_1, x_2, \ldots, x_{2n+2})$ den Vektor $(x_{n+2}, \ldots, x_{2n+2}, -x_1, \ldots, -x_{n+1})$ anträgt. Für S^{2n} existiert ein derartiges Vektorfeld nicht. Ist nämlich auf einer Sphäre S ein solches Vektorfeld vorhanden, so kann man annehmen, daß alle Vektoren die Länge 1 haben. Verschiebt man sie parallel so, daß ihr Anfangspunkt in den Mittelpunkt der Sphäre gelangt, so erhält man eine stetige fixpunktfreie Abbildung $f\colon S \to S$. $x \in S$ und $f(x)$ bestimmen jeweils einen Großkreis, aus dem sie ein Viertel ausschneiden. Läßt man jeden Punkt gleichförmig den zugehörigen Viertelkreis durchlaufen, so wird die identische Abbildung in eine fixpunktfreie deformiert. Wegen $\chi(S^{2n}) = 2$ und Anwendung 2 muß S ungerade Dimension haben.

6. Eine stetige Abbildung $f\colon S^{2n} \to S^{2n}$ hat einen Fixpunkt, oder sie bildet einen Punkt in den diametralen ab. Zum Nachweis kann $n > 0$ angenommen werden. Wäre die Behauptung falsch, so wäre für geeignetes f durch $x \in S^{2n}$ und $f(x)$ jeweils eindeutig ein Großkreisbogen bestimmt, der auf einem Halbkreis liegt. Wie soeben folgte, daß die identische Abbildung in eine fixpunktfreie deformiert werden könnte, im Widerspruch zu $\chi(S^{2n}) = 2$.

Bei einer stetigen Abbildung $f\colon S^n \to S^n$ mit $n \geqq 1$ ist $f_* | H_n(S^n)$ ein Endomorphismus, der wegen $H_n(S^n) \cong \mathsf{Z}$ die Form $h \to \gamma h$ mit festem $\gamma \in \mathsf{Z}$ für alle $h \in H_n(S^n)$ hat. Diese ganze Zahl γ heißt der A b b i l d u n g s g r a d von f. Es ist $\Lambda(f) = 1 + (-1)^n \gamma$. Hieraus folgt: Es ist f höchstens dann fixpunktfrei, wenn f den Grad $(-1)^{n+1}$ hat. Die Diametralpunktvertauschung hat also diesen Grad in Übereinstimmung mit 3.2 Satz. Wie in Anwendungen 5, 6 erhält man, daß sich jedes fixpunktfreie f in die Diametralpunktvertauschung deformieren läßt.

Der Abbildungsgrad ist eine Invariante der Homotopieklasse von f. Es gilt sogar, daß zwei Abbildungen von S^n in sich genau dann homotop sind, wenn ihre Grade übereinstimmen, und daß jede ganze Zahl Grad einer geeigneten Abbildung ist

(Brouwer-Hopf). Für $n = 1$ folgt dies durch Vergleich mit der Fundamentalgruppe. Für $n > 1$ gehört die Aussage entsprechend zur Theorie der höheren Homotopiegruppen, auf die wir nicht eingehen.

3.8* Beziehung zwischen $H_1(X)$ und Fundamentalgruppe. Für das Folgende sei X ein bogenweise zusammenhängender Raum und $x_0 \in X$. Wir wollen zeigen, daß $H_1(X) = H_1(X; \mathsf{Z})$ aus $\pi_1(X, x_0)$ durch Abelschmachen (vgl. III.4.4 Beispiel) und Übergang zur additiven Schreibweise entsteht. Genauer: Wir werden einen Epimorphismus $\vartheta: \pi_1(X, x_0) \to H_1(X)$ angeben, dessen Kern die Kommutatorgruppe von $\pi_1(X, x_0)$ ist. ϑ kommt, grob gesagt, dadurch zustande, daß geschlossene Wege als 1-Zyklen aufgefaßt werden.

Wir können annehmen, daß $\Delta_1 = I$ ist. Dann sind 1-Simplex und Weg gleichwertige Begriffe, und für den Weg $w: \Delta_1 \to X$ ist $\partial_1 w$ bzw. $\partial_0 w$ der Anfangs- bzw. Endpunkt. Für jeden Weg w in X bezeichne $\Theta w \in C_1(X)/B_1(X)$ die Restklasse der (ganzzahligen) Kette $1w$ nach der Untergruppe der Ränder in $C_1(X)$. Dabei gilt

(3.45) $$\Theta w \in H_1(X) \quad \text{für geschlossene Wege } w,$$

denn für geschlossenes w ist die Kette $1w$ ein Zyklus, und es liegt Θw in der Untergruppe $H_1(X) = Z_1(X)/B_1(X)$ von $C_1(X)/B_1(X)$. Für zusammengesetzte Wege [III.(5.4)] gilt

(3.46) $$\Theta(w_1 * w_2) = \Theta w_1 + \Theta w_2.$$

Zum Nachweis sei σ^1 bzw. σ^2 das durch $t \to t/2$ bzw. $t \to 1/2 + t/2$, $0 \leq t \leq 1$ definierte 1-Simplex auf $\Delta_1 = I$. $\sigma^1 + \sigma^2 - \Delta_1$ ist ein 1-Zyklus auf Δ_1 und nullhomolog, weil Δ_1 zusammenziehbar ist. Sei nun $w = w_1 * w_2$. Bei der zu w gehörigen Kettenabbildung $w: S(\Delta_1) \to S(X)$ geht $\sigma^1 + \sigma^2 - \Delta_1$ nach III.(5.4) und (1.10), (1.18) über in den nullhomologen Zyklus $w_1 + w_2 - w$, woraus (3.46) nach Definition von Θ folgt.

Als nächstes zeigen wir

(3.47) $$\Theta w = 0 \quad \text{für geschlossene nullhomotope Wege } w.$$

Wegen III.5.1 Satz 2 läßt sich der nullhomotope Weg w in der Form $\bar{\Phi} k$ darstellen, wobei Δ_1 durch k auf den Rand S^1 von E^2 und E^2 durch $\bar{\Phi}$ in X abgebildet wird. Die Kette k ist ein 1-Zyklus auf E^2 und nullhomolog, weil E^2 zusammenziehbar ist. Daher ist $w = \bar{\Phi} k$ nullhomolog in X, und es gilt (3.47).

$w * w^-$ existiert stets und ist nullhomotop [III. (5.8)]. Aus (3.46), (3.47) folgt damit

(3.48) $$\Theta w^- = -\Theta w.$$

Sind u und v homotope Wege, so ist $v * u^-$ nullhomotop nach III.5.2 Satz 2, und aus (3.46), (3.48) folgt $\Theta u = \Theta v$. Θw hängt also nur von der Homotopieklasse $[w]$ des Weges w ab. Wir setzen

(3.49) $$\vartheta[w] = \Theta w.$$

Wegen III.(5.10) und (3.46) gilt

(3.50) $$\vartheta([w_1][w_2]) = \vartheta[w_1] + \vartheta[w_2].$$

Wegen (3.45) liefert ϑ durch Einschränkung auf $\pi_1(X, x_0)$ eine Abbildung in $H_1(X)$, die wegen (3.50) ein Homomorphismus der multiplikativen Gruppe $\pi_1(X, x_0)$ in die additive Gruppe $H_1(X)$ ist. Es sind nun noch die beiden folgenden Aussagen zu beweisen:

(a) $\vartheta: \pi_1(X, x_0) \to H_1(X)$ ist epimorph.

(b) Der Kern von $\vartheta: \pi_1(X, x_0) \to H_1(X)$ ist die Kommutatorgruppe von $\pi_1(X, x_0)$.

Zum Beweis von (a) sei z ein Zyklus, der ein vorgegebenes Element ζ von $H_1(X)$ repräsentiert. Es kann $\zeta \neq 0$ und damit $z \neq 0$ angenommen werden. Sei etwa $z = \sum_{\mu=1}^{m} n_\mu \sigma_1^\mu$ mit $n_\mu \neq 0$ für $1 \leqq \mu \leqq m$. Für jedes μ werde ein Hilfsweg h_μ von x_0 nach $\partial_1\sigma_1^\mu$ gewählt, und zwar so, daß $h_\mu = h_\varkappa$ ist, falls $\partial_1\sigma^\mu = \partial_1\sigma^\varkappa$ ist. Wegen $\partial z = 0$ und $n_\mu \neq 0$ ist $\partial_0\sigma_1^\mu = \partial_1\sigma_1^{\lambda(\mu)}$ für geeignetes $\lambda(\mu)$. Nun ist $[u_\mu] = [h_\mu][\sigma_1^\mu][h^-_{\lambda(\mu)}]$ definiert und ein Element von $\pi_1(X, x_0)$. Also ist auch $\alpha = [u_1]^{n_1}[u_2]^{n_2} \ldots [u_m]^{n_m} \in \pi_1(X, x_0)$. Weil $\vartheta: \pi_1(X, x_0) \to H_1(X)$ homomorph ist, gilt $\vartheta\alpha = \sum n_\mu \vartheta[u_\mu]$. Nach Definition von u_μ folgt weiter aus (3.50) und (3.49) $\vartheta\alpha = \sum n_\mu \Theta\sigma_1^\mu + \sum n_\mu \Theta h_\mu + \sum n_\mu \Theta h^-_{\lambda(\mu)}$. Wegen $\partial z = 0$ und (3.48) heben sich die beiden letzten Summen weg, und nach Definition von Θ folgt $\vartheta\alpha = \zeta$. Also gilt (a).

Zum Beweise von (b) sei α ein Element von $\pi_1(X, x_0)$ mit $\vartheta\alpha = 0$ und w ein geschlossener Weg mit $[w] = \alpha$. Nach (3.49) ist $\Theta w = 0$. Die Kette w ist daher Rand einer 2-Kette c_2 in X. Dabei ist $c_2 \neq 0$. Sei etwa $c_2 = \sum_{\varrho=1}^{r} n_\varrho \sigma_2^\varrho$ mit $n_\varrho \neq 0$ für $1 \leqq \varrho \leqq r$. Wir betrachten die Ecken der singulären Simplexe σ_2^ϱ, also die Punkte, die sich in der Form $\partial_i\partial_j\sigma_2^\varrho$ darstellen lassen. Für jeden solchen Punkt werde ein Hilfsweg $h_{ij\varrho}$ von x_0 nach $\partial_i\partial_j\sigma_2^\varrho$ gewählt, und zwar so, daß zusammenfallende Punkte jeweils denselben Hilfsweg erhalten und daß der Punktweg $\langle x_0\rangle$ der Hilfsweg für den Punkt x_0 ist. Nun ist

$$\beta_{j\varrho} = [h_{1j\varrho}][\partial_j\sigma_2^\varrho][h^-_{0j\varrho}] \in \pi_1(X, x_0). \tag{3.51}$$

Wegen $\partial c_2 = w$ ist w eines der Simplexe $\partial_j\sigma_2^\varrho$, sei etwa $w = \partial_k\sigma_2^\tau$. Nach Wahl der Hilfswege und III.(5.7) ist dann

$$[w] = \beta_{k\tau}. \tag{3.52}$$

Weil Δ_2 und E^2 homöomorph sind, folgt aus III.5.1 Satz 2 und III.5.2 Satz 2, daß auf Δ_2 gilt $[\partial_2\Delta_2 * \partial_0\Delta_2] = [\partial_1\Delta_2]$. Vermöge III.(5.10) und $\sigma_2^\varrho: \Delta_2 \to X$ folgt $[\partial_2\sigma_2^\varrho][\partial_0\sigma_2^\varrho] = [\partial_1\sigma_2^\varrho]$. Nach Wahl der Hilfswege und III.(5.8), (5.7) folgt weiter $[\partial_1\sigma_2^\varrho] = [\partial_2\sigma_2^\varrho][h^-_{02\varrho}][h_{10\varrho}][\partial_0\sigma_2^\varrho]$ und daraus vermöge (3.51) $\beta_{2\varrho}\beta_{0\varrho} = \beta_{1\varrho}$. Zusammen mit (3.52) ergibt sich

$$[w] = \beta_{k\tau}(\beta_{21}\beta_{01}\beta_{11}^{-1})^{-n_1}(\beta_{22}\beta_{02}\beta_{12}^{-1})^{-n_2} \ldots (\beta_{2r}\beta_{0r}\beta_{1r}^{-1})^{-n_r}. \tag{3.53}$$

Wegen $w = \partial_k\sigma_2^\tau$ und $w - \partial c_2 = 0$ gilt nun: Faßt man in $\partial_k\sigma_2^\tau - \sum n_\varrho \partial_0\sigma_2^\varrho + \sum n_\varrho \partial_1\sigma_2^\varrho - \sum n_\varrho \partial_2\sigma_2^\varrho$ gleiche Simplexe zusammen, so ist die Koeffizientensumme jeweils 0. Nach Wahl der Hilfswege und (3.51) ist jedenfalls $\beta_{j\varrho} = \beta_{h\pi}$ für $\partial_j\sigma_2^\varrho = \partial_h\sigma_2^\pi$. Damit folgt: Multipliziert man die Potenzen der Klammerausdrücke auf der rechten Seite von (3.53) aus und bildet man dann bei festem $\beta_{h\pi}$ die Exponentensumme für alle Faktoren $\beta_{j\varrho}^{\pm 1}$ mit $\beta_{j\varrho} = \beta_{h\pi}$, so entsteht 0. Es ergibt sich, daß die rechte Seite von (3.53) in das neutrale Element übergeht, wenn man $\pi_1(X, x_0)$ abelsch macht. Also liegt $\alpha = [w]$ in der Kommutatorgruppe von $\pi_1(X, x_0)$. Weil $H_1(X)$ abelsch ist, ist umgekehrt die Kommutatorgruppe im Kern von $\vartheta\colon \pi_1(X, x_0) \to H_1(X)$ enthalten, und es gilt (b).

Aufgaben. 1. Es sei $\mathfrak{K}$ ein simplizialer Komplex und $\mathfrak{x}$ eine seiner Ecken. Diejenigen Simplexe von $\mathfrak{K}$, die $\mathfrak{x}$ zur Ecke haben, bilden den abgeschlossenen Stern $\overline{\mathrm{St}}\,\mathfrak{x}$ (vgl. III.2.7). Die Simplexe von $\overline{\mathrm{St}}\,\mathfrak{x}$, die $\mathfrak{x}$ nicht zur Ecke haben, bilden den Außenrand $\mathrm{A}\,\mathfrak{x}$ von $\overline{\mathrm{St}}\,\mathfrak{x}$. Man zeige: (a) $\overline{\mathrm{St}}\,\mathfrak{x}$ ist eine zusammenziehbare Umgebung von $\mathfrak{x}$. (b) $\mathrm{A}\,\mathfrak{x}$ ist Deformationsretrakt von $\overline{\mathrm{St}}\,\mathfrak{x} - \mathfrak{x}$ (vgl. III.2 Aufgabe 2 und III.3.4 Hilfssatz 1). (c) $H_q(\mathfrak{K}, \mathfrak{K} - \mathfrak{x}) \cong H_q(\overline{\mathrm{St}}\,\mathfrak{x}, \mathrm{A}\,\mathfrak{x}) \cong H_{q-1}(\mathrm{A}\,\mathfrak{x})$ für $q \geqq 2$ bzw. $\cong H_{s0}(\mathrm{A}\,\mathfrak{x})$ für $q = 1$. (d) Jeder Punkt von $\mathfrak{K}$ ist Ecke einer geeigneten Unterteilung. (e) Ist $\mathfrak{K}$ n-dimensional, so sind für $q > n$ alle lokalen q-ten Homologiegruppen 0, dagegen nicht für $q = n$ (Invarianz der Dimension).

2. Der simpliziale Komplex $\mathfrak{K}$ bestehe aus r n-Simplexen $s_n{}^i$, die alle eine $(n-1)$-Seite s_{n-1} gemein haben. (a) Für $n \geqq 2$ und $\mathfrak{x} \in s_{n-1} - \dot{s}_{n-1}$ ist $H_n(\mathfrak{K}, \mathfrak{K} - \mathfrak{x})$ frei vom Range $r - 1$. (Benutze Aufgabe 1. $\dot{s}_n{}^i - s_{n-1}$ kann als Zelle aufgefaßt werden.) (b) In einer triangulierten n-dimensionalen Mannigfaltigkeit gehört jeder Punkt einem n-Simplex an, und jedes $(n-1)$-Simplex ist Seite von genau zwei n-Simplexen. (c) Eine kompakte, zusammenhängende, triangulierbare n-dimensionale Mannigfaltigkeit M ist genau dann orientierbar, wenn $H_n(M) \cong \mathsf{Z}$ ist.

3. Es sei $\mathfrak{K}$ ein Zellenkomplex, $\mathfrak{K}_1$ ein Unterkomplex und $\mathfrak{K}_2$ der kleinste Unterkomplex, der $\mathfrak{K} - \mathfrak{K}_1$ enthält. Es gilt der verschärfte Ausschneidungssatz $H_q(\mathfrak{K}, \mathfrak{K}_1) \cong H_q(\mathfrak{K}_2, \mathfrak{K}_2 \cap \mathfrak{K}_1)$.

4. Es seien $\mathfrak{K}$ ein Zellenkomplex und $\mathfrak{K}_1, \mathfrak{K}_2$ Unterkomplexe derart, daß $\mathfrak{K} = \mathfrak{K}_1 \cup \mathfrak{K}_2$ ist. Es besteht eine exakte Folge $0 \to E(\mathfrak{K}_1 \cap \mathfrak{K}_2) \xrightarrow{\alpha} E(\mathfrak{K}_1) \oplus E(\mathfrak{K}_2) \xrightarrow{\beta} E(\mathfrak{K}) \to 0$, wobei α durch $c_q \to (c_q, -c_q)$ und β durch $(c_q{}^1, c_q{}^2) \to c_q{}^1 + c_q{}^2$ erklärt ist. Daher besteht die exakte Folge von Mayer-Vietoris:

$$\ldots \to H_q(\mathfrak{K}_1 \cap \mathfrak{K}_2) \xrightarrow{\alpha_*} H_q(\mathfrak{K}_1) \oplus H_q(\mathfrak{K}_2) \xrightarrow{\beta_*} H_q(\mathfrak{K}) \xrightarrow{\Delta_*} H_{q-1}(\mathfrak{K}_1 \cap \mathfrak{K}_2) \to \ldots$$

5. S^n ist nicht Retrakt von R^{n+1} (vgl. 1 Aufgabe 4).

6. Im R^{n+1} mit Koordinaten $x_1, x_2, \ldots, x_{n+1}$ seien in der (x_1, x_2)-Ebene Polarkoordinaten (r, φ) eingeführt. Für $\gamma \in \mathsf{Z}$ betrachte man die Abbildung $(r, \varphi, x_3, \ldots, x_{n+1}) \to (r, \gamma\varphi, x_3, \ldots, x_{n+1})$. Die Einschränkung auf die n-Sphäre $\sum x_i{}^2 = 1$ ist eine Abbildung vom Grade γ. (Man übertrage die auf (3.27) führende Schlußweise in 3.5 auf die vorliegende Abbildung. Durch Spiegelung läßt sich die Aussage auf nicht-negative γ reduzieren.)

§ 4 Kohomologie

4.1 Die Gruppe Hom (A, G). Unter Gruppen werden weiterhin additive Gruppen verstanden. Seien A und G Gruppen. Wir hatten bereits bemerkt (1.2 Anmerkung), daß sich Homomorphismen von A in G addieren lassen. Mit dieser Addition bilden sie eine Gruppe, die mit Hom (A, G) bezeichnet wird, was wir noch genauer ausführen wollen. Es sei $u\colon A \to G$ homomorph. Für $a \in A$ setzen wir

(4.1) $$\langle u, a \rangle = u(a).$$

Daß u homomorph ist, drückt sich aus durch

$$(4.2)\qquad \begin{aligned} &\langle u, a_1 + a_2\rangle = \langle u, a_1\rangle + \langle u, a_2\rangle;\\ &\langle u, na\rangle = n\langle u, a\rangle \quad \text{für } a_1, a_2, a \in A,\ n \in \mathsf{Z}. \end{aligned}$$

Addition und Vielfache von Homomorphismen werden nun definiert durch

$$(4.3)\qquad \langle u_1 + u_2, a\rangle = \langle u_1, a\rangle + \langle u_2, a\rangle;\ \langle nu, a\rangle = n\langle u, a\rangle.$$

Für $(-1)u$ schreibt man $-u$. Durch (4.3) entsteht aus der Menge der Homomorphismen von A in G die Gruppe $\mathrm{Hom}(A, G)$: Ihr neutrales Element ist der Homomorphismus 0, das Entgegengesetzte von u ist $-u$, und aus (4.3) folgt ohne weiteres, daß die Addition in $\mathrm{Hom}(A, G)$ assoziativ und kommutativ ist.

In Anlehnung an die Sprechweise bei Vektorräumen nennen wir $\langle u, a\rangle$ das Skalarprodukt von u und a. (4.2) und (4.3) besagen dann: Die durch $(u, a) \to \langle u, a\rangle$ definierte Abbildung

$$(4.4)\qquad \langle\ \rangle: \mathrm{Hom}(A, G)\times A \to G \text{ ist bilinear}.$$

Beispiele. 1. Offenbar ist

$$(4.5)\qquad \mathrm{Hom}(0, G) = 0 = \mathrm{Hom}(A, 0).$$

2. Es ist $\mathrm{Hom}(\mathsf{Z}, G) \cong G$ vermöge $u \to u(1)$ für $u \in \mathrm{Hom}(\mathsf{Z}, G)$.

3. Es bezeichne Z_p die zyklische Gruppe der Ordnung p und (p, q) den größten gemeinsamen Teiler von p und q. Dann gilt $\mathrm{Hom}(\mathsf{Z}_p, \mathsf{Z}) = 0$ und $\mathrm{Hom}(\mathsf{Z}_p, \mathsf{Z}_q) \cong \mathsf{Z}_{(p,q)}$. Zum Nachweis sei a bzw. b ein erzeugendes Element von Z_p bzw. Z_q. Ein Homomorphismus $u: \mathsf{Z}_p \to G$ ist durch $u(a)$ völlig bestimmt. Wegen $pa = 0$ ist $pu(a) = 0$. Für $G = \mathsf{Z}$ folgt hieraus $u = 0$. Sei jetzt $G = \mathsf{Z}_q$. Dann ist $u(a) = rb$ für geeignetes ganzes r mit $0 \leq r < q$. Es folgt $prb = 0$ und damit, daß $q(p, q)^{-1}$ ein Teiler von $p(p, q)^{-1}r$ ist. Für r kommen daher nur die Vielfachen von $q(p, q)^{-1}$ in Frage. Wegen $0 \leq r < q$ gibt es (p, q) solche Vielfache, und für diese wird durch $u(a) = rb$ tatsächlich ein Homomorphismus $u: \mathsf{Z}_p \to \mathsf{Z}_q$ definiert. Aus (4.3) erhält man damit $\mathrm{Hom}(\mathsf{Z}_p, \mathsf{Z}_q) \cong \mathsf{Z}_{(p,q)}$.

Die Addition in $\mathrm{Hom}(A, G)$ ist mit der Komposition von Homomorphismen verträglich. Seien $\alpha: B \to A$ und $\gamma: G \to J$ fest gewählte Homomorphismen. Für $u_1, u_2 \in \mathrm{Hom}(A, G)$ und $b \in B$ gilt dann $(u_1 + u_2)\alpha(b) = u_1(\alpha(b)) + u_2(\alpha(b)) = (u_1\alpha + u_2\alpha)(b)$, wobei $u_1\alpha + u_2\alpha$ eine Summe von Homomorphismen in $\mathrm{Hom}(B, G)$ ist. Entsprechend folgt $\gamma(u_1 + u_2) = \gamma u_1 + \gamma u_2$. Dies besagt, daß α bzw. γ einen mit $\mathrm{Hom}(\alpha, id_G)$ bzw. $\mathrm{Hom}(id_A, \gamma)$ bezeichneten Homomorphismus

$$(4.6)\qquad \begin{aligned} &\mathrm{Hom}(\alpha, id_G): \mathrm{Hom}(A, G) \to \mathrm{Hom}(B, G) \quad \text{vermöge} \quad u \to u\alpha,\\ &\mathrm{Hom}(id_A, \gamma): \mathrm{Hom}(A, G) \to \mathrm{Hom}(A, J) \quad \text{vermöge} \quad u \to \gamma u \end{aligned}$$

bewirken. Man beachte, daß $\mathrm{Hom}(id_A, \gamma)$ in der gleichen Richtung wie γ, $\mathrm{Hom}(\alpha, id_G)$ aber entgegengesetzt zur Richtung von α verläuft. Man drückt dies so aus: $\mathrm{Hom}(A, G)$ hängt kovariant von G und kontravariant von A ab. Homomorphismen der Art (4.6) lassen sich zusammensetzen. Zunächst liefert die Zuordnung $u \to \gamma u \alpha$ wegen $(\gamma u)\alpha = \gamma(u\alpha)$ einen Homomorphismus

$$(4.7)\qquad \mathrm{Hom}(\alpha, \gamma) = \mathrm{Hom}(\alpha, id_J)\,\mathrm{Hom}(id_A, \gamma) = \mathrm{Hom}(id_B, \gamma)\,\mathrm{Hom}(\alpha, id_G)$$

von Hom (A, G) in Hom (B, J). Offenbar gilt dabei

(4.8) $\quad \mathrm{Hom}(id_A, id_G) = id_{\mathrm{Hom}(A,G)}$; $\mathrm{Hom}(\alpha, \gamma) = 0$, wenn $\alpha = 0$ oder $\gamma = 0$.

Liegen außer $\alpha\colon B \to A$ und $\gamma\colon G \to J$ noch festgewählte Homomorphismen $\beta\colon C \to B$ und $\varepsilon\colon J \to H$ vor, so drücken sich $u(\alpha\beta) = (u\alpha)\beta$ und $(\varepsilon\gamma)u = \varepsilon(\gamma u)$ aus durch

(4.9) $$\begin{aligned} \mathrm{Hom}(\alpha\beta, id_G) &= \mathrm{Hom}(\beta, id_G)\,\mathrm{Hom}(\alpha, id_G),\\ \mathrm{Hom}(id_A, \varepsilon\gamma) &= \mathrm{Hom}(id_A, \varepsilon)\,\mathrm{Hom}(id_A, \gamma). \end{aligned}$$

Man beachte die unterschiedliche Reihenfolge.

Es sei nun $G = \prod G_\lambda$ ein direktes Produkt mit den Projektionen $p_\lambda\colon G \to G_\lambda$. Nach III.4.2 Satz besteht eine bijektive Abbildung $\tau\colon \mathrm{Hom}(A, G) \rightarrowtail\!\!\!\twoheadrightarrow \prod \mathrm{Hom}(A, G_\lambda)$, die durch $\tau(u) = \{p_\lambda u\}$ gegeben ist. Wegen $\tau(u_1 + u_2) = \{p_\lambda(u_1 + u_2)\} = \{p_\lambda u_1 + p_\lambda u_2\} = \tau u_1 + \tau u_2$ (vgl. III.4.2 Anmerkung) ist τ isomorph. Vermöge τ setzt man daher

(4.10) $$\mathrm{Hom}(A, \textstyle\prod G_\lambda) = \prod \mathrm{Hom}(A, G_\lambda).$$

Sei jetzt $A = \sum A_\varkappa$ eine direkte Summe mit den Injektionen $\iota_\varkappa\colon A_\varkappa \to A$. Wegen 1.7 Satz 1 entspricht $u\colon A \to G$ umkehrbar eindeutig einer Familie $\{u\iota_\varkappa\}$ mit $u\iota_\varkappa\colon A_\varkappa \to G$, also einem Element von $\prod \mathrm{Hom}(A_\varkappa, G)$. Diese Beziehung ist additiv. Deshalb kann man setzen

(4.11) $$\mathrm{Hom}\big(\textstyle\sum A_\varkappa, G\big) = \prod \mathrm{Hom}(A_\varkappa, G).$$

Anmerkung. Bei Anwendung von (4.10) und (4.11) wird häufig benutzt, daß für eine endliche Familie von Gruppen die direkte Summe mit dem direkten Produkt zusammenfällt. Damit folgt aus (4.10), (4.11) insbesondere

(4.12) $$\begin{aligned} \mathrm{Hom}(A, B_1 \oplus B_2) &= \mathrm{Hom}(A, B_1) \oplus \mathrm{Hom}(A, B_2),\\ \mathrm{Hom}(A_1 \oplus A_2, B) &= \mathrm{Hom}(A_1, B) \oplus \mathrm{Hom}(A_2, B). \end{aligned}$$

Beispiele. 4. Sei A eine freie Gruppe vom endlichen Range r. Dann ist A isomorph zur direkten Summe von r Summanden $\mathbb{Z}$ (vgl. 2.7). Wegen (4.11) und Beispiel 2 ist Hom (A, G) isomorph zu einer direkten Summe von r Summanden G.

5. Für endlich erzeugte Gruppen A und G läßt sich Hom (A, G) bis auf Isomorphie aus dem Hauptsatz in 3.6 und den Beispielen 2, 3, 4 vermöge (4.10), (4.11) bestimmen.

Es sei nun

(4.13) $$0 \to G' \xrightarrow{\iota} G \xrightarrow{\pi} G'' \to 0$$

eine exakte Folge. Man sagt, daß sie a u f s p a l t e t, wenn Bild ι direkter Summand von G ist. Insbesondere ist dann $G \cong G' \oplus G''$. Ist dies nicht der Fall, so ist die naheliegende Vermutung, daß die gemäß (4.6) zugehörige Folge $0 \to \mathrm{Hom}(A, G') \to \mathrm{Hom}(A, G) \to \mathrm{Hom}(A, G'') \to 0$ exakt sei, im allgemeinen falsch.

Beispiel 6. Es sei $A = G' = G'' = \mathsf{Z}_p$, $G = \mathsf{Z}_{p^2}$, ι die Multiplikation mit p und π die Restklassenbildung nach Bild ι. Dann ist (4.13) exakt. $0 \to \mathrm{Hom}(A, G') \to \mathrm{Hom}(A,G) \to \mathrm{Hom}(A, G'') \to 0$ ist es nicht, wie aus Beispiel 3 folgt.

Satz 1. *Es sei* (4.13) *exakt. Dann ist*

$$(4.14) \qquad 0 \to \mathrm{Hom}(A, G') \xrightarrow{\mathrm{Hom}(id_A,\,\iota)} \mathrm{Hom}(A, G) \xrightarrow{\mathrm{Hom}(id_A,\,\pi)} \mathrm{Hom}(A, G'')$$

exakt. Spaltet (4.13) *auf oder ist A frei, so ist* $\mathrm{Hom}(id_A, \pi)$ *epimorph.*

Beweis. Vermöge ι kann G' als Untergruppe von G aufgefaßt werden. Dann bedeutet $\mathrm{Hom}(id_A, \iota)$, daß man Homomorphismen von A in G' als solche von A in G auffaßt, bei denen das Bild in G' liegt. Damit folgt die Exaktheit von (4.14) an der Stelle $\mathrm{Hom}(A, G')$. Für $u \in \mathrm{Hom}(A, G)$ gilt $\pi u = 0$ genau dann, wenn Bild u in Kern π, also in G' liegt. Dies ist die Exaktheit von (4.14) an der Stelle $\mathrm{Hom}(A, G)$. Die letzte Behauptung folgt im Falle des Aufspaltens aus (4.12) und für freies A aus 2.7 Hilfssatz 1.

Im Folgenden wird G fast durchweg eine ein für allemal fest gewählte Gruppe sein. Dafur fuhren wir eine handlichere Bezeichnung ein. Wir setzen

$$(4.15) \qquad \alpha^t = \mathrm{Hom}(\alpha, id_G) \quad \text{für} \quad \alpha\colon B \to A$$

und nennen α^t den zu α transponierten Homomorphismus[1]). Dann besteht die Verschiebungsregel

$$(4.16) \qquad \langle \alpha^t u, b\rangle = \langle u, \alpha b\rangle \quad \text{für} \quad b \in B, \quad u \in \mathrm{Hom}(A, G)$$

(wobei wir vereinfachend $\alpha^t u, \alpha b$ statt $\alpha^t(u), \alpha(b)$ geschrieben haben). Wegen (4.15) und (4.6) ist nämlich

$$(4.17) \qquad \alpha^t u = \alpha^t(u) = u\,\alpha,$$

und wegen (4.1), (4.6) ist (4.16) nichts anderes als $(u\alpha)(b) = u(\alpha(b))$. Wegen (4.9), (4.8) gilt

$$(4.18) \qquad (\alpha\beta)^t = \beta^t\alpha^t; \quad id^t = id; \quad 0^t = 0.$$

Das Gegenstück zu Satz 1 ist nun

Satz 2. *Es sei*

$$(4.19) \qquad 0 \to A' \xrightarrow{i} A \xrightarrow{j} A'' \to 0$$

exakt. Dann ist

$$(4.20) \qquad 0 \to \mathrm{Hom}(A'', G) \xrightarrow{j^t} \mathrm{Hom}(A, G) \xrightarrow{i^t} \mathrm{Hom}(A', G)$$

exakt. Spaltet (4.19) *auf, so besteht die aufspaltende exakte Folge*

$$(4.21) \qquad 0 \to \mathrm{Hom}(A'', G) \xrightarrow{j^t} \mathrm{Hom}(A, G) \xrightarrow{i^t} \mathrm{Hom}(A', G) \to 0.$$

Beweis. Vermöge i bzw. j kann A' bzw. A'' als Untergruppe bzw. Faktorgruppe von A aufgefaßt werden. Für $u'' \in \mathrm{Hom}(A'', G)$ ist $j^t u'' = u'' j$. Weil j epimorph

[1]) In der Theorie der Vektorräume liegt der entsprechende Fall vor, wenn der Koeffizientenkörper an die Stelle von G tritt.

ist, ist jedes $a'' \in A''$ von der Form ja für geeignetes $a \in A$. Damit folgt: Ist $u''ja = 0$ für alle a, so ist $u''a'' = 0$ für alle a''. Für $j^t u'' = 0$ ist also $u'' = 0$. Dies besagt, daß (4.20) an der Stelle $\mathrm{Hom}(A'', G)$ exakt ist. Ist nun $u(A') = 0$ für $u \in \mathrm{Hom}(A, G)$, also $i^t u = ui = 0$, so induziert u einen Homomorphismus $u'': A'' \to G$ (1.3 Satz 1) mit $u''j = u$. Umgekehrt gilt $u(A') = 0$, wenn u von der Form $u = u''j$ ist. Dies ist die Exaktheit von (4.20) an der Stelle $\mathrm{Hom}(A, G)$. Die zweite Aussage besteht wegen (4.12).

Beispiel 7. Es sei $A = G = \mathbf{Z}$ und A' die Untergruppe der geraden Zahlen. $u': A' \to \mathbf{Z}$ sei durch $2n \to n$ gegeben. u' läßt sich nicht zu einem Homomorphismus von A in $\mathbf{Z}$ fortsetzen. In (4.20) ist also i^t im allgemeinen nicht epimorph.

Wir betrachten jetzt Homomorphismen α_1, α_2, α von B in A. Sie lassen sich addieren, ebenso ihre Transponierten. Dabei gilt

$$(\alpha_1 + \alpha_2)^t = \alpha_1{}^t + \alpha_2{}^t; \quad (n\alpha)^t = n\alpha^t, \tag{4.22}$$

denn wegen (4.17) ist $(\alpha_1 + \alpha_2)^t u = u(\alpha_1 + \alpha_2) = u\alpha_1 + u\alpha_2 = \alpha_1{}^t u + \alpha_2{}^t u$ und $(n\alpha)^t u = \alpha(nu) = n(\alpha u) = n\alpha^t u$.

4.2 Kohomologiegruppen. Es sei weiterhin G eine fest gewählte Gruppe. Sei $K = \{C_q(K), \partial\}$ ein Kettenkomplex. Wir setzen

$$C^q(K) = \mathrm{Hom}(C_q(K), G); \quad \delta = \partial^t. \tag{4.23}$$

Hierbei ist $\delta: C^q(K) \to C^{q+1}(K)$ ein Homomorphismus für alle q, und wegen (4.18) ist $\delta\delta = (\partial\partial)^t = 0$.

Ist für jede ganze Zahl q eine Gruppe C^q gegeben und ein Homomorphismus $\delta_{(q)}: C^q \to C^{q+1}$, so daß $\delta_{(q+1)}\delta_{(q)} = 0$ ist, so sagt man, daß ein Kokettenkomplex $\{C^q, \delta_{(q)}\}$ vorliegt. Man schreibt meistens einfach δ für alle $\delta_{(q)}$ und nennt δ den Korandoperator. Kokettenkomplexe lassen sich auf Kettenkomplexe zurückführen. Setzt man nämlich $C^c_{-q} = C^q$ für alle q, so entsteht mit $\delta: C^c_{-q} \to C^c_{-q-1}$, also mit $\delta: C^c_q \to C^c_{q-1}$ für alle q, ein Kettenkomplex. Damit läßt sich alles über Kettenkomplexe Gesagte auf Kokettenkomplexe übertragen, was im Folgenden mehrfach benutzt wird. Die Einführung neuer Begriffe ist nur deshalb erforderlich, weil gleichzeitig mit einem Kettenkomplex K der Kokettenkomplex (4.23) betrachtet werden soll.

Dieser Sachverhalt wird im Folgenden durchweg vorliegen. Wir wählen deshalb eine auf den Kettenkomplex K bezogene Ausdrucksweise. Wir bezeichnen den Kokettenkomplex (4.23) als den zu K (und G) gehörigen Kokettenkomplex $\mathrm{Hom}(K; G)$ und die Gruppe $C^q(K)$ als die Gruppe der q-Koketten von K (mit Koeffizienten in G). Der Kern von $\delta: C^q(K) \to C^{q+1}(K)$ wird als Gruppe $Z^q(K)$ der q-Kozyklen, das Bild von $\delta: C^{q-1}(K) \to C^q(K)$ als Gruppe $B^q(K)$ der q-Koränder bezeichnet. Wegen $\delta\delta = 0$ existiert die Faktorgruppe $H^q(K; G) = Z^q(K)/B^q(K)$, die q-te Kohomologiegruppe von K (mit Koeffizienten in G). Ist K der singuläre Kettenkomplex $S(X)$ eines topologischen Raumes X bzw. der Quotient $S(X, A) = S(X)/S(A)$ für ein Raumpaar (X, A), so schreiben wir kurz $C^q(X), \ldots, H^q(X; G)$ bzw. $C^q(X, A), \ldots, H^q(X, A; G)$ und sprechen von (singulären) Kokettengruppen, …, Kohomologiegruppen von X (mit Koeffizienten in G) bzw. von X

mod A. Zwei q-Koketten c_1^q, c_2^q heißen **kohomolog**, wenn $c_1^q - c_2^q$ ein Korand ist. **Kohomologieklassen** sind Klassen kohomologer Kozyklen. Diese Klassen sind die Elemente der Kohomologiegruppen.

Für $K = S(X)$ bzw. $K = S(X, A)$ ist $C_q(K) = 0$ und damit $C^q(K) = 0$ für $q < 0$. Verwandelt man den Kokettenkomplex vermöge $C^c_{-q}(K) = C^q(K)$ in einen Kettenkomplex, so ist $C^c{}_q(K) = 0$ für $q > 0$. Wir haben deswegen von Anfang an beliebige Kettenkomplexe betrachtet.

Gemäß (4.1) besteht das Skalarprodukt

$$\langle u^q, c_q\rangle \in G \quad \text{für} \quad u^q \in C^q(K), \quad c_q \in C_q(K). \tag{4.24}$$

Es gibt den **Wert der Kokette** u^q **auf der Kette** c_q an. Ist insbesondere $K = S(X)$, so kann ein singuläres q-Simplex $\sigma_q{}^\lambda$ als singuläre Kette aufgefaßt werden, und man nennt

$$\langle u^q, \sigma_q{}^\lambda\rangle \tag{4.25}$$

den Wert von u^q auf dem singulären Simplex $\sigma_q{}^\lambda$. Wegen 2.7 Satz 1 ist u^q durch die Werte auf allen singulären q-Simplexen von X bestimmt, denn diese bilden eine Basis für $C_q(X)$.

Wegen (4.16), (4.23) gilt

$$\langle \delta u^q, c_{q+1}\rangle = \langle u^q, \partial c_{q+1}\rangle \quad \text{für} \quad u^q \in C^q(K), \; c_{q+1} \in C_{q+1}(K). \tag{4.26}$$

Hieraus folgt, daß ein Korand auf allen Zyklen (entsprechender Dimension) den Wert 0 hat und daß ein Kozyklus auf allen Rändern den Wert 0 hat. Hieraus und aus (4.4) folgt, daß $\langle u^q, z_q\rangle$ für $u^q \in Z^q(K)$, $z_q \in Z_q(K)$ nur von der Kohomologieklasse $[u^q]$ von u^q und der Homologieklasse $[z_q]$ von z_q abhängt. Durch

$$\langle [u^q], [z_q]\rangle = \langle u^q, z_q\rangle \quad \text{für} \quad u^q \in Z^q(K; G), z_q \in Z_q(K) \tag{4.27}$$

ist somit ein Skalarprodukt von Klassen erklärt. Wegen der Bilinearität der rechten Seite liefert (4.27) einen Homomorphismus $\tau: H^q(K; G) \to \mathrm{Hom}(H_q(K), G)$. Dabei gilt

Satz 1. *Ist K ein freier Kettenkomplex, so ist der durch* (4.27) *definierte Homomorphismus τ: $H^q(K; G) \to \mathrm{Hom}(H_q(K), G)$ epimorph.*

Beweis. Sei $\alpha \in \mathrm{Hom}(H_q(K), G)$. Nach (2.44) ist $C_q(K) = Z_q(K) \oplus \vartheta(B_{q-1}(K))$. Wir definieren u^q durch $\langle u^q, c_q\rangle = 0$ für $c_q \in \vartheta(B_{q-1}(K))$ und $\langle u^q, z_q\rangle = \langle \alpha, [z_q]\rangle$ für $z_q \in Z_q(K)$. Dann ist $u^q: C_q(K) \to G$ homomorph, wegen (4.26) ist $u^q \in Z^q(K; G)$, und aus (4.27) folgt $\tau([u^q]) = \alpha$.

Anmerkung. Die Zuordnung $\alpha \to u^q$ des Beweises liefert einen Homomorphismus von $\mathrm{Hom}(H_q(K), G)$ in $H^q(K; G)$. Damit folgt aus 1.7 Satz 6, daß Kern τ direkter Summand von $H^q(K; G)$ ist. Kern τ ist übrigens durch $H_{q-1}(K)$ bestimmt (berechenbar, falls $H_{q-1}(K)$ endlich erzeugt ist), worauf wir jedoch nicht eingehen.

Es seien $\{C^q(K'), \delta\}$ und $\{C^q(K), \delta\}$ Kokettenkomplexe. Ist für jedes q ein Homomorphismus $\varphi^{(q)}$: $C^q(K') \to C^q(K)$ gegeben, so daß $\varphi^{(q+1)}\delta = \delta\varphi^{(q)}$ ist, so sagt man, daß ein Homomorphismus für diese Kokettenkomplexe vorliegt. Statt $\varphi^{(q)}$ schreibt man meistens ebenfalls φ. Verwandelt man die Kokettenkomplexe in

Kettenkomplexe, so entsteht ein Homomorphismus für diese. Sei jetzt $f\colon K \to K'$ ein Homomorphismus für Kettenkomplexe K, K'. Dann besteht der transponierte Homomorphismus $f^t\colon \operatorname{Hom}(K'; G) \to \operatorname{Hom}(K; G)$, denn wegen (4.18) folgt $f^t \delta = \delta f^t$ aus $\partial f = f \partial$. (4.16) besagt jetzt

(4.28) $$\langle f^t u'^q, c_q\rangle = \langle u'^q, f c_q\rangle \quad \text{für} \quad u'^q \in C^q(K'),\ c_q \in C_q(K).$$

f^t induziert Homomorphismen $f^*\colon H^q(K'; G) \to H^q(K; G)$. Wegen (4.27), (4.28) und (1.22) gilt hierbei

(4.29) $$\langle f^*[u'^q], [z_q]\rangle = \langle [u'^q], f_*[z_q]\rangle.$$

Ist $g\colon K' \to K''$ ein weiterer Homomorphismus für Kettenkomplexe, so ist wegen (4.18) $(gf)^t = f^t g^t$ homomorph und $(gf)^* = f^* g^*$.

Wir wollen ein Paar (K, L) von Kettenkomplexen ein **direktes Paar** nennen, wenn $C_q(L)$ direkter Summand von $C_q(K)$ für jedes q ist. Ist (X, A) ein Raumpaar, so ist $(S(X), S(A))$ ein direktes Paar (vgl. 2.7 Anmerkung 3). $(K, 0)$ ist stets ein direktes Paar. Wir betrachten daher nur noch solche Paare. Für ein direktes Paar (K, L) spaltet

$$0 \to C_q(L) \xrightarrow{i} C_q(K) \xrightarrow{j} C_q(K/L) \to 0$$

auf, wenn i die Inklusion und j die zugehörige Projektion bezeichnet. Wegen 4.1 Satz 2 ist

$$0 \to C^q(K/L) \xrightarrow{j^t} C^q(K) \xrightarrow{i^t} C^q(L) \to 0$$

eine aufspaltende exakte Folge für jedes q. Wegen $j\partial = \partial j$ und (4.18) ist ferner $\delta j^t = j^t \delta$, und es gilt $\delta i^t = i^t \delta$. Wir können daher $\operatorname{Hom}(K/L; G)$ als Unterkomplex von $\operatorname{Hom}(K; G)$ mit der Inklusion j^t und $\operatorname{Hom}(L; G)$ als Quotient mit der Projektion i^t auffassen. Bei dieser Auffassung besteht $C^q(K/L)$ aus denjenigen q-Koketten von K, die auf allen q-Ketten von L den Wert 0 haben (vgl. Beweis von 4.1 Satz 2). Wegen $\langle i^t u^q, c_q'\rangle = \langle u^q, i c_q'\rangle$ für $u^q \in C^q(K)$, $c_q' \in C_q(L)$ bedeutet $i^t u^q$, daß $u^q\colon C_q(K) \to G$ auf die Untergruppe $C_q(L)$ eingeschränkt wird. Ist $f\colon (K, L) \to (K', L')$ ein Homomorphismus für direkte Paare von Kettenkomplexen, so ist $f^t\colon (\operatorname{Hom}(K'; G), \operatorname{Hom}(K'/L'; G)) \to (\operatorname{Hom}(K; G), \operatorname{Hom}(K/L; G))$ ein Homomorphismus für Paare. Mit den Bezeichnungen von (1.29) folgt nämlich $j^t \bar{f}^t = f^t j'^t$ aus $\bar{f} j = j' f$ und (4.18), und weil j^t, j'^t Injektionen sind, ist $\bar{f}^t$ die von f^t herrührende Abbildung von $\operatorname{Hom}(K'/L'; G)$ in $\operatorname{Hom}(K/L; G)$. Verwandelt man die Kokettenkomplexe in Kettenkomplexe, so folgt aus 1.3 Satz 2 und 1.5 Satz 1 und 2:

Satz 2. *Ist (K, L) ein direktes Paar von Kettenkomplexen, so besteht die exakte Kohomologiefolge*

$$H^{**}(K, L; G)\colon \ldots \to H^q(K, L; G) \xrightarrow{j^*} H^q(K; G) \xrightarrow{i^*} H^q(L; G) \xrightarrow{\delta^*} H^{q+1}(K, L; G) \to \ldots$$

Homomorphismen $f\colon (K, L) \to (K', L')$, $g\colon (K', L') \to (K'', L'')$ für direkte Paare von Kettenkomplexen induzieren Homomorphismen $f^{**}\colon H^{**}(K', L'; G) \to H^{**}(K, L; G)$, $g^{**}\colon H^{**}(K'', L''; G) \to H^{**}(K', L'; G)$. Dabei gilt $(gf)^{**} = f^{**} g^{**}$. Ist f ein Nullhomomorphismus bzw. die identische Abbildung von (K, L), so ist $f^{**} = 0$ bzw. f^{**} die identische Abbildung von $H^{**}(K, L; G)$.

Durch Verwandlung von Kokettenkomplexen in Kettenkomplexe übertragen sich die Begriffe der Homotopie von Homomorphismen und der Homotopie-Äquivalenz.

Satz 3. *Sind $f, g: (K, L) \to (K', L')$ homotope Homomorphismen für direkte Paare von Kettenkomplexen, so sind*

$$f^t, g^t: (\mathrm{Hom}(K'; G), \mathrm{Hom}(K'/L'; G)) \to (\mathrm{Hom}(K; G), \mathrm{Hom}(K/L; G))$$

homotop. Für die induzierten Homomorphismen f^{**}, g^{**} der exakten Kohomologiefolgen gilt $f^{**} = g^{**}$. Ist f eine Homotopie-Äquivalenz, so ist auch f^t eine Homotopie-Äquivalenz, und es ist f^{**} isomorph.

Beweis. Sei $D: (K, L) \to (K', L')$ eine Homotopie mit $\partial D + D\partial = f - g$. Wegen (4.18), (4.22) folgt hieraus $D^t\delta + \delta D^t = f^t - g^t$ zunächst für die Abbildungen von $\mathrm{Hom}(K'; G)$ in $\mathrm{Hom}(K; G)$. Seien $j: K \to K/L$, $j': K' \to K'/L'$ die Projektionen. Für die induzierten Abbildungen von K/L in K'/L' gilt wegen (2.2) $\bar{\partial}\bar{D} + \bar{D}\bar{\partial} = \bar{f} - \bar{g}$, wobei $\bar{T}j = j'T$ für $T = \partial, D, f, g$ ist. Damit erhält man eine Homotopie $\bar{D}^t$ für $\bar{f}^t$ und $\bar{g}^t$. Aus $j^t\bar{T}^t = T^t j'^t$ für $T = \partial, D, f, g$ und der Tatsache, daß j^t und j'^t Injektionen sind, folgt die erste Behauptung. Aus ihr folgt die zweite vermöge 2.1 Satz 1. Die letzte Aussage folgt aus der ersten vermöge 2.1 Satz 4.

4.3 Singuläre Kohomologie. Aus 4.2 Satz 2 und 3 ergibt sich wegen 2.7 Anmerkung 3, der Beispiele in 1.3 und 1.4, 1.5 Anmerkung 2 und 3 und 2.3 Satz 2 der zusammenfassende

Satz 1. *Bei fester Koeffizientengruppe G ist jedem Paar (X, A) topologischer Räume eine exakte singuläre Kohomologiefolge*

$$(4.30) \quad H^{**}(X, A; G): \ldots \to H^q(X, A; G) \xrightarrow{j^*} H^q(X; G) \xrightarrow{i^*} H^q(A; G) \xrightarrow{\delta^*} H^{q+1}(X, A; G) \to \ldots$$

zugeordnet. Für $q < 0$ sind alle Gruppen 0. Eine stetige Abbildung $f: (X, A) \to (X', A')$ induziert einen Homomorphismus $f^{**}: H^{**}(X', A'; G) \to H^{**}(X, A; G)$. f^{**} hängt nur von der Homotopieklasse von f ab. Ist f die identische Abbildung, so ist auch f^{**} die Identität. Ferner gilt $(gf)^{**} = f^{**}g^{**}$ für zusammengesetzte stetige Abbildungen. In (4.30) rührt i^* bzw. j^* von den Inklusionen $i: A \to X$ bzw. $j: (X, \emptyset) \to (X, A)$ her.

Anmerkung. Der Ausschneidungssatz 2.6 gilt entsprechend. In 2.6 sind nämlich die Quotienten $S(X - B)/S(A - B)$ und $S(X)/S(A)$ (ganze Koeffizienten) frei, und die von der Inklusion $\eta: (X - B, A - B) \to (X, A)$ herrührende Kettenabbildung der Quotienten ist eine Homotopie-Äquivalenz wegen 2.7 Satz 3 (mit $L = L' = 0$). Der Ausschneidungssatz für Kohomologiegruppen folgt damit aus 4.2 Satz 3.

Durch 4.2 Satz 3 und 3.4 Satz werden die singulären Kohomologiegruppen von Zellenkomplexen und die exakten Folgen für Paare auf die Kohomologie der zugehörigen Zellenkettenkomplexe zurückgeführt. Für endliche Zellenkomplexe sind damit die Kohomologiegruppen berechenbar, sobald die Inzidenzzahlen bekannt sind.

Es sei $\mathfrak{K}$ ein endlicher Zellenkomplex mit orientierten Zellen. $\mathfrak{e}_q^1, \mathfrak{e}_q^2, \ldots, \mathfrak{e}_q^r$ seien die orientierten q-Zellen. Wegen 4.1 Beispiel 4 und (3.15) lassen sich die Elemente von $\operatorname{Hom}(E_q(\mathfrak{K}), G)$ eindeutig als formale Linearkombinationen $\sum_{i=1}^{r} g_i \bar{\mathfrak{e}}_i^q$ mit $g_i \in G$ schreiben, so daß gilt

$$(4.31) \qquad \left\langle \sum_{i=1}^{r} g_i \bar{\mathfrak{e}}_i^q, \mathfrak{e}_q^j \right\rangle = g_j \quad \text{für} \quad j = 1, 2, \ldots, r$$

[vgl. (4.24), (4.25)]. Für die orientierte $(q+1)$-Zelle $\mathfrak{e}_{q+1}^k$ sei $\varepsilon_j{}^k(q+1)$ die Inzidenzzahl mit $\mathfrak{e}_q^j$. Aus (4.26), (4.31) folgt $\left\langle \delta \sum_{i=1}^{r} g_i \bar{\mathfrak{e}}_i^q, \mathfrak{e}_{q+1}^k \right\rangle = \sum_j \varepsilon_j{}^k(q+1) g_j$ und damit

$$(4.32) \qquad \delta \sum_i g_i \bar{\mathfrak{e}}_i^q = \sum_k \sum_j \varepsilon_j{}^k (q+1) g_j \bar{\mathfrak{e}}_k^{q+1}.$$

Man bemerkt, daß im Falle $G = \mathsf{Z}$ die Koketten dieselbe Gestalt wie die Ketten haben[1]). Der Unterschied liegt in der Randbildung: ∂ führt nach „unten", δ nach „oben" bei gleichen Inzidenzzahlen. Dies ist der Ursprung der Kohomologietheorie.

Beispiele. 1. Der Raum P bestehe nur aus einem Punkte. Für die zugehörigen Zellenketten ist $E_0 = \mathsf{Z}$ und $E_q = 0$ für $q \neq 0$. Wegen 4.1 Beispiel 1 und 2 folgt $H^0(P; G) \cong G$ und $H^q(P; G) = 0$ für $q \neq 0$. Dasselbe gilt, wenn P ein zusammenziehbarer Raum ist, denn wegen Satz 1 sind die Kohomologiegruppen Invarianten des Homotopietyps (vgl. 2.3 Anmerkung 2).

2. Für einen diskreten Raum X, der aus r Punkten besteht, ist $H^q(X; G) = 0$ für $q \neq 0$ und $H^0(X; G)$ isomorph zum direkten Produkt von r Faktoren G. Dies folgt aus Beispiel 1 und (4.11). [1.7 Satz 4 läßt sich vermöge (4.11) und III.(4.1) übertragen.]

3. Für S^n mit $n > 0$ erhält man bei Zerlegung in eine 0-Zelle und eine n-Zelle für die Gruppen der Zellenketten $E_0(S^n) \cong E_n(S^n) \cong \mathsf{Z}$ und $E_q(S^n) = 0$ für $q \neq 0, n$. Der Randoperator ist 0 (bei $n = 1$ wegen 3.5). Wegen (4.26) folgt damit $H^n(S^n; G) \cong H^0(S^n; G) \cong G$ und $H^q(S^n; G) = 0$ für $q \neq 0, n$. Wegen Beispiel 1 ergeben sich damit die Gruppen $H^q(E^n, S^{n-1}; G)$ [vgl. (3.3)].

4. In 3.5 Beispiel 1 ist $\partial = 0$ für Zellenketten. Wegen (4.26) folgt $H^q(P^n(\mathsf{C}); G) \cong G$ für $q = 0, 2, \ldots, 2n$ und $H^q(P^n(\mathsf{C}); G) = 0$ sonst. Entsprechend ergibt sich für den Fall $\mathfrak{o}_h$ in 3.5 Beispiel 3: $H^0(\mathfrak{o}_h; G) \cong H^2(\mathfrak{o}_h; G) \cong G$, und es ist $H^1(\mathfrak{o}_h; G)$ die direkte Summe von $2h$ zu G isomorphen Gruppen (vgl. 4.1 Beispiel 4).

5. Für $P^n(\mathsf{R})$ erhält man zu den Zellenketten von 3.5 Beispiel 2 die zugehörigen Koketten in der Form $g\bar{\mathfrak{e}}^q$ für $0 \leqq q \leqq n$. Aus (4.32) folgt $\delta g \bar{\mathfrak{e}}^{2i} = 0$ und $\delta g \bar{\mathfrak{e}}^{2i-1} = 2g\bar{\mathfrak{e}}^{2i}$ für $0 < 2i - 1 < n$, $\delta \bar{\mathfrak{e}}^n = 0$. Für $G = \mathsf{Z}$ folgt $H^0(P^n(\mathsf{R}); \mathsf{Z}) \cong \mathsf{Z}$, $H^{2i}(P^n(\mathsf{R}); \mathsf{Z}) \cong \mathsf{Z}_2$ für $0 < 2i \leqq n$, $H^n(P^n(\mathsf{R}); \mathsf{Z}) \cong \mathsf{Z}$ für ungerades n, alle anderen Gruppen sind 0. Für $G = \mathsf{Z}_2$ erhält man $H^q(P^n(\mathsf{R}); \mathsf{Z}_2) \cong \mathsf{Z}_2$ für $0 \leqq q \leqq n$. Für die Flächen $\mathfrak{n}_h$ erhält man aus 3.5 Beispiel 3: $H^0(\mathfrak{n}_h; G) \cong G$; $H^2(\mathfrak{n}_h; G) \cong G/2G$; $H^1(\mathfrak{n}_h; \mathsf{Z})$ bzw. $H^1(\mathfrak{n}_h; \mathsf{Z}_2)$ ist direkte Summe von $h-1$ Gruppen Z bzw. h Gruppen Z_2.

---

[1]) Dies gilt bei beliebigem G, nur haben wir solche Zellenketten nicht betrachtet.

Die Gruppen $H^{2n}(P^{2n}(\mathsf{R}); \mathsf{Z})$ zeigen, daß τ in 4.2 Satz 1 im allgemeinen nicht isomorph ist.

Satz 2. *Sei X ein bogenweise zusammenhängender Raum. Eine 0-Kokette ist genau dann ein Kozyklus, wenn sie auf allen Punkten von X denselben Wert hat. Es gilt $H^0(X; G) \cong G$.*

Beweis. Die Punkte von X werden als singuläre 0-Simplexe aufgefaßt. Zu je zwei Punkten x, x' gibt es einen Weg von x nach x' und damit ein singuläres 1-Simplex σ_1 mit $\partial_0\sigma_1 = x'$, $\partial_1\sigma_1 = x$ [vgl. (1.13)]. Ist $u^0 \in Z^0(X; G)$, so gilt wegen (4.26) $0 = \langle u^0, \partial\sigma_1\rangle = \langle u^0, x'\rangle - \langle u^0, x\rangle$. Damit folgt, daß $\langle u^0, x\rangle$ für alle $x \in X$ denselben Wert hat. Umgekehrt folgt hieraus $\delta u^0 = 0$. Wegen (4.3) und $B^0(X; G) = 0$ folgt die zweite Behauptung.

Auf die in Satz 1, in der Anmerkung und in Beispiel 1 enthaltenen Aussagen mit gewissen Abschwächungen bzw. auf die entsprechenden Aussagen für Homologiegruppen läßt sich eine axiomatische Behandlung der Kohomologie- bzw. Homologietheorie gründen. Dies ist in Eilenberg-Steenrod, Foundations of Algebraic Topology, ausgeführt. Es ergibt sich dort, daß für Paare kompakter Polyeder die Gruppen und ihre Homomorphismen durch die „Koeffizientengruppe“ $H^0(P; G)$ des Beispiels 1 bzw. $H_0(P; G)$ in 1.2 Beispiel eindeutig bestimmt sind, was sich auf Paare kompakter Zellenkomplexe übertragen läßt.

4.4 Kohomologiering. Wenn man von dem Skalarprodukt (4.27) absieht, stellt das bisher über Kohomologie Gesagte nur eine Übertragung der Resultate über Homologiegruppen dar. In der Kohomologie ist jedoch eine reichere algebraische Struktur möglich: Wenn im Koeffizientenbereich eine Multiplikation existiert, so läßt sich ein Produkt von singulären Kohomologieklassen erklären.

Unter einem Ring Γ versteht man eine additive Gruppe, für deren Elemente eine Multiplikation erklärt ist, so daß gilt

(4.33) $$\gamma_1(\gamma_2\gamma_3) = (\gamma_1\gamma_2)\gamma_3 \quad \text{(Assoziativität)}$$

(4.34) $$(\gamma_1 + \gamma_2)\gamma_3 = \gamma_1\gamma_3 + \gamma_2\gamma_3;\ \gamma_1(\gamma_2 + \gamma_3) = \gamma_1\gamma_2 + \gamma_1\gamma_3 \quad \text{(Distributivität)}$$

für je drei Elemente $\gamma_1, \gamma_2, \gamma_3$ aus Γ. Gibt es $\varepsilon \in \Gamma$, so daß $\varepsilon\gamma = \gamma\varepsilon = \gamma$ für alle $\gamma \in \Gamma$ gilt, so heißt ε Einselement von Γ. Es ist eindeutig bestimmt. Γ heißt kommutativ, wenn $\gamma_1\gamma_2 = \gamma_2\gamma_1$ allgemein gilt. Ein Homomorphismus $\varphi\colon \Gamma \to \Gamma'$ für Ringe Γ, Γ' ist eine Abbildung, die mit Addition und Multiplikation vertauschbar ist.

Aus (4.34) folgt $0\gamma = 0\gamma + 0\gamma = 0$. Ist ε Einselement von Γ, so folgt weiter $(-\varepsilon)\gamma = -\varepsilon\gamma$. Für die ganzzahligen Vielfachen 1γ und $(-1)\gamma$ gilt dann also $1\gamma = \varepsilon\gamma$ und $(-1)\gamma = (-\varepsilon)\gamma$. Wegen (4.34) folgt hieraus durch Induktion $(n\varepsilon)\gamma = n\gamma$ für jedes $n \in \mathsf{Z}$. Es sind daher keine Widersprüche möglich, wenn auch ε durch 1 bezeichnet wird, was üblicherweise geschieht.

Beispiel. Alle Körper sind Ringe. Die ganzen Zahlen bilden einen Ring, ebenso ihre Divisionsreste nach einer festen natürlichen Zahl m. Diese Ringe bezeichnen wir mit Z bzw. Z_m wie ihre additiven Gruppen. Ist hierbei m keine Primzahl, so gibt es von 0 verschiedene Elemente, deren Produkt 0 ist (Nullteiler). Die quadratischen n-reihigen reellen Matrizen bilden mit gliedweiser Addition und der üblichen Multiplikation einen Ring, der für $n > 1$ bekanntlich nicht kommutativ ist und Nullteiler besitzt. Die Gruppe 0 kann als trivialer Ring 0 aufgefaßt werden.

Wir greifen nun auf die Seitenbildung ∂_i in (1.13) zurück und stellen einige Eigenschaften zusammen, die dem singulären Komplex $S(X)$ bzw. $S(X, A) = S(X)/S(A)$ eines topologischen Raumes X bzw. eines Raumpaares (X, A) zukommen (ganzzahlige Koeffizienten).

(FK 1) C_p ist frei und besitzt eine ausgezeichnete Basis $\{\sigma_p{}^\lambda\}$ für $p \geqq 0$. Für $p < 0$ ist $C_p = 0$.

(FK 2) Ist $p > 0$, so existieren Homomorphismen $\partial_i\colon C_p \to C_{p-1}$ für $i = 0, 1, \ldots, p$ derart, daß $\partial_i \sigma_p{}^\lambda$ jeweils entweder ein Element der ausgezeichneten Basis von C_{p-1} oder 0 ist.

(FK 3) Es bestehen die Vertauschungsregeln $\partial_j \partial_i = \partial_{i-1} \partial_j$ für $j < i$.

$S(X)$ und $S(X, A)$ erfüllen (FK 1) nach 2.7 Anmerkung 3, wobei jedes $\sigma_p{}^\lambda$ ein singuläres p-Simplex ist. (FK 2) und (FK 3) gelten für $S(X)$ wegen (1.13) und 2.4 Beispiele 3 und 6. Die Projektion von $S(X)$ auf $S(X, A)$ bedeutet, daß die Simplexe auf A durch 0 ersetzt werden. Für $S(X, A)$ erhält man daher die Operatoren ∂_i durch Einschränkung auf diejenigen Simplexe, die nicht in A liegen. Dabei ist $\partial_i \sigma_p{}^\lambda = 0$ zu setzen, falls $|\partial_i \sigma_p{}^\lambda|$ in A liegt. Die Operatoren ∂_i auf $S(X, A)$ werden von denen auf $S(X)$ induziert. Ein entsprechender Sachverhalt liegt vor, wenn simpliziale Ketten für lokal geordnete simpliziale Komplexe bzw. Paare solcher Komplexe betrachtet werden.

Sind für jedes $p \geqq 0$ eine Gruppe C_p gegeben und für jedes $p > 0$ Homomorphismen ∂_i, so daß (FK 1), (FK 2), (FK 3) erfüllt sind, so sagen wir, daß ein F-Komplex vorliegt. In Einklang mit (1.3), (1.16) setzen wir dann $\partial = \sum_{i=0}^{p} (-1)^i \partial_i\colon C_p \to C_{p-1}$ für $p > 0$ und $\partial\colon C_0 \to 0$. Wegen (FK 3) folgt $\partial\partial = 0$ wie in (1.7). Für $p > 0$ setzen wir noch $\tilde\partial = \partial_p\colon C_p \to C_{p-1}$. $\tilde\partial$ bedeutet also, daß jeweils die letzte Seite gebildet wird. $\tilde\partial$ läßt sich iterieren. Wir setzen $\tilde\partial^0 \sigma_p{}^\lambda = \sigma_p{}^\lambda$ und $\tilde\partial^q \sigma_p{}^\lambda = \tilde\partial(\tilde\partial^{q-1}\sigma_p{}^\lambda)$ für $1 \leqq q \leqq p$. Dann ist $\tilde\partial^q \sigma_p{}^\lambda$ entweder ein Element der ausgezeichneten Basis von C_{p-q} oder 0. Entsprechend setzen wir $\partial_0{}^0 \sigma_p{}^\lambda = \sigma_p{}^\lambda$ und $\partial_0{}^q \sigma_p{}^\lambda = \partial_0(\partial_0{}^{q-1}\sigma_p{}^\lambda)$ für $1 \leqq q \leqq p$. Aus (FK 3) folgt damit für $(p+q+1)$-Ketten c_{p+q+1}

$$\tilde\partial^q \partial_i c_{p+q+1} = \begin{cases} \partial_i \tilde\partial^q c_{p+q+1} & \text{für } 0 \leqq i \leqq p+1, \\ \tilde\partial^{q+1} c_{p+q+1} & \text{für } p+1 \leqq i \leqq p+q+1, \end{cases}$$

$$\partial_0{}^p \partial_i c_{p+q+1} = \begin{cases} \partial_0{}^{p+1} c_{p+q+1} & \text{für } 0 \leqq i \leqq p, \\ \partial_{i-p} \partial_0{}^p c_{p+q+1} & \text{für } p \leqq i \leqq p+q+1. \end{cases} \tag{4.35}$$

Es sei nun K ein F-Komplex und Γ ein Ring. Wir setzen $C^p(K) = \operatorname{Hom}(C_p(K), \Gamma)$ und $\delta = \partial^t$ gemäß (4.23). Eine Kokette $u^p \in C^p(K)$ ist wegen 2.7 Satz 1 durch ihre Werte $\langle u^p, \sigma_p{}^\lambda\rangle$ auf den Elementen der ausgezeichneten Basis von $C_p(K)$ völlig bestimmt. Hiervon werden wir fortlaufend Gebrauch machen. Ist $u^p \in C^p(K)$,

$v^q \in C^q(K)$ mit $p, q \geqq 0$ und σ_{p+q} Element der ausgezeichneten Basis von C_{p+q}, so setzen wir

(4.36) $$\langle u^p \cup v^q, \sigma_{p+q} \rangle = \langle u^p, \tilde{\partial}^q \sigma_{p+q} \rangle \langle v^q, \partial_0{}^p \sigma_{p+q} \rangle .$$

Hierbei steht rechts ein Produkt in Γ. Damit ist eine $(p+q)$-Kokette $u^p \cup v^q$ definiert, sie heißt das cup-Produkt von u^p und v^q (in dieser Reihenfolge). (4.36) wird Alexander-Whitney-Formel genannt. Man beachte, daß (4.36) im allgemeinen nicht gilt, wenn σ_{p+q} durch eine beliebige $(p+q)$-Kette ersetzt wird, was man schon vermöge der Kette $-\sigma_{p+q}$ bei $\Gamma = \mathsf{Z}$ erkennt, weil in (4.36) rechts zwei Skalarprodukte stehen. Daher ist es wesentlich, ausgezeichnete Basen zur Verfügung zu haben. Aus (4.36) folgt wegen (4.3) und (4.34)

(4.37) $$(u_1{}^p + u_2{}^p) \cup v^q = u_1{}^p \cup v^q + u_2{}^p \cup v^q;\ u^p \cup (v_1{}^q + v_2{}^q) = u^p \cup v_1{}^q + u^p \cup v_2{}^q .$$

Auf $C_s(K)$ gilt wegen (FK 3) $\partial_0{}^p \tilde{\partial}^r = \tilde{\partial}^r \partial_0{}^p$ für $r + p \leqq s$. Damit folgt aus (4.36) und (4.33)

(4.38) $$(u^p \cup v^q) \cup w^r = u^p \cup (v^q \cup w^r),$$

denn auf einem Element σ der ausgezeichneten Basis von C_{p+q+r} haben beide Seiten den Wert $\langle u^p, \tilde{\partial}^{q+r}\sigma \rangle \langle v^q, \partial_0{}^p \tilde{\partial}^r \sigma \rangle \langle w^r, \partial_0{}^{p+q}\sigma \rangle$. Das cup-Produkt ist also distributiv bezüglich der Addition der Koketten und assoziativ. Wir beweisen nun

(4.39) $$\delta(u^p \cup v^q) = \delta u^p \cup v^q + (-1)^p u^p \cup \delta v^q .$$

Gehört σ zur ausgezeichneten Basis von C_{p+q+1}, so gilt

$$\langle \delta(u^p \cup v^q), \sigma \rangle \overset{(4.26)}{=} \langle u^p \cup v^q, \partial \sigma \rangle \overset{(4.2)}{=} \sum_{i=0}^{p+q+1} (-1)^i \langle u^p \cup v^q, \partial_i \sigma \rangle \overset{(\mathrm{FK2})}{=}$$

$$\sum_{i=0}^{p} (-1)^i \langle u^p, \tilde{\partial}^q \partial_i \sigma \rangle \langle v^q, \partial_0{}^{p+1}\sigma \rangle + \sum_{i=p+1}^{p+q+1} (-1)^i \langle u^p, \tilde{\partial}^{q+1}\sigma \rangle \langle v^q, \partial_0{}^p \partial_i \sigma \rangle \overset{(4.35)}{=}$$

$$\sum_{i=0}^{p+1} (-1)^i \langle u^p, \partial_i \tilde{\partial}^q \sigma \rangle \langle v^q, \partial_0{}^{p+1}\sigma \rangle + \sum_{i=p}^{p+q+1} (-1)^i \langle u^p, \tilde{\partial}^{q+1}\sigma \rangle \langle v^q, \partial_{i-p} \partial_0{}^p \sigma \rangle \overset{(4.34)}{=}$$

$$\langle u^p, \partial \tilde{\partial}^q \sigma \rangle \langle v^q, \partial_0{}^{p+1}\sigma \rangle + (-1)^p \langle u^p, \tilde{\partial}^{q+1}\sigma \rangle \langle v^q, \partial \partial_0{}^p \sigma \rangle \overset{(4.26)}{=}$$

$$\langle \delta u^p, \tilde{\partial}^q \sigma \rangle \langle v^q, \partial_0{}^{p+1}\sigma \rangle + (-1)^p \langle u^p, \tilde{\partial}^{q+1}\sigma \rangle \langle \delta v^q, \partial_0{}^p \sigma \rangle \overset{(4.36)}{=}$$

$$\langle \delta u^p \cup v^q, \sigma \rangle + (-1)^p \langle u^p \cup \delta v^q, \sigma \rangle .$$

Die beiden Summanden, die beim Übergang von der zweiten Zeile zur dritten hinzugefügt wurden, heben sich wegen (4.35) weg. Durch die Rechnung ist (4.39) bestätigt.

Setzt man noch $u^p \cup v^q = 0$ für $p < 0$ oder $q < 0$, so gilt (4.39) in diesen Fällen trivialerweise. Nun folgt aus (4.39): Sind u^p und v^q Kozyklen, so ist $u^p \cup v^q$ ein Kozyklus. Ist u^p bzw. v^q ein Kozyklus, so ist $u^p \cup \delta v^q$ bzw. $\delta u^p \cup v^q$ ein Korand. Ersetzt man hierbei noch q bzw. p durch $q - 1$ bzw. $p - 1$, so erhält man wegen (4.37), daß durch

(4.40) $$[u^p] \cup [v^q] = [u^p \cup v^q]$$

ein Produkt für Kohomologieklassen erklärt ist. Aus (4.38) und (4.37) folgt, daß es assoziativ und bezüglich der Addition von Kohomologieklassen distributiv ist. Wir bilden nun die direkte Summe $\sum_{r \geqq 0} H^r(K;\Gamma)$ und fassen die Gruppen $H^r(K;\Gamma)$ vermöge der zugehörigen Injektionen (vgl. 1.7) als Untergruppen der direkten Summe auf. Die von 0 verschiedenen Elemente von $H^r(K;\Gamma)$ heißen dann homogen vom Grade r. Dem Element 0 kommt kein Grad zu. Jedes von 0 verschiedene Element der direkten Summe ist eine Summe von endlich vielen homogenen Elementen. Das durch (4.40) definierte $\cup$-Produkt für homogene Elemente wird auf beliebige Elemente nun dadurch ausgedehnt, daß die Distributivität weiterhin bestehen soll, d. h. es soll die übliche Regel für das Ausmultiplizieren von Klammern gelten, wobei jedoch die Reihenfolge der Faktoren erhalten bleiben muß. Damit entsteht ein Ring, der Kohomologiering $H^*(K;\Gamma)$ des F-Komplexes K mit Koeffizienten in Γ. Wir schreiben $H^*(X;\Gamma)$ bzw. $H^*(X, A;\Gamma)$ bei $K = S(X)$ bzw. $K = S(X, A)$ und sprechen dann vom Kohomologiering des Raumes X bzw. von X mod A.

Es seien nun K und M F-Komplexe. Ein F-Homomorphismus $f\colon K \to M$ besteht aus je einem Homomorphismus $f_p\colon C_p(K) \to C_p(M)$ für $p \geqq 0$, so daß stets gilt $f_{p-1}\partial_i = \partial_i f_p$ für $0 \leqq i \leqq p$ und daß außerdem gilt: Gehört σ zur ausgezeichneten Basis von $C_p(K)$, so ist entweder $f\sigma = 0$ oder $f\sigma$ Element der ausgezeichneten Basis von $C_p(M)$. Das Kompositum zweier F-Homomorphismen ist hiernach wieder ein F-Homomorphismus, und ein F-Homomorphismus ist insbesondere eine Kettenabbildung.

Satz 1. *Ist $f\colon K \to M$ ein F-Homomorphismus, so induziert f einen Homomorphismus $f^*\colon H^*(M;\Gamma) \to H^*(K;\Gamma)$ der Kohomologieringe.*

Beweis. Die direkte Summe der Homomorphismen $f^*\colon H^q(M;\Gamma) \to H^q(K;\Gamma)$ für $q \geqq 0$ ist eine Abbildung $f^*\colon H^*(M;\Gamma) \to H^*(K;\Gamma)$, die jedenfalls mit der Addition vertauschbar ist. Gehört σ zur ausgezeichneten Basis von $C_{p+q}(K)$, so gilt nach Annahme über f

$$\langle f^t(u^p \cup v^q), \sigma\rangle = \langle u^p \cup v^q, f\sigma\rangle = \langle u^p, f\tilde{\partial}^q\sigma\rangle\,\langle v^q, f\partial_0{}^p\sigma\rangle = \langle f^t u^p \cup f^t v^q, \sigma\rangle .$$

Für Kozyklen u^p, v^q folgt hieraus wegen (4.40)

$$f^*[u^p] \cup f^*[v^q] = f^*([u^p] \cup [v^q]) \tag{4.41}$$

und damit die Behauptung.

Ist $f\colon (X, A) \to (Y, B)$ eine stetige Abbildung, so sind die induzierten Homomorphismen $f\colon S(X) \to S(Y)$ F-Homomorphismen wegen (1.14). Aus den Bemerkungen, die oben im Anschluß an (FK 1), (FK 2), (FK 3) gemacht wurden, folgt ohne weiteres, daß die Projektion $j\colon S(X) \to S(X, A)$ und auch $f\colon S(X, A) \to S(Y, B)$ F-homomorph sind. Aus Satz 1 folgt also

Satz 2. *Ist Γ ein Ring und $f\colon (X, A) \to (Y, B)$ stetig, so induziert f einen Homomorphismus $f^*\colon H^*(Y, B;\Gamma) \to H^*(X, A;\Gamma)$ der Kohomologieringe.*

Dies gilt natürlich insbesondere im absoluten Fall $A = B = \emptyset$, ebenso für die Inklusionen $i\colon A \to X$ und $j\colon (X, \emptyset) \to (X, A)$. Im letzten Falle rühren i^* und j^*

von den so bezeichneten Homomorphismen der Kohomologiefolge (4.30) her. Dagegen ergibt δ^* keinen Homomorphismus der Kohomologieringe $H^*(A;\Gamma)$ und $H^*(X, A;\Gamma)$, denn für homogene Elemente h_1^p und h_2^q vom Grade p bzw. q aus $H^*(A;\Gamma)$ sind $\delta^* h_1^p \cup \delta^* h_2^q$ und $\delta^*(h_1^p \cup h_2^q)$ homogene Elemente verschiedenen Grades.

Satz 3. *Es sei Γ ein Ring mit Einselement* 1 *und X ein topologischer Raum. Die* 0-*Kokette ε^0, die in allen Punkten von X den Wert $1 \in \Gamma$ hat, ist ein Kozyklus und Einselement von $H^*(X;\Gamma)$. Ist $f\colon Y \to X$ stetig, so ist $f^*\varepsilon^0$ das Einselement von $H^*(Y;\Gamma)$.*

Die Punkte von X sind hierbei als 0-Simplexe aufgefaßt. Man beachte, daß ein 0-Kozyklus zugleich Kohomologieklasse ist, weil es keine 0-Koränder gibt.

Beweis. Ist σ^1 ein 1-Simplex von X, so ist $\langle \delta\varepsilon^0, \sigma^1\rangle = \langle \varepsilon^0, \partial\sigma^1\rangle = \langle \varepsilon^0, \partial_0\sigma^1\rangle - \langle \varepsilon^0, \partial_1\sigma^1\rangle = 0$. Also ist ε^0 Kozyklus, und aus (4.36) folgt wegen (4.40) unmittelbar, daß ε^0 Einselement von $H^*(X;\Gamma)$ ist. Für $y \in Y$ ist $\langle f^t\varepsilon^0, y\rangle = \langle \varepsilon^0, f(y)\rangle = 1$, womit die zweite Behauptung folgt, da sie für $Y = \emptyset$ trivial ist.

Satz 4. *Ist X bzw. (X, A) ein topologischer Raum bzw. ein Raumpaar und Γ ein kommutativer Ring, so gilt in $H^*(X;\Gamma)$ bzw. $H^*(X, A;\Gamma)$ die Regel*

$$h_1^p \cup h_2^q = (-1)^{pq} h_2^q \cup h_1^p \quad \text{für } h_1^p \in H^p(X;\Gamma),\ h_2^q \in H^q(X;\Gamma). \tag{4.42}$$

Anmerkung. Das hierbei auftretende Vorzeichen ist der Normalfall bei Vertauschungen graduierter Elemente. Es tritt so auch in (4.39) auf, wenn man δ als Operator vom Grade 1 ansieht.

Beweis. Es kommt wegen (4.36) darauf an, ∂_0 und $\tilde{\partial}$ die Rollen tauschen zu lassen. Der Vorgang schließt an 2.4 an. Für das Standard-p-Simplex Δ_p mit den Ecken $0_p, 1_p, \ldots, p_p$ sei a_p diejenige affine Selbstabbildung, die i_p in $(p-i)_p$ abbildet für $i = 0, 1, \ldots, p$. Beachtet man, daß $\partial_i\Delta_p$ für $p > 0$ eine Abbildung von $|\Delta_{p-1}|$ in $|\Delta_p|$ ist, so erhält man wegen (1.13)

$$\partial_i a_p = a_p \partial_i \Delta_p = (\partial_{p-i}\Delta_p) a_{p-1} \quad \text{für } p > 0. \tag{4.43}$$

Wir setzen

$$\alpha_p \Delta_p = \varepsilon(p) a_p \quad \text{mit} \quad \varepsilon(p) = (-1)^{\frac{p(p+1)}{2}} \quad \text{für } p \geqq 0. \tag{4.44}$$

Das Vorzeichen $\varepsilon(p)$ ist das Signum der durch a_p bewirkten Eckenpermutation von Δ_p. Gemäß 2.4 Hilfssatz 1 wird $\alpha_p\Delta_p$ natürlich fortgesetzt. Für singuläre Simplexe $\sigma_p\colon |\Delta_p| \to X$ gilt also insbesondere

$$\alpha_p \sigma_p = \sigma_p \alpha_p \Delta_p = \varepsilon(p) \sigma_p a_p. \tag{4.45}$$

Wegen (4.43), (4.44) folgt hieraus

$$\partial_i \alpha_p \Delta_p = \varepsilon(p)(\partial_{p-i}\Delta_p) a_{p-1} = \varepsilon(p)\varepsilon(p-1)\alpha_{p-1}\partial_{p-i}\Delta_p.$$

Wegen 2.4 Hilfssatz 2 und $\varepsilon(p)\varepsilon(p-1) = (-1)^p$ folgt hieraus allgemein

$$\partial_i \alpha_p = (-1)^p \alpha_{p-1}\partial_{p-i}; \quad \partial\alpha_p = \alpha_{p-1}\partial \quad \text{für } p > 0. \tag{4.46}$$

Für $S(X)$ ergeben die α_p daher einen Homomorphismus $\alpha\colon S(X) \to S(X)$, und es besteht der transponierte Homomorphismus α^t für den Kokettenkomplex. Sei σ ein $(p+q)$-Simplex von X. Wegen (4.45) ist $\varepsilon(p+q)\alpha\sigma$ wieder ein singuläres Simplex. Wegen (4.2), (4.28), (4.46) folgt nun aus (4.36)

$$\begin{aligned}\langle\alpha^t(u^p \cup v^q), \sigma\rangle &= \langle u^p \cup v^q, \alpha\sigma\rangle = \varepsilon(p+q)\langle u^p \cup v^q, \varepsilon(p+q)\alpha\sigma\rangle\\ &= \varepsilon(p+q)\langle u^p, \tilde{\partial}^q\varepsilon(p+q)\alpha\sigma\rangle\langle v^q, \partial_0{}^p\varepsilon(p+q)\alpha\sigma\rangle\\ &= \varrho(p,q)\langle u^p, \alpha_p\partial_0{}^q\sigma\rangle\langle v^q, \alpha_q\tilde{\partial}^p\sigma\rangle = \varrho(p,q)\langle\alpha^t u^p, \partial_0{}^q\sigma\rangle\langle\alpha^t v^q, \tilde{\partial}^p\sigma\rangle,\end{aligned}$$

wobei $\varrho(p,q)$ eine Potenz von (-1) mit Exponenten

$$\frac{3}{2}(p+q)(p+q+1) + \sum_{i=1}^{q}(p+i) + \sum_{j=1}^{p}(q+j) \equiv pq \bmod 2$$

ist. Weil Γ kommutativ ist, folgt damit aus (4.36)

$$\alpha^t(u^p \cup v^q) = (-1)^{pq}\alpha^t v^q \cup \alpha^t u^p. \tag{4.47}$$

Nach (4.44) ist $\alpha_0\Delta_0 = \Delta_0$. Wegen (4.46) und 2.4 Satz 1 ist α homotop zur identischen Abbildung von $S(X)$. Sind u^p und v^q Kozyklen, so ändert α^t wegen 4.2 Satz 3 die Kohomologieklassen von $u^p \cup v^q$, u^p und v^q nicht. Damit folgt (4.42) aus (4.47) und (4.40) im absoluten Fall.

Wegen (2.29) ist α mit der Inklusion von $S(A)$ in $S(X)$ vertauschbar und induziert daher einen Homomorphismus $\bar{\alpha}$ von $S(X, A)$ in sich. Weil die Homotopie in 2.4 Satz 1 natürlich ist, folgt aus (2.29) und (2.2), daß $\bar{\alpha}$ zur identischen Abbildung von $S(X, A)$ homotop ist. Ist σ ein $(p+q)$-Simplex von X, das nicht auf A liegt, so gehört σ zur ausgezeichneten Basis von $C_{p+q}(X, A)$, und es ist $\bar{\alpha}\sigma = \alpha\sigma$. Damit folgt die Behauptung im relativen Fall wie zuvor.

4.5 Beispiele. Für endliche simpliziale Komplexe sind die Kohomologieringe im Prinzip berechenbar (unten Beispiel 1). Simpliziale Zerlegungen sind jedoch meist unübersichtlich, und vor allem ist die Anzahl der Simplexe zu groß, um Rechnungen tatsächlich ausführen zu können. Wir geben daher ein allgemeineres Verfahren an, das wir an einigen Beispielen durchführen.

Wenn es gelingen soll, $H^*(X; \Gamma)$ für einen topologischen Raum X auf direktem Wege zu bestimmen, so muß $S(X)$ durch einen F-Komplex ersetzt werden, der zu überblicken ist. Nehmen wir an, daß ein F-Komplex $F(X)$ und ein F-Homomorphismus $\varphi\colon F(X) \to S(X)$ vorliegen, so daß φ Isomorphismen der Homologiegruppen induziert. Weil F-Komplexe die Voraussetzungen von 2.7 Satz 3 (mit $L = 0$) erfüllen, ist dann φ eine Homotopie-Äquivalenz der Kettenkomplexe. Damit folgt aus 4.2 Satz 3 und 4.4 Satz 1, daß $\varphi^*\colon H^*(X; \Gamma) \to H^*(F(X); \Gamma)$ ein bijektiver Homomorphismus, also ein Isomorphismus ist. Um $F(X)$ und φ möglicherweise auffinden zu können, nehmen wir an, daß X eine Darstellung als Zellenkomplex $\mathfrak{K}$ mit orientierten Zellen besitzt. Gemäß 3.4 bestehen dann Kettenabbildungen $S(\mathfrak{K}) \xleftarrow{\alpha} N(\mathfrak{K}) \xrightarrow{\beta} E(\mathfrak{K})$, wobei $S(\mathfrak{K}) = S(X)$, $N(\mathfrak{K})$ bzw. $E(\mathfrak{K})$ der Komplex der normalen bzw. der Zellenketten, α die Inklusion und β eine Projektion ist. Es soll nun möglich sein, $\mathfrak{K}$, $F(\mathfrak{K})$ und den F-Homomorphismus $\varphi\colon F(\mathfrak{K}) \to S(\mathfrak{K})$ so zu finden, daß $\varphi(F(\mathfrak{K}))$ in dem Kettenkomplex $N(\mathfrak{K})$ liegt, daß also φ als Kettenabbildung von der Form $\alpha\psi$ ist und daß $\beta\psi$ Isomorphismen $(\beta\psi)_*$ der Homologiegruppen induziert.

(4.48)

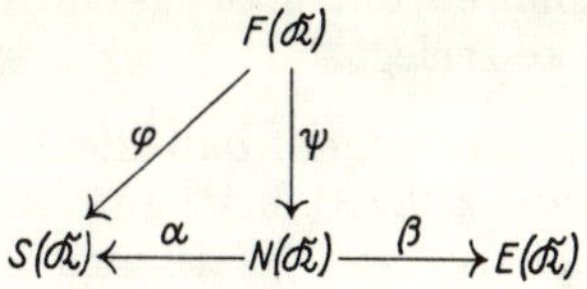

Weil α_* und β_* isomorph sind, sind dann auch $\psi_* = \beta_*^{-1}(\beta\psi)_*$ und $\varphi_* = (\alpha\psi)_*$ isomorph, und es hat φ die gewünschten Eigenschaften. In den folgenden Beispielen entsteht $F(\mathfrak{K})$ aus $\mathfrak{K}$ dadurch, daß geeignete singuläre Simplexe als charakteristische Abbildungen für die Zellen gewählt werden und daß noch geeignete „ausgeartete" singuläre Simplexe, falls nötig, hinzugenommen werden. φ und ψ sind dabei evidente Inklusionen: Die bei $F(\mathfrak{K})$ benutzten singulären Simplexe gehören zu $S(\mathfrak{K})$ und auch zu $N(\mathfrak{K})$, weil sie charakteristisch für die Zellen von $\mathfrak{K}$ oder „ausgeartet" sind.

Beispiele. 1. Lokal geordnete simpliziale Komplexe. Sei $\mathfrak{K}$ ein solcher Komplex und $F(\mathfrak{K})$ der Komplex der simplizialen Ketten von $\mathfrak{K}$. Faßt man simpliziale Ketten als singuläre auf, so entstehen φ, ψ in (4.48) als Inklusionen. Wegen (1.12), (1.13) ist φ F-homomorph, und wegen 3.4 Beispiel 1 ist $\beta\psi$ ein Isomorphismus der Kettenkomplexe $F(\mathfrak{K})$, $E(\mathfrak{K})$. Damit sind alle Voraussetzungen erfüllt und die singulären Kohomologieringe auf die simplizialen zurückgeführt.

2. Die Ringfläche $\mathfrak{o}_1$. Fig. 22 zeigt am zur Normalform gehörigen Polygon eine Zellenzerlegung in eine 0-Zelle, drei 1-Zellen und zwei 2-Zellen. Zugehörige singuläre Simplexe σ_0, $\sigma_1{}^j$ für $j = 1, 2, 3$ und $\sigma_2{}^i$ für $i = 1, 2$ sind so gewählt, daß gilt $\partial_0\sigma_1{}^j = \partial_1\sigma_1{}^j = \sigma_0$ und $\partial_0\sigma_2{}^1 = \sigma_1{}^1 = \partial_2\sigma_2{}^2$; $\partial_1\sigma_2{}^1 = \sigma_1{}^2 = \partial_1\sigma_2{}^2$; $\partial_2\sigma_2{}^1 = \sigma_1{}^3 = \partial_0\sigma_2{}^2$. Damit ist $F(\mathfrak{K})$ beschrieben. Die Bedingungen (FK 1), (FK 2), (FK 3) in 4.4 sind erfüllt, und φ, ψ ergeben sich in natürlicher Weise als Inklusionen. Versieht man die Zellen mit den von den Simplexen herrührenden Orientierungen (vgl. 3.1 Satz 2), so ist $E(\mathfrak{K})$ festgelegt und $\beta\psi$ ein Kettenisomorphismus. Es sei $\Gamma = \mathsf{Z}$. Entsprechend (4.31) geben wir Koketten von $F(\mathfrak{K})$ an. $\bar{\mathfrak{e}}^0$ ist durch $\langle\bar{\mathfrak{e}}^0, \sigma_0\rangle = 1$ bestimmt. Es habe $\langle\bar{\mathfrak{e}}_i{}^1, \sigma_1{}^j\rangle$ den Wert 1 für $i = j$ und den Wert 0 für $i \neq j$ $(i, j = 1, 2, 3)$. Entsprechendes gelte für $\langle\bar{\mathfrak{e}}_i{}^2, \sigma_2{}^j\rangle$ mit $i, j = 1, 2$. Dann gilt $\delta\bar{\mathfrak{e}}_i{}^1 = (-1)^{i+1}(\bar{\mathfrak{e}}_1{}^2 + \bar{\mathfrak{e}}_2{}^2)$. Also ist $\bar{\mathfrak{e}}_1{}^2$ kohomolog zu $-\bar{\mathfrak{e}}_2{}^2$, und es besteht $H^2(F(\mathfrak{K}))$ aus den Vielfachen der Klasse $[\bar{\mathfrak{e}}_1{}^2]$. Für C^1 kann als Basis $u = \bar{\mathfrak{e}}_2{}^1 + \bar{\mathfrak{e}}_3{}^1$, $v = \bar{\mathfrak{e}}_1{}^1 - \bar{\mathfrak{e}}_3{}^1$, $w = \bar{\mathfrak{e}}_3{}^1$ genommen werden. Dabei sind u und v Kozyklen, die von 0 verschiedenen Vielfachen von w dagegen nicht. Weil es keine 1-Koränder gibt, bilden u und v eine Basis von $H^1(F(\mathfrak{K}))$. Wegen (4.42) ist $u \cup u = v \cup v = 0$, und es genügt, $u \cup v$ zu berechnen. Wegen (4.36) ist $\langle u \cup v, \sigma_2{}^1\rangle = \langle\bar{\mathfrak{e}}_2{}^1 + \bar{\mathfrak{e}}_3{}^1, \sigma_1{}^3\rangle\,\langle\bar{\mathfrak{e}}_1{}^1 - \bar{\mathfrak{e}}_3{}^1, \sigma_1{}^1\rangle = 1$ und $\langle u \cup v, \sigma_2{}^2\rangle = 0$, also $[u \cup v] = [\bar{\mathfrak{e}}_1{}^2]$ wegen (4.40). $\bar{\mathfrak{e}}^0$ ist das Einselement von

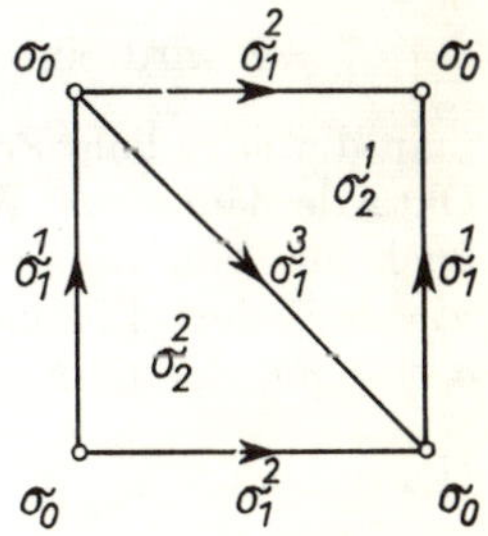

Fig. 22

$H^*(F(\mathfrak{K}); \mathsf{Z})$, womit dieser Ring bestimmt ist. Bei anderer Wahl von Γ (mit Einselement) kann die Berechnung entsprechend erfolgen. Man beachte aber, daß für $\Gamma = \mathsf{Z}_2$ aus (4.42) nichts über $u \cup u$ folgt. Bei anderen geschlossenen Flächen kann man entsprechend vorgehen. Abgesehen vom trivialen Fall $\mathfrak{o}_0$ und von $\mathfrak{n}_1$ kann man $\mathfrak{K}$ und $F(\mathfrak{K})$ dadurch erhalten, daß man das zur Normalform gehörige Polygon durch Diagonalen in Dreiecke zerlegt.

3. Gegenbeispiel. Wir wollen zeigen, daß die Kohomologieringe noch nicht durch den Zellenkettenkomplex $E(\mathfrak{K})$ bestimmt sind. Es entstehe $\mathfrak{K}$ dadurch (Fig. 23), daß an eine 2-Sphäre zwei Kreislinien in einem Punkte angehängt werden. Es liegen vor: Eine 0-Zelle, zwei 1-Zellen und eine 2-Zelle mit charakteristischen singulären Simplexen $\sigma_0, \sigma_1^1, \sigma_1^2, \sigma_2^1$. Wir nehmen hilfsweise singuläre Simplexe σ_1^0, σ_2^0 hinzu, die Δ_1 bzw. Δ_2 in den Punkt σ_0 abbilden. Dabei gilt $\partial_i \sigma_1^j = \sigma_0$, $\partial_j \sigma_2^i = \sigma_1^0$ für $i = 0, 1$; $j = 0, 1, 2$. Damit liegt $F(\mathfrak{K})$ vor. φ und ψ in (4.48) sind evidente Inklusionen. $\sigma_2^1 - \sigma_2^0$ bzw. σ_1^1, σ_1^2 bzw. σ_0 sind Basen für $H_2(F(\mathfrak{K}))$ bzw. $H_1(F(\mathfrak{K}))$, $H_0(F(\mathfrak{K}))$. Bei β werden σ_2^0 und σ_1^0 in 0 abgebildet. Damit folgt mühelos, daß $(\beta\psi)_*$ isomorph ist, also alle Voraussetzungen erfüllt sind. Es sei $\Gamma = \mathsf{Z}$. Entsprechend Beispiel 2 werden Koketten $\bar{\mathfrak{e}}_j^1$ für $j = 0, 1, 2$ gewählt, so daß $\bar{\mathfrak{e}}_j^1$ auf σ_1^j den Wert 1 und auf den anderen 1-Simplexen den Wert 0 hat.

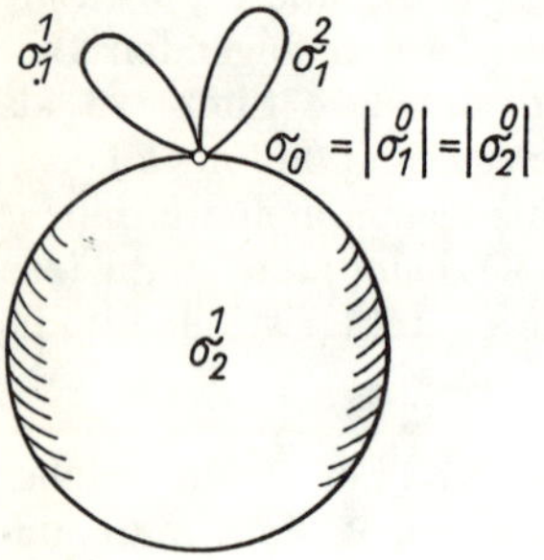

Fig. 23

$\bar{\mathfrak{e}}_1^1$ und $\bar{\mathfrak{e}}_2^1$ sind eine Basis für $H^1(F(\mathfrak{K}))$, denn es ist $\delta\bar{\mathfrak{e}}_1^1 = \delta\bar{\mathfrak{e}}_2^1 = 0$, $\delta\bar{\mathfrak{e}}_0^1 \neq 0$, und es gibt keine 1-Koränder. Wegen $\partial_j \sigma_2^i = \sigma_1^0$ folgt $\bar{\mathfrak{e}}_1^1 \cup \bar{\mathfrak{e}}_2^1 = 0$, und es ist $\bar{\mathfrak{e}}_1^1 \cup \bar{\mathfrak{e}}_1^1 = \bar{\mathfrak{e}}_2^2 \cup \bar{\mathfrak{e}}_2^2 = 0$ wegen (4.42). Der hier vorliegende Kohomologiering ist also von $H^*(\mathfrak{o}_1; \mathsf{Z})$ verschieden. Dagegen ist hier $E(\mathfrak{K})$ isomorph zu dem Komplex der Zellenketten, der in 3.5 Beispiel 3 für $\mathfrak{o}_1$ angegeben wurde.

4. Der reelle n-dimensionale projektive Raum P^n. Wir[1]) stellen zunächst eine simpliziale Zerlegung von S^n her, die bei Diametralpunktvertauschung in sich übergeht. In R^{n+1} seien $y_0, y_1, \ldots, y_n$ cartesische Koordinaten. Durch $\sum_{\nu=0}^{n} |y_\nu| = 1$ wird eine Hyperfläche beschrieben, die zu S^n homöomorph ist, wie man durch radiale Projektion vom Nullpunkt aus erkennt. Für $n = 2$ liegt eine Oktaederfläche vor. Wir bezeichnen jetzt diese Hyperfläche mit S^n und sprechen auch hier von Diametralpunktvertauschung, die mit ϱ bezeichnet werde. Es sei $a_\nu = a_\nu^1$ der Einheitspunkt der ν-ten Koordinatenachse $(\nu = 0, 1, \ldots, n)$, $a_\nu^{-1} = \varrho a_\nu$ der Diametralpunkt. Die geordneten affinen Simplexe

$$a^{\varepsilon_0, \varepsilon_1, \ldots, \varepsilon_q}_{\nu_0, \nu_1, \ldots, \nu_q} = \langle a^{\varepsilon_0}_{\nu_0}, a^{\varepsilon_1}_{\nu_1}, \ldots, a^{\varepsilon_q}_{\nu_q} \rangle \tag{4.49}$$

mit $0 \leqq \nu_0 < \nu_1 < \ldots < \nu_q \leqq n$, $\varepsilon_i = \pm 1$ und $0 \leqq q \leqq n$ bilden eine simpliziale Zerlegung von S^n mit lokaler Eckenordnung. Bei ϱ wird das Simplex (4.49) ordnungstreu auf dasjenige abgebildet, das aus (4.49) durch Multiplikation der

[1]) Die folgende Berechnung ist eine veränderte Fassung der bei Hilton and Wylie, Homology Theory, Cambridge 1960, ausgeführten.

„Exponenten“ $\varepsilon_0, \varepsilon_1, \ldots, \varepsilon_q$ mit -1 entsteht. Vermöge der Kegelkonstruktion 2.2 definieren wir rekursiv simpliziale Ketten c_q für $0 \leqq q \leqq n$. Gemäß (2.4), (2.6) sei

$$(4.50) \qquad c_0 = a_n; \; c_q = a_{n-q}(\varrho c_{q-1} + (-1)^q c_{q-1}) \quad \text{für } 1 \leqq q \leqq n.$$

Durch vollständige Induktion ergibt sich, daß in c_q nur Simplexe (4.49) vorkommen, und zwar nur solche, für die $\nu_0 = n - q$ und $\varepsilon_0 = 1$ ist. Unter diesen ist genau eines (das „erste“), dessen „Exponenten“ alternieren, d. h. es ist $\varepsilon_i = (-1)^i$ für dieses Simplex. Es hat in c_q den Koeffizienten $+1$. Wegen $\varrho^2 = id$ folgt aus (4.50) und (2.7) wieder durch vollständige Induktion

$$(4.51) \qquad \partial c_q = \varrho c_{q-1} + (-1)^q c_{q-1} = (-1)^q \partial \varrho c_q \quad \text{für } 1 \leqq q \leqq n.$$

Es sei nun $\tau \colon S^n \to P^n$ die Diametralpunktidentifizierung. Die simpliziale Zerlegung von S^n mit den Simplexen (4.49) geht vermöge τ in eine Zellenzerlegung $\mathfrak{K}$ von P^n über. Wendet man τ und $\tau\varrho$ auf ein Simplex (4.49) an, so erhält man dasselbe singuläre Simplex auf P^n, und dieses ist eine charakteristische Abbildung für eine Zelle von $\mathfrak{K}$, die damit zugleich orientiert wird (vgl. 3.1 Satz 2). Wegen (1.17) ist ∂_i vertauschbar mit den von τ und ϱ induzierten Kettenabbildungen. Damit erhält man aus (4.49) vermöge τ den F-Komplex $F(\mathfrak{K})$. Wieder bestehen evidente Inklusionen φ, ψ gemäß (4.48). $\beta\psi$ ist ein Isomorphismus von Kettenkomplexen wie im simplizialen Falle (3.4 Beispiel 1). Es wird nämlich jedes Simplex (4.49) durch τ simplizial und topologisch auf einen simplizialen Unterkomplex von $\mathfrak{K}$ abgebildet. Damit liegt der Sachverhalt von (4.48) vor. Zur Vereinfachung der Schreibweise lassen wir $F(\mathfrak{K})$ mit $E(\mathfrak{K})$ zusammenfallen, d. h. wir sehen die Linearkombinationen der Simplexe von $F(\mathfrak{K})$ als die Zellenketten von $E(\mathfrak{K})$ an und übertragen die Seitenoperatoren von $F(\mathfrak{K})$ auf $E(\mathfrak{K})$ vermöge $\beta\psi$. Es sei $\Gamma = \mathsf{Z}$. Für $E(\mathfrak{K}) = F(\mathfrak{K})$ definieren wir Koketten u^q für $0 \leqq q \leqq n$ durch

$$(4.52) \qquad \langle u^q, \tau a^{\varepsilon_0, \varepsilon_1, \ldots, \varepsilon_q}_{\nu_0, \nu_1, \ldots, \nu_q} \rangle = \begin{cases} 1 \text{ wenn } \varepsilon_0, \varepsilon_1, \ldots, \varepsilon_q \text{ alternierend,} \\ 0 \text{ sonst.} \end{cases}$$

Dabei gelte ε_0 als alternierend für $a_\nu^{\varepsilon_0}$. Ist a_{p+q} ein $(p+q)$-Simplex der Gestalt (4.49), so sind die „Exponenten“ in $\tilde{\partial}^q a_{p+q}$ und $\partial_0{}^p a_{p+q}$ nur dann gleichzeitig alternierend, wenn es die „Exponenten“ von a_{p+q} sind. Wegen (4.36) und (4.50) folgt damit

$$(4.53) \qquad u^p \cup u^q = u^{p+q} \quad \text{für } 0 \leqq p + q \leqq n,$$

$$(4.54) \qquad \langle u^q, \tau \ddot{c}_q \rangle = 1 \quad \text{für } 0 \leqq q \leqq n.$$

Eine Diskussion der Werte $\langle u^1, \tau\partial a^{\varepsilon_0, \varepsilon_1, \varepsilon_2}_{\nu_0, \nu_1, \nu_2} \rangle$, wobei man sich wegen $\tau\varrho = \tau$ auf $\varepsilon_0 = 1$ beschränken kann und dann nur $\varepsilon_1, \varepsilon_2$ eine Rolle spielen, ergibt $\delta u^1 = 2u^2$. Durch vollständige Induktion folgt damit aus (4.53) und (4.39)

$$(4.55) \qquad \delta u^{2i} = 0 \text{ für } 0 \leqq 2i \leqq n; \; \delta u^{2i+1} = 2u^{2i+2} \text{ für } 1 \leqq 2i + 1 < n.$$

Die zunächst willkürlich erscheinende Definition (4.52) wird sich nun dadurch rechtfertigen, daß wir neben $\mathfrak{K}$ eine einfachere Zellenzerlegung $\mathfrak{M}$ von P^n betrachten. Wir setzen $x_{\nu+1} = y_{n-\nu}$ für $0 \leqq \nu \leqq n$ und bilden dann die Zerlegung $\mathfrak{M}$ von 3.5 Beispiel 2 mit Zellen $e_0, e_1, \ldots, e_n$. Aus (4.50), (4.51) folgt, daß τc_q ein relativer Zyklus von $\bar{e}_q$ mod $\bar{e}_q - e_q$ ist, der eine Orientierung von e_q darstellt.

Sei $\mathfrak{e}_q$ die Homologieklasse von τc_q mod $\bar{e}_q - e_q$. Wegen $\tau = \tau \varrho$ erhält man nun vermöge (4.51) $1 + (-1)^q$ als Inzidenzzahl von $\mathfrak{e}_q$ und $\mathfrak{e}_{q-1}$ für $1 \leqq q \leqq n$. Damit ist $E(\mathfrak{M})$ beschrieben, und es liegt der Sachverhalt von 3.5 Beispiel 2 vor. Es sei $\bar{\mathfrak{e}}^q$ die Kokette von $E(\mathfrak{M})$, die auf $\mathfrak{e}_q$ den Wert $1 \in \mathsf{Z}$ hat. Die identische Abbildung von P^n ergibt nun eine zellenartige Abbildung $f\colon \mathfrak{M} \to \mathfrak{K}$ und damit eine Kettenabbildung $f_E\colon E(\mathfrak{M}) \to E(\mathfrak{K})$ gemäß (3.17). Nach Definition von $\mathfrak{e}_q$ ist $f_E\, \mathfrak{e}_q = \tau c_q$. Damit folgt aus (4.54) $\langle f_E{}^t u^q, \mathfrak{e}_q\rangle = \langle u^q, \tau c_q\rangle = 1$, also $f_E{}^t u^q = \bar{\mathfrak{e}}^q$. Durch Vergleich mit 4.3 Beispiel 5 folgt nun wegen (4.55), daß u^{2i} für $2 \leqq 2i \leqq n$ das von 0 verschiedene Element von $H^{2i}(E(\mathfrak{K}), \mathsf{Z})$ repräsentiert und daß u^0 das Einselement des Kohomologieringes ist. Zusammen mit (4.53) ergibt sich schließlich:

Bezeichnet h^{2i} das von 0 verschiedene Element von $H^{2i}(P^n, \mathsf{Z})$ für $2 \leqq 2i \leqq n$, so gilt $h^{2i} \cup h^{2j} = h^{2(i+j)}$ für $2(i + j) \leqq n$.

In (4.52) sind nur die Werte 0 und 1 benutzt. Setzt man $\Gamma = \mathsf{Z}_2$, so erhält man entsprechend:

Bezeichnet k^i das von 0 verschiedene Element von $H^i(P^n, \mathsf{Z}_2)$ für $0 \leqq i \leqq n$, so gilt $k^i \cup k^j = k^{i+j}$ für $0 \leqq i + j \leqq n$.

4.6 cap-Produkt. Der Einfachheit halber beschränken wir uns hier auf Ketten und Koketten eines topologischen Raumes X. Es wird klar sein, wie die Verallgemeinerung auf F-Komplexe und damit auf Raumpaare und auf simpliziale Ketten vorzunehmen ist. Es sei Γ zunächst eine additive Gruppe. Wir vereinbaren, für $\gamma \in \Gamma$ und $n \in \mathsf{Z}$ unter γn das Element $n\gamma$ von Γ zu verstehen [vgl. (2.23)]. Die Definition (4.36) des cup-Produktes legt es nahe, Ausdrücke der Gestalt $\langle v^q, \partial_0{}^p \sigma_{p+q}\rangle \tilde{\partial}^q \sigma_{p+q}$ zu betrachten. Für $v^q \in C^q(X; \Gamma)$ stellen sie spezielle p-Ketten mit Koeffizienten in Γ dar. Wir setzen

(4.56) $$v^q \cap \sum_\lambda n_\lambda \overset{\lambda}{\sigma}_{p+q} = \sum_\lambda \langle v^q, \partial_0{}^p \overset{\lambda}{\sigma}_{p+q}\rangle n_\lambda \tilde{\partial}^q \overset{\lambda}{\sigma}_{p+q} \quad \text{für } p, q \geqq 0.$$

Damit wird v^q und $c_{p+q} \in C_{p+q}(X; \mathsf{Z})$ eine Kette $v^q \cap c_{p+q} \in C_p(X; \Gamma)$ zugeordnet. Sie heißt das c a p - P r o d u k t von v^q und c_{p+q}. Aus (4.56) folgt wegen (4.3) unmittelbar

(4.57) $$\begin{aligned} (v_1{}^q + v_2{}^q) \cap c_{p+q} &= v_1{}^q \cap c_{p+q} + v_2{}^q \cap c_{p+q}, \\ v^q \cap (\overset{(1)}{c}_{p+q} + \overset{(2)}{c}_{p+q}) &= v^q \cap \overset{(1)}{c}_{p+q} + v^q \cap \overset{(2)}{c}_{p+q}. \end{aligned}$$

Das $\cap$-Produkt ist also beiderseits distributiv. Einer Assoziativitätsformel steht bisher entgegen, daß für Ketten in $C_p(X; \Gamma)$ mit $\Gamma \neq \mathsf{Z}$ noch kein cap-Produkt erklärt ist. Um Weitläufigkeiten zu vermeiden, beschränken wir uns auf den Fall, daß Γ ein Ring ist. Nun soll (4.56) auch dann gelten, wenn die Koeffizienten n_λ in Γ liegen. Wegen (4.34) gilt (4.57) dann auch für Ketten aus $C_{p+q}(X; \Gamma)$. Vermöge (4.33), (4.35), (4.36) bestätigt man, daß nun gilt

(4.58) $$u^p \cap (v^q \cap c_{p+q+r}) = (u^p \cup v^q) \cap c_{p+q+r}$$

für $u^p \in C^p(X; \Gamma)$, $v^q \in C^q(X; \Gamma)$ und c_{p+q+r} aus $C_{p+q+r}(X; \mathsf{Z})$ oder auch aus $C_{p+q+r}(X; \Gamma)$. Wenn Γ nicht kommutativ ist, ist es im letzten Falle wesentlich, daß in (4.56) rechts die Koeffizienten n_λ hinter dem Skalarprodukt stehen. Hat Γ ein Einselement, so stehen das cap-Produkt und das Skalarprodukt in enger Beziehung. Es ist dann nämlich

$$\langle \varepsilon^0, u^p \cap c_p \rangle = \langle u^p, c_p \rangle, \tag{4.59}$$

wobei ε^0 die Kokette von 4.4 Satz 3 ist.

Entsprechend (4.39) erhält man durch Rechnung

$$\partial (v^q \cap c_{p+q+1}) = v^q \cap \partial c_{p+q+1} + (-1)^{p+1} \delta v^q \cap c_{p+q+1}. \tag{4.60}$$

Entsprechend (4.40) folgt hieraus, daß durch

$$[v^q] \cap [c_{p+q}] = [v^q \cap c_{p+q}] \tag{4.61}$$

für $v^q \in Z^q(X; \Gamma)$, c_{p+q} aus $Z_{p+q}(X; \Gamma)$ oder aus $Z_{p+q}(X; \mathsf{Z})$ ein cap-Produkt für Kohomologie- und Homologieklassen definiert wird. (4.57), (4.58) und (4.59) gelten dafür entsprechend.

Sei nun $f\colon X \to X'$ stetig, σ_{p+q} ein Simplex auf X und $'v^q \in C^q(X'; \Gamma)$. Aus (4.56) folgt dann wegen (2.26)

$$\begin{aligned} 'v^q \cap f\sigma_{p+q} &= \langle 'v^q, \partial_0{}^p f\sigma_{p+q} \rangle \tilde{\partial}^q f\sigma_{p+q} \\ &= \langle f^t\, 'v^q, \partial_0{}^p \sigma_{p+q} \rangle f \tilde{\partial}^q \sigma_{p+q} = f(f^t\, 'v^q \cap \sigma_{p+q}). \end{aligned}$$

Für $(p+q)$-Ketten von X folgt damit $'v^q \cap f c_{p+q} = f(f^t\, 'v^q \cap c_{p+q})$. Wegen (4.61) ergibt sich nun

$$['v^q] \cap f_*[z_{p+q}] = f_*(f^*['v^q] \cap [z_{p+q}]). \tag{4.62}$$

Hierbei ist $['v^q] \in H^q(X'; \Gamma)$ und $[z_{p+q}]$ aus $H_{p+q}(X; \Gamma)$ oder aus $H_{p+q}(X; \mathsf{Z})$.

Das $\cap$-Produkt ist die Grundlage für Dualitätssätze der Homologietheorie. Für kompakte Polyeder fallen diese zusammen in folgenden

Dualitätssatz (Poincaré-Alexander-Lefschetz). *Es sei X ein endlicher simplizialer Komplex, A ein Unterkomplex und $X - A$ eine orientierbare n-dimensionale Mannigfaltigkeit. Dann ist $H^q(X, A; G)$ isomorph zu $H_{n-q}(X - A; G)$ bei beliebiger Koeffizientengruppe G. Ist $X - A$ eine nicht-orientierbare n-dimensionale Mannigfaltigkeit, so besteht die Isomorphie für $G = \mathsf{Z}_2$.*

Wir führen den Beweis nicht aus[1]). Er beruht darauf, daß $X - A$ einen Unterkomplex einer Unterteilung von X als Deformationsretrakt besitzt. Die Isomorphie ergibt sich mit simplizialen Homologie- und Kohomologiegruppen vermöge des $\cap$-Produkts mit einem geeigneten simplizialen n-Zyklus von X mod A. Für zusammenhängendes X und $A = \emptyset$ ergibt sich der Poincarésche Dualitätssatz. Die Isomorphie wird dann für $h^q \in H^q(X; G)$ hergestellt durch $h^q \to h^q \cap \omega_n$, wobei ω_n ein erzeugendes Element von $H_n(X; \mathsf{Z})$ bzw. $H_n(X; \mathsf{Z}_2)$ ist. Ist X eine Triangulation von S^n und $A \neq \emptyset, X$, so entsteht die einfachste Fassung des Alexanderschen Dualitätssatzes, wobei $H^q(X, A; G)$ vermöge der exakten

---

[1]) Die Beweismethode findet man etwa bei Cairns, Introductory Topology, New York 1961.

Kohomologiefolge für (S^n, A) auf $H^{q-1}(A; G)$ zurückgeführt werden kann. Der Poincarésche Dualitätssatz gilt, unabhängig von der (nicht erwiesenen) Triangulierbarkeit, für beliebige kompakte Mannigfaltigkeiten. Will man sich in den anderen Fällen von den Triangulierbarkeitsforderungen des Satzes befreien, so sind andere Homologietheorien erforderlich. Ist beispielsweise A eine beliebige abgeschlossene Teilmenge von $S^n = X$, so gilt der Satz im allgemeinen nicht für die singulären Homologie- und Kohomologiegruppen. Die Dualitätssätze, die an den obigen Satz anknüpfen, gehören nur teilweise zur singulären Homologietheorie. Der Vorzug dieser Theorie besteht in ihrer engen Verbindung zur Homotopietheorie. So ist es beispielsweise gelungen, den Homotopietyp von Zellenkomplexen durch Homotopiegruppen und Invarianten der singulären Kohomologietheorie zu charakterisieren (Postnikov).

4.7 Moduln. Wir haben Anlaß gehabt, Homologie- und Kohomologiegruppen mit Koeffizienten in einem Ring Γ zu betrachten. Dabei kann noch eine Operation von Γ auf diesen Gruppen erklärt werden, wodurch sie zu Γ-Moduln werden. Entsprechendes gilt, wenn allgemeiner der Koeffizientenbereich ein Γ-Modul ist. Wir begnügen uns mit einigen Hinweisen.

Sei Γ ein Ring mit Einselement 1. Ein (unitärer) Γ-Linksmodul A ist eine additive Gruppe, bei der ein Produkt $\gamma a \in A$ für $\gamma \in \Gamma$ und $a \in A$ erklärt ist, so daß gilt

$$\left.\begin{aligned} \gamma(a_1 + a_2) &= \gamma a_1 + \gamma a_2 \\ (\gamma_1 + \gamma_2)a &= \gamma_1 a + \gamma_2 a \end{aligned}\right\} \text{Distributivität}$$
$$\gamma_1(\gamma_2 a) = (\gamma_1\gamma_2)a \qquad \text{Assoziativität}$$
$$1a = a$$

Der Unterschied zu einem Vektorraum besteht also lediglich darin, daß der Operatorenbereich ein Ring ist und kein Körper zu sein braucht. Das Assoziativgesetz kann auch die Gestalt $\gamma_1(\gamma_2 a) = (\gamma_2\gamma_1)a$ haben. In diesem Falle spricht man von einem Γ-Rechtsmodul und schreibt üblicherweise die Elemente aus Γ von rechts an, so daß das Assoziativgesetz die Gestalt $(a\gamma_2)\gamma_1 = a(\gamma_2\gamma_1)$ annimmt. Die beiden Distributivgesetze sind entsprechend zu formulieren. Ist Γ kommutativ, so fallen Links- und Rechtsmoduln zusammen. Man spricht dann von Moduln schlechthin.

Jede additive Gruppe G ist vermöge der Vielfachen ng für $n \in \mathbf{Z}$ und $g \in G$ (III.4.1) ein $\mathbf{Z}$-Modul, was wir in den Formeln häufig ausdrücklich berücksichtigt haben. Ist Γ ein Ring mit 1-Element, so bilden die Elemente von Γ eine additive Gruppe, die vermöge der Multiplikation mit Elementen aus Γ von links (bzw. von rechts) ein Γ-Linksmodul ${}_\Gamma\Gamma$ (bzw. Γ-Rechtsmodul Γ_Γ) ist.

Wir beschränken uns im Folgenden auf Linksmoduln. Es wird klar sein, wie die entsprechenden Aussagen für Rechtsmoduln lauten. Es seien B und C Γ-Linksmoduln. Ein Homomorphismus $\varphi\colon B \to C$ ist ein Homomorphismus für die additiven Gruppen, der die Bedingung $\varphi(\gamma b) = \gamma\varphi(b)$ für alle $\gamma \in \Gamma$ und alle $b \in B$ erfüllt. Eine Teilmenge A von B heißt Untermodul, wenn A Untergruppe der additiven Gruppe B ist und für $a \in A$, $\gamma \in \Gamma$ stets $\gamma a \in A$ gilt. Ist A Untermodul von B, so wird die Faktorgruppe B/A vermöge $\gamma[b] = [\gamma b]$ für $b \in B$ und $[b] = b + A$ zum Γ-Linksmodul, dem Quotienten von B nach A, und die Projektion $B \to B/A$

zum Modulhomomorphismus. Ist $\{A_\lambda\}$ eine Familie von Γ-Linksmoduln, so ist das direkte Produkt $\prod A_\lambda$ vermöge $\gamma\{a_\lambda\} = \{\gamma a_\lambda\}$ wieder Γ-Linksmodul, entsprechendes gilt für die direkte Summe. Eine Familie $\{b_\lambda\}$ von Elementen des Moduls B heißt Basis, wenn sich jedes $b \in B$ auf genau eine Weise als Linearkombination $b = \sum \gamma_\lambda b_\lambda$ darstellen läßt, wobei $\gamma_\lambda \in \Gamma$ und $\gamma_\lambda \neq 0$ nur für endlich viele λ ist. Ein Modul heißt frei, wenn er eine Basis besitzt oder nur aus dem Element 0 besteht.

In Verallgemeinerung von 1.3 können Kettenkomplexe $\{C_q, \partial^{(q)}\}$ betrachtet werden, bei denen die C_q Γ-Linksmoduln und die $\partial^{(q)}$ Modulhomomorphismen sind, und für topologische Räume und Raumpaare können Homologiegruppen mit Koeffizienten in einem Γ-Linksmodul definiert werden. Die Homologiegruppen sind dann ebenfalls Γ-Linksmoduln. § 1, § 2 mit Ausnahme des Endes von 2.7, wo dies ausdrücklich vermerkt ist, und 3.1 bleiben hierfür unverändert bestehen.

Sind A und B Γ-Linksmoduln, so bilden die Homomorphismen von A in B eine additive Gruppe $\mathrm{Hom}_\Gamma(A, B)$. Ist A eine additive Gruppe und B ein Γ-Linksmodul, so wird die Gruppe $\mathrm{Hom}(A, B) = \mathrm{Hom}_{\mathbf{Z}}(A, B)$ vermöge $(\gamma u)(a) = \gamma u(a)$ für $\gamma \in \Gamma$, $u \in \mathrm{Hom}(A, B)$, $a \in A$ zum Γ-Linksmodul. Ist Γ kommutativ, so wird $\mathrm{Hom}_\Gamma(A, B)$ für Γ-Moduln A, B auf diese Weise ebenfalls zum Γ-Modul. 4.2, außer Satz 1, und 4.3 lassen sich damit ohne weiteres übertragen. Ist Γ kommutativ, so ist in 4.4 die Modulstruktur der Kohomologiegruppen mit der Ringstruktur von $H^*(K; \Gamma)$ verträglich. Es gilt dann $\gamma(h \cup k) = \gamma h \cup k = h \cup \gamma k$ für $\gamma \in \Gamma$; $h, k \in H^*(K; \Gamma)$. $H^*(K; \Gamma)$ ist damit eine Algebra über Γ.

Für einen topologischen Raum X ergeben (4.57) und (4.58), daß die direkte Summe $H_*(X; \Gamma) = \sum_{q \geqq 0} H_q(X; \Gamma)$ vermöge des $\cap$-Produkts ein Linksmodul über $H^*(X; \Gamma)$ ist. Für kommutatives Γ ergibt sich wieder Verträglichkeit mit der Operation von Γ auf $H_*(X; \Gamma)$ und $H^*(X; \Gamma)$.

Sei (X, A) ein Raumpaar und $i: A \to X$ die Inklusion. $H^*(X; \Gamma)$ kann als Rechtsmodul über sich aufgefaßt werden. Vermöge $(h, k) \to h \cup i^* k$ für $h \in H^*(A; \Gamma)$, $k \in H^*(X; \Gamma)$ wird $H^*(A; \Gamma)$ zum Rechtsmodul über $H^*(X; \Gamma)$, und es ist dann i^* ein Modulhomomorphismus, wie ohne weiteres vermöge 4.4 Satz 2 mit A statt (X, A) und X statt (Y, B) folgt. Auch $H^*(X, A; \Gamma)$ kann zum Rechtsmodul über $H^*(X; \Gamma)$ gemacht werden. Für $u^p \in C^p(X, A; \Gamma)$, $v^q \in C^q(X; \Gamma)$ folgt nämlich aus (4.36), daß $u^p \cup v^q$ eine $(p+q)$-Kokette von X ist, die auf allen Simplexen von A den Wert 0 hat, also in der Untergruppe $C^{p+q}(X, A; \Gamma)$ von $C^{p+q}(X; \Gamma)$ liegt. Hieraus erhält man durch Beschränkung auf Kozyklen und Übergang zu den Kohomologieklassen die Modulstruktur. Es sind dann auch $j^*: H^*(X, A; \Gamma) \to H^*(X; \Gamma)$ und $\delta^*: H^*(A; \Gamma) \to H^*(X, A; \Gamma)$ Homomorphismen der $H^*(X; \Gamma)$-Rechtsmoduln.

Ist $\varphi: \Theta \to \Xi$ ein Ringhomomorphismus, so kann jeder Ξ-Rechtsmodul G vermöge $(g, \vartheta) \to g \cdot \varphi(\vartheta)$ für $g \in G$, $\vartheta \in \Theta$ als Θ-Rechtsmodul aufgefaßt werden. So entstand oben aus $H^*(A; \Gamma)$ als Rechtsmodul über sich ein $H^*(X; \Gamma)$-Modul vermöge i^*. Auf diese Weise induzieren auch stetige Abbildungen von Raumpaaren Homomorphismen für die Modulstrukturen der zugehörigen Kohomologiegruppen mit Koeffizienten in einem Ring.

Aufgabe. Es sei $0 \to G' \to G \to G'' \to 0$ eine exakte Folge additiver Gruppen und K ein freier Kettenkomplex. Dann besteht die exakte Folge $\ldots \to H^q(K; G) \to H^q(K; G') \xrightarrow{\Delta^*} H^{q+1}(K; G'') \to H^{q+1}(K; G) \to \ldots$ Insbesondere gilt dies für $K = S(X)$ oder $K = S(X)/S(A)$ bei einem Raumpaar (X, A). Der Verbindungshomomorphismus Δ^* heißt Bockstein-Homomorphismus.

Anhang

Grundbegriffe der Mengenlehre

A 1 Mengen. Die Begriffe Menge und Element werden nicht definiert. Wir begnügen uns mit dem Hinweis, daß eine Menge M eine Zusammenfassung von Objekten ist und daß die durch M zusammengefaßten Objekte Elemente der Menge M heißen. Ist x Element von M (wie üblich soll das heißen: Ein mit x bezeichnetes Objekt ist Element der mit M bezeichneten Menge), so schreibt man $x \in M$. Ist dies nicht der Fall, so schreibt man $x \notin M$. Für $x \in M$ sagt man auch, daß x in M liegt oder zu M gehört. Wir sagen in diesem Buche auch, daß x ein Punkt von M, aus M oder in M ist.

Wird durch x und y je ein Element der Menge M bezeichnet, so bedeutet $x = y$, daß x und y dasselbe Element bezeichnen, $x \neq y$ das Gegenteil. Bezeichnen M und N Mengen, so bedeutet $M = N$, daß M und N dieselbe Menge bezeichnen, daß also zu M und N dieselben Elemente gehören.

N bezeichnet in diesem Buche stets die Menge der natürlichen Zahlen, Z die additive Gruppe der ganzen Zahlen. R bzw. Q bezeichnet die Zahlengerade (reelle Zahlen) bzw. den Teilraum der rationalen Zahlen. Zu den Mengen rechnen wir auch die leere Menge, in der kein Element liegt. Sie wird stets mit $\emptyset$ bezeichnet. $\{x\}$ bezeichnet die Menge mit dem einzigen Element x, $\{x, y\}$ die Menge mit den beiden Elementen x und y usw.

A 2 Teilmengen. Es mögen A und B Mengen bezeichnen. Ist jedes Element von A auch Element von B, so schreibt man $A \subset B$ und sagt, daß A Teilmenge oder Untermenge von B oder daß B Obermenge von A ist. Man sagt auch, daß A in B enthalten ist oder daß A von B umfaßt wird. Für $A \subset B$ schreibt man auch $B \supset A$. Die Relationen $\subset, \supset$ heißen Inklusionen. Ist A nicht Teilmenge von B, so schreibt man $A \not\subset B$ oder $B \not\supset A$. Ist $A \subset B$ und $A \neq B$, so heißt A echte Teilmenge von B. Es gibt dann ein Element von B, das nicht zu A gehört. Stets ist $A \subset A$ und $\emptyset \subset A$. Aus $A \subset B$ und $B \subset A$ folgt $A = B$. Aus $A \subset B$ und $B \subset C$ folgt $A \subset C$. Ist $x \in A$, so ist $\{x\} \subset A$.

Eine Teilmenge einer Menge X wird häufig dadurch fixiert, daß man eine Eigenschaft E betrachtet und daß man alle Elemente von X, welche die Eigenschaft E besitzen, zu einer Menge zusammenfaßt. Ist A diese Teilmenge von X, so schreibt man $A = \{x | x \text{ hat die Eigenschaft } E\}$, falls aus dem Zusammenhang klar ist, welcher Menge X die Elemente mit der Eigenschaft E entnommen werden sollen, andernfalls schreibt man deutlicher $A = \{x | x \in X;\ x \text{ hat die Eigenschaft } E\}$. Hierbei ist x als Variable aufzufassen. x steht zunächst für ein willkürlich wählbares Element von X und wird durch den Zusatz „x hat die Eigenschaft E“ auf die Elemente von A eingeschränkt. Werden beispielsweise reelle Zahlen betrachtet, so bezeichnet $\{x \mid x > 0\}$ die Menge der positiven reellen Zahlen.

Seien A und B Teilmengen von X. Man definiert den Durchschnitt $A \cap B$ und die Vereinigung $A \cup B$ durch

$$A \cap B = \{x \mid x \in A \text{ und } x \in B\}, \tag{1}$$

$$A \cup B = \{x \mid x \in A \text{ oder } x \in B\}. \tag{2}$$

Die Aussage „$x \in A$ oder $x \in B$" schließt nicht aus, daß x zugleich Element von A und B ist. Es ist also $A \cap B \subset A \cup B$. Für die Operationen $\cap$ und $\cup$ gilt

(3) $A \cap B = B \cap A$ $\qquad$ $A \cup B = B \cup A$

(4) $A \cap (B \cap C) = (A \cap B) \cap C$ $\qquad$ $A \cup (B \cup C) = (A \cup B) \cup C$

(5) $A \cap (B \cup C) = (A \cap B) \cup (A \cap C)$ $\qquad$ $A \cup (B \cap C) = (A \cup B) \cap (A \cup C)$

(6) $A \cap A = A$ $\qquad$ $A \cup A = A$

(7) $A \cap X = A$ $\qquad$ $A \cup \emptyset = A$

(8) $A \cap B \subset A$ $\qquad$ $A \cup B \supset A$

Wegen (4) wird zur Vereinfachung gesetzt

$$A \cap B \cap C = A \cap (B \cap C); \quad A \cup B \cup C = A \cup (B \cup C). \tag{9}$$

Entsprechende Ausdrücke mit mehr als drei Teilmengen sind entsprechend erklärt.

Ist $A \cap B = \emptyset$, so sagen wir, daß A und B disjunkt oder fremd sind. Ist $A \cap B \neq \emptyset$, so sagen wir, daß sich A und B treffen oder schneiden.

Jeder Teilmenge A von X wird durch

$$\complement_X A = \{x \mid x \in X;\ x \notin A\} \tag{10}$$

eine Teilmenge $\complement_X A$ von X zugeordnet, die das Komplement von A bezüglich X heißt. Meist sind im Verlaufe einer Untersuchung die vorkommenden Mengen Teilmengen einer festen Grundmenge X. Falls kein Zweifel darüber besteht, daß A als Teilmenge von X aufzufassen ist, schreibt man einfach $\complement A$ statt $\complement_X A$ und nennt $\complement A$ das Komplement von A. Es ist

$$\complement\complement A = A; \quad \complement X = \emptyset; \quad \complement \emptyset = X. \tag{11}$$

Für $A \subset X$ und $B \subset X$ ist

$$\complement(A \cap B) = \complement A \cup \complement B; \quad \complement(A \cup B) = \complement A \cap \complement B. \tag{12}$$

$$A \subset B \text{ ist gleichwertig mit } \complement A \supset \complement B. \tag{13}$$

Für $A \subset B \subset X$ setzen wir

$$B - A = \complement_B A = B \cap \complement_X A. \tag{14}$$

(12) und (13) ergeben das Dualitätsprinzip der Mengenlehre. Aus einem Satz über Teilmengen von X, in dem außer Teilmengen nur Durchschnitt, Vereinigung und die Inklusionen $\subset$, $\supset$ vorkommen, erhält man wieder einen Satz, wenn man jede Teilmenge durch ihr Komplement ersetzt, Durchschnitte durch Vereini-

gungen und Vereinigungen durch Durchschnitte ersetzt und zugleich die Inklusionen $\subset$, $\supset$ umkehrt. Man beachte dabei, daß die Gleichheit zweier Teilmengen A und B gleichwertig mit den beiden Inklusionen $A \subset B$ und $B \subset A$ ist.

A 3 Abbildungen. Es seien X und Y Mengen. Eine Abbildung f von X in Y, in Zeichen $f\colon X \to Y$, ist eine Zuordnung, die jedem Element von X je ein (und nur ein) Element von Y zuordnet. Dabei kann verschiedenen Elementen von X dasselbe Element von Y zugeordnet sein. X heißt Definitionsbereich, Y heißt Wertevorrat oder Bildbereich von f. Für $x \in X$ bezeichnet $f(x)$ das Element von Y, das x vermöge f zugeordnet ist. $f(x)$ heißt Wert oder Bildpunkt von x bezüglich f. Ist $y = f(x)$, so sagt man, daß x ein Urbild von y ist. Die Abbildung f heißt **injektiv**, wenn je zwei verschiedene Elemente von X verschiedene Bildpunkte haben, wenn also aus $f(x) = f(x')$ folgt $x = x'$. f heißt **surjektiv** oder **Abbildung auf** Y, wenn jedes Element von Y Bildpunkt ist, wenn es also zu beliebigem $y \in Y$ stets ein $x \in X$ mit $f(x) = y$ gibt. Ist f injektiv und surjektiv, so heißt f **bijektiv** oder umkehrbar eindeutig. Daß f injektiv bzw. surjektiv bzw. bijektiv ist, bezeichnen wir durch $f\colon X \rightarrowtail Y$ bzw. $f\colon X \twoheadrightarrow Y$ bzw. $f\colon X \mathrel{\rightarrowtail\!\!\!\!\twoheadrightarrow} Y$. Die Bezeichnung $f\colon X \to Y$ schließt nicht aus, daß f injektiv, surjektiv oder bijektiv ist. Ebenso wird durch $f\colon X \rightarrowtail Y$ bzw. $f\colon X \twoheadrightarrow Y$ nicht ausgeschlossen, daß $f\colon X \mathrel{\rightarrowtail\!\!\!\!\twoheadrightarrow} Y$ gilt.

Durch die Zuordnung $x \to x$ für jedes $x \in X$ wird die **identische Abbildung** von X definiert, die wir mit id_X oder einfach mit id bezeichnen.

Zwei Abbildungen $f\colon X \to Y$ und $g\colon Y \to Z$ ist durch die Zuordnung $x \to g(f(x))$ eine Abbildung $g \circ f\colon X \to Z$ (lies g nach f) zugeordnet. $g \circ f$ heißt das Kompositum von g und f oder die aus g und f zusammengesetzte Abbildung. (Man beachte hierbei die Reihenfolge von f und g.) Für Abbildungen $f\colon X \to Y$, $g\colon Y \to Z$ und $h\colon Z \to W$ ist $h \circ (g \circ f) = (h \circ g) \circ f$. Es wird daher einfach $h \circ g \circ f$ geschrieben.

Ist $f\colon X \mathrel{\rightarrowtail\!\!\!\!\twoheadrightarrow} Y$, also f bijektiv, so ist durch $y \to (x \text{ mit } f(x) = y)$ die zu f **inverse Abbildung** von Y in X definiert, die mit f^{-1} bezeichnet wird. f^{-1} ist ebenfalls bijektiv, und es ist $(f^{-1})^{-1} = f$, $f^{-1} \circ f = id_X$, $f \circ f^{-1} = id_Y$.

Sei wieder $f\colon X \to Y$ eine (beliebige) Abbildung. Für $A \subset X$ bzw. $B \subset Y$ wird gesetzt

$$f(A) = \{f(x) \mid x \in A\}; \quad \overset{-1}{f}(B) = \{x \mid f(x) \in B\}. \tag{15}$$

$f(A)$ heißt das **Bild** von A, $\overset{-1}{f}(B)$ das **Urbild** von B bezüglich f. Hierbei gilt

$$\overset{-1}{f}(f(A)) \supset A; \quad f(\overset{-1}{f}(B)) \subset B. \tag{16}$$

Ist f injektiv, so ist $\overset{-1}{f}(f(A)) = A$. Ist f surjektiv, so ist $f(\overset{-1}{f}(B)) = B$. Ist f bijektiv, so ist $\overset{-1}{f}(B) = f^{-1}(B)$. Stets gilt

$$\overset{-1}{f}(\complement B) = \complement \overset{-1}{f}(B) = \{x \mid f(x) \notin B\}, \tag{17}$$

$$f(A) \subset f(A') \quad \text{für } A \subset A' \subset X, \tag{18}$$

$$\overset{-1}{f}(B) \subset \overset{-1}{f}(B') \quad \text{für } B \subset B' \subset Y. \tag{19}$$

Für $f\colon X \to Y$, $g\colon Y \to Z$ und $C \subset Z$ gilt

(20) $$\overset{-1}{(g \circ f)}(C) = \overset{-1}{f}(\overset{-1}{g}(C)).$$

Für $f\colon X \to Y$ und $A \subset X$ wird durch die Zuordnung $a \to f(a)$ für $a \in A$ eine Abbildung von A in Y definiert. Sie heißt die Einschränkung von f auf A und wird mit $f|A$ bezeichnet.

A 4 Mächtigkeit. X und Y mögen weiterhin stets Mengen bezeichnen. X und Y heißen gleichmächtig oder von gleicher Mächtigkeit, wenn es eine bijektive Abbildung von X auf Y gibt. Ist X gleichmächtig mit einem Abschnitt der natürlichen Zahlen $\{n | n \in \mathsf{N};\ n \leqq m\}$, der zu einer natürlichen Zahl m gehört, so heißt X endlich. Außerdem wird die leere Menge zu den endlichen Mengen gerechnet. X heißt unendlich, wenn X nicht endlich ist. X heißt abzählbar unendlich, wenn X und N gleichmächtig sind. X heißt abzählbar, wenn X endlich oder abzählbar unendlich ist. Eine Teilmenge einer abzählbaren Menge ist abzählbar. Die Menge der rationalen Zahlen ist abzählbar, die Menge der reellen Zahlen ist nicht abzählbar.

A 5 Bildung neuer Mengen. Die folgenden Bildungen neuer Mengen sehen wir als erlaubt an:

A 5.1 Bildung der Menge der Teilmengen von X. Diese Menge wird mit $\mathfrak{P}X$ bezeichnet. Unter einem System $\mathfrak{S}$ von Teilmengen von X verstehen wir eine Teilmenge von $\mathfrak{P}X$. Die Elemente von $\mathfrak{S}$ sind also Teilmengen von X. Man beachte, daß eine Aussage über die Mächtigkeit von $\mathfrak{S}$ (etwa daß $\mathfrak{S}$ endlich bzw. abzählbar ist), eine Aussage über die Menge $\mathfrak{S}$ ist, nicht aber eine Aussage über eine Teilmenge von X, die Element von $\mathfrak{S}$ ist.

A 5.2 Bildung der Paarmenge $X \times Y$. Das ist die Menge aller Paare (x, y), wobei $x \in X$ und $y \in Y$ ist. Insbesondere ist $X \times X$ die Menge aller geordneten Paare von Elementen aus X.

A 5.3 Bildung der Menge aller Abbildungen von X in Y. Diese Menge wird mit Y^X bezeichnet.

A 6 Familien. Hierbei handelt es sich um Indizierung in Verallgemeinerung des Folgenbegriffes. Es sei X eine Menge. Eine Familie von Elementen von X ist der Inbegriff einer Menge Λ, einer Abbildung $\sigma\colon \Lambda \to X$ und der Teilmenge $\sigma(\Lambda)$ von X. Dabei heißt Λ die Indexmenge der Familie, σ die indizierende Abbildung. Man setzt $x_\lambda = \sigma(\lambda)$ für $\lambda \in \Lambda$. x_λ heißt das Glied der Familie zum Index λ. Man beachte, daß für $\varkappa, \lambda \in \Lambda$ und $\varkappa \neq \lambda$ gelten kann $x_\varkappa = x_\lambda$. Die Familie $(\Lambda; \sigma; \sigma(\Lambda))$ wird durch $\{x_\lambda\}_{\lambda \in \Lambda}$ bezeichnet oder durch $\{x_\lambda\}$, wenn kein Zweifel über Λ besteht. Ist $K \subset \Lambda$, so wird durch $\sigma|K$ eine Familie definiert, die mit $\{x_\lambda\}_{\lambda \in K}$ bezeichnet wird und Teilfamilie von $\{x_\lambda\}_{\lambda \in \Lambda}$ heißt. Eine Familie heißt endlich bzw. abzählbar, wenn die Indexmenge endlich bzw. abzählbar ist. Ist N die Indexmenge, so sagt man statt Familie auch Folge. Ist Λ die Menge der natürlichen Zahlen von 1 bis n, so spricht man von einem n-tupel.

Eine Familie von Teilmengen von X ist eine Familie von Elementen aus $\mathfrak{P}X$. Aus einem System $\mathfrak{S}$ von Teilmengen von X entsteht eine Familie dadurch, daß $\mathfrak{S}$

als Indexmenge und die identische Abbildung von $\mathfrak{S}$ als indizierende Abbildung genommen wird. Wir sagen dafür, daß $\mathfrak{S}$ als Familie aufgefaßt wird.

Der Durchschnitt einer Familie $\{A_\lambda\}_{\lambda\in\Lambda}$ von Teilmengen von X ist

$$(21) \qquad \bigcap_{\lambda\in\Lambda} A_\lambda = \{x \mid \text{für alle } \lambda\in\Lambda \text{ ist } x\in A_\lambda\},$$

die Vereinigung ist

$$(22) \qquad \bigcup_{\lambda\in\Lambda} A_\lambda = \{x \mid \text{für mindestens ein } \lambda\in\Lambda \text{ ist } x\in A_\lambda\}.$$

Ist Λ die Menge der natürlichen Zahlen von 1 bis n, so schreibt man auch $\bigcap_{i=1}^{n} A_i$ bzw. $\bigcup_{i=1}^{n} A_i$ für Durchschnitt bzw. Vereinigung. Es ist $\bigcap_{i=1}^{2} A_i = A_1 \cap A_2$ und $\bigcup_{i=1}^{2} A_i = A_1 \cup A_2$. Besteht kein Zweifel über die Indexmenge Λ, so schreibt man auch $\bigcap A_\lambda$ bzw. $\bigcup A_\lambda$ statt $\bigcap_{\lambda\in\Lambda} A_\lambda$ bzw. $\bigcup_{\lambda\in\Lambda} A_\lambda$.

Satz. *Die Vereinigung einer abzählbaren Familie von abzählbaren Teilmengen von X ist eine abzählbare Teilmenge von X.*

Beweis. $\mathfrak{A} = \{A_n\}$ sei eine abzählbare Familie von Teilmengen von X. Jedes A_n ist abzählbar, sei etwa $A_n = \{x_{n,m}\}_{m\in\mathbb{N}}$. Wir nehmen zunächst an, daß $\mathfrak{A}$ und jedes A_n abzählbar unendlich sind. Die Glieder $x_{n,m}$ lassen sich zu einer unendlichen Matrix anordnen und nach dem folgenden Schema abzählen:

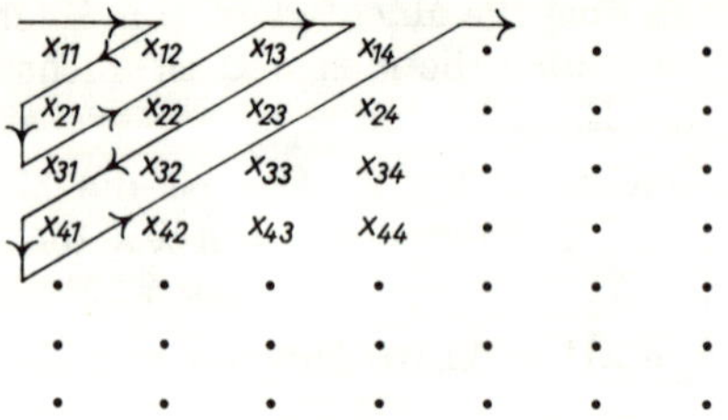

Zur Erläuterung merken wir an, daß dieses Abzählungsschema bei Produkten von Potenzreihen auftritt. Kommt in der Abzählung ein Element von X mehrfach vor, so wird es nur beim ersten Auftreten gezählt. Ist $\mathfrak{A}$ endlich oder sind gewisse A_n endlich, so ergibt sich die Abzählung entsprechend.

Nach demselben Schema beweist man: Sind $X = \{x_n\}$ und $Y = \{y_m\}$ abzählbare Mengen, so ist die Menge der Paare $\{(x_n, y_m)\}$ abzählbar. Durch Induktion nach der natürlichen Zahl k folgt, daß die Menge der (geordneten oder auch nichtgeordneten) k-tupel von Elementen einer abzählbaren Menge wieder abzählbar ist. Wegen des Satzes folgt noch, daß für eine abzählbare Menge X die Menge der endlichen Teilmengen von X abzählbar ist.

Sei $\{A_\lambda\}_{\lambda\in\Lambda}$ wieder eine beliebige Familie von Teilmengen von X und K eine Teilmenge von Λ. Aus (21) und (22) folgt: Für $\varkappa \in K \subset \Lambda$ ist

$$(23) \qquad A_\varkappa \supset \bigcap_{\lambda\in K} A_\lambda \supset \bigcap_{\lambda\in\Lambda} A_\lambda; \quad A_\varkappa \subset \bigcup_{\lambda\in K} A_\lambda \subset \bigcup_{\lambda\in\Lambda} A_\lambda.$$

Ist $B \subset A_\lambda$ für alle $\lambda \in \Lambda$, so ist $B \subset \bigcap A_\lambda$. Ist $A_\lambda \subset C$ für alle λ, so ist $\bigcup A_\lambda \subset C$. Sind $\{A_\lambda\}$ und $\{B_\lambda\}$ Familien zur selben Indexmenge Λ und ist $A_\lambda \subset B_\lambda$ für alle λ, so ist $\bigcap A_\lambda \subset \bigcap B_\lambda$ und $\bigcup A_\lambda \subset \bigcup B_\lambda$.

Ist $\{A_\lambda\}$ eine Familie von Teilmengen von X, so ist

(24) $$\complement \bigcap A_\lambda = \bigcup \complement A_\lambda,$$

(25) $$\complement \bigcup A_\lambda = \bigcap \complement A_\lambda.$$

(24) besagt, daß die folgenden Aussagen gleichwertig sind: (a) x gehört nicht allen A_λ an, (b) x gehört mindestens einem A_λ nicht an. Durch (25) wird die Menge derjenigen Elemente von X bezeichnet, die keinem A_λ angehören. Wegen (24) und (25) besteht die mengentheoretische Dualität auch für Sätze, in denen Durchschnitte und Vereinigungen von Familien und außerdem nur Inklusionen vorkommen (vgl. oben A 2 und I.2.5).

(5) verallgemeinert sich zu

(26) $$\bigcup_{\lambda \in \Lambda} A_\lambda \cap \bigcup_{\mu \in M} B_\mu = \bigcup_{(\lambda,\mu) \in \Lambda \times M} (A_\lambda \cap B_\mu),$$

(27) $$\bigcap_{\lambda \in \Lambda} A_\lambda \cup \bigcap_{\mu \in M} B_\mu = \bigcap_{(\lambda,\mu) \in \Lambda \times M} (A_\lambda \cup B_\mu).$$

Auf beiden Seiten von (26) stehen diejenigen Elemente, die mindestens einem A_λ und mindestens einem B_μ angehören. Bildet man auf beiden Seiten von (26) das Komplement und wendet man (24) und (25) an, so entsteht (27), wenn man statt $\complement A_\lambda$ und $\complement B_\mu$ wieder A_λ und B_μ schreibt. (26) und (27) sind zueinander dual.

Es sei $f\colon X \to Y$ eine Abbildung. Bezeichnet $\{A_\lambda\}$ bzw. $\{B_\lambda\}$ eine Familie von Teilmengen von X bzw. Y, so gilt

(28) $$\overset{-1}{f}(\bigcap B_\lambda) = \bigcap \overset{-1}{f}(B_\lambda); \quad \overset{-1}{f}(\bigcup B_\lambda) = \bigcup \overset{-1}{f}(B_\lambda),$$

(29) $$f(\bigcap A_\lambda) \subset \bigcap f(A_\lambda); \quad f(\bigcup A_\lambda) = \bigcup f(A_\lambda).$$

Für die Familie $\{A_\lambda\}_{\lambda \in \Lambda}$ sei σ die indizierende Abbildung und $\sigma(\Lambda) = \mathfrak{S} \subset \mathfrak{P}X$. Dann ist

(30) $$\bigcap A_\lambda = \{x \mid \text{für alle } A \in \mathfrak{S} \text{ ist } x \in A\} = \bigcap_{A \in \mathfrak{S}} A,$$

(31) $$\bigcup A_\lambda = \{x \mid \text{für mindestens ein } A \in \mathfrak{S} \text{ ist } x \in A\} = \bigcup_{A \in \mathfrak{S}} A.$$

Hieraus folgt: Hat man Durchschnitte und Vereinigungen von Familien zu betrachten, deren Glieder einer festen Teilmenge $\mathfrak{O}$ von $\mathfrak{P}X$ angehören, so kann man sich auf Familien beschränken, die man dadurch erhält, daß man in $\mathfrak{O}$ enthaltene Systeme als Familien auffaßt.

A 7 Äquivalenzrelationen. Es sei R eine Aussage über Elemente von $X \times X$, also über geordnete Paare von Elementen der Menge X. Trifft R für das Paar (x, y) zu, so schreiben wir $R(x, y)$. Gilt nun

(I) $R(x, x)$ für alle $x \in X$ (Reflexivität),

(II) aus $R(x, y)$ folgt $R(y, x)$ (Symmetrie),

(III) aus $R(x, y)$ und $R(y, z)$ folgt $R(x, z)$ (Transitivität), so wird R als Äquivalenzrelation bezeichnet, und es heißt y äquivalent zu x (bezüglich R), wenn $R(x, y)$ gilt. Die Äquivalenzklasse von x (bezüglich R) ist die Teilmenge $[x] = \{y \mid R(x, y)\}$ von X. Die Äquivalenzklassen (bezüglich R) bilden eine Zerlegung von X in paarweise disjunkte Teilmengen. Die Elemente einer Äquivalenzklasse werden auch als Repräsentanten dieser Klasse bezeichnet.

A 8 Das Auswahlaxiom. Wir nehmen an: Ist $\{A_\lambda\}_{\lambda \in \Lambda}$ eine Familie nicht-leerer Teilmengen von X, also $A_\lambda \neq \emptyset$ für alle λ, so gibt es eine Abbildung $f: \Lambda \to X$ mit $f(\lambda) \in A_\lambda$ für alle λ. Es soll also möglich sein, aus den Mengen A_λ je ein Element $f(\lambda)$ auszuwählen. Diese Aussage heißt Auswahlaxiom. Sie ist, ebenso wie A 5, logischer Natur.

Literaturhinweise

Allgemeine Topologie

Berge, C., Espaces topologiques, fonctions multivoques, Paris 1959.
Bourbaki, N., General Topology (2 Bde.), Paris 1966.
Čech, E., Topological Spaces, London-New York-Sydney 1966.
Császár, A., Grundlagen der Allgemeinen Topologie, Budapest 1963.
Gillman, L., and Jerison, M., Rings of Continuous Functions, Princeton 1960.
Hurewicz, W., and Wallman, H., Dimension Theory, Princeton 1948.
Isbell, J. R., Uniform Spaces, Providence, R. I., 1964.
Kelley, J. L., General Topology, Princeton-Toronto-London-New York 1955.
Kuratowski, C., Topologie I, II, Warschau 1952.
Nagata, J., Modern Dimension Theory, Groningen 1965.
Nöbeling, G., Grundlagen der analytischen Topologie, Berlin-Göttingen-Heidelberg 1954.
Wilder, R. L., Topology of Manifolds, New York 1949.
Whyburn, G. T., Analytic Topology, New York 1949.
—, Topological Analysis, Princeton 1964.

Topologische algebraische Strukturen

Bourbaki, N., Espaces vectoriels topologiques, (2 Bde.), Paris 1964, 1966.
Floret, K., und Wloka, J., Einführung in die Theorie der lokalkonvexen Räume, Berlin-Heidelberg-New York 1968.
Horvath, J., Topological Vector Spaces and Distributions, Reading, Mass.-Palo Alto-London-Don Mills-Ontario 1966.
Husain, T., Introduction to Topological Groups, Philadelphia-London 1966.
Kelley, J. L., and Namioka, J., Linear Topological Spaces, Princeton 1963.
Köthe, G., Topologische Lineare Räume I, Berlin-Heidelberg-New York 1966.
Pontrjagin, L. S., Topologische Gruppen I, II, Leipzig 1957, 1958.
Robertson, A. P., und Robertson, W. J., Topologische Vektorräume, Mannheim 1967.
Schaefer, H. H., Topological Vector Spaces, New York-London 1966.
Treves, F., Topological Vector Spaces, Distributions and Kernels, New York-London 1967.

Homotopie-Theorie

Borsuk, K., Theory of Retracts, Warszawa 1967.
Crowell, R. H., and Fox, R. H., Introduction to Knot Theory, Boston 1963.

Dold, A., Halbexakte Homotopiefunktoren, Berlin-Heidelberg-New York 1966.
Hilton, P. J., An Introduction to Homotopy Theory, Cambridge 1961.
—, Homotopy Theory and Duality, New York-London-Paris 1965.
Hu, S. T., Homotopy Theory, New York-London 1959.
—, Theory of Retracts, Detroit 1965.
Whitehead, G. W., Homotopy Theory, Cambridge, Mass.-London 1966.

Algebraische Topologie

Cartan, H., Seminaire 1948–64, New York-Amsterdam 1968.
—, and Eilenberg, S., Homological Algebra, Princeton 1956.
Eilenberg, S., and Steenrod, N. E., Foundations of Algebraic Topology, Princeton 1952.
Gabriel, P., and Zisman, M., Calculus of Fractions and Homotopy Theory, Berlin-Heidelberg-New York 1967.
Godement, R., Topologie algébrique et théorie des faisceaux, Paris 1958.
Hilton, P. J., and Wylie, S., Homology Theory, Cambridge 1960.
Hirzebruch, F., and Schwarzenberger, R. L. E., Topological Methods in Algebraic Geometry, Berlin-Heidelberg-New York 1966.
Husemoller, D., Fibre Bundles, New York-Toronto-London-Sydney 1966.
Lamotke, K., Semisimpliziale algebraische Topologie, Berlin-Heidelberg-New York 1968.
Lefschetz, S., Algebraic Topology, New York 1942.
MacLane, S., Homology, Berlin-Heidelberg-New York 1967.
May, J. P., Simplicial Objects in Algebraic Topology, Princeton 1967.
Milnor, J., Morse Theory, Princeton 1963.
—, Topology from the Differentiable Viewpoint, Charlottesville 1966.
Munkres, J. R., Elementary Differential Topology, Princeton 1961.
Seifert, H., und Threlfall, W., Lehrbuch der Topologie, Leipzig und Berlin 1934.
Spanier, E. H., Algebraic Topology, New York-Toronto-London-Sydney 1966.
Steenrod, N. E., The Topology of Fibre Bundles, Princeton 1950.
—, and Epstein, D., Cohomology Operations, Princeton 1962.

Namen- und Sachverzeichnis